# Informatik-Fachberichte

Herausgegeben von W. Brauer
im Auftrag der Gesellschaft für Informatik (GI)

## 44

# Organisation informationstechnik-gestützter öffentlicher Verwaltungen

Fachtagung der GI (Fachausschuß 13:
Informatik in Recht und Verwaltung)
und des Forschungsinstituts für öffentliche
Verwaltung bei der Hochschule für
Verwaltungswissenschaften Speyer

Speyer, 22.–24. Oktober 1980

Herausgegeben von Heinrich Reinermann,
Herbert Fiedler, Klaus Grimmer und Klaus Lenk

Springer-Verlag
Berlin Heidelberg New York 1981

**Herausgeber**

Prof. Dr. Heinrich Reinermann
Hochschule für Verwaltungswissenschaften Speyer
Freiherr-vom-Stein-Straße 2, 6720 Speyer

Prof. Dr. Dr. Herbert Fiedler
Universität Bonn und Gesellschaft für Mathematik und Datenverarbeitung mbH
Schloß Birlinghoven, 5205 St. Augustin 1

Prof. Dr. Klaus Grimmer
Gesamthochschule Kassel
Mönchebergstraße 19, 3500 Kassel

Prof. Dr. Klaus Lenk
Universität Oldenburg
Ammerländer Heerstraße 67-99, 2900 Oldenburg

AMS Subject Classifications (1979): –
CR Subject Classifications (1981): 2.0, 2.11, 2.12, 2.2, 2.3, 2.4, 2.41, 2.42, 2.43, 2.44, 2.45, 3.33, 3.35, 3.53, 3.79, 4.0

CIP-Kurztitelaufnahme der Deutschen Bibliothek
Organisation informationstechnik-gestützter öffentlicher
Verwaltungen: Fachtagung d. GI u. d. Forschungsinst. für Öffentl. Verwaltung
bei d. Hochsch. für Verwaltungswiss. Speyer, Speyer, 22. – 24. Oktober 1980 /
hrsg. von Heinrich Reinermann, Herbert Fiedler, Klaus Grimmer und Klaus Lenk. – Berlin; Heidelberg;
New York; Springer, 1981.
(Informatik-Fachberichte; 44)
ISBN-13: 978-3-540-10758-3    e-ISBN-13: 978-3-642-68084-7
DOI:10.1007/ 978-3-642-68084-7

# INHALTSVERZEICHNIS

Servicerechenzentrum der Zukunft - arbeitslos oder umfunktioniert?



Verwaltungsaufgaben und Arbeitsorganisation - Einfluß durch informationstechnische Instrumente?



Mehr Bürgernähe durch moderne Informationstechnik - Phrase oder Chance?

# EINLEITUNG [1]

Der vorliegende Band dokumentiert eine Fachtagung, die das Forschungsinstitut für öffentliche Verwaltung bei der Hochschule für Verwaltungswissenschaften Speyer gemeinsam mit dem Fachausschuß 13 (Informatik in Recht und Verwaltung) der Gesellschaft für Informatik e.V. vom 22. bis 24. Oktober 1980 in Speyer veranstaltete. Die Tagung führte rund 300 Verwaltungspraktiker, EDV-Fachleute, Entscheidungsträger sowie Wissenschaftler zusammen. Ihr Ziel war es, Erfahrungen mit den bisherigen Konzepten auszutauschen, Anforderungen der Verwaltungspraxis an die Informationstechnik herauszuarbeiten, Anregungen und Hilfen für die Praxis anzubieten sowie Beiträge zu einer situationsgerechten Organisationspolitik für informationstechnik-gestützte öffentliche Verwaltungen zu leisten.

Die Initiative für eine derartige Tagung kam aus dem Fachausschuß 13, welcher seit Ende 1978 durch ein Vorbereitungskomitee (H. Fiedler, K. Grimmer, K. Lenk, H. Reinermann) die Konzeption der Tagung entwickelte. Bald wurde die Hochschule für Verwaltungswissenschaften Speyer als Mitveranstalter und Austragungsort gewonnen. Über Konzept und Teilnehmerkreis fand Ende 1979 ein Symposium bei der Gesellschaft für Mathematik und Datenverarbeitung mbH (GMD) in Schloß Birlinghoven statt, welches namhafte Vertreter der einschlägigen Wissenschaft und Praxis zusammenführte. Hieraus ging der Programmbeirat hervor, welcher mit dem Vorbereitungskomitee die Auswahl der Tagungsbeiträge erarbeitete und dessen Mitgliedern hier gedankt sei: U. Briefs, H. Brinckmann, K. Dieke, J. Fabry, K.-H. Gebhardt, B. Grassmugg, W. Hartenstein, J. Nehmer, W.-D. Oberhoff, J. Ostermann, H. Püschel, H.-J. Rohrlach, W. Ruckriegel, H.-H. Schaper, G. Schlageter, D. Wagner, P. Winkler. Die örtliche Tagungsleitung und die Hauptlast der Redaktion des Tagungsbandes lagen bei H. Reinermann.

Der Zielsetzung der Tagung entsprechend war die Zahl der Überblicksvorträge auf ein Mindestmaß beschränkt. Größeres Gewicht lag auf streitfragenorientierten Seminaren sowie Fachvorträgen aus der Praxis mit Diskussion in parallelen Sitzungen. Die lebhaften Diskussionen in den streitfragenorientierten Seminaren und im Anschluß an die Fachvorträge haben unsere Erwartungen vollauf erfüllt. Wir möchten allen Beteiligten sehr herzlich für die rege Mitwirkung

---


1) Die Tagung wurde vom Bundesministerium für Forschung und Technologie sowie vom Forschungsinstitut für öffentliche Verwaltung bei der Hochschule für Verwaltungswissenschaften Speyer finanziert; ein Vorsymposium in Schloß Birlinghoven wurde durch die Gesellschaft für Mathematik und Datenverarbeitung mbH (GMD) finanziell unterstützt. Allen sei auch an dieser Stelle noch einmal besonders gedankt.
Diplom-Wirtschaftsingenieur Wilfried Frankenbach war dem Vorbereitungskomitee der Tagung ebenso wie dem Herausgebergremium des Tagungsbandes eine umsichtige, tatkräftige und zuverlässige Assistenz. Frau Christa Bold hat nicht nur die Sekretariatsunterstützung für die Tagungsvorbereitung, sondern auch die Erstellung der Druckvorlage dieses Bandes mit hervorragender Einsatzbereitschaft und gewohnter Sorgfalt übernommen. Beiden sei für ihr Engagement, ohne das Veranstaltungen wie die hier dokumentierte nicht zustande kämen, herzlich gedankt.

danken, ebenso für die wertvollen Einblicke in die Praxis, welche die thesenartigen Zusammenfassungen, die Fachvorträge sowie die Diskussionsbeiträge eröffneten.

Wegen der Reichhaltigkeit dieser Einblicke haben wir uns entschlossen, die Tagung möglichst ausführlich zu dokumentieren. Der gegenwärtige Literaturstand zur Verwaltungsautomation gibt vor allem dem Verwaltungspraktiker nur wenig Gelegenheit, sich umfassend über dieses weitgespannte Feld und seine Probleme zu orientieren. Abgesehen vom Textbuch Verwaltungsinformatik (herausgegeben von Garstka, Schneider und Weigand im Auftrag des Arbeitskreises Verwaltungsinformatik im Toeche-Mittler-Verlag, Darmstadt 1980) sind die einschlägigen Aufsätze in der Regel über zahlreiche Fachzeitschriften verstreut; einen zusammenfassenden Überblick, der den neueren Stand der Diskussion dokumentiert, findet man nirgends.

Mit Recht kann an dieser Stelle ein erhebliches Versäumnis der Verwaltungswissenschaft konstatiert werden. Die Wahl ihrer Themen war lange Zeit bestimmt durch Beratung und damit durch Themen, die in den Spitzen der Verwaltung sowie in der Politik bereits Aufmerksamkeit auf sich gezogen hatten. Die Verstärkung der Rationalität des Verwaltungshandelns durch Planung war ein solches Thema; jahrelang wurde es mit Verwaltungsforschung insgesamt fast gleichgesetzt. Teilstudien über die großen Zweige der ausführenden Verwaltung, die dem politischen Streit entrückt zu sein scheinen, gibt es nach wie vor kaum. Dementsprechend wurde die Technisierung der büromäßig handelnden Verwaltung und die Umgestaltung ihrer Informationsbahnen im Gefolge dieser Technisierung zuerst an ganz anderer Stelle aufgegriffen. Nicht der Zusammenhang von Rationalisierung und Ökonomisierung des Verwaltungshandelns mit dem hervorstechendsten Rationalisierungsmittel, der Informationstechnik, wurde behandelt. Vielmehr war es die Belästigung durch Computer im Alltagsleben, die zur eher juristisch-individualisierenden Behandlung der Auswirkungen des Einsatzes von Informationstechnik in der Datenschutzdiskussion führte.

Andere Implikationen der Informatisierung der Verwaltung für deren Organisationsstruktur, für den Bürger und für den gesellschaftlichen Zusammenhang insgesamt wurden bis vor kurzem kaum gesehen. Institutionelles Interesse an ihrer Erforschung war nicht vorhanden. Wer EDV bei sich einführte, war davon vollauf absorbiert; auch Gewerkschaften und Personalräte sahen sich der Problematik lange Zeit nicht gewachsen. Und selbst der naheliegende Bezug zur Gebiets- und Funktionalreform war den meisten Beteiligten kaum deutlich. Noch einmal, das Versäumnis liegt nicht bei der Verwaltungspraxis, die den Bedarf an wissenschaftlicher Beratung schon früh artikulierte, sondern bei der Wissenschaft (Verwaltungswissenschaft, Rechts- und Verwaltungsinformatik etc.). Untersuchungen der routinehaft handelnden ausführenden Staatsverwaltung sind dort immer noch einer Expedition in unerforschte Gebiete vergleichbar. Beschreibungen der öffentlichen Verwaltung, im Hinblick auf planende und programmgestaltende Verwaltung oft bis ins Detail ausgeführt, enthalten dort große weiße Flecken, wo die weitaus größte Zahl der büromäßig arbeitenden Angehörigen des öffentlichen Dienstes tätig ist. Selbst die Implementationsforschung, also das Aufspüren von Vollzugsdefiziten im Umweltrecht und anderswo, hat allenfalls Pfade durch die Vollzugsverwaltung beschreiben können. Und selbst die Überlegungen zur Verbesserung des Verhältnisses Bürger-Verwaltung, obwohl nur bei detaillierter Erforschung des Verwaltungsalltags Erfolg versprechend, gehen eher dem Interaktionsgefüge zwischen Bürger und Verwaltung selbst nach als den verwaltungsinternen Konstitutionsbedingungen dieser Interaktion.

Es versteht sich von selbst, daß die Ergebnisse dieser Tagung diese Lücke nicht vollständig ausfüllen können. Immerhin hoffen wir, daß sie in der weiteren Diskussion Berücksichtigung finden und auch die Wissenschaft anregen werden. Die Voraussetzungen dafür erscheinen, blickt man auf den Ablauf der Tagung zurück, nicht ungünstig. 300 Teilnehmer folgten, wie gesagt, dem Aufruf. Dies ist bei einem Spezialthema, wie es in Speyer behandelt wurde, wohl als positives Echo zu werten - auch im Vergleich zu den seit 1947 jährlich durchgeführten Frühjahrs- und Herbsttagungen der Hochschule für Verwaltungswissenschaften Speyer und ihres Forschungsinstituts, die bei gewöhnlich allgemeineren und - nach bisherigem Verständnis ! - mehr auf die Aufgaben der öffentlichen Verwaltung zugeschnittenen Themata keine höheren Teilnehmerzahlen erreichten. Dies erscheint uns deshalb besonders erwähnenswert, weil _eine_ übereinstimmende Feststellung der Tagung war, daß es vordringlich zu einer bedeutend engeren Zusammenarbeit zwischen Verwaltungsführung und Experten für Informationstechnik kommen müsse, sollen die vor uns liegenden Probleme bewältigt werden. Die Besucherzahl und ihre Zusammensetzung geben zu der Hoffnung Anlaß, daß das Ohr der zu beteiligenden Kommunikationspartner offener wird für die jeweiligen Proleme der anderen Seite. Am Rande der Tagung wurde vielfach der Wunsch geäußert, daß Begegnungen der Art, wie sie die Fachtagung in Speyer ermöglichte, auch in Zukunft und in nicht zu großen Abständen zustande kommen sollten.

Der Tagungsablauf spiegelt sich im vorliegenden Band soweit, wie dies in einer Veröffentlichung möglich ist, wider. Vier Vorträge der _Eröffnungssitzung_ des Plenums geben Überblick über Erreichtes und noch zu Erreichendes der Verwaltungsautomation aus Sicht von Politik und Verwaltungsspitze, über informationstechnische Entwicklungslinien sowie über Stadien der Verwaltungsautomation aus Sicht der Verwaltungspraxis.

Die 19 _Fachvorträge_ befassen sich mit enger umrissenen Fragestellungen, die sich typisch an Aufgabensparten öffentlichen Handelns orientieren und parallel zu anderen Tagungsveranstaltungen abgehalten wurden. Jeder Fachvortrag wurde von den Sitzungsteilnehmern erörtert. Die Diskussion wurde auf Tonband mitgeschnitten und von einem Wissenschaftlichen Mitarbeiter der Hochschule für Verwaltungswissenschaften Speyer oder seines Forschungsinstituts ausgewertet und schriftlich zusammengefaßt. Sie ist in diesem Band abgedruckt.

Fünf _Streitfragenorientierte Seminare_ widmen sich diskussions- und teilnehmerintensiv je einem Themenkomplex, der in der gegenwärtigen Erörterung der Verwaltungsautomation besonderen

Rang einnimmt. Jeweils ein Halbtag wurde hierfür zur Verfügung gestellt. Diese Seminare waren durch schriftliche, hier abgedruckte Stellungnahmen eingeladener Podiumsteilnehmer vorbereitet worden. Der Ablauf gestaltete sich so, daß nach persönlicher Vorstellung dieser Thesen das jeweilige Thema unter Einschluß aller Sitzungsteilnehmer erörtert wurde. Die Diskussion wurde auch hier auf Tonband mitgeschnitten, durch Wissenschaftliche Mitarbeiter der Hochschule beziehungsweise ihres Forschungsinstituts ausgewertet und schriftlich zusammengefaßt. Es versteht sich von selbst, daß in diesem Band keine wörtliche Wiedergabe der Diskussionen, sondern nur eine Zusammenfassung der wesentlichen Ergebnisse erfolgen kann. Um dennoch das Umfeld vorgetragener Meinungen erkennbar zu machen, haben wir uns entschlossen, Diskussionsbeiträge namentlich zu kennzeichnen, soweit die Tonbandmitschnitte dies erlaubten. Für möglicherweise verkürzt oder unvollständig wiedergegebene Ansichten tragen die Herausgeber, nicht die Genannten oder der Berichterstatter, die Verantwortung.

Die sechs, wieder an das Plenum gerichteten <u>Hauptvorträge</u> behandeln übergreifende, nicht an Verwaltungssparten ausgerichtete Fragestellungen. Sie betreffen die Führungsaufgaben im Bereich der Informationsverarbeitung, die Bewertungsmethodik für Folgewirkungen technischer Kommunikationsmedien sowie grundlegende Fragen der Gestaltung öffentlicher Verwaltungen durch informationstechnische Einrichtungen.

Herbert Fiedler
Klaus Grimmer
Klaus Lenk
Heinrich Reinermann

# ERSTER TEIL

# ERÖFFNUNGSVORTRÄGE

# DIE BEDEUTUNG DER INFORMATIONSTECHNIK FÜR DIE ERFÜLLUNG DER ÖFFENTLICHEN AUFGABEN

von Herbert Schnoor, Düsseldorf

## I.  Auf dem Weg zur Informationsgesellschaft

Schon in den sechziger Jahren haben Zukunftsforscher und vorausschauende Wissenschaftler die Aussage gewagt, daß wir auf dem Wege seien von der "post-industriellen" zur "technetronischen" Gesellschaft, das heißt zu einer Gesellschaft, die "kulturell, psychisch, sozial und ökonomisch von Technik und Elektronik geprägt wird, besonders von Computern und Kommunikationsmitteln". [1] Was damals manchem noch als kühne Voraussage erschien, hat heute nichts Sensationelles mehr angesichts einer technischen Entwicklung, die über "altbekannte" Kommunikationsmittel wie Telefon, Fernschreiber, Funk und Fernsehen hinaus durch Stichworte wie "Computer-verbundsysteme", "Büroautomation", "Personal Computer", "Nachrichtensatelliten" und "neue Medien" (Kabelfernsehen mit Rückkanal, Breitbandkommunikation, Bildschirm- und Videotext) schlaglichtartig beleuchtet und durch das Zusammenwachsen der verschiedenen Informations-techniken bestimmt wird. Dennoch kann man eine gewisse Skepsis nicht unterdrücken gegenüber der Behauptung, wir befänden uns in der Zeit des Übergangs in die dritte Phase der Entwicklung der Zivilisation - nach dem Agrarzeitalter und dem Industriezeitalter folge jetzt das Informa-tionszeitalter. [2] Der eine oder andere mag solche publizierten Urteile für einen Teil der subtilen Verkaufsstrategie der Informationstechnik-Industrie oder für Überzeichnungen von Wissen-schaftlern halten, die ihrem eigenen Forschungsgebiet auf diese Weise größeres Ansehen verschaffen wollen. Aber niemand, auch nicht der Skeptiker, kann die herausragende Bedeutung der Informationstechnik für die Gesellschaft von heute und morgen leugnen.

Kein Zweifel: Informationsverarbeitung und Informationstechnik prägen unsere Gesellschaft!

## II.  Öffentliche Aufgaben

Damit ist zugleich schon etwas über die Bedeutung der Informationstechnik für die Erfüllung öffentlicher Aufgaben ausgesagt. Denn öffentliche Aufgaben sind solche, an deren Erfüllung die Gesellschaft ein vitales Interesse hat, weil ihnen eine hohe Bedeutung für das Wohl der Allgemeinheit zukommt. [3]

Öffentliche Aufgaben sind nicht stets und notwendigerweise staatliche Aufgaben. Vielmehr ist anerkannt - auch in den Entscheidungen unserer höchsten Gerichte [4] -, daß zum Beispiel die Presse eine öffentliche Aufgabe erfüllt, wenn sie die Bürger über öffentliche Angelegenheiten unterrichtet. Die Begriffe "öffentliche Aufgabe" und "staatliche Aufgabe" decken sich also nicht. Es ist wohl so, daß die vielfältigen öffentlichen Aufgaben sowohl durch Private (ohne oder mit regulierender/überwachender Einflußnahme des Staates) als auch durch den Staat selbst wahrgenommen werden können. (Um Mißverständnissen vorzubeugen:  Es geht mir hier um eine wertfreie Feststellung, sozusagen um eine Beschreibung des Ist-Zustandes. In keiner Weise möchte ich damit Stellung in der bekannten Privatisierungsdiskussion beziehen, noch gar mich für eine Privatisierung bisher von der öffentlichen Verwaltung erbrachter Leistungen aussprechen.)

Nachdem ich mit diesen Ausführungen hinreichend deutlich gemacht habe, daß ich als Jurist die terminologische Problematik erkannt habe, könnte ich als Politiker ja eigentlich zu der "flächendeckenden Unbestimmtheit" übergehen, die nach Meinung mancher Linguisten die Sprache der Politiker kennzeichnet. [5] Aber den Exkurs in die Begrifflichkeit habe ich noch aus einem anderen Grunde unternommen, nämlich, um die Weite meines Themas abzuleuchten und zugleich um Verständnis dafür zu bitten, daß ich es - schon aus zeitlichen Gründen - eingrenzen muß. So werde ich mich denn im wesentlichen beschränken müssen auf die Frage nach der Bedeutung der Informationstechnologie für den - trotz allem - hauptsächlichen Träger öffentlicher Aufgaben: die öffentliche Verwaltung.

## III.  Öffentliche Verwaltung als informationsverarbeitendes System

Die öffentliche Verwaltung ist Teil der Gesellschaft; sie ist das Teilsystem dieser Gesellschaft, das zur Erfüllung öffentlicher Aufgaben vorzugsweise berufen ist. In ihrer Gesamtheit ist die öffentliche Verwaltung "das größte geschlossene informationsverarbeitende System im Rahmen einer nationalen Gesellschaft". [6] "Input" und "Output" dieses Systems - um das Vokabular der Informationsverarbeiter aufzugreifen - sind Informationen, die oft vom Einzelnen stammen beziehungsweise sich wieder an ihn richten (so bei einem Antrag eines Bürgers und dem von der Verwaltung ihm zugestellten Bescheid), die oft aber auch aus verschiedenen anderen Quellen kommen und zur Planung und Steuerung gesellschaftspolitisch angestrebter Prozesse verwandt werden (zum Beispiel zur Wirtschaftsförderung, Investitionslenkung, Wohnungsbauförderung, Kriminalitätsbekämpfung). Wer sich einmal klarmacht, was beispielsweise alles zu einem Bescheid über die Studienplatzvergabe notwendig ist - Informationen über den Gesamtrahmen der Studienplätze, über die an den einzelnen Hochschulen insgesamt und im jeweiligen Studienfach vorhandenen Plätze, Informationen des Bewerbers über seine Wünsche und Prioritäten, aber auch über seine Noten, soziale und andere persönliche Verhältnisse, schließlich Informationen über die persönlichen Verhältnisse anderer Bewerber, deren Wünsche und Ansprüche man mit denen des erstgenannten Bewerbers vergleichen muß, um Vor- und Nachrang festzustellen, später Informationen über das Ausscheiden von Bewerbern, das möglicherweise zum "Nachrücken" eines anderen führt -, wer sich dies exemplarisch vor Augen führt, wird keine Zweifel mehr an der Qualifizierung der öffentlichen Verwaltung als ein "informationsverarbeitendes System" haben.

## IV. Die Nutzung der Informationstechnik durch die öffentliche Verwaltung

Niemand wird es deshalb auch wundern, daß die öffentliche Verwaltung zu den größten Nutzern und Benutzern der Informationstechnik gehört. Was wäre die öffentliche Verwaltung wohl ohne die heute schon "klassischen" Hilfsmittel der Informationstechnik: das Telefon und den Fernschreiber?! Und was wäre sie heute ohne das wichtigste Hilfsmittel moderner Informationsverarbeitung: den Computer?

Bildet man unter den Anwendern der automatischen Datenverarbeitung Anwendergruppen (in der freien Wirtschaft etwa nach Branchen wie "Versicherungswirtschaft" oder "Groß- und Einzelhandel") und bezeichnet man die öffentliche Verwaltung als eine solche Anwendergruppe, so ist sie - versteht man sie im weitesten Sinne (das heißt einschließlich Hochschulbereich, Bahn, Post, Verkehr, Verteidigung) - mit Abstand der Computer-Anwender Nummer 1. Ebensowenig wie die Wirtschaft heute auf den Computer verzichten könnte zur Fertigungssteuerung, Kontenverwaltung oder Rechnungserstellung, ist heute in der öffentlichen Verwaltung der Bundesrepublik eine Volkszählung, eine Studienplatzzuweisung, ein BAföG-Bescheid, eine polizeiliche Fahndung ohne Computer denkbar.

Dennoch ist bei weitem nicht das Ende dieser Entwicklung erreicht. Die Automation wird auch in der Verwaltung fortschreiten. Sie wird insbesondere noch viel stärker als bisher den einzelnen Arbeitsplatz erreichen; in dieser Hinsicht - nämlich in bezug auf die Computerunterstützung am Arbeitsplatz und die sogenannte Büroautomation - besteht in der öffentlichen Verwaltung gegenüber der freien Wirtschaft sogar ein erheblicher Nachholbedarf.

Der Mensch hat sich bekanntlich weitverzweigte, flächendeckende Netze geschaffen für den Transport von Personen und Gütern (Straßen-, Schiffahrts-, Eisenbahn-, Flugnetze) und für den Transport von Energie (etwa Stromnetze). Er ist jetzt dabei, Netze aufzubauen und auszubauen, über die Informationen transportiert und an vielen Stellen verfügbar gemacht werden. Über Telefon- und Fernschreibnetze hinaus gibt es inzwischen Datenfernübertragungs- und Computerverbundnetze, die man noch vor wenigen Jahren für unmöglich gehalten hätte.

An dieser Entwicklung ist die öffentliche Verwaltung - auch soweit sie nur Nutzer, nicht, wie die Deutsche Bundespost, Mitträger der neuen technischen Möglichkeiten ist - nicht unbeteiligt: Im Polizeibereich sind, nur beispielhaft, die Stichworte DISPOL und INPOL zu nennen, im allgemeinen Verwaltungsbereich etwa das "Datenvermittlungssystem" DVS des Landes Nordrhein-

Westfalen, das schon in einer frühen Phase der Netzentwicklungen in Angriff genommen wurde, um ganz bewußt und gezielt einen pionierhaften Beitrag zur Entwicklung (im technischen Sinne) "offener Kommunikationssysteme" zu leisten. Die Ergebnisse der DVS-Entwicklung sind durch die generelle Netzentwicklung der Deutschen Bundespost und die internationale Normung bestätigt worden. In jüngster Zeit kommen nun zu dieser ohnehin schon erstaunlichen Entwicklung Phänomene hinzu, die unter dem Stichwort "neue Medien" wiederum zusätzliche Möglichkeiten der Informationsverarbeitung und des Informationszugangs eröffnen.

Diese "explodierende Technik" muß eingefangen werden; ihre ungeheuren Kräfte und Möglichkeiten lassen sich nur dann sinnvoll und geordnet nutzen, wenn man die Nutzung "organisiert". Das ist freilich einfacher gesagt als getan. Denn auf die Frage nach der richtigen Organisation gibt es die unterschiedlichsten Antworten. Das gilt für die Nutzung der sogenannten neuen Medien ebenso wie für die automatisierte Datenverarbeitung. Dennoch:  Die Frage nach der richtigen Organisation der Informationstechnik und der Informationsinfrastruktur sollte zwar engagiert, aber nicht nach der Art eines Glaubenskrieges geführt werden. Wichtig ist bei allen organisatorischen Lösungen, daß die dienende Funktion der Informationstechnik erhalten bleibt, daß wir sie "beherrschen" statt uns von ihr beherrschen zu lassen.


## V.    Die Bedeutung der Informationstechnik

Mit den Feststellungen über den Standort der öffentlichen Verwaltung innerhalb der Gesamtentwicklung ist zugleich schon etwas über die Bedeutung der Informationstechnik für die Erfüllung öffentlicher Aufgaben ausgesagt. Ich möchte aber versuchen - ohne jeden Anspruch auf Vollständigkeit -, einige Aspekte dieses Themas näher zu beleuchten.


### A)    Informationstechnik als unverzichtbares Hilfsmittel

Bestimmte öffentliche Aufgaben wären heute ohne die Hilfsmittel der Informationstechnik nicht mehr erfüllbar. Nehmen wir zum Beispiel die Volkszählung: Bestehen schon Schwierigkeiten, eine hinreichende Zahl von Mitarbeitern für die Erhebung zu bekommen, so wäre es heute ganz unmöglich, die von Millionen von Bürgern erhobenen Daten in den Statistischen Landesämtern (oder gar an einer Stelle:  beim Statistischen Bundesamt) manuell zusammenzustellen und auszuwerten. Selbst die Automationsverfahren, die man für die Volkszählung zunächst einführte, mußten zwischenzeitlich weiterentwickelt und erheblich verbessert werden, um diese Aufgabe überhaupt noch bewältigen zu können. So bedurfte es dringend der Ablösung früherer lochkartenorientierter Datenerfassungsverfahren durch die optische Lesung; denn das für die Ablochung notwendige Personal wäre in der erforderlichen Zahl heute nicht mehr zu bekommen.

Um als weitere Beispiele modernere Aufgabenstellungen anzusprechen: Sogenannte Frühwarnsysteme für Kernkraftwerke sind ebenso nur mit Computerunterstützung denkbar wie etwa andere Umweltschutzsysteme, zum Beispiel das in Nordrhein-Westfalen beziehungsvoll LIMES abgekürzte "Landes-Immissions-Meßsystem", das sozusagen einen Schutzwall gegen Umweltschäden aufbauen soll. Generell kann gesagt werden, daß anspruchsvolle Planungsinformationssysteme heute nur mit Hilfe der Informationstechnik realisierbar sind.


B)    Informationstechnik als Rationalisierungsmittel

Über viele Jahre lag die Hauptbedeutung der Informationstechnik darin, daß sie Rationalisierung ermöglichte. Nicht von ungefähr konzentrierte sich insbesondere der Einsatz von Computern in der ersten Phase der Automation auf sogenannte Massen- und Routineaufgaben, bei deren automatisierter Erledigung sich am ehesten Einsparungen (vor allem:   Personaleinsparungen) nachweisen ließen. Später trat dieser Rationalisierungsaspekt zurück, und es gab eine Zeit, als man ihn sogar am liebsten verschwieg. So fiel beispielsweise das Gutachten eines renomierten Beratungsunternehmens, das die Möglichkeit der Einsparung von mehreren tausend Stellen des mittleren Dienstes durch den Aufbau der sogenannten Grundstücksdatenbank aufzeigte, gerade in eine Phase zunehmender Arbeitslosigkeit, das heißt in eine Zeit, in der manche gerade von der öffentlichen Verwaltung die Neueinrichtung von Stellen als Beitrag zur Bekämpfung der Arbeitslosigkeit forderten.

Hat deshalb die Informationstechnik ihre Bedeutung für die Rationalisierung verloren? Keineswegs! Man wird nur immer wieder - im öffentlichen Bereich wie in der privaten Wirtschaft - sorgfältig abzuwägen und zu entscheiden haben, ob, zu welcher Zeit und mit welcher Wirkung gegenüber den Arbeitnehmern Informationstechnik zur Rationalisierung eingesetzt werden sollte. (Der Nachweis, die Informationstechnik schaffe auch neue Arbeitsplätze, ist zweifellos grundsätzlich richtig; nur entstehen Arbeitsplätze anderer Art und an anderer Stelle. Der Hinweis hilft also demjenigen nicht, der seinen Arbeitsplatz verliert.)


C)    Informationstechnik zur Verbesserung der Aufgabenerfüllung

Die Informationstechnik hat in einigen Bereichen ganz wesentlich dazu beigetragen, daß öffentliche Aufgaben heute besser als je zuvor erfüllt werden können. Nehmen wir als Beispiel den Bereich der Polizei:  Ohne Zweifel wird die Fahndungsarbeit der Polizei durch das INPOL-System erleichtert und verbessert. Zugleich läßt sich an diesem weitverzweigten technischen System mit seinen Datenbanken und Leitungsverbindungen zeigen, wie sehr die heutigen und künftigen Möglichkeiten wirksamer technischer Unterstützung der Verwaltungsarbeit von der Weiterentwicklung der Informationstechnik abhängig ist:  Ein System wie INPOL wurde erst

möglich, als die Informationstechnik über ihre erste Entwicklung fast hinausgewachsen war, als
große Sofortzugriffsspeicher zur Verfügung standen und als die Computertechnologie eine so
enge Verbindung mit der Datenübertragungstechnik einging, daß Netzwerke möglich wurden.

Ein weiteres Beispiel: Vor einigen Monaten habe ich die Einsatzleitzentrale des Düsseldorfer
Polizeipräsidiums ihrer Bestimmung übergeben. Ihr Kern ist eine Datenverarbeitungsanlage, in
der für den polizeilichen Einsatz Informationen gespeichert und über Bildschirmgeräte abrufbar
sind. Das System führt Übersichten über alle Straßen und Plätze, über wichtige Objekte, über die
Einsatzmittel der Polizei (wie Funkstreifenwagen oder Motorräder). Gehen über den Notruf, über
die Überfall-/Einbruch-Meldeanlagen oder auf anderem Wege Meldungen ein, so verarbeitet der
Rechner sie automatisch und macht - unter Berücksichtigung der örtlichen und der objektspezi-
fischen Gegebenheiten - geeignete Einsatzvorschläge. Es handelt sich bei diesem System, das
inzwischen auch im Kölner Polizeipräsidium installiert wurde, um das - wie Experten glaubhaft
versichern - zur Zeit modernste und fortschrittlichste Informationssystem auf diesem Gebiet.

Ein drittes Beispiel aus einem ganz anderen Bereich ist das der computerunterstützten
Information und Beratung der Mitglieder der Rentenversicherung. [7] Der Gesetzgeber hat - zu
Recht - im Sozialgesetzbuch und in der DEVO (Datenerfassungs-Verordnung) die Auskunftsrechte
des Versicherten und die Beratungspflichten der Leistungsträger der Sozialversicherung ver-
stärkt. So hat jeder, der das 59. Lebensjahr vollendet hat, einen Anspruch auf Auskunft über die
Höhe seiner Anwartschaft auf Altersruhegeld. Die Rentenversicherungsträger haben sich frei-
willig dazu verpflichtet, solche Auskünfte schon an Versicherte vom 55. Lebensjahr ab zu
erteilen. Sie konnten das auf der Basis von organisatorischen und informationstechnischen
Lösungen, die es zum Beispiel der Bundesanstalt für Angestellte (BfA) mit ihren 13 Millionen
Versicherten und 3,7 Millionen Rentenempfängern gestatten, die in Berlin zentral gespeicherten
Informationen "vor Ort", das heißt zu den örtlichen Auskunfts- und Beratungsstellen zu bringen.
An das dazu entwickelte "Teleprocessing-Auskunftssystem" der BfA sind sogar drei in Bussen
untergebrachte, mobile Auskunfts- und Beratungsstellen angeschlossen.

D)    Integration

Ein ganzes Jahrzehnt war "Integration" das Schlagwort, mit dem der Einsatz des wichtigsten
Werkzeugs moderner Informationstechnik - des Computers - gekennzeichnet wurde. Zeitweise
wurden "automatisierte" und "integrierte" Datenverarbeitung geradezu als Synonyme behandelt.
Mit dem Erlebnis der Schwierigkeiten der Integration kam eine gewisse Ernüchterung, und
schließlich blieb es der Datenschutz-Szene vorbehalten, die Integration jedenfalls im Bereich der
personenbezogenen Daten mit dem Etikett des Gefährlichen - und das heißt im Datenschutz
zumeist: des Verbotenen - zu versehen.

Dabei kann die Integration von Daten und Verfahren - wenn man sie auf das real Machbare und das unter Datenschutzaspekten Zulässige zurückführt - auch heute noch ein bedeutender Aktivposten für den Einsatz der Informationstechnik sein: Sie kann ebenso zu größerer Wirtschaftlichkeit führen wie zu mehr Bürgerfreundlichkeit; und sie kann einer aus Gründen der Arbeitsteilung in viele Behörden aufgesplitterten Verwaltung wieder zu einer "Gesamtschau" verhelfen, die der Erfüllung öffentlicher Aufgaben zuträglich ist.

### E)   Innovation

Die Informationstechnik mit ihren Möglichkeiten liefert weiter einen Beitrag zur Erhaltung der Innovationsfähigkeit der öffentlichen Verwaltung - mehr noch: Sie ist eine Provokation dieser Fähigkeit. Dabei geht die Herausforderung der Informationstechnik zunächst dahin, Verwaltungsverfahren zu verbessern. Mittelbar aber führt sie auch zu einem Überdenken der Verwaltungsstruktur. Und darüber hinaus ist keineswegs ausgeschlosen, daß sie auf die Verwaltungsprogramme und selbst auf die Verwaltungsziele durchschlägt.[8]

### VI.   Nachteile und Gefahren der Informationstechnik

Inzwischen wissen wir, daß nicht alle Aspekte des Einsatzes der Informationstechnik für die Erfüllung öffentlicher Aufgaben positiv sind. Es gibt auch eine Reihe von Nachteilen und Gefahren. Oft sind die Rationalisierungserfolge der Informationstechnik, insbesondere der Automation, mit dem Nachteil hochkomplexer zentraler Verfahren bezahlt worden, die auf individuelle Erfordernisse nur schwerfällig reagieren. Manchmal macht man sich auch nicht genügend klar, daß der Multiplikatoreffekt zentraler automatisierter Verfahren nach beiden Richtungen wirkt: Den multiplizierten Vorteilen steht die Multiplikation von Fehlern gegenüber; eine Nachlässigkeit bei der Verfahrenskonzeption, ein kleiner Fehler bei der Programmierung multipliziert sich mit der Zahl der nach diesem Verfahren, diesem Programm ablaufenden Einzelfälle und löst eine ungeheure Menge von Beanstandungen aus, die dann zumeist manuell-intellektuell (das heißt personalaufwendig) ausgeräumt werden müssen.

Wir wissen heute auch, daß manche Rationalisierungserfolge der Träger öffentlicher Aufgaben beim Einsatz der Informationstechnik zum Teil durch eine "Umverteilung" der Arbeit erreicht wurden, so dadurch, daß man dem Bürger das Ausfüllen formatierter Erhebungsbogen und die Entgegennahme computergedruckter Bescheide zumutet, deren sybillinisch verschlüsselte Aussagen manchmal selbst von Kreuzworträtsel-Experten erst nach längerem Nachdenken enträtselt werden können. Und auch weiterhin ist Skepsis - zumindest aber Wachsamkeit - angebracht gegenüber dem schon angesprochenen Beitrag der Informationstechnik zur "Innovation" der öffentlichen Verwaltung, insbesondere soweit es um die Verwaltungsprogramme und -ziele geht.

Jedenfalls dürfen diese Ziele durch die Technik nicht verfälscht, darf die Verwaltung nicht in die Richtung eines nur noch auf computergerechte Anträge der Bürger computerhaft reagierenden Mechanismus gedrängt werden.

Selbstverständlich darf bei einer Aufzählung der Nachteile das Stichwort "Datenschutz" nicht fehlen, das ich hier im Rahmen meines zeitlich begrenzten Vortrages freilich nur "antippen" möchte. Denn die unter diesem Stichwort behandelten Gefahren der Informationstechnik für den Einzelnen und seine Persönlichkeitssphäre sind angesichts des Standes der Diskussion und der Gesetzgebung zum Datenschutz weitgehend bekannt. Was die Notwendigkeiten zur Weiterentwicklung des Datenschutzes angeht, so sind sie grundsätzlich von allen Parteien anerkannt. Besonders eingehende "Grundsätze für einen besseren Datenschutz" hat der Bundesvorstand der SPD am 30. Juni 1980 beschlossen. [9]

Ein weiterer Nachteil wird gelegentlich unter dem Stichwort "the vulnerable society" - die verwundbare Gesellschaft - angesprochen. (Die schwedische Regierung hat zu diesem Komplex bekanntlich eine interessante Studie erstellen lassen.) Wir machen uns mit dem wachsenden Einsatz der Informationstechnik immer mehr von dieser abhängig. Oft brechen wir bei der Einführung computergestützter Verfahren so radikal alle Brücken hinter uns ab, daß kein Weg mehr zurück zu den nostalgischen, aber sicheren Ufern manueller Informationsverarbeitung führt. Nun mag es zwar schlimm genug, aber immer noch hinnehmbar sein, wenn sich durch den zeitweisen Ausfall eines Computers die Gehaltszahlung an die Beamten verzögert; schlimmer wäre es schon, wenn der Polizeicomputer gerade im Augenblick einer aktuellen Terroristenfahndung ausfällt, und wirklich katastrophal wären die Folgen des Ausfalls der informationsverarbeitenden Superhirne der NATO im Verteidigungsfall.

Man sieht: Technik - auch Informationstechnik - macht uns stärker, als wir ohne sie waren - vorausgesetzt, sie funktioniert. Funktioniert sie nicht, fällt sie aus, macht dies uns schwächer als wir vorher waren.

Natürlich kann und muß man aus dieser Erkenntnis Konsequenzen ziehen: So ist es heute in einigen Bereichen geradezu selbstverständlich geworden, daß man sich durch Duplex-, durch "stand by"- und durch Ausweichanlagen abzusichern versucht. Aber die Experten wissen um die Problematik dieser technischen Absicherung; sie wissen auch, wie schwierig es ist, eine mit der eigenen in Hard- und Software und in der Konfiguration voll kompatible Ausweichanlage zu finden. Und die Experten wissen weiter, welcher Aufwand heute getrieben werden muß, um sich vor dem Verlust oder der Verfälschung von Daten durch Computerfehler oder Systemzusammenbrüche zu schützen oder um verlorengegangene Daten aus Sicherungsbeständen zu rekonstruieren.

Dabei muß man sich bewußt machen, daß die informationsverarbeitende Maschine selbst nur <u>eine</u> der Schwachstellen ist, die unsere Gesellschaft "verwundbar" machen. Die andere ist der Mensch, sind die Systemspezialisten, die allein noch zur Beherrschung der kompliziertesten unter diesen Maschinen in der Lage sind. Es bedeutet eine starke - eine zu starke - Abhängigkeit und Verwundbarkeit, wenn es möglich ist, ganze Verwaltungszweige durch das Ausschalten weniger Spezialisten lahmzulegen.

So verwundbar also die Gesellschaft aufgrund ihrer Abhängigkeit von der Informationstechnik geworden ist - die Verwaltung ist es ebenso.

## VII. Zusammenfassung

Wer die Bedeutung, wer den Wert der Informationstechnik für die Erfüllung öffentlicher Aufgaben beurteilen will, muß beides kennen - ihre Möglichkeiten und Grenzen, ihre Vor- und Nachteile. Er muß sich klar darüber sein, daß die Informationstechnik ebenso Arbeitsplätze schaffen wie andere vernichten kann; daß sie Arbeitsplätze von inhumanen Bedingungen befreien kann (dadurch etwa, daß eine informationsgesteuerte Maschine eintönige Routinearbeiten übernimmt) und daß sie andere möglicherweise (durch Überforderung) inhumaner macht; daß sie zu größerer Wirtschaftlichkeit ebenso wie zur Verschwendung von Steuergeldern führen kann. Informationstechnik kann Informationsbedürfnisse befriedigen und selbst wieder neue Informationsbedürfnisse wecken. Informationsverbund ist der Vorteil des einen und der Nachteil des anderen, der die Informationsverflechtung nicht durchschaut. Bürgernähe oder Bürgerferne - beides kann mit Informationstechnik bewirkt werden.

Es sind dies die beiden Seiten ein und derselben Medaille, es ist dies die "Janusköpfigkeit" der Informationstechnik. Informationstechnik kann richtig nur einsetzen, wer beide Gesichter kennt.

Ist man sich dieser Doppelgesichtigkeit, dieser Dr. Jekyll/Mr. Hyde - Existenz der Informationstechnik bewußt, dann kann ihr sorgfältig geplanter Einsatz sehr wohl die Erfüllung öffentlicher Aufgaben in hervorragender Weise unterstützen. Auf ihrer Basis, mit ihren Mitteln kann eine Informations-Infrastruktur aufgebaut werden, die dem Informationsbedarf, der Informationsverarbeitung und den Informationsflüssen der Träger öffentlicher Aufgaben in bisher nie dagewesenem Maße gerecht wird. So gesehen, ist die Bedeutung der Informationstechnik für die Gesellschaft und für die Erfüllung öffentlicher Aufgaben so hoch einzuschätzen, daß sie selbst zur öffentlichen Aufgabe wird. Dieser Aufgabe werden wir nur gerecht, wenn wir die Informationstechnik und ihren Einsatz menschen- und gesellschaftsgerecht gestalten. (Mit Befriedigung habe ich festgestellt, daß das neue Programm "Informationstechnik" der Bundesregierung diesen Aspekt eindringlich anspricht.)

Wichtiges Gestaltungsmittel ist die Organisation. Ich begrüße es deshalb sehr, daß diese Tagung sich des Themas der "Organisation informationstechnik-gestützter öffentlicher Verwaltungen" in so ausführlicher und - wie schon das Programm, die nach mir kommenden Referenten und die Teilnehmer erwarten lassen - in so eindrucksvoller Weise annimmt.

Ich wünsche den Veranstaltern einen guten Verlauf der Tagung und allen Teilnehmern wertvolle Erkenntnisse!


Anmerkungen:

1) Vgl. Brzezinski, Z., Amerika im technetronischen Zeitalter, in: Beilage zur Wochenzeitung "Das Parlament", Heft 22, 1968, S. 3-14.

2) Vgl. Bösenberg, W.A., Eine neue Phase, in: IBM-Nachrichten, Heft 250, Juli 1980, S. 7-11.

3) Vgl. Klein, H.H., Zum Begriff der öffentlichen Aufgabe, in: DÖV, 1965, S. 755-759.

4) BVerfGE 12, 113 (128), BGHZ 31, 308.

5) Vgl. Greiffenhagen, M., Zur Rolle der Sprache in der Politik, in: Beilage zur Wochenzeitung "Das Parlament", Heft 27, 1980, S. 3-11.

6) Podlech, A., Die Herausforderung der Öffentlichen Verwaltung durch die Informationstechnik, in: IBM-Nachrichten, Heft 229, Februar 1976, S. 9.

7) Siehe dazu: Below, J., Das Teleprocessing-Auskunftssystem (TSA) der BfA, in: ÖVD, Heft 9, 1980, S. 15-19 und Fehn, F.-M., Der Computer kommt zum Versicherten, in: ÖVD, Heft 11, 1980, S. 22-24.

8) Vgl. Lenk, K., Probleme der Verwaltungsinnovation durch DV-gestützte Verfahren, in: ÖVD, Heft 10, 1980, S. 3-9.

9) Vgl. "Kurzinformationen", in: ÖVD, Heft 10, 1980, S. 23.

ANFORDERUNGEN DER ÖFFENTLICHEN VERWALTUNG
AN DIE ERSCHLIESSUNG MODERNER INFORMATIONSTECHNIKEN

von Georg Poetzsch-Heffter, Kiel


## I.  Moderne Informationstechnik als Herausforderung für die öffentliche Verwaltung

Die Erschließung der modernen Informationstechnik ist für die öffentliche Verwaltung eine Aufgabe, deren Schwierigkeiten und Ausmaß kaum zu unterschätzen sind. Ihre Durchführung wird Veränderungen innerhalb der Struktur der öffentlichen Verwaltung zur Folge haben, die bisher ohne Beispiel sind. Nun ist zwar nicht alles, was heute technisch machbar ist, auch morgen schon in der vollen Breite der Amtsstuben praktisch anwendbar. Der technische Fortschritt auf dem Gebiet der Verarbeitung und Übermittlung von Informationen ist aber so rasant, daß wir damit rechnen müssen, daß auch die wirtschaftlichen Voraussetzungen für den Einsatz neuer Systeme und Verfahren in der öffentlichen Verwaltung alsbald gegeben sein werden.

Nun bedeutet erfahrungsgemäß die Existenz eines nützlichen Instruments noch nicht zwangsläufig, daß derjenige, der es anwenden könnte, dies auch tut. Die Argumente, mit denen man dem Neuen zu jeder Zeit begegnet, sind allzu bekannt:  Man sei ja schließlich schon bisher ohne dies ausgekommen; man wisse ja auch noch gar nicht, ob die gepriesenen Vorteile nicht auch mit erheblichen Nachteilen verbunden seien.

Eine solche Denkweise wird gelegentlich als symptomatisch auch für die öffentliche Verwaltung bezeichnet. Das kann ich natürlich bestätigen. Auch in der öffentlichen Verwaltung regen sich Kräfte, die neue Technik nutzbar zu machen. Dennoch bleibt es eine wichtige Aufgabe, Skeptiker zu überzeugen und Zweifel auszuräumen. Dies ist um so dringender, als es sich bei der Erschließung der modernen Informationstechnik nicht um einen isolierten, allein die öffentliche Verwaltung betreffenden Vorgang handelt, sondern um eine Entwicklung, die die Wirtschaft längst erfaßt hat und die im Begriffe ist, die gesamte Gesellschaft zu durchdringen. Das sprachlich verunglückte Schlagwort von der "informierten Gesellschaft" versucht, dies zu plakatieren. Die öffentliche Verwaltung muß sich der damit verbundenen Herausforderung stellen. Sie wird die modernen Informationssysteme für die Erledigung ihrer eigenen, hergebrachten Aufgaben erschließen müssen, weil sie sich sonst von der Umwelt technisch isolieren würde. Ob ihr darüber hinaus aus der allgemeinen Entwicklung der Informationsverarbeitung und -vermittlung in Wirtschaft und Gesellschaft eine neue Aufgabe zuwächst, nämlich die Organisation oder Kontrolle der allgemein zugänglichen Informationsspeicherzentren, das ist eine Frage, auf die ich hier nur hinweisen kann. Die Diskussion darüber hat bisher kaum eingesetzt, obwohl ihr eine weit größere Bedeutung zukommt als etwa der heftig umstrittenen Nutzung der Kabelnetze für weitere Fernsehprogramme.

## II. Entwicklung des Informationsbedarfs bei der Erledigung von Aufgaben in der öffentlichen Verwaltung

Die öffentliche Verwaltung wird von der Entwicklung der modernen Informationstechnik deshalb besonders betroffen, weil die Erfassung, Verarbeitung und Vermittlung von Informationen einen wesentlichen Inhalt ihrer Tätigkeit ausmacht. Sie alle kennen den sprichwörtlichen Stoßseufzer des geplagten Bürgers über den Informationshunger der Verwaltung: Von der Wiege bis zur Bahre, Formulare, Formulare! Er kennzeichnet, wie sehr die Verwaltungstätigkeit das menschliche Leben in seiner ganzen Vielfältigkeit erfaßt. Der Verwaltung obliegt aber nicht nur die Sorge für die Menschen selbst, sondern auch für die Lebensbedingungen in ihrer Umwelt. Die dabei jeweils zu verarbeitenden Informationen unterscheiden sich so wesentlich voneinander, daß darauf bei der Verarbeitung Rücksicht zu nehmen ist.

Bei ihrer auf den einzelnen Bürger gerichteten Tätigkeit vollzieht die Verwaltung in aller Regel Gesetze und Verordnungen und muß dabei vor allem personenbezogene Daten verarbeiten. Dies gilt für die Durchführung aller Leistungsgesetze, wie zum Beispiel der über Wohngeld, Ausbildungsförderung, Renten, ebenso wie für die Anwendung derjenigen Vorschriften, die bestimmte Verpflichtungen begründen, wie etwa die Besteuerung oder die Heranziehung zur Wehrpflicht. Informationen über Alter, Geschlecht, Familienverhältnisse, Wohnung, Einkommen, im sozialen Bereich häufig auch über Krankheiten sowie viele andere persönliche Merkmale sind hier für das Handeln der Verwaltung, für die Entscheidung maßgeblich. Bei ihrer Erfassung und Verarbeitung durch die modernen Informationssysteme sind andere Gesichtspunkte zu beachten als bei den Informationen, die die Verwaltung für die Erfüllung ihrer sonstigen Aufgaben benötigt. Bei der Gestaltung der Umwelt und der Infrastruktur sowie bei der Vorbereitung neuer allgemeiner Regelungen interessieren nicht die persönlichen Verhältnisse einzelner Bürger, sondern das Gesamtbild verschiedener Personengruppen, deren Rechte, Interessen und Probleme Gegenstand neuer allgemeiner Regelungen sein sollen, und darüber hinaus die Sachinformationen, die für die Gestaltung der Infrastruktur und der Umwelt von Bedeutung sind.

Aber nicht nur der Charakter der Informationen ist bei den verschiedenen Verwaltungsfunktionen unterschiedlich. Für die Erschließung moderner Informationstechnik wahrscheinlich noch wichtiger ist die unterschiedliche Größe des Informationsbedarfs und seiner Wachstumstendenzen.

Der Bedarf an individuellen personenbezogenen Daten hängt im wesentlichen von zwei Faktoren ab,

- erstens von der Regelungsdichte, also der Fülle der Sachverhalte, an die der Gesetzgeber oder andere zuständige Stellen Leistungen und Verpflichtungen für die Bürger knüpfen,

- zweitens von dem Ausmaß der Differenzierung in den einzelnen Regelungsbereichen. Ein Gesetz, das alle Besonderheiten in den persönlichen Verhältnissen berücksichtigt und ihnen beim Ausmaß der vorgesehenen Leistungen Rechnung zu tragen sucht, löst mit seinem Streben nach größter Verteilungsgerechtigkeit einen erheblich höheren Informationsbedarf aus als ein Gesetz, das sehr pauschale Regelungen trifft.

Hieraus folgt, daß der Bedarf an individuellen personenbezogenen Daten insoweit noch zunehmen kann, als der Katalog der sozialen Leistungen weiter ausgebaut und verfeinert wird. Dieses Wachstum dürfte sich - soweit man das heute übersehen kann - in den kommenden Jahren in Grenzen halten.

Eine ganz andere Bedarfsentwicklung ist in den beiden anderen angesprochenen Bereichen zu erwarten, also bei dem Informationsbedarf für die Vorbereitung neuer allgemeiner Regelungen und für die Gestaltung der Infrastruktur und der Umwelt. Bei einem unerschöpflichen Volumen entscheidungsrelevanter Informationen wird der jeweilige Informationsbedarf durch das Vermögen der Entscheidungsträger begrenzt, die erforderlichen Informationen in der zur Verfügung stehenden Zeit zu beschaffen, zu verarbeiten und umzusetzen. Es liegt auf der Hand, daß bei einer Beschleunigung der Bereitstellung von Informationen sowie der Steigerung der Verarbeitungskapazität und der Verarbeitungsgeschwindigkeit der Informationsbedarf erheblich zunimmt.

Die modernen Informationstechniken werden also nicht nur die Verarbeitung der heute in einem bestimmten Bereich erreichbaren Informationen erleichtern, sie werden vielmehr zwangsläufig eine Tendenz zur Bereitstellung zusätzlicher Informationen bewirken, denn die Entscheidungsträger in der öffentlichen Verwaltung drängen ebenso wie Regierung und Parlament danach, für ihre Entscheidungen ein Höchstmaß an relevanten Informationen auszuwerten. Angesichts der Fähigkeit der modernen Techniken, nahezu unbegrenzte Informationsmengen auf kleinstem Raum zu speichern und in kürzester Frist zugänglich zu machen, besteht das eigentliche Problem darin, die für eine bestimmte Entscheidung relevanten Informationen zu erfassen. Dies wiederum setzt die Fähigkeit des Entscheidungsträgers oder seiner Mitarbeiter voraus, in Unkenntnis der vorhandenen Informationen die Merkmale ihrer Relevanz für die zu treffende Entscheidung zu formulieren.

**III.** **Informationserhebung und Informationsverarbeitung für die Aufgabenerfüllung der öffentlichen Verwaltung**

Aber auch die Frage, wie der Informationsbedarf der öffentlichen Verwaltung gedeckt wird, stellt sich bei Anwendung moderner Informationssysteme neu. Am wenigsten problematisch scheint dies im Bereich der Gewährung öffentlicher Leistungen zu sein. Hier wird davon ausgegangen, daß der potentielle Leistungsempfänger einen Antrag stellt und dabei diejenigen Informationen liefert, die für eine Entscheidung über die Berechtigung notwendig sind. In der herkömmlichen Verwaltung ist in der Regel gar kein anderer Weg denkbar. Das hat auch solange zu brauchbaren, das heißt sozial gerechten Ergebnissen geführt, als die staatlichen Leistungen und ihre Voraussetzungen überschaubar waren und man davon ausgehen konnte, daß jeder vom Gesetz Begünstigte prinzipiell auch von der für ihn bestehenden Möglichkeit Kenntnis erhielt. Diese Vorstellung deckt sich jedoch nicht mehr mit der Realität von heute. Es ist eine allgemein bekannte Tatsache, daß ein nicht unbeachtlicher Teil der von der Gesetzgebung begünstigten Bürger die ihnen zugedachten Leistungen oder Vergünstigungen nicht in Anspruch nimmt. Das gilt für den Lohnsteuerjahresausgleich ebenso wie für das Wohngeld, die Heizkostenbeihilfen und viele andere soziale Leistungen. Der Gesetzgeber will zwar allen, die sich in einer Notlage befinden oder bestimmte Förderungsvoraussetzungen erfüllen, eine Leistung gewähren. Dies wird jedoch nur unvollkommen erreicht, weil die öffentliche Verwaltung die Information für eine Gewährung der gesetzlichen Vergünstigung von den Bürgern nur erheben kann, wenn diese von sich aus vorstellig werden. Dieses unbefriedigende Ergebnis läßt die Frage aufwerfen, ob die moderne Informationstechnik insoweit eine bessere, eine vollständigere Gesetzesdurchführung ermöglichen kann, ohne denjenigen eine Leistung aufzudrängen, die auf sie verzichten wollen. Darauf wird später zurückzukommen sein.

Die Informationserhebung für die anderen Bereiche der öffentlichen Verwaltung ist weniger klar gegliedert und geordnet. Ein Teil des Informationsbedarfs wird bisher durch die allgemeinen und fachspezifischen Statistiken abgedeckt. Dazu kommen die Informationen aus den Medien, aus Bibliotheken, aus amtlichen oder sonstigen Veröffentlichungen sowie spezielle Informationen durch Einholung von Erkundigungen, Gutachten, Stellungnahmen und nicht zuletzt diejenigen Informationen, die sich aus dem amtlichen Schriftverkehr ergeben. Wie bereits erwähnt, ist die Bewältigung dieser ständig wachsenden Fülle wesentlicher Informationen überwiegend eine Frage ihrer Sichtung, ihrer Ordnung und ihrer Umarbeitung in eine für anstehende Entscheidungen verwertbare Form. Dieses Problem ist mit herkömmlichen Mitteln gelegentlich nur mit einem unverhältnismäßig großen Zeit- und Personalaufwand, meist aber überhaupt nicht zu bewältigen. Die moderne Informationstechnik erschließt durch ihre hohe Verarbeitungsgeschwindigkeit völlig neue Dimensionen für das Ausmaß der bei einer Entscheidung verwertbaren Informationen.

## IV. Neue Möglichkeiten moderner Informationstechniken für die Aufgabenerfüllung

Die modernen Informationstechniken können aber nicht nur zu einer Qualitätssteigerung in der bisherigen Aufgabenerfüllung genutzt werden, sondern es erschließen sich Möglichkeiten, die bisher überhaupt nicht oder nur unvollkommen wahrgenommen werden konnten, weil die technischen Voraussetzungen dafür nicht gegeben waren. Sicherlich ist die Frage nicht generell zu beantworten, welche der heute erkennbaren technischen Möglichkeiten im Laufe des nächsten Jahrzehnts zu einer breiten praktischen Anwendung kommen, inwieweit also Wirtschaftlichkeit und Praktikabilität im Verwaltungsalltag wirklich hergestellt werden können. Die Perspektiven, die für diesen Zeitraum gestellt werden, lassen dennoch grundlegende Wandlungen erwarten. Da ist die Rede

- vom Zusammenwachsen der Daten-, Text- und Nachrichtentechnik in eine Arbeitsplatzausrüstung,
- von der Übermittlung von Bild-Ton-Text über eine Leitung,
- von der Sprachaufnahme und -ausgabe,
- von der papierlosen Kommunikation und im Zusammenhang damit
- vom papierlosen Büro, einer geradezu traumhaften Vorstellung für jeden, der gegen die täglich wachsende Papierflut ankämpfen muß.

Einen Aspekt aus der Vielfalt der neuen Möglichkeiten möchte ich besonders hervorheben, der für manchen sicherlich weder neu ist noch sehr bedeutend erscheint. Ich meine die Möglichkeit, am Arbeitsplatz große Datenmengen, inbesondere Zahlen in kürzester Frist in graphische Darstellungen umzusetzen und diese nach verschiedenen Gesichtspunkten zu variieren. Erst durch diese graphische Darstellung gewinnen die großen Mengen von Einzeldaten, die die modernen Informationssysteme übermitteln können, ihren praktischen Wert im Entscheidungsprozeß. Die Fülle von Zahlen ist für sich allein unübersehbar. Es dauert häufig viele Stunden, bis man ihre Gesamtaussage erfassen kann. Die graphische Umsetzung macht die abzuleitenden Entwicklungstendenzen auf einen Blick sichtbar und damit verwertbar. Dieses Erzeugnis der modernen Informationstechnik ist zugleich ein außerordentlich wertvolles Mittel, die immer wichtiger werdende Information der Bürger über das Handeln der Verwaltung zu unterstützen und die entscheidungserheblichen Erwägungen plausibel zu machen. Graphische Darstellungen, insbesondere farbige, sind nun einmal aussage- und überzeugungskräftiger als lange Zahlenkolonnen.

In diesem Zusammenhang ist zugleich darauf hinzuweisen, daß die moderne Technik der öffentlichen Verwaltung auch darüber hinaus die Aufgabe erleichtert, einzelnen Bürgern oder Personengruppen bestimmte Informationen zu vermitteln. Sie ermöglichen, die Informationen in Bild, Ton und Text auf Abruf bereitzustellen und dem Bürger den jederzeitigen Zugriff zu ermöglichen. Ob man allerdings soweit gehen kann, im Blick auf das öffentliche Bildungswesen von einer Wandlung der Aufgabenstellung zu sprechen, weil an die Stelle der Vermittlung von Informationen die Vermittlung des Zugangs zu Informationen trete, möchte ich doch bezweifeln.

**V.  Auswirkungen moderner Informationstechniken auf die verfassungsrechtliche Grund-**
**     struktur**

Neben der Erörterung der neuen Möglichkeiten, die die moderne Informationstechnik für die öffentliche Verwaltung eröffnet, ist sicherlich auch die Frage zu stellen, welche zwangsläufigen, möglicherweise ungewollten Konsequenzen sich aus dieser Entwicklung ergeben. Wegen der fundamentalen Bedeutung des Informationssystems in einem demokratischen Staat ist die Meinung vertreten worden, mit der bevorstehenden grundsätzlichen Veränderung dieses Systems sei unabweisbar eine Wandlung der repräsentativen zur plebiszitären Demokratie verbunden. Ich teile diese Ansicht nicht. Die Möglichkeit zu umfassender Information in den öffentlichen Angelegenheiten bedeutet erfahrungsgemäß nicht zwangsläufig auch ein stärkeres Engagement an den politischen Entscheidungen im staatlichen und kommunalen Bereich.

Abgesehen davon ist eine gewisse Akzentverschiebung in unserer verfassungsrechtlichen Grund-struktur sicherlich nicht auszuschließen. Das gilt wohl auch für die Stärkung gewisser, schon jetzt erkennbarer plebiszitärer Elemente, die sich in den Forderungen nach stärkerer Bürger-beteiligung und den gesetzlichen Regelungen über ausgeweitete Anhörungen im Planungsbereich niederschlagen. Ich selbst würde aber eher eine nachhaltige Änderung im Spannungsverhältnis zwischen Regierung und Parlament erwarten. Der heutige Informationsvorsprung der Regie-rungen wird sich kaum auf Dauer im bisherigen Umfang erhalten lassen, weil es für das Parlament einfacher ist, den Zugang zu Datenbanken durchzusetzen und praktisch auszuüben als Einsicht in eine Fülle ministerieller Akten zu nehmen.

**VI.  Folgen des Einsatzes moderner Informationstechniken**

A)  <u>Das Verhältnis Verwaltung - Bürger</u>

Das Verhältnis Verwaltung-Bürger wird durch die Einführung der neuen Techniken auf vielfache Weise beeinflußt, positiv wie negativ. Dabei sind unterschiedliche Beziehungen des Bürgers zur Verwaltung zu unterscheiden:

In dem unmittelbaren Verhältnis des Bürgers zu einzelnen Behörden, wie dem Finanzamt, dem Sozialamt, dem Meldeamt und anderen hat sich die neue Technik schon auszuwirken begonnen: Positiv insofern, als ein großer Teil der Einzelvorgänge schneller erledigt wird, negativ insbesondere durch eine größere Schwerfälligkeit der entstandenen Verarbeitungssysteme in ihrer Reaktion auf Sonderfälle, durch Engpässe in der Datenerfassung und schließlich durch die häufig schwer lesbaren und verständlichen Formularbescheide. Diese Mängel sind seit langem bekannt, teilweise schon heute beseitigt, auf jeden Fall aber in den nächsten Jahren mit der Einführung neuer Techniken zu bewältigen.

Der fortschreitende dezentrale Einsatz von Informationsverarbeitungsgeräten, der Anschluß des Arbeitsplatzes des Sachbearbeiters an das Informationsverarbeitungsnetz wird zunehmend auch eine flexiblere und individuellere Betreuung des Einzelfalles gewährleisten.

Eine weitere Verbesserung wäre denkbar, sobald neue Kommunikationsnetze es ermöglichen werden, den für einen Verwaltungsvorgang notwendigen Informationsaustausch zwischen dem Bürger und dem Sachbearbeiter der Verwaltung nicht mehr durch ein mündliches Gespräch an der Amtsstelle oder die Einreichung eines schriftlichen Antragsformulars zu führen, sondern in das Netz zu verlegen. Damit könnten die Belastungen wieder erleichtert werden, die den Bürgern durch die verschiedenen Konzentrationsvorgänge im Rahmen der Gemeinde- und Kreisgebiets- reform durch die größere Entfernung zu den Amtsstellen zugemutet wurden.

Die Dienstleistung der öffentlichen Verwaltung und die Beziehung zum Bürger könnte schließlich durch den Einsatz der modernen Informationstechnik entscheidend verbessert werden, wenn die Behörden diese Technik dafür nutzen könnten, die für die Bearbeitung ihres Einzelfalles in anderen Bereichen der öffentlichen Verwaltung vorhandenen Informationen nutzbar zu machen. Die zunehmende Spezialisierung der öffentlichen Verwaltung hat dazu geführt, daß immer mehr Fachbereiche von der allgemeinen Verwaltung abgetrennt und verselbständigt worden sind. Der Bürger hat mit einer Vielzahl von Behörden zu tun. Jede behandelt nur einen Teilaspekt seines Daseins, weil auch die Gesetze den Bürger nicht mehr als einen ganzen Menschen, sondern nur in bestimmten Eigenschaften ansprechen - als Vater, als Arbeitnehmer, als Bauherrn, als Schwer- beschädigten oder als Mieter. Überall werden Akten angelegt, Informationen gesammelt. Und der Bürger wird immer wieder aufgefordert, Unterlagen beizubringen, die er an anderer Stelle schon vorgelegt hat. Nur wenige verstehen, weshalb die Informationen, die sie einem Teil der Verwaltung auf deren Anforderung oder auch ohne eine solche geliefert haben, von einem anderen Teil nicht ohne weiteres genutzt werden. Die moderne Technik böte die Gelegenheit, die Atomisierung des verwalteten Menschen aufzuheben und die vielen Einzelteile wieder zusammen- zufügen.

Ich bin mir bewußt, daß ich damit einen empfindlichen Punkt anspreche, denn die andere Seite der eben beschriebenen Medaille ist das Schreckgespenst des "großen Bruders" oder, sachlicher formuliert, die Gefahr, daß die Verfügung über alle zu einer Person in der öffentlichen Verwaltung vorhandenen Informationen mißbraucht werden oder auch ohne einen Mißbrauch zu einer unangemessenen Beeinträchtigung seiner Individualsphäre führen könnte.

Der Widerstand gegen die Einführung des Personenkennzeichens als einen Schlüssel für die Integration der personenbezogenen Daten verschiedener Verwaltungen und die Entwicklung der Datenschutzgesetzgebung kennzeichnen den bisherigen Weg der Bundesrepublik Deutschland in dieser Frage. Es kann keinem Zweifel unterliegen, daß die getroffenen Entscheidungen ein außerordentliches Hindernis für die Nutzbarmachung der modernen Informationstechniken in der angedeuteten Richtung zugunsten des Bürgers darstellen. Sie versperren auch die Möglichkeit, die vorhin dargestellte unvollkommene Durchführung sozialer Leistungsgesetze zu verbessern, indem auf Daten aus anderen Verwaltungsbereichen zurückgegriffen wird. Es bleibt deshalb die Aufgabe, nach technischen und verfahrensmäßigen Lösungen zu suchen, die den von der Gesetzgebung verfolgten Schutzzweck ohne die Integrationssperre erfüllen.

B)    Die Organisation der Verwaltung

Welche Folgen die Anwendung der modernen Informationstechnik auf die Organisation der öffentlichen Verwaltung haben wird, erscheint mir derzeit noch nicht voll erkennbar. Das gilt jedenfalls für die äußere Organisation, also die Aufgliederung in Ressorts, Behörden und Ämter. Nicht nur die Gliederung unseres Gemeinwesens in Bund, Länder und kommunale Gebietskörperschaften, sondern auch ihre jeweiligen Verwaltungsorganisationen sind historisch gewachsen und von sachlichen und politischen Überlegungen getragen, allerdings ausgehend von den Handlungsweisen und Formen, in denen die vielfältigen Verwaltungsaufgaben herkömmlich erledigt wurden und werden. Veränderungen des gesellschaftlichen und technischen Umfeldes haben schon früher Auswirkungen auf die Verwaltungsorganisationen gehabt. So hat die Spezialisierung der Aufgaben zur Abspaltung ganzer Behördenzweige von der allgemeinen Verwaltung geführt, und die größere Mobilität der Bevölkerung durch die Modernisierung hat umgekehrt zu einer Konzentrierung in der regionalen Struktur im Rahmen der bereits erwähnten Gemeinde- und Kreisgebietsreform Anlaß gegeben. Ich halte es deshalb für sehr wahrscheinlich, daß die Anwendung neuer Informationstechniken nicht nur auf die Aufgabenverteilung innerhalb der bestehenden Verwaltungsorganisation, sondern auch zu einer Änderung der Organisationen selbst führen wird.

C)    Die Mitarbeiter und die Arbeitsplätze in der öffentlichen Verwaltung

Wesentlich klarer als die Konsequenzen für die äußere Verwaltungsorganisation zeichnen sich solche für die innere Organisation der Behörden ab, also auf das, was man heute als Aufbau- und

Ablauforganisation bezeichnet. Es liegt auf der Hand, daß für einen Betrieb, dessen Tätigkeit so weitgehend aus der Erhebung und Verarbeitung von Informationen besteht, wie dies in der öffentlichen Verwaltung der Fall ist, durch die Einführung neuer Arbeitstechniken in diesem Bereich grundlegende Umgestaltungen die Folge sind.

Die Schlagworte vom papierlosen Büro, dem elektronischen Briefverkehr und der Reintegration von Arbeitsvorgängen beim Sachbearbeiter deuten an, daß eine Anzahl von Funktionen in der Informationsverarbeitung der Verwaltung entfällt und andere ihren Charakter völlig verändern. Dafür entstehen andere, bisher gar nicht vorhandene Arbeitsplätze, insbesondere für die Entwicklung und Pflege der Systeme, ihre Steuerung und Bedienung, für Informationsspeicherung und vieles andere. Das bedeutet praktisch, daß eine größere Zahl bisher vorhandener Arbeitsplätze entbehrlich wird und andere mit veränderten Qualifikationserfordernissen an die Mitarbeiter neu entstehen.

Schon die Ahnung dieser Konsequenzen aus der weiteren Anwendung moderner Informationstechniken löst einen psychologisch verständlichen Widerstand bei den potentiell Betroffenen aus. Die Ungewißheit über die Konsequenzen aus der neuen Entwicklung für die eigene Person stürzt jeden Mitarbeiter in eine existentielle Unsicherheit. Das gilt auch dann, wenn er prinzipiell die Chance hat, seine Position im neuen System zu verbessern. Denn die Unsicherheit ist erst dann beseitigt, wenn der neue, bessere Zustand effektiv erreicht ist.

Die Erschließung neuer Informationstechniken in der öffentlichen Verwaltung muß auf diesen Tatbestand ebenso Rücksicht nehmen, wie dies bei Umorganisationen in der Wirtschaft der Fall ist. Erfahrungsgemäß kommt ihm sogar im Bereich der öffentlichen Verwaltung ein besonderes Gewicht zu. Es wäre reizvoll, den Ursachen dafür nachzugehen. Liegen sie in der größeren Arbeitsplatzsicherheit des öffentlichen Dienstes oder in der Tatsache, daß die Effektivität der öffentlichen Verwaltung nicht in gleicher Weise offenkundig gemacht werden kann wie die eines Wirtschaftsunternehmens? Oder liegt diese besondere Schwierigkeit in der Verflechtung der öffentlichen Verwaltung mit dem Bereich der Politik? Auf jeden Fall wird derjenige, der diese verständlichen Ängste und Hemmungen der Mitarbeiter überwinden will, die Antwort auf diese Frage suchen müssen, um an der richtigen Stelle anzusetzen.

D)   <u>Die Ausbildung der Mitarbeiter der öffentlichen Verwaltung</u>

Die Darstellung der Konsequenzen der Einführung der neuen Techniken für die Arbeitsplätze macht eines deutlich: Der geistigen Vorbereitung der Mitarbeiter auf die neue Situation kommt eine mindestens ebenso große Bedeutung zu wie der Entwicklung der technischen und verfahrensmäßigen Voraussetzungen. Die Ausbildung des Nachwuchses, vor allem aber die Fort- und Weiterbildung der bereits im öffentlichen Dienst Beschäftigten muß intensiviert und darauf ausgerichtet werden, dem kommenden Neuen den Makel des Unbekannten und für das eigene Schicksal potentiell Gefährlichen zu nehmen. Darüber hinaus kommt es aber darauf an, auch die künftig erforderlichen Qualifikationen zu entwickeln.

Von dieser Feststellung über die große Bedeutung der Schulung und von der Forderung nach Ausweitung der bisherigen Möglichkeiten bis zur Realisierung ist ein weiter Schritt. Schon im Hinblick auf das gegenwärtige Schulungs- und Ausbildungssystem für den Bereich der Datenverarbeitung wird, wie ich der Fachpresse entnehme, über Engpässe geklagt. Die Schulungsleistungen der Hersteller sind ihrer Intensität nach anerkennenswert, aber sie führen zwangsläufig, wenn auch verständlich, zu Einseitigkeit in bezug auf die Systeme des jeweiligen Schulungsveranstalters. Die Erschließung moderner Informationstechniken für die öffentliche Verwaltung muß auch von ihren eigenen Ausbildungseinrichtungen als eine wichtige Aufgabe erkannt und intensiv gepflegt werden.

E)    <u>Die Stellung der Informationstechniker in der öffentlichen Verwaltung</u>

Die automatische Datenverarbeitung in der öffentlichen Verwaltung hat sich bisher vielfach außerhalb des Kernbereichs der Verwaltungsapparate entwickelt. Häufig sind in organisatorisch unterschiedlicher Ein- oder Zuordnung Datenverarbeitungszentren aufgebaut worden, in denen der wesentliche Teil des Personals arbeitet, das die Datenverarbeitung für die öffentliche Verwaltung betreibt und das das Know how hat und es weiterentwickelt. In den Fachverwaltungen, die sich der modernen Hilfsmittel bedienen, gibt es relativ wenige, die über die Bedienung des Systems hinaus das für eine Weiterentwicklung notwendige Wissen und den erforderlichen Überblick über die sich in rasantem Tempo entwickelnden neuen Möglichkeiten haben. Selten reichen solche Kenntnisse und das Interesse dafür in die Führungsebene hinein, obwohl ihr nicht nur die Verantwortung für den laufenden Verwaltungsbetrieb, sondern auch für seine weitere Entwicklung in die Zukunft hinein obliegt.

Angesichts der Größe der Aufgabe, die sich der öffentlichen Verwaltung mit der Erschließung der neuen Informationstechniken für ihre Zwecke stellt, muß auch die Frage aufgeworfen werden, wo in dieser Situation der richtige Standort im Meinungsbildungs- und Entscheidungsprozeß der öffentlichen Verwaltung für diejenigen ist, bei denen das Wissen um die technischen und organisatorischen Fakten und das Vermögen liegt, künftige Entwicklungen abzuschätzen.

Solange es darum ging und geht, Massenarbeiten in der öffentlichen Verwaltung durch automatische Datenverarbeitung besser zu bewältigen, konnte und kann diese Funktion als eine Hilfe für andere, als eine Dienstleistung für die fachlich zuständigen Behörden gesehen und verstanden werden. Je stärker die Datenverarbeitung in Rechenzentren zusammengefaßt und diese organisatorisch verselbständigt sind, desto weiter ist dieses Bewußtsein von der Dienstleistungsfunktion für andere entwickelt und desto weniger wird eine Mitverantwortung für die Aufgabenerfüllung selbst gesehen, die ja der zuständigen Fachbehörde obliegt. Diese Bewußtseinslage spricht nicht gegen die organisatorische Entwicklung, auf deren Hintergrund sie entstanden ist. Diese hat auch heute noch ihre guten technischen, wirtschaftlichen und möglicherweise auch politischen Gründe. Man muß diese Situation aber sehen, um die richtigen Folgerungen zu ziehen, wenn es um die Erschließung der modernen Informationstechniken geht. Dieser Vorgang berührt die Struktur der öffentlichen Verwaltung so grundlegend, daß die Verantwortung dafür nicht ohne eine stärkere Integration der fachlichen Kompetenz für diese Vorgänge in die Verwaltungsführung selbst von deren Spitze übernommen werden kann. Mit anderen Worten:  Die Erschließung der modernen Informationstechniken für die öffentliche Verwaltung setzt voraus, daß unmittelbar im Meinungs- bildungs- und Entscheidungsprozeß selbst die Fachkompetenz für Informationsverarbeitung personell verstärkt wird.

Ob diese Fachkompetenz durch Aufnahme bereits durch Ausbildung und Erfahrung ausgewiesener fachkundiger Personen in den Führungskreis erfolgt oder dadurch, daß vorhandene Führungskräfte sich diese durch intensive Schulung aneignen, oder - eine dritte Möglichkeit - durch spezielle Formen der Zusammenarbeit, ist eine weitere Frage. Sie wird sicher von Fall zu Fall unter Würdigung der zur Verfügung stehenden Persönlichkeiten zu entscheiden sein.

Den Fachleuten für Informationsverarbeitung, wie ich sie einmal nennen möchte, stellt sich aber in der gegebenen Situation eine weitere Aufgabe:  Eine nüchterne, realistische Betrachtung kann nicht übersehen, daß in einer parlamentarischen Demokratie für die entscheidenden Spitzen der öffentlichen Verwaltung angesichts begrenzter und - wie wir alle wissen - ohnehin schon überstrapazierter finanzieller Ressourcen die Verbesserung der sozialen Leistungen und der Infrastruktur in aller Regel eine höhere Priorität genießt als eine mit hohen Kosten verbundene Investition in die Leistungsfähigkeit des Verwaltungsapparats.

Daraus folgt:  Die Erschließung der modernen Informationstechniken für die öffentliche Verwaltung setzt voraus, daß sie nicht nur als eine Sache der Verwaltung gesehen wird, sondern als etwas Gutes für alle Bürger, als eine wichtige, im allgemeinen Interesse liegende Aufgabe ins Bewußtsein der Öffentlichkeit eingeht. Wer wäre geeigneter, auf eine solche Bewußtseinsbildung hinzuwirken, als diejenigen, die am meisten von der Sache verstehen, die Fachleute für Informationsverarbeitung. Ihr Wissen um die Vorteile der technischen Möglichkeiten legt ihnen auch die Verantwortung auf, für ihre Anwendung zu werben, Schwierigkeiten zu überwinden und unverdrossen das als richtig erkannte Ziel anzustreben. Wer diese Verantwortung gegenüber der Öffentlichkeit wahrnimmt, verharrt nicht bei der reinen Dienstleistung, sondern schaltet sich in die Gestaltung der öffentlichen Verwaltung ein. Ich weiß, daß auch im Kreis der angesprochenen Fachleute für Informationsverarbeitung in dieser Richtung gedacht wird. Einer von ihnen schrieb am Jahresanfang: "Für uns bedeutet das (damit waren die Anforderungen der achtziger Jahre gemeint), sich der Entwicklung durch einen ständigen Lernprozeß anzupassen, um den Anforderungen auch an persönlicher Verantwortung gerecht werden zu können. Wir müssen über unseren technischen Horizont hinausschauen und mithelfen, das Unbehagen abzubauen".


**VII. Anforderungen an den Einsatz moderner Informationstechniken**

A) Beachtung rechtsstaatlicher und demokratischer Verfahren

Die Einführung moderner Informationstechnik in der öffentlichen Verwaltung wird sich auf die herkömmlichen, unter rechtsstaatlichen und demokratischen Gesichtspunkten geregelten und geordneten Verfahren erheblich auswirken und damit Probleme aufwerfen, die bewältigt werden müssen.

Die Beachtung rechtsstaatlicher Prinzipien im Verwaltungsverfahren bedeutet, daß der Staat und seine Organe nicht nur an das Recht gebunden sind, sondern sich auch einer vom betroffenen Bürger auszulösenden Rechtskontrolle unterwerfen. Diese Rechtskontrolle setzt voraus, daß sowohl der Bürger als auch das Gericht den Verwaltungsakt überprüfen und dazu die tatsächliche Grundlage der Verwaltungsentscheidung nachvollziehen können. Das bedeutet, daß die Daten und Informationen, die der Verwaltungsentscheidung zugrunde liegen, erkennbar und einsehbar sind. Es liegt auf der Hand, daß diese Notwendigkeit um so schwieriger zu erfüllen ist, je mehr die Informationserhebung und -verarbeitung von den Menschen in der Verwaltung auf Computer übertragen und die Menge der in einer Entscheidung verarbeiteten Informationen unübersehbar wird. Daraus ist die Forderung abzuleiten, daß die Informationsverarbeitungssysteme möglichst überschaubar gestaltet werden. Nur dann läßt sich das Problem überhaupt lösen, dem Bürger in der Begründung der Entscheidung ihre tatsächliche Grundlage wiederzugeben. Darüber hinaus stellt sich aber die Frage, inwieweit ihm in gleicher Weise Zugang und Zugriff zu Informations-banken gewährt werden muß, nicht nur um die Richtigkeit der verarbeiteten Informationen zu überprüfen, sondern auch, um das Vorhandensein von Informationen zu ergründen, die eine andere Entscheidung rechtfertigen würde. Hier werden möglicherweise völlig neue Wege beschritten werden müssen, um dem Rechtsstaatsprinzip Genüge zu tun.

In diesem Zusammenhang kommt auch dem Problem der Dokumentierung von Verfahrensabläufen eine erhebliche Bedeutung zu. Sie dienen der Durchschaubarkeit des Systems und sind eine rationale Stütze für dasjenige psychologische Moment, ohne dessen Vorhandensein die neue Technik sich wohl nur sehr schwer durchsetzen wird:  das Vertrauen in die Redlichkeit und Richtigkeit des Systems. Mißtrauen löst Kontrolle aus. Zuviel Kontrolle, das ist für jeden Kundigen klar, führt zwangsläufig zum Stillstand des Systems.

Neben dem Rechtsstaatsprinzip wird auch das demokratische Prinzip durch die Einführung moderner Informationstechniken tangiert. Dies gilt allerdings weniger für den Bereich des

Gesetzesvollzugs, sondern vor allem für die Meinungsbildung und Entscheidungsfindung bei der Gestaltung unseres Lebensraums und unserer Umwelt durch die öffentliche Verwaltung. Die neuen technischen Möglichkeiten bieten ohne Zweifel Ansätze für eine Ausweitung und Intensivierung der Bürgerbeteiligung bei der Planung wesentlicher Projekte. Das Kabelnetz mit Rückkanal für die Meinungsäußerung macht technisch die Anhörung aller Einwohner einer Gemeinde zu einem Bauprojekt möglich, stellt aber auch besondere Anforderungen an diejenigen, die die relevanten Informationen darbieten, also in einer für die Bürger aufnehmbaren Form aufzubereiten haben. Die Problematik, die mit einem solchen Verfahren kommunaler Meinungsbildung verbunden ist, kann hier nur angedeutet werden.


B)    Schutz der Individualsphäre

Neben der Beachtung rechtsstaatlicher und demokratischer Grundsätze gebührt dem ebenfalls verfassungsrechtlich gesicherten Schutz der Persönlichkeit und darüber hinaus ihrer Individualsphäre besondere Aufmerksamkeit bei dem Einsatz der neuen technischen Möglichkeiten. Diese führen zu einem sich ständig erweiternden Kreis von Mitarbeitern, die auf Datenbestände zurückgreifen können. Dies wird mindestens bis zu einem gewissen Grad auch für die personenbezogenen Daten gelten. Hinzu kommt die mögliche Ergänzung der alphanumerischen Daten durch Bild- und Toninformationen. Dennoch sehe ich gegenüber den bereits bekannten Problemsituationen, die die Datenschutzgesetzgebung ausgelöst hat, keine fundamentalen und qualitativen Veränderungen.

Im Kern handelt es sich auch weiter darum, durch das System sicherzustellen, daß personenbezogene Informationen nur für diejenigen Zwecke verwandt werden, für die sie aufgrund ausdrücklicher gesetzlicher Ermächtigung erhoben worden sind oder ausgewertet werden dürfen. Auch unter diesem Gesichtspunkt, aber nicht nur unter diesem, kommt deshalb für die Zukunft der Entwicklung von Systemen, die nur einen differenzierten Zugriff auf eine jeweils differenzierte Daten- und Informationskombination zulassen, erhöhte Bedeutung zu.

Für die Wirtschaftlichkeit der neu zu entwickelnden Informationssysteme der öffentlichen Verwaltung wird es von großer Bedeutung sein, auch personenbezogene Daten und Informationen, die im Gesetzesvollzug anfallen, für statistische und andere allgemeine Informationszwecke verwenden zu können. Selbstverständlich kann dies nur in der Weise geschehen, daß diese Daten nicht wieder auf die Ursprungsperson zurückzuverfolgen sind und der Schutz der Einzelpersönlichkeit gewährleistet ist.

C)    <u>Sicherung von Effektivität und Wirtschaftlichkeit der Verwaltung</u>

Die neuen Informationstechniken sind grundsätzlich geeignet, die Wirtschaftlichkeit der öffentlichen Verwaltung zu verbessern und im Zusammenhang damit - aber auch unabhängig davon - die Effektivität der Verwaltungsleistung zu steigern. Dieses positive Ergebnis hängt jedoch - mindestens hinsichtlich des Zeitpunktes, in dem es zu erreichen ist - davon ab, daß bei der Einführung eine Reihe von Gesichtspunkten beachtet werden, die die Wirtschaftlichkeit und Effektivität maßgeblich beeinflussen. Das größte Problem ist die Vielfalt der Systeme und die heute noch weitgehend fehlende Kompatibilität. Die Leitung eines Verwaltungsbereichs kann sich praktisch nur für die Einführung <u>eines</u> Systems entscheiden. Dafür sprechen nicht nur Gründe der Wirtschaftlichkeit:  Das Nebeneinander mehrerer Systeme würde einen erheblichen personellen Mehraufwand fordern. Ist die Entscheidung erst einmal getroffen und in voller Breite durchgeführt, so ist sie schwer wieder zu ändern, wenn später auf dem Markt effektivere, aber nicht kompatible Systeme angeboten werden. Auch ein nur schrittweises Umsteigen ist dann kaum oder nur unter großen Schwierigkeiten möglich.

Je weiter die Anwendung der neuen Informationstechniken fortschreitet, desto weiter reichen die Entscheidungen für ein bestimmtes System. Je größer der Verwaltungsbereich ist, für den diese Entscheidung gilt, desto nachhaltiger sind ihre Wirkungen auf den Markt und die nicht berücksichtigten Wettbewerber. Es liegt deshalb nicht nur im Interesse der öffentlichen Verwaltung, sondern auch der Hersteller, daß mehr Kompatibilität zwischen den verschiedenen Systemen herbeigeführt wird.

D)    <u>Erschließung neuer Möglichkeiten für den Bürger</u>

Ich bin schon wiederholt auf die unmittelbaren Auswirkungen auf den Bürger eingegangen, die von den modernen Informationstechniken zu erwarten sind. Ihr Einsatz führt zu einer schnelleren und korrekteren, weil von menschlichen Irrtümern freieren Bearbeitung seiner Forderungen, Anliegen und Wünsche an die Verwaltung. Mehr noch als bisher wird es dabei darauf ankommen, den Einsatz der modernen Technik dem Bürger in einer Weise nahezubringen, die ihm nicht fremd ist. Die laufenden Bemühungen um bürgergemäße Computerbescheide müssen fortgesetzt werden. Die weitere Entwicklung der computer-gestützten Schreib- und Drucktechniken geben dafür die notwendige Grundlage. Daß eines Tages der Schriftverkehr zwischen Bürger und Verwaltung und umgekehrt durch elektronische Informationsübermittlung ersetzt werden kann, mag derzeit zwar noch als Vision erscheinen, ist aber von den technischen Voraussetzungen her schon heute denkbar.

Entscheidend für das Verhältnis zwischen Bürger und Verwaltung wird aber sein, inwieweit es mit den neuen Techniken und Systemen gelingt, die einzelnen fachspezifischen Teile der Verwaltung wieder stärker zu integrieren. Die moderne Informationstechnik gibt die Chance, dem Begriff von der Einheit der Verwaltung auch im Alltag wieder mehr Realität zu verschaffen.


## VIII. Zusammenfassung

Die Erschließung der modernen Informationstechniken ermöglicht der öffentlichen Verwaltung eine wirtschaftlichere und effektivere Erfüllung ihrer Aufgaben. Der Umstellungsprozeß erfordert große Anstrengungen im Bereich der Personalführung und der geistigen Vorbereitung der Mitarbeiter auf die neuen Funktionen. Die Unübersehbarkeit der maßgebenden wirtschaftlichen, technischen, rechtlichen und politischen Faktoren schließt es aus, einen Gesamtplan für die Einführung dieser Techniken zu entwickeln und danach generalstabsmäßig zu verfahren. Auch im Hinblick auf die notwendige Umstrukturierung der Arbeitsplätze und aus Rücksicht auf die Mitarbeiter erscheint es zweckmäßig, schrittweise und, soweit irgend möglich, mit Pilotanwendungen in Teilbereichen der Verwaltung vorzugehen. Die Erschließung der neuen Informationssysteme kann und sollte für die Wiederherstellung einer größeren Einheit der Verwaltung genutzt werden, weil der Bürger davon die größten Vorteile zu erwarten hat. Und ihm zu dienen, ist in einem demokratischen, sozialen Rechtsstaat die oberste Aufgabe der öffentlichen Verwaltung.

ENTWICKLUNGSLINIEN DER INFORMATIONSTECHNIK

von Hans-Jochen Schneider, Berlin

## I.  Einleitung

"Man stelle sich vor, ein Mittelklasseauto, 1965 für 5.000 DM erhältlich, kostete heute nur 50 Pfennig". [1] Mit diesem Satz beginnt Reinermann seinen neuesten Artikel über Möglichkeiten und Grenzen der modernen Datenverarbeitung im kommunalen Bereich. Dies zeigt ungefähr das Verhältnis, wie die Hardwarepreise im Informationstechnikbereich seit 1965 gefallen sind. Wir stehen heute vor einer rasanten technisch-ökonomischen Entwicklung im Bereich der Hardware und wir müssen lernen, dies auch politisch und gesellschaftlich zu verarbeiten.

Der Vortrag ist in drei Teile gegliedert:

- Beschreibung des Istzustands
- Benutzeranforderungen und Restriktionen
- Markteinschätzung für die achtziger Jahre.

## II.  Beschreibung des Istzustands

Einige Zahlen zum Datenverarbeitungsmarkt sollen dazu einführen.

A)  <u>Zahlen zur Datenverarbeitung</u>

- Der Umsatz aller DV-Hersteller betrug 1975 cirka 20 Milliarden Dollar, 1978 ungefähr 40 Milliarden und der Umsatz der Anwender ungefähr 50 Milliarden im Jahr 1978.

- Den Wert der installierten Computer schätzt man je nach Bewertung auf 100 bis 150 Milliarden Dollar.

- Das Verhältnis des Wertes der installierten Computer zum Bruttosozialprodukt betrug in den USA 1975 2,2 Prozent und ist für 1985 vorausgesagt auf 3,0 Prozent; im EG-Bereich haben wir 1978 cirka 1,5 bis 1,7 Prozent.

- Das Computerindustriewachstum beträgt durchschnittlich ungefähr 15 Prozent pro Jahr.

- Die DV-Kosten sind sehr degressiv, besonders bei Zentral- und Plattenspeichern, und zwar rechnet man ungefähr mit einem Faktor 10 innerhalb von zehn Jahren.

Die Abbildung 1 deutet die Tendenz meines Vortrages an.

Man muß überproportionale Anstrengungen unternehmen, um die Intelligenz unserer Computersysteme zu verbessern. Es gibt keine so großen Probleme mehr mit der Hardware, dafür aber haben wir um so mehr Probleme mit der Software beziehungsweise - wenn wir weitergreifen - mit der rechnergestützten Problemlösung innerhalb vorgegebener Organisationen.

Einige Extrem-Beispiele sollen diese Behauptung untermauern. Das Apolloprojekt, das Mondflug-Projekt der Amerikaner, kostete ungefähr 2.000 Mannjahre für Softwareerstellung. Davon, und das wieder spricht für die Komplexität der Anwendung, wurden 1.000 Mannjahre nur für die Verifikation, also nur für das Überprüfen, ob die Software richtig ist, aufgewendet. Wenn heutzutage ein Kernkraftwerk gebaut wird, dann braucht man für die Dokumentation des Projekts cirka 9.600 Meter Akten und Pläne. Dazu reicht kein Container mehr; man braucht heutzutage Züge, um die Akten und Pläne, die entstehen, fortbewegen zu können. Es gibt neuerdings Dateien in der öffentlichen Verwaltung der Bundesrepublik, die bald die Zehn-Milliarden-Byte-Grenze erreicht haben werden. Es gibt einen Anwender in der Bundesrepublik, der einen Aufwand von ungefähr 200 Mannjahren schätzt, um eine komplexe Anwendung von einer batch-orientierten Version eines Betriebssystems auf eine mehr online-orientierte Version umzuprogrammieren.

Die Komplexitätstheorie, eine Sparte der Informatik, zeigt, daß Algorithmen schon für normale Problemlösungungen schneller als die Exponentialfunktion steigen können. So steigen zum Beispiel bei der sogenannten Preßburger Arithmetik, [2] einer Arithmetik für die Addition und Substraktion von natürlichen Zahlen, die Entscheidungsalgorithmen für die Prüfung, ob ein vorgegebener String einer solchen Preßburger Arithmetik genügt, superexponentiell, also schneller als die Exponentialfunktion. Nicht nur von der Theorieseite her werden diese Aussagen bestätigt, sondern auch von der praktischen Seite. Wir wissen heute, daß auf 1.000 Linien Code des besten Softwareprodukts eines bekannten Computer-Herstellers im Mittel immer noch 1,5 Fehler kommen. [3] Durch Extrapolation können wir berechnen, daß ein Betriebssystem oder ein Datenbanksystem 500 bis 1.000 Fehler enthält. Ob wir überhaupt jemals kreative Systeme erreichen können, was immer unter Kreativität zu verstehen ist, ist sehr fraglich.

B)    <u>Beherrschbarkeit informationstechnologischer Systeme</u>

Beim Beschreiben des Istzustands stellen wir fest, daß ganz verschiedenartige Gebiete mit der Datenverarbeitung zusammenwachsen:

- Die elektronische Korrespondenz stellt die Verbindung zu Kommunikationssystemen und Textverarbeitung her.

- Bildschirmtext und (Breitband-) Zweiwegekabelfernsehen verbinden die DV mit Kommunikationstechnik.

- Information und Dokumentation beeinflussen die Druck- und Kopiertechnik. Zeugen dafür sind Fernkopierer, Computersatz, Lichtsetzmaschinen und Fachinformationssysteme sowie Fachinformationszentren, die zur Zeit von der Bundesregierung eingerichtet und unterstützt werden.

- Bei der Büroautomatisierung werden die Textbe- und -verarbeitung eingeführt, die später durch das intelligente Verständnis der natürlichen Sprache ergänzt werden wird.

- Mikroprozessoren werden die Prozeßsteuerung am Arbeitsplatz einführen und damit die Verbindung zur Fertigungssteuerung im industriellen Prozeß herstellen.

Wenn wir Softwarelösungen obiger komplexer Probleme betrachten, stellen wir fest, daß wir nicht in der Lage sind, die Systeme als Ganzes vorauszuplanen. Es fehlt uns eine "Konstruktionslehre" zur Planung, zum Entwurf, zur Realisierung und zur Bewertung komplexer computergestützter Problemlösungen. Wir können das Systemverhalten in der Planungsphase nicht voraussagen, wir müssen die Systeme (zum Beispiel Betriebssysteme, Datenbanksysteme) realisieren, um ihr Verhalten zu bestimmen.

Die optimistische Einschätzung der Abbildung 2 ist sicher nicht nur wegen der Kommunikationsprobleme zwischen Systemanalytiker beziehungsweise Systementwerfer einerseits (tendenziell: Top down-Vorgehensweise) und Programmierer andererseits (tendenziell: Bottom up-Vorgehensweise) unrealistisch, sondern auch - wie oben geschildert - aus theoretischen Gründen.

Aus dem oben Geschilderten muß man schlußfolgern, daß im Softwarebereich größte Vorsicht geboten ist, um die Komplexität jedenfalls einigermaßen beherrschen zu können. Welche Konsequenzen müssen aus dieser Situation gezogen werden?

Man löse nur solche Probleme, deren Komplexität man auch wirklich beherrscht. In der Industrie versteht man das schon seit längerer Zeit. Dort werden die verhältnismäßig überschaubaren

Funktionsbereiche wie Finanzbuchhaltung, Lohn und Gehalt, Material- und Lagerwirtschaft und vielleicht noch Fertigungssteuerung automatisiert und langsam integriert.

Wir dürfen ferner nur solche Experimente definieren, die reproduzierbare Ergebnisse liefern; wir müssen also handfeste Experimentalumgebungen finden, damit wir aussagefähige Ergebnisse bekommen. Wir müssen alle Ergebnisse auf ihre Gültigkeit überprüfen.

Es ist dringend notwendig, Normen vorzugeben; nicht nur Normen, wie sie von DIN oder ISO oder ECMA gemacht werden, sondern ganz allgemein auch Firmennormen. Man muß vorrangig normieren im Hardware-, im Bildschirm-, im Tastatur-, im Software-, im Wartungsbereich; und man muß die Dokumentation normieren. Wir haben im Software-Bereich zu viel Raubbau getrieben. Umfragen von Infratest und Diebold besagen, daß cirka 75 Prozent der Software maßgeschneidert hergestellt worden ist. Dies kann man sich zum Beispiel bei den Klein- und Mittelbetrieben nicht mehr leisten; als Abhilfe werden branchenorientierte, anpaßbare Paketlösungen angeboten.


## III.  Benutzeranforderungen und Restriktionen

### A)  Welche Fachleute sind zu beteiligen?

Benutzeranforderungen und Restriktionen bilden nach meiner Ansicht die beiden Hauptausgangspunkte für Problemlösungen. Die Benutzeranforderungen beschreiben einerseits das, was optimistisch, euphorisch ist; sie andererseits werden von den Restriktionen organisatorischer, finanzieller, personeller, hardware-, software- und wartungsmäßiger Art eingeschränkt. Die Problemlösung muß einen sinnvollen Kompromiß dieser beiden gegenläufigen Spezifikationstypen darstellen.

Es sollen sechs Typen von Fachleuten unterschieden werden (vergleiche Abbildung 3).

Die zentrale Figur ist der Fachmann aus dem Problembereich. Er muß die Analyse- und Entwurfsphase bis zur Realisierungs- und Bewertungsphase ständig begleiten (participative approach). In nächster Priorität kommen die Personengruppen Systemanalytiker beziehungsweise Systementwerfer und Programmierer, welche die Problemlösung realisieren sollen. In verstärktem Maße benötigt man außerdem Projektmanager, Datenadministratoren (verantwortlich für die Daten von der Problemseite aus) und Datenbankadministratoren (verantwortlich für die Daten von der Computerseite aus). Die Überwachung der Integrität, der Konsistenz der Daten muß dem System übergeben werden. Der Enterprise-Administrator wird benötigt, wenn man für Planungszwecke mehr Modellvorstellung von der Institution haben muß, die man planen möchte. Er muß die Bedeutung der Struktur im Betrieb und die darauf ablaufenden Prozesse und Algorithmen verstehen.

B)    <u>Welche Bereiche beeinflussen die Problemlösung?</u>

Wie dem Fachmann aus dem Problembereich die zentrale Rolle zufällt, stellt sich nun die Organisation als zentral dar. Die Datenverarbeitung muß in die Organisation einbettbar sein. Neben Hardware und Software haben wir das Informationssystem bewußtseinsmäßig als neue Komponente hinzubekommen. Die Wartung wird in immer größerem Maße wichtig, sie ist aber noch viel zu wenig in das Bewußtsein der Manager eingegangen, genauso wie Bewertung und Wirtschaftlichkeitsanalyse.

C)    <u>Die verschiedenen Phasen einer Problemlösung</u>

Bei einer softwaretechnischen Problemlösung beginnt man mit dem Erfassen des Istzustands; dann wird ein Anforderungskatalog aufgestellt, die Systemanalyse, der Systementwurf für Organisation, Hardware, Software, Wartung werden durchgeführt; Durchführbarkeitsstudie, Verifikation und Korrektheitsprüfung, Entwurfsinspektion, Wirtschaftlichkeitsanalyse schließen sich an, und dann kommt erst die eigentliche Programmierung.

Diese Phasen vor der Programmierung wurden in der Vergangenheit vollkommen unterbewertet. Zwei Drittel der Arbeit machte die Programmierung aus, der Rest wurde für Dokumentation und Testen verwendet; bei großen Projekten wurden 40 Prozent für Analyse und Entwurf, 20 Prozent für Codierung und 40 Prozent für Testen gerechnet. In der Zukunft müssen diese vorderen Phasen wesentlich mehr computerunterstützt ablaufen, damit die Konsistenz des Entwurfs laufend kontrolliert werden kann. Die Dokumentation muß computergestützt den gesamten Problemlösungsprozeß beschreiben. Man vermutet, daß ungefähr 70 Prozent der Fehler, die im Softwarebereich auftauchen, in diesen vorderen Phasen ihren Ursprung haben.

Die Erfahrungen der letzten Jahre liefern das Indiz, daß die sogenannte Softwarekrise nicht mit kleinen Ansätzen gelöst werden kann, sondern daß man einen Gesamtansatz machen muß. Unser Vorschlag lautet:  Man konzipiere Problemlösungsunterstützungssysteme nicht notwendigerweise gleich im Sinne von künstlicher Intelligenz, sondern im Sinne von praktischer Unterstützung für die einzelnen Phasen der Problemlösung, zum Beispiel durch Schnittstellengerüste, laufende Konsistenzprüfungen, normierte und strukturierte Programmierung und Generatoren (Bildschirmmasken-, Report-, Dialog-Generatoren). [4]

Man muß auch wesentlich mehr im Bereich der Tools für die Phasen nach der Programmierung investieren wie Testen, Installieren, Tunen, Bewertung und Fortschreibung. Dies ist um so überzeugender, wenn wir uns vor Augen halten, daß ungefähr 50 bis 60 Prozent der Programmiermannschaften in Industrie und öffentlicher Verwaltung mit Softwarewartungsarbeiten gebunden sind und für neue Aufgaben immer weniger Platz ist.

D)    <u>Organisation und Datenverarbeitung</u>

Betrachtet man die Historie der Einführung der Datenverarbeitung in Organisationen, so sieht man, daß am Anfang Teillösungen in Funktionsbereichen realisiert wurden. Unter Funktionsbereichen wollen wir in der öffentlichen Verwaltung zum Beispiel Gebiete wie Gesundheitswesen, Verwaltungsvollzug, Finanzen und in der Industrie Bereiche wie Finanzbuchhaltung, Lohn und Gehalt, Materialwirtschaft, Lagerwirtschaft und Fertigungssteuerung verstehen. Später realisierte man gesamte Funktionsbereichslösungen; heute ist man dabei, funktionsbereichsübergreifende Lösungen zu installieren. So gibt es etwa im Kleinrechnerbereich sehr praktikable, anpaßbare Lösungen schon für sehr viele Branchen. Ebenenübergreifende Lösungen, die die Top-, Mittel- und operationale Ebene überbrücken, fehlen im allgemeinen noch; phasenübergreifende Lösungen werden erst in Forschungs- und Entwicklungsprojekten untersucht. "Phase" soll in diesem Zusammenhang für Planung, Ist und Kontrolle stehen. Wir sind also noch sehr weit von integrierten Gesamtunternehmungslösungen entfernt, wir bewegen uns aber eindeutig in diese Richtung.


E)    <u>Hardware-Technologie</u>

Zur Hardware-Technologie möchte ich feststellen, daß man Mono- und Mehrprozessorsysteme weitgehend beherrscht. Man versucht jetzt, normierte, sehr hoch integrierte Bausteine zu entwickeln, die zum Beispiel Kommunikationsprotokolle (Protokolle wie V24, HDLC, X25) als integrale Bestandteile enthalten. Es werden sehr stark verteilte Systeme in Forschung und Entwicklung forciert, und man versucht, sogenannte kooperative Systeme zu entwickeln. Diese Systeme werden mit mehrfacher Redundanz und dezentraler Steuerung arbeiten und die Hardware-Zuverlässigkeit wesentlich erhöhen, damit man Aufgaben wie im Bereich der Kernkraftwerke, in Intensivstationen, bei der Flugüberwachung, in Walzwerken mit 24-Stunden-Betrieb und so weiter besser erfüllen kann.

Um die noch anstehenden Probleme zu schildern, möchte ich kurz auf die Geschichte der Rechner eingehen. Das Modell des typischen von Neumann-Rechners enthält:  Steuerwerk, Hauptspeicher, Rechenwerk und Eingabewerk. Das Rechenwerk bildete den Engpaß. Um diesen zu beseitigen, wurde der Direktspeicherzugriff (DMA, direct memory access) entwickelt. Der nächste Engpaß trat dann bei Ein- und Ausgabe auf; um diesen zu beseitigen, wurden die Ein-/Ausgabeprozessoren entwickelt.

Der Speicher bildete einen weiteren Engpaß, den man durch eine Speicherhierarchie in den Griff zu bekommen versuchte. Während der Prozessor bei heutiger Technologie im Nano-Sekunden-Bereich arbeitet, liegt der Zugriff auf die Cash- oder Pufferspeicher im 50-Nano-Sekunden-Bereich; der Hauptspeicher arbeitet im Mikro-Sekunden-Bereich; die Plattenspeicher liegen im

40-Mikro-Sekunden-, die Magnetbänder mit automatischem Laden ungefähr im 10-Sekunden- und die mit manuellem Laden im Minuten-Bereich.

Wesentliche Probleme bereitet die sogenannte Zugriffslücke zwischen Haupt- und Plattenspeicher: Der Zugriff zum Hauptspeicher ist ungefähr 10.000- bis 40.000-mal schneller als der Zugriff zur Platte. Man kann also während eines Plattenzugriffs sehr viele Operationen im Hauptspeicher ausführen; die Systeme müssen versuchen, dies auszunutzen. Die Zugriffslücke soll durch Magnetblasen-, CCD- und Elektronenstrahlspeicher in naher Zukunft geschlossen werden.


F)    Software-Technologie


Die Software-Produktion bildet das Hauptproblem; das wurde schon erwähnt. Höhere Programmiersprachen bilden den Stand der Technik (vergleiche Abbildung 4). Normierte Programmierung stellt für einen Teil von Problemen eine sehr gute höhere Schnittstelle dar. Die strukturierte Programmierung kann als eine darunterliegende Schnittstelle zur positiven Einschränkung der Möglichkeiten bei Programmiersprachen angesehen werden, um eine besser strukturierte Software zu erzeugen.

Die sogenannte aktionsorientierte Programmierung [5] kann als Verallgemeinerung der dialogorientierten Programmierung angesehen werden. Dabei wird die Maschine als Aktionsträger eingesetzt; die Maschine weiß also, - wenn jemand eine Bestellung an einem Terminal initialisiert - daß ein entsprechender Eintrag bei der Bestellabteilung geschehen muß oder daß - wenn eine entsprechende Materiallieferung hereinkommt - von der Materialeingangsstelle eine Meldung automatisch an den Bildschirm des Bestellers abgesandt werden muß. Diese Schnittstellen sind aber unserer Ansicht nach nicht hoch genug. Wir schlagen deshalb bildhafte Spezifikationssprachen vor, die ein wesentlich höheres sprachliches Niveau haben, so wie es etwa der Prädikatenkalkül darstellt. Es wird deskriptiv beschrieben, was zu tun ist; es wird nicht mehr beschrieben, wie etwas gemacht wird; es wird nicht mehr das Procedere, die Laufanweisung oder die Verzweigung angegeben. Die generalisierten Programmiersprachen werden tendenziell durch eine Reihe von Spezial-Programmiersprachen ersetzt.


G)    Informationssystem-Technologie [6]


Eine herausragende Rolle spielt bei der Systementwicklung heute das Informationssystem. Es sei dabei das "generalisierte computergestützte Informationssystem" (vergleiche Abbildung 6) vom sogenannten "branchenorientierten Informationssystem" (vergleiche Abbildung 5) unterschieden. Heutzutage hat jeder Schuhmacher, jeder Bäcker, jeder Kraftfahrzeugmechaniker sein eigenes branchenorientiertes Informationssystem. Die Computerhersteller und die Softwarehäuser haben

sich darauf eingestellt; es gibt sogenannte Branchenpakete, nämlich parametrisierte ideal-
typische Lösungen für eine bestimmte Branche.

Parallel dazu haben sich die generalisierten Informationssysteme entwickelt; generalisiert sind
sie insofern, als sie unabhängig von der Anwendung eingesetzt werden können. Man kennt dies
von den Dateiverwaltungssystemen, die man schon bei jedem Mikroprozessor-System antrifft.
Datenbanksysteme und Dokumenten-Retrieval-Systeme beginnt man zu beherrschen; diese beiden
Typen von Systemen wachsen immer mehr zusammen. Bei den Methodenbankverwaltungs-
systemen versuchen wir, den Einsatz der Methoden in den Griff zu bekommen. Man kann sich von
solchen Systemen zur Lösung hinführen lassen. Nimmt man etwa im Bereich Statistik das
bekannte Methodenbanksystem SPSS, so muß man zwar etwas von Statistik wissen, aber man muß
beispielsweise nicht mehr auf dem neuesten Stand der numerischen Stabilität einer speziellen
Prozedur sein, um das Programm einsetzen zu können. Die Erfahrung zeigt, daß immer wieder
Dinge entwickelt werden, die an sich schon längst als Prozedur im eigenen Rechenzentrum
vorhanden sind.

Bei den Modellbankverwaltungssystemen wird zum Beispiel nach der Auswirkung spezieller
konkreter Aktivitäten gefragt: Was passiert, wenn der Kupferpreis um zehn Prozent steigt, mit
dem Endpreis meiner Produkte? Oder: Wie viele neue Stellen muß ich schaffen, wenn ich das
Kindergeldgesetz in Kraft setze? Oder: Ist es nicht viel billiger, den Studenten das BAFÖG-Geld
zu überlassen, als später - bedingt durch häufigen Wohnungswechsel der Schuldner - dem Geld
auf sehr aufwendige Art nachzulaufen? Mathematisch gesehen sind die Modelle im allgemeinen
Gleichungssysteme, lineare, nichtlineare oder Differenzen-Gleichungssysteme. Die Systeme
unterstützen bei der Modellierung, beim Modellhandling, bei eventuellen analytischen Berechnungen und in komplexeren Fällen bei der Simulation. Den vorläufigen Höhepunkt in dieser
Entwicklungslinie bilden die sogenannten Problemlösungsunterstützungssysteme, deren Komponenten in Abbildung 7 angedeutet sind.

Möchte man einen solchen längerfristigen, umfassenden Ansatz machen, so muß man eine
praktikable Strategie besitzen, da die Realisierung einer solchen Konzeption Hunderte oder
Tausende von Mannjahren verschlingen kann. Man braucht einfach einen stabilen Rahmen, wenn
man eine Software-Entwicklung über fünf bis sieben, noch besser von zehn bis fünfzehn Jahren
plant und realisiert.

Was bleibt nun stabil? Die Hardware sicher nicht; die Software (Betriebssystem, Datenbanksystem, Programmiersprache, Tools) bleibt ebenfalls nicht stabil. Wir sind überzeugt, daß als
einziges die Schnittstellen einigermaßen stabil gehalten werden können. Es sollen benutzerorientierte und systemorientierte Schnittstellentypen unterschieden werden. Zu ersteren (vergleiche Abbildung 8) zählt man die Tastaturbenutzung und den Bildschirmformulardialog.

Bei den systemorientierten Schnittstellen unterscheiden wir datenbank- und/oder dateiartige Schnittstellen, textorientierte Schnittstellen und Tabellensteuerungs-Schnittstellen, die ermöglichen, am System auch noch während der Laufzeit etwas ändern zu können.

Abbildung 10 gibt einen Überblick über das Zusammenwirken der Komponenten in der COMPASS-System-Architektur. Die Bewertung und Wirtschaftlichkeitsanalyse wurde jahrelang vernachlässigt. Es werden aber, zum Beispiel bei Betriebssystemen, kaum Hardware- und Softwaremeßinstrumente eingesetzt, um eine Statistik über die Systemparameter zu führen. Es sind noch keine Modellierungskonzepte und Sprachen für diesen Bereich verfügbar, man hat noch keine Kostenmodelle eingebaut. Man hat zwar ein gewisses Simulationsinstrumentarium zur Verfügung, aber dies reicht in keiner Weise, etwa für die Revisionsunterstützung, aus.

## IV.  Markteinschätzungen für die achtziger Jahre [7]

Im folgenden sind einige Thesen für den Markt der achtziger Jahre zusammengestellt.

- Der Markt für die DV-Anlagen ist ausnahmslos weltweit zu sehen.

- Die Forschungs- und Entwicklungskosten werden weiterhin sehr hoch bleiben müssen. Beim Marktführer sind es zur Zeit etwa 6 Prozent, bei den restlichen Computerherstellern etwa 10 Prozent des Umsatzes.

- In der Bundesrepublik stiegen die Lebenshaltungskosten zwischen 1972 und 1976 um 33 Prozent. Im gleichen Zeitraum sind die Computerpreise um 9 Prozent gefallen. Daraus folgt, daß Computer in immer mehr Bereichen wegen ihrer Wirtschaftlichkeit eingesetzt werden.

- Die DV-Industrie erlangt als Basis-Technologie der Zukunft immer mehr politische Bedeutung.

- Eine eigenständige Computerindustrie wird weiterhin nur von den Industriestaaten Bundesrepublik, England, Frankreich, Japan und USA vorangetrieben werden können.

- Während in den sechziger Jahren nur große Organisationen den Computer einführten, konnten sich in den siebziger Jahren auch Klein- und Mittelbetriebe Rechenanlagen anschaffen. In den achtziger Jahren wird der Computer an den Normalbürger herangebracht. Es werden Millionen von Terminals in den Haushalten stehen.

In Abbildung 11 ist der Datenbankmarkt in den USA nach Frost & Sullivan dargestellt (Stand 1977). Es läßt sich erkennen, daß die Einnahmen mit 140 Millionen Dollar im Moment noch keinen wesentlichen Faktor bilden, daß aber die Zuwachsraten mit 20 und 25 Prozent derart stark sind, daß wir mit diesen Bereichen rechnen müssen.

In Abbildung 12 werden im Gegensatz zu den Online-Daten Offline-Dienste dargestellt. Hier sind die Zahlen schon wesentlich höher, und die Prognosen für 1985 übersteigen schon die Eine-Milliarde-Dollar-Grenze. Die Zuwachsraten sind mit fünf bis zehn Prozent angegeben.

Der Datenverarbeitungsmarkt wird mehr und mehr durch dieses Zusammenwachsen geprägt. Während in der Vergangenheit ungefähr 75 Prozent der Software - dies haben Umfragen nach Diebold und Infratest ergeben - maßgeschneidert hergestellt wurden, werden heutzutage durch die Entwicklung im Kleinrechnerbereich fast ausschließlich branchenorientierte Systemlösungen eingesetzt. Im Großrechnerbereich wird die Basis-Software, also Datenbank- und Methoden-banksysteme, wesentlich erweitert. Das Rechenzentrum außer Haus verliert in seiner jetzigen Form vollkommen an Bedeutung, es wird in zunehmendem Maße Rechenleistungen aus der Steckdose und Spezialdienstleistungen zur Verfügung stellen (so DATEV für die Steuerberater). Neben Softwareproduktion wird Softwarehandel in den Vordergrund treten.

Am Ende meiner Ausführungen möchte ich nicht versäumen, auf die gesellschaftspolitischen Auswirkungen dieser neuen vorhersehbaren Technologien hinzuweisen. Mikroprozessoren im Arbeitsprozeß werden wahrscheinlich politisch nicht mit der Schnelligkeit durchsetzbar sein wie ursprünglich erwartet. Informationsrecht und Informationspolitik, bisher im wesentlichen durch die Datenschutzgesetzgebung bestimmt, müssen erweitert werden. Es muß die gesetzliche und politische Grundlage für den internationalen Informationsverbund geschaffen werden. Genauso müssen die psychologischen, psychischen und ethischen Auswirkungen analysiert und diskutiert werden. Durch Informationssysteme wird es Machtverschiebungen innerhalb unserer Gesellschaft geben. Wir alle müssen also sehr behutsam sein, damit die Vorhersagen von Orwell für 1984 nicht eintreten.

# Pessimistische Einschätzung

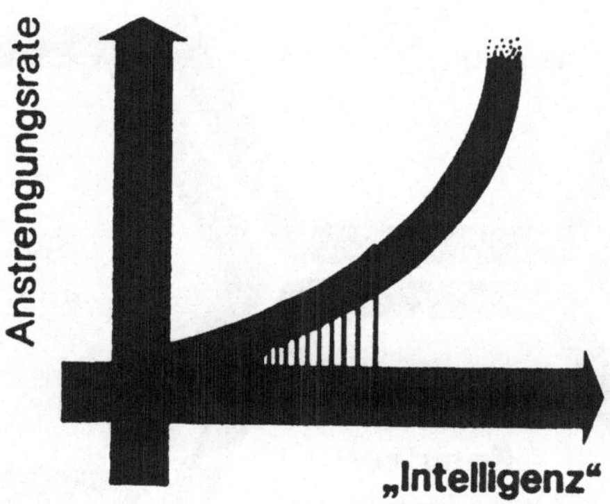


<u>Abbildung 1:</u>  Anstrengungsrate, um System-"Intelligenz" zu erhöhen - Pessimistische Einschätzung.

# Optimistische Einschätzung

<u>Abbildung 2:</u>  Anstrengungsrate, um System-"Intelligenz" zu erhöhen - Optimistische Einschätzung.

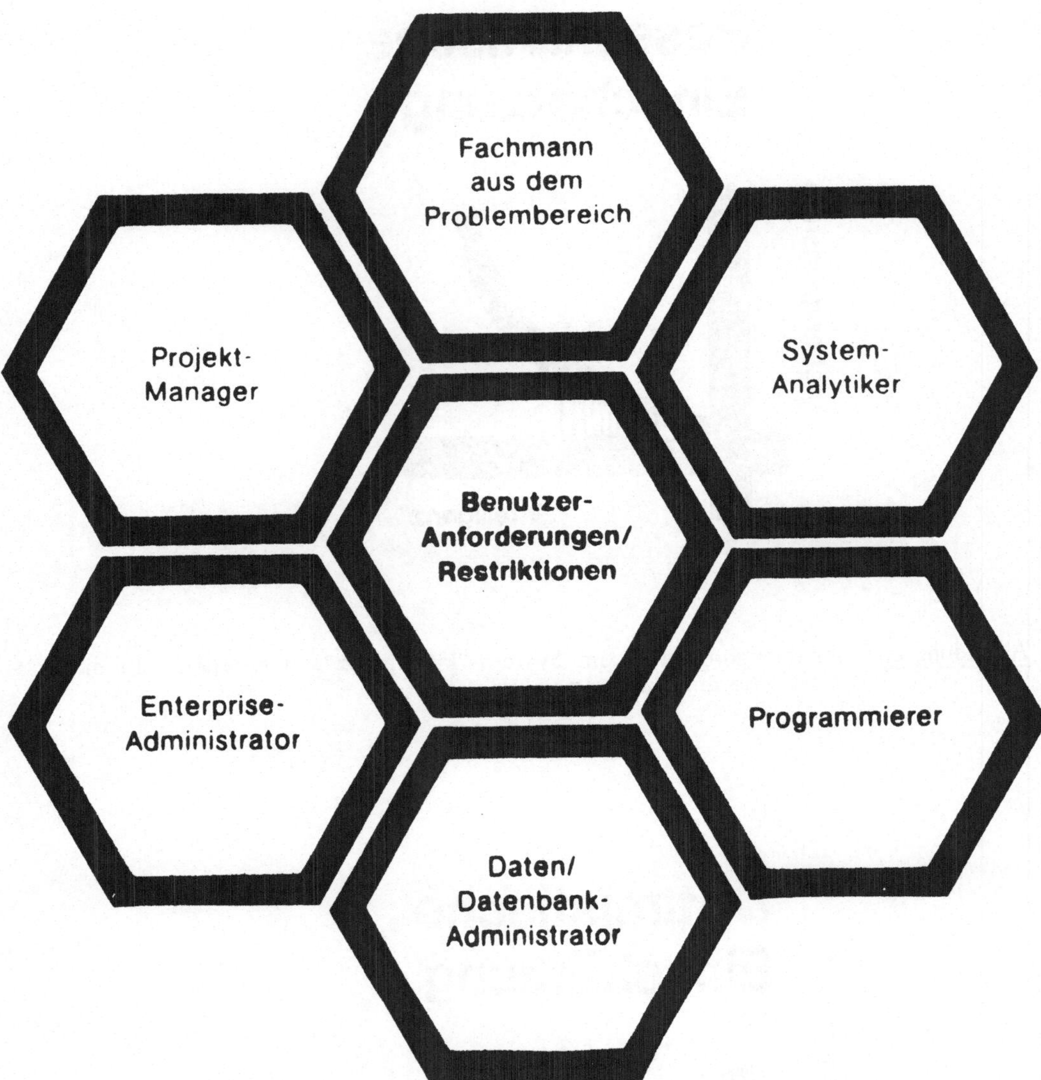



<u>Abbildung 3:</u>    Beim partizipierenden Systementwurf beteiligte Fachleute.

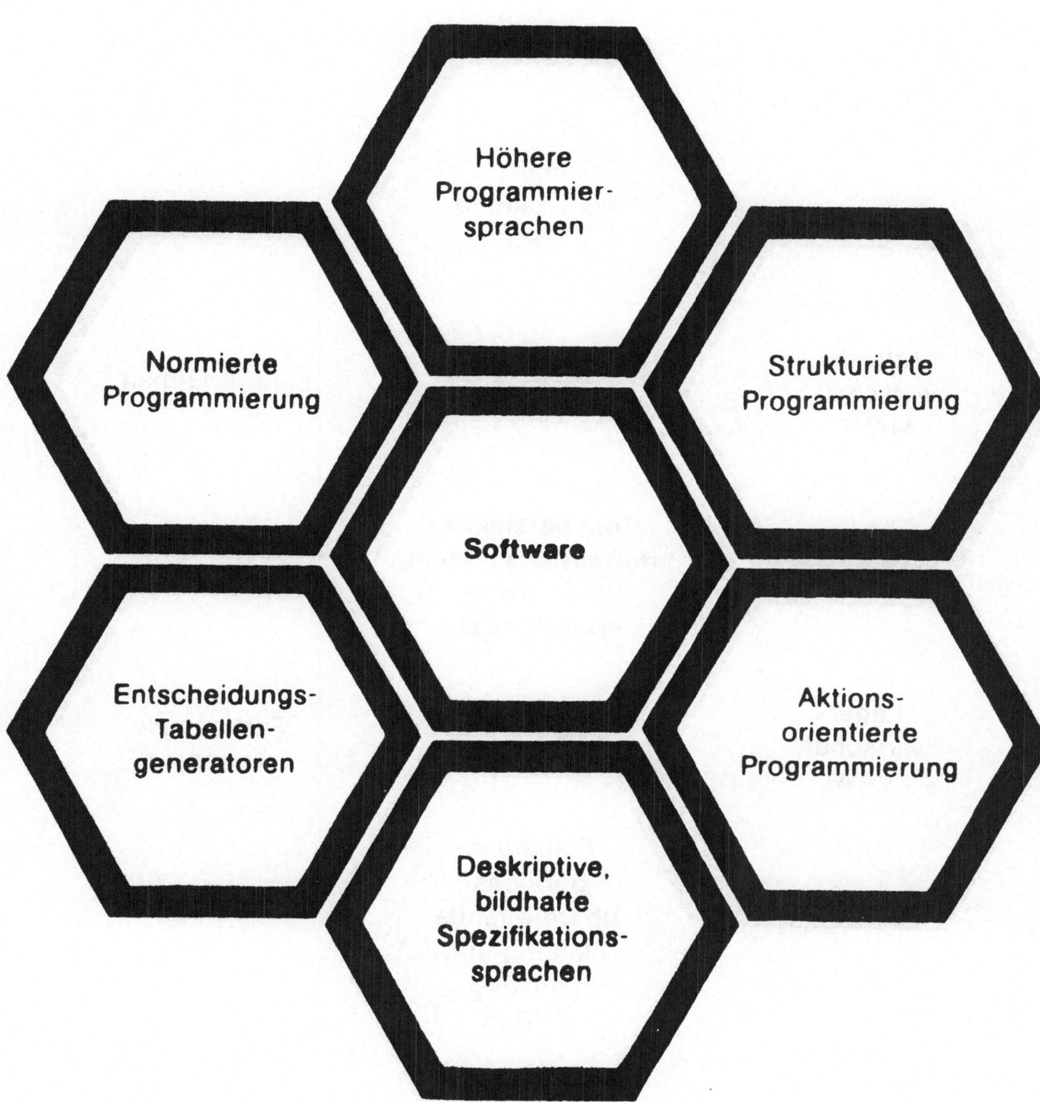


Abbildung 4:    Ansätze im Bereich der Software-Technologie.

Abbildung 5:    Die Bausteine eines branchenorientierten (kommerziellen) Informationssystems.

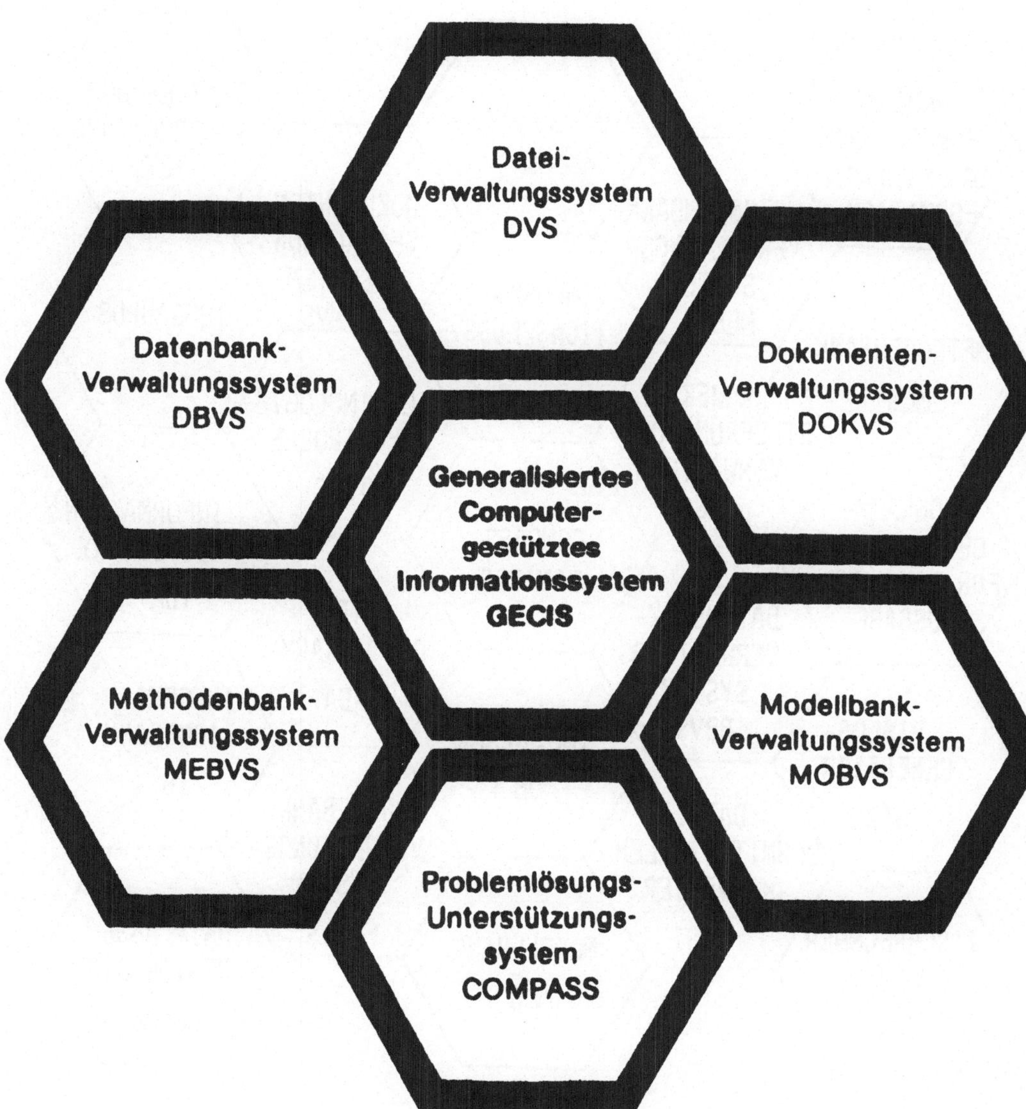


Abbildung 6:     Die Bausteine eines generalisierten Informationssystems.

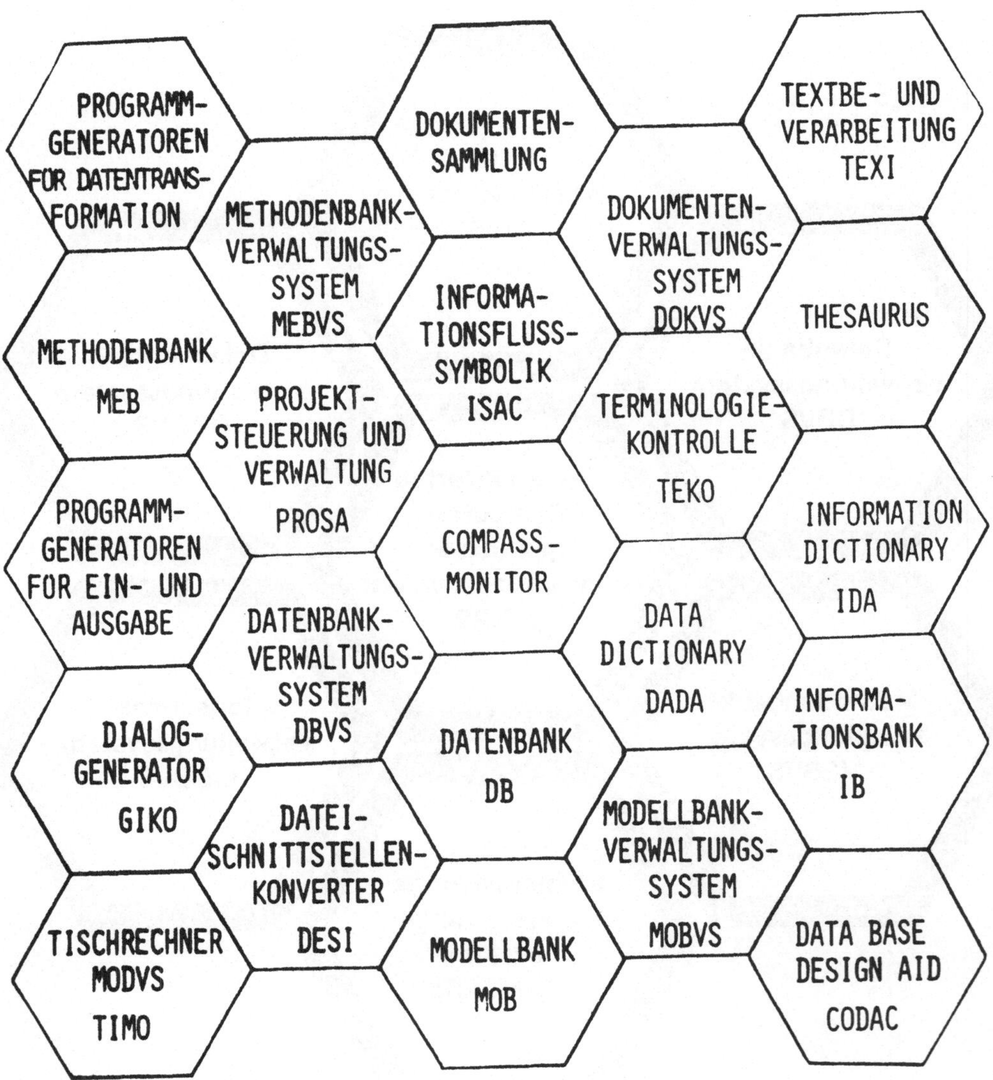


Abbildung 7:    Die Bausteine eines Problemlösungsunterstützungssystems.

**Benutzer-orientierte Schnittstellentypen**

☐ Tastaturbenutzung
☐ Bildschirmformulardialog
☐ Computerunterstützung
☐ Hilfsmittel
☐ Verschiedene Sprachschnittstellen

Abbildung 8:    Benutzerorientierte Schnittstellentypen.

**System-orientierte Schnittstellen**

☐ Datenbank- bzw. dateiartige Schnittstelle
☐ dokument-retrieval-artige Schnittstelle
☐ Tabellensteuerungs- Schnittstelle
☐ Sprachschnittstelle

Abbildung 9:    Systemorientierte Schnittstellentypen.

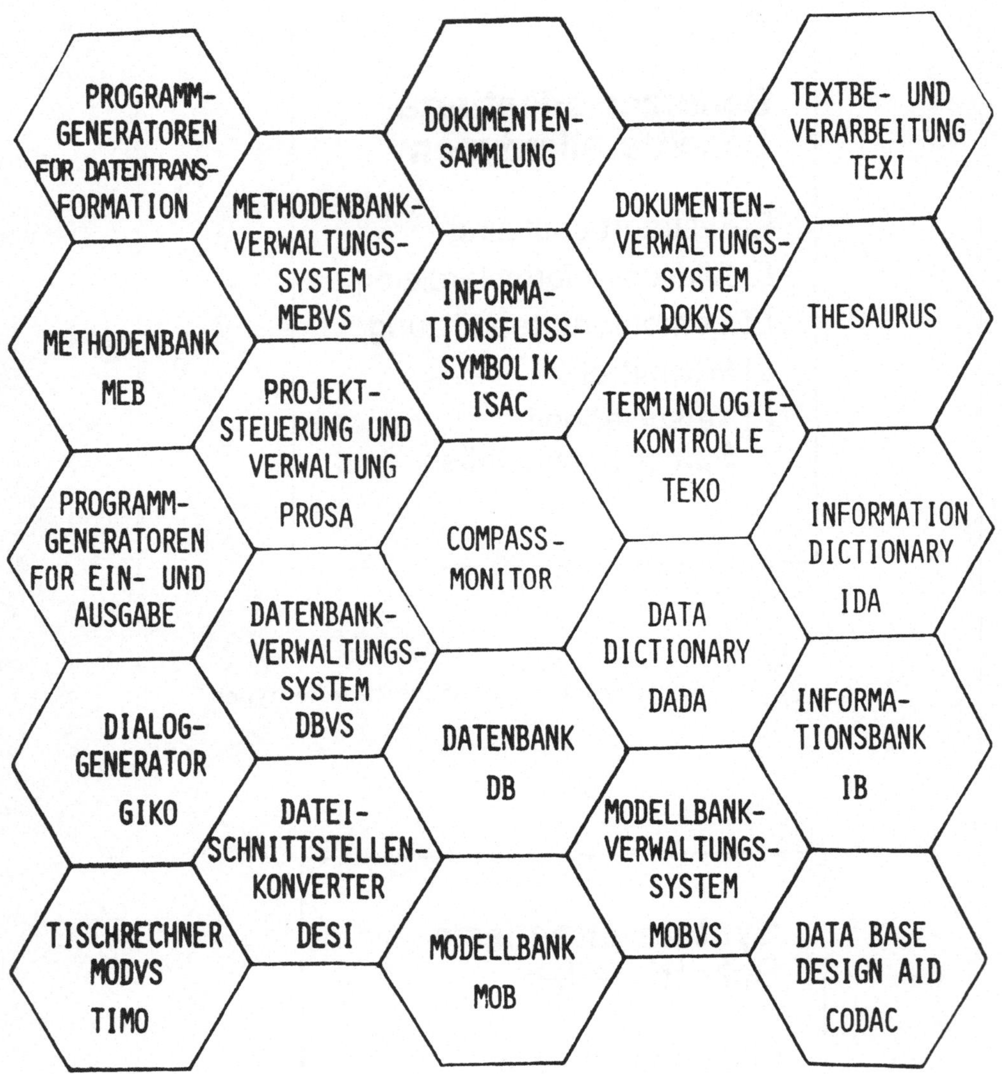


Abbildung 7:     Die Bausteine eines Problemlösungsunterstützungssystems.

| Marktbereich | Einnahmen in Mio Dollar (1976) | Prognose der Einnahmen in Mio Dollar | | Prognose der Zuwachsraten in Prozent | |
|---|---|---|---|---|---|
| | | 1980 | 1985 | 1976-80 | 1980-85 |
| Online-Datenbasen: | | | | | |
| Wissenschaftlich-technische (bibliographische Informationen) | 7 | 1o | 15 | 1o | 8 |
| Rechtsinformationen | 9 | 2o | 3o | 2o | 1o |
| Informationen aus Handel und Gewerbe (Pressedokumentation) | 4 | 1o | 2o | 25 | 15 |
| Ökonomisch/ökonometrische Informationen (Statistiken) | 65 | 135 | 27o | 2o | 15 |
| Börseninformationen | 55 | 8o | 1oo | 1o | 5 |
| Summe | 14o | 255 | 435 | | |

Abbildung 11: Stand des Datenbankmarktes - Online-Datenbasen.[8]

| Marktbereich | Einnahmen in Mio Dollar (1976) | Prognose der Einnahmen in Mio Dollar | | Prognose der Zuwachsraten in Prozent | |
|---|---|---|---|---|---|
| | | 1980 | 1985 | 1976-80 | 1980-85 |
| Offline-Dienste: | | | | | |
| Kreditinformationen über Unternehmen | 225 | 33o | 42o | 1o | 5 |
| Kreditinformationen über Verbraucher | 125 | 15o | 195 | 5 | 5 |
| Spezielle Marktinformationen | 25o | 365 | 59o | 1o | 1o |
| Summe | 6oo | 845 | 1.2o5 | | |

Abbildung 12: Stand des Datenbankmarktes - Offline-Dienste.[9]

<u>Anmerkungen:</u>

1)  Reinermann, H., Möglichkeiten und Grenzen der modernen Datenverarbeitung im kommunalen Bereich, in: Kommunalkassen-Zeitschrift, 1980, S. 161-168.

2)  Vgl. Rabin, M.O., Theoretical impediments to artifical intelligence, Proceedings of IFIP-Congress 1974, Amsterdam 1974.

3)  Evans, B.O., Keynote speech at Summer Computer Simulation Conference 1980 in Seattle.

4)  Vgl. Gerkens, R.M., Kurzawski, R., Schneider, H.-J. und Stübel, G., Programmieren von Reportprogrammen durch Spezifieren am Bildschirm, in: Angewandte Informatik, 1980, S. 189-193 sowie Portner, N. und Stübel, G., Computergestütztes Programmieren durch Spezifizieren am Bildschirm, in: Angewandte Informatik, 1979, S. 441-445.

5)  Vgl. IBM, COPICS - Communications Oriented Production Information and Control System, IBM E 12-1207, 1208, 1229-1241 sowie Schneider, H.-J., Möglichkeiten und Grenzen normativer Ansätze für die Gestaltung von Informationssystemen, in: Hansen, H.R. (Hrsg.), Entwicklungstendenzen der Systemanalyse, München 1978, S. 31-58.

6)  Vgl. Meyer, B.E. und Schneider, H.-J., Tools for information system design and realization, in: Schneider, H.-J. (Hrsg.), Formal Models and Practical Tools for Information Systems Design, Amsterdam 1979, S. 1-29.

7)  Vgl. Schneider, H.-J., Technologische Innovationen für die Datenverarbeitung der 80er Jahre, Vortragsmanuskript NCR-Kongreß 1980 in Frankfurt.

8)  Vgl. Schmidt-Reindl, K.-M., Der Markt für Datenbanken - Bericht über eine USA-Marktstudie, in: Nachrichten für Dokumentation, 1979, S. 39-43.

9)  Vgl. ebenda.

# ENTWICKLUNGSSTADIEN DER VERWALTUNGSAUTOMATION

von Klaus Dieke, Hamburg

## I.  Einleitende Anmerkungen zum Thema

Ein so weit gefaßtes Thema wird in der Bearbeitung stark durch die Erfahrungen des Referenten bestimmt; deshalb gestatten Sie am Anfang eine persönliche Vorstellung: Ich bin kein Informatiker, obwohl diese Veranstaltung von der Gesellschaft für Informatik mitgetragen wird; Sie werden auch keine unbegrenzte Technikfaszination feststellen können. Ich bin kein Wissenschaftler, deshalb werden Sie nur eine begrenzte Einsicht in die theoretische Fundierung des Phänomens "Automation der Verwaltung" bei mir finden. Ich glaube zum Beispiel nicht an die Existenz des gelegentlich wissenschaftlich ergründeten Machtkomplotts zwischen Politikern und Ministerialbeamten bei Einführung der Automation. Ich werde Ihnen hier keine Vorlesung halten und ich bin auch nicht auf einen Festvortrag eingerichtet, sondern möchte als ein zwischen Skepsis und Hoffnung seit Jahren entscheiden und verantworten müssender Praktiker ein Diskussionsangebot im Rahmen des streitfragenorientierten Konzepts dieser Veranstaltung machen.

Das Thema heißt "Stadien der Verwaltungsautomation". Die Verwendung des Begriffs Stadium in der Mehrzahl veranlaßt mich, zwischen Vergangenheit und Zukunft zu differenzieren und im Jahr 1980 einen Schnittpunkt zu setzen. Wir sollten das bis jetzt abgelaufene Stadium der Verwaltungsautomation als abgeschlossene Phase einer Kontrolle unterziehen, und wir sollten uns überlegen, ob und welche Zielsetzung es für die kommende Phase gibt. Wir könnten auch über Stadien von Projekten reden, über die Bestrafung der Arbeitenden, die Auszeichnung der Unbeteiligten oder über die Stadien der Verwirrung. Obwohl dies sicher auch mit dem Alltag der Datenverarbeitung zusammenhängt, soll dies nicht unser Thema sein.

Verwaltungsautomation ist heute früh sehr weit im Sinne der Automatisierung bei Wahrnehmung öffentlicher Aufgaben behandelt worden. Ich möchte mein Thema dahin eingrenzen, daß ich über Computereinsatz für administrative Prozesse in der öffentlichen Verwaltung spreche. Ich will nicht darüber reden, daß bei Wahrnehmung öffentlicher Aufgaben zum Beispiel der Verkehrssteuerung, der Überwachung von Kernkraftanlagen, der Labormedizin und Strahlentherapie im Krankenhaus oder beim Einsatz von Robotern im Rahmen der Stadtreinigung ebenfalls Automation mit im Feld ist. Ich werde mich auf Büroautomation im engeren Sinne einstellen.

Dazu einige Zahlen, die verdeutlichen sollen, welcher Personenkreis von der Büroautomation betroffen sein kann. Wir reden über die öffentliche Verwaltung und lesen aus der Statistik die in die Millionen gehenden Personalzahlen des öffentlichen Dienstes, die in einem weiten Aufgabenfeld tätig sind. Hamburg hat als Stadtstaat keine Abgrenzungsprobleme zwischen Kommune, Staat oder Landesverwaltung; in dieser Gebietskörperschaft sind 112.000 Beschäftigte für das gesamte Aufgabenspektrum dieses Teils der öffentlichen Verwaltung eingesetzt. Ich habe ausgerechnet, welcher Sektor dieser 112.000 von dem betroffen wäre, das ich hier Verwaltungsautomation nenne, und bin auf allenfalls 20 Prozent gekommen. Zwar erwarten wir in allen Bereichen Unterstützung und Hilfe durch die Technik, aber niemand denkt daran, Schüler künftig durch Automaten statt durch Lehrer zu unterrichten, niemand wird planen, Ärzte durch Diagnosemaschinen zu ersetzen, niemand wird die Polizeipräsenz durch Computer erhöhen wollen, und auch Reinigungskräfte werden wir in Zukunft brauchen.

Ich möchte diesen Vortrag nicht dazu benutzen, uns selber an die Brust zu schlagen "was sind wir doch für tüchtige Leute, was haben wir geschafft". Mein Versuch geht dahin, die Rahmenbedingungen und das, was uns in den nächsten Jahren realisierbar erscheint - aus einer skeptischen Haltung heraus - anzusprechen. Diese Ausführungen sollen Anstöße für die Selbstbesinnung und Diskussion bieten; sie sind weder ein Rechenschaftsbericht über die Vergangenheit noch ein Szenario zukünftiger Entwicklungen. Dabei wäre zu fragen, worauf sich eigentlich die Neigung gründet, bei Jahren, die mit Null enden, jeweils über Zehnjahres-Zyklen zu reden. Zum anderen scheint nachdenkenswert, warum wir regelmäßig meinen, daß Projekte in fünf Jahren fertig sind. Deshalb werden hier prognostische Aussagen für die achtziger Jahre nur insoweit vorgetragen, als ich das Machbare in einem überschaubaren, einem vielleicht für uns interessanten Zeitraum beschreiben möchte.

## II.	Rahmenbedingungen der Verwaltungsautomation

Sie alle kennen die Literatur zur Bedeutung der dritten industriellen Revolution und Sie können sich mit Phantasie vorstellen, was man alles in der Verwaltung anders, besser und moderner machen könnte. Beim Nachdenken über die Umsetzung von Innovation in der öffentlichen Verwaltung sollten wir deren Rahmenbedingungen kennen und sie auch nüchtern berücksichtigen.

## A)	Gesetzmäßigkeit öffentlichen Handelns

Unter dem Gebot der Rechtsstaatlichkeit hat für die Verwaltung die Gesetzmäßigkeit eine dominante Bedeutung, und dieses wird nach meinem Eindruck häufig vergessen, wenn man die vermeintliche Immobilität schlicht anhand von Beispielen aus der Wirtschaft ableitet, wo alles so viel besser, so viel schneller und so viel einfacher geht. Man kann nach meiner festen

Überzeugung nicht einmal im Ansatz Lösungen für die Adressenverwaltung eines Versandhauskonzerns, die - unter anderem - zur Versendung von Katalogen dienen, mit den Anforderungen und Vorstellungen gleichsetzen, wie man das in unserer Rechtsordnung besonders bedeutsam mit öffentlichem Glauben ausgestattete Grundbuch automatisieren könnte.


B)    Knappe Ressourcen


Wir müssen uns darüber klar sein, daß alle Vorhaben, die wir uns auf dem Gebiete der Automation vorstellen, im Rahmen der Ansprüche, die in ihrer Summe an den öffentlichen Sektor gestellt werden, finanzierbar bleiben müssen. Es muß deutlich gemacht werden, daß die Investitionen, die wir durch Computereinsatz auslösen, um Ressourcen konkurrieren, die knapp sind. Automationsvorhaben der Verwaltung müssen wirtschaftlich im Sinne der gesetzlichen Anforderungen der Landes- und Bundeshaushaltsordnungen sein. Der wünschbare Komfort muß vertreten werden können.


Wir müssen berücksichtigen, daß die öffentliche Verwaltung keine Möglichkeit hat, auf Dienste zu verzichten, nur weil sie unrentabel sind. Wenn Sie dagegen die weitere Entwicklung der Bankautomation verfolgen, so wird dort zur Zeit sehr ernsthaft diskutiert, welche Dienste man sich in Zukunft überhaupt noch leisten kann.


C)    Verwaltungsautomation als "bösartiges Problem"


Rittel hat in seinen Arbeiten zu Planungs- und Entscheidungsprozessen in der öffentlichen Verwaltung zwischen gutartigen und bösartigen Problemen unterschieden. Während gutartige Probleme eindeutige Lösungen haben, können bösartige Probleme nicht von Anfang an präzise definiert werden, stellt bei ihnen jedes Problem das Symptom eines anderen Problems dar, gibt es keine richtigen oder falschen Ergebnisse und gibt es keine Logik des Aufhörens, das heißt, keine Lösung, die das Problem abschließt. Wenn wir Automationsvorhaben planen, würden wir, wenn es ein gutartiges Problem wäre, uns fragen: Welche Ziele haben wir und wie wird ein entsprechendes Projekt danach entschieden und implementiert? Tatsächlich läßt sich aber die These in den Raum stellen, daß wir keine Zielhierarchie in der öffentlichen Verwaltung haben, sondern nur Zielkonkurrenzen in einem bösartigen System vorfinden. Daraus ergibt sich, daß vieles, was bei uns geschieht, im Grunde genommen nur scheinbar rational ist. Es ist abhängig von zufälligen politischen Konstellationen und ist sehr schwer im Nachhinein theoretisch als eine geplante Aktivität zu fundieren.

D)    Veränderung der Bewertungskriterien

Es ist heute wieder gesagt worden, die technische Entwicklung werde zwangsläufig veränderte Verwaltungsstrukturen schaffen. Ich bin da skeptisch. Wir haben in den letzten Jahren Literatur und Meinungen gehabt, die ernsthaft von der Trennung von Verwaltung und Informationsorganisation gesprochen haben. Ich glaube, wir haben jetzt auf breiter Front ein "roll back" im Denken. Wir haben uns weiter überlegt, ob wir eine Art von Fließbandarbeit im Büro forcieren sollten, um einen Anschluß an den in der industriellen Fertigung seit langem erreichten Produktivitätsfortschritt durch verstärkte Automation zu bekommen. Auch hier ist die allgemeine Meinung auf dem Gegenkurs. Wir wollen keinen Neo-Taylorismus für das Büro, und Fließbandarbeit soll dort, wo wir sie in der Industrie noch haben, abgeschafft oder zurückgedrängt werden.

E)    Erforderlichkeit von Automation

Wir sehen alle die enormen technischen Möglichkeiten des Kommunikationsverbundes. Wir müssen aber aus der Sicht der operierenden Verwaltung fragen: Wo besteht eigentlich der Bedarf für einen Kommunikationsverbund in dieser Größenordnung, der über die bisher bekannten Dienste hinausgeht? Ich meine, wir sollten uns ernsthaft über die Grenzen des Wachstums der Automation in der öffentlichen Verwaltung Gedanken machen.

III.    Ausgangslage für Überlegungen zur weiteren Verwaltungsautomation

A)    "Softwarekrise"

Was wir heute an Automation vorfinden, ist das Ergebnis einer etwa zwanzigjährigen Entwicklung. In dieser Zeit haben wir eine drei- bis vierfache technische Erneuerung der Maschinen und der Betriebssysteme hinter uns. Wir haben in dieser Zeit aber die Anwendungsverfahren wesentlich weniger grundlegend verändert. Wir haben daran geflickt, und stellen - das ist eben schon gesagt worden - bei Anwendern der öffentlichen Verwaltung überall einen Pflegeaufwand fest, der oberhalb 70 Prozent des eingesetzten Personals für die gesamte Softwareentwicklung liegt. Damit sind wir praktisch außerstande, neues Grundlegendes zu finden und zu gestalten. Dies nennen andere Leute die Softwarekrise, die ja nicht auf die öffentliche Verwaltung beschränkt ist.

**B)    Geringe Planungsunterstützung**

Materiell haben wir vor allem Massenverfahren des Vollzugs automatisiert. Die Planungsunterstützung ist mit gewissen Fragezeichen zu versehen, nicht deshalb, weil durch technisch perfektionierte Informationssysteme nicht ausreichende Daten bereitgestellt werden könnten, sondern weil unsere Entscheidungsträger oft nach Algorithmen arbeiten, die nicht mathematisierbar sind. Aufgrund von Untersuchungen, die wir über Aufbau und Inhalt von Planungsdatenbasen angestellt haben, bestehen erhebliche Zweifel, ob die Bürokratie, die mit Daten arbeiten muß, in weiten Teilen versteht, Fragen zu formulieren. Und weil dieses schon so schwierig ist, möglicherweise ein Bildungs-, ein Fortbildungsproblem ist, muß die Forderung nach mehr Planungsunterstützung durch bessere und schnellere Computersysteme ebenso problematisch sein.

**C)    Überschätzung des Automationsbedarfs?**

Ein sich ausweitender Markt für Automation wird im Bereich Information und Dokumentation gesehen. Auch hier haben wir gerade im öffentlichen Sektor einige Angebote. Mir scheint allerdings bisher zu wenig bewertet zu sein, wo eigentlich der Markt, der Bedarf ist. Ich kann mir schwer vorstellen, daß ein Tatsachenrichter mit steigendem Geschäftsvolumen mehr als den Schönfelder und den Palandt im normalen Zivilverfahren braucht, in dem die Hauptaufgabe ist, den Sachverhalt aufzuklären; die rechtliche Wertung ist häufig einfach. Es wird Schwierigkeiten machen, diesen Richter davon zu überzeugen, daß er bei seiner Arbeit in nennenswertem Umfang noch auf automatisierte Informationssysteme zugreifen soll. Natürlich hat dies der Richter unabhängig zu entscheiden und einem Beamten steht es vielleicht nicht zu, dies zu bewerten: Aber für den normalen Ministerialbeamten und erst recht für den Mitarbeiter in der Exekutive würde ich das jedenfalls behaupten und mit vielen Beispielen aus der Tagesarbeit belegen können. Wenn wir also Information und Dokumentation in ganz anderen Größenordnungen als technische Systeme denken, die uns Daten vermitteln, müssen wir kritisch hinterfragen: Wer will sie haben, wie hoch ist der Bedarf, wer kann sie finanzieren, wer kann sie insbesondere politisch durchsetzen, in Konkurrenz zu anderen Ansprüchen bei einer zugegebenermaßen nicht besonders heilen Finanzwelt?

**D)    Aufgabenkritik vor Automation**

Ich würde einen weiteren Bereich für verstärkte Automatisierung im Bereich der technischen Dienste sehen. Hier ist über graphische Datenverarbeitung, computer aided design und ähnliche Techniken schon gesprochen worden. Dort ist sicherlich eine Möglichkeit für bessere, schnellere Arbeit. Wozu wird heute in der Praxis automatisches Zeichnen benutzt? Im Grunde muß der

Computer her, weil der Bürger in seiner lokalen Umwelt mit Planungen seiner Administration unzufrieden ist, weil es an transparenten Begründungen, fehlenden Daten oder auch nur ausreichender Phantasie mangelt und er statt einem Plan mit fünf Alternativen fünf Pläne mit fünfundzwanzig Alternativen verlangt; die Verwaltung kann diese vervielfachte Arbeitsmenge mit herkömmlichen Mitteln nicht mehr erzeugen. Sollte dieses nicht eher ein Thema von Aufgabenkritik als ein Thema von technischer Rationalisierung sein? Aus der isolierten Sicht der Datenverarbeitung ist ein sich erweiternder Anwendungsfall der EDV zu sehen; die Bedarfsfrage scheint mir allerdings noch nicht so deutlich gestellt worden zu sein.

## E)  Skepsis bei integrierten Verwaltungsinformationssystemen

Wir haben in der Verwaltung in den letzten Jahren über integrierte Informationssysteme nachgedacht, wir haben sie propagiert, haben sie gelegentlich sogar in Gesetze als Ziele hineingeschrieben. Wir sind an die Grenzen der rechtlichen Zulässigkeit gekommen. Die praktische Realisierbarkeit war mit der damaligen Technik nur sehr eingeschränkt und wohl auch heute nicht im Sinne hochgespannter Erwartungen erreichbar. Für integrierte Informationssysteme scheint mir eine Finanzierbarkeit nicht gegeben zu sein. Die Komplexität, die dort entstehen würde, ist mit unseren heutigen Methoden und Techniken nicht in der hinreichenden Sicherheit beherrschbar. Also ist das, was uns dazu geführt hat, den Gedanken der integrierten Verwaltungsinformationssysteme abzuschreiben, jedenfalls heute und für die nächsten Jahre nach meiner Überzeugung noch gültig.

## F)  Aktenlose Verwaltung?

Ähnliches gilt für die Vorstellung von aktenlosen Büros. Hier würde ich auch die rechtliche Zulässigkeit immerhin in Zweifel ziehen, wenn Sie sich die Bedeutung des Dokuments im Bereich der öffentlichen Verwaltung vorstellen. Krückeberg hat kürzlich in einem kurzen Beitrag dazu einiges gesagt, es scheint mir sehr nachdenkenswert. Ich glaube aber auch, daß die Akzeptanz der Mitarbeiter uns große Schwierigkeiten machen wird, wenn wir daran denken, eine aktenlose Verwaltung zu realisieren.

## G)  Installierte Computerkapazität

Wenn man über den Stand der Verwaltungsautomation spricht, orientiert man sich zwangsläufig nicht nur an dem automatisierten Aufgabenprofil, sondern auch an Art und Umfang der installierten Technik. Zu der Frage, wie eigentlich unsere Situation, wie die Ausgangslage ist, auf der künftige Entwicklungen aufbauen können, habe ich einen - zugegebenermaßen angreifbaren -

Vergleich versucht. Es konnte festgestellt werden, wie sich in Berlin, in Hessen, in Schleswig-Holstein und in Hamburg die installierte - weitgehend zentralisierte - Computerkapazität zu den jeweiligen Einwohnerzahlen verhält. Hierbei war davon auszugehen, daß diese vier genannten DV-Organisationen jeweils das Kommunal- und Landesspektrum abdecken. Dabei hat sich eine ziemlich gleichmäßige Ausstattung ergeben, wenn man die installierte Kapazität in Millionen Operationen pro Sekunde auf den Einwohner bezieht. Auf den ersten Blick erscheinen die Relationen noch ungleichmäßig:

| | |
|---|---|
| Berlin | 5,1 |
| Hessen | 4,3 |
| Schleswig-Holstein | 2,8 |
| Hamburg | 2,2. |

Die Abweichung von Hamburg ergibt sich jedoch nur deshalb, weil die letzte geplante Kapazitätserweiterung erst Ende des Jahres vorgenommen wird; danach wird auch dort ein Wert von 4,8 erreicht.

Wie ist es zu dieser Ausstattung gekommen? Hierzu wiederum das Hamburger Beispiel. In Leistungseinheiten (Basis ist allein die interne Rechenleistung einer IBM /370-145) verfügt Hamburg über eine Kapazität von

| | | |
|---|---|---|
| 1973 | = | 4 |
| 1977 | = | 5,5 |
| 1979 | = | 9 |
| 1981 | = | 15. |

Dies zeigt eine nicht unerhebliche Steigerung. Aus den vorgenannten Vergleichszahlen ist zu ersehen, daß in den genannten anderen Ländern offensichtlich bis heute eine ähnliche Ausweitung vorgenommen worden ist.

Diese technischen Systeme werden für die Durchführung automatisierter Verwaltungsaufgaben eingesetzt, die im kommunalen Teil bereits vor zehn Jahren im Aufgabenkatalog der KGSt aufgeführt sind; bezüglich der staatlichen Aufgaben gilt ähnliches. Wir haben diese Aufgaben schon seit Jahren automatisiert. In der Zwischenzeit wurde die Intensität des Automationsgrades erhöht, wir haben hier und dort gefeilt, und sicherlich sind ein paar Funktionen zusätzlich übernommen worden. Wir haben uns aber im Grunde mehr Automationsqualität beschert. Der entsprechende Komfort war nötig, um den steigenden Leistungserwartungen zu genügen, vor allem aber, um mehr Sicherheit in der Abhängigkeit von der Technik zu haben.

## H)  DV-Kosten

Zur Beschreibung der Bedeutung des Elements Datenverarbeitung für eine Großverwaltung sollte man schließlich die kostenmäßige Größenordnung kennen. Wir haben bei uns in Hamburg zur Zeit einen DV-Etat von 62 Millionen, wobei wir die Datenerfassung mit einbeziehen. Dieses Budget ist in Relation zu einem Gesamthaushalt von 10 Milliarden zu sehen, das heißt, wir bewegen uns bei einem DV-Aufwand von 0,6 Prozent. Interessant ist, daß diese DV-Quote sich in den letzten Jahren nicht wesentlich verändert hat. Wenn Sie Vergleichswerte aus der Wirtschaft nehmen, dann weisen diese häufig etwas höhere Kostenanteile aus, kommen aber nicht zu grundlegend anderen Werten. Das heißt, wir können uns sehen lassen, befinden uns in der öffentlichen Verwaltung aber sicherlich nicht an der Spitze des Geldausgebens für DV-Applikationen. In diesen Kosten ist seit 1973 ein konstanter Anteil von etwa 60 bis 65 Prozent für Personal enthalten; der eigentliche Aufwand für Maschinen bei diesen 62 Millionen betrug 10 Prozent.

Als Ergebnis dieser Betrachtung, die über den Beispielfall hinaus als repräsentativ für öffentliche Verwaltungen angesehen wird, ist festzuhalten, daß in den letzten Jahren eine Vervielfachung der technischen Kapazität ohne entsprechende Auswirkung auf die Kosten im wesentlichen zur Verbesserung bereits eingeführter EDV-Verfahren durchgesetzt wurde. Die Bedeutung der EDV für das Funktionieren der Verwaltung ist umgekehrt nur sehr bedingt an der Kostenentwicklung erkennbar.

## I)  Rationalisierungserfolge

Es sollte auch etwas zu den bisherigen Rationalisierungserfolgen gesagt werden. Wir haben in Hamburg unter dem Druck der politischen Forderung und letztlich auch aus dem selbstgesetzten Ziel, nicht nur Versprechungen zu machen, sondern gelegentlich auch Bilanz zu ziehen und uns zu kontrollieren, EDV-Gesamtwirtschaftlichkeitsberechnungen ermittelt und sind zu dem Ergebnis gekommen, daß diesen 62 Millionen DV-Kosten etwa 110 Millionen als Wert von Personalfreisetzung gegenüberstehen. Diese Rechnung läßt außer Ansatz, daß zahlreiche Vorteile der EDV wie Schnelligkeit, Genauigkeit, Einheitlichkeit der Rechtsanwendung und Auswertbarkeit großer Datenbestände für gegebene Aufgaben nicht in derartigen Kostenbetrachtungen quantifiziert werden können, sie aber den Gesamtnutzen noch deutlich erhöhen. Die Personalfreisetzung betrifft rund 1.900 Personen, die real, im wesentlichen aber fiktiv eingespart worden sind, nämlich für an sich fälliges zusätzliches Personal für neue oder erweiterte Aufgaben. In derselben Zeit, in der diese 1.900 Personen erspart wurden, ist der Stellenbestand Hamburgs um real 13.400 erweitert worden; die 1.900 Stellen müssen schließlich in Beziehung zu den 112.000 Stellen gesehen werden, die insgesamt im Haushalt veranschlagt sind. Daraus folgt, daß die Rationalisierungswirkung der Datenverarbeitung, jedenfalls soweit sie in Personaleinsparungen meßbar ist, wesentlich geringer ist als gelegentlich behauptet und befürchtet wird.

## IV.  Verwaltungsautomation im Spannungsfeld

Wenn wir abschätzen wollen, was in den nächsten Jahren auf dem Gebiet der Datenverarbeitung geschieht, dann müssen wir nüchtern erkennen, daß sich die Verwaltungsautomation in einem Spannungsfeld von Erwartungen und Befürchtungen befindet. Je nach Standpunkt der Beteiligten werden die Leistungen und Gefahren der Automation betont. Diese widersprüchliche Beurteilung der Automation ist Ausdruck des ambivalenten Charakters eines jeden Hilfsmittels, dessen Wert letztlich abhängt von dem Gebrauch, der von ihm gemacht wird, aber auch von den Personen, die es benutzen. Ich habe ein paar Aspekte nur einmal herausgegriffen, um deutlich zu machen, wo diese Ambivalenz liegt.

### A)  Verwaltungsautomation in Konkurrenz mit anderen Aufgaben

Wir sprechen vom Computer als einem Motor technischer Innovation, wir sprechen aber auch
- und sehr gewichtige Leute haben dies gesagt - von technischer Spielerei der Bürokraten. Beides ist richtig und falsch zugleich; man muß an beides denken, wenn man entscheidet, daß, wann und wie automatisiert wird.

Wir reden vom Computer oder von der Nützlichkeit verbesserter Aufgabenerfüllung durch EDV und müssen gleichzeitig an die Grenzen staatlicher Finanzierbarkeit denken. Hierzu noch eine Zahl: Wir haben die Prognose der Bevölkerungsentwicklung in Hamburg und die Prognose der Personalentwicklung im öffentlichen Dienst, jeweils abgeleitet aus dem Trend der letzten Jahre, miteinander kombiniert und sind genau im Jahr 2065 bei dem Punkt angelangt, an dem sämtliche Einwohner im erwerbstätigen Alter Hamburgs im öffentlichen Dienst beschäftigt sein müßten. Dieses, glaube ich, zeigt die Größenordnung der sich andeutenden Entwicklungen und wohl auch, daß es Automation als Steigerung des Komforts alleine nicht geben kann, sondern daß Automation zur Rationalisierung der öffentlichen Verwaltung unverzichtbar ist. Rationalisierung aber ist hart, da haben wir Schwierigkeiten und möglicherweise tritt deshalb Stagnation ein.

Bei der Automation neuer Aufgaben im engeren Verwaltungsbereich müssen Prioritäten gesetzt werden für die 20 Prozent Bürokratie, die der Politiker häufig als lästige Notwendigkeit versteht. Erst wenn der Aufwand für die übrigen 80 Prozent der Aufgaben, vor allem des Infrastrukturbereichs und der sozialen Daseinsvorsorge für die Bürger, finanziert sind, möchte man sich eigentlich mehr für Automation leisten (es sei denn, es wird rationalisiert und man nimmt damit nur eine Ersatzfinanzierung vor).

Aus diesem Grunde erscheint es zunehmend zweifelhaft, daß wir die bekannten Aufgaben komfortabler mit Generationen von Programmsystemen verbessern, aber auch mit mehr Aufwand automatisieren, denn hier muß eben die Frage entschieden werden: Wer kann sich das noch leisten?

B) <u>Wirtschaftlichkeit und Arbeitsplatzbedrohung</u>

Ein anderes Beispiel für die Ambivalenz von Automationszielen ist Rationalisierung als Gebot der Wirtschaftlichkeit und Arbeitsplatzbedrohung. Die Veröffentlichungen über die Wirkungen des integrierten Einsatzes von Technik unter dem Stichwort "Office of the future" oder "Büroautomation", wie wir dies in Deutschland nennen, gehen in der Größenordnung dahin, daß in den nächsten fünf bis zehn Jahren 10 bis 20 Prozent der in diesen Bereichen Tätigen durch Rationalisierung ersetzt werden könnten. Wenn Sie an meine konkreten Zahlen denken, was bedeutet das? 20.000 Verwaltungsmitarbeiter in Hamburg halte ich für büroautomationsverdächtig. 20 Prozent davon ergeben 4.000. Wir haben auf der anderen Seite in den zehn Jahren der ersten Stunde nur eine Einsparung von 1.900 Stellen durch Automation erreichen können, obwohl die ganze Massenautomation erledigt wurde und obwohl ein latentes Arbeitsplatzüberangebot bestand. Ich halte es bei der veränderten arbeitsmarktpolitischen Situation und in Anbetracht des Wegfalls der "großen Brocken" für unrealistisch, daß in der öffentlichen Verwaltung (ich sage nichts über Systeme, die unter anderen Zwängen arbeiten) Rationalisierungserfolge in dieser Größenordnung erreicht werden können. Das Beschäftigungssystem des öffentlichen Dienstes läßt dies nicht zu. Hier haben wir außer einer natürlichen Abgangsquote nichts, was uns in den Stand setzt, die Personalzahl zu verringern; hier stehen wir gleichzeitig unter dem Druck, möglicherweise nicht bedarfsorientiert Absolventen von Hochschulen (Lehrer, die es unterzubringen gilt) einzustellen. Für die öffentliche Verwaltung wird sich die Situation am Arbeitsmarkt in Zukunft eher noch verschärfen. Alle Prognosen gehen davon aus, daß das Potential für strukturelle Arbeitslosigkeit steigt. Das hängt mit der demographischen Entwicklung zusammen; wir erwarten mehr Berufstätige im Verhältnis zur Gesamtbevölkerung, wir rechnen damit, daß mehr Frauen als Folge von Kinderarmut und allgemeiner Emanzipation in das Arbeitsleben drängen.

Wenn man in einer solchen Situation ernsthaft darüber nachdenkt, daß die öffentliche Verwaltung durch Automatisierung <u>verstärkt</u> Personal einspart, so halte ich dieses für unrealistisch. Wir haben in diesen Tagen einen Vorgeschmack erhalten: Die Tarifverhandlungen über die Einführung von Bildschirmarbeit haben in weiten Bereichen dazu geführt, daß der weitere Einsatz von Bildschirmen und damit die Nutzung technischer Rationalisierungschancen stagniert, weil die Vorstellungen von Arbeitgebern und Arbeitnehmern noch weit auseinander sind.

## C)   Verwaltungsautomation und Bürgerfreundlichkeit

Ein weiterer Aspekt der Ambivalenz von Automationszielen betrifft die Forderung für einen Computereinsatz zur verbesserten Verwaltungsleistung durch bürgerfreundliche Flexibilität. Gleichzeitig wird festgestellt, mit Computereinsatz wäre die Bürokratie durch bürgerfeindliche Technokratie zu stark geworden. Der Ruf nach den unbürokratischen Verfahren kommt nicht von ungefähr. Er wird genährt durch die Kästchenformulare, die es in Amtsstuben "wegen der DV" auszufüllen gilt.

## D)   Datenintegration und Datenschutz

Wir haben über sinnvolle Datenintegration nachzudenken und uns gleichzeitig mit dem Vorwurf auseinanderzusetzen, daß im öffentlichen Bereich eine gefährliche Datenkonzentration stattfindet. Natürlich ist richtig, daß der Bürger nicht möchte, daß der Staat alles über ihn weiß; ebenso wird jedoch der Staat oder die Verwaltung mit dem Wort "die linke Hand weiß nicht, was die rechte tut" kritisiert, wenn der Betroffene mehrfach gleiche Daten verschiedenen Verwaltungsstellen mitteilen soll. Natürlich könnte man dies durch Integration der Daten abbauen.

## E)   Verwaltungsautomation und Organisation

Wir haben in den letzten Jahren eine technisch-wirtschaftlich nützliche Zentralisierung erlebt und haben die Signale registriert, daß damit die Eigenverantwortlichkeit und Organisationshoheit der Verantwortlichen ausgehöhlt wird oder werden kann. Wir können den Bogen noch weiter spannen und können Bürgerinitiativen und ähnliche Formen des Unbehagens über zuviel Zentralisierung, zu starke Anonymität, Unverständlichkeit administrativer Abläufe und Entscheidungen ansprechen. Da viele dieser Erscheinungsformen direkte Folge des bisherigen Computereinsatzes sind, muß erkannt werden, daß hier organisatorische Kurskorrekturen vonnöten sind.

Als weiteren Punkt darf ich die Frage nach der Beherrschbarkeit von Komplexität aufwerfen. Wir sprechen über eine beliebige technische Vermaschung von Verwaltungen und Verfahren, erleben aber jeden Tag mit einem gewissen Zauberlehrlingseffekt den Zusammenbruch unserer noch vergleichsweise einfachen Systeme. Können wir die Geister, die wir riefen, wirklich beherrschen?

## V. Gedanken zur Zukunft der Verwaltungsautomation

Angesichts der angesprochenen Problembereiche sehe ich für die Zukunft keine gigantischen Ausweitungen der Automation im System der öffentlichen Verwaltung, speziell im Bereich der administrativen Dienste. Die Rahmenbedingungen sprechen im Grunde genommen nicht dafür. Ich habe eine Stützung dieser These auch bei einem kürzlichen Besuch in den USA erfahren, wo es nicht so ist, daß alle Hersteller von DV-Geräten von einem, weiter expandierenden Markt ausgehen; wir haben wenigstens einen gefunden, der uns gesagt hat: Wir haben ernste Sorgen, daß der von den künftigen Benutzern zu artikulierende Bedarf sich anders entwickelt als unsere Produktplaner und Vertriebsstrategen es hoffen.

### A)   DV-Personalstellen als Restriktion

Ich habe noch nichts über DV-Personal als Engpaßfaktor gesprochen; es wurde nur angedeutet, daß wir im Grunde genommen keine Kapazität haben, Neues zu machen, weil wir in die Pflege der laufenden Systeme verstrickt sind. Wir können überall Diskussionen über künftig erforderliche Nullstellenpläne feststellen. Angesichts der hierbei erörterten Fakten kann ich mir kaum vorstellen, daß es Politiker gibt, die heute für die Automation von morgen viele zusätzliche Stellen bewilligen, um mittelfristig durch Automation mögliche Reserven zu erschließen.

### B)   Mehr Zeit für Gewöhnung an die Technik

Wir können eine Immobilität aus personellen Gründen bezüglich der weiteren Automation als Folge des Routinedrucks feststellen; wir haben aber auch Probleme mit der Mitarbeiterqualifikation. Bitte bedenken Sie, daß trotz der jahrelangen Bewährung des Phonodiktats auch heute noch Mitarbeiter tätig sind, die ein Diktat erst abgeben können, nachdem sie es vorher vollständig handschriftlich zu Papier gebracht haben, und die außerdem dann am liebsten einer Sekretärin diktieren, statt in das technische Medium zu sprechen. Warum dauert die Gewöhnung an die Technik so lange? Weil die Anpassungsfähigkeit nicht vorhanden ist. Auch für unseren Bereich der Automation sollten wir zumindest den Zeitbedarf für eine hinreichende Benutzerakzeptanz nicht unterschätzen. Solange diese nicht gesichert ist, erzeugt mehr Automation erhöhte personelle und auch sachliche Schwierigkeiten.

## VI.  Zusammenfassende Schlußbetrachtung

Ich möchte diese zum Teil provokant kritischen Anmerkungen mit einer zusammenfassenden Schlußbetrachtung enden lassen. Da es nicht mein Ziel ist, weiter als Kassandra oder Hofnarr aufzutreten, versuche ich dabei die folgende Lageeinschätzung für das vor uns liegende Stadium der Verwaltungsautomation.

- Es ist in den nächsten Jahren von weiter verbesserten Automationsmöglichkeiten technologisch-wirtschaftlicher Art auszugehen.

  Diese insbesondere aus der Weiterentwicklung der Computertechnologie erwachsenen Chancen werden sicher

  -- zur Konsolidierung der laufenden Anwendungen,
  -- zur Beseitigung signifikanter Schwächen der gegenwärtig praktizierten EDV-Organisation und Programmleistungen

  genutzt werden.

  Diese Maßnahmen werden jedoch

  -- aus personellen Gründen (im DV- und im Anwendungsbereich),
  -- wegen der hohen Risiken jeder Verfahrens- und Technikumstellung für die Funktionsfähigkeit der operierenden Verwaltung,
  -- aus Kosten-Nutzen-Überlegungen

  nur mittelfristig in vorsichtig geplanten Schritten in der öffentlichen Verwaltung realisiert werden können.

- Es gibt starke Anzeichen dafür, daß - entgegen der landläufigen Meinung - Automation in der öffentlichen Verwaltung in diesem Jahrzehnt

  -- vor allem auch bei kritischer Bedarfsbewertung nicht weiter - sprunghaft - wächst,
  -- nennenswerte Freisetzungen oder Umschichtungen von Personal durch Automation nicht bewirkt werden,
  -- die EDV-Kosten keine überproportionale Steigerung im Verhältnis zum Gesamthaushalt erfahren.

- Die Rechtfertigung von Automation wird eher schwieriger, weil es keinen offenkundigen und unbestrittenen Konsens über die Notwendigkeit sowie die Bewertung aller relevanten Aspekte der Innovation durch mehr Technik gibt; diese Tendenz wird sich verstärken bei

  -- Isolierung der EDV gegenüber dem politischen Entscheidungsbereich durch "Sprachbarrieren", unzureichendes Problembewußtsein beziehungsweise als Folge von Zielsetzungsdefiziten,
  -- Steigerung der Komplexität der Verfahren,
  -- Ausgliederung der Informationsverarbeitung aus dem aufgabenbezogenen Verantwortungsbereich;

  deshalb muß gerade diesen Problemen besondere Aufmerksamkeit geschenkt werden.

- Die gesellschaftlichen, politischen und sozialen Rahmenbedingungen müssen gründlich analysiert werden; jede Beschränkung der EDV auf vorwiegend technische oder Rationalisierungsaspekte im engeren Sinne enthält hohe Akzeptanzrisiken.

- Die Möglichkeit, langfristige Projekte zu realisieren, wird gegenüber mittelfristig vorzeigbaren Vorhaben ungünstiger beurteilt, weil die Rahmenbedingungen starken Veränderungen durch andere Wertentscheidungen ausgesetzt sind.

ZWEITER TEIL


FACHVORTRÄGE

# Erster Abschnitt

Rechtliche und organisatorische

Rahmenbedingungen der Datenverarbeitung

in der öffentlichen Verwaltung

# RECHTLICHE UND ORGANISATORISCHE RAHMENBEDINGUNGEN DER DATENVERARBEITUNG IN DER ÖFFENTLICHEN VERWALTUNG DER BUNDESREPUBLIK DEUTSCHLAND – AM BEISPIEL DES BUNDES –

von Volker Bihl, Bonn *

Es würde den Rahmen dieser Darstellungen sprengen, wenn die Entwicklung der Datenverarbeitung in der Bundesverwaltung in allen Einzelheiten aufgezeichnet werden sollte; vielmehr soll im wesentlichen die Entwicklung der organisatorischen Einbindung der automatisierten DV in den Verwaltungsablauf betrachtet und bewertet werden.

Dabei werden zuerst die Randbedingungen aufgezeigt, die die Pionierzeit der DV bestimmten; dann werden die Konsequenzen dargestellt, die sich zwangsläufig aus diesen Randbedingungen ergaben und die das heutige Erscheinungsbild der DV in der Bundesverwaltung entscheidend prägten. Aus einer Analyse der gegenwärtig geltenden und einer Prognose der künftig zu erwartenden Randbedingungen wird dann abgeleitet, welche Gestaltungsmöglichkeiten der Datenverarbeitung der achtziger Jahren offenstehen und welche Verpflichtungen sich hieraus ergeben.

## I.  Randbedingungen in den sechziger Jahren

Die "alten Hasen" der Datenverarbeitung werden sich noch gut daran erinnern können, welche technischen und organisatorischen Randbedingungen in den sechziger Jahren bestanden.

Da wäre zunächst die Hardware zu betrachten - teuer, fehleranfällig, leistungsmäßig begrenzt; man bedenke:  Eine "IBM/360-40" mit 64 K Bytes Kernspeicher war damals ein Großcomputer. Hinzu kam die damalige Software-Problematik, die sich unter anderem aus der Hardware-Situation erklären läßt. Leistungsschwache Betriebssysteme sowie unvollkommene und "speicherplatzfressende" Compiler zwangen die Anwender, extrem (aus heutiger Sicht) maschinennah und damit - natürlich - herstellerabhängig zu programmieren: Wer kann sich nicht an den "Datenprofessor" erinnern, dem es gelungen war, in einem 0,5-K-Programm durch eine geschickte Instruktionsmodifikation zwei Bytes zu sparen, und der deswegen vom DV-Leiter besonders belobigt wurde.

---

*  Der Autor hatte den Vortrag sehr kurzfristig anstelle des ursprünglich vorgesehenen, wegen Erkrankung ausgefallenen Redners übernommen.

Eine weitere wesentliche Randbedingung der Pionierzeit war die Beschaffenheit der Daten: Hier mußten Handkarteien, Zettelkästen und teilweise gigantische Folianten gegeneinander abgeglichen und "auseinander" vervollständigt werden, und das in Zusammenarbeit mit einer Fachabteilung, die noch nicht einmal wußte, welche Bedeutung der Problematik mehrdeutiger Schlüsselbegriffe zukommt.

Überhaupt war die Kommunikation zwischen Leitungs-, Fach- und DV-Bereich damals nicht gerade einfach. Da sowohl für die Fach- als auch für die Leitungsebene die DV ein sehr teures "Buch mit sieben Siegeln" war, entwickelte sich zwangsläufig ein Selbstbewußtsein der Datenverarbeiter, das sich besonders deutlich in dem häufig wiederholten Ausspruch dokumentiert: "Endlich ist es mir gelungen, die Fachabteilung so hinzubiegen, daß ...!" Und "natürlich" mußte der DV-Bereich berichtsmäßig unmittelbar an die Behördenleitung angegliedert sein, mit allen daraus resultierenden Konsequenzen.

Als weiteres Problem stellte sich die bereichsübergreifende Kommunikation dar: Wer mehr als siebzig Stunden pro Woche mit den eigenen Schwierigkeiten - begrenzte Hardware-Kapazität, fehlerhafte Software, unvollständige Daten und verständnislose Fachabteilungen - zu kämpfen hat, ist nicht bereit, über Behördengrenzen oder gar über Ressortgrenzen hinweg Kommunikation zu betreiben.

## II.  Konsequenzen dieser Randbedingungen

Die Restriktionen der sechziger Jahre hatten als wesentliche Konsequenz, daß beim Einsatz der automatisierten DV in der Bundesverwaltung dem Kostenminimierungsprinzip allerhöchste Priorität eingeräumt wurde. Die Leistungsfähigkeit der DV-Abteilung wurde im wesentlichen an den durch sie ermöglichten Einsparungen gemessen und nicht so sehr an ihrem Beitrag zur Verbesserung der Dienstleistung der Verwaltung gegenüber der Gesellschaft und dem einzelnen Bürger.

Auf der anderen Seite führten die Schwierigkeiten in der Kommunikation zwischen DV-Bereich und Fachbereich einer Behörde, aber auch die häufig nicht vorhandenen "direkten Drähte" zwischen den DV-Bereichen unterschiedlicher Behörden eines Geschäftsbereichs oder auch verschiedener Geschäftsbereich, zu einer Reihe von Gefahren.

Da wäre zuerst die Akzeptanz neuer Verfahren zu nennen: Wenn DV-Abteilung und Behördenleitung beschließen, aus Rationalisierungsgründen einem Fachbereich ein neues Organisationsmittel, das ihm weitgehend fremd und nur aus englischen Unterlagen erlernbar ist, "aufs Auge zu drücken", ist es nicht weiter verwunderlich, wenn die Bereitschaft der Fachabteilung zu Zusammenarbeit nicht besonders groß ist. Aber wäre denn damals die Fachabteilung überhaupt in der Lage gewesen, ihren Bedarf eindeutig zu artikulieren, wenn man sie gefragt hätte?

Eine weitere Gefahr lag in der Parallelentwicklung von Verfahren bei verschiedenen Stellen: Wenn seitens der Bedarfsträger - Behördenleitung oder auch Fachbereich - ein starker Termin- und Leistungsdruck ausgeübt wird, bleibt keine Zeit zum mühsamen Aufbau von Kommunikationswegen nach außen, sondern es wird "die Arbeit gemacht", und das heißt, daß das Rad gegebenenfalls neu erfunden wird; allerdings, es ist dann etwas anders gestaltet als die bereits vorhandenen.

Und damit ist bereits die nächste Gefahr angesprochen, nämlich die der Entstehung isolierter und inkompatibler Insellösungen: Wenn überlappende Aufgabenstellungen verschiedener Organisationseinheiten bestehen, so bedarf es einer sorgfältigen und damit häufig zeitaufwendigen Kompetenzabgrenzung sowie Schnittstellendefinition und -behandlung. Aber hierfür stand in der Pionierzeit der automatisierten DV oftmals keine Zeit zur Verfügung.

Darüber hinaus mußte noch Zeit gefunden werden für die Herren Vertriebsbeauftragten im "blauen" Anzug und mit dem geballten Sachverstand einer Weltfirma, die nicht nur verkaufen, sondern durch gezielte Systemberatung auch ihren Markt absichern wollten: Die Gefahr, daß die DV-Industrie die Richtung der Entwicklung der Datenverarbeitung in der Bundesverwaltung bestimmen könnte, war unverkennbar.

## III.  Koordination der DV in der Bundesverwaltung

Angesichts dieser Gefahren war es sachlich notwendig und auch politisch angebracht, verstärktes Augenmerk auf die Koordination der Datenverarbeitung zu richten. Und so paßte es in die Landschaft, daß für die Bundesverwaltung im Jahr 1968 durch Kabinettsbeschluß die Koordinierungs- und Beratungsstelle für die Datenverarbeitung in der Bundesverwaltung (KBSt) im Bundesministerium des Innern und der Interministerielle Ausschuß der Koordinierung der Datenverarbeitung in der Bundesverwaltung (IMKA) eingerichtet wurden.

Hier sollte versucht werden, interministeriell - also über Ressortgrenzen hinweg - zu koordinieren; da nun aber der Artikel 65 des Grundgesetzes die Ressorthoheit garantiert und somit weder der KBSt noch dem IMKA eine Weisungsbefugnis eingeräumt werden konnte, ist die Bereitschaft aller Beteiligten zur Zusammenarbeit eine unverzichtbare Voraussetzung jeder sinnvollen Koordination.

In diesem Zusammenhang kommt der "Erste Hauptsatz der Kybernetik" zum Zug, der besagt, daß bei Optimierung eines Gesamtsystems Friktionen für die einzelnen Subsysteme zu erwarten sind. Man bedenke, was diese Aussage für die einzelnen Datenverarbeitungsbereiche bedeutet hat: Da sollte man nun - mehr oder weniger freiwillig - zugunsten eines mehr oder weniger anonymen "Gesamtganzen" auf Techniken, Methoden oder Vorgehensweisen verzichten, die sich - am Einzelfall gemessen - in der Vergangenheit bestens bewährt hatten. Daß die Bereitschaft hierzu nur bedingt (um es vorsichtig zu sagen) vorhanden war, ist selbstverständlich. Es war also angezeigt, die Bereitschaft zur Koordination und Kooperation zu vertiefen. Hierfür zeigten sich drei Aspekte als maßgeblich:

- Die Einbeziehung des Präsidenten des Bundesrechnungshofes als Bundesbeauftragten für die Wirtschaftlichkeit in der Verwaltung (BWV) in das Koordinierungsgeschäft,

- die Berichte zur Situation der DV in der Bundesverwaltung, die der Haushaltsbeschluß des Deutschen Bundestages in unregelmäßigen Abständen von der Bundesregierung fordert,

- die haushaltstechnischen Richtlinien des Bundes, nach denen der Bundesfinanzminister nur dann DV-Beschaffungsvorhaben finanziert, wenn BWV und KBSt hierzu gutachtlich Stellung bezogen haben.

Somit war die Struktur der Koordinierung in der Bundesverwaltung vorgegeben, einer Koordinierung, die sich gegenwärtig auf etwa 200 DV-Anlagen mit einem Haushaltsvolumen von ungefähr 280 Millionen DM erstreckt.

Um darüber hinaus die gesamte öffentliche Verwaltung hinsichtlich der DV-Anwendung koordinierend zu begleiten, konstituierte sich im Jahr 1970 der Kooperationsausschuß ADV Bund/Länder/Kommunaler Bereich (KoopA), in dem alle Gebietskörperschaften sowie die Kommunale Gemeinschaftsstelle für Verwaltungsvereinfachung (KGSt) vertreten sind.

## IV.  Ergebnisse der Koordination

In Zusammenarbeit von IMKA, KoopA und KBSt ist in den vergangenen Jahren eine Vielzahl von Koordinationsinstrumenten und Koordinierungsergebnissen entstanden, die sowohl DV-technischer und DV-organisatorischer als auch allgemein-organisatorischer und rechtlich-juristischer Art sind. An dieser Stelle soll nur auf eine kleine Auswahl eingegangen werden:

So sollen beispielsweise die systemneutralen Schnittstellen zur Bearbeitung von Datenbanken (KDBS) und die systemneutralen Datenkommunikationsaufrufe (KDCS) dazu beitragen, die herstellerunabhängige Programmierung und damit die allgemeine Verwendbarkeit einmal erstellter Programme zu fördern. Die einheitlichen Datenübermittlungssteuerungsverfahren nach DIN 66019 sollen die Kommunikation in Leitungsnetzen ebenso erleichtern wie die allgemeinen Datenübermittlungsgrundsätze den Datenaustausch zwischen unterschiedlichen Stellen mit Hilfe beliebiger Datenträger.

Der DV-Gesamtplan, das DV-Handbuch und die Empfehlungen zur DV-Ressort-Koordinierung sollen dazu beitragen, daß der Einsatz der DV in der Bundesverwaltung einerseits für die Beteiligten transparenter, andererseits aber auch über Ressortgrenzen hinweg einheitlicher gestaltet werden kann; die Einrichtung und Planung von Gemeinschaftsrechenzentren sowie der Kapazitätsausgleich berücksichtigen dabei die Aspekte der Kostenminimierung.

Um die Zusammenarbeit sowohl innerhalb der Bundesverwaltung als auch mit Stellen außerhalb der Bundesverwaltung rechtlich zu vereinheitlichen, wurden Rahmenregelungen für den Betrieb von Gemeinschaftsrechenzentren und Standardvertragstexte zur Nutzung externer Kapazitäten erarbeitet.

Ebenso konnten die rechtlichen Grundlagen der DV-Beschaffung weitgehend vereinheitlicht werden: Die Besonderen Vertragsbedingungen (BVB) für die Miete, den Kauf und die Wartung von DV-Anlagen und -Geräten sowie für die Überlassung von Programmen werden allgemein in der öffentlichen Verwaltung angewandt, während sich die BVB für die Erstellung von Programmen und für die Verfahrensentwicklung noch in Vorbereitung befinden. Zudem wurde vor etwa zwei Jahren die Erprobungsphase der "Unterlagen für Ausschreibung und Bewertung von DV-Leistungen (UfAB)" innerhalb der Bundesverwaltung begonnen; die UfAB sollen eine herstellerunabhängige und systemneutrale und somit eine problembezogene Ausschreibung ermöglichen.

Betrachtet man die Situation der automatisierten Datenverarbeitung in der Bundesverwaltung heute - zehn Jahre nach Einrichtung der KBSt und IMKA -, läßt sich feststellen, daß sich diese Institutionen bewährt haben:  Der Einsatz der automatisierten DV in der Bundesverwaltung vollzieht sich in einer koordinierten Form unter vornehmlicher Beachtung der Fachaufgaben.

## V.   Prognose für die achtziger Jahre

Betrachtet man die heute gültigen und die künftig voraussichtlich eintretenden technischen Randbedingungen der Datenverarbeitung, so läßt sich folgendes sagen:

Der rasante technische Fortschritt auf dem Hardware-Sektor, dessen Ende noch nicht abzusehen ist, führt dazu, daß Beschränkungen durch Hardware-Engpässe immer mehr in den Hintergrund treten und daß die Hardware in künftigen DV-Systemen ihren Einfluß als kostenbestimmendes Element immer mehr verlieren wird. Der Software-Sektor hingegen wird auch künftig problematisch bleiben, auch wenn sich hier - bedingt durch die Erfahrungen der Vergangenheit - Methoden durchzusetzen scheinen, die eine ingenieurmäßige Software-Erstellung erlauben und die den Individualismus der "Starprogrammierer", der auch weiterhin für die Evolution erforderlich bleibt, zielorientiert kanalisieren. Sollte sich diese Entwicklung fortsetzen, wird man die "Software-Krise", deren wesentlicher Aspekt wohl in der Wartungsproblematik zu sehen ist, möglicherweise in den Griff bekommen.

Eine besonders bedeutsame Einflußgröße für die weitere Entwicklung ist das Zusammenwachsen von Datenverarbeitung, Büroautomation und Kommunikationstechnologie zu einem "technologischen Dreieck". Die hierin liegenden Möglichkeiten - Bildschirmtext und Kabelfernsehen sind nur ein erster Einstieg - deuten eine Entwicklung an, deren Tragweite noch völlig unübersehbar ist. Eines jedoch ist schon jetzt klar erkennbar:  Die Geschwindigkeit des Informationsaustausches kann in einem solchen Maß zunehmen, daß man sich fragen muß, ob hierdurch nicht die jeweiligen Partner derart unter Zeitdruck gesetzt werden, daß sie auf wohlüberlegtes und konsequent durchdachtes Handel zugunsten einer schnellen Reaktion verzichten. Hierin scheint mir eine bedeutsame gesellschaftspolitische Problematik zu liegen, die eine genaue Analyse und gegebenenfalls klare Konsequenzen erfordert.

Betrachtet man die heute gültigen und die vorhersehbaren künftigen organisatorischen Randbedingungen der Datenverarbeitung in der Bundesverwaltung, ist folgendes von Bedeutung:  Das Personal im DV-Bereich hat langjährige Erfahrungen im Umgang mit dem Computer; dabei hat sich mehr und mehr auch die Erkenntnis durchgesetzt, daß die Datenverarbeitung ein integraler Bestandteil der Verwaltung ist und sich in ihren Leistungen an den Erfordernissen der Fachaufgaben zu orientieren hat.

Die Fachabteilungen ihrerseits "leben" seit langem mit der automatisierten DV; sie haben in dieser Zeit ein gewisses Problembewußtsein für die Möglichkeiten und Schwierigkeiten des DV-Einsatzes entwickelt, und sie haben auch gelernt, ihre Anforderungen an die DV so zu formulieren, daß sie vom DV-Bereich in brauchbare Verfahren umgesetzt werden können.

Hinzu kommt, daß die Informationswege zwischen Behördenleitung, Fachbereich und DV-Bereich einer Behörde, aber auch über Behördengrenzen und Ressortgrenzen hinweg, grundsätzlich etabliert sind. Wenn sich diese Tendenz fortsetzt, wird künftig die Abstimmung zwischen Fachbereich und DV-Bereich auf der folgenden Basis stattfinden können:

- Der DV-Bereich erkennt die absolute Priorität der Fachaufgaben an,

- die Fachabteilungen und der Leitungsbereich können die Konsequenzen ihrer Forderungen an die DV erkennen und werden sie daher sachkundig formulieren,

- die Behördenleitung, die Fachabteilungen und der DV-Bereich sind bereit und in der Lage, sich miteinander in einer gemeinsamen "Sprache" zu verständigen.

Um diese Zielsetzung zu erreichen, ist es erforderlich, daß das Personal sowohl des Fachbereichs wie auch des DV-Bereichs entsprechend qualifiziert, gezielt ausgebildet und zu einer engen, partnerschaftlichen Zusammenarbeit bereit ist. Diese Bereitschaft zu erzeugen, ist eine der vordringlichsten Aufgaben der Behördenleitung.

Sind diese Voraussetzungen erfüllt, so wird der Einsatz der automatisierten DV in der Bundesverwaltung in den achtziger Jahren gemäß dem Grundsatz organisiert sein, daß die DV-Struktur in der Bundesverwaltung eine Abbildung der durch die Wechselwirkungen der Fachaufgaben geprägten Informationsstruktur der Bundesverwaltung darzustellen hat.

Eine wesentliche Konsequenz aus diesem Grundsatz wird sein, daß die Computerleistung überall dort und so angeboten wird, wo und wie sie durch die jeweiligen Fachaufgaben und deren Interdependenzen benötigt wird. Dies heißt nun allerdings nicht, daß künftig für jede Fachaufgabe ein eigener Computer zur Verfügung stehen wird; es wird auch künftig zentrale Dienstleistungszentren in der Bundesverwaltung geben. Aber es werden sicherlich verstärkt Tendenzen entstehen, die Computerleistung unmittelbar an den Arbeitsplatz des Sachbearbeiters zu bringen.

Bei einer Abbildung der DV-Struktur auf die Informationsstruktur werden künftig - unter Berücksichtigung der neuen technischen Gegebenheiten - die Wirtschaftlichkeitsbetrachtungen unter einem anderen Blickwinkel als bisher erfolgen müssen: Zur Beurteilung der Angemessenheit der Mittel bei der Lösung des Zielkonflikts "optimale Erfüllung der Fachaufgabe" einerseits und "Rationalisierung beziehungsweise Kostenminimierung" andererseits wird künftig zunehmend die Wertung übergeordneter Zusammenhänge erforderlich sein. Hierzu gehört ein bürgergerechter Einsatz der automatisierten DV, bei dem die Kommunikation zwischen Bürger und Verwaltung in einer dem Bürger angemessenen Form in der erforderlichen Qualität, zum richtigen Zeitpunkt, am richtigen Ort und ohne DV-technisch bedingten Zusatzaufwand für den Bürger möglich ist, ebenso wie ein benutzerfreundlicher DV-Einsatz, bei dem sowohl für die

Bediensteten der Fachbereiche als auch für die des DV-Bereichs menschengerechte - humane - Arbeitsplätze gewährleistet sind.

Last not least wird beim Einsatz der DV in der Bundesverwaltung in den achtziger Jahren darauf zu achten sein, daß die Öffentlichkeit erkennt, daß

- der DV-Einsatz die Dienstleistung der Verwaltung für den Bürger und die Gesellschaft verbessert,

- ein fachaufgaben-bezogener DV-Einsatz lediglich in einem verfassungsmäßigen Rahmen möglich ist,

- die Befürchtungen, ein total "verdateter" Bürger würde von einer inhumanen, maschinenregierten Verwaltung manipuliert und beherrscht, ein gutes Thema für Science Fiction-Romane abgeben können, jedoch keinerlei Beziehung zur Realität haben.

RECHTLICHE UND ORGANISATORISCHE RAHMENBEDINGUNGEN
DER DATENVERARBEITUNG IN DER ÖFFENTLICHEN VERWALTUNG
DER BUNDESREPUBLIK DEUTSCHLAND
- AM BEISPIEL BAYERN FÜR DIE BUNDESLÄNDER -


von Alois Langseder, München


## I.    Abgrenzung des Themas

Rahmenbedingungen sind Gegebenheiten tatsächlicher oder rechtlicher Natur, die der Lösung der jeweils anstehenden Aufgaben zu Grunde zu legen sind. Rahmenbedingungen müssen nicht auf Dauer unveränderbar sein. Entscheidend ist lediglich, daß sie maßgebend sind, wenn Zielvorstellungen und Gestaltungsrahmen in Einklang gebracht werden.

Rechtliche Rahmenbedingungen der Datenverarbeitung sind in weiten Teilen der Rechtsordnung enthalten, sie wirken sich in unterschiedlicher Weise auf die einzelnen Vorgänge der Datenverarbeitung aus. Für die Datenverarbeitung in der öffentlichen Verwaltung ergeben sich Rahmenbedingungen insbesondere aus dem öffentlich-rechtlichen Verfahrensrecht wie auch dem materiellen Verwaltungsrecht bis hin zum Datenschutzrecht. Auch das Gebot der Wirtschaftlichkeit erhält durch die Haushaltsordnungen eine rechtliche Dimension.

Für die Organisationsstruktur der Datenverarbeitung in der öffentlichen Verwaltung sind Rahmenbedingungen im Staatsorganisationsrecht enthalten.

Der Begriff der organisatorischen Rahmenbedingungen hat ebenfalls eine große Spannweite. Er reicht in der öffentlichen Verwaltung von der Behördengliederung über die Notwendigkeit, EDV-Leistungen für den Bürger auf Dauer zu sichern bis hin zur Gestaltung von Arbeitsplätzen und zur Akzeptanz der Datenverarbeitung durch Mitarbeiter und Öffentlichkeit.

Das Thema stellt sich deshalb sehr umfassend dar; eine Beschränkung auf aktuelle Teilaspekte ist angebracht. Hierzu gehört die zentrale oder dezentrale Organisation der Datenverarbeitung in der öffentlichen Verwaltung.

Unter dem Begriffspaar "zentral-dezentral" werden zwei Aspekte verstanden:

- Die Gestaltung der Datenverarbeitung selbst: Zentral bedeutet dabei die Verarbeitung auf Anlagen der Groß-EDV; dezentral bedeutet die Verarbeitung am Arbeitsplatz auf Anlagen der Klein-EDV.

- Die Gestaltung der Organisationsstruktur der Datenverarbeitung, hier ihre Eingliederung in die staatliche Verwaltung: Zentral bedeutet hier eine ressortübergreifende Organisationsform; dezentral bedeutet eine ressortgebundene Organisationsform.

Dieser Vortrag wird sich nur mit den Rahmenbedingungen der Organisationsstruktur und deren Auswirkungen befassen. Zwischen den Problemkreisen "zentrale-dezentrale Gestaltung der Datenverarbeitung" und "ressortübergreifende-ressortgebundene Organisation" bestehen allerdings Abhängigkeiten.


**II.    Die rechtlichen und organisatorischen Rahmenbedingungen**

Als relevante rechtliche und organisatorische Rahmenbedingungen für die Organisationsstruktur der Datenverarbeitung lassen sich
- die Einteilung der Staatsverwaltung in Geschäftsbereiche mit Ressortprinzip
- die fachliche und räumliche Gliederung der staatlichen Verwaltung (Behördenstruktur) und
- der Grundsatz der Wirtschaftlichkeit
bezeichnen.

Da der kommunale Bereich einer eigenen Betrachtung vorbehalten ist, kann das Selbstverwaltungsrecht der Kommunen als Rahmenbedingung hier unerwähnt bleiben.

In allen Ländern der Bundesrepublik ist die Staatsverwaltung in Geschäftsbereiche gegliedert, die allerdings von Land zu Land unterschiedlich gestaltet sind und bei Regierungsneu- oder -umbildungen gelegentlich Veränderungen unterliegen.

Einheitlicher dagegen ist das sogenannte Ressortprinzip. Es besagt, daß jeder Minister den ihm übertragenen Geschäftsbereich selbständig und unter eigener Verantwortung gegenüber dem Parlament leitet. Alle Verfassungen der Länder haben das Ressortprinzip festgelegt.

Zur Entscheidungshoheit eines jeden Ressortchefs gehört grundsätzlich auch die Organisation seines Geschäftsbereiches, soweit sie nicht durch die Verfassungen selbst beschränkt ist. Das ist zum Beispiel für die Einrichtung von neuen Behörden geschehen. Ebenfalls gehört dazu auch die

Frage, ob einzelne Aufgaben mit Hilfe der Datenverarbeitung abgewickelt werden und wie die Automatisierung des Verfahrens gestaltet werden soll.

Die Behördenstruktur weist in den Ländern Gemeinsamkeiten auf, auch wenn im einzelnen beträchtliche Unterschiede sowohl in der regionalen wie auch in der fachlichen Gliederung bestehen. Für die hier zu erörternden Fragen ist nur von Bedeutung, daß die regionalen staatlichen Behörden mit EDV-Leistungen recht unterschiedlichen Umfangs versorgt werden müssen.

Der Grundsatz der Wirtschaftlichkeit und Sparsamkeit ist in den Haushaltsordnungen enthalten, aber nicht näher erläutert. Die öffentliche Verwaltung leidet daran, daß für sie weitgehend Kriterien zur Beurteilung wirtschaftlichen Handelns fehlen. Meist erschöpfen sich deshalb Wirtschaftlichkeitsbetrachtungen im Kostenvergleich.

**III.  Von ressortgebundener Datenverarbeitung zu Großcomputern mit regionalem Einzugsbereich**

Aufgrund dieser Rahmenbedingungen hatte sich vor zehn Jahren die Datenverarbeitung ausschließlich ressortgebunden entwickelt. Als wichtige Probleme von damals waren die hohen Kosten der Hardware und die von den Computern ausgespuckte Papierflut anzusehen; mangels maschineller Intelligenz in der Peripherie mußten neue Wege gesucht werden, um den Computer an den Arbeitsplatz zu bringen. Es entstanden folgende Forderungen:

- Nutzung der Kostendegression größerer Anlagen: Das damals vielzitierte "Grosch'sche Gesetz" besagte, daß die Computerleistung im Quadrat der Kosten steigt.

- Kostensenkung durch Mehrzweckrechner: Man stellte fest, daß die Kapazitäten der Rechenanlagen besser ausgenutzt werden können, wenn unterschiedliche Aufgaben auf einem Rechner abgewickelt werden. Die Hardware müsse dann nicht auf Arbeitsspitzen eines Verfahrens ausgerichtet werden. Auch Bedienungs- und Raumkosten ließen sich durch größere Anlagen senken.

- Integration: Man war der Auffassung, daß durch Aufgabenverbund die Kosten der Datenerfassung und Datenspeicherung wesentlich vermindert werden könnten.

- Dezentralisierung: Maschinelle Intelligenz könne, so die Meinung, nur über Leitungen an den Arbeitsplatz gebracht werden. Nur dadurch sei die Papierflut einzudämmen.

- Spezialisierung: Datenfernverarbeitung und Datenbanken erforderten größeres technisches Know how. Die Verfahrensentwicklung müsse vereinheitlicht und rationalisiert werden. Dazu sei es nötig, Spezialwissen in der staatlichen Verwaltung zusammenzufassen.

Hieraus entstand die Zielvorstellung, Großcomputer mit regionalen Einzugsbereichen einzurichten. Dieses Ziel konnte in reinen Fachrechenzentren nicht befriedigt werden. Eine Stelle in der staatlichen Verwaltung sollte deshalb für die Ressorts regionale Mehrzweckrechner betreiben und technischen Sachverstand vorhalten.

Diese Zielvorstellungen erhielten vor zehn Jahren ihren Gestaltungsrahmen in verschiedenen EDV-Organisationsgesetzen der Länder. Sie waren die Geburtsakte für Datenzentralen und Landesämter für Datenverarbeitung.

Die Regelungen in den Flächenstaaten der Bundesrepublik waren zwar recht unterschiedlich, überall handelte es sich jedoch um mehr oder weniger umfassende ressortübergreifende Organisationsformen.


## IV. Ressortprinzip und ressortübergreifende Datenverarbeitung

Schon kurze Zeit nach Erlaß dieser Gesetze und Organisationsanweisungen setzte die Diskussion darüber ein, ob durch sie das Ressortprinzip nicht in verfassungswidriger Weise eingeschränkt werde.

Dazu ist festzustellen, daß es in den Ländern der Bundesrepublik verschiedene ressortübergreifende Einrichtungen gibt (zum Beispiel Beamtenbesoldung, Betreuung der staatlichen Hochbauten, Vertretung der Staatsverwaltung vor Gericht). Ob das Ressortprinzip der Verfassung durch einfache Gesetze beschränkt werden kann, ist deshalb bereits Mitte der sechziger Jahre in einer Entscheidung des Bayerischen Verfassungsgerichtshofes behandelt worden (E 26.7.65, Vf 46 - VII - 65, BayVerw. Bl. 1965, 379). Dort ist aufgeführt, daß der Gesetzgeber Ausnahmen von dem für die Exekutive verankerten Prinzip machen kann, "sofern es dadurch weder in seinem Wesensgehalt noch in seiner Wirksamkeit schlechthin angetastet wird".

Der Gestaltungsrahmen staatlicher Organisation wird von der Verfassung also weit gefaßt, Regierungen und Parlamente haben hier einen ausreichenden Entscheidungsspielraum.

Allerdings wird man aus dem Ressortprinzip die Forderung ableiten müssen, daß für eine davon abweichende, ressortübergreifende Organisationsform wichtige Gründe vorliegen müssen, zum Beispiel die wesentlich wirtschaftlichere Erledigung einer Aufgabe.

## V.  Der Einfluß des technisch-ökonomischen Wandels auf die DV-Organisation

Die Zielvorstellungen haben sich in den vergangenen zehn Jahren verändert. Der technologische Wandel hat zu neuen Gerätetypen geführt, die Universalrechner sind wesentlich billiger und gleichzeitig leistungsfähiger geworden. Zu den einzelnen Forderungen, die zu ressortübergreifenden Organisationsformen geführt hatten, wird eingewendet, daß

- das Grosch'sche Gesetz infolge des Preisverfalls bei der Groß-EDV an Bedeutung verloren habe. Die Kostendegression könne deshalb vernachlässigt werden;

- der Sachverstand heute in den einzelnen Fachverwaltungen so groß sei, daß die Güte der Verarbeitung überall gewährleistet werden könne;

- eine Integration aufgrund der Entscheidungen zum Personenkennzeichen im Deutschen Bundestag nur mehr im geringen Umfang möglich, wegen der gesunkenen Speicherungskosten aber auch nicht mehr nötig sei;

- die regionalen Behörden auch ohne dezentrale Mehrzweckrechner mit Computerleistung versorgt werden könnten.

Aus wirtschaftlichen Gründen seien ressortübergreifende Einrichtungen deshalb nicht mehr erforderlich.


## VI.  Zwei Gutachten für die staatliche Verwaltung Bayerns

Aufgrund dieser Einwendungen sind seit 1976 mehrere Gutachten in Auftrag gegeben und erarbeitet worden. Allerdings sind es zum Teil rein interne Arbeitspapiere, so daß sie für eine allgemeine Diskussion nicht zur Verfügung stehen. Die nachstehenden Ausführungen beziehen sich deshalb in erster Linie auf die bayerische Entwicklung.


### A)  Das RKW-Gutachten

Im September 1976 wurde für die staatliche Verwaltung Bayerns ein Gutachten des Rationalisierungskuratoriums der Wirtschaft e.V. (RKW) erstellt.

Es führt aus, daß die Abwicklung von Aufgaben auf Großrechnern zwar eine gute Kapazitätsauslastung erreiche; die Wege von der Entstehung eines Vorgangs über die Datenerfassung bis zur Rückleitung ausgedruckter Ergebnisse würden aber immer länger, die Benutzerferne immer größer. Bei Wirtschaftlichkeitsberechnungen müßte dieser organisatorische Mangel berücksichtigt werden. Angestoßen durch den technologischen Wandel laufe der Trend genau in die entgegengesetzte Richtung, nämlich den Computer an den Arbeitsplatz zu bringen. Die Zukunft gehöre dem völlig autarken, intelligenten Kleinst- und Kleincomputer, der nur dann noch an einen Großrechner, zum Beispiel als Speicherrechner, angeschlossen werden müsse, wenn ein Zugriff zu größeren Dateien notwendig sei. Datenfernverarbeitung sei in einem solchen System weitgehend entbehrlich. Die Organisationsstruktur der Datenverarbeitung müsse der Dezentralisation der Verarbeitung folgen. Die Verantwortung für die Kleinrechner müsse bei den Fachverwaltungen liegen, die diese Anlagen betreiben. Auch die Großanlagen sollten in die Ressorts zurückverlagert werden, weil dadurch die Einrichtung von Kleinrechnern beschleunigt werde.

Für bestimmte Querschnittsaufgaben hält das Gutachten eine zentrale Stelle für notwendig; ihr sollten folgende Aufgaben übertragen werden:

- Erlaß von Richtlinien für den Betrieb von Rechenzentren, die Verwendung von Software, die Anmietung und den Kauf von Rechenanlagen, die Verfahrensdokumentation, die Systemplanung, die Programmierung, den Datenschutz und die Datensicherheit;
- der Aufbau eines Programmnachweises;
- die Vorhaltung technischen Sachverstandes;
- die Erstellung eines EDV-Gesamtplanes;
- die zentrale Aus- und Fortbildung;
- die Beratung der öffentlichen Verwaltung.


B)    Das ORH-Gutachten

Im März 1977 hat der Bayerische Oberste Rechnungshof (ORH) ein Gutachten zur Organisation der elektronischen Datenverarbeitung in der staatlichen Verwaltung Bayerns erstattet.

Auch der Rechnungshof untersucht eingehend die eingetretene technologische Entwicklung. Zum Thema Kleinrechner (Mittlere Datentechnik) stellt er fest, daß sie sich für bestimmte Teilaufgaben der Datenverarbeitung eignen. Durch sie könnten insbesondere mögliche Erschwernisse von Großrechnern abgebaut werden. Eine allgemeine Aussage, ob und bei welchen automatisierten Aufgaben und Verfahren eine Erledigung auf Kleinrechnern allein oder im Verbund mit Großrechnern wirtschaftlicher und aufgabenadäquater sei, lasse sich dagegen nicht machen. Für jede konkrete Aufgabe sei zu untersuchen, ob sie sich nach Art, Umfang und Schwierigkeit auf einem Großrechnern oder einem Kleinrechner allein oder im Verbund besser erledigen lasse.

Weil die integrativen Wechselbeziehungen zwischen verschiedenen Aufgaben eines Geschäftsbereichs größer als zwischen den Aufgaben verschiedener Geschäftsbereiche seien, sollten sie selbst die Großrechner betreiben, sofern sie durch ihr Aufgabenvolumen ein leistungsfähiges Gerät, etwa eine IBM 378/158 oder Siemens 7.760, auslasten könnten. Darüber hinaus sollten auch die übrigen Funktionen der Datenverarbeitung grundsätzlich von den Ressorts wahrgenommen werden. Für die Verfahrensentwicklung zum Beispiel könne der Aufwand geringer gehalten werden, wenn das EDV-Fachpersonal aus der jeweiligen Fachverwaltung komme.

Geschäftsbereiche, die selbst keine Großrechner wirtschaftlich betreiben können oder wollen, sollten sich nach Auffassung des Gutachtens eines zentralen staatlichen Servicedienstes bedienen. Das Service-Angebot dieser Stelle sollte sich darüber hinaus auf alle Funktionen der Datenverarbeitung wie Datenerfassung, Verfahrensentwicklung einschließlich Programmierung, Beratung insbesondere in Systemfragen, Standardisierung und Aus- und Fortbildung erstrecken.


C)    <u>Vergleich beider Gutachten</u>

In den beiden Gutachten werden die Rahmenbedingungen unterschiedlich abgesteckt. Das RKW geht von den technologischen Rahmenbedingungen der neuen Schaltkreise aus, die eine wirtschaftliche Verarbeitung am Arbeitsplatz zulassen. Der ORH geht dagegen vom Ressortprinzip als Rahmen aus, das er nur durch die Grundsätze der Wirtschaftlichkeit eingeschränkt wissen will.

Auch der Gestaltungsrahmen wird von beiden Gutachten differenziert gesehen:

Das RKW will zwar den Großrechner nicht vollständig ausschalten, aber nur dort zulassen, wo er für gewisse Arbeiten unentbehrlich ist. Im übrigen sollen die regionalen Behörden autark über eigene Computerleistung verfügen.

Der ORH glaubt, daß der Großcomputer auch in Zukunft gebraucht werde, sei es allein oder im Verbund mit Kleinrechnern am Arbeitsplatz. Stand Alone-Anlagen werden im Gegensatz zum RKW-Gutachten mehr als die Ausnahme bezeichnet.

Überraschenderweise decken sich RKW und ORH trotz der unterschiedlichen Ausgangslage im Zielmodell. Beide fordern die grundsätzliche Zurückverlagerung der Datenverarbeitungsaktivitäten in die Ressorts.

Beide Gutachten halten auch die Einrichtung eines zentralen Service-Dienstes für die gesamte Staatsverwaltung für wünschenswert, allerdings mit unterschiedlichem Aufgabenprofil.

# VII. Muß die Datenverarbeitung in der öffentlichen staatlichen Verwaltung neu organisiert werden?

Diese Frage muß selbstverständlich von Land zu Land nach dem jeweiligen Zustand der Organisationsstruktur der Datenverarbeitung unterschiedlich beurteilt werden. Drei Formen sind in der Diskussion:

## A) Ressortgebundene oder ressortübergreifende Organisation

In allen Ländern der Bundesrepublik ist die Frage in gleicher Weise zu stellen, ob einer ressortgebundenen oder einer ressortübergreifenden Organisation der Vorzug einzuräumen ist.

Grundsätzlich läßt sich dazu feststellen, daß man technisch beide Formen der Organisation verwirklichen kann. Da die Datenverarbeitung stets nur ein Hilfsmittel der Verwaltung sein kann, sprechen die Rahmenbedingungen des Staatsorganisationsrechts primär für eine ressortgebundene Gestaltung. Lediglich Gesichtspunkte der Wirtschaftlichkeit können Anlaß zu einer davon abweichenden Lösung sein.

Angesichts dieser Bedeutung der Wirtschaftlichkeit überrascht es, daß ausgerechnet dieser Gesichtspunkt, der vor zehn Jahren ausschlaggebend für die Gestaltung der Organisationsgesetze der Länder war, in den Gutachten weitgehend zu kurz kommt. Es fehlt an konkreten Berechnungen und Kostenvergleichen; statt dessen werden Trends der Datenverarbeitung aufgrund der neuen Technologie oder die eigene Überzeugung zugrunde gelegt.

Es ist den Gutachtern zuzugestehen, daß solche Wirtschaftlichkeitsberechnungen schwierig sind - aus mehreren Gründen. Ein wichtiger Grund liegt bereits im Haushaltsrecht der öffentlichen Hand. Die Kameralistik macht es praktisch unmöglich, Nutzen-Kosten-Vergleiche anzustellen. Eine Wirtschaftlichkeitsberechnung im staatlichen Bereich kann sich auch nicht auf das einzelne Ressort beschränken, sondern muß, einer ressortübergreifenden Lösung folgend, die gesamte staatliche Verwaltung betrachten. Gegen Wirtschaftlichkeitsberechnungen und Kostenvergleiche wird dazu noch vorgebracht, daß eine ressortgebundene Struktur der Datenverarbeitung Vorteile mit sich bringe, die nicht quantifizierbar seien. Eine ressorteigene Verarbeitung sei heute ein nahtlos integriertes Glied einer Arbeitskette mit weniger Formalismus und Bürokratie als eine ressortübergreifende Organisation notwendigerweise mit sich bringe. Kompetenz- und Prioritätskonflikte könnten hier vermieden werden, weil die Konfiguration genau auf die Bedürfnisse des Benutzers abgestellt werden könnte.

Diese Einwände zeigen, wie notwendig es in der öffentlichen Verwaltung ist, ein objektiviertes Vergleichssystem unterschiedlicher Organisationsformen zu entwickeln. Sie zeigen aber auch, daß mangels ausreichender Vergleichsmöglichkeiten die Frage, ob eine ressortgebundene oder eine ressortübergreifende Organisation zweckmäßig ist, gegenwärtig nicht beantwortet werden kann.

B)    Ressortgebundene und ressortübergreifende Organisation

Diese Alternative liegt dem Gutachten des Rechnungshofes zugrunde: Einige (große) Ressorts betreiben ihre Datenverarbeitung selbst, die übrigen werden über den Grundsatz der Wirtschaftlichkeit verpflichtet, sich einer zentralen, ressortübergreifenden Einrichtung zu bedienen. Diese Vorstellung beruht auf der Überlegung, daß einige Ressorts mit umfangreichen EDV-Aufgaben eine oder mehrere Großanlagen auslasten können, andere dagegen nicht. Sie übersieht, daß heute EDV-Anlagen unterschiedlichster Größenordnung angeboten werden, die den Bedürfnissen eines jeden Anwenders angepaßt werden können. Diese Vorstellung übersieht auch, daß durch sie Ressorts mit unterschiedlichen Befugnissen geschaffen würden, nämlich solche, die eigene EDV-Anlagen betreiben dürfen, und solche, denen dieses Recht nicht zugestanden wird.

Hinzu kommt, daß die EDV-Aufgaben eines jeden Ressorts mit zunehmender Automation wachsen werden, bis es auch nach den hier zugrundegelegten Wirtschaftlichkeitsüberlegungen eine eigene EDV-Anlage betreiben darf. Für die ressortübergreifende Einrichtung würde das bedeuten, daß sie mit zunehmender Automation ihre eigene Auflösung herbeiführen würde. Schon hieraus kann man ersehen, daß es sich bei diesem Lösungsvorschlag um keine sehr geeignete zukunftsorientierte Organisationsstruktur handelt.

C)    Ressortgebundene Organisation und "zentrale Stelle"

Diese Organisationsform liegt dem Vorschlag des RKW-Gutachtens zugrunde. Sie unterscheidet sich von der vorgenannten Organisationsvariante

- durch ein vermindertes Aufgabenprofil; die zentrale Stelle bietet zum Beispiel keine eigene Rechnerleistung und keine Datenerfassung an, sondern im wesentlichen nur die Leistungen eines Software-Hauses;

- durch das Prinzip der Freiwilligkeit. Jedem Ressort bleibt es hiernach freigestellt, ob es sich der "zentralen Stelle" bedienen will oder nicht.

Es ist eine Erfahrungstatsache, daß die Geschäftsbereiche der staatlichen Verwaltung danach trachten, die ihnen obliegenden Aufgaben selbständig und ohne Zuhilfenahme anderer Stellen erledigen zu wollen. Es gibt eine Reihe von Gründen, warum das so ist, und dagegen ist auch grundsätzlich nichts zu sagen. Eine fremde staatliche Stelle wird freiwillig nur ausnahmsweise zugezogen.

Aus diesen Überlegungen ergibt sich, daß eine eigene zentrale Stelle für EDV-Angelegenheiten vernünftigerweise nur betrieben werden kann, wenn ihr eigene und auf Dauer gesicherte Aufgaben zugewiesen werden können. Nur dann kann sie auch eine sinnvolle eigene Personal-, Organisations- und Sachbedarfsplanung aufstellen. Nur dann können Fehlinvestitionen vermieden werden.

Untersucht man den Aufgabenkatalog der Gutachten für eine derartige zentrale Stelle, so ergibt sich folgendes:

- Unterstützung Verfahrensentwicklung: Bisher ist man davon ausgegangen, daß die Verfahrensentwicklung wegen der erforderlichen Sachkenntnis am zweckmäßigsten vom Anwender durchgeführt wird. Als Idealfall wurde der programmierende Sachbearbeiter angesehen. Da die Verfahrenshoheit entsprechend dem Ressortprinzip bei den Geschäftsbereichen liegt, würde sich die Unterstützung durch die zentrale Service-Stelle weitgehend in Personalgestellung erschöpfen.

- Beratung in systemtechnischen Fragen: Die zentrale Stelle müßte diesen Service losgelöst von den jeweiligen Aufgaben generalisierend vorhalten. Die Geschäftsbereiche sind demgegenüber bestrebt, den für ihre Aufgaben erforderlichen Sachverstand selbst zu haben. Es kann kein Zweifel bestehen, daß sie sich diese mit der Automation der einzelnen Aufgabe auch aneignen werden, und zwar gezielt auf diese abgestellt. Es hat sich gezeigt, daß eher die Unterstützung des Herstellers herangezogen wird, als die eines mit den Aufgaben und der technischen Spezialität nicht vertrauten Beraters, der ja auch selbst erst wieder die Hilfe des Herstellers für seine Einarbeitung in Anspruch nehmen müßte.

- Herausgabe von Richtlinien: Richtlinien ebenso wie Standards sind notwendig. Auf vielen Gebieten der Datenverarbeitung sind sie auch bereits geschaffen worden, zum Teil bundesweit, zum Beispiel in DIN-Normen oder in den Grundsätzen zur Beschaffung von Hard- und Software, zum Teil auf die einzelnen Länder beschränkt. Solche Richtlinien können aber nur im Kontakt mit der täglichen Praxis erarbeitet werden. Eine zentrale Stelle, die keine Rechenzentren betreibt, wird sich schwer tun, den Betrieb dieser Einrichtung praktikabel zu regeln. Letztlich handelt es sich hier um eine Führungsaufgabe des einzelnen Ressorts, die lediglich der Koordinierung bedarf.

- Aus- und Fortbildung: Es kann angenommen werden, daß die Schulungseinrichtungen einer zentralen Stelle von den Ressorts gerne in Anspruch genommen werden, wenn und solange sie selbst nicht über entsprechende Einrichtungen verfügen. Das ist für den gehobenen Dienst bei einzelnen Fachverwaltungen der Fall.

  Wenn Aus- und Fortbildung jedoch die einzige auf Dauer angelegte und eigenständige Aufgabe einer zentralen Stelle ist, reicht sie als Basis nicht aus. Man kann eine solche zentrale Stelle ohne Schwierigkeiten einer bestehenden staatlichen Aus- und Fortbildungseinrichtung anschließen.

Wie soll die Datenverarbeitung heute am zweckmäßigsten in die Staatsverwaltung eingegliedert werden? Die Frage kann gegenwärtig nicht eindeutig beantwortet werden, weil ausreichende Wirtschaftlichkeitsuntersuchungen fehlen. Zu warnen ist jedoch vor unzweckmäßigen Verlegenheitslösungen.

**RECHTLICHE UND ORGANISATORISCHE RAHMENBEDINGUNGEN
DER DATENVERARBEITUNG IN DER ÖFFENTLICHEN VERWALTUNG
DER BUNDESREPUBLIK DEUTSCHLAND
- AM BEISPIEL DER KOMMUNALVERWALTUNG -**

von Jürgen Ostermann, Köln

## I.　Abgrenzung des Themas

Nachfolgend wird aus der Perspektive eines Zentralinstitutes der deutschen Kommunalverwaltung berichtet, das sich zusammen mit der kommunalen Praxis die Aufgabe gestellt hat, Grundsätze und Regeln für eine wirtschaftliche Verwaltung zu entwickeln, kommunale wie staatliche Verwaltungen bei der Aufgabenerfüllung zu unterstützen.

Mein Referat sollte ursprünglich vier Schwerpunkte enthalten:

- Der Einsatz von Sachmitteln gehört zur Organisation der Aufgabenerfüllung als Bestandteil der Aufgabenerfüllung im übrigen, die dem obliegt, dem mit dem materiellen Gesetz die "Aufgaben- und Fachverantwortung" zugewiesen ist.

- Aufgabe des Datenschutzes ist es, das auf dem Grundsatz der Gewaltenteilung beruhende verfassungsmäßige Gefüge des Staates, insbesondere der Verfassungsorgane des Landes, und die Zuständigkeitsabgrenzung der Organe der kommunalen Selbstverwaltung untereinander und zueinander vor einer Veränderung infolge der automatisierten Datenverarbeitung zu bewahren. [1]

- Heutige Formen der Finanzierung des Sachmitteleinsatzes liegen teilweise quer zum ökonomischen Prinzip. Die Konsequenzen hieraus sind zu überdenken.

- Die Funktionalreform als Daueraufgabe hat die Möglichkeit des Einsatzes von Informationstechniken bisher nicht zur Kenntnis genommen.

Nach Absprache mit der Tagungsleitung werde ich in Abweichung von diesem Plan zunächst eine ganze Reihe von Strukturdaten darstellen, die man kennen muß, wenn man sich mit dem Problem der automatisierten Datenverarbeitung in der Kommunalverwaltung befassen will. Zu diesen Strukturdaten gehören sowohl Daten der gebietlichen Struktur als auch Daten, die den Entwicklungsstand der automatisierten Datenverarbeitung im kommunalen Bereich der Bundesrepublik betreffen. Es müssen auch noch eine Reihe von Bemerkungen zur Datenverarbeitungsorganisation im kommunalen Raum vorgeschaltet werden. Bei diesem Vorgehen wird mir sicherlich nur wenig Zeit verbleiben, auf die vier Schwerpunkte einzugehen. Ich werde dies im Rahmen des Möglichen versuchen. Die nicht behandelten Teile müssen dann in die Diskussion verschoben werden.

Diese Vorgehensweise ist vielleicht aus doppeltem Grunde nicht so bedenklich: Einmal werden die vier Schwerpunkte meines Referates in vielfältiger Form während der gesamten Fachtagung behandelt. Darüber hinaus gibt es zwei aktuelle Publikationen, in denen das Thema behandelt ist. [2]

## II.  Gemeindestruktur und kommunale DV-Organisation

### A)  Die Gemeindestruktur nach der Gebietsreform

Die Jahreszahlen 1968 und 1978 markieren Beginn und Ende der Gebietsreform. Wir sehen anhand Abbildung 1, daß trotz Gebietsreform heute noch rund 8.500 politische Gemeinden anzutreffen sind. Diese unterhalten jedoch nicht alle eine eigene Verwaltung. Vielmehr arbeiten eine ganze Reihe von ihnen (vergleiche Spalte D), nämlich 6.248, in 1.091 Verwaltungsgemeinschaften zusammen. Die Bezeichnung hierfür ist nach Bundesländern unterschiedlich: Samtgemeinden, Verbandsgemeinden, Verwaltungsgemeinschaften. Daraus errechnet sich die Zahl von 3.361 Verwaltungsgrundeinheiten der Ortsstufe. Diese Zahl steht im Blickfeld, wenn es um Fragen der maschinellen Aufgabenerledigung für die Verwaltung geht.

Abbildung 2 zeigt, daß immerhin trotz Gebietsreform noch rund 40 Prozent unserer Bevölkerung in Gemeinden unter 20.000 Einwohnern lebt. Zugleich wird erkennbar, daß die größte Zahl der Gemeinden im Bundesgebiet weniger als 20.000 Einwohner hat. Diese Feststellung ist besonders wichtig, wenn die Streitfrage diskutiert wird, ob nicht bei einer solchen gemeindlichen Struktur Servicebetriebe in Form Kommunaler Datenverarbeitungszentralen unterhalten werden müssen, damit jede Gemeinde, die EDV betreiben will, dazu auch die Möglichkeit erhält.

### B)  Kommunale DV-Organisation in den Bundesländern

Nun zu den durch interkommunale Kooperation auf dem Gebiet der Datenverarbeitung geschaffenen Strukturen. Ich beziehe mich dabei zunächst auf eine Erhebung, die die KGSt mit Stichtag vom 1.1.1978 bei allen größeren Datenverarbeitungszentralen durchgeführt hat. [3] Abgefragt wurden die großen Städte, die allein auf dem Gebiet der Datenverarbeitung arbeiten (Kommunale Einzel-Datenverarbeitungszentralen - KED), und die Gemeinsamen Kommunalen Datenverarbeitungszentralen (GKD).

Insgesamt wurden also 115 Einrichtungen abgefragt (vergleiche Abbildung 3), von denen zwei Einrichtungen, die Anstalt für Kommunale Datenverarbeitung (AKDB) in Bayern und die Datenzentrale Schleswig-Holstein (DZSH), gesondert ausgewiesen sind. In Nordrhein-Westfalen sind die beiden Landschaftsverbände, der Landschaftsverband Rheinland in Köln und der Landschaftsverband Westfalen-Lippe in Münster, ebenfalls gesondert kenntlich gemacht. Hiervon ausgehend haben wir sechzig Gemeinsame Kommunale Datenverarbeitungszentralen und fünfundfünfzig Kommunale Einzel-Datenverarbeitungszentralen im Bundesgebiet. Da der Begriff der Kommunalen Datenverarbeitungszentrale jedoch nicht eindeutig definiert ist, sollte man diese Zahlen nicht absolut sehen. Sie werden genannt, um eine gewisse Vorstellung zu vermitteln, nicht mehr.

Bei Abbildung 4 sind die kleineren Gemeinschaften außerhalb der Betrachtung geblieben. Es sind nur die etwa gleich großen Einheiten nach der Zahl der Anwender und den Einwohnern im Einzugsbereich ausgewertet worden. Bayern und Schleswig-Holstein sind wiederum nicht aufgeschlüsselt, weil die Anstalt für Kommunale Datenverarbeitung in Bayern und die Datenzentrale Schleswig-Holstein vom gesetzlichen Anliegen her das ganze Land abdecken. Wir haben festzustellen, daß die Zahl der Benutzer der Kommunalen Datenverarbeitungszentralen von 222 bis 2 streut, ebenso die Zahl der Einwohner im Einzugsbereich von 0,3 bis 2,3 Millionen Einwohner. Sicherlich spiegelt sich in dieser länderweisen Aufgliederung auch die Intensität der kommunalen Gebietsreform. Die Rückführung der Zahl der Gemeinden in Nordrhein-Westfalen auf knapp 400 im Gegensatz zu den Verhältnissen etwa in Baden-Württemberg macht dies deutlich.

In die in Abbildung 5 wiedergegebene Auswertung sind auch eine Reihe von allein arbeitenden großen Städten einbezogen. Bei der Darstellung ist weniger die Auswertung nach Hauptspeicher und Plattenspeicher von Interesse. In den Vordergrund gerückt werden sollen die Stellenpläne. Jeder, der sich über die Weiterentwicklung der Gemeinsamen Kommunalen Datenverarbeitung Gedanken macht, muß zur Kenntnis nehmen, daß die in den Stellenplänen zum Ausdruck kommende Eigenständigkeit eine Einflußgröße für die Weiterentwicklung ist. So hat die KGSt ihren Empfehlungen zur Weiterentwicklung der Gemeinsamen Kommunalen Datenverarbeitung in dem oben genannten Gutachten ausdrücklich vorangestellt [4]: "Die Empfehlungen gehen von der heutigen Realität Gemeinsamer Kommunaler Datenverarbeitung aus". Die KGSt hat an der gleichen Stelle jedoch auch festgestellt: "Die GKD wird jedoch als institutionell und funktionell veränderbare Einrichtung behandelt, weil sie eine Hilfseinrichtung zur besseren Erfüllung der Aufgaben der selbständigen kommunalen Gebietskörperschaft ist. Sie ist kein Selbstzweck - wie die ADV kein Selbstzweck ist".

Eine Beschränkung auf die Daten der Erhebung vom 1.7.1978 würde jedoch ein schiefes Bild vermitteln, weil Datenverarbeitung heute im kommunalen Raum der Bundesrepublik weitaus vielschichtiger betrieben wird. Es gibt eine ganze Reihe von Gemeinden, die ohne Anschluß an eine Zentrale selbständig EDV betreiben - Gemeinden aller Größenklassen. Es gibt eine Reihe von diesen Gemeinden, die neben selbständiger DV auch DV im Anschluß an eine GKD betreiben. Die KGSt hatte versucht, durch eine Erhebung vom Mai 1979 bundesweit hier den Sachstand abzufragen. Das ist nicht gelungen, weil die Abfrage nur von einem geringen Prozentsatz der Gemeinden beantwortet worden ist. Mit dieser Einschränkung, auf die ich ausdrücklich hinweise, damit keine falschen Schlußfolgerungen gezogen werden, darf ich aus den mit unnumerierten Rundschreiben vom 1.9.1980 veröffentlichten Daten folgende Zahlen angeben (vergleiche Abbildung 6):

Beeindruckend ist zunächst, daß nur 109 Gemeinden eigene isolierte selbständige Datenverarbeitung betreiben, während der ganz überwiegende Teil der Gemeinden an eine Datenverarbeitungszentrale angeschlossen ist. Gleichwohl wird die Vielschichtigkeit deutlich, wenn man folgende Zahlen hinzunimmt:

In 462 ausgewerteten kreisangehörigen Gemeinden werden 385 Datenverarbeitungsanlagen betrieben, die sich auf 24 Hersteller und 101 verschiedene Anlagentypen verteilen. Dabei ist der Begriff "Anlagetyp" sehr weit gewählt. Hierzu gehören sowohl noch die herkömmlichen Anlagen der sogenannten mittleren Datentechnik wie auch die neuen Klein-Computer. [5]

Insgesamt kann also festgestellt werden:

- Die Gemeinsame Kommunale Datenverarbeitung ist angenommen und anerkannt.

- EDV wird in vielschichtiger verwaltungsorganisatorischer Ausprägung betrieben:

  -- für sich allein arbeitende Gemeinden, Städte und Kreise aller Größenklassen in Kommunalen Einzel-Datenverarbeitungszentralen (KED)

  -- für sich allein arbeitende Gemeinden und Städte in der KED, die darüber hinaus im Lohnauftrag für kommunale Gebietskörperschaften des Umlandes tätig werden

  -- Zusammenschlüsse von Gemeinden, Städten und Kreisen in der Gemeinsamen Kommunalen Datenverarbeitungszentrale, die teilweise in einzelnen Anwendungsgebieten auch für angeschlossene Gebietskörperschaften tätig werden, die im übrigen für sich arbeiten.

Nicht ohne Interesse ist auch, welche Firmen am Landes- und Kommunalmarkt tätig sind (vergleiche Abbildung 7): Das Wissen um diesen Markt sollte man sich immer vergegenwärtigen, wenn man mit Datenverarbeitern spricht. Jedenfalls habe ich in vielfältigen Gesprächen beobachtet, daß Argumentationen sich sehr ähneln, wenn derselbe Hersteller im Hintergrund steht.

Zur Datenverarbeitungsorganisation will ich weiter anhand der Erhebung vom 1.7.1978 auf die Stichwörter Rechtsformen, Stapel- beziehungsweise Datenfernverarbeitung und Anwendungsgebiete eingehen.

Von den 57 abgefragten Kommunalen Einzel-Datenverarbeitungszentralen sind 13 als Amt ihrer Stadt ausgebildet, 34 als Abteilung innerhalb eines Amtes und 10 als sonstige Einrichtungen, beispielsweise als "Institute für Datenverarbeitung", die der Struktur nach Ämter sind. Von den 58 Gemeinschaften sind 2 als Anstalt des öffentlichen Rechts ausgebildet, alle 7 auf gesetzlicher Grundlage (gemeint sind die Datenverarbeitungs-Organisationsgesetze in den Bundesländern Bayern, Hessen und Schleswig-Holstein). Auf der Grundlage der Gesetze über die kommunale Gemeinschaftsarbeit sind 18 Einrichtungen über öffentlich-rechtliche Vereinbarung und 12 als Zweckverbände gebildet worden. In bürgerlich-rechtlicher Form existieren 10 Gemeinschaften. Darüber hinaus gibt es 11 auf sonstiger Rechtsgrundlage arbeitende Gemeinschaften.

Es wäre nützlich, unter Zugrundelegung der Phasen der Datenverarbeitung (Ermitteln, Erfassen, Eingeben, Speichern, Transformieren, Speichern, Ausgeben) den Entwicklungsstand zu diskutieren. Ich will hier nur auf eine Position eingehen, nämlich den Anteil von zentraler Datenverarbeitung im Stapel. Bei den etwa 76 von 115 vergleichbaren Kommunalen Datenverarbeitungszentralen zeigt sich, daß zwei KDZ mehr als 50 Prozent der Gesamtverarbeitungsmenge über Datenfernverarbeitung abwickeln. Das Schwergewicht liegt nach wie vor bei zentraler Stapelverarbeitung: 45 von 76 KDZ oder 60 Prozent erreichen dabei einen Anteil bis zu 100 Prozent, weitere 13 einen Anteil von 60 bis 80 Prozent. Ganz sicherlich sind seit dem Erhebungsstichtag vom 1.7.1978 hier die Dinge sehr in Fluß geraten. Gleichwohl zeigen sie nach wie vor die Tendenz.

Die von der KGSt 1969 empfohlene interkommunale Kooperation auf dem Gebiet der Datenverarbeitung hatte folgende Merkmale:

- Technische Zentralisierung (Zentralisierung der Produktionsläufe und Zentralisierung der Datenspeicherung durch zentrale Datenverarbeitung im Stapel, Unzulässigkeit dezentraler, technisch autonomer Systeme)

- Zentralisierung der Anwendungsentwicklung (zentral organisierte Projekte und zentrale Zusammenfassung der Spezialisten)

- Auslagerung und Zentralisierung von Teilen der Arbeitsprozesse.

Die gesamte Diskussion kreist um diese Merkmale. In ihrem Gutachten zur Weiterentwicklung der Gemeinsamen Kommunalen Datenverarbeitung vertritt die KGSt die Auffassung, daß diese dominierende technische Zentralisierung sich weiterentwickelt in das gemischte DV-Konzept, das wir modellhaft wie in Abbildung 8 umschrieben haben.

Die Realität ist wesentlich differenzierter als dies die Matrix wiederzugeben vermag. Das soll an zwei Beispielen deutlich gemacht werden, die sich beide auf das Begriffspaar zentral/dezentral beziehen.

Zunächst einmal geht es bei Überlegungen zu Zentralisierung oder Dezentralisierung schlicht um eine Umkehrung des Prozesses, der aus technisch-wirtschaftlichen Gründen Ende der sechziger Jahre in Gang gekommen ist, mit anderen Worten um eine neuerliche Verselbständigung der Gemeinden auf dem Gebiet der automatisierten Datenverarbeitung, ihre technische Herauslösung aus der Gemeinschaft. Dies ist gemeint, wenn in der Matrix von "dezentraler Datenverarbeitung (DDV) - technisch autonom, dv-organisatorisch eingebunden -" gesprochen wird. Es handelt sich also hier um eine Spielart Gemeinsamer Kommunaler Datenverarbeitung.

Zentralisation oder Dezentralisation meint jedoch auch die Verlagerung von einzelnen Phasen der Datenverarbeitung (Ermitteln und Erfassen, Eingeben, Speichern, Transformieren, Speichern, Ausgeben) zum Anwender. Der Grad der Dezentralisierung kann hier sehr unterschiedlich sein, wie Abbildung 9 belegt.

Bei der Verarbeitung von Massendaten (siehe Ziffer 1), der Verarbeitung mit ständigem Zugriff auf zentrale Datenbestände (siehe Ziffer 3) sowie isolierten Anwendungen im Rahmen der "distribute database" (siehe Ziffer 2) ist der Dezentralisationsgrad jeweils ein anderer. Damit wird zugleich deutlich, daß die generelle Diskussion um zentrale oder dezentrale Datenverarbeitung ganz wesentlich durch die jeweilige kommunale Aufgabenstellung geprägt wird. Hier haben Datenverarbeiter oft eine andere Vorstellung als der Sachbearbeiter an seinem Arbeitsplatz selbst. Eine in der Stadtverwaltung Malmö durchgeführte Untersuchung belegt, daß zum Untersuchungszeitpunkt ebensoviel Bedarf an interaktiver Datenverarbeitung bestand, wie tatsächlich Batch-Verarbeitung angeboten wurde.

## III. Aufgabenverantwortung und Aufgabenerfüllung

Der Einsatz von Sachmitteln gehört zur Organisation der Aufgabenerfüllung, die dem obliegt, dem mit dem materiellen Gesetz die Aufgabenverantwortung zugewiesen ist.

Zunächst einmal sagt diese These nichts weiter, als daß die Organisation der Aufgabenerfüllung Teil der Aufgabenerfüllung und damit zunächst Angelegenheit der Fachämter ist. Dabei gehört zur Organisation der Aufgabenerfüllung unter anderem:

- Die Sicherstellung des Arbeitszusammenhanges (Zusammenarbeit, Koordination, Federführung)
- die Festlegung der Entscheidungsbefugnisse (Delegation im Einvernehmen mit der zentralen Organisationsstelle)
- die Schaffung funktionsgerechter Arbeitsplätze
- rationelle Arbeitsorganisation und Arbeitsplatzgestaltung, insbesondere Regelung der Arbeitsabläufe, soweit keine Organisationsuntersuchung durchgeführt worden ist
- der Einsatz von Arbeitsmitteln
- die Raumverteilung.

Trotz dieses Grundsatzes ist es unumstritten, daß Organisationsaufgaben aus den Fachämtern dann auszugliedern und einer zentralen Organisationsstelle zuzuordnen sind, wenn die Organisationsaufgaben einheitlich aus der Sicht der Gesamtverwaltung zu erfüllen sind oder regelmäßig nur eine besondere Organisationsstelle über spezielle organisatorische Fachkenntnisse verfügen kann. Diese Einschränkung, die oft genug in der Praxis der Regelfall ist, ist dabei abhängig von der Größe der Verwaltung. Je größer eine Verwaltung ist, desto umfangreicher und schwieriger zu zentralisieren sind einerseits die Organisationsaufgaben, desto leistungsfähiger können andererseits auch die Fachämter auf organisatorischem Gebiet sein, so daß eine Zentralisierung der Organisationsaufgaben weniger erforderlich ist. Je kleiner eine Verwaltung ist, desto umfassender wird umgekehrt die Zentralisierung von Organisationsaufgaben sein müssen.

Diese in der Organisationslehre unbestrittenen Aussagen sollten in Zusammenhang mit den Ebenen kommunaler Organisationsarbeit gesehen werden (vergleiche Abbildung 10).

Die Ausgliederung der Organisationsfunktion muß im Zusammenhang mit dem Organisieren selbst gesehen werden. Dort, wo das Organisieren lediglich reines Ordnen ist, kann angeordnet werden, reichen Dienst- und Geschäftsanweisungen. Dort, wo das Organisieren ganz überwiegend ein Gestaltungsprozeß ist, wird die selbständige Mitwirkung des Empfängers, ein Wechsel des Organisators vom "Anordner" zum "Berater" zwingend. Da EDV-Systementwicklung, die Realisierung benutzerorientierter Datenverarbeitung in schwierige Gestaltungsprozesse führt, muß die dominierende Rolle des Fachamtes und seiner Mitarbeiter sichergestellt werden, sollen die entwickelten Systeme überhaupt auf Akzeptanz stoßen. Wer dies nicht sieht oder anerkennt, entwickelt am Bedarf vorbei. Daß sich die Probleme dort verschärfen, wo die Organisationsfunktion aus der selbständigen Verwaltungseinheit ausgegliedert und auf die Gemeinschaft übertragen ist, versteht sich von selbst.

Abgemildert, aber in der Tendenz ebenso eindeutig, kann man die These deswegen wie folgt umformulieren:

Die Organisation der Aufgabenerfüllung ist in einem fortwährenden Optimierungsprozeß auf eine zeitliche, räumliche und sachliche Einheit zwischen Aufgabenverantwortung und Aufgabenerfüllung zu richten.

| | Gemeinden | | 1968 | 1978 |
|---|---|---|---|---|
| A | | unter 500 | 10.760 | 1.748 |
| | 500 | - 1.000 | 5.706 | 1.400 |
| | 1.000 | - 2.000 | 3.850 | 1.631 |
| | 2.000 | - 5.000 | 2.406 | 1.699 |
| | 5.000 | - 10.000 | 869 | 935 |
| | 10.000 | - 20.000 | 380 | 621 |
| | Summe | | 23.971 | 8.034 |
| B | 20.000 | - 50.000 | 199 | 332 |
| | 50.000 | - 100.000 | 55 | 84 |
| | 100.000 | - 200.000 | 30 | 35 |
| | 200.000 | - 500.000 | 16 | 21 |
| | 500.000 | und mehr | 11 | 12 |
| | Summe | | 311 | 484 |
| C | Gesamt | | 24.282 | 8.518 |
| D | 8.518 ./. 6.248 = 2.270 + 1.091 = 3.361 | | | |

Abbildung 1: Gemeindestruktur vor und nach der Gebietsreform.

Gemeinden 1978

| Einwohnerzahl | | Anzahl der Gemeinden | Bevölkerung | % | % |
|---|---|---|---|---|---|
| von | bis | | | | |
| | 499 | 1.748 | 467.400 | 0,76 | |
| 500 | 999 | 1.400 | 1.029.000 | 1,67 | |
| 1.000 | 1.999 | 1.631 | 2.327.700 | 3,89 | |
| 2.000 | 4.999 | 1.699 | 5.437.900 | 8,96 | |
| 5.000 | 9.999 | 935 | 6.630.300 | 10,9 | |
| 10.000 | 19.999 | 621 | 8.549.000 | 13,93 | 40,11 |
| 20.000 | 29.999 | 179 | 4.381.644 | 7,14 | |
| 30.000 | 39.999 | 96 | 3.268.117 | 5,41 | |
| 40.000 | 49.999 | 45 | 1.989.026 | 3,27 | |
| 50.000 | 99.999 | 84 | 5.664.700 | 9,22 | 25,04 |
| 100.000 | und mehr | 68 | 21.336.000 | 34,85 | |
| Gesamt | | 8.518 | 61.401.900 | 100 | |

Abbildung 2: Gemeindestruktur und Bevölkerung nach der Gebietsreform.

| Land | GKD | KED | Gesamt |
|---|---|---|---|
| Baden-Württemberg | 8 | 2 | 10 |
| Bayern | 5 + AKDB | 14 | 19 + 1 |
| Bremen (einschließlich Bremerhaven) | – | 1 | 1 |
| Hessen | 5 | 1 | 6 |
| Niedersachsen | 13 | 8 | 21 |
| Nordrhein-Westfalen | 20 + 2 | 14 | 36 |
| Rheinland-Pfalz | 4 | 1 | 5 |
| Saarland | 1 | – | 1 |
| Schleswig-Holstein | DZSH | 11 | 11 + 1 |
| Stadtstaaten | – | 3 | 3 |
| Insgesamt | 58 + 2 | 55 | 113 + 2 |

Abbildung 3:      Anzahl der KED und GKD in den Bundesländern. [6]

| Land | Zahl der Anwender im Einzugsbereich | | | nicht angeschlossen (in Prozent) | Einwohner im Einzugsbereich (in Millionen) | | | GKD |
|---|---|---|---|---|---|---|---|---|
| | min. | max. | ∅ | | min. | max. | ∅ | |
| Baden-Württemberg | 81 | 222 | 145 | 18,5 | 0,7 | 2,3 | 1,26 | 7 |
| Hessen | 32 | 145 | 100 | 3,0 | 0,6 | 1,8 | 1,1 | 5 |
| Nordrhein-Westfalen | 2 | 44 | 22 | 2,6 | 0,28 | 1,15 | 0,32 | 19 |
| Niedersachsen | 19 | 64 | 47 | 20,4 | 0,3 | 1,02 | 0,65 | 10 |
| Rheinland-Pfalz | 42 | 85 | 64 | 10,2 | 0,62 | 1,38 | 0,91 | 4 |
| Saarland | – | 56 | – | 14,3 | – | 1,08 | – | 1 |
| Bayern | | | | | | | | |
| Schleswig-Holstein | | | | | | | | |

Abbildung 4:      Betreute Anwender und Einwohner pro GKD. [7]

| | Hauptspeicher (in Mega-Byte) | | Plattenspeicher (in Mega-Byte) | | Stellenplan 1977 | | GKD | KED |
|---|---|---|---|---|---|---|---|---|
| | von | bis | von | bis | von | bis | Zahl | Zahl |
| Baden-Württemberg | 0,5 | 2,04 | 1,1 | 4,6 | 44 | 93 | 7 | 2 |
| Hessen | 1,5 | 2,04 | 3,2 | 4,6 | 97 | 154 | 5 | - |
| Nordrhein-Westfalen | 0,3 | 3,07 | 0,3 | 9,5 | 31 | 94 | 19 | 9 |
| Niedersachsen | 0,3 | 1,02 | 1,0 | 3,8 | 22 | 52 | 10 | 3 |
| Rheinland-Pfalz | 0,5 | 1,02 | 1,2 | 1,6 | 10 | 39 | 4 | - |
| Saarland | - | - | - | - | - | 84 | 1 | - |
| Bayern | | | | | | | | |
| Schleswig-Holstein | | | | | | | | |

Abbildung 5: Sach-und Personalausstattung von GKD und KED. [8]

| Land | Beteiligt an Erhebung (Gemeinden) | eigene EDV - isoliert - | isoliert + GKD | nur GKD | nur Dritte - Werke - | Sonsti-ge |
|---|---|---|---|---|---|---|
| Baden-Württemberg | 495 43% | 17 | 55 | 353 | 19 | 51 |
| Bayern | 540 30% | 65 | 119 | 321 | 8 | 27 |
| Hessen | 91 18% | 2 | 46 | 36 | - | 7 |
| Niedersachsen | 113 8% | 9 | 30 | 57 | 3 | 14 |
| Nordrhein-Westfalen | 368 86% | 6 | 41 | 308 | 1 | 12 |
| Rheinland-Pfalz | 57 2% | 7 | 17 | 17 | 2 | 14 |
| Saarland | 41 76% | - | 22 | 17 | - | 2 |
| Schleswig-Holstein | 162 13% | 3 | 65 | 56 | 1 | 37 |
| Gesamt | 1.867 | 109 | 395 | 1.165 | 34 | 164 |

Abbildung 6: Gemeindliche Zusammenarbeit bei der DV. [9]

| Land \ Hersteller | Siemens (in %) | IBM (in %) | Sonstige (in %) |
|---|---|---|---|
| Baden-Württemberg | 9,9 | 89,1 | 1,0 |
| Bayern | 54,8 | 43,4 | 1,8 |
| Berlin | 44,6 | 52,9 | 2,5 |
| Bremen | 25,9 | 74,1 | - |
| Hamburg | 27,3 | 72,7 | - |
| Hessen | - | 100 | - |
| Niedersachsen | 38,2 | 59,4 | 2,4 |
| Nordrhein-Westfalen | 30,9 | 56,5 | 12,6 |
| Rheinland-Pfalz | - | 100 | - |
| Saarland | 54,5 | 39 | 6,5 |
| Schleswig-Holstein | 10,2 | 89,8 | - |
| Bundesrepublik Deutschland | 28,7 | 66,3 | 5,0 |

Abbildung 7:  Landes-Kommunalmarkt (nach Siemens 1978).

| Verfahrenstypen \ Betriebsarten | Stapel-verar-beitung | Online-Daten-erfassung - Vorver-arbeitung - | Online-Auskunft | Sachbear-beiter - Dialogver-arbeitung - |
|---|---|---|---|---|
| Zentrale Datenverarbeitung (ZDV) | 1 | | | |
| Zentrale Datenverarbeitung mit dezentralem Zugang | 2 | 3 | 4 | 5 |
| Dezentrale Datenverarbeitung (DDV) mit Vernetzung | 6 | 7 | 8 | 9 |
| Dezentrale Datenverarbeitung -technisch autonom und dv-organisatorisch einge-bunden- | 10 | 11 | 12 | 13 |

Abbildung 8:  Mögliche DV-Modelle in der Kommunalverwaltung
- Das gemischte Konzept.

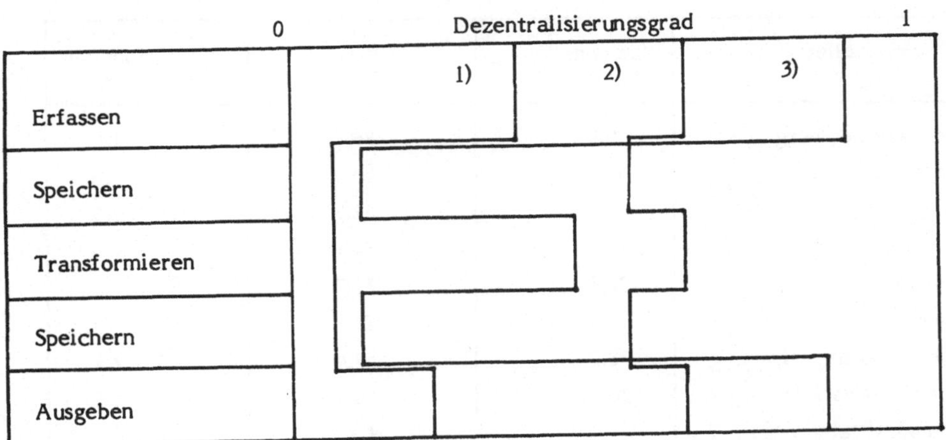


Abbildung 9:    Dezentralisierungsgrad einzelner Phasen der Datenverarbeitung. [10]

| Organisieren =<br>Ordnen | | 1. Ebene = Aufbauorganisation<br>Organisatorischer Rahmen:<br>Aufgaben-, Verwaltungsgliederung,<br>Aktenordnung usw. | anordnen;<br>Dienst- und<br>Geschäftsanweisung |
|---|---|---|---|
| Organisieren =<br>Ordnen +<br>Gestalten | | 2. Ebene = Verfahrensanalyse<br>Ablaufanalyse und -gestaltung,<br>Grundlagen der Automation,<br>Finanz- und betriebswirtschaftliche<br>Grundlagen | anordnen;<br>verstärkte Mitwirkung<br>des Empfängers |
| Organisieren =<br>Gestalten | | 3. Ebene = Übergreifende<br>systematische Untersuchungen<br>EDV-Systementwicklung,<br>Personalwirtschaft, Delegation<br>Entwicklungsplanung, Aufgabenkritik<br>Personalführung und -entwicklung,<br>benutzerorientierte EDV | selbständige<br>Mitwirkung des<br>Empfängers,<br>wachsende Beratungs-<br>funktion des<br>Organisators |

Abbildung 10: Ebenen kommunaler Organisationsarbeit. [11]

<u>Anmerkungen:</u>

1) Vgl. § 1 Abs. 1 Ziffer 2 Datenschutzgesetz des Landes Nordrhein-Westfalen vom 19.12.1978.

2) Kommunale Gemeinschaftsstelle für Verwaltungsvereinfachung (KGSt), Weiterentwicklung der Gemeinsamen Kommunalen Datenverarbeitung (GKD), Köln 1979 und Ostermann, J.,Auf dem Wege in die kommunale Informationsverwaltung?, in: Die Verwaltung, 1980, S. 297-327.

3) Vgl. dazu KGSt-Bericht Nr. 5, 1979.

4) Vgl. KGSt, a.a.O., S. 49.

5) Zu den Begriffen vergleiche ebenda, S. 40.

6) Quelle: Erhebung der KGSt vom 1. Juli 1978.

7) Quelle: Ebenda.

8) Quelle: Ebenda.

9) Erhebung der KGSt vom Mai 1979.

10) Nach Erwin Grochla.

11) Quelle: Banner, G., Ostermann, J. und Siepmann, H., Die Arbeit der KGSt - heute und morgen, Entwicklungslinien kommunaler Organisationsarbeit,in: KGSt-Mitteilungen, Sonderdruck 10, 1978, S.2.

Aussprache zu den Referaten
von Volker Bihl, Alois Langseder und Jürgen Ostermann


Bericht von Friedrich Simson, Speyer


Nach der Herausgabe des KGSt-Gutachtens "Weiterentwicklung der gemeinsamen kommunalen Datenverarbeitung (GKD)", Köln 1979, erwartete man im Streit zwischen den Anhängern zentraler und den Befürwortern dezentraler Lösungen neue Impulse für ein künftiges Datenverarbeitungskonzept im öffentlichen, insbesondere kommunalen Bereich. "Zentralisten" neigen in unterschiedlichem Umfang dazu, insbesondere die Hardware sowie auch die Softwareentwicklung in einer Zentrale zu vereinigen. "Dezentralisten" vertreten mit Nachdruck die Auffassung, daß insbesondere die Computerintelligenz vor Ort in der Verwaltung in eigener Verantwortlichkeit verfügbar sein muß.

In der von Karlheinz Gebhardt geleiteten Diskussion zeichnete sich jedoch ab, daß sich die beiden divergierenden Lager jeweils auf ihre bekannten Positionen zurückzogen. Dies läßt den Schluß zu, daß es noch nicht zu der erwarteten Auflockerung, eher sogar zu einer Verhärtung der Fronten gekommen ist. Die Diskussion klammerte im übrigen die Situation auf Bundesebene weitgehend aus und konzentrierte sich auf die Landes- und insbesondere Kommunalebene.

Die Befürworter einer zentralen Datenverarbeitung führen als Argument häufig die Softwareentwicklung an. Insbesondere bei komplexen und kostenaufwendigen Programmen, wie sie etwa Einkommensteuerprogramme mit ihrer schwierigen Rechtsmaterie darstellen, wird eine gemeinsame Entwicklung und enge Zusammenarbeit als notwendig angesehen (Püschel). Dies bedeutet jedoch nach Ansicht der Befürworter einer dezentralen Lösung keinen Gegensatz. Ostermann, der sich im Laufe der Diskussion häufig genötigt sah, das KGSt-Gutachten zu verteidigen, erkennt eine große Bandbreite für eine gemeinschaftliche Softwareentwicklung an. Man wehrt sich nur dagegen, daß die gemeinsame Programmentwicklung über das Hilfsmittel gesetzlicher Sachzwänge eingeführt wird (wie das bei dem - inzwischen zu den Akten gelegten - bundeseinheitlichen Personenkennzeichen der Fall sein sollte).

Letztlich geht es nicht so sehr um das Ob als um das Wie einer Zusammenarbeit mit einer Zentrale. Eine andere Beurteilung erscheint daher dann angebracht, wenn die gemeinsame Programmentwicklung auf freiwilliger Basis erfolgt. Die freiwillige Zusammenarbeit zwischen einer Kommune und einem Rechenzentrum wird in der Regel nicht ausgeschlossen (Ausnahme Nordrhein-Westfalen). Diese Möglichkeit wird jedoch zum Teil durch starke finanzielle Anreize von seiten des Landes (zum Beispiel Hessen), deren Auswirkungen sich eine Gemeinde nur schwer entziehen kann, erschwert (Ostermann).

Der Sinn der freiwilligen Zusammenarbeit liegt für die Gemeinde darin, daß sie die Organisation der eigenen Verwaltung von der unter dem Deckmantel der Programmnotwendigkeit eingeführten Fremdbestimmung durch außenstehende Einrichtungen freihalten kann. Ansonsten bestehe die Gefahr, daß die Verwaltungsführung einer Gemeinde nicht erkennen kann, welche Möglichkeiten neue Informationstechniken bieten (Ostermann). Viele Reformen der letzten Jahre hatten den Sinn, die gemeindliche Selbstverwaltung zu stärken. Gerade eine Überfremdung und Nichtwahrnehmung der eigenen gemeindlichen Verantwortung aus dem Grunde der elektronischen Datenverarbeitung sollte daher vermieden werden (Gebhardt).

Als weiteres Argument für zentrale Datenverarbeitung wird der Kostenfaktor angeführt (Hauser). Dieser Ansicht liegt zugrunde, daß man die in dem letzten Jahrzehnt getätigten Investitionen nicht so ohne weiteres abschreiben könne. Dahinter steht die Befürchtung, daß bei einem rigorosen Umschwenken in der DV-Konzeption die eingesetzten Gelder für Sachmittel und Entwicklung verloren seien. In diesem Zusammenhang wird auch darauf verwiesen, daß in anderen Bereichen, etwa bei Wasser- und Abwasserverbänden, die Zusammenarbeit funktioniere und niemand daran denke, diese aufzulösen.

Man sollte insbesondere nicht die Technik als Maßstab für die Organisation heranziehen. Als bei der erstmaligen Einführung der elektronischen Datenverarbeitung die Technik zentrale Lösungen für eine effektive Arbeitsbewältigung vorgeschrieben habe, seien diese, auch mit Unterstützung der KGSt, verwirklicht worden. Daß die Technik heute dezentrale Lösungen zulasse, sei noch kein hinreichender Grund, diese zu realisieren, denn die Technik sollte nicht die jeweilige Verwaltungsorganisation bestimmen dürfen (Hauser).

Daß es den Verfechtern von dezentralen Lösungen nicht so sehr um Technikhörigkeit als um faßbare materielle Vorteile geht, macht Albrecht deutlich. Hier ist insbesondere die Schnelligkeit, mit der der Sachbearbeiter Auswertungen oder Daten im Rathaus zur Verfügung hat, ein entscheidender Vorteil. Eine gemeinsame Programmentwicklung werde dadurch auch nicht in Frage gestellt.

Mehr und mehr scheint auch von seiten der Datenzentralen an eine Mischform gedacht zu werden, die etwa den angeschlossenen Gemeinden einen online- oder offline-Anschluß an den Rechner erlaubt und angepaßte Programme enthält, durch die sowohl den kleinen wie auch den großen Kommunen ein Optimum an aktuellen Daten zur Verfügung gestellt wird (H. Trost).

Auch die Befürworter einer dezentralen Lösung wollen nicht den abrupten Wechsel. Sie bejahen einen kontinuierlich zu vollziehenden Wandel mit der Tendenz zur Datenverarbeitung bei der Gemeinde. Sie erkennen ebenfalls, daß die öffentliche Verwaltung die Kostenrestriktion beachten müsse (Ostermann). Es gehe aber darum, daß der bisherige Zustand nicht festgeschrieben werde, sondern eine prozeßhafte Weiterentwicklung in Gang gebracht und weiter unterstützt werde.

Wenn es nicht zumindest zu einem gemischten Konzept komme, wie es die KGSt in ihrem letzten Gutachten befürwortete, könnten die Datenverarbeitungszentralen in Existenzschwierigkeiten geraten. Hieran könne niemand gelegen sein (Ostermann).

Aus der Sicht der Datenzentralen sind diese schon optimale Dienstleistungsbetriebe, die in der Lage sind, alle Wünsche der angeschlossenen Gemeinden potentiell zu erfüllen (Eichhorn). Daß eine heute von einer Zentrale angebotene Programmversion nicht immer die beste ist, wird eingesehen. Eine Zentrale muß daher ein breitgefächertes, alternatives Lösungsangebot bereithalten.

Dabei wird auch die Auffassung vertreten, daß zwar der Marktanteil der Zentralen vergrößert werden sollte, es allerdings nicht gut sei, wenn dabei 100 Prozent erreicht würden (Poetzsch-Heffter). Bei fehlender Konkurrenz gehe zu leicht der Anreiz verloren, Besseres als die Hersteller oder Softwarehäuser zu leisten.

Auch auf Bundesebene ist man bemüht, nicht so sehr in das eine oder andere Extrem (Ressortrechner oder Gemeinschaftsrechner) zu verfallen. Man ist bestrebt, die DV-Struktur, soweit möglich, der Informationsstruktur anzupassen. Dabei kann es dann durchaus vorkommen, daß in einem Fall Gemeinschaftsanlagen, im anderen Fall Ressortrechner verwendet werden (Bihl). Die Informationsstruktur als Vorbild zu nehmen, sei nicht identisch mit einer Entscheidung für Ressortrechner.

Diese Auffassung ist allerdings nicht unbestritten. Da das Ressortprinzip auch als Machtverteilungssystem angesehen wird, durch das Aufgabenbereiche abgesteckt und einem Minister zur eigenverantwortlichen Erledigung übertragen werden, liegt hier ein Fall vor, der der kommunalen Selbstverwaltung vergleichbar ist. Eine zwangsweise unterschiedliche Behandlung der Ressorts, etwa allein aus Wirtschaftlichkeitsgründen, erscheint daher nicht möglich (Langseder). Dies gehe auch hier nur auf freiwilliger Basis.

Außerdem sieht man hierbei die Gefahr, daß zwischen den Ressorts ein Ungleichgewicht entsteht, nämlich zwischen solchen, die einen Rechner haben und solchen, die keinen besitzen, was zu einem Informations- und damit zu einem Machtvorsprung des besitzenden Ressorts führt (Gebhardt). Weiterhin wird der Verlust der bisher getroffenen Koordination befürchtet, wenn in einem solchen System eine Beratung zentral auf Bundesebene erfolgt und die DV-Anwendung sehr weit dezentral auf Sachbearbeiterebene stattfindet. Dagegen wird eingewandt, daß auch bei der Ausrichtung der DV-Struktur an der Informationsstruktur durchaus eine zentrale Beratungskompetenz bestehen bleiben kann, die aufgrund ihres Gesamtüberblicks die dezentralen Stellen beraten könne (Bihl).

Als Grundkonsens ließ sich bei den Diskussionsteilnehmern feststellen, daß es kein Patentrezept für eine effektive und sachgerechte Datenverarbeitungsorganisation gibt (so auch Poetzsch-Heffter). Eine neue Datenverarbeitungsorganisation muß sich jedoch auch von Wirtschaftlichkeitsgesichtspunkten messen lassen.

Bei der Datenverarbeitung gehe es letztlich nicht um Technik, sondern um Fragen der Macht (Püschel). Daher sollte, auch wenn die Datenverarbeitung quasi als Dienstleistungsbetrieb geführt wird, dieser nur Diener und nicht Herr der Datenverarbeitung sein (Gebhardt). Aus diesem Grunde sind zwei Forderungen vordringlich, einerseits Aufklärung der Anwender über die machtpolitischen Ressourcen der Informationstechnik und Stärkung ihres Selbstbewußtseins sowie andererseits der Versuch, ein gedeihliches Zusammenarbeiten zwischen Verwaltungs- und Informationsverarbeitungsfachleuten zu ermöglichen (Gebhardt).

# DIE EINFÜHRUNG DER INFORMATIONSTECHNIK IN DER STAATLICHEN VERWALTUNG
## - ZUR ENTWICKLUNG UND ORGANISATION DES EDV-EINSATZES
## IN DER ÖSTERREICHISCHEN BUNDESVERWALTUNG -

von Gerhard Stadler, Wien/Genf

## I.  Überblick

Der Einsatz der Informationstechnik in der österreichischen Bundesverwaltung hat sich sowohl kostenmäßig wie auch von der Zahl der Anlagen her in den letzten zehn Jahren etwa verzehnfacht. Er wird koordiniert durch eine Abteilung im Bundeskanzleramt, doch obliegt die Entscheidung über die Anschaffung von EDV-Anlagen dem einzelnen Bundesminister im Rahmen der ihm aufgrund des Bundesfinanzgesetzes gegebenen finanziellen Mittel.  Die Entwicklung des EDV-Einsatzes in der Bundesverwaltung hat zu Schwerpunkt-Rechenzentren geführt, die - außer im Bereich des Unterrichtes und der Wissenschaft - eine starke Zentralisierung der EDV-Einsätze zur Folge haben.

Die Gründe für den EDV-Einsatz in der Bundesverwaltung waren unterschiedlich, bis zur Erlassung des Datenschutzgesetzes oblag die Entscheidung darüber aber stets der Vollziehung. Erst seit 1978 wird der Gesetzgeber nicht nur über den EDV-Einsatz in der Bundesverwaltung informiert, sondern der EDV-Einsatz wird Gegenstand des Gesetzgebungsprozesses. Damit wird zwar die Rückführung der EDV auf einen in der Demokratie notwendigen Akt des Gesetzgebers versucht, nicht jedoch eine Lösung der vielfältigen mit jener verbundenen Rechtsfragen und eine der EDV entsprechende Verwaltungsorganisation. Ob Bemühungen um eine über die Fragen des Datenschutzes und der Kostenentwicklung hinausgehende staatliche EDV-Politik Erfolg haben werden, bleibt abzuwarten.

## II.  Die Entwicklung des EDV-Einsatzes in der österreichischen Bundesverwaltung

### A)  Die Ausgabenentwicklung

Über die Entwicklung des EDV-Einsatzes in der Bundesverwaltung gibt der "Systematisierungsplan der Datenverarbeitungsanlagen des Bundes", der jährlich als Anlage des Bundesfinanzgesetzes vom Nationalrat beschlossen und im Bundesgesetzblatt kundgemacht wird, einen zahlenmäßigen Überblick. [1] Die Zahl der Anlagen hat sich seit 1972 von 41 auf 165 (1980) erhöht, wobei aber die Zahl der Großanlagen [2] mit 19 seit 1972 praktisch unverändert blieb.

Hinsichtlich der Kosten gibt der von der Bundesregierung dem Nationalrat jährlich übermittelte "EDV-Bericht" Auskunft: [3] Hier stiegen die Kosten von 432 Millionen (1972) auf 1,2 Milliarden Schillinge (1978), wobei die Personalkosten jeweils rund ein Drittel dieser Summen ausmachen. Während sich der Bundesvoranschlag zwischen 1972 und 1978 nur etwas mehr als verdoppelte, verdreifachten sich die EDV-Ausgaben; 1978 machten sie etwa 0,5 Prozent des Bundesvoranschlages (267 Milliarden Schillinge) aus. Wenn man diese Kostenentwicklung zur Leistungssteigerung der Datenverarbeitung während der letzten Jahre in Relation setzt, kann man ermessen, welche Potenz sich heute hinter der Datenverarbeitung der Bundesverwaltung verbirgt.

Da die Entwicklung des EDV-Einsatzes in der österreichischen Bundesverwaltung noch nicht als abgeschlossen angesehen werden kann und besonders einige Großprojekte in die Verwirklichungsphase treten, [4] ist zu erwarten, daß die Ausgaben für EDV sowohl in absoluten wie auch in relativen Zahlen (im Vergleich zu den Gesamtausgaben des Bundes) weiterhin steigen werden, wenngleich sich die Zuwachsraten verlangsamen dürften. Summenmäßig sind im jährlichen Bundesvoranschlag die EDV-Ausgaben weder bei den einzelnen Dienststellen noch insgesamt ausgewiesen, weswegen eine präzise Beurteilung schwerfällt.

B)    Schwerpunktrechenzentren

In der Bundesverwaltung haben sich im Rahmen von Grundsatzbeschlüssen der Bundesregierung seit 1971 vier Schwerpunktrechenzentren [5] ausgebildet (Bundesministerium für Finanzen mit dem Bundesrechenamt, Österreichisches Statistisches Zentralamt, Bundesministerium für Landesverteidigung, Bundesministerium für Inneres). Das Charakteristikum dieser Schwerpunkt-Rechenzentren ist es, daß sie nicht nur für eigene Ressortaufgaben (Zentralstellen und Unterbehörden) Datenverarbeitung durchführen, sondern auch für andere Bundesministerien. In besonderem Maße gilt dies für das ressortmäßig zum Bundesministerium für Finanzen gehörende Bundesrechenamt, das aufgrund des Bundesrechenamtsgesetzes, [6] durch Verordnungen beziehungsweise durch Ressortsübereinkommen nach § 13 des Datenschutzgesetzes [7] Datenverarbeitungsaufgaben für andere Ressorts und Dienststellen übernehmen kann und bereits in weitem Maße übernommen hat.

So wird im Bundesrechenamt gegenwärtig nicht nur die Datenverarbeitung für sämtliche Finanz- und Zollämter Österreichs geführt, sondern auch für die gesamte Buchhaltung des Bundes einschließlich der Berechnung und Zahlbarstellung der Geldleistungen an die Bundesbediensteten und Pensionsberechtigten des Bundes; das Bundesrechenamt wirkt bei der Kriegsopferversorgung ebenso mit wie bei der Arbeitslosenversicherung und der Unterhaltsbevorschussung; es führt die Datenverarbeitungen des Bundesministeriums für Bauten und Technik (Grundkataster) und zum Teil die des Bundesministeriums für Justiz.

Bei allen diesen Schwerpunkt-Rechenzentren wurde eine extrem zentralistische Lösung gewählt, das heißt die EDV-Kapazität ist anlagenmäßig bei einer Dienststelle konzentriert, die anderen Dienststellen des Bereiches sind meist nur mit reinen Ein- und Ausgabestationen versehen.

Der rein zahlenmäßige Schwerpunkt der Anlagen liegt im Bereich der Unterrichtsverwaltung (in den kaufmännischen und technischen Lehranstalten), weiter spielen die Anlagen des wissenschaftlich-akademischen Bereiches eine beträchtliche Rolle; wertmäßig bilden die Anlagen des Bundesministeriums für Finanzen und der Universitäten den Schwerpunkt. Für den wissenschaftlichen Bereich läßt § 90 des Universitätsorganisationsgesetzes [8] die Einrichtung von "interuniversitären EDV-Zentren" zu, die EDV-Dienstleistungen für mehrere Universitäten bereitstellen und damit den Bedürfnissen des wissenschaftlichen Bereiches besser Rechnung tragen als durch eine Vielzahl von EDV-Zentren in den einzelnen Instituten und Universitäten.

## C)  Kauf/Miete und Firmenanteile

Ein Vergleich der Form der Anlagenbeschaffung zeigt, daß von den 165 Anlagen 124 gemietet sind und 41 gekauft. Firmenmäßig hat eine Firma einen Anteil von 73,3 Prozent (im hoheitlichen Bereich sogar von 86,4 Prozent), die nächste Firma einen von 9,2 Prozent (wobei diese Firma praktisch nur im wissenschaftlich-akademischen Bereich vertreten ist); die restliche Hardware verteilt sich auf andere Hersteller, die jedoch alle unter 3,5 Prozent liegen. [9]

## III.  Die Rechtsgrundlagen des EDV-Einsatzes in Österreich

## A)  Organisationsgewalt der Verwaltung

Aufgrund des in Österreich für die Hoheitsverwaltung und im wesentlichen auch für die Privatwirtschaftsverwaltung geltenden Grundsatzes, daß die "gesamte staatliche Verwaltung nur aufgrund der Gesetze ausgeübt werden" darf (Artikel 18 Absatz 1 B-VG), muß auch jeder Einsatz der EDV in einem Gesetz und letztlich in der Verfassung seine Deckung finden. Diese Ausgangslage wurde so verstanden, daß die eine Rechtsvorschrift vollziehende Behörde kraft eigener Entscheidung (Organisationsgewalt der Verwaltung) auch EDV einsetzen dürfe; aus der Zuständigkeit zur Vollziehung eines Gesetzes ergibt sich die freie Wahl der Behörde, welche Mittel für den Vollzug des Gesetzes eingesetzt werden sollen. Auf die Probleme, die mit dieser generellen Aussage, vor allem im Hinblick auf die mit dem EDV-Einsatz verbundene Änderung der Entscheidungsabläufe, verbunden sind, wurde schon früh hingewiesen, [10] jedoch zunächst ohne Reaktion der Gesetzgebung wie der Verwaltung. Nur dort, wo es um die Erlassung von "EDV-Bescheiden" ging, also um Ausfertigung hoheitlicher Akte, die wegen ihrer Herstellung in EDV-Verfahren weder eine Unterschrift noch eine Beglaubigung tragen sollten, wurden die verfahrensrechtlichen Vorschriften entsprechend geändert. [11] Die Organisationshoheit der Verwaltung beim EDV-Einsatz blieb aber unverändert. Erst mit der Schaffung des Bundesrechenamtes als Datenverarbeitungszentrale des Finanzressorts wurde ein Gesetz erlassen, das einer Dienststelle Datenverarbeitungsaufgaben anderer Dienststellen explizit zuwies; für die Erfüllung dieser Aufgaben stellt § 6 des Bundesrechenamtsgesetzes klar, daß dies zwar in technisch-organisatorischen Angelegenheiten dem Bundesminister für Finanzen obliegt, in sachlichen Angelegenheiten jedoch dem (sonst) zuständigen obersten Organ. Die Einrichtung eigener Dienststellen für "EDV" bedarf also einer gesetzlichen Bestimmung, nicht jedoch die Durchführung solcher Aufgaben mit EDV durch eine an sich zuständige Behörde.

## B)  Datenverarbeitung durch Private

Die strittige Frage, ob eine Behörde auch einen Privaten (zum Beispiel einen Verein) für die Verrichtung von Datenverarbeitungsaufgaben heranziehen kann, wurde jüngst vom Verfassungsgerichtshof positiv beantwortet. Der Verfassungsgerichtshof hatte über eine Beschwerde gegen die Untersagung eines Vereines, dessen Aufgabe die Durchführung der Datenverarbeitung für die Gemeinden eines Bundeslandes sein sollte, zu entscheiden. [12] Er bejahte die im Rahmen der Gesetze freie Organisationsgewalt der Gemeinden, sich auch für ihre hoheitlichen Aufgaben der Datenverarbeitung eines Privaten zu bedienen, wenn sichergestellt und erkennbar ist, daß die einzelne Akte (individuelle Erledigungen, aber auch die Programme) in der Verantwortung der jeweils zuständigen Organe ergehen. Da auch die Amtsverschwiegenheit durch die Tätigkeit von Gemeindebediensteten in privaten Rechenzentren gewahrt werden könne, bestünden auch von diesem Gesichtspunkt her keine Bedenken gegen EDV-Tätigkeiten von Vereinen für Behörden. [13] Diese Aussage wird allgemein für die Übertragung von EDV-Tätigkeiten durch Behörden an Private gelten.

## C)  Der Einfluß des Datenschutzrechts

Die Frage, inwieweit das am 1. Januar 1980 in Kraft getretene Datenschutzgesetz [14] die Organisation des EDV-Einsatzes in Österreich beeinflussen wird, läßt sich noch nicht abschließend beantworten. Die strengeren gesetzlichen Voraussetzungen für die Verarbeitung und Übermittlung automationsunterstützt verarbeiteter personenbezogener Daten sollen zu einer besseren materiellen Umschreibung der Datenverarbeitungen und insbesondere der Datenverkehre zwischen den einzelnen Behörden führen, jedoch sind von einzelnen Ausnahmen abgesehen [15] im DSG keine Bestimmungen über die Organisation der Datenverarbeitung enthalten; wird EDV eingesetzt, so sind allerdings durch eine Datenschutzverordnung und durch eine Betriebsordnung die Bedingungen des DSG für eine ordnungsgemäße Datenverarbeitung in den Bereichen Datenschutz und Datensicherung festzulegen. Dies bedeutet nun nicht, daß das Ob des

EDV-Einsatzes einer ausdrücklichen gesetzlichen oder Verordnungsbestimmung bedürfte, sehr wohl sind aber derartige Maßnahmen notwendig über das <u>Wie</u> eines solchen Einsatzes (wenn dabei personenbezogene Daten verarbeitet werden). Die Erfahrungen seit der Beschlußfassung über das DSG zeigen, daß die Intention des Gesetzgebers, die Informationshoheit wieder zurückzugewinnen [16] von der Verwaltung nicht aufgegriffen wird: Die automationsunterstützte Verarbeitung personenbezogener Daten wird so umschrieben, daß der Verwaltung weiterhin ein weiter Spielraum bei der konkreten Realisierung bleibt; positiv wirkt sich allerdings das DSG bei der innerbehördlichen Determinierung des EDV-Einsatzes aus. [17] Wegen der durch das DSG herbeigeführten besonderen Behandlung der automationsunterstützten Verarbeitung personenbezogener Daten im Hinblick auf die notwendige Einhaltung formeller Bedingungen - wie Erlassung einer Datenschutz-Verordnung, einer Betriebsordnung, der Registrierung solcher Verarbeitungen und der den Betroffenen zustehenden Rechte auf Auskunft und Berichtigung - ist allerdings zu erwarten, daß durch dieses Gesetz der Anreiz zur weiteren Automatisation der Verwaltung negativ beeinflußt wird, jedenfalls dort, wo aus den umschriebenen Maßnahmen Schwierigkeiten grundsätzlicher Art befürchtet werden (zum Beispiel bei sehr sensiblen Karteien).

## IV.  Die behördliche Entscheidung über den EDV-Einsatz

### A)  <u>Ressortprinzip</u>

Aufgrund des in der Bundesverfassung (Artikel 69, 76, 77) verankerten Prinzips der <u>Ressortverantwortlichkeit</u> obliegt die Entscheidung, ob eine EDV-Anlage beschafft und wie sie eingesetzt wird, im Bundesbereich dem zuständigen Bundesminister. Er ist dabei faktisch an die budgetären Möglichkeiten gebunden, die im jeweiligen Bundesfinanzgesetz enthalten sind beziehungsweise die mit dem Bundesministerium für Finanzen für die folgende Zeit auszuhandeln sind. [18]

### B)  <u>Koordination im Bundeskanzleramt</u>

Aufgrund der Ziffer 5 des Teiles 2/A der Anlage zu § 2 des Bundesministeriengesetzes [19] ist der <u>Bundeskanzler</u> zuständig zur Besorgung der "Allgemeinen Angelegenheiten der Hilfsmittel der Verwaltung einschließlich der Allgemeinen Angelegenheiten des Einsatzes von elektronischen Datenverarbeitungsanlagen". Das Bundeskanzleramt ist zudem nach § 6 des Bundesministeriengesetzes über die Tätigkeiten der Bundesministerien laufend zu informieren. Damit wird die <u>Koordination</u> des Einsatzes der EDV im Bundesbereich als gesetzlich gedeckt angesehen. Aufgrund der zitierten Gesetzesbestimmungen und von Beschlüssen der Bundesregierung wurde ein EDV-Koordinationskomitee (in dem alle Bundesministerien vertreten sind) und ein <u>EDV-</u>

<u>Subkomitee</u> (dem das Bundeskanzleramt, das Bundesministerium für Finanzen und das Bundesministerium für Wissenschaft und Forschung, aber auch Repräsentanten der im Nationalrat vertretenen politischen Parteien angehören) eingerichtet, deren Geschäftsführung dem Bundeskanzleramt obliegt. Aufgabe dieser Gremien ist es, Koordinationsinstrumente für den EDV-Einsatz im Bundesbereich zu erstellen, einen mehrjährigen EDV-Plan auszuarbeiten und gemeinsame Probleme zusammengefaßt zu behandeln. Im Rahmen dieser Bemühungen werden mit EDV-Firmen Verhandlungen geführt, es werden Musterverträge ausgearbeitet und es wird die Durchführung des DSG koordiniert. Auch hat die EDV-Abteilung im Präsidium des Bundeskanzleramtes die Funktion einer "Evidenz" für im Bundesbereich verfügbare Programmprodukte, für freie Kapazitäten sowie für Anlagen aus zweiter Hand.

Eine andere wesentliche Aufgabe des EDV-Subkomitees ist die <u>Begutachtung</u> von EDV-Projekten und Beschaffungen (Mieten, Kauf von Hardware und Software) des Bundes im Hinblick auf Zweckmäßigkeit, Wirtschaftlichkeit und Rechtmäßigkeit sowie personeller Konsequenzen des Vorhabens. Die einzelnen Bundesministerien sind aufgrund eines Grundsatzbeschlusses der Bundesregierung gehalten, diesem EDV-Subkomitee, das in der Regel monatlich einmal tagt, ihre EDV-Vorhaben mit detaillierter Beschreibung vorzulegen, und sie haben diese vor dem Komitee zu rechtfertigen. Schwerpunkte der Diskussion sind dabei regelmäßig die Frage nach einer ordnungsgemäßen Ausschreibung des Vorhabens und die Abstimmung mit Vorhaben anderer Bundesdienststellen. Da dem Subkomitee rechtlich nur eine begutachtend-empfehlende Rolle zukommt, sind die Ressorts nicht an seine Beschlüsse gebunden, doch bemüht man sich in der Regel um Konsens. Auf der Ebene der Bundesregierung obliegen die Fragen der EDV-Koordination einem Staatssekretär im Bundeskanzleramt.

## C)   Koordinationswirkungen

Im großen und ganzen hat sich die Einrichtung der EDV-Koordination im Bundeskanzleramt bewährt, wenn auch verschiedentlich im Nationalrat und in den Massenmedien Einzelfälle aufgegriffen werden, die die EDV-Beschaffungspolitik des Bundes kritisieren. Der Nachteil der gegenwärtigen Situation ist ohne Zweifel vor allem die durch die Rechtslage gegebene geringe Einflußnahmemöglichkeit der Koordinationsstelle auf die konkreten Entscheidungen der einzelnen Dienststellen.

## V.   Pragmatische Beurteilung des gegenwärtigen Standes des EDV-Einsatzes

Eine über den Einzelfall hinausgehende Betrachtung der EDV-Einsatz-Entwicklung in Österreich kann nach subjektiver Meinung des Autors zu folgender Beurteilung kommen:

- Der EDV-Einsatz in Österreich hat sich in den letzten zehn Jahren in einem Maße entwickelt, das berechtigt, die österreichische Verwaltung [20] zu einer der höchstautomatisierten Verwaltungen Europas zu zählen.

- Mit dem EDV-Einsatz hat sich eine Verlagerung der Verwaltungstätigkeit ergeben, und zwar grundsätzlich deren Zentralisierung, die die Bedeutung der unteren Instanzen sinken läßt.

- Die Bildung von Schwerpunkt-Rechenzentren der Bundesverwaltung hat zu einer Konzentration von EDV-Kapazität und Daten bei wenigen obersten Dienststellen geführt. Die Forderung des Parlamentes nach Zugang zu den EDV-Kapazitäten der Bundesverwaltung wurde bisher nicht erfüllt, doch wird ein Versuch (Zugang zur Datenbank des Statistischen Zentralamtes) gegenwärtig erprobt.

- Die Neigung von Bürokratie und politischen Verantwortlichen um das Bemühen der EDV-Anbieter zu weiterer Expansion des EDV-Einsatzes sind nach wie vor gegeben.

Das DSG bringt zwar für das Wie des EDV-Einsatzes formelle Bedingungen, ändert aber nichts an der Organisationshoheit der Verwaltung.

- Da die Entscheidung über den EDV-Einsatz beim einzelnen Ressort liegt, sind Einzelentscheidungen ohne Bedachtnahme auf übergeordnete Interessen rechtlich nicht zu verhindern, zumal der EDV-Koordination enge rechtliche Grenzen gesetzt sind.

- Der EDV-Einsatz führt in zunehmendem Maße zu personellen Problemen, da das Fachpersonal unzureichend ist; das EDV-Personal kann in das normale Bundesbeamten-Besoldungsschema nicht eingegliedert werden und es ist nur durch Sonderverträge zu requirieren.

- Beim Aufbau von EDV-Systemen finden nur die Interessen des Trägers des Systems Berücksichtigung, in der Regel aber nicht die Bedürfnisse anderer Rechtsträger oder der betroffenen Staatsbürger.

- Mit dem zunehmenden EDV-Einsatz steigt die Abhängigkeit einzelner Verwaltungszweige, ja des Staates, von der Datenverarbeitung und ihrer ununterbrochenen Funktionsfähigkeit sowie von einzelnen Anbietern. Eine öffentliche Diskussion um die Frage einer "vulnerability of society" existiert nicht. [21]

- Der Prozeß der Automatisierung der Verwaltung ist irreversibel.

## VI.  Vor einer EDV-Politik?

Ausgehend von der internationalen Diskussion, die ein stärkeres Bewußtsein der politisch Verantwortlichen wie der Öffentlichkeit für die sich aus der Informatisierung der Gesellschaft und des Staates ergebenden Probleme fordert, [22) ] wird auch in Österreich die Frage zu stellen sein, ob ein nur an Kriterien der Verwaltungsökonomie und des Schutzes der Privatsphäre gemessener EDV-Einsatz künftig noch vertretbar ist. Hier spielen weniger rechtliche Fragen eine Rolle, sondern in erster Linie politische und wirtschaftliche, vielleicht auch psychologische. Es müßten Überlegungen angestellt werden, ob und wie in eine Beurteilung des EDV-Einsatzes nicht auch das politische und soziale Umfeld der Automatisierung einbezogen werden könnte beziehungsweise müßte. Es sollten Fragen gestellt werden nach der Erweiterung der Abhängigkeit des Staates von solchen Systemen, nach der inlandsautonomen Gestaltung der Ausstattung mit Hardware und Software, nach der Benutzerfreundlichkeit der Systeme (nicht nur für die Dienststelle, die für sich das System einrichtet, sondern auch für die Bevölkerung), nach einer Kosten-Nutzen-Analyse, nach den beschäftigungspolitischen Auswirkungen und den Alternativen für den EDV-Einsatz. Notwendig wird zunächst die Bildung des Bewußtseins um diese Probleme sein. Es ist offensichtlich, daß ein Staat wie Österreich, in dem Hardware nicht produziert wird, nicht mit denselben Kriterien eine EDV-Politik führen kann wie andere Staaten, doch wird auch in Österreich die Frage nach einer Verringerung der Auslandsabhängigkeit zu stellen sein.

Sicher wird nur ein schrittweises Vorgehen möglich sein, um die EDV-Einsätze an den oben nur vage skizzierten Fragestellungen zu überprüfen. Diese Prüfung wird wohl auch das Hinterfragen der Verwaltungsorganisation bedeuten, denn bisher wurde die Verwaltung unsystematisch in informationstechnische Abläufe einbezogen; sie müßte unter den Bedingungen technischer Systeme eigentlich neu organisiert werden.

Die Möglichkeiten einer EDV-Einsatz-Politik können gegenwärtig nicht abgeschätzt werden; will man sie konsequent realisieren, so wird nicht nur eine Verstärkung der EDV-Koordination unumgänglich sein, sondern wohl auch ein Abgehen vom starren Ressortprinzip. Der EDV-Einsatz hat heute sowohl qualitativ wie quantitativ Dimensionen erreicht, die auch eine entsprechende Neu-Überprüfung dieses verfassungsrechtlichen Prinzips rechtfertigen würden. Damit wird aber EDV zur verfassungspolitischen Fragestellung, die bisher noch kaum gedacht worden ist. Es möge dies als Anregung dazu dienen, einen Weg zu finden, daß bei der Entscheidung über den Einsatz der EDV in der Verwaltung in verstärktem Maße allgemeine staatspolitische und gesamtwirtschaftliche Interessen beurteilt werden müssen.

<u>Anmerkungen:</u>

1)    Jeweils im Bundesgesetzblatt Nr. 1 für das laufende Jahr veröffentlicht.

Der "Systematisierungsplan der Datenverarbeitungsanlagen des Bundes" für das Jahr 1980 hat unter anderem folgenden Wortlaut:

"I. Allgemeiner Teil
§ 1. (1) Jedes Organ des Bundes darf Ausgaben für Datenverarbeitungsanlagen nur insoweit tätigen, als sich diese aus Anschaffung und Betrieb der im Anlagenplan nach Anzahl und Type zusammengefaßten Datenverarbeitungsanlagen ergeben.
(2) Einer Systematisierung bedürfen
a) bundeseigene,
b) gemietete und dem Bund unentgeltlich zur Benützung überlassene Datenverarbeitungs-anlagen.
(3) Vom Bund gekaufte, aber noch unter Eigentumsvorbehalt des Verkäufers stehende Datenverarbeitungsanlagen, gelten als bundeseigene.
§ 2. (1) Eine Datenverarbeitungsanlage im Sinne des Systemisierungsplanes ist ein programmierbares System von auf elektronischem Wege kommunizierenden Maschinen, das unabhängig von anderen Systemen Daten verarbeiten kann und dessen Wert gemäß Abs. 4 300 000 Schilling übersteigt.
(2) Elektronische Systeme, die ausschließlich der Datenerfassung oder der Steuerung bestimmter technischer Einrichtungen dienen, wie z.B. Netzknoten, Hausleitsysteme und Bestandteile von Fahrzeugen, Maschinen, maschinellen Anlagen, Geräten u.ä., zählen nicht zu den Datenverarbeitungsanlagen im Sinne des Abs. 1.
(3) Besteht ein Datenverarbeitungssystem aus mehreren lediglich im Wege der Datenfernverarbeitung zusammengeschlossenen Datenverarbeitungsanlagen, sind die Bestimmungen dieses Systemisierungsplanes auf jede dieser Anlagen gesondert anzuwenden.
(4) Maßgeblicher Wert im Sinne des Abs. 1 ist jener Kaufpreis, der unter Außerachtlassung allfälliger Sonderkonditionen und der Umsatzsteuer vom Bund zum Zeitpunkt der Systemisierung aufzuwenden wäre, um die zu systemisierende Datenverarbeitungsanlage neu zu erwerben.
Sollte die Bestimmung des Kaufpreises nicht möglich sein, so ist an dessen Stelle der Kaufpreis für ein ähnlich leistungsfähiges System als maßgeblicher Wert heranzuziehen.
§ 3. (1) Die systemisierungpflichtigen Datenverarbeitungsanlagen sind einer der folgenden Typen zuzuordnen:
a) Type A (Kleinanlage),
b) Type B (Mittelanlage),
c) Type C (Großanlage),
d) Type D (Sonderanlage).
(2) Der Type A sind alle Datenverarbeitungsanlagen zuzuordnen, die nicht die Erfordernisse einer größeren Type erfüllen.
(3) Der Type B sind alle Datenverarbeitungsanlagen zuzuordnen, die nicht die Erfordernisse einer größeren Type erfüllen, auf die jedoch die nachstehenden Voraussetzungen zutreffen:
a) Hauptspeicherkapazität über 50 000 Zeichen,
b) mindestens zwei Magnetbandstationen oder eine Magnetplatteneinheit,
c) mindestens ein Schnelldrucker (ab 400 Zeichen pro Minute).
Magnetbandkassettengeräte gelten nicht als Magnetbandstationen und Diskettenlaufwerke nicht als Magnetplatteneinheiten.
(4) Der Type C sind alle Datenverarbeitungsanlagen zuzuordnen, die die Erfordernisse der Type D nicht erfüllen, auf die jedoch die nachstehenden Voraussetzungen zutreffen:
a) Hauptspeicherkapazität über 250 000 Zeichen,
b) Großraumspeicher für mindestens eine Milliarde Zeichen im direkten Zugriff.
(5) Der Type D sind alle Datenverarbeitungsanlagen zuzuordnen, auf die die folgenden Voraussetzungen zutreffen:
a) mindestens zwei Zentraleinheiten mit Hauptspeicherkapazitäten über 500 000 Zeichen,
b) Großraumspeicher für mindestens drei Milliarden Zeichen im direkten Zugriff.
§ 4. (1) Tritt im Laufe des Jahres 1980 ein unabwendbarer Mehrbedarf bezüglich einer Datenverarbeitungsanlage bei einem Organ des Bundes auf, ist der Bundesminister für

Finanzen ermächtigt, im Einvernehmen mit dem Bundeskanzler den Ausgaben für Anschaffung und Betrieb einer bisher nicht systematisierten Datenverarbeitungsanlage dann zuzustimmen, wenn folgende Voraussetzungen gegeben sind:
a) Die anfallenden Arbeiten können auf einer systemisierten Datenverarbeitungsanlage des gleichen oder auch eines anderen Ressortbereiches für die restliche Zeit des laufenden Verwaltungsjahres nicht durchgeführt werden;
b) seitens des die Systemisierung beantragenden Ressorts wird die finanzielle Bedeckung sichergestellt.
(2) Bei Erteilung der Zustimmung im Sinne des Abs. 1 ist die Datenverarbeitungsanlage einer der im § 3 ausgewiesenen Typen zuzuordnen.
(3) Der Bundesminister für Finanzen hat über die gemäß Abs. 1 getroffenen Maßnahmen dem Nationalrat einmal jährlich zu berichten.
§ 5. (1) Anstelle der Ausgaben für eine systemisierte Datenverarbeitungsanlage im Sinne des § 1 Abs. 2 lit. a dürfen die Ausgaben für eine Datenverarbeitungsanlage im Sinne des § 1 Abs. 2 lit.b der gleichen Type und umgekehrt getätigt werden.
(2) Weiters dürfen anstelle der Ausgaben für eine systemisierte Datenverarbeitungsanlage die Ausgaben für eine Datenverarbeitungsanlage einer kleineren Type getätigt werden.
§ 6. Die Zuständigkeit des Bundeskanzlers zur Koordination der gesamten Verwaltung des Bundes auf dem Gebiete der elektronischen Datenverarbeitung wird durch die Bestimmungen dieses Systemisierungsplanes nicht berührt."

2) Darunter sind die Anlagen des Typs C und des Typs D im Sinne des § 3 Abs. 3 und 4 des Allgemeinen Teiles des in Anmerkung 1 wiedergegebenen Systematisierungsplanes zu verstehen.

3) Zuletzt: EDV-Bericht der Bundesregierung 1978, 1979.

4) Zum Beispiel die Umstellung des Grundbuches auf EDV; vgl. die Regierungsvorlage des Grundbuchumstellungsgesetzes vom 29.4.1980 (344 BlgStProtNR XV.GP) und das datenschutzpolitisch umstrittene Bundesgesetz über das land- und forstwirtschaftliche Betriebsinformationssystem (LFBIS-Gesetz), BGBl 1980/448.

5) Vgl. den ebenfalls dem Nationalrat übermittelten EDV-Plan 1976 - 1980.

6) Bundesrechenamtsgesetz, BGBl 1978/123.

7) Datenschutzgesetz, BGBl 1978/565.

8) Universitätsorganisationsgesetz, BGBl 1975/258.

9) Vgl. EDV-Bericht der Bundesregierung, a.a.O.

10) Vgl. Mutz, G., Die rechtliche Zulässigkeit des Einsatzes von elektronischen Datenverarbeitungsanlagen in der staatlichen Verwaltung, in: Juristische Blätter, 1971, S. 21-26; für die Bundesrepublik Deutschland vgl. Eberle, C.-E., Organisation der automatischen Datenverarbeitung in der öffentlichen Verwaltung, Berlin 1976, S. 306.

11) Vgl. zum Beispiel § 96 der Bundesabgabeordnung in der Folge BGBl 1969/134; § 12 Absatz 2 des Studienförderungsgesetzes, BGBl 1969/421.

12) VfGH, Erk B 122/79 vom 18.6.1980. Vgl. näher Stadler, G., Datenverarbeitung für Behörden durch Vereine in Österreich verfassungsrechtlich zulässig, in: ÖVD (im Erscheinen).

13) Zu einem ähnlichen Schluß wird auch § 13 des Datenschutzgesetzes führen, der bei der Übertragung von automationsunterstützten Verarbeitungen personenbezogener Daten die übertragende Behörde zum Abschluß eines dem DSG entsprechenden Rechenzentrumsvertrages verpflichtet.

Im Zusammenhang ist auch noch auf § 51 und auf § 52 DSG hinzuweisen. § 51 DSG ermöglicht die gemeinsame Datenverarbeitung in einem Ressort (ohne daß es eines

Vertrages nach § 13 DSG bedarf), § 52 DSG ermöglicht in einem zeitlich wie sachlich abgegrenzten Projektbereich unter erleichterten Bedingungen während eines Versuchszeitraumes personenbezogene Daten automationsunterstützt zu verarbeiten (um die optimale Lösung eines EDV-Organisationskonzeptes vor seiner rechtlichen Fixierung zu testen).

Die Gesetzesstellen lauten:

"Vertragliche Inanspruchnahme von Dienstleistungen im Datenverkehr durch die in § 4 und in § 5 genannten Rechtsträger

§ 13. (1) Soweit Auftraggeber nach § 6 zur Ermittlung und Verarbeitung berechtigt sind, dürfen sie andere Verarbeiter desselben Rechtsträgers oder andere Rechtsträger für Dienstleistungen im Datenverkehr in Anspruch nehmen. Eine solche Inanspruchnahme darf nur erfolgen, soweit dies aus Gründen der Zweckmäßigkeit und Wirtschaftlichkeit der Verwaltung geboten ist und wenn weder schutzwürdige Interessen von Betroffenen noch öffentliche Interessen entgegenstehen.
(2) Im Falle der Inanspruchnahme nach Abs. 1 haben die in § 4 und in § 5 genannten Rechtsträger, soweit die Inanspruchnahme nicht auf Grund einer gesetzlichen Bestimmung erfolgt, vertraglich sicherzustellen, daß bei der Verarbeitung die gesetzlichen Bestimmungen und die Bestimmungen der auf Grund dieses Bundesgesetzes erlassenen Verordnungen eingehalten werden. In solchen Verträgen ist insbesondere eine den Bestimmungen des § 10 entsprechende Betriebsordnung zu vereinbaren.
(3) Vor dem Abschluß eines Vertrages im Sinne des Abs. 2 durch einen in § 4 genannten Rechtsträger sind die Datenschutzkommission und - ausgenommen im Anwendungsbereich des § 9 Abs. 2 - das Bundeskanzleramt anzuhören; Inanspruchnahmen durch in § 5 und in § 9 genannte Rechtsträger sind der Datenschutzkommission mitzuteilen.

....

Gemeinsame Verarbeitung von Dienststellen desselben Verwaltungsbereiches

§ 51. (1) Im Bereich der unmittelbaren Bundesverwaltung kann die Verarbeitung abweichend von § 6 von einem Bundesministerium als sachlich in Betracht kommende Oberbehörde für die Unterbehörden oder von einer Unterbehörde für andere Unterbehörden desselben Bundesministeriums geführt werden.
(2) Abs. 1 ist sinngemäß für die Landesverwaltung und die mittelbare Bundesverwaltung anzuwenden. Deren Datenverarbeitung kann durch die Landesregierung oder durch eine sonstige Einrichtung der Landesverwaltung geführt werden.

Erprobung neuer Arbeitsweisen und Techniken der Verwaltung

§ 52. (1) Die Bestimmungen der §§ 6, 7, 9 und 10 finden keine Anwendung auf Verarbeitungen, soweit diese von den in den §§ 4 und 5 genannten Rechtsträgern eingesetzt werden zur Erprobung neuer Arbeitsweisen und Techniken der Verwaltung, bevor diese zum allgemeinen Einsatz gelangen.
(2) In sinngemäßer Anwendung des § 10 Abs. 2 und 3 sind für Verarbeitungen nach Abs. 1 die zum Schutz der Rechte des Betroffenen notwendigen Sicherungsmaßnahmen zu treffen.
(3) Für Maßnahmen nach Abs. 1 sind nach Anhörung der Datenschutzkommission und des Datenschutzrates Verordnungen zu erlassen. In diesen Verordnungen ist auf die Grundsätze der Zweckmäßigkeit und Sparsamkeit der Verwaltung Bedacht zu nehmen und der sachliche und räumliche Bereich von Modellversuchen nach Abs. 1 sowie die Art und die Verwendung der Daten anzugeben. Die Verordnungen sind zu befristen, wobei die Fristsetzung in Entsprechung der für die Beurteilung der Modellversuche notwendigen Zeit zu erfolgen hat.
(4) Die Verordnungen nach Abs. 3 sind zu erlassen:
1. soweit es sich um Verarbeitungen im Bereich des Bundes handelt (§ 4), vom zuständigen Bundesminister oder der Bundesregierung;
2. soweit es sich um Verarbeitungen im Bereich der Länder handelt (§ 5), von der Landesregierung."

14) Vgl. zum Beispiel Raab, H. und Winter, A., Maßnahmen nach dem österreichischen Datenschutzgesetz, Wien 1980, und Stadler, G., Das österreichische Datenschutzrecht, in: Pawlikowsky, G. (Hrsg.), Datenschutz, Wien 1979, S. 47-73.

15) Vgl. Fußnote 13.

16) Vgl. Stadler, G., Das österreichische Datenschutzgesetz als Markstein der Verfassungspolitik und des Informationsrechtes, in: Juristische Blätter, 1979, S. 358-365.

17) Vgl. Herzog, Th., Aktuelle Fragen der österreichischen Datenschutzgesetzgebung, in: Informationssysteme für die 80er Jahre (Referate der Fachtagung 1980 der Gesellschaft für Informatik e.V. und der Österreichischen Gesellschaft für Informatik), Linz 1980 (Ergänzung zum Tagungsband).

18) Vgl. Fußnote 1.

19) Bundesministeriengesetz BGBl 1973/389.

20) Aus den Betrachtungen wurden bisher die Datenverarbeitungen der Länder, der Gemeinden und der personellen Selbstverwaltungskörper (zum Beispiel gesetzliche berufliche Interessenvertretungen, Sozialversicherungsträger) ausgeklammert, doch werden die grundsätzlichen Aussagen auch für diese zutreffen: Der Automatisationsgrad der Länder ist unterschiedlich; bei den Gemeinden ist zwar die Organisationsform der Datenverarbeitungen unterschiedlich (Eigen-Verarbeitung, Verarbeitung durch die Landesregierung, gemeinsame Verarbeitung in Rechenzentren privater Natur), doch der Automationsgrad bis auf Kleingemeinden hoch; die Sozialversicherungsträger dürften vollautomatisiert sein und verfügen zudem als einziger Bereich über ein Personenkennzeichen, die Sozialversicherungsnummer. Die Sozialversicherungsträger haben in der Praxis der österreichischen Informationsbeschaffung eine sehr große Bedeutung, sie konnten bisher als einzige Quelle einfach eine Antwort geben, wo sich eine bestimmte Person in Österreich aufhält.

21) Vgl. etwa für Schweden, Ministry of Defense (Hrsg.), The Vulnerability of Society, Stockholm 1979; Nora, S. und Minc, A., L'informatisation de la société, Paris 1978, S. 62 ff.

22) Dies kann als eines der wesentlichen Ergebnisse der OECD-Konferenz "Information, Computer and Communication Policy in the 1980s" (Paris, 6. - 8.10.1980) angesehen werden.

Aussprache zum Referat
von Gerhard Stadler


Bericht von Wilfried Frankenbach, Speyer


Die Diskussion setzte sich unter der Leitung von Klaus Grimmer im wesentlichen mit einigen Aussagen aus der Schlußbetrachtung des Referates auseinander.


In Ergänzung zu dem in diesem Band abgedruckten Vortragsmanuskript hatte Stadler seine Forderung nach einer EDV-Einsatz-Politik unter anderem mit den Ergebnissen der OECD-Konferenz "Information, Computer and Communication Policy in the 1980's" vom 6. bis 8. Oktober 1980 in Paris begründet. Eine ganze Reihe von Konferenzteilnehmern hätten dort zum Ausdruck gebracht, daß es bislang an einer Philiosphie sowie einer Politik für die großen Konzepte des EDV-Einsatzes gefehlt habe. Die wachsende Bedeutung politischer Probleme im Zusammenhang mit dem EDV-Einsatz, insbesondere die Gefahr einer Abhängigkeit des Staates vom Computer, erfordere unbedingt einen philosophischen und politischen Unterbau, der von den politischen Entscheidungsträgern zu erarbeiten sei. Aufgrund der von ihm vertretenen Auffassung von der Irreversibilität des Automatisierungsprozesses in der Verwaltung sowie angesichts der wachsenden Abhängigkeit des Staates von EDV-Systemen müsse sogar die Zweckmäßigkeit eines Moratoriums beim EDV-Einsatz erörtert werden. Sinn des Moratoriums könnte etwa sein, Überlegungen anzustellen, ob es nicht Bereiche der Verwaltung gibt, die _auch_ manuelle Bearbeitung zulassen und deren Automatisierung folglich nicht irreversibel wäre.


Püschel wandte sich dagegen, die OECD mit der Entwicklung einer Philosophie der Datenverarbeitung zu beauftragen. Diese Institution hätte zwar eine wichtige Bedeutung für die wirtschaftliche Zusammenarbeit, sie dürfe aber keine Zuständigkeit für den EDV-Einsatz in den OECD-Mitgliedsländern erhalten. Er plädierte für ein größeres Vertrauen in die Selbstheilungskräfte der Verwaltung, vor allem in die Arbeit der für die Datenverarbeitung zuständigen Praktiker. Eine politische Kontrolle des EDV-Einsatzes, nicht zuletzt durch politische Institutionen vom Range der OECD, würde auf Dauer zu einer Demoralisierung der Verwaltung führen. Stadler bedauerte in diesem Zusammenhang ein oft in Antworten auf diese Fragen zum Ausdruck kommendes "Selbstbewußtsein", das sich in der Meinung artikuliere, daß innerhalb der OECD gemachte Erfahrungen für den deutschen Bereich nicht relevant seien. Seiner Auffassung nach seien die Probleme der Automation in allen Ländern gleich und daher erscheine es durchaus sinnvoll, wenn sich internationale Organisationen mit dieser Problematik beschäftigten. Leider sei im Vergleich zu anderen Staaten die Bundesrepublik Deutschland in diesen Gremien nur unterdurchschnittlich repräsentiert.

Eisenbeiß bezweifelte, ob sich die hinter der Forderung nach einem Moratorium stehenden guten Absichten erfüllen ließen. Die Zeit des Moratoriums sei seiner Meinung nach nur eine "Zeit des Schlafens", in der keine neuen Erkenntnisse gewonnen würden. Statt dessen empfahl er als rationale Alternative die Durchführung von EDV-Pilotprojekten mit gründlicher Überlegung und schrittweisem Vorgehen. Eine wissenschaftliche Auswertung der einzelnen Projektschritte könnte andere an den Erfahrungen teilnehmen lassen und somit ungünstige Entwicklungen vermeiden helfen.

Eisenbeiß griff des weiteren eine Aussage auf, die Stadler in bezug auf Rolle des österreichischen Bundesrechenamtes gemacht hatte. Demnach habe das Bundesrechenamt Entscheidungen der Ressorts, aus denen DV-Aufgaben übernommen worden seien, an sich gezogen. Stadler erklärte, daß zwar keine formelle Zuständigkeitsübertragung stattgefunden habe. Der Entscheidungsspielraum der untersten Instanzen und damit der Spielraum für Einzelfallgerechtigkeit sei aber beispielsweise in der Steuer-und Sozialverwaltung durch die vom Bundesrechenamt mitbeeinflußte Gesetzgebungspraxis im Sinne der Schaffung automationsgerechter Rechtsvorschriften durch eine fixierte Terminologie ersetzt und eine "eins zu eins"-Umsetzung in Programme tendenziell verringert worden.

# DATENVERARBEITUNG IN ISRAEL

von Shalom Rothem, Jerusalem *

Wir haben in Israel eine kommunale Datenzentrale für das ganze Land, das heißt, daß 200 Gemeinden freiwillig an diese Zentrale angeschlossen sind. Sie arbeitet in drei Städten, in Jerusalem, Tel Aviv, Haifa (die Stadt Tel Aviv selbst ist an diesem Projekt nicht beteiligt) und sie bewältigt alle Arbeiten für die Gemeinden. Wir haben diese Zentrale unter dem Druck des Arbeitsmarktes geschaffen. Wir haben einen großen Mangel an Arbeitskräften und wir waren daran interessiert, das Niveau der Dienstleistung der kleinsten Gemeinde dem der größten Gemeinde gleichzustellen. Aufgrund der Arbeit dieser Zentrale können die kleinsten Gemeinden auf dem Gebiete der Verwaltung dasselbe leisten wie die großen, und das war einer der ausschlaggebenden Punkte für die Zentralisierung der Datenverarbeitung. Ich glaube, daß dieser Aspekt, den ich auch von einigen Teilnehmern hier gehört habe, auch weiterhin im Mittelpunkt der Entscheidung stehen muß, denn es besteht eine Verantwortung der einzelnen Gemeinden für die Stärkung der kommunalen Selbstverwaltung.

Wir haben Gott sei Dank kein Datenschutzgesetz und wir haben auch keine Gesetze, die die Datenverarbeitung in den Kommunen irgendwie steuern. Bei uns gilt der Grundsatz, daß die Gemeinden alles tun können und dürfen, was nicht aufgrund eines Gesetzes jemand anders übertragen wurde. Aufgrund dieses Grundsatzes können wir die Datenverarbeitung freiwillig und ohne irgendwelche Beschränkungen machen. Die Zentrale wurde gegründet von den zwei Dachverbänden der Gemeinden, die es in Israel gibt - Gemeinden und regionale Gemeinden - und dem Innenministerium. Das Innenministerium war sehr interessiert an dieser Organisation, besonders wegen seiner Erfahrungen auf dem Gebiet des zentralen Personenregisters. Wir haben in Israel seit der Staatsgründung 1948 ein allgemeines Personenkennzeichen und auch ein zentrales Personenregister, und ich kann Ihnen sagen, daß bis heute noch keine Polizeifahndung wegen irgendeiner Übertretung oder irgendeine unrechte Ausnutzung dieser Daten vorgekommen ist. Wir sind darüber sehr glücklich, daß wir von diesem - entschuldigen Sie, wenn ich das etwas scharf ausdrücke - "Datenschutzwahn" bislang noch verschont worden sind.

Die Zusammenarbeit der Gemeinden auf dem Gebiet der Datenverarbeitung ist ja nur ein Beispiel unter mehreren: Unsere Gemeinden arbeiten zusammen auf dem Gebiet der Schulen, der Hochschulen, auf dem Gebiet der Abwasserbeseitigung und auf verschiedenen anderen Gebieten.

---

*    Bei diesem Beitrag handelt es sich um einen Kurzbericht, der nach dem Tonbandmitschnitt wiedergegeben wird.

Wir sehen in der Datenverarbeitung einen solcher Bereiche, in denen die Zusammenarbeit von Nutzen ist. Wenn verschiedene Probleme auftauchen, bitte ich zu bedenken, daß wir darin ja alle erst eine ganz kurze Zeit arbeiten: Was sind fünfzehn Jahre in einer Verwaltung, die schon - wie wir hörten - hunderte von Jahren besteht? Wir sind ja gerade erst am Anfang dieser Entwicklung.

Und jetzt möchte ich noch einige allgemeine Bemerkungen machen: Nach der jüdischen Weltanschauung ist die Aufgabe des Menschen auf dieser Welt die Vergeistung, aber nicht die Vergötterung des Materials. Ich möchte diesen Grundsatz auf die hier behandelten Probleme übertragen. Keine Vergötterung der Verwaltung oder der Verwaltungsverfahren, auch keine Vergötterung von EDV-Systemen oder EDV-Organisation, zentral oder dezentral! Wir sollten uns vielmehr immer vor Augen führen, daß dies alles Mittel zum Zweck sind. Unsere Aufgabe ist es, dem Bürger die von ihm der Gesamtheit übertragene Sorge für Dienstleistungen abzunehmen, Dienstleistungen für diesen Bürger als Mensch schnell, gut, billig und bequem zur Verfügung zu stellen. Und dafür müssen wir sämtliche Erfolge der Technik und der Wissenschaft nutzen. Das kann heute eine zentrale Datenverarbeitung sein, das kann morgen eine dezentrale Verarbeitung sein. Diese Entwicklungen sind im Geiste der Menschlichkeit zu prüfen. Vielleicht sollten wir eine kleine Veränderung im Begriff vornehmen und nicht von "öffentlicher Verwaltung", sondern von "Verwaltung für die Öffentlichkeit", das heißt für den Bürger sprechen. Ich bin überzeugt, in diesem Sinne werden wir sämtliche Probleme, die auch auftauchen, lösen können. Denn was uns hindert, diese Probleme menschlich zu lösen, sind meistens die menschlichen Restriktionen, die Personen, die zu entscheiden haben. Und nicht selten kommt es vor, vielleicht sogar in den meisten Fällen, daß das persönliche Interesse des Verwaltungsleiters bestimmt, ob wir die Technik nutzen oder nicht. Ich hoffe, daß wir uns im Sinne der Selbstverwaltung (und Selbstverwaltung heißt, mehr Bürger an der Verwaltung teilnehmen zu lassen) der Entwicklungen der Zeit annehmen - zugunsten des Bürgers. Denn alles, was wir heute machen, kostet Geld. Es kann sein, daß es Länder gibt, bei denen das Geld noch keine Rolle spielt. Ich habe in einem Land gesehen, daß eine Stadtverwaltung 50 Computeranlagen, große Computeranlagen besaß, die keinerlei Verbindung miteinander hatten. Das ist sehr schön, aber diese kostspieligen Anlagen könnte man vielleicht besser gegen Neubauten für junge Leute eintauschen. In sämtlichen Gemeinden und in sämtlichen Verwaltungen gibt es sicher zahlreiche wichtige Anlagemöglichkeiten für das Geld, über das wir verfügen können. Wenn wir diese menschliche Betrachtung vornehmen, bin ich sicher, daß wir unsere Probleme bestens lösen werden.

# Zweiter Abschnitt

# Steuerverwaltung

## VERTEILTE DATEN UND ANWENDUNGEN IN DER STEUERVERWALTUNG
### - VERGANGENHEIT, GEGENWART UND ZUKUNFT -

von Hanns Püschel, Bonn

## I.    Einleitung

Vor einem Jahr hat sich Brinckmann zur Verwaltungsautomatisierung - zum Teil auch zur Automatisierung in den Steuerverwaltungen der Länder - geäußert. [1] Die Ausführungen beruhen auf Arbeiten der "Forschungsgruppe Verwaltungsautomation" an der Gesamthochschule Kassel. Sie münden in die Forderung nach "Dezentraler Datenverarbeitung für eine dezentrale Verwaltung".

Zur Automatisierung als solcher und zur Automatisierung in der öffentlichen Verwaltung gibt es heute manche Kritik und manches Mißverständnis. Brinckmann steht nicht allein, wenn er als Besserungsmittel den Übergang zu einer dezentralen Datenverarbeitung empfiehlt. Um eine Stellungnahme abzugeben, bedarf es zunächst eines Rückblicks.

## II.    Vergangenheit: Ausgangslage und Aufbau

### A)    Ausgangslage zu Beginn der Automatisierung

Technische Hilfen werden im Finanzamt seit langem benutzt. Zunächst wurden die Finanzkassen mit mechanischen Buchungsgeräten ausgerüstet, mit denen die Zahlungsvorgänge auf den Sollkarten gebucht sowie gesammelt, addiert und aufgelistet wurden. Von hier aus führte der Weg zur Lochkartenverarbeitung für die Finanzkasse, bei der weitere Arbeitsgänge mechanisiert wurden. Jedoch genügte die Lochkartenverarbeitung auf die Dauer nicht den praktischen und steuerrechtlichen Anforderungen.

Hierdurch erhielt die aufkommende elektronische Datenverarbeitung eine Chance. In den Jahren 1957/58 wurde die erste Computer-Generation bei der Einkommensteuer-Festsetzung erprobt.

B)    <u>Erste Phase: Automatisierung von Routinearbeit bei der Steuerfestsetzung</u>

1.    Gründe für die Automatisierung

Die damit eingeleitete Automatisierung im Steuerfestsetzungsverfahren vollzog sich Schritt für Schritt in überlappenden Phasen. Sie wurde durch mehrere Umstände begünstigt:

- Das Steuerfestsetzungsverfahren ist wegen der Vielzahl der zu bearbeitenden Fälle sowie wegen der weitgehend mathematischen Natur und typisierten Struktur dieser Fälle für eine Automatisierung besonders geeignet.

- Die Ablauf- und Arbeitslogik des Besteuerungsverfahrens waren schon in den zwanziger und dreißiger Jahren analysiert und organisiert sowie in Verwaltungsvorschriften geregelt worden. Hierauf konnte die für die Automatisierung benötigte Systemanalyse aufbauen.

- Mit steigendem Einkommen der Arbeitnehmer und wachsendem Finanzbedarf der Gebietskörperschaften gerieten immer mehr Steuerzahler in unmittelbaren Kontakt mit dem Finanzamt. Infolge höherer Steuern, sozialstaatlichen Strebens nach Verteilungs-gerechtigkeit und zunehmender Verwendung des Steuerrechts für außerfiskalische, zum Beispiel wirtschaftspolitische Zwecke wurden zugleich die Steuergesetze immer mehr verfeinert. [2] Um die damit verbundene Mehrarbeit wenigstens teilweise ohne Personal-vermehrung aufzufangen, war der Computer ein geeignetes Hilfsmittel.

- Verstärkend trat hinzu, daß der hohe Ausbildungsstand des Finanzamtspersonals ver-ständlicherweise die Arbeitsbereitschaft für steigende gleichförmige Routine- und Massenarbeiten, an der das Besteuerungsverfahren reich ist, minderte. Gerade solche Arbeiten konnten aber am ehesten automatisiert werden.

2.    Arbeitsablauf bei der Steuerfestsetzung - vor und nach Automatisierung

Die Automationsunterstützung für die Steuerfestsetzung fügte sich in den überkommenen Arbeitsablauf ein, was den Übergang erleichterte (vergleiche dazu Abbildung 1, linke Seite):

Vor der Automatisierung begann das Steuerfestsetzungsverfahren bei den V-Steuern (Veranla-gungs-Steuern: Einkommen-, Gewerbe-, Umsatz- und Körperschaftssteuer) damit, daß die Steuerfestsetzungsstelle ("Teilbezirk" des Finanzamtsbezirks) den Eingang jeder Steuererklärung in einer der Überwachung dienenden V-Liste (Veranlagungs-Liste) vermerkte (1.); da Steuerer-klärungen in Massen und schubweise im Finanzamt eintreffen, konnten sie - wie noch heute -

nicht sofort bearbeitet werden. Sie wurden gestapelt (2.) und Stück für Stück vom Stapel abgearbeitet (Berechnung der Steuer, (3.); die Arbeitsergebnisse (Steuerfestsetzungen) wurden in aller Regel erneut gestapelt (4.), bis ein Mitarbeiter die Steuerbescheide schrieb (5.) und das Ergebnis einer jeden Steuerfestsetzung in die V-Liste eintrug (6.); sodann wurden die Steuerbescheide der Finanzkasse zugeleitet (7.), wo der Buchhalter das festgesetzte Steuersoll (und festgesetzte künftige Vorauszahlungen) in die Sollkarte eintrug, mit den nach der Sollkarte geleisteten Zahlungen (Vorauszahlungen) verrechnete, eine Abrechnung fertigte (8.) sowie (9.) den Steuerbescheid absandte.

Im automationsunterstützten Steuerfestsetzungsverfahren (vergleiche Abbildung 1, rechte Seite) ändert sich der Arbeitsablauf nur insoweit, als sich der Bearbeiter darauf beschränken kann, die Angaben des Steuerzahlers zu prüfen, die Besteuerungsgrundlagen zu ermitteln und für die Datenerfassung aufzubereiten (3.); nach der Datenerfassung werden die Steuerberechnungen und das Schreiben des Steuerbescheids im Rechenzentrum durchgeführt. Von ihm erhält der Bearbeiter einen fertigen Steuerbescheid.

Ähnlich ist der Arbeitsablauf bei der Bearbeitung von Lohnsteuer-Jahresausgleichs-Anträgen (hier keine Sollstellung) und bei der Einheitsbewertung des Grundvermögens.

Je nach Fall beträgt die Entlastung 10 bis 30 vom Hundert; außerdem werden die Arbeitsergebnisse qualifizierter und gleichmäßiger. Sie treten - betrachtet man alle Steuerfälle - schneller ein. Die Beschleunigung wird besonders bei der Bearbeitung der Arbeitnehmerfälle benötigt (heute rund 18 Millionen Fälle bei Einkommensteuer-Festsetzung und Lohnsteuer-Jahresausgleich), die meistens mit einer Steuererstattung abschließt. Sehr begrüßt wird auch die Automatisierung statistischer Arbeiten.


3.    Zentrale DV-Organisation

DV-organisatorisch war das Verfahren von einer zentralen, sequentiellen Stapelverarbeitung und vom Magnetband als Speichermedium gekennzeichnet (vergleiche Abbildung 2), für die in einigen Flächenländern je Oberfinanzdirektion ein Rechenzentrum eingerichtet wurde. Eine weitergehende Dezentralisation erschien nicht machbar. Zentralisierung gab es weitgehend auch für die Datenerfassung.

Die Rechenläufe wurden fest terminiert. Sie lagen für die einzelnen Finanzämter mehrere Wochen auseinander (Folge der sequentiellen, magnetbandorientierten Verarbeitung). Zugleich beanspruchten Datenerfassung, Datenversendung und Rücksendung der Rechenergebnisse einige Zeit. So entstand der Eindruck, als bestimme der zentrale Großcomputer den Arbeitsrhythmus der Finanzämter.

C)    <u>Zweite Phase: Automatisierung der Steuererhebung (integrierte Datenverarbeitung)</u>

### 1.   Einbeziehung der Steuererhebung

Nur für den Lohnsteuer-Jahresausgleich, der keine Sollkarten-Buchführung kennt, schlug die bei dieser Automatisierung erzielte Beschleunigung voll durch. Wegen verstärkten Personalmangels und wegen wachsender Fallzahlen blieb bei den V-Steuern die Buchführung ein Engpaß. Um ihn zu beseitigen, schufen Länder und Bund gemeinsam in den sechziger Jahren ein automatisiertes Verfahren, das neben der Steuerfestsetzung auch die Steuererhebung umfaßte. In diesem Verfahren ist von der Verarbeitung der Steuerfestsetzungsdaten bis zur Steuerabrechnung und zum Druck des Steuerbescheids (mit Abrechnung) keine personelle Bearbeitung durch das Finanzamt nötig. [3]

### 2.   Merkmale des integrierten Besteuerungsverfahrens

Dieses "integrierte Besteuerungsverfahren" umfaßt die V-Steuern (mit Annexsteuern wie der Kirchensteuer) und die vom Arbeitgeber abzuführende Lohnsteuer unter der V-Steuernummer als Ordnungsbegriff. Daneben gibt es Verfahren für die Kraftfahrzeug-Steuer und für die sogenannten Einzelsteuern (zum Beispiel die Erbschaftssteuer) [4] mit eigenen Ordnungsbegriffen. Die im Arbeitsablauf eintretenden Erleichterungen ergeben sich aus Abbildung 3; auch die Arbeits-vorgänge (7.) und (8.) werden nun im Rechenzentrum ausgeführt.

Im einzelnen wird das integrierte Besteuerungsverfahren durch folgendes gekennzeichnet:

- An die Stelle von Buchungen und Aufzeichnungen auf der "Sollkarte" treten Buchungen und Aufzeichnungen auf einem magnetischen Datenträger (Speicherkonten-Buch-führung).

- Festgesetztes Steuersoll und Steuerzahlungen (einschließlich Steuererlaß und Steuer-stundung) werden im Stapelverfahren täglich und zeitnahe gebucht und - teils täglich, teils periodisch - ausgewertet. Mahnungen an säumige Steuerzahler und Rückstands-anzeigen an die Vollstreckungsstelle des Finanzamts werden (im Stapelverfahren oder auf Einzelanforderung) maschinell gefertigt.

- Das Speicherkonto enthält auch die Grundinformationen (Stammdaten) über den Steuer-zahler.

- Die Daten des Speicherkontos werden nicht nur für die Steuererhebung, sondern auch für die Steuerfestsetzung und weitere Aufgaben benutzt (zum Beispiel für Überwachung der Steuerfälle). Die Speicherkontendatei ist anwendungsneutral gestaltet.

- Da der "Buchhalter" (Kontenbearbeiter) die ihm verbleibende Arbeit (zum Beispiel eine Rückfrage des Steuerzahlers beantworten) nur sinnvoll erledigen kann, wenn er Einblick in das Speicherkonto hat, erhält er die Möglichkeit zur Direktabfrage (mit Drucker-Terminal oder Bildschirm über Datenfernübertragung).

Die Vorteile liegen nicht nur in einer Arbeitsentlastung. [5] Noch wichtiger ist, daß es keine Arbeitsrückstände mehr gibt und die Arbeitsergebnisse zeitnäher und genauer sind. Voraussetzungen dafür sind eine zeitnahe, "tagesfrische" Datenerfassung der Einzahlungsdaten, eine sorgfältige Pflege der Grundinformationen (Stammdaten) und ein Mitziehen des Finanzamtspersonals. Diese Voraussetzungen werden stellenweise erst nach einer Übergangszeit erfüllt. Arbeitsaufwendig ist die Übernahme der Finanzkassen. Aber bis 1982 werden in der Mehrheit der Länder alle Finanzkassen automatisiert sein. Mitunter wurde behauptet, das Verfahren sei unnötig kompliziert. Komplexität kommt jedoch aus der Aufgabenstellung. Auch das Integrationskonzept stellt nichts Neues dar. Man übernahm die im personellen Kassenverfahren entwickelte Sach- und Arbeitslogik ("automatisiertes Sollkartenverfahren").

## 3. Erweiterung der DV-Organisation um Direktabfragemöglichkeiten

DV-organisatorisch wird grundsätzlich an der zentralen Stapelverarbeitung festgehalten. Eine Ausnahme bildet die Speicherkontenabfrage. Um sie als Direktabfrage über Datenfernübertragung zu ermöglichen und um die tägliche Verarbeitung der Speicherkonten wirtschaftlich zu gestalten, werden die Daten des Speicherkontos auf Magnetplatten abgelegt. Änderungen ergeben sich bei der Datenerfassung. Sie wird fortan im Finanzamt (Finanzkasse) bewerkstelligt (vergleiche Abbildung 4). Ebensowenig wie im automatisierten Steuerfestsetzungsverfahren wäre es möglich gewesen, das integrierte Besteuerungsverfahren mit Kleincomputern im Finanzamt zu installieren.

## III. Gegenwart und geplante Weiterentwicklung

### A) Heutige Ausgangslage

Bis heute wird der Computer in der Steuerverwaltung zur Bewältigung und Beschleunigung von Routine- und Massenarbeiten benutzt. Sein Einsatz wird an den Grundsätzen der Wirtschaftlichkeit und Sparsamkeit der Verwaltung, also an der Einsparung und Schonung von Haushaltsmitteln, gemessen. Häufig wird übersehen, wie sehr er auch zur Gleichmäßigkeit der Besteuerung beiträgt.

Die Entwicklung, die hierzu führte, wurde dadurch erleichtert, daß EDV-Hardware und -Software leistungsfähiger und preisgünstiger wurden. Man kann den Voraussagen glauben, daß sich dies in den achtziger Jahren fortsetzen wird.

Die obersten Finanzbehörden haben sich eingehend mit der Frage befaßt, welcher Nutzen hieraus gezogen werden soll. Folgendes wird unter anderem für die erste Hälfte er achtziger Jahre angestrebt:

- Das vorhandene zentralisierte, integrierte Besteuerungsverfahren ist im Rahmen einer Konsolidierung weiter auszubauen.

- Zu seiner Ergänzung sind die Möglichkeiten einer verteilten Datenverarbeitung zu nutzen.

Zu den damit verfolgten Zielen rechnen auch "Bürgerfreundlichkeit", "Lebensqualität am Arbeitsplatz" und "Datenschutz". Diese Schlagworte sind Ausdruck einer weit verbreiteten, nicht widerspruchsfreien Anspruchshaltung. Auch wenn man ihnen kritisch gegenübersteht und sie mancherseits als trojanische Pferde der Fortschrittsfeindlichkeit auftreten, entbehren sie keineswegs eines richtigen Kerns. Eigentlich widersprechen sie auch nicht dem Streben nach Rationalisierung. Denn Rationalisieren bedeutet - dies ist in jedem Wörterbuch ähnlich nachzulesen -, methodisch und vernünftig vorzugehen.

## B)  Ausbau der bisherigen Verfahren [6]

### 1.  Die Steuerfestsetzung

Bei den Umsatzsteuer-Voranmeldungen und Lohnsteuer-Anmeldungen soll die Steuerfestsetzung noch mehr rationalisiert werden. Über diese jährlich 25 Millionen Steueranmeldungen wird ein großer Teil des Steueraufkommens eingenommen. Sie werden automatisiert bearbeitet, was Datenerfassung erfordert. Nun soll der Datenerfassungsaufwand aufgrund der Steueranmeldungs-Datenträger-Verordnung (StADV) gemindert werden (BGBl. I 1980 S. 1617). Die Verordnung gestattet es den EDV-Dienstleistungsunternehmen, die insgesamt etwa 950.000 Unternehmer beziehungsweise Arbeitgeber durch "EDV außer Haus"  betreuen, auf das Bedrucken von Steueranmeldungen zu verzichten und nur noch mit Steueranmeldungsdaten beschriebene Magnetbänder einzureichen.

Noch wichtiger erscheinen Bemühungen, durchweg die Umlaufzeit bei den Steuerfestsetzungen abzukürzen. Wie bereits ausgeführt, waren die Rechenläufe für die Steuerfestsetzung fest terminiert und lagen Wochen auseinander. Damit entstand der Eindruck, daß der Großcomputer den Arbeitsrhythmus der Finanzämter beeinflusse, was im Laufe der Zeit kritisiert wurde. Man könnte dem durch ein dialogisiertes Steuerfestsetzungsverfahren abhelfen. Dies wäre jedoch zur Zeit sehr teuer; und die finanziell meßbaren Vorteile der Dialogisierung wären nicht allzu groß. Unter diesen Umständen strebt man als erstes eine Arbeitsweise an, die sich teilweise schon bewährt hat: Tägliche Steuerfestsetzungs-Rechenläufe für jedes Finanzamt; komfortable Datenerfassung mit Hilfe von Minicomputern im Finanzamt; Datenfernübertragung der erfaßten Daten zum Rechenzentrum; täglicher Rücktransport der Rechenergebnisse zum Finanzamt (zunächst mit Kraftfahrzeug). Selbst in einem großen Flächenland könnte auf diesem Wege die Umlaufzeit (gerechnet von der Übermittlung der Daten zum Rechenzentrum) auf zwei Tage verringert werden (wenn nicht gerade ein Wochenende dazwischen liegt). Es handelt sich um eine konsequente, unter II. C) behandelten, magnetplattenorientierte Weiterentwicklung des integrierten Besteuerungsverfahrens. So werden sich die Finanzämter weniger abhängig fühlen. Die Bearbeiter blicken nicht mehr auf den nächsten, festen Rechentermin. Verzögernd wirkt unter Umständen noch die Datenerfassung, für die aber das Finanzamt selbst verantwortlich ist.

Um die Steuerbescheide bürgerfreundlicher zu gestalten, wird zunehmend der Laser-Drucker eingesetzt.

Schließlich wird angestrebt, zeitkritische Verarbeitungsergebnisse über die schon vorhandene Datenfernübertragung an das Finanzamt zu übermitteln und dort auszudrucken. Zusätzlich wird an dezentrale Hilfsdateien gedacht.

Arbeitsablauf und Datenfluß würden sich etwa wie in Abbildung 5 darstellen (zum Teil bereits realisiert).


## 2. Die Steuererhebung

Das automatisierte Steuererhebungsverfahren sieht eine tägliche Verarbeitung der Daten bereits vor. Insoweit bedarf es keiner Neuerung. Jedoch gibt es andere Verbesserungsmöglichkeiten.

Die zu erwartende Hardware-Verbilligung soll benutzt werden, mehr Abfragegeräte zur Auskunft aus den Speicherkonten aufzustellen, und zwar für Kontenbearbeiter in der Finanzkasse, für die Vollstreckungsstelle oder für die Festsetzungsstelle jener Finanzämter, die keine eigene Finanzkasse haben. Schon heute gibt es Finanzkassen mit einem Abfragegerät für je zwei Kontenbearbeiter.

Die Übermittlung zeitkritischer Rechenergebnisse (zum Beispiel von Zeitbuch, Kassenabschluß, Änderungsmitteilung, Erstattungslisten, Prüf- und Fehlerhinweisen) soll durch Datenfernübertragung zum Finanzamt und dezentralen Druck beschleunigt werden.

Zugleich ist der Datenträgeraustausch für Einzahlungen zu erweitern, um Richtigkeit und Schnelligkeit der Buchungen im Speicherkonto noch zu verbessern. Weit verbreitet ist bereits ein Einzugsermächtigungs-Verfahren mit Datenträgeraustausch. Aber nicht jeder Steuerzahler wird für jede Steuer eine Einzugsermächtigung erteilen wollen. Ergänzend sollen deshalb "Vorwegerinnerungen" (freundliche Hinweise auf eine in Kürze fällig werdende Steuer), Mahnungen und möglichst auch Steuer-Nachzahlungsbescheide mit einem maschinell vorgefertigten und maschinell lesbaren Zahlungsträger versehen werden, der Informationen über die zu zahlende Steuer enthält. Wegen der maschinellen Lesbarkeit kann das Kreditinstitut diese Information mit den Zahlungsdaten auf Magnetband weiterliefern. Gelangen die Daten zum Rechenzentrum der Steuerverwaltung, so entfällt die Datenerfassung und die Zahlungen können fehlerfrei (aufgrund der übermittelten Information) gebucht werden. Die Nutzen übersteigen die Kosten erheblich. Das Verfahren wird stellenweise schon für die Kraftfahrzeug-Steuer eingesetzt. Ein Versuch mit "Vorwegerinnerungen" für die Einkommensteuer-Vorauszahlungen war erforderlich.

Wie im Steuerfestsetzungsverfahren soll schließlich die Datenerfassung durch den Minicomputer im Finanzamt und Datenfernübertragung der erfaßten Daten unterstützt werden. Daneben wird an dezentrale Hilfsdateien gedacht.

Der Datenfluß würde sich wie in Abbildung 6 darstellen. Zum Teil wurde er bereits realisiert.

## VI.    Zukunft: Zentralisierung oder Dezentralisierung der Hauptlast?

### A)    Begriffsbestimmung

### 1.    Verteilte Datenverarbeitung

Wie die Ausführungen im Abschnitt III. B) zeigen, werden die im Finanzamt installierten Computer zunächst mehr oder weniger statische, begrenzte, unterstützende Funktionen ausführen. Will man prüfen, ob es hierbei bleiben soll, muß man zunächst klären, was die Begriffe "verteilte" und "dezentralisierte" Datenverarbeitung bedeuten. Hierauf gibt es unterschiedliche Antworten. Die Begriffsbestimmungen der EDV-Hersteller geben nicht nur eine Erläuterung, sondern offenbaren auch eine Marktstrategie. Wer liest, verteilte DV sei "intelligentes Gerät in einem Netzwerk mit einem Host, verbunden mit fester Kontrolle aller intelligenten Knoten durch den Host", wird nicht auf den Gedanken kommen, daß dies die Sprache eines Minicomputer-Herstellers sei.

Die Automationsreferenten (Steuer) der obersten Finanzbehörden haben sich 1977 auf einen Arbeitsbegriff der "verteilten Datenverarbeitung" geeinigt, den sie aus dem Diebold-Forschungsbericht E143 entnahmen. [7] "Verteilte Datenverarbeitung" setzt danach voraus:

- Das Computersystem besteht aus zwei oder mehr Prozessoren oder CPU's, die an verschiedenen Orten aufgestellt sind.

- Diese Prozessoren oder CPU's sind "linked", also durch Datenfernübertragung zu einem Computer-Netzwerk verbunden. [8]

- Die Einrichtungen sind auf eine definierte Organisationseinheit bezogen.

Zur zweiten Voraussetzung führt Scherr aus: [9] "Distributed Data Processing is defined as the implementation of a related set of programs across two or more data processing centers or nodes. The programs are related in that they share or pass data between them. Each node is generally capable of performing data processing applications independently, and thus would normally have data storage and program execution facilities ... The key element in the definition that has been given for distributed data processing is the communication that goes on between the programs. If two or more nodes are executing application programs that do not communicate, then the overall system is an example of what is called decentralized processing".

"Related programs" stellen aber eigentlich nichts Neues dar. Man wird ein Computer-Netzwerk nur einrichten, wenn die verteilt eingesetzten Anwendungsprogramme miteinander korrespondieren. Wer zum Beispiel Daten dezentral mit Computer-Unterstützung erfaßt, wird dies so tun, daß die im zentralen Computer eingesetzten Programme die erfaßten Daten ohne weiteres verwerten können. Dies setzt "related programs" voraus.


2.    Dezentralisierte Datenverarbeitung

Hiernach steht auch fest, was man unter "dezentralisierter Datenverarbeitung" versteht. Von ihr ist zu sprechen, wenn die im vorangehenden Abschnitt genannte erste und dritte, jedoch nicht die zweite Voraussetzung der Begriffsbestimmung erfüllt werden. [10]

B) <u>Hintergrund und Zukunftstrends für verteilte Daten und Anwendungen</u>

1.  Enttäuschte Hoffnungen

Während sich dezentralisierte Datenverarbeitung in Deutschland früh durchsetzte, kam verteilte Datenverarbeitung erst in den siebziger Jahren aus den USA herüber, und zwar mit einer agressiven, für deutsche Verhältnisse nicht gerade zimperlichen Werbung. Man erhob den Anspruch, die Schwächen der zentralisierten Datenverarbeitung heilen zu können. Nicht mehr der möglichst sparsame zentrale Großcomputer solle im Vordergrund stehen, sondern eine bessere Gestaltung der Büroarbeit. "Der Einsatz der EDV soll nicht mehr die Arbeit bestimmen, sondern die Arbeit den Einsatz der EDV".

Inzwischen ist die Euphorie abgeklungen. Hoffnungen wurden enttäuscht, offenbar auch in den USA. Vor einigen Jahren berief man sich häufig auf eine nordamerikanische Bank, die den Großcomputer durch Minicomputer ersetzen und so das EDV-Budget halbieren wolle. Wie man hört, ist der für diese Idee verantwortliche Abteilungsleiter inzwischen in einem anderen Unternehmen tätig. Und die Bank benutzt Großcomputer und Minicomputer.

2.  Der Einfluß der "menschlichen Kosten"

Man hatte sich die Sache zu einfach vorgestellt. Nach einer von Grosch entdeckten Faustregel ging man bis in die siebziger Jahre davon aus, daß die Leistung eines Großcomputers im Quadrat der aufgewendeten Kosten steigt. Die Regel verlor ihre Gültigkeit, als in der zweiten Hälfte der siebziger Jahre die moderne Schaltkreis-Technologie bei den Minicomputern Einzug hielt, jedoch nicht bei den Großcomputern. Daß es sich um eine zeitweilige Erscheinung handelte, wurde von vielen nicht erkannt. Heute holen die Großcomputer den technologischen Rückstand auf, vermutlich werden sie bald überlegen sein (wie lange?). Unberücksichtigt blieb auch, daß die Hardware-Peripherie der Großcomputer technisch und wirtschaftlich stets überlegen war und wohl auch bleiben wird. [11]

Jedoch werden die Hardware-Kosten wegen sinkender Preise sehr an Gewicht verlieren; und die "menschlichen" Kosten werden bei der Abwägung entscheidend werden. "Das alte 50:50-Verhältnis zwischen menschlichen Kosten und Hardware-Kosten gibt es schon längst nicht mehr. Das Verhältnis liegt wahrscheinlich bei 70 Prozent zu 30 Prozent. ... Die 70 Prozent beinhalten alle Arten von Software, alle Gehälter und Sozialausgaben. In einer kleinen Organisation können diese Kosten leicht verdeckt werden, doch wenn wir ehrliche Buchhaltung voraussetzen, glaube ich, daß das Verhältnis 70:30 bis Ende des Jahrzehnts bei 80:20 liegen wird". [12] Wofür oder wogegen dies spricht oder sprechen wird, das kann nicht generell beantwortet werden, weil sich die "menschlichen Kosten" für verteilte und dezentralisierte Datenverarbeitung unterschiedlich gestalten, insbesondere in Abhängigkeit davon, wie kompliziert und individuell die dezentralen Anwendungen sind.


3.    Rahmenbedingungen in den USA und Europa


Wenn verteilte Datenverarbeitung in den USA zur Zeit beachtlichen Anklang findet und hohe Zuwachsraten hat, wie der EDP Deutschland-Report berichtet, [13] liegt das vermutlich an den dortigen Verhältnissen:


- In den USA ist die räumliche Entfernung zwischen den zentralen Großcomputern und dem dezentralen Benutzer meist ungleich größer als in Deutschland. Wenngleich die Gebühren für Datenfernübertragung sehr viel niedriger sind als in Deutschland, [14] dürfte darin sicherlich ein Umstand liegen, der eine Verteilung von Hardware fördert.

- Hinzu kommen technische Schwierigkeiten bei der Datenfernübertragung über lange Strecken, die mit der Struktur der Fernmeldenetze und mit deren Organisation (Regionalisierung, Privatisierung) zusammenhängen. [15]

- Ein Ausweichen auf Brief- und Paketpost scheitert an Problemen der Beförderungsdauer und Zuverlässigkeit.

- Anders als in Deutschland scheut man sich in den USA nicht, die menschliche Arbeitskraft durch großzügige Auslegung der Hardware zu unterstützen oder zu ersetzen. Dies fällt umso leichter, als auch die Hardware-Preise in den USA wesentlich niedriger liegen.

Weniger optimistisch lauten die Berichte aus Europa, wo diese Vorgaben fehlen. Im EDP Deutschland-Report [16] heißt es, daß gegenwärtig seitens der europäischen Anwender deutliche Vorbehalte gegen Distributed Data Processing bestünden. Zwar zeige auch der westeuropäische Markt im Grunde positive Tendenzen, lasse jedoch ein Wachstum wie in den USA vermissen.

Aber auch in den USA dürfte sich das Bild wieder ändern, wenn Satelliten- und Glasfaserkabel-Übertragung neue Dimensionen eröffnen. Die Kosten werden sinken; die heutigen technischen Schwierigkeiten werden entfallen. Der größere Nutzen wird zunächst bei den Großanwendern liegen, weil sich für sie die zusätzlich erforderliche Hardware, wie Antennen, am ehesten rentiert. [17] Verteilte und dezentralisierte Datenverarbeitung werden sicherlich nicht verschwinden. Zum Beispiel wird sich eine Büroautomation sinnvoller mit dezentraler Hardware verwirklichen lassen. Jedoch dürfte das Übermitteln selbst großer Datenmengen ebensowenig ungewöhnlich sein wie heute das Telefonieren, mit einiger Verzögerung wird es so auch in Deutschland werden. [18]

C)    <u>Fragestellung für die weiteren Überlegungen</u>

In der Steuerverwaltung, in der die Haushaltsgrundsätze der Wirtschaftlichkeit und der Sparsamkeit scharf angewendet werden, gibt es in dieser Lage nur wenige Anwendungen, die einer
verteilten oder dezentralisierten Datenverarbeitung zugeordnet werden können, ohne das Für und
Wider in Mark und Pfennig auszudrücken.

Der Verfasser wird sich aus seiner persönlichen Kenntnis und Sicht - unter Beschränkung auf das
Wesentliche - mit folgenden Fragen befassen, um die Aussichten für verteilte Daten und
Anwendungen einzuschätzen:

- Bedarfsanalyse: Welche Möglichkeiten, das bisherige DV-System zu verbessern und zu
  erweitern, gibt es aus der Sicht des Bürgers (Steuerzahlers), des Benutzers (Finanzamtspersonals), der Verwaltungseffektivität (Steuerverwaltung) oder der Datenverarbeitung (technischen Effizienz)?

- Machbarkeitsanalyse: Welche der festgestellten Bedürfnisse sollten durch zentrale,
  welche durch verteilte, welche durch dezentralisierte Datenverarbeitung befriedigt
  werden?


D)    <u>Bedarfsanalyse</u>

1.    Möglichkeiten zum Ausbau des DV-Systems im Steuerfestsetzungsverfahren

Die Finanzämter sind in kritischer Lage. Die Ursachen liegen vornehmlich in der Ruhelosigkeit
und Kompliziertheit des Steuerrechts. Von 1975 bis 1980 wurden über hundert Steuergesetze und
Steueränderungsgesetze mit vielen neuen Regelungen erlassen. Schwerpunkt ist die Einkommensteuer. Etwa 22 Millionen Steuerzahler treten hier jährlich unmittelbar mit dem Finanzamt
in Kontakt, und zwar etwa je zur Hälfte über die Einkommensteuer-Festsetzung und den
Lohnsteuer-Jahresausgleich. In etwa 80 Prozent aller Fälle geht es um Einkünfte aus nichtselbständiger Tätigkeit (sogenannte Arbeitnehmerfälle); die Bearbeitung ist verhältnismäßig
einfach und läuft in der Regel auf eine Steuererstattung hinaus. In weiteren 10 Prozent der Fälle
treten zu den Arbeitnehmereinkünften solche aus "Vermietung und Verpachtung" (bei eigengenutzten Einfamilienhäusern kraft gesetzlicher Fiktion). Wegen der bekannten Sonderabschreibung nach § 7b EStG kommt es auch hier häufig zu einer Steuererstattung. Nur die
restlichen, schwierigen 10 Prozent der Fälle weisen mehr als zwei Einkunftsarten auf; sie führen
meistens zu Steuernachzahlungen.

Im automationsunterstützten Steuerfestsetzungsverfahren ergibt sich daraus, vereinfacht dargestellt, folgendes:

(1)  Die meisten Fälle der ersten und zweiten Gruppe können verhältnismäßig zügig im Stapelverfahren bearbeitet werden. Der Prozentsatz der Fehler- und Prüfhinweise, Folge der programmgesteuerten Plausibilitätsprüfungen, liegt fast überall unter 5. Die Steuererklärungen (Anträge) gehen in der Regel frühzeitig beim Finanzamt ein.

(2)  In den Fällen der dritten Gruppe gibt es doppelt so viele und mehr Fehler- und Prüfhinweise (Folge des komplizierten häufig geänderten Steuerrechts). Dadurch können mehr Fälle erst in einem zweiten oder zum Teil weiteren Anlauf abgeschlossen werden (Folgen: Enttäuschung des Bearbeiters, Effektivitätsverlust). Die Steuererklärungen gehen zögernd ein. Das Finanzamt muß viel Arbeit aufwenden, um sie bald zu erhalten.

Bei den Fällen unter Ziffer (2) könnte die EDV-Unterstützung aller Voraussicht nach verbessert werden. Durch die derzeit realisierbare tägliche Verarbeitung im Stapelverfahren wird zwar die Umlaufzeit der Steuerfestsetzungen bereits auf zwei Tage herabgesetzt; die Enttäuschung des Bearbeiters ist kleiner (vergleiche Abschnitt III. B) 1.). Gleichwohl bleibt nach den vorstehenden Ausführungen ein unbefriedigender Rest, der bei einer Dialogisierung des Steuerfestsetzungsverfahrens verschwände. Deren weiterer Vorteil läge darin, daß Speicherdaten am Bildschirm einfacher verwendet werden könnten. Texte, die im Steuerbescheid eine Abweichung von der Steuererklärung erläutern und für die kein standardisierter "Computertext" zur Verfügung gestellt werden kann, könnten vom Bearbeiter unmittelbar am Bildschirm eingegeben werden.

Weniger eindeutig wären die Vorteile einer Dialogisierung in den Fällen unter Ziffer (1). Die dafür zuständigen Bearbeiter haben täglich weitaus mehr Fälle zu bearbeiten, und zwar mit je etwa 15 bis 20 Eingabedaten (falls die Adresse bereits gespeichert ist). Damit müßten sie eine Tätigkeit ausüben, die der Massendatenerfassung ähnelt. Praxiserfahrungen zeigen, daß dies nicht nur unwirtschaftlich, sondern auch für den Bearbeiter unbefriedigend wäre. [19] Zwar könnte man die Bearbeiter durch Datenerfassungskräfte unterstützen. Dies könnte die Wirtschaftlichkeit der Dialogisierung jedoch noch mehr in Frage stellen. Ohnehin wären die Kosten der Hardware wegen der viel größeren Zahl der Bildschirmarbeitsplätze ungleich höher als bei den Fällen unter Ziffer (2).

Unabhängig hiervon käme für alle Bearbeiter ein Bildschirm für weitere begrenzte, veranlagungsbegleitende Anwendungen in Betracht wie automatisierte Textverarbeitung, Zugriff zu einer Datei freier Steuernummern für neue Steuerfälle, Druck der Steuernummer-Mitteilung an den Steuerzahler und Hilfen für die Ermittlung von Besteuerungsgrundlagen (zum Beispiel von Gewerbesteuer-Rückstellungen). Der gleiche Bildschirm wäre auch für Auskünfte aus zentralen Datenbeständen zu nutzen.

2.    Möglichkeiten zum Ausbau des DV-Systems im Steuererhebungsverfahren

Auch im automatisierten Steuererhebungsverfahren könnte man an Ergänzungen zugunsten der Benutzer und Steuerzahler denken, die allerdings den Kern des Verfahrens nicht berühren würden. Unter anderem ließen sich auch hier begrenzte, arbeitsbegleitende Anwendungen bis hin zur Textverarbeitung schaffen.

E)    <u>Machbarkeit aus der Sicht einer verteilten Datenverarbeitung</u>

1.    Steuerfestsetzungsverfahren

Die im Abschnitt VI. D) 1. dargestellten Möglichkeiten eines Ausbaues könnten theoretisch im Rahmen einer "verteilten Datenverarbeitung mit zentralisierter Hauptlast" oder einer "verteilten Datenverarbeitung mit dezentralisierter Hauptlast" wahrgenommen werden:

- Das Modell einer "verteilten Datenverarbeitung mit zentralisierter Hauptlast" würde sich als Weiterentwicklung des derzeitigen DV-Systems in den Steuerverwaltungen der Länder darstellen, wie es in Abbildung 5 skizziert worden ist. Die Arbeiten der Steuerfestsetzung würden in diesem Modell vom zentralen Computer ausgeführt. Die veranlagungsbegleitenden Anwendungen wären dem Computer im Finanzamt zuzuweisen.

- Im Alternativ-Modell einer "verteilten Datenverarbeitung mit dezentralisierter Hauptlast" würden die im Finanzamt aufgestellten Computer die Hauptlast tragen, also insbesondere die Arbeiten für die Steuerfestsetzung übernehmen. Dem zentralen Computer oblägen ergänzende Funktionen. Er könnte zum Beispiel ein (vereinfachtes) Management-Informations- oder Statistik-System sowie eine zentrale Software-Entwicklung und -Wartung beherbergen.

Wie sich aus Abbildung 7 ergibt, schneidet unter Berücksichtigung der in Abschnitt IV. D) 1. dargestellten Ausbaumöglichkeit nach den heute übersehbaren Umständen das Modell einer "verteilten Datenverarbeitung mit zentralisierter Hauptlast" bei zehn Kriterien besser und nur bei einem Kriterium schlechter ab.

Es sollte hervorgehoben werden, daß aus heutiger Sicht allein in diesem Modell die Verfügbarkeit des EDV-Systems gesichert erscheint:   Die Verfügbarkeit eines zentralen, die Hauptlast tragenden Großcomputers läßt sich noch einigermaßen gewährleisten, auch wenn die Steuerfestsetzungsprogramme immer größer werden (heutiger Speicherbedarf der Maschinenprogramme 1,2 Megabyte bei realer Speicherung). Und für den Fall eines Systemausfalles oder bei Feststellung eines Programmfehlers steht das EDV-Fachpersonal im Rechenzentrum bereit.

Die Kosten für einen back-up-Computer, auf den in einem dialogisierten Verfahren wohl kaum verzichtet werden könnte, würden an den sinkenden Hardware-Preisen teilhaben. Demgegenüber wäre das Alternativ-Modell nur im Vorteil, wenn die Verfügbarkeit aller dezentral aufgestellten Computer in ihrer Gesamtheit besser wäre als die Verfügbarkeit des zentralen Großcomputers. Im Diebold-Forschungsbericht E143 heißt es: "Die Profile der Hardware- und Softwareleistungen bei Minicomputern mögen für das technische EDV-Personal annehmbar erscheinen. Man muß sich aber vor Augen halten, daß die Systeme der verteilten Datenverarbeitung auf einer Ebene arbeiten, auf der eine Unterstützung durch das EDV-Personal (Anmerkung des Verfassers: Wahrscheinlich auch durch den EDV-Hersteller) nicht unmittelbar zur Verfügung steht. Unglücklicherweise haben Computer-Systeme und -Programme den Ruf, mit ungetesteten logischen Bedingungen zu leben. Das gleiche muß für die Hersteller-Software gesagt werden, sei es für Großcomputer, sei es für Minicomputer. Besondere Bedeutung muß der Systemverfügbarkeit im Rahmen einer verteilten interaktiven Verarbeitung zugebilligt werden. Für den Endbenutzer gibt es nur zwei Zustände: Entweder arbeitet das System oder es arbeitet nicht. Man darf nicht von "kleinen örtlichen Störungen" sprechen. Die Schwierigkeiten im Wartungsbereich müssen unbedingt bewältigt werden, und zwar sowohl als Problem der Machbarkeit als auch als Problem der Wirtschaftlichkeit". [20] Für die Steuerverwaltung stellt sich das Problem in aller Schärfe. Sie läuft bei der Programmpflege mit hängender Zunge hinter der Gesetzgebung her und soll zugleich das DV-System ausbauen und verbessern. So waren in den letzten Jahren jährlich weit über 200 "Programmieraufgaben" zu erledigen. Programmfehler lassen sich trotz größter Mühe - wie anderswo - nicht vermeiden. Sie bilden eine Störungsquelle auch dann, wenn sie nicht unmittelbar auf die Verfügbarkeit des EDV-Systems durchschlagen. Zehn oder mehr problematische Situationen monatlich in Hardware und Software je Großcomputer stellen bei komplexen Anwendungen nichts Außergewöhnliches dar. Im Finanzamt aufzustellende Computer werden insoweit nicht besser sein, wenn sie komplexe Anwendungen beherbergen (unter Umständen sind sie sogar schlechter). Gesetzt den Fall, eine Landesfinanzverwaltung hätte 40 Finanzämter. Dann wären monatlich mehrere hundert problematische Situationen zu verkraften, wenn es in jedem Finanzamt einen Computer gäbe. Eine verbesserte Verfügbarkeit kann - auf lange Sicht - nur bei der Hardware erwartet werden.

Befürwortet man die dialogisierte Steuerfestsetzung für komplexe Steuerfälle (Abschnitt IV. D) 1., Ziffer (2)), die im übrigen auf die Berichtigung bereits erfolgter Steuerfestsetzungen ausgedehnt werden könnte, sollte man bedenken, daß die Mehrkosten gegenüber einer

Stapelverarbeitung beachtlich sind (große Zahl anzuschließender Bearbeiter, beachtliche Programmgröße, mehrfacher Bedarf an Computerkapazität). Die Verwaltungswächter über Wirtschaftlichkeit und Sparsamkeit werden dazu unter Umständen ihre Zustimmung erst dann geben, wenn der Computer wegen der gesunkenen Hardware-Preise als ebenso selbstverständliches Arbeitsmittel erscheint wie heute Telefon und Diktiergerät.

## 2. Steuererhebung

Wenngleich sich das bisherige automatisierte Steuererhebungsverfahren (vergleiche Abbildung 6) bewährt hat und eine grundsätzliche Änderung des Verfahrenskonzepts keinen Nutzen verspricht, darf diese Überzeugung keine völlige Sperre darstellen. Gerade die publikumsnahe Tätigkeit in der Finanzkasse ist für Verbesserungen, auch kleinerer Art, besonders geeignet. Dazu nähere Einzelheiten darzustellen, würde allerdings den Rahmen dieser Darstellung sprengen.

## V. Schlußbetrachtung

Es ging darum, mutmaßliche Grenzen und Einsatzbereiche für verteilte Daten und Anwendungen in den Steuerverwaltungen der Länder herauszuarbeiten. Diese Grenzen werden weniger als bisher vom technisch Möglichen bestimmt sein, als insbesondere davon, inwieweit EDV-Hardware und -Software an dezentraler Stelle zu beherrschen sind. Die heute bekannten Tatsachen und Tendenzen sprechen dafür, daß dies in den Steuerverwaltungen der Länder auf absehbare Zeit zu einer "verteilten Datenverarbeitung mit zentralisierter Hauptlast" führen wird. [21] An dezentraler Stelle einsetzbare Anwendungen gibt es in großer Zahl. Für die praktische Arbeit kann daher der Computer im Finanzamt große Bedeutung erlangen. Da vorwiegend statische, begrenzte, unterstützende Funktionen auszuführen sind, kann weitgehend Standard-Software benutzt werden. So wird die "Softwarekrise" am wenigsten verschlimmert; und das Problem der Software-Verfügbarkeit wird beherrschbar.

Damit stimmt überein, was im Diebold-Forschungsbericht E143 als Auffassung einer französischen Arbeitsgruppe wiedergegeben wird, daß verteilte Datenverarbeitung keine "simple technologische Lösung zur Unterstützung der Dezentralisten" darstelle, sondern "eine Kombination der Vorteile der dezentralen und der klassischen zentralen Datenverarbeitung ermöglichen solle". [22]

Der so umrissene Weg hat den Vorteil, daß er keinen abrupten Bruch mit dem bisherigen EDV-System bedeutet. Die Investitionen in EDV-Hardware und -Software bleiben erhalten. Verteilte Daten und Anwendungen stellen sich als Fortentwicklung dar, die sich an das Bisherige anfügen.

Soweit heute erkennbar ist, besteht für die Steuerverwaltung ein Gegensatz weniger zwischen zentralem und dezentralem Computereinsatz als zwischen Stapel- und Dialogverarbeitung. Dazwischen steht eine bildschirmunterstützte Stapelverarbeitung, die es im automatisierten Steuererhebungsverfahren schon lange gibt.

Für den Bildschirmarbeitsplatz gilt das Gleiche wie für dezentralisierte Anwendungen: Eine unkritische "Verbildschirmung" der Arbeitsplätze wäre genauso wenig sinnvoll wie eine totale Dezentralisierung. Stets kommt es auf eine Abwägung von Vor- und Nachteilen, Nutzen und Kosten an.

Auch das hier beschriebene "mittlere Modell" erscheint verwaltungspolitisch nicht frei von Schwierigkeiten. Früher erhielt nahezu ungeteilten Beifall, wer eine Rationalisierung und Automatisierung befürwortete. Heute wird ein stärkerer Computereinsatz vielerorts selbst dann als unbequem empfunden und abgelehnt, wenn er Verbesserungen für Bürger und Bearbeiter bringt.

Eine weitere Gefahr droht durch allzu sparsame Haushalts- und Rechnungsprüfungsbeamte. Es darf keine bürger- und bearbeiterfremde "Versparsamung" geben! Eine Weiterentwicklung der Automation bleibt dringendes Bedürfnis.

Ab 1985 wird sich der "Pillenknick" bei der Zahl der Hauptschul-Abgänger drastisch bemerkbar machen. [23] Ab Anfang der neunziger Jahre wird es wieder an Arbeitskräften mangeln. So besteht auch kein Anlaß, den während der nächsten Jahre zu erwartenden Überschuß an Arbeitskräften als Grund zu betrachten, Automatisierungsverfahren auszusetzen. Allerorten haben EDV-Projekte eine lange Vorlaufzeit. Wer heute denkt und analysiert, wird das fertige, erprobte Verfahren ohnehin erst nach einer Reihe von Jahren zum Einsatz bringen können.

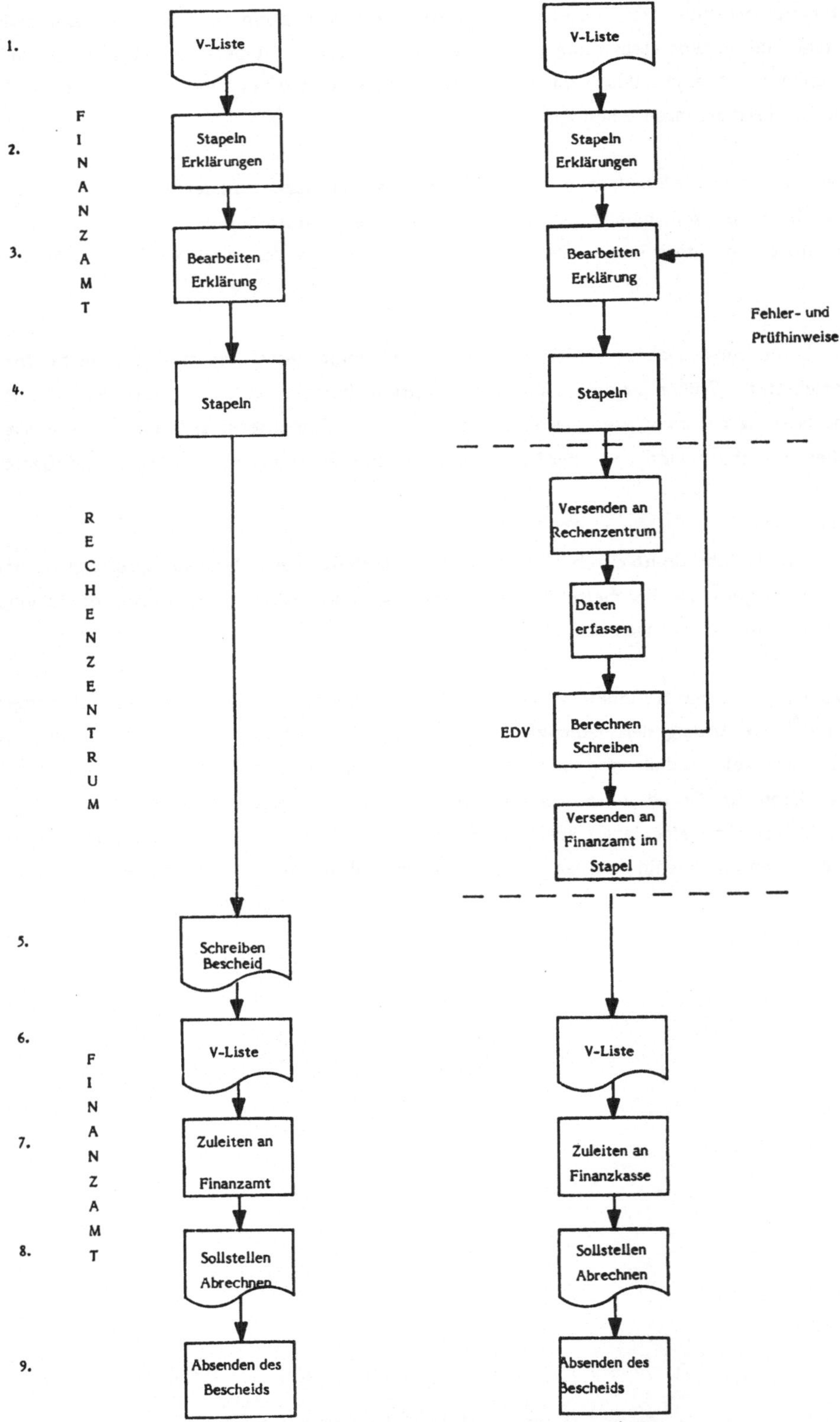


**Abbildung 1:** Arbeitsablauf in der ersten Automatisierungsphase.

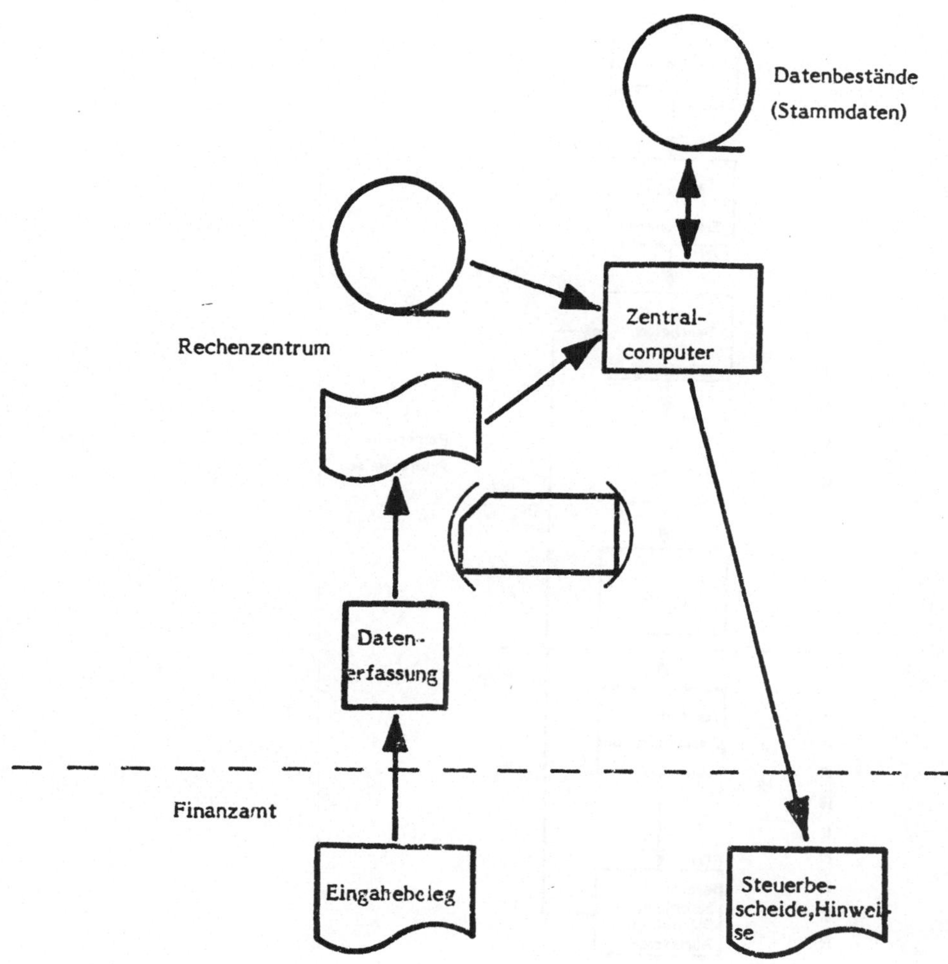


**Abbildung 2:**   Datenfluß in der ersten Automatisierungsphase.

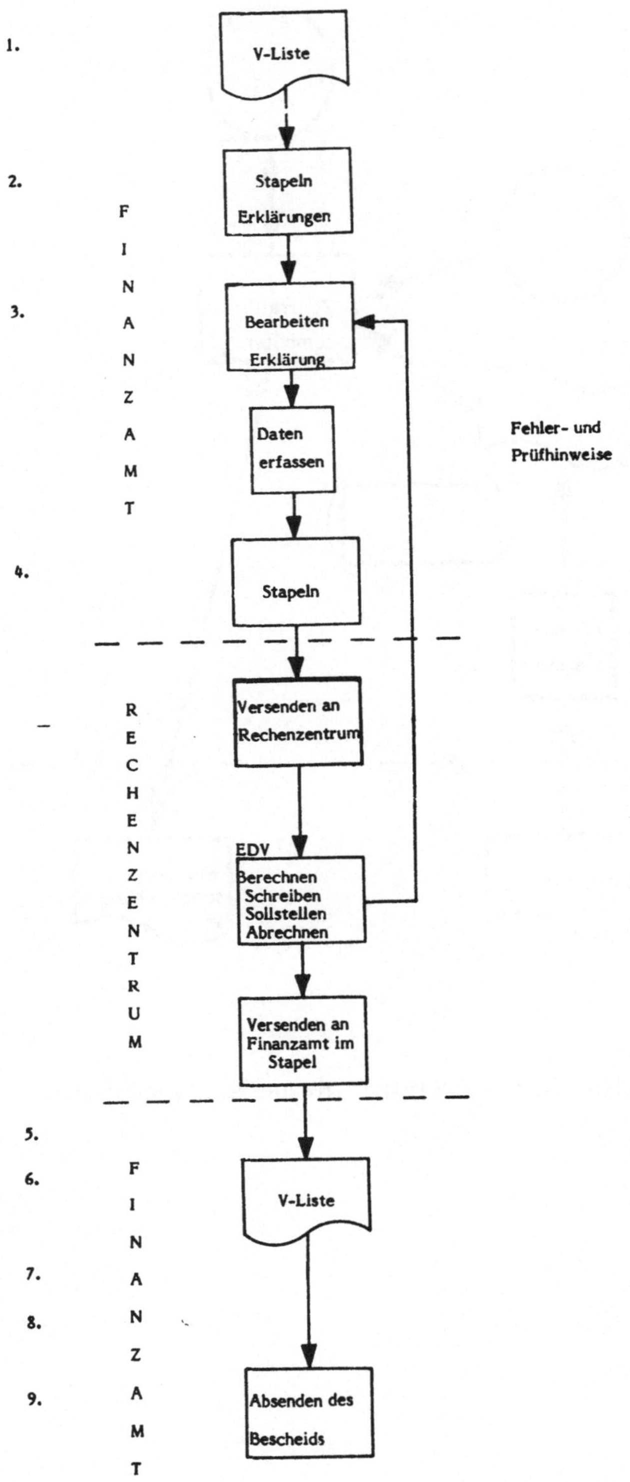


Abbildung 3: Arbeitsablauf in der zweiten Automatisierungsphase.

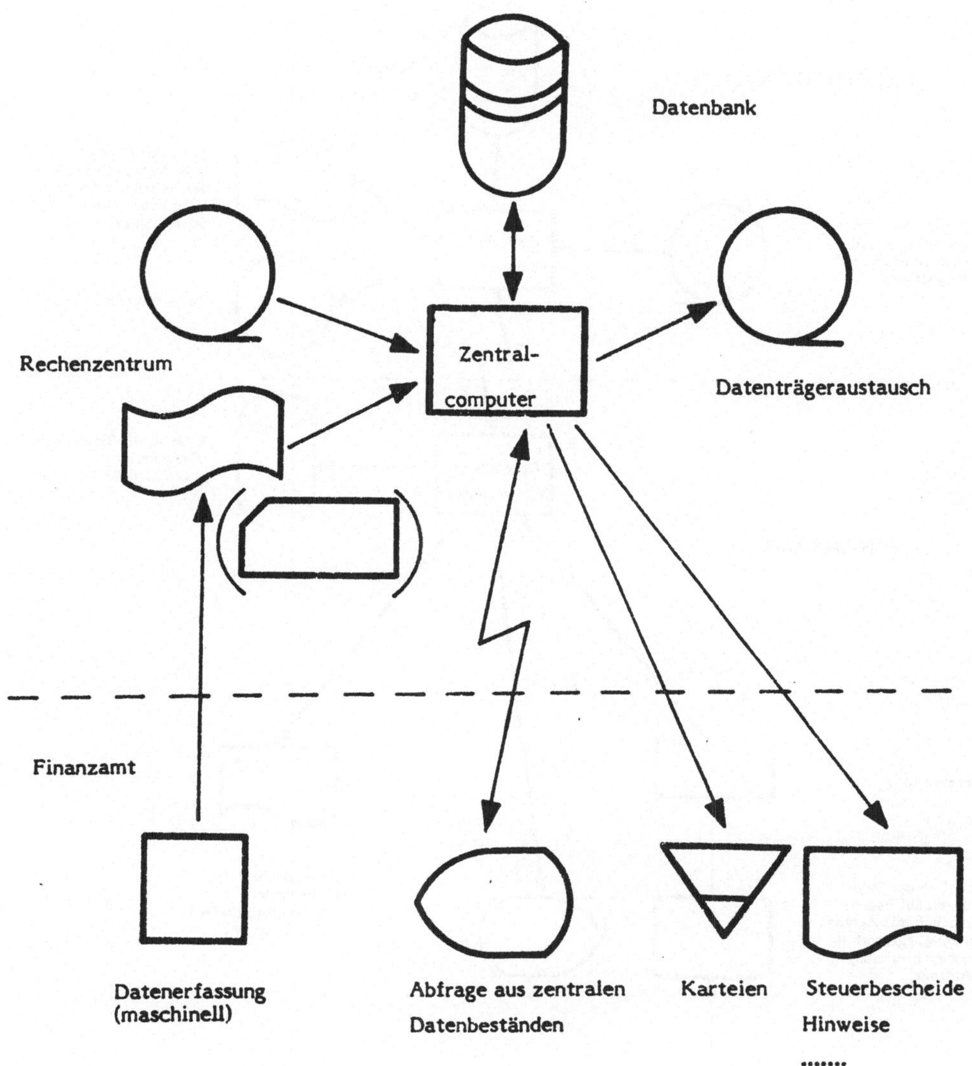


<u>Abbildung 4:</u>   Datenfluß in der zweiten Automatisierungsphase.

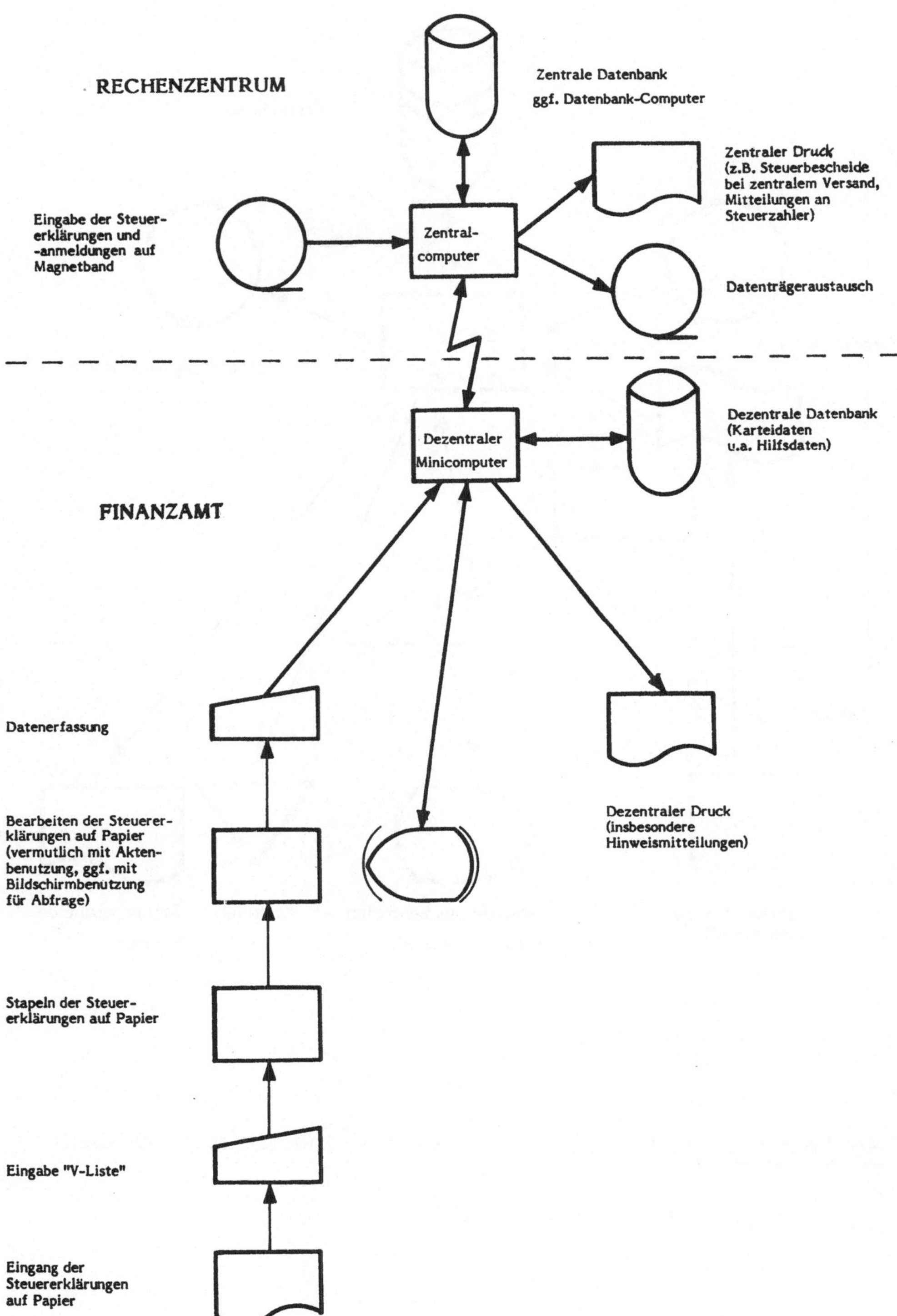


Abbildung 5: Mutmaßlicher Arbeitsablauf und Datenfluß im Steuerfestsetzungsverfahren gegen Mitte der achtziger Jahre.

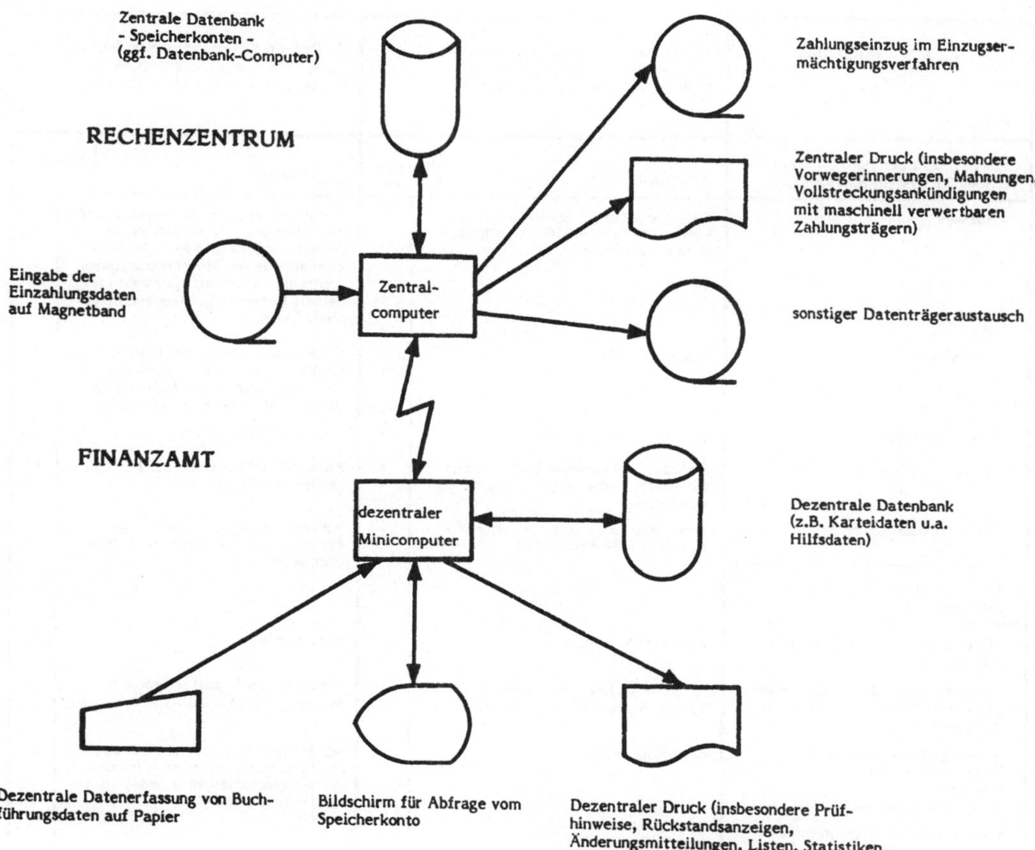


<u>Abbildung 6:</u>  Mutmaßlicher Datenfluß im Steuererhebungsverfahren gegen Mitte der achtziger Jahre.

| EDV-Organisation / Kriterien | 1. Zentralisierte Hauptlast (zentralisierte Steuerfestsetzung teils im Dialog-, teils im Stapelverfahren) | | 2. Dezentralisierte Hauptlast (dezentrale Steuerfestsetzung teils im Dialog-, teils im Stapelverfahren) | |
|---|---|---|---|---|
| Aus der Sicht der Hardware (einschließlich System-Software) | Zweckmäßigkeit | Punktzahl | Zweckmäßigkeit | Punktzahl |
| - Aufwand | Geringer als bei 2, jedoch wegen sinkender Hardwarekosten von schwindender Bedeutung | 1 | Höher als bei 1, jedoch wegen sinkenden Hardware-Kosten von schwindender Bedeutung. Wegen der Programmgröße der Steuerfestsetzungsprogramme (zur Zeit 1,2 Megabyte) derzeit Dezentralisierung auch technisch fraglich | 0 |
| - Verfügbarkeit | Besser als bei 2 | 1 | Schlechter als bei 1. Nachteil wird geringer, wenn zentrales Wartungs- und Steuerungssystem geschaffen wird (jedoch mit Mehrkosten verbunden) | 0 |
| - Systemmanagement | Insgesamt weniger aufwendig | 1 | Insgesamt aufwendiger | 0 |
| - dezentrales Bedienungspersonal | Aufwand viel geringer als bei 2; mit steigender Bedeutung (wachsende Personalkosten) | 1 | Aufwand viel höher als bei 1 mit steigender Bedeutung | 0 |
| - Innovationsbereitschaft | Besser als bei 2, weil innovationsfreudiges EDV-Personal | 1 | Weniger vorhanden als bei 1, weil Finanzamtspersonal technisch leicht überfordert | 0 |
| Aus der Sicht der Anwendungs-Software | | | | |
| - Übernehmbarkeit der bisherigen Programme | Geringere Kosten | 1 | Hohe Kosten | 0 |
| - Aufwendigkeit der Programmierung (bei Zentralisierung des Programmierstabs) | Geringer als bei 2, weil bessere System-Software und -Unterstützung | 1 | Höher als bei 1, weil schwächere System-Software und - Unterstützung | 0 |
| - Verfügbarkeit (bei hoher Komplexität und Änderungshäufigkeit) | Besser als bei 2 | 1 | Schlechter als bei 1, Nachteil wird geringer, wenn zentrales Wartungssystem geschaffen wird (jedoch mit Mehrkosten verbunden) | 0 |
| Aus der Sicht der Datenfernübertragung | | | | |
| - DFÜ-Aufwand | Höher als bei 2 mit schwindender Bedeutung. Mehrkosten jedoch ohnedies nicht übermäßig, da DFÜ-Netzwerk für automatisiertes Steuererhebungsverfahren bereits vorhanden | 0 | Geringer als bei 1, jedoch von schwindender Bedeutung. Wenn Daten auf Magnetband eingehen oder zu übermitteln sind, müßte dies über den zentralen Computer geschehen. Dies würde den DFÜ-Aufwand weniger gering werden lassen. | 1 |
| DFÜ-Verfügbarkeit | Erscheint gesichert | - | Entfällt | - |
| Aus der Sicht des ideellen Nutzens für | | | | |
| - Steuerzahler | Kein wesentlicher Unterschied | - | Kein wesentlicher Unterschied | - |
| - Finanzamtspersonal | Besser als bei 2 wegen höherer Verfügbarkeit des DV-Systems. Für den Bearbeiter is es ohne Bedeutung, ob Bildschirm mit zentralem oder dezentralem Computer verbunden ist. | 1 | Schlechter als 1 wegen schlechterer Verfügbarkeit des DV-Systems | 0 |
| - Verwaltungseffektivität | Besser als bei 2 wegen höherer Verfügbarkeit des DV-Systems. | 1 | Schlechter als bei 1 wegen geringerer Verfügbarkeit des DV-Systems | 0 |
| Addition der Vorteile (ungewichtet) | Summe | 10 | Summe | 1 |

Abbildung 7: Vorteilhaftigkeitsvergleich verteilter Datenverarbeitung mit zentralisierter oder dezentralisierter Hauptlast (Das besser zu bewertende DV-System erhält die Punktzahl 1, das schlechtere eine Null). [24]

Anmerkungen:

1)   Vgl. Brinckmann, H., Dezentrale Datenverarbeitung für eine dezentrale Verwaltung, in: ÖVD, Heft 10, 1979, S. 3-7 und Heft 11, 1979, S. 19-22.

2)   Vgl. Püschel, H., Der beunruhigte Bürger - Symptom eines komplexen Steuerwesens, in: Deutsche Steuerzeitung (A), 1978, S. 248, und Vogel, K., Perfektionismus im Steuerrecht, in: Steuern und Wirtschaft, 1980, S. 206.

3)   Um das Programmsystem besser zu beherrschen, arbeitet allerdings das Rechenzentrum phasenweise: Steuerfestsetzungsphase (mit Auswertung des Speicherkontos), Steuererhebungsphase (mit Veränderung des Speicherkontos), Druckaufbereitungsphase, Druckphase.

4)   Es lohnte sich nicht, auch die Festsetzung der Einzelsteuern zu automatisieren.

5)   Die tatsächlich erzielte Personaleinsparung hängt bei der einzelnen Finanzkasse von mehreren Faktoren ab (zum Beispiel von der Qualität des verbleibenden Kassenpersonals, von organisatorischen Fähigkeiten). Freiwerdendes Personal wird im Finanzamt an anderer Stelle eingesetzt.

6)   Im folgenden kann nur ein Teil der zum Ausbau der bisherigen Verfahren geplanten Maßnahmen angesprochen werden.

7)   Vgl. Diebold-Forschungsbericht E143, Distributed Processing Survey Results, Oktober 1976, S. 2.

8)   Die Voraussetzung wird auch als erfüllt angesehen, wenn die Datenfernübertragung über eine Wählleitung erfolgt, auf der Daten periodisch und stapelweise übermittelt werden.

9)   Scherr, A.L., Distributed Data Processing, in: IBM Systems Journal, Heft 4, 1978, S. 324 f.; Diebold hat die Auffassung Scherr's im Research Report E177, The Annual Diebold Technology Scan 1979, S. 1, inzwischen fast wörtlich übernommen.

10)   Eine übersichtliche Darstellung der Gestaltungsarten findet sich bei Martin, J., Distributed File and Data Base Design, Tools and Techniques, in: Savant Research Studies, August 1979, S. 4 ff.

11)   Ausführlich Grosch, H., in einem Vortrag während der Hannover-Messe 1980, der in der "Computerwoche" Nr. 25-28/80 unter der Überschrift "Priorität den Großanlagen" veröffentlicht worden ist. Ähnlich Sullivan, K.M., Does Distributed Processing pay off?, in: Datamation, September 1980, S. 192 ff.

12)   Grosch, H., a.a.O., Heft 28. Die Schätzung bezieht sich offenbar auf die USA. In Deutschland sind Löhne und Gehälter, und damit die "menschlichen Kosten", noch höher.

13)   Vgl. EDP-Deutschland-Report vom 5. März 1979, Band 5, Nr. 04.

14)   Vgl. dazu Lamond, F., West Germany's Computer Industry, in: Datamation, September 1980, S. 248-261.

15)   Der Verfasser hat 1976 eine Unternehmenszentrale in Los Angeles besucht. Dort wurde berichtet, man habe bei der Datenfernübertragung zu den Zweigniederlassungen an der Ostküste bis zu 30 Minuten benötigt, um eine Schaltung herzustellen. Dies sei ein Grund gewesen, von der zentralisierten zur verteilten Datenverarbeitung überzugehen.

16)   Vgl. EDP-Deutschland Report vom 15. Februar 1980, Band 6, Nr. 03/4.

17)   Vgl. Diebold-Research Report E177, a.a.O., S. 22.

18) Es gibt zu denken, daß man heute auch in den USA beginnt, verteilte Datenverarbeitung kostenkritisch zu sehen und ihre Wirtschaftlichkeit vornehmlich auf ersparte Datenfernübertragung stützt. Was geschieht, wenn auch diese kein Problem mehr darstellt? Vgl. Sullivan, K.M., a.a.O., S. 192 ff.

19) Vgl. Heinrich, L.J., Computerleistung am Arbeitsplatz, 1978, S. 148 f., der einen Erfahrungsbericht von Gerhard Karck (Ortskrankenkasse Kiel) wiedergibt.

20) Diebold-Forschungsbericht E143, a.a.O., S. 31 (nicht autorisierte Übersetzung).

21) Soweit automatisierte Textverarbeitung in das Finanzamt einziehen sollte, wird insoweit keine verteilte, sondern eine dezentralisierte Datenverarbeitung vorliegen.

22) Diebold-Forschungsbericht E143, a.a.O., S. 9.

23) Vgl. Haefner, K., Der große Bruder, Chancen und Gefahren für eine informierte Umwelt, Düsseldorf 1980, S. 116.

24) Zu den Begriffen "Aufwand", "Verfügbarkeit", "Systemmanagement", "Bedienungspersonal", "Übernehmbarkeit bisheriger Programme" und "DFÜ-Aufwand" vgl. etwa Sullivan, K.M., a.a.O., S.192 ff.

**Aussprache zum Referat**
**von Hanns Püschel**

Bericht von Hartmut Picht, Speyer

Püschel stellte in seinem Vortrag neben einem Abriß der geschichtlichen Entwicklung der Automatisierung bei der Steuerfestsetzung und bei der Steuererhebung viele Details der Steuerpraxis dar. Auf dieser sehr praxisnahen Grundlage stellte er zwei für denkbar gehaltene zukünftige DV-Konzeptionen gegenüber, das Modell der "verteilten Datenverarbeitung mit zentralisierter Hauptlast" und das der "verteilten Datenverarbeitung mit dezentralisierter Hauptlast". Sein Votum fiel - zumindest der Zahl der gegenübergestellten Argumente nach - eindeutig zugunsten der erstgenannten Konzeption aus.

In der von Werner Ruckriegel geleiteten Diskussion konnte zwischen mehr inhaltlich-informativen Fragen einerseits und einem eher kritischen Beitrag zur Gegenüberstellung der beiden genannten konzeptionellen Alternativen für die Zukunft unterschieden werden.

Die erste inhaltliche Frage bezog sich auf die auf Magnetband abgegebene Steuererklärung und die damit verbundene inhaltliche Kontrolle der Angaben. Püschel führte für den Fall der Umsatzsteuervoranmeldung aus, daß programmäßig Plausibilitätsprüfungen vorgenommen werden. Dies sei ausreichend, da ohnehin den monatlichen Voranmeldungen eine Jahreserklärung folge. Bei den monatlichen beziehungsweise vierteljährlichen Lohnsteueranmeldungen folge keine gesonderte Jahresfestsetzung. Sehr ergiebig sei die Prüfung der Anmeldungen bei beiden Steuern jedoch nicht. Viel wichtiger seien die Ergebnisse der betrieblichen Prüfung. Hierzu würden Umsatzsteuer- und Lohnsteuersonderprüfer eingesetzt. In gewissem Umfang sei jedoch auf die Ehrlichkeit der Steuerzahler nicht zu verzichten. Er hoffe, daß dieses mit vielen Absicherungen versehene Verfahren sich bei den Steuerzahlern durchsetzen werde.

Der zweite inhaltliche Diskussionsbeitrag bezog sich auf die üblicherweise recht unverständlich ausgefertigten Steuerbescheide. Es wurde gefragt, warum die Datenverarbeitung nicht in verstärktem Umfang zur Erstellung von, auf die individuelle Fälle zugeschnittenen, Steuerbescheiden genutzt werde. Dabei könne auch auf Textbausteine zurückgegriffen werden.

Püschel betonte, daß es sogar eine gesetzliche Pflicht gebe, die Abweichungen von den Steuererklärungen zu erläutern. Textbausteine fänden bereits Anwendung. Wegen Überlastung allerdings könne die Finanzverwaltung diesen Pflichten in vielen Fällen nicht nachkommen. Bei einer dialogisierten Steuerfestsetzung sei die individuelle Ausgestaltung der Bescheide erleichtert. Für den Fall der Lohnsteuer sei dieses Verfahren jedoch dennoch zu aufwendig; der zuständige Sachbearbeiter werde wegen der Masse der zu bewältigenden Daten zu einem Datenerfasser degradiert. Dies gelte insbesondere dann, wenn sich die Tendenz der Komplizierung des Steuerrechts fortsetze.

Das Dialogverfahren sei in erster Linie für die - im Vortrag genannten - sehr komplexen Fälle geeignet. Ergänzend führte er aus, daß die Verständlichkeit der Steuerbescheide auch eine Frage der darin auszuweisenden Information sei. Die Steuergesetze der Bundesrepublik Deutschland verlangten vergleichsweise viele Angaben.

In einem kritischen Beitrag von Noltemeier wurde die Gegenüberstellung zukünftiger Datenverarbeitungskonzeptionen für die Steuerverwaltung aufgegriffen und hinsichtlich der Zuverlässigkeit der "verteilten Lösung mit zentraler Hauptlast" ergänzt. Das zentrale Leitungsnetz sei ebenfalls störanfällig und müsse auf Kostenaspekte hin überprüft werden. Das betreffe auch das Argument der Verfügbarkeit, das im Vortrag einseitig zugunsten der zentralen Lösung angeführt wurde.

Püschel verteidigte sein Votum mit dem Hinweis, daß dieses Konzept frühestens in der zweiten Hälfte der achtziger Jahre zum Zuge kommen könne und bis dorthin mit einer erhöhten Leistungsfähigkeit auch der Übertragungsnetze zu rechnen sei.

# Dritter Abschnitt

# Arbeitsverwaltung

## DATENVERARBEITUNG IN DER ARBEITSVERWALTUNG
## - HALBOFFENE ARBEITSVERMITTLUNG -

von Renate Trost, Nürnberg

Die Anfänge der EDV in der Bundesanstalt für Arbeit reichen in das Jahr 1958 zurück. Damals ging es um die Erledigung von Massenvorgängen, zum Beispiel die Zahlung und Abrechnung von Arbeitslosenbezügen und Kindergeld. Diese Arbeiten haben auch heute noch den größten Anteil an der Rechenzentrumsauslastung, jedoch ist seither eine Vielzahl von Aufgaben hinzugekommen, namentlich in den Bereichen Statistik, Arbeitsvermittlung, Forschung und Dokumentation, Finanzwesen und Verwaltung. [1)]

Mit der Erprobung der EDV in der Arbeitsvermittlung wurde Anfang der siebziger Jahre begonnen. Ab 1974 arbeiteten zunächst einige Dienststellen im Bereich der sogenannten gehobenen Berufe mit computerunterstützter Arbeitsvermittlung (coArb). Das Verfahren wurde nach und nach auf weitere Dienststellen ausgeweitet. Heute sind alle Fachvermittlungsstellen in das coArb-Verfahren einbezogen. Fachvermittlungsdienste bietet die Bundesanstalt für Arbeit in zwanzig Arbeitsämtern an; es handelt sich dabei um Arbeitsämter am Sitz von Hochschulen.

In den Fachvermittlungsstellen werden Stellenangebots- und Bewerberdaten über Bildschirme eingegeben. Sie werden über Fernübertragungsleitungen in das zentrale Rechenzentrum nach Nürnberg übertragen, wo über Nacht die Verarbeitung in Form eines gegenseitigen Vergleiches erfolgt. Am Morgen werden die Ergebnisse über Druckerstationen in den angeschlossenen Dienststellen ausgedruckt.

Planungen, den coArb-Einsatz über die gehobenen Berufe hinaus in allen Arbeitsämtern einzuführen, waren zwar von Anfang an vorhanden, konnten aber vor allem aus Gründen der technischen Entwicklung und der damit verbundenen hohen Kosten erst in jüngster Vergangenheit ansatzweise realisiert werden. So ist seit Anfang des Jahres in einem Arbeitsamtsbezirk eine dezentrale EDV-Organisation aufgebaut worden, die nach Abschluß der Erprobung in den kommenden Jahren schrittweise auf das gesamte Bundesgebiet ausgedehnt werden soll. Vorher ist aber noch eine Reihe technischer und organisatorischer Fragen zu klären.

Die coArb im Arbeitsamt unterscheidet sich von der coArb im Fachvermittlungsdienst nicht nur durch das technische Konzept (dezentrale gegenüber zentraler EDV, was vor allem im Fortschritt der Technologie begründet ist), sondern auch durch Art und Umfang der gespeicherten Daten. Während die qualifizierten Berufe wegen ihrer Vielschichtigkeit namentlich eine sehr differenzierte Verschlüsselung verlangen, wurde das Verfahren im Arbeitsamt, wo der Anteil ungelernter Arbeitskräfte an den Arbeitssuchenden sehr hoch ist, den spezifischen Verhältnissen angepaßt und im Prinzip einfacher strukturiert. In einem ersten Schritt sollen zunächst alle Stellenangebote gespeichert werden, damit anhand bestimmter Bewerbermerkmale und -wünsche gezielt auf geeignete Stellenangebote zugegriffen werden kann.

Bis die coArb in allen Arbeitsämtern eingeführt sein wird, werden noch einige Jahre vergehen. Quasi als Eingangsstufe zu einer allgemeinen coArb wurde ein EDV-Verfahren für die halboffene Arbeitsvermittlung entwickelt, an das inzwischen alle Arbeitsämter und Arbeitsamtsdienststellen des Landesarbeitsamtsbezirkes Nordbayern angeschlossen sind. [2]

"Halboffen" besagt, daß dem Arbeitssuchenden zwar die wesentlichen Daten des Stellenangebots offengelegt werden, Name und Anschrift des Arbeitgebers aber nur dem Arbeitsvermittler bekannt sind. Eine halboffene Arbeitsvermittlung war bisher bereits in einzelnen Arbeitsämtern in der Weise praktiziert worden, daß Stellenangebote durch Aushang bekanntgemacht wurden. Ziel des EDV-Verfahrens ist es, mit täglich aktuell erstellten Übersichten dem Arbeitssuchenden einen größtmöglichen Überblick über das für ihn in Frage kommende Potential an offenen Stellen zu geben. Das geschieht mit Hilfe mikroverfilmter Stellenübersichten in einer Art Selbstbedienungsverfahren, in dem der Interessent seine Anonymität zunächst nicht aufgeben muß. Im herkömmlichen Verfahren kann ein Arbeitssuchender, von den erwähnten Aushängen abgesehen, nur im Gespräch mit dem für ihn zuständigen Vermittler konkrete Informationen über offene Stellen seines Berufsbereiches erhalten. Der Vermittler trifft im Verlaufe der Beratung eine Auswahl aus den ihm geeignet erscheinenden Stellenangeboten seiner Kartei. Es handelt sich dabei in aller Regel um Stellenangebote aus seinem eigenen Dienststellenbezirk. Auswärtige Stellen werden nur dann darunter sein - man spricht hier von Mitführung -, wenn die Arbeitsmarktlage es zweckmäßig erscheinen läßt oder der Auftraggeber es wünscht.

In diesem Punkt setzt eine entscheidende Neuerung des EDV-Verfahrens der halboffenen Arbeitsvermittlung ein. Das Aktionsfeld für den Kunden und den Vermittler ist hier nicht der Dienststellenbezirk, sondern der erheblich darüber hinausreichende Tagespendelbereich. Als Tagespendelbereich bezeichnet man den Bereich, innerhalb dessen der Beschäftigte täglich von seiner Wohnung zur Arbeitsstelle "pendeln" kann. Der Vermittlungsablauf erfährt nach Einführung der halboffenen Arbeitsvermittlung folgende Änderung: Der Arbeitsuchende kann sich in der Wartezone des Arbeitsamtes über alle Stellenangebote im Tagespendelbereich selbst informieren. Zu diesem Zweck sind allgemein zugängliche Mikrofilmlesegeräte aufgestellt, die mit erläuternden Hinweisen versehen wurden. Der Arbeitssuchende kann an dem Gerät Platz nehmen und sich mit Hilfe einer einfach und übersichtlich gestalteten Tastatur Stellenangebotsinformationen auf den Betrachtungsschirm rufen. Das Hauptbedienungselement gleicht der Tastatur des Telefons und wird vielen Arbeitssuchenden daher vertraut sein. Daneben gibt es noch ein paar selbsterklärende Funktionstasten. In der Regel wird sich der Arbeitsuchende durch

Betätigen der Taste "Inhalt" das Inhaltsverzeichnis anzeigen lassen. Damit erhält er eine Berufsübersicht, die in Obergruppen alphabetisch, innerhalb dieser Obergruppen nach berufskundlichen Merkmalen sortiert ist. Der Betrachter braucht dann nur noch die Stellenangebote der ihn interessierenden Berufssparte über eine dreistellige Bildnummer anzuwählen. Auf jedem Bild findet er bis zu zwanzig Stellenangebote; weitere Bilder können per Tastendruck in auf- oder absteigender Folge "durchgeblättert" werden. Die Stellenangebote enthalten die für den Arbeitssuchenden wesentlichen Merkmale der betreffenden Stelle, jedoch keinen Hinweis auf den Arbeitgeber, sondern lediglich eine Kenn-Nummer. Ist der Kunde an einem bestimmten Stellenangebot interessiert, so wendet er sich mit der entsprechenden Kenn-Nummer an den Arbeitsvermittler. Dieser verfügt ebenfalls über ein Mikrofiche-Lesegerät, das aus datenschutzrechtlichen Erwägungen und um kleinere Abmessungen zu erreichen, technisch etwas anders konzipiert ist als das Kundengerät. Der Vermittler kann sich dort das Stellenangebot vollständig - also mit Name und Anschrift des Auftraggebers sowie vermittlungsrelevante Zusatzinformationen - anzeigen lassen.

Um dem Arbeitssuchenden diesen Service bieten zu können, ist eine Reihe von Vorarbeiten zu leisten. Zunächst müssen die Stellenangebotsdaten erfaßt werden. Es sind dies unter anderem:

- Berufsbezeichnung
- Eintrittsdatum
- Lohn beziehungsweise Gehalt
- Arbeitszeit
- Tätigkeitsbeschreibung
- Anforderungen bezüglich besonderer Kenntnisse und Fertigkeiten
- Name und Anschrift des Arbeitgebers und der dortigen Kontaktperson
- Branche
- Arbeitsort
- Anzahl der gewünschten Kräfte
- Statistische Angaben.

Die Daten aller Stellenangebote einschließlich Änderungen und Löschungen werden in der Abteilung Arbeitsvermittlung mit OCR-Schreibmaschinen auf speziell entwickelten Belegen erfaßt und täglich per Post an das zentrale Rechenzentrum in Nürnberg versandt. Das bewährte OCR-Erfassungsverfahren wurde vor allem deshalb gewählt, weil es sich relativ problemlos und zügig auf die beteiligten Dienststellen - bundesweit etwa 650 - ausweiten läßt. Es ist jedoch geplant, die Datenerfassung so bald wie möglich über Terminalcomputer abwickeln zu lassen. Ein entsprechendes Verfahren ist bereits in einigen Dienststellen eingesetzt. Es bietet eine Reihe von Vorteilen, insbesondere Erleichterung bei der Eingabe durch bessere und schnellere Fehlererkennung und -behebung (durch Bedienerführung und formale Fehlerprüfung vor Ort) und zum anderen einen Zeitgewinn, da die Daten dabei über Fernübertragungsleitungen an das zentrale Rechenzentrum in Nürnberg übertragen werden.

Die im zentralen Rechenzentrum ankommenden Daten werden auf Magnetband übernommen und weiterverarbeitet. Besonders zu erwähnen ist hier das Zuordnen der Daten zum individuellen

Tagespendelbereich jeder einzelnen Dienststelle, das über umfangreiche Tabellen geschieht. In einem weiteren Hauptschritt werden die aufbereiteten Stellenangebote in einem COM-Verfahren (Computer output on microfilm) mikroverfilmt. Jedes Mikrofiche wird entsprechend den Anforderungen der halboffenen Arbeitsvermittlung in zwei Versionen erstellt: Als Kundenfiche und als Vermittlerfiche. Im Anschluß an die Verfilmung werden die Mikrofiches jedes Tagespendelbereiches in der erforderlichen Anzahl vervielfältigt (dies geschieht automatisch durch einen sogenannten Bar-Code) und an die Dienststellen versandt. Eine Änderung dieses Verfahrens ist in einem Teil bereits "vorprogrammiert": Wenn die Stellenangebotsdaten über Terminalcomputer eingegeben werden, können sie auch nach der Verarbeitung über Draht zurückübermittelt werden. Alle Stellenangebote des Tagespendelbereiches werden dann in einer dezentralen Datei geführt und können am Bildschirm abgerufen werden. Das bedeutet, daß das Vermittlerfiche in diesen Fällen entbehrlich wird.

Das Verfahren der halboffenen Arbeitsvermittlung wird bis Anfang 1982 in allen Arbeitsamtsdienststellen eingeführt sein. Die Verwendung von Terminalcomputern soll bis zu diesem Zeitpunkt im gesamten Bereich des Landesarbeitsamtes Hessen realisiert sein und im weiteren Verlauf schrittweise das OCR-Verfahren ablösen. Bei der Konzeption des Verfahrens wurde größter Wert auf die Bedienerfreundlichkeit gelegt, da von ihr die Akzeptanz der halboffenen Arbeitsvermittlung entscheidend abhängt. Neben dem bereits erwähnten einfachen Zugang zu den Stellenangeboten über Inhaltsverzeichnis und Tastatur war daher die Qualität des Schriftbildes besonders wichtig. Andererseits waren auch organisatorische Anforderungen zu beachten. So sollten möglichst alle Stellenangebote ein und desselben Tagespendelbereiches immer auf maximal zwei Fiches Platz finden. An technischen Einzelheiten soll erwähnt werden: Es wird mit dem Verkleinerungsmaßstab 48:1 gearbeitet, die Rückvergrößerung beträgt 1:70 und liefert damit eine Schriftgröße, die etwa 40 Prozent über der eines Listendruckes über Schnelldrucker liegt. Als Bildformat wurde das nicht sehr gebräuchliche Hochformat 8,5 x 11" gewählt. Es ermöglicht eine Anordnung der Stellenangebote in zwei Spalten mit je zehn Stellenangeboten auf dem Kundenfiche (beziehungsweise je neun auf dem Vermittlerfiche). Bei einem Raster mit 16 Zeilen und 28 Spalten ergeben sich unter Berücksichtigung einer mit bloßem Auge lesbaren Überschriftzeile (28 Bilder) und des Inhaltsverzeichnisses 419 Bilder für Stellenangebote. Da es erforderlich ist, die Stellenangebote der verschiedenen Berufssparten optisch abzugrenzen, hierdurch also etwas Platz für die reine Stellenangebotsaufzeichnung verloren geht, kann man von einer durchschnittlichen Kapazität von 7.500 Stellenangeboten je Fiche ausgehen.

Bei der arbeitstäglichen Verarbeitung ist ein beachtliches Datenvolumen zu bewältigen. Jedes Stellenangebot muß nicht nur einmal, sondern wegen der Zugehörigkeit zu mehreren, im Durchschnitt acht, Tagespendelbereichen mehrfach aufgezeichnet werden. Das bedeutet bei einem Volumen von 350.000 offenen Stellen die Ausgabe von täglich fast drei Millionen Stellenangeboten auf Mikrofiches. Dafür werden Siemens-Geräte des Typs Dicom 2011 verwendet. Bei rund 650 Dienststellen kommen rund 500 für die Aufzeichnung ihrer Stellen im

Tagespendelbereich mit je einem Fiche aus, das, wie schon erwähnt, in zwei Versionen ausgegeben werden muß. Die übrigen Dienststellen benötigen die Kapazität von zwei Fiches - was sich übrigens auf die Bedienung des Lesegerätes durch den Kunden nicht auswirkt. Es ergibt sich eine Zahl von 1.600 Originalfiches pro Tag. Diese Fiches müssen nur noch je nach Größe eines Arbeitsamtes und Anzahl der dort vorhandenen Mikrofilmbetrachtungsgeräte vervielfältigt werden. Insgesamt müssen also täglich weit über 10.000 Mikrofiches für die halboffene Arbeitsvermittlung erstellt und an die Dienststellen versandt werden.

Die Anzahl der Fiches wird sich tendenziell mit fortschreitendem Einsatz der Terminalcomputer verringern, da sich der Vermittler zunehmend die offenen Stellen über Bildschirm anzeigen läßt. In diesem Zusammenhang stellt die halboffene Arbeitsvermittlung die erste Stufe zu einer coArb im Arbeitsamt dar. Die konkreten Planungen sehen vor, dem Vermittler zunächst eine gezielte Stellenangebotssuche anhand bestimmter Suchkriterien zu ermöglichen. Ein entsprechendes Verfahren ist - wie eingangs erwähnt - seit Anfang des Jahres im Einsatz und soll nach Abschluß der Erprobung auf weitere Dienststellen ausgeweitet werden. Die halboffene Arbeitsvermittlung unter Verwendung der Mikroverfilmung ist damit eingebunden in ein Gesamtinstrumentarium, das dem Kunden und dem Vermittler bessere Informationen und Entscheidungshilfen gibt und auf diese Weise wesentlich beiträgt zu einem bürgerfreundlichen Service.

<u>Anmerkungen:</u>

1)  Siehe dazu Schaper, H.-H., Bundesanstalt für Arbeit, 20 Jahre Datenverarbeitung, in: Bundesarbeitsblatt, Heft 12, 1979, S. 5-9.

2)  Vgl. auch Petersen, F., Bürgerfreundlicher Service: Stellenangebote auf Mikrofilm, in: Arbeit und Beruf, 1980, S. 225-227.

COMPUTERUNTERSTÜTZTE ARBEITSVERMITTLUNG
- ZUM VERGLEICH DER WIRKUNGEN VERSCHIEDENER VERFAHREN
ZUR COMPUTERUNTERSTÜTZTEN ARBEITSVERMITTLUNG AUF DIE AUSWAHLENTSCHEIDUNG
UND DIE ARBEITSSITUATION DER VERMITTLER -

von Dieter Gräßle und Christel Kumbruck, Kassel


## I.    Computereinsatz bei der Arbeitsvermittlung: Ein sinnvolles Unterfangen?

Die arbeitsvermittlerische Tätigkeit besteht in ihrem Kern darin, aus einer Vielzahl von Bewerber- und Stellenangeboten diejenigen auszuwählen, die in ihren Qualifikationsprofilen beziehungsweise ihren Qualifikationsanforderungen ein so hohes Maß an Übereinstimmung aufweisen, daß ein Vermittlungsvorschlag an die Bewerber beziehungsweise Arbeitgeber gerechtfertigt erscheint. Diese Auswahl stellt einen komplexen Vorgang dar. Die Prüfung von Qualifikationsprofilen respektive -anforderungen im Hinblick auf Übereinstimmung oder Ähnlichkeit ist mehr als eine formale Prozedur, sie beinhaltet auch Wertentscheidungen. Geht man von der Annahme aus, daß diese Auswahlprozedur, wegen ihres hohen Komplexitätsgrades und weil sie Wertentscheidungen beinhaltet, aus heutiger Sicht nicht in all' ihren Bestandteilen formalisiert und maschinell simuliert werden kann, so stellt sich die Frage, ob ein DV-Einsatz zu ihrer Unterstützung überhaupt sinnvoll ist und in welchen Grenzen er gegebenenfalls sinnvoll sein könnte.

Grundsätzlich wird man die Frage nach der Sinnhaftigkeit einer DV-Unterstützung des Auswahlverfahrens positiv beantworten können, bietet doch die DV wie kein anderes Instrument die Möglichkeit, den Informationsaustausch über die Grenzen von Vermittlungsbezirken hinaus zu verbessern und durch kontinuierlichen maschinellen Abgleich von Stellen- und Bewerberangeboten die Vermittler von den formalen Komponenten des Auswahlverfahrens zu entlasten. Entschließt man sich aber zu einer DV-Unterstützung des Auswahlverfahrens, so steht man vor der schwierigen Aufgabe, das Instrument DV in die komplexe Auswahlprozedur der Vermittler einzubauen und dabei zu gewährleisten, daß das gesamte Auswahlverfahren bezüglich der Berücksichtigung und Gewichtung von Auswahlkriterien in seiner Qualität nicht entscheidend verändert wird.

Eine Möglichkeit zum "Einbau" des Instrumentes DV in die Auswahlprozedur besteht in der Zerlegung des gesamten Auswahlprozesses in eine maschinelle Vorauswahl, die auf formalisierbaren Kriterien beruht, und in eine Endauswahl, die vom Vermittler getroffen wird und in die auch nicht formalisierbare Auswahlkriterien und Wertentscheidungen Eingang finden können.

Bei den computerunterstützten Arbeitsvermittlungsverfahren, die sich heute in praktischem Einsatz befinden, wurde durchweg versucht, diesen Weg zu beschreiten. Gewöhnlich wird von den Verfahrenskonzipienten betont, der Computer solle nicht die Auswahlentscheidung der Vermittler übernehmen, sondern diese nur durch eine qualifizierte maschinelle Vorauswahl unterstützen (computerunterstützte Arbeitsvermittlung). Innerhalb dieses Rahmens, der allen Verfahren gemeinsam ist, unterscheiden sich jedoch die Wege, die bei seiner Ausgestaltung im einzelnen beschritten werden.

Im folgenden sollen zwei in ihrer Grundstruktur unterschiedliche Verfahren vorgestellt und bezüglich ihrer Wirkungen auf den gesamten Auswahlprozeß und die Arbeitssituation der Vermittler kurz diskutiert werden.

Ein Verfahren basiert auf zentraler Stapelverarbeitung. Es ist das computerunterstützte Arbeitsvermittlungsverfahren für Angehörige besonders qualifizierter Berufe der Bundeanstalt für Arbeit. Das andere Verfahren basiert auf Realtime-Verarbeitung mit dezentralem Zugriff. Es wurde von der Bundesanstalt für Arbeit für die Anwendung in den örtlichen Arbeitsämtern konzipiert und wirt dort demnächst eingeführt. Ein Verfahren mit ähnlicher Grundstruktur ist das sogenannte CAPITAL-System, das sich in Teilen von London seit Jahren in praktischem Einsatz befindet.

## II.   Computerunterstützte Arbeitsvermittlung für den Bereich besonders qualifizierter Berufe

Das Verfahren hat folgende Grundstruktur: Die Fachvermittler bilden fachliche Qualifikationsprofile von Bewerbern und die von den Arbeitgebern geforderten fachlichen Qualifikationen auf DV-Schlüsseln ab. Diese Schlüssel, die die Basis für den maschinellen Abgleich bilden, werden zusammen mit anderen Daten in den Vermittlungsstellen in Datenstationen eingegeben, nach Nürnberg, wo sich die Zentrale der Bundesanstalt für Arbeit befindet, zum Zentralcomputer übermittelt und dort über Nacht maschinell abgeglichen (sogenanntes maschinelles matching). Dabei prüft die DV die Stellen- und Bewerberschlüssel auf Übereinstimmung und macht entsprechend des Grades an Übereinstimmung Vermittlungsvorschläge, die am nächsten Morgen in den einzelnen Vermittlungsstellen ausgedruckt und von den Vermittlern unter Hinzuziehung weiterer Kriterien auf ihre Brauchbarkeit hin ausgewertet werden (vergleiche Abbildung 1).

## A)   Wirkungen des Verfahrens auf den gesamten Auswahlprozeß

Das Verfahren zerlegt, wie oben bereits ausgeführt, den Auswahlprozeß in einen maschinellen Abgleich und in eine vermittlerische Endauswahl, in die auch Kriterien anderer Art (im Prinzip die gleichen wie bei einer manuellen Auswahlentscheidung) eingebracht werden können. Zu fragen ist, ob sich im gesamten Auswahlprozeß bezüglich der Berücksichtigung und Gewichtung von Auswahlkriterien ein Unterschied zum "manuellen" Verfahren ergibt.

Dies soll an folgenden zwei Beispielen kurz diskutiert werden: [1]

1.    Ein Bewerber erfüllt die fachlichen und tätigkeitsbezogenen Anforderungen des Arbeitgebers an einen Verkaufstrainer in vollem Umfang, hat jedoch, wie der Vermittler beim Beratungsgespräch bemerkt, einen leichten Sprachfehler (dies ist ein zugegebenermaßen extremes Beispiel). Der Vermittler wird den Bewerber nicht berücksichtigen, obwohl er vom Computer vorgeschlagen wurde. In diesem Fall ergibt sich kein Unterschied zwischen computerunterstütztem und manuellem Verfahren; der Vermittler kann die Computerauswahl korrigieren.

2.    Ein Bewerber erfüllt die fachlichen und tätigkeitsbezogenen Anforderungen des Arbeitgebers nur teilweise, er macht jedoch von seiner Person her einen hervorragenden Eindruck. Insbesondere läßt er erwarten, daß er vom Arbeitgeber geforderte Eigenschaften wie "Führungsfähigkeit" und "Dynamik" in hohem Maße besitzt. Dieser Bewerber würde vom Vermittler im "manuellen" Verfahren trotz teilweise fehlender fachlicher Übereinstimmung vorgeschlagen werden, im computerunterstützten Verfahren wird dieser Bewerber jedoch im maschinellen Abgleich, der auf tätigkeitsbezogenen und fachlichen Kriterien beruht, mit hoher Wahrscheinlichkeit nicht zum Zuge kommen. Der Vermittler bekommt den Vorschlag gar nicht zu Gesicht und er kann den Bewerber selbst dann nicht vorschlagen, wenn er bei seiner endgültigen Auswahlentscheidung Eigenschaften wie "Führungsfähigkeit" und "Dynamik" sehr stark berücksichtigen würde.

In letzterem Fall ergibt sich also eine andere Gewichtung von Kriterien als im "manuellen" Verfahren, weil die DV mit den von ihr bearbeiteten, relativ leicht zu formalisierenden Kriterien verbindlich den Entscheidungsrahmen des Vermittlers setzt und diesem nur die Feinauswahl überlassen bleibt. Innerhalb des ihm gesetzten Rahmens kann der Vermittler genauso entscheiden wie im manuellen Verfahren. Gegebenenfalls kann er die DV-Auswahl korrigieren (Fall 1). Er kann jedoch seine in praktischer Erfahrung gewonnenen Fähigkeiten (wie zum Beispiel Menschenkenntnis, flexibles Abwägen von persönlichkeits- und tätigkeitsbezogenen Kriterien, Eingehen auf Bewerberwünsche in Abhängigkeit von der Arbeitsmarktsituation und so weiter) nicht dazu einsetzen, sich über den von der DV gesetzten Entscheidungsrahmen hinwegzusetzen - selbst dann nicht, wenn dies inhaltlich notwendig wäre (Fall 2).

Zusammenfassend kann als prinzipielles Problem festgehalten werden, daß relativ leicht zu formalisierende Entscheidungskriterien (wobei "Leichtigkeit" der Formalisierbarkeit nur relativ gemeint ist) eine prinzipiell höhere Gewichtung erfahren als die übrigen von den Vermittlern einzubringenden Auswahlkriterien, die nur schwer oder gar nicht formalisierbar sind. Erstere dienen dem verbindlichen Abstecken des Entscheidungsrahmens, letztere dienen der Feinauswahl

- oder anders ausgedrückt: Trotz Letztentscheidungskompetenz des Vermittlers kann sich dieser nur innerhalb des von der DV gezogenen Rahmens bewegen.

Ein Ausweg aus diesem Dilemma könnte in der Formalisierung und maschinellen Verarbeitung auch der übrigen Vermittlungskriterien gesehen werden. Davon hat die Bundesanstalt für Arbeit aus guten Gründen Abstand genommen (man versuche sich nur vorzustellen, welche Schwierigkeiten eine Objektivierung und Formalisierung von Kriterien wie "Führungsfähigkeit" und "Dynamik" mit sich bringen würde).

Ein anderer Ausweg könnte in einer vermittlerischen Einflußnahme auf die maschinelle Vorauswahl, also in einer anderen Ausgestaltung des "Mensch-Maschine-Systems", gesehen werden. Der maschinelle Abgleich stellt für die Vermittler in diesem Verfahren eine "black-box" dar. Auf ihn kann er nur sehr beschränkt und indirekt über die Verschlüsselung von Bewerber- und Stellenangeboten Einfluß nehmen. Eine stärkere Einflußnahme erscheint im Rahmen eines Systems, das auf zentraler Stapelverarbeitung basiert, nicht denkbar.

B)    <u>Wirkungen auf die Arbeitssituation</u>

Der Einsatz des Verfahrens führt dazu, daß die Vermittler nicht mehr, wie im "manuellen" Verfahren, Fälle "in einem Zuge" bearbeiten können. Vielmehr wird die Fallbearbeitung zerlegt in eine Eingangsbearbeitung, deren Ergebnis die Verschlüsselung ist, und in eine davon zeitlich getrennte Endbearbeitung, deren Ergebnis die endgültige vermittlerische Auswahl unter den DV-Vorschlägen ist.

Weiterhin hat der Vermittler als Folge der Einführung des DV-Verfahrens ein vielfach höheres Informationsquantum zu bewältigen (so vervielfachen sich beispielsweise die Informationen über den überregionalen Arbeitsmarkt); in einer Zeiteinheit hat er bei der Auswahl also auch wesentlich mehr Entscheidungen zu treffen als im "manuellen" Verfahren.

Die Zerlegung des im "manuellen" Verfahren zusammenhängenden Auswahlprozesses und die Erhöhung der Entscheidungsdichte bleiben nicht ohne Auswirkungen auf die Einzelfallbearbeitung: Der Gesamtzusammenhang eines Falles ist schwieriger zu überblicken als im "manuellen" Verfahren; auch bleibt für die Einzelfallentscheidung im Regelfall weniger Zeit.

Auch, was diesen Problempunkt anbetrifft, erscheint eine Lösung im Rahmen eines auf zentraler Stapelverarbeitung basierenden Verfahrens nicht denkbar. Zu fragen wäre, ob und inwieweit ein Realtime-Verfahren eine Behebung dieser und der anderen genannten Schwächen des zentralen Stapelverfahrens bringen könnte.

### III. Computerunterstützte Arbeitsvermittlung in den örtlichen Arbeitsämtern

Ein solches Realtime-Verfahren mit dezentralem Zugriff plant die Bundesanstalt für Arbeit, für die von den örtlichen Arbeitsämtern zu vermittelnden Berufsgruppen einzuführen.


#### A)     Formale Grundstruktur des Verfahrens

In der ersten Stufe des Verfahrenseinsatzes verschlüsseln die Vermittler Stellenangebote aus ihrem Vermittlungsbereich. Die Schlüssel werden dann neben anderen Informationen über das Stellenangebot in den Arbeitsämtern in die DV eingegeben und abgespeichert. Bei Eingang eines Bewerberangebotes haben die Vermittler über ein Suchprogramm direkten Zugriff auf das Stellenangebot innerhalb eines sogenannten Tagespendelbereiches, der auch benachbarte Vermittlungsbezirke einschließen kann. Im Rahmen der Möglichkeiten, die das Suchprogramm bietet, können die Vermittler bei der Auswahl von Stellen für die Bewerber Abgleichskriterien selbst bestimmen (vergleiche Abbildung 2).

In einer späteren Stufe des Verfahrenseinsatzes können auch Bewerberangebote verschlüsselt und abgespeichert werden. Somit wird dann auch die Möglichkeit gegeben sein, bei Eingang eines Stellenangebotes mittels Suchprogramm aus dem Bewerberangebot eine Auswahl zu treffen. Ob und inwieweit es dann auch einen automatischen Abgleich zwischen Stellen- und Bewerberangeboten geben wird, ist uns nicht bekannt.

Selbstverständlich können heute noch keine Aussagen darüber gemacht werden, wie sich dieses Verfahren im praktischen Einsatz bewähren wird. Immerhin eröffnet es zumindest prinzipiell die Möglichkeit zur teilweisen Beseitigung zweier zentraler Schwächen des Batch-Systems:

Da die Vermittler in die maschinelle Vorauswahl eingeschaltet sind, können sie nicht-formalisierbare Auswahlkriterien zumindest indirekt schon in früheren Stadien des Auswahlprozesses einbringen; ihre Entscheidungskompetenz geht über das bloße Ausfüllen eines von der DV gesetzten Rahmens weit hinaus.

Weiterhin entfällt die zeitliche Friktion zwischen Eingangs- und Endbearbeitung. Wie im "manuellen" Verfahren können sie Fälle von der Verschlüsselung bis zur Auswahlentscheidung am Terminal "in einem Zuge" bearbeiten (sofern die Arbeitsmarktlage sofort einen Vorschlag erlaubt). Da der Abgleich von den Vermittlern selbst gesteuert wird, haben sie auch Einfluß auf das Quantum der von ihnen zu verarbeitenden Informationen.

B)    <u>Das Londoner Arbeitsvermittlungsverfahren CAPITAL</u>

Mangels praktischer Erfahrungen mit dem geplanten deutschen System soll noch kurz auf ein ähnlich strukturiertes englisches System eingegangen werden.

Das CAPITAL-System, das sich seit Jahren in Nordost-London in praktischem Einsatz befindet, ist zweistufig aufgebaut. Es gibt einmal ein Auskunftssystem, das für den sogenannten Self-Service verwandt wird, und darüber hinaus einen maschinellen Abgleich.

Der Hauptteil der Vermittlungen, nämlich 75 Prozent, erfolgt über den Self-Service. Computerausdrucke von Stellenangeboten werden in sogenannten "Job Centres" ausgehängt. Die Arbeitssuchenden wählen daraus ihnen genehme Stellenangebote aus. Auf Wunsch des Arbeitssuchenden kann ein Bediensteter auf einem Terminal ausführlichere Daten des Stellenangebotes abfragen. Sofern die Arbeitssuchenden Interesse an dem Stellenangebot haben, können sie sich direkt an den Arbeitgeber wenden.

Was den maschinellen Abgleich anbetrifft, gibt es einmal das sogenannte "order based matching". Hier werden alle eingehenden Stellenangebote mit allen gespeicherten Bewerberangeboten maschinell abgeglichen. Die DV-Vorschläge werden von einem Angestellten, der weder Kontakt zu Arbeitgebern noch zu Arbeitssuchenden hat, ausgewertet. Hierüber werden nur 5 Prozent aller Vermittlungen abgewickelt.

Weiter sieht das Verfahren das sogenannte "registrant based matching" vor. Hier durchforsten die Vermittler in direktem Kontakt mit den Arbeitssuchenden mittels eines Suchprogramms die gespeicherten Stellenangebote. Hierüber werden 20 Prozent der Vermittlungen abgewickelt.

Beim "registrant based matching" können die Vermittler innerhalb bestimmter, vom Programm gegebener Grenzen Abgleichskriterien selbst bestimmen. Sie können ihre Abgleichskriterien auch in Abhängigkeit vom jeweiligen Abgleichsergebnis variieren, also in einen Dialog mit dem DV-System treten.

Das Programm bietet im einzelnen zahlreiche Variationsmöglichkeiten. Als Beispiel sei angeführt, daß das regionale Suchgebiet eines Bewerbers von der Gehaltshöhe abhängig gemacht werden kann (dahinter steckt der Gedanke, daß ein Arbeitssuchender umso weiter zu fahren bereit ist, je besser er verdient). Eine weitere Möglichkeit besteht darin, die regionale Suchfläche auch vom Besitz oder Nichtbesitz eines Automobils abhängig zu machen (bei Autobesitz innerhalb einer bestimmten Entfernung und bei Benutzung öffentlicher Verkehrsmittel entlang der U-Bahn oder Buslinien).

Die Möglichkeiten der Vermittler, den Entscheidungsprozeß zu beeinflussen und seine praktische Erfahrung einzubringen, sind relativ groß. Als vorteilhaft muß auch angesehen werden, daß der Klient direkt in den Entscheidungsprozeß einbezogen wird.

Da die Vermittler die Quantität der von ihnen zu verarbeitenden Informationen selbst bestimmen können, beklagen sie sich auch nicht über eine zu große Verdichtung des Entscheidungsprozesses respektive eine übergroße Arbeitsbelastung.

Dessen ungeachtet gibt es auch einige Probleme beim Einsatz des CAPITAL-Verfahren: So bringt das "order based matching" nicht den gewünschten Erfolg, weil der Bedienstete, der die Computervorschläge auswertet, weder Kontakt zu Arbeitgebern noch zu Bewerbern hat. Dies hat zur Konsequenz, daß sich der Vermittler, der über das "registrant based matching" einen Bewerber eingegeben hat und im Dialog mit dem DV-System nicht sofort eine Stelle finden konnte, sich nicht darauf verlassen kann, daß dieser Bewerber automatisch über das "order based matching" vorgeschlagen wird. Er muß - sofern er die Zeit dazu hat - für den Bewerber immer wieder in der DV suchen.

Ein anderes Problem wird im "Evaluation Report" der englischen Arbeitsverwaltung darin gesehen, daß als Folge der Einführung des DV-Verfahrens das Gespräch zwischen Vermittlern und Arbeitssuchenden standardisiert verläuft. Obwohl die Vermittler angewiesen sind, beim Gespräch mit dem Klienten zunächst dessen Person und dessen Probleme in den Vordergrund zu stellen und sich von der DV anfangs nicht beeinflussen zu lassen, richtet sich in vielen Fällen das Gespräch doch nach Art und Reihenfolge der von der Bildschirmmaske vorgegebenen Fragen (dies konnten wir bei unserem Besuch in England auch beobachten - die Vermittler nannten dies ein "box-filling interview"). Dies hat zur Folge, daß die Computerkriterien dann ein überstarkes Gewicht bekommen.

Probleme resultieren auch daraus, daß das Programm viele Kriterien nicht zueinander in bezug setzen kann und daß formalisierte Entscheidungskriterien nicht immer als adäquates Abbild realer angesehen werden können. Im Vergleich zu einem Batch-System können diese Probleme jedoch durch die Möglichkeit der vermittlerischen Einflußnahme auf den maschinellen Abgleich gemildert werden, weil nicht-formalisierte Entscheidungskriterien zumindest indirekt in die Vorauswahl einbezogen werden können.

<u>Anmerkung:</u>

1)    Diese beiden Beispiele sollen nur der Veranschaulichung dienen. Es soll nicht der Eindruck erweckt werden, als ließe sich an ihnen die Gesamtproblematik umfassend diskutieren.

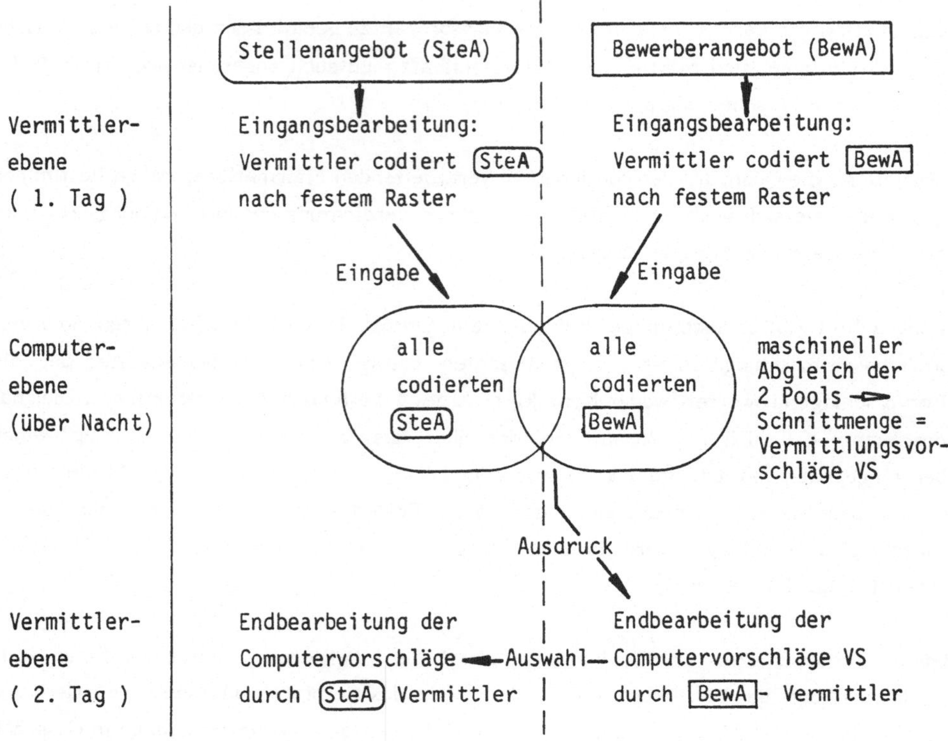



Abbildung 1: Zentralcomputer-Abgleich (Batch-Verfahren).

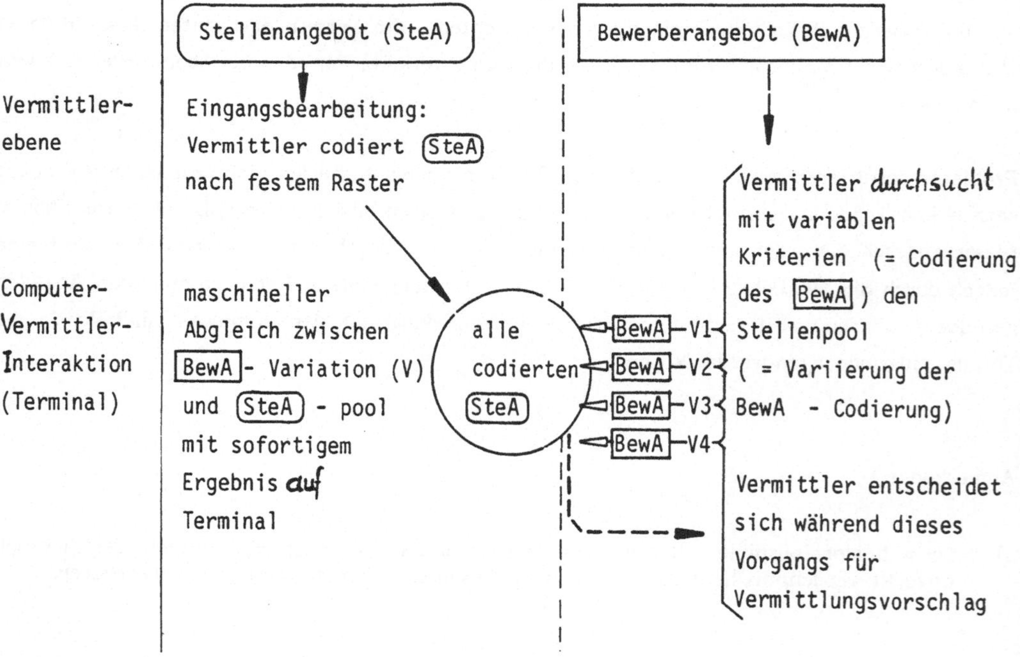



Abbildung 2: Dezentrales System mit Suchprogrammen (Realtime-Verfahren).

Aussprache zu den Referaten
von Renate Trost und Dieter Gräßle


Bericht von Peter Fricke, Speyer


In der von Fritz Dürrschnabel geleiteten Diskussion stellte R. Trost klar, daß mit der halboffenen Arbeitsvermittlung zunächst nur die Stellenangebotsseite befriedigt werden könne. Erst nach Einführung der computerunterstützten Arbeitsvermittlung sei es möglich, die Bewerberseite stärker einzubeziehen. Der Gefahr der Vorhaltung von besonders attraktiven Stellenangeboten bei der halboffenen Arbeitsvermittlung durch die Arbeitsvermittler, um sie für bestimmte Nachfrager zu erhalten, sei zwar latent vorhanden, jedoch bestehe zum einen eine strenge Dienstanweisung und zum anderen sei ein gewisser Zwang zur Meldung durch die Führung einer Vermittlungserfolgsstatistik gegeben. Es wurde deutlich, daß die halboffene Arbeitsvermittlung dem Arbeitssuchenden zusätzliche Informationsmöglichkeiten bietet, die er nutzen kann, aber nicht nutzen muß. Sämtliche bisherigen Leistungen der Arbeitsämter werden darüber hinaus in vollem Umfang angeboten. Die Mikrofiche-Lesegeräte stellen keine großen Anforderungen an die Arbeitssuchenden. Die Benutzerhäufigkeit in den Versuchsarbeitsämtern könne für die Prakti-kabilität sprechen. Aussagen über eine Steigerung der Vermittlungsqualität seien aufgrund der kurzen Laufzeit des Systems noch nicht möglich. Der Einsatz von Bildschirm-Dialoggeräten auch für die Arbeitssuchenden sei bisher nicht geplant; da er sehr qualifizierte Bedienungsarbeit voraussetze, sei er zunächst den Vermittlern vorbehalten.

Zum Referat von Gräßle ergänzte R. Trost, daß bei der computerunterstützten Vermittlung nichts an Informationen verlorengehe, da nach wie vor auch noch über die Kartei vermittelt werden könne. Blankenburg berichtete über die englischen job-centers, wo sämtliche Informa-tionen zentral im Computer gespeichert seien und die einzelnen Vermittler über keine zusätz-lichen Informationen mehr verfügen. Der Vorteil des bundesdeutschen Systems sei, daß die Vermittler immer noch über spezielle Kenntnisse verfügten, so daß insbesondere Härtefälle oder Handicaps besser Berücksichtigung finden könnten. Die Diskussion zeigte, daß eine völlige Formalisierung bei der Vermittlung nicht möglich ist, selbst dann, wenn man persönliche Kriterien noch miteinbeziehen würde. Eine qualitative Verbesserung der Vermittlung durch Computerunterstützung, bei der die formalisierten Kriterien noch stark im Vordergrund stehen, sei nur möglich, wenn die Vermittlungszeit pro Fall nicht gesenkt würde, sondern gerade mehr Zeit aufgewendet würde, um die Vorteile des Systems ausnutzen zu können. Dies sei insbesondere notwendig, um Disproportionalitäten, die bei Formalisierung und Standardisierung immer auf-treten, zu vermeiden. Der Aspekt der Rationalisierung müsse daher in den Hintergrund treten, damit alternative Strategien der Arbeitsvermittlung erprobt werden können (Brinckmann).

# Vierter Abschnitt

# Sozialversicherungen

# BEDINGUNGEN DES EDV-EINSATZES IN DER MITTELBAREN STAATSVERWALTUNG, DARGESTELLT AM BEISPIEL DER GESETZLICHEN SOZIALVERSICHERUNG

von Hans Sendler, Essen

## I.  Einleitung

Der Einsatz der elektronischen Datenverarbeitung (EDV) in der öffentlichen Verwaltung sollte, so ist man bei oberflächlicher Betrachtung rasch zu urteilen geneigt, weitgehend unabhängig von dem Rechtscharakter des einzelnen Verwaltungsgebietes stattfinden können - handelt es sich doch lediglich um ein technisches Hilfsmittel. Technik jedoch hat unterstützende, dienende Funktion. Sie muß sich in das jeweilige Anwendungsgebiet einordnen und ihm entsprechen. Deshalb besteht durchaus eine starke Einflußnahme der Aufgaben und der Organisation des jeweiligen Einsatzbereiches auf die Möglichkeiten und Grenzen der EDV. Dies führt zu Abweichungen zwischen der unmittelbaren und der mittelbaren Staatsverwaltung. Freilich sind auch für den staatsmittelbaren Bereich die Verhältnisse nicht überall gleichgelagert. Deshalb sollen die Bedingungen des EDV-Einsatzes in der mittelbaren Staatsverwaltung an einem besonders prägnanten Beispiel dargestellt werden: der klassischen gesetzlichen Sozialversicherung mit über 1.400 Körperschaften des öffentlichen Rechts als Träger der gesetzlichen Kranken-, Unfall- und Rentenversicherung in Bund und Ländern.

Für eine nähere Erörterung der Bedingungen des EDV-Einsatzes in der mittelbaren Staatsverwaltung - dargestellt an diesem Beispiel der gesetzlichen Sozialversicherung - lassen sich übergeordnete sozialpolitische Zielsetzungen, rechtliche Rahmenbedingungen, Besonderheiten der mittelbaren Staatsverwaltung und der sozialen Selbstverwaltung, Besonderheiten durch die Versicherungszweig- und Trägerartengliederung unter Einschluß der durch eine große Vielfalt gekennzeichneten unterschiedlichen Aufgabengestaltung und Trägergröße und nicht zuletzt die technischen Bedingungen unterscheiden. Das Zusammenwirken all dieser Bedingungskreise für eine verantwortungsvolle Entscheidung über Gestaltung und Nutzung des EDV-Einsatzes in der öffentlichen Verwaltung erleichtert nicht die Aufgabe der dafür zuständigen Stellen.

Die Instrumentalisierung der Technik eröffnet neue Möglichkeiten, muß aber zur Vermeidung unerwünschter Wirkungen auch deutliche Grenzen beachten. Anliegen dieser Abhandlung ist es, zu einer Erleichterung der erforderlichen Zusammenschau einzelner Entscheidungsbedingungen beizutragen. Der gesetzte Rahmen zwingt zur kursorischen und unvollständigen Darstellung.

## II. Übergeordnete sozialpolitische Zielsetzungen

Für die Erörterung sozialpolitischer Zielsetzungen im Zusammenhang mit dem Einsatz der EDV durch die Träger und Verbände der Sozialversicherung ist es von besonderer Bedeutung, daß deren Aufgabenfeld seinem Wesen nach grundsätzlich als Leistungsverwaltung einzuordnen ist.

Auch, weil die Organisation der Sozialverwaltung differenziert ist, besteht als Ausdruck des Sozialstaatsprinzips die Pflicht, die Versicherungsleistungen für die Bevölkerung so unbürokratisch, versichertennah, schnell, vollständig und zeitgemäß zu erbringen, wie dies nur irgend möglich ist. Aus sozialpolitischen Gründen müssen in einer zunehmend weniger durchschaubaren, anonymeren und unpersönlicheren Umwelt auch die Art und Weise der Leistungserbringung individuell und bedarfsgerecht, mit anderen Worten versichertenfreundlich sein. Das Anforderungsprofil der Träger von Sozialleistungen und hier vor allem der Sozialversicherung ist deshalb auch dadurch mit charakterisiert.

Das bedeutet schnelle Reaktion auf gesetzliche Neuregelungen, pünktliche Auszahlung aller Geldleistungen, nahtlose Durchführung des Sachleistungsprinzips mit einer unübersehbaren Fülle von Präventionsangeboten, Heil- und Hilfsmitteln, medizinischen und beruflichen Rehabilitationswegen und nicht zuletzt die Rücksichtnahme auf menschliche Schwächen, Fehler und Wünsche bei der Gestaltung geeigneter Verwaltungstechniken, wie etwa der EDV. Der Gesetzgeber setzt die Nutzung der EDV in manchen Fällen auch zum Teil als unabdingbar notwendig für die Durchführung der von ihm für erforderlich gehaltenen gesetzlichen Regelungen in der Verwaltungspraxis voraus.

Die technischen Möglichkeiten nehmen auch bei der Gewinnung von Planungs- und Führungsinformationen, etwa auf dem statistischen Sektor, in der modernen Sozialpolitik eine herausragende Rolle ein. Auf das Beispiel der Sozialdatenbank sei hingewiesen. Gesetzgeberische Entscheidungen, etwa zur Rentenhöhe oder zur Ausweitung des Präventionsangebots der gesetzlichen Krankenversicherung, sind ohne hochintegrierte bevölkerungs- und wirtschaftswissenschaftliche sowie sozialmedizinische Modellberechnungen mit entsprechender Ausnutzung der maschinell eröffneten Möglichkeiten kaum noch denkbar.

Es ist freilich auch zu beobachten, daß die Gesetzgebung sich in ihrem Verhalten vielfach schon auf bestimmte, durch den Maschineneinsatz ermöglichte Erkenntnisquellen einstellt und so - etwa bei der Rentenfinanzierung - für ihre Qualität und Sachgemäßheit mit der Verläßlichkeit entsprechend gewonnener Informationen steht und fällt.

Als weiterer Gesichtspunkt kommt schließlich noch die sich aus der Organisation der gesetzlichen Sozialversicherung ergebende Gestaltungskomponente hinzu. Die Verwaltungen werden mit Rücksicht auf ihre dezentrale, weitgehend am Kausalprinzip orientierte, trägerspezifische

Zuständigkeitsregelung vor beachtliche Anforderungen gestellt. Sozialpolitisch unerwünschte Nebenwirkungen sind insoweit nach Möglichkeit auch durch den Einsatz maschineller Hilfsmittel zu vermeiden.


## III.  Rechtliche Rahmenbedingungen

Der rechtliche Rahmen des EDV-Einsatzes in der Sozialversicherung wird bestimmt durch die Geltung des Verfassungsrechts, insbesondere der Sozialstaatsklausel und ihrer Ausprägungen, allgemeiner sozialversicherungsunspezifischer Gesetze und der Anforderung des Sozialversicherungsrechts im engeren Sinne. Darüber hinaus stellt sich die Frage nach der Geltung von allgemeinen Verwaltungsvorschriften und für die staatsunmittelbare Verwaltung in Bund und Ländern entwickelten Empfehlungen, Erlassen und sonstigen Maßgaben.


### A)  <u>EDV-Einsatz als Gegenstand rechtlicher Betrachtungen?</u>

Die Planung, die Beschaffung und der Betrieb von EDV-Anlagen und -Systemen wird herkömmlicherweise vielfach dem gesetzesfreien Bereich der rechtlich indifferenten Zweckmäßigkeitsentscheidungen zugeordnet. Lediglich in den Fällen ausdrücklicher gesetzlicher Regelung einzelner Fragen besteht deshalb an der rechtlichen Prüfungsnotwendigkeit kein Zweifel. Aber auch darüber hinaus unterliegt hier die Verwaltung beachtlichen Bindungen.

Fragen der Verwaltungspraktikabilität sind kaum noch als rechtlich irrelevant einzustufen, wie die Rechtsprechung etwa zu Fragen der sogenannten Massenverwaltung zeigt. Andererseits ist der Gefahr zu begegnen, daß jede Handlung der Verwaltung oder der Organwalter als ausdrücklich oder stillschweigend bis in die letzte Einzelheit reglementiert angesehen wird. Auch die rechtsgebundene Betrachtung läßt den Handelnden noch den gebührenden Raum. Ideenreichtum, Initiative, Einsatzfreude und auch die Praktikabilität der Rechtsordnung können nur so erhalten werden. Diese Gesichtspunkte lassen sich indessen mit den Kategorien des Ermessens, des schlichten Verwaltungshandelns oder der Innenbindung nur sehr unvollkommen erfassen. Die an sich wünschenswerte verfassungskonforme Verrechtlichung müßte deshalb in einer auch diese Aspekte erfassenden Weiterentwicklung der dogmatischen Durchdringung des Verfassungs- und Verwaltungsrechts ihre Entsprechung und Ergänzung finden.

Festzuhalten bleibt jedenfalls auch für den EDV-Einsatz, daß ungeachtet der grundsätzlichen Justitiabilität durchaus Handlungs- und Gestaltungsfreiräume bestehen - etwa wenn sich zwei gleichermaßen praktikable, wirtschaftliche und verwaltungsrechtskonforme Entscheidungsalternativen anbieten.

Das wird auch für die mittelbare Staatsverwaltung - und hier insbesondere die Sozialversicherung - zu berücksichtigen sein. Hinzu kommt für diesen Teil der öffentlichen Verwaltung die Eigengesetzlichkeit, welche aus dem Dualismus von Rechtsbindung und Entscheidungsspielraum folgt. Den selbstverwalteten Körperschaften muß hier, soll das Selbstverwaltungsprinzip ernst genommen werden, ein Bereich eigenverantwortlicher Gestaltung zumindest bei der praktischen Durchführung der Verwaltungstätigkeit eröffnet bleiben, der damit notwendigerweise zugleich als Gegenstand der Rechtsaufsicht ausscheidet. Deshalb muß dieser Dualismus dazu führen, daß unbeschadet der Verantwortung der Verwaltungen für sinnvolle Entscheidungen schon das Selbstverwaltungsprinzip als solches logisch zur Anerkennung eines rechtlich indifferenten Spielraumes führen muß.

Die erwähnten Entscheidungsräume allgemeiner und selbstverwaltungsrechtlicher Art stehen zum Postulat der Verrechtlichung nicht im Widerspruch. Sie sind selbst rechtlich bedeutsame Kategorien. Als rechtlich ausdrücklich geregelte Beispiele der danach verbleibenden Rechtsrelevanz von Verwaltungsentscheidungen im Zusammenhang mit der Gestaltung des EDV-Einsatzes seien einige Fragenkreise kursorisch und zeitlich gegliedert nach den Phasen der Planung des Einsatzes, der Beschaffung und des laufenden Betriebes von EDV-Anlagen und -Systemen erwähnt.

B)    Planung des EDV-Einsatzes

Für die Planungsphase sind als allgemeine sozialrechtliche Anforderungen die Maßgaben des Sozialgesetzbuches zu nennen. So müssen die sozialen Dienste und Einrichtungen rechtzeitig und ausreichend zur Verfügung stehen. Die Leistungsträger sind verpflichtet, darauf hinzuwirken, daß jeder Berechtigte die ihm zustehenden sozialen Leistungen in zeitgemäßer Weise, umfassend und schnell erhält, unter Einschluß der Verwendung gesicherter moderner wissenschaftlicher und verwaltungstechnischer Erkenntnisse. Diese Verpflichtung erstreckt sich nicht nur auf die Ausgestaltung der Leistungen, sondern auch auf die Art und Weise, in der sie erbracht werden, also die Verwaltungsorganisation und -mittel. Das schließt nicht aus, bei Bedürfnis nach persönlicher Bedienung im Interesse des Bürgers auf Teilgebieten Zurückhaltung bei der Verwendung technischer Hilfsmittel zu üben. Mag daraus auch nicht schon schlechthin eine Verpflichtung zum Einsatz der EDV abzuleiten sein, so kann doch unter Berücksichtigung der sozialpolitischen Rahmenbedingungen sowie der Einzelumstände im jeweiligen Versicherungszweig gerade dieses Mittel die zeitgemäße und schnelle Leistung wesentlich fördern.

Als verwaltungswirtschaftliche Anforderungen sind die Grundsätze der Wirtschaftlichkeit und Sparsamkeit bei der Planung und Durchführung des Haushaltsplanes zu beachten, wobei der gesamtwirtschaftliche Bezug, die Wirtschaftlichkeit und Sparsamkeitsgesichtspunkte zu berücksichtigen sind. Bei der Wirtschaftlichkeitsprüfung wird deutlich, wie weit die Verrechtlichung des

Verwaltungshandelns auch im organisatorischen und planerischen Bereich geht. So ist der Maßstab der Wirtschaftlichkeit nicht nur auf die unmittelbare finanzielle Wirkung der Maßnahme allein zu beziehen, sondern hat darüber hinaus die Folgen aus Gesamtsicht, insbesondere auch gesellschaftliche Kosten und Nutzen für die Versicherten und das Gesamtgefüge der sozialen Leistungsverwaltung mit einzubeziehen.

Zur Festlegung der Organisationsform des EDV-Einsatzes muß die verantwortungsvolle Wahl aus einem reichen Spektrum möglicher Rechts- und Verwaltungsformen vorgenommen werden. Zwar ist die Sozialversicherung mit der Wahl der Rechtsform grundsätzlich frei und kann sich ungeachtet des öffentlich-rechtlichen Charakters sogar privatrechtlicher Instrumente bedienen. Zur Organisationshoheit als einem Kernstück der sozialen Selbstverwaltung gehört auch die Entscheidung, wie sie auf die sich ständig vergrößernden Möglichkeiten und Bedürfnisse des EDV-Einsatzes reagiert. Andererseits sind die denkbaren Gestaltungsformen auch begrenzt. Die öffentlich-rechtlichen Verwaltungstypen sind im Sozialrecht abschließend festgelegt. Bei Zusammenwirken bundes- und landesunmittelbarer Versicherungsträger müssen die verfassungsrechtlichen Grenzen, etwa das - freilich oftmals interessengebunden überschätzte - Verbot bestimmter Mischverwaltungsformen, beachtet werden.

## C)   Beschaffung technischer Verwaltungsmittel

Auch in der Beschaffungsphase sind eine Fülle von Rechtsbindungen zu beachten. Hervorzuheben sind hier vor allem vielfältige haushaltsrechtliche Bestimmungen zur Ausschreibung, zur Vertragsgestaltung etwa in Anlehnung an das Verdingungsrecht des Bundes, zur Abschaffung bestehender Anlagen sowie zu Auflagen für den Fall einer Kooperation in privatrechtlicher Form.

In zunehmendem Maße ist jedoch auch staatlicher Einfluß zu beobachten, der sich etwa in der rechtlichen Pflicht zur Anzeige bei Beschaffung von Anlagen und Systemen niedergeschlagen hat. Sollten Grundstücksbeschaffungs- und Baumaßnahmen hinzukommen, so kann dies insoweit zur Genehmigungsbedürftigkeit durch die Aufsichtsbehörde führen.

## D)   Betrieb von EDV-Anlagen und -Systemen

Beim Betrieb von EDV-Anlagen und -Systemen schließlich häufen sich die rechtlichen Anforderungen an gestalterische Entscheidungen. So enthält das allgemeine Sozialrecht einschlägige Bestimmungen. Dem Bürger sollen die gesicherten Erkenntnisse moderner Verwaltungswissenschaft und Technik zugute kommen. Der Einsatz der EDV zu Lasten der Bürgerfreundlichkeit ist mithin zu vermeiden. Störungen im Betriebsablauf dürfen nicht zu einer Verzögerung der Leistungen führen. Es muß deshalb dafür Sorge getragen werden, daß nicht wegen eines etwaigen

Programmausfalls die Auszahlung von Geldleistungen verzögert wird. Im Einzelfall kann es erforderlich sein, der EDV von ihren technischen Möglichkeiten her nicht volle Priorität zu geben. Andererseits ist anerkannt, daß bei Massengeschäften eher Typisierungen in Kauf zu nehmen sind. Es sind verständliche Antragsvordrucke auch bei Verwendung als maschinelle Erfassungsbelege zu verwenden. Die Ergebnisse der Verwaltungsbearbeitung, etwa der Leistungs- oder Beitragsbescheid, müssen ungeachtet der Kompliziertheit des Sozialrechts, aller Sachzwänge und Terminnöte sowie personeller und sächlicher Engpässe nicht nur vom Ergebnis her richtig, sondern auch verständlich dargestellt sein. Der Empfängerhorizont ist dabei ausreichend zu berücksichtigen. Verwaltungsakte müssen auch bei maschineller Fertigung hinreichend bestimmt und leicht verständlich lesbar sein. Zwar bestehen für die Begründungspflicht Erleichterungen. Eine Begründung ist jedoch nicht vollständig verzichtbar. Unabhängig davon ist bei der Vorbereitung von EDV-Verwaltungsakten darauf zu achten, daß Typisierungen und Ermessensentscheidungen nicht an die Substanz der Einzelfallgerechtigkeit und -zweckmäßigkeit greifen dürfen.

Auch das Haushaltsrecht enthält eine Reihe von Maßgaben, die von der Bewirtschaftung des Haushaltsplanes bis zur Prüfung der Haushalts- und Rechnungsführung reichen.

Aus organisations-, datensicherungs- und datenschutzrechtlicher Sicht ist zunächst auf Anforderungen hinzuweisen, die für besondere Rechtsgebiete - etwa nach der Datenerfassungs-Verordnung und der Datenübermittlungs-Verordnung oder nach den Rechnungsführungsbestimmungen für die einzelnen Versicherungszweige - gelten.

Ferner sind nach dem allgemeinen Datensicherungs- und Datenschutzrecht des Bundesdatenschutzgesetzes und den kürzlich verabschiedeten Sonderbestimmungen im Sozialgesetzbuch - Verwaltungsverfahren - eine Fülle von rechtlichen Bindungen zu beachten. Dies betrifft die Datensicherungsorganisation ebenso wie die Maßnahmen zur Erhöhung der Verwaltungstransparenz, etwa Registerführungs- oder Veröffentlichungspflichten, besondere personalrechtlich wirksame Maßnahmen wie die Bestellung von Datenschutzbeauftragten, die entsprechende Ausgestaltung der Auskunftsverfahren und nicht zuletzt die von besonderer leistungsrechtlicher und deshalb sozialpolitischer Brisanz gekennzeichnete Frage der Löschungsfristen. Gerade die leistungsrechtskonforme Bestimmung der Speicherdauer wird noch schwierige Entscheidungen fordern. Organisationsbezug hat auch die Art der Datenflüsse zwischen den bei der Erbringung von Versicherungsleistungen beteiligten Stellen, etwa den Kassenärzten, den Krankenkassen und weiteren Berufsgruppen und Verwaltungsstellen. Übermittlungs- und Datensicherungsgrenzen sind hier organisationsbezogen und zugleich leistungsrechtlich relevant eng miteinander verknüpft. Auch die Frage, welche Stellen für die Führung der Verwaltungsgeschäfte mit Hilfsfunktion hinzugezogen werden können, läßt sich nicht mehr ohne Berücksichtigung datenschutzrechtlicher Bindungen beantworten.

Die Aufzählung von Beispielen der Rechtsbindung bei Verwaltungsentscheidungen über Art und Weise des EDV-Einsatzes ließe sich fortsetzen. Unmittelbar oder mittelbar haben diese Gesichtspunkte wesentlichen Einfluß auch auf die Wahl der noch näher darzustellenden Gestaltungsformen der EDV-Anwendung unter Berücksichtigung der Besonderheiten der Versicherungszweig- und Trägerartengliederung gefunden. Zunächst sei jedoch auf das Zusammenwirken von Selbstverwaltung und Staatsaufsicht näher eingegangen.

## IV. Besonderheiten der mittelbaren Staatsverwaltung und der sozialen Selbstverwaltung

Die Besonderheiten der mittelbaren Staatsverwaltung und der sozialen Selbstverwaltung stehen innerlich insofern in Zusammenhang, als das eine Phänomen durch die Existenz des anderen mit bedingt ist. Gleichwohl verdienen die Fragenkreise einer Abgrenzung der Selbstverwaltungskörperschaften als Ganzes gegenüber dem Staat einerseits und der Willensbildungs- und Entscheidungsmechanismen innerhalb der einzelnen Körperschaften andererseits als Besonderheiten der mittelbaren Staatsverwaltung und insbesondere der Sozialversicherung gesonderte Erörterung.

### A) Dualismus von Staatsaufsicht und Selbstverwaltung

Nach der Rechtsprechung des Bundesverfassungsgerichts, die auch vom Schrifttum teilweise mitgetragen wird, führt die Sozialversicherung Aufgaben aus, die ihrem Wesen nach staatliche sind. Sie sind jedoch aus der unmittelbaren Staatsverwaltung ausgegliedert und selbständigen Körperschaften des öffentlichen Rechts in sozialer Selbstverwaltung zur Wahrnehmung übertragen worden. Neben ordnungs- und strukturpolitischen Gesichtspunkten sind es sozialpolitische und vor allem finanzwirtschaftliche Erwägungen, die immer wieder und in verstärkt zu beobachtendem Maße zu staatlichen Initiativen gestalterischer Art im Bereich der Selbstverwaltungskörperschaften führen.

Ansatzpunkte dafür bietet zunächst das allgemeine Aufsichtsrecht, soweit eine klare rechtliche Bindung der entscheidungsbefugten Organe besteht. Ferner werden haushaltsrechtliche Vorlage- und Genehmigungserfordernisse sowie die Anzeige vor der Beschaffung von EDV-Anlagen und -Systemen als staatliche Handlungs- und Orientierungsmöglichkeiten anzusehen sein.

Von geringerer rechtlicher Klarheit und zum Teil mit fließenden Übergängen in den Gestaltungsspielraum hinein sind jene Entscheidungen gekennzeichnet, welche an unbestimmte Rechtsbegriffe anknüpfen oder diese zugrunde legen - etwa bei Auslegung des Begriffs der Wirtschaftlichkeit.

Schließlich sind auch faktische Wirkungen der unmittelbaren Bundestätigkeit im mittelbaren Staatsbereich zu verzeichnen. So werden für die bundes- und landesunmittelbare Verwaltung entwickelte Empfehlungen, Grundsätze etwa zur bürgernahen Verwaltung, zur Gestaltung der Datenübermittlung oder zur Normung von EDV-Verfahren im übrigen mit Geltungsanspruch auch an die Träger und Verbände der Sozialversicherung herangetragen.

Die erwähnten Beispiele lassen eine Abstufung der Intensität rechtlicher Bindung erkennen. Dies ist deshalb hervorzuheben, weil sich die staatlichen Aufsichtsbefugnisse auf die Beachtung des für die Versicherungsträger und ihre öffentlich-rechtlichen Verbände geltenden Rechts beschränken.

Der dem Selbstverwaltungsprinzip innewohnende Dualismus hat insoweit die Vermutung der eigenständigen internen Gestaltungsbefugnis der sozialen Selbstverwaltung bei organisations- und geschäftsleitenden Entscheidungen für sich, die mit der aufsichtlichen Eingriffsfreiheit verbunden ist.

B)    Zusammenwirken der Organe der Selbstverwaltungseinrichtungen

Den in mittelbarer Staatsverwaltung geführten Trägern und Verbänden der Sozialversicherung ist organisationsrechtlich die Ausstattung mit den Organen Mitgliederversammlung, Vorstand und Geschäftsführer eigentümlich. Im Zusammenwirken dieser drei Organe nach deren Zuständigkeit sind die Entscheidungen bei der Planung, bei der Beschaffung und bei dem Betrieb von EDV-Anlagen und -Systemen zu treffen. Das Laienelement in der Selbstverwaltung setzt oftmals für die Willensbildung über komplexe Vorgänge und Investitionen in großer Höhe die sachkundige Beratung voraus. Auch diese Funktion ist ohne staatliche Einflußnahme wahrnehmbar.

## V.    Besonderheiten durch Versicherungszweig- und Trägerartengliederung

In der Sozialversicherung knüpfen die EDV-Entwicklungen weitgehend an die gewachsenen Strukturen insbesondere der Aufgaben und der Organisation an. Dies erscheint wegen der dienenden Funktion verwaltungstechnischer Hilfsmittel im Grunde selbstverständlich. Die Finanz- und Entscheidungshoheit von mehr als 1.400 Versicherungsträgern, einer Fülle von Zweckverbänden, Landesverbänden und Bundesverbänden führt indessen zu einer Ausprägung dieses Prinzips, welche in der Tat als ungewöhnlich bezeichnet werden kann. Ist im Bereich der unmittelbaren Staats- und der Kommunalverwaltung eine eher zentral gesteuerte oder zumindest koordinierte Organisations- und EDV-Anwendungsstruktur vorzufinden, so wirkt sich das Selbstverwaltungsprinzip in der Sozialversicherung eher in einer Dezentralisierung und Differenzierung aus. Diese ist freilich auf der Grundlage des gegliederten zweigspezifischen und kassenartenorientierten Organisationssystems strukturell von der Vielfalt hinsichtlich der Gleichartigkeit der Aufgabenstruktur, der Mitgliederzahl, der finanziellen Stärke, der Größe der jeweiligen Körperschaften, der Zahl der unter Berücksichtigung räumlicher Entfernung sinnvoll kooperationsfähigen Institutionen, dem Angebot an bereits zur Verfügung stehenden Kooperationsmöglichkeiten und belebender Wettbewerbsgesichtspunkte entstanden. Für den Einsatz der EDV haben sich für die einzelnen Versicherungszweige jeweils spezifische Konzeptionen entwickelt, wie am Beispiel der Krankenversicherung erläutert werden soll. Die Krankenversicherung mit um die 1.300 Versicherungsträgern verdeutlicht die grundsätzliche Zweckmäßigkeit der gefundenen Formen in besonderer Weise. Untergliedert in die Orts-, Betriebs-, Innungs-, Ersatz- und landwirtschaftlichen Krankenkassen, die Bundesknappschaft, die Seekasse und weitere Sonderanstalten haben sich entsprechend viele Systeme herausgebildet. Wo eine zentrale Entscheidungsgewalt mit lediglich dezentralen Verwaltungsstellen wie bei der Bundesknappschaft besteht, entspricht dem ein einziges integriertes Anwendungssystem mit entsprechender Hardware. Auch andere größere Versicherungsträger sind bei Beschaffung von Hard- und Software nicht gezwungen, von ihrer vollständigen Autonomie abzuweichen. Dies trifft vor allem für die Ersatzkassen und die Seekasse zu. Bei den sogenannten RVO-Kassen, den Orts-, Betriebs- und Innungskrankenkassen haben sich in den sechziger und siebziger Jahren zunächst Pionierlösungen herausgebildet, die naturgemäß auf einzelne Kassen oder Verbandsbereiche bezogen sind. Strukturell zunehmend prägender sind heute die auf eine stärkere Koordination durch die Verbände hinauslaufenden Konzeptionen. Die Kosten der Software-Entwicklung sind von einzelnen Kassen oder Landesverbänden verantwortungsvoll nicht mehr oder nur noch mit großen Einschränkungen isoliert tragbar. Deswegen hat der Bundesverband der Ortskrankenkassen sich zu einer gemeinsamen Programmentwicklung entschlossen und zunächst auch den Betrieb gemeinsamer regionaler Rechenzentren dieser Kassenart unterstützt. Der Verfall der Hardware-Preise und zunehmende technische Möglichkeiten bei der Programmerstellung und -gestaltung könnten künftig die Maschinenkapazität bei den Kassen vor Ort stärker zunehmen lassen, während die Software unter in Anspruchnahme durch eine immer größere Anzahl von Kassen im wesentlichen gemeinsam entwickelt werden dürfte.

Ein ähnliches Beispiel bilden die gegenüber den Ortskrankenkassen vielfach kleineren Innungskrankenkassen, die sich ebenfalls zu einer Programmierung auf Bundesverbandsebene entschlossen haben und gemeinsame regionale Rechenzentren betreiben.

Von besonderer Prägnanz aus struktureller Sicht ist die kassenartenspezifische EDV-Entwicklung bei den Betriebskrankenkassen. Bei gleichartiger Aufgabengestaltung ist hier eine große Streubreite der Kassengröße und Mitgliedszahlen von wenigen hundert bis zu mehreren hunderttausend Mitgliedern anzutreffen. Zum Teil werden zwar die Möglichkeiten der Arbeitgeberanlagen genutzt. Die meisten Betriebskrankenkassen haben sich jedoch dem Verbandskonzept angeschlossen. Bundesweit werden die Programme entwickelt, die dann in von verschiedenen Landesverbänden gemeinsam genutzten regionalen Rechenzentren und vor Ort bei den Kassen mit Satellitensystemen eingesetzt werden.

Wieder einen anderen Weg hat entsprechend ihrer Struktur die landwirtschaftliche Krankenversicherung eingeschlagen. Die Betreuung der Versicherten "aus einer Hand", die zu Verwaltungsgemeinschaften der landwirtschaftlichen Unfallversicherung, Krankenversicherung und Altershilfe geführt hat, mußte auch bei der EDV-Entwicklung einen hohen Integrationsgrad fordern. Mögen hier Insel- und Teillösungen noch anzutreffen sein, so tritt doch das von einigen Trägern mit Unterstützung der Bundesverbände herstellerneutral entwickelte Informationssystem der landwirtschaftlichen Sozialversicherung immer stärker in den Vordergrund.

Im Ergebnis sind mithin die Organisationsstrukturen der Krankenkassen mit einer großen Zahl von Versicherungsträgern bei - jedenfalls innerhalb der Kassenarten - vergleichbarer Aufgabenstellung Anlaß zu einer stärkeren Einbeziehung der Verbände in die Vorbereitung und Durchführung der EDV-Anwendung bei den einzelnen Kassenarten gewesen. Dies hat auch der Gesetzgeber erkannt, indem er jüngst die EDV-bezogene Funktion der Landes- und Bundesverbände der RVO- und landwirtschaftlichen Krankenkassen weiterentwickelt hat.

Jede Entscheidung im Bereich der Sozialversicherung über die Beschaffung oder Weiterentwicklung von Maschinen und Programmen wird heute strukturell geprägt durch die beschriebenen versicherungszweig- und trägerartenspezifischen Entwicklungs- und Anwendungsformen. Nicht nur haben die einzelnen Arten der Versicherungsträger aufgrund ihrer gesetzlichen Aufgabenstellung eine stärkere innere Bindung untereinander. Wo gemeinsame Arbeiten und Angebote von System- und Programmprodukten bestehen, machen sie auch jedes Ausscheren aus dieser Gemeinsamkeit zu einer unter verwaltungswirtschaftlichen Gesichtspunkten sorgfältig zu prüfenden Angelegenheit.

## VI. Technische Bedingungen

Schließlich haben jedoch auch die technischen Bedingungen beträchtlichen Einfluß auf die tatsächliche Gestaltung des EDV-Einsatzes in der Sozialversicherung. Zentrale oder dezentrale Lösungen, hochintegrierte oder differenzierte Konstruktionen sind neben der Aufgabengestaltung sowie den rechtlichen und strukturellen Bedingungen auch durch die technischen Gegebenheiten bestimmt. Dies ist im Prinzip keine Besonderheit der mittelbaren Staatsverwaltung, wirkt sich hier aber stärker aus. So hatten zentralisierte Verbandslösungen sowohl für die Hard- als auch für die Software solange eindeutige Priorität, wie die Maschinenkosten den Hauptanteil der wirtschaftlichen Belastung durch den EDV-Einsatz ausmachten. Mit dem Verfall der Hardware-Preise ist eine Verlagerung der Hardware vor Ort wieder anstrebenswert geworden, mit allen Konsequenzen für die Aufgabenverteilung, die Personalsituation, die Organisationswahl und sonstige verwaltungsmäßige Gesichtspunkte. Je größer die Kassenart oder das Gewicht gemeinschaftlicher Konzepte ist, desto eher können Hersteller auch zu Sonderentwicklungen oder sich finanziell in beträchtlichem Umfang niederschlagenden Serviceleistungen bewegt werden. Die

EDV-Entwicklung bestimmt hier also einerseits die Organisationsstrukturen, wird von diesen aber andererseits auch mittelbar innovativ befruchtet. In strukturell inhomogenen Verwaltungsbereichen wird von den Herstellern ein Höchstmaß an Kompatibilität und Flexibilität für den Einsatz der Informationstechnik gefordert. Umgekehrt wachsen freilich mit den technischen Möglichkeiten auch die Integrationschancen einer nahtlosen Aufgabenerfüllung. Erwähnt sei schließlich auch der gerade bei der Versichertenbetreuung erforderliche Komfort, dessen Niveau ebenfalls Ansatzpunkt verstärkter Bemühungen der Hersteller und Software-Entwickler sein muß und dann wiederum zu einer Verbesserung der Verfahren führen kann.

## VII. Zusammenfassung

Die Bedingungen des EDV-Einsatzes in der mittelbaren Staatsverwaltung, die am Beispiel der gesetzlichen Sozialversicherung dargestellt wurden, weisen eine Reihe von vor allem technisch und allgemeinrechtlich bedingten Parallelen zur staatsunmittelbaren öffentlichen Verwaltung auf. Die differenzierte Aufgabenstellung, die Struktur der Versicherungszweige, der Dualismus von Rechtsbindung und Selbstverwaltungsspielraum und nicht zuletzt die alles beherrschende, am Sozialstaatsprinzip orientierte humane Zielsetzung haben zu deutlichen Abweichungen von der unmittelbaren Staatsverwaltung geführt. Es hieße deshalb, die Komplexität dieses Verwaltungsbereichs verkennen, wollte man in jedem Fall die für gleichförmige Verwaltungen entwickelten Grundsätze und Prinzipien der verschiedensten Bedingungsfelder (Recht, Technik, Aufgabenstellung) unbesehen auf die mittelbare Staatsverwaltung übertragen. Nur, wenn dies auch künftig die gebührende Beachtung findet, kann die elektronische Datenverarbeitung auch in der mittelbaren Staatsverwaltung das sein und bleiben, was ihre Bestimmung ist - ein Instrument zur dienenden Unterstützung der aufgabenorientierten Verwaltung im Interesse der Versicherten.

# DIE AUSWIRKUNGEN DER DATENSCHUTZGESETZE
# BEI DEN RENTENVERSICHERUNGSTRÄGERN

von Karl Koch, Laatzen

## I.  Die Ausgangssituation

Bei einer Betrachtung der Gesetzgebung zum Datenschutz sowie der dazu erschienenen Literatur kommt man zu einem erstaunlichen Ergebnis:

Vom Gesetzgeber und der öffentlichen Diskussion bevorzugte Objekte des Datenschutzes scheinen nicht die Einrichtungen der Organe des Verfassungsschutzes, der Polizei oder der Meldebehörden zu sein, sondern die Träger der Sozialversicherung. Dieser Eindruck ist umso überraschender, als die Sozialversicherung sicherlich nicht zu den zwar nötigen, aber in den persönlichen Freiheitsspielraum des Bürgers eingreifenden Verwaltungen gehört, sondern eine genau entgegengesetzte Zielrichtung verfolgt, nämlich die wirtschaftliche und soziale Sicherheit, um damit das Wohlergehen der Bürger zu fördern - im guten karitativen Sinne.

Damit stellt sich die Frage, wodurch das besondere Interesse des Gesetzgebers begründet ist, sich datenschutzrechtlich insbesondere der Sozialversicherung anzunehmen.

Bei der Datenschutzgesetzgebung der ersten Phase, also Ende der siebziger Jahre, hat die Sozialversicherung offensichtlich nicht im Vordergrund gestanden. Sie wurde aber in der Folgezeit als erster Verwaltungszweig unseres öffentlich-rechtlichen Lebens durch das Sozialgesetzbuch X vom 18. August 1980 (SGB) einer bereichsspezifischen Regelung unterzogen, die damit Modellcharakter für andere Bereiche haben könnte.

Diese für die Sozialversicherung entwickelte, bereichsspezifische Regelung beruht auf der Erkenntnis, daß die Sozialversicherungsträger, insbesondere die Träger der gesetzlichen Rentenversicherung, die in der Öffentlichkeit wenig beachteten größten Datensammel- und -speicherstellen für personenbezogene Daten in der Bundesrepublik sind. Für mittlerweile 50 Millionen Versicherte werden elektronische Konten geführt mit zum Teil aktuelleren und aussagekräftigeren Daten, als sie bei anderen öffentlichen Stellen vorhanden sind. Diese Daten bilden in der Sozialversicherung die Grundlage der Rechtsbeziehung zwischen Versicherten und Versicherungsträgern; sie sind, genau genommen, die Tatbestandsmerkmale gesetzlicher Bestimmungen. Sowohl die Art der Daten als auch ihre Speicherung und ihre Verarbeitung sind gesetzlich normiert und vorgeschrieben. Hinzu kommt, daß die bei den Trägern dezentral gespeicherten

Datenbestände nach gleichen Grundsätzen technisch organisiert sind, um nach dem für die Rentenversicherung geltenden Grundsatz der Freizügigkeit einen ungehinderten Datenaustausch innerhalb der Versicherungszweige und -träger zu ermöglichen.

Die Nutzbarmachung neuer Technologien, zum Beispiel der Einsatz von Terminals, ermöglicht es der Sachbearbeitung der Versicherungsträger, unmittelbar mit dem Datenverarbeitungssystem zu kommunizieren, wodurch nicht nur eine zum Vorteil der Versicherten, sondern gleichzeitig eine höhere Sicherheit durch Reduzierung der Fehlerhäufigkeit, aber auch eine Steigerung der allgemeinen Wirtschaftlichkeit erreicht wurde.

Die computergestützte Sachbearbeitung, der Dialogverkehr der Sachbearbeitung mit den immer klarer werdenden Möglichkeiten einer aktenlosen Verwaltung, selbstverständlich neben dem erwähnten immensen Datenbestand, sind der Hintergrund der Datenschutzüberlegungen bei den Rentenversicherungsträgern von heute. Es liegt auf der Hand, daß diese immensen Bestände besonders gefährdet und damit besonders schutzbedürftig sind, zumal es ohne weiteres möglich ist, aufgrund der Quantität und Qualität dieser Daten über Millionen von Versicherten ohne großen Programmieraufwand detaillierte Persönlichkeitsprofile zu erstellen.


## II.   Datensicherungsmaßnahmen

Möglichst weite Bereiche abdeckende Sicherheitsmaßnahmen zu schaffen, war deshalb - unabhängig von Überlegungen des Datenschutzes im engeren Sinne - bei dieser Fülle von zum Teil hochsensiblen Daten eine unabdingbare Voraussetzung für die Gewährleistung einer ordnungsgemäßen, also gesetzeskonformen Bearbeitung von Geschäftsvorfällen. Das galt umsomehr, als bei den Versicherungsträgern bereits seit längerer Zeit eine sich immer mehr ausweitende Online-Sachbearbeitung praktiziert wird. Mit der Zunahme dialogorientierter EDV-Anwendungen wachsen zwangsläufig auch die Gefahren des Mißbrauchs, der Manipulation und der unbefugten Nutzung zugriffsfähiger Daten. Andererseits bietet die zur Datenfernverarbeitung begrifflich zu zählende Dialogverarbeitung Sicherungsmöglichkeiten in einem bisher nicht für möglich gehaltenen Umfang.

Dazu gehören als wichtigste Mittel die in § 6 des Bundesdatenschutzgesetzes (BDSG) und seiner Anlage aufgeführten Kontrollen. Ich möchte mir ein Eingehen auf Einzelheiten dieses Kontrollkatalogs ersparen, wohl aber ein paar Bemerkungen zu den wichtigsten Kontrollen dieser Vorschrift machen. Hier ist von der Praxis her das bei vielen Versicherungsträgern bereits praktizierte und bewährte Ausweisleserverfahren mit Benutzeridentifikation von besonderer Bedeutung und Interesse.

Die Grundsätze dieses Verfahrens sind relativ einfach und scheinen, von allen Absicherungs-
maßnahmen den höchsten Sicherheitsgrad zu verwirklichen. Der direkte Zugriff auf den Versi-
chertenkontenbestand, aber auch die Erteilung von Arbeitsaufträgen, ist nach diesem Sicherungs-
system ausschließlich über ein Terminal möglich, das nur mit Hilfe eines Ausweislesers benutzbar
gemacht werden kann. Jeder Ausweis ist an eine Person gebunden und wird bei der Benutzung
über eine elektronische Benutzerdatei überprüft. Die Benutzerdatei bestätigt nicht nur die
Berechtigung des Ausweisinhabers zum Zugriff, also zur Kenntnisnahme der Daten, ihrer
Änderungen, Verarbeitung oder Übermittlung, sondern überprüft gleichzeitig die Benutzer-
hierarchie dergestalt, daß bestimmte Funktionen nur von bestimmten Personengruppen ausgelöst
werden können. Hinzu kommt, daß besonders gravierende Arbeitsaufträge, insbesondere die
zahlungsbegründenden Arbeitsaufträge, nur über zwei getrennte Eingaben von verschiedenen
berechtigten Personen - auch hier hierarchisch abgesetzt - eingegeben werden können.

Diese Methode der maschineninternen Absicherung wird noch dadurch verfeinert, daß die
Konteneingriffe, aber auch die Arbeitsaufträge mit Datum und Verursacheridentifizierung, in
einem Datensicherungsteil des Kontos dokumentiert werden. Dieser ist nicht veränderungsfähig
und erscheint auch nicht in der für den Sachbearbeiter üblichen Anzeige auf dem Terminal,
sondern ist zur Anzeige und damit Kontrolle nur einem kleinen, eigens dazu beauftragten
Personenkreis zugänglich.

Bei dieser Maßnahme, die ich nur als Beispiel skizzieren konnte, werden zwei scheinbar
gegensätzliche Dinge verknüpft. Die Maßnahmen dienen primär der Datensicherung; sie schützen
das elektronisch geführte Konto des Versicherten wie ein Bankkonto, dem das Versicherungskonto
ja weitgehend entspricht, vor Verlust und Fehlbuchungen. Gleichzeitig erfüllen diese Maßnahmen
aber auch die besonderen Anforderungen des Datenschutzgesetzes als Voraussetzung für den
Schutz und damit auch für die Kontrolle der Weitergabe der Daten. Die von den Rentenversicherungsträgern entwickelten Sicherheitsmaßnahmen decken sich folglich mit den Kontrollen
gemäß § 6 des BDSG, sie gehen zum Teil noch weit darüber hinaus. Das gilt insbesondere für das
erwähnte, für bestimmte Bereiche unabdingbare Vier-Augen-Prinzip.

Soweit es sich also im Rahmen des Datenschutzes um Datensicherungsmaßnahmen handelt,
möchte ich feststellen, daß diese durch die Rentenversicherungsträger als Folge des automatisierten Verfahrens bereits realisiert sind, so daß die eigentliche Datenschutzgesetzgebung in
diesem Bereich für die Rentenversicherungsträger keine entscheidenden Neuerungen mit sich
gebracht hat.

## III. Schutz der Daten im Außenverhältnis

Neben den Gesichtspunkten der Datensicherung, die in einem Bündel von Maßnahmen technischer und organisatorischer Art bestehen, steht die spektakulärste Frage des Datenschutzes, nämlich: Welche Stellen außerhalb der Rentenversicherungsträger erhalten Informationen über die Daten? Mit anderen Worten: Wie werden die Daten nach außen geschützt?

Das ist die zentrale Frage des Datenschutzes, vor allem, wenn man dessen wesentliche Anliegen nicht aus dem Auge verlieren will: Die Person, um deren Daten es geht, soll vor der Übermacht integrierter komplexer Datenspeicherung und -verarbeitungssysteme geschützt werden, sie soll vor dem Schicksal eines elektronisch verwalteten und damit kontrollierten Objektes bewahrt werden.

### A) Informationsverbund für den gesamten Sozialbereich?

An dieser Stelle ist kurz auf das immer wieder vorgestellte Projekt eines großen, über den spezifischen Sozialversicherungsbereich hinaus den gesamten Sozialbereich abdeckenden Informationsverbundes einzugehen.

Es ist zwar richtig und aufgrund der strukturellen Verzahnung zum Beispiel von Kranken- und Rentenversicherung im Bereich des Einzugs der Pflichtbeiträge zu beiden Zweigen unumgänglich, daß diese beiden Versicherungszweige in diesem Bereich ihres Tätigwerdens einen Verbund bilden, der im übrigen durch den Gesetzgeber reglementiert ist. Ob aber ein gesamter Datenpool mit dem naturgemäß auch technisch entstehenden Aufwand die von seinen Befürwortern dargetanen Vorteile im wirtschaftlichen Bereich zur Folge hätte und insbesondere zu einer verbesserten Versichertenbetreuung führen würde, ist keineswegs erwiesen. Fest steht lediglich, daß der Datenschutz dadurch nicht verbessert wird. Es würde vielmehr im Gegenteil durch die immense Ausweitung auch die Gefahr der mißbräuchlichen Nutzung gesteigert. Das Netz der sozialen Sicherheit ist permanent verbesserungs- und ausbaubedürftig. Die Datenverarbeitung sollte daher nicht dazu führen, daß es sich zu einem elektronischen Netz der Sicherheit entwickelt.

### B) Datenschutzvorschriften vor der Neuregelung von 1980

Der Datenschutz im engeren Sinne, also seine Regelung für das Außenverhältnis, ist durch das SBG X für die Sozialversicherung auf eine neue Grundlage gestellt worden. Dieses weitere Buch des geplanten Sozialgesetzbuches regelt im ersten Kapitel das Verwaltungsverfahren und in einem zweiten Kapital den "Schutz der Sozialdaten". Das zweite Kapitel behandelt in einem ersten Abschnitt die "Geheimhaltung" und im zweiten Abschnitt den "Schutz der Sozialdaten bei der Datenverarbeitung". Diese Neuregelung hatte ihre Ursache in den bekannten Unzulänglichkeiten der vorangegangenen Bestimmungen über das Sozialgeheimnis (§ 35 SGB I).

Die deutsche Sozialversicherung war zwar seit jeher zur Verschwiegenheit über die ihr mitgeteilten Daten verpflichtet, ein Sozialgeheimnis enthielt schon § 141 RVO. Diese Bestimmung wurde so verstanden, daß das System der Sozialversicherung nach außen zwar abgeschirmt wurde, daß aber wegen der Verschwiegenheitspflicht aller Beteiligten intern zwischen den Versicherungsträgern und -zweigen ein ungehinderter Datenfluß zulässig war. Auch die bisherige Regelung des Geheimnisschutzes in § 35 SGB I schrieb diese Auffassung fort: Danach hatte jeder Anspruch darauf, daß seine Geheimnisse, insbesondere die zum persönlichen Lebensbereich gehörenden Geheimnisse, sowie die Betriebs- und Geschäftsgeheimnisse von den Leistungsträgern und ihren Verbänden nicht unbefugt offenbart wurden. Eine Offenbarung war dann nicht unbefugt, wenn der Betroffene zugestimmt hatte oder eine gesetzliche Mitteilungspflicht bestand. Diese Vorschrift wurde in der Praxis als schwierig und zum Teil hinderlich empfunden. Sie war in der Tat problematisch, weil sie zu viele unbestimmte Rechtsbegriffe enthält, vom Begriff des Geheimnisses bis zum Begriff der Offenbarung.

C)   <u>Grundsätze der Neuregelung von 1980</u>

Die Vorschriften des SGB X schlagen einen anderen Weg ein. Sie bemühen sich nicht mehr, den Geheimnisbegriff zu definieren, sondern unterstellen alle personenbezogenen Daten dem Geheimnisschutz und damit dem Verbot der Offenbarung durch die Sozialversicherungsträger, auch Daten, die anderweitig bekannt sind, wie die Anschrift des Betroffenen. Geschützt sind also alle Daten ohne Rücksicht darauf, ob sie in Dateien enthalten sind oder in herkömmlichen Akten der Versicherungsträger. Es kommt auch nicht mehr darauf an, ob diese Daten schutzwürdig, also besonders sensibel sind. Denn das neue Gesetz regelt lediglich die Offenbarung an Dritte, und zwar ohne Rücksicht darauf, ob diese Daten dem Adressaten oder vielleicht sogar der Allgemeinheit bekannt sind.

Mit dieser Systematik entspricht das Gesetz den bereits vorher überwiegend vertretenen Auffassungen, nämlich alle personenbezogenen Daten im Sinne eines Verbotes der Offenbarung geheimzuhalten und die Offenbarung selbst als Ausnahmetatbestand enumerativ und damit abschließend zu regeln.

D) <u>Die neuen Offenbarungsregelungen im einzelnen</u>

Die für die Rentenversicherung maßgeblichen, vom Gesetz zugelassenen Offenbarungsregelungen enthalten elf Tatbestände, welche in verschiedenem Ausmaß die Datenübermittlung an andere gestatten:

- Die Einwilligung des Betroffenen
- die Amtshilfe
- die Erfüllung einer gesetzlichen Aufgabe nach dem SGB
- die Datenverarbeitung im Auftrag
- die Richtigstellung unwahrer Tatsachenbehauptungen des Betroffenen
- die besondere gesetzliche Mitteilungspflicht
- die Unterstützung der rechtmäßigen Erfüllung der Aufgaben des Verfassungsschutzes, des Bundesnachrichtendienstes, des militärischen Abschirmdienstes und des Bundeskriminalamtes
- die Verfolgung von Verbrechen oder Vergehen
- die Erfüllung gesetzlicher Unterhaltsansprüche einschließlich der Ansprüche aus dem Versorgungsausgleich
- die Forschung und Planung im Sozialleistungsbereich
- die Datenübermittlung über Vermittlungsstellen im Gebiet außerhalb der Bundesrepublik Deutschland.

Mit diesem Katalog ist der Versuch gemacht worden, die Offenbarung geschützter Daten überschaubar im einzelnen zu reglementieren, und zwar unter weitgehendem Verzicht auf Generalklauseln. Daß dennoch eine Reihe von Fragen offengeblieben ist, ja, erst durch die Neuregelung entsteht, liegt in der Natur der Sache. Eine besondere Regelung sieht die Offenbarung von sogenannten medizinischen Daten vor. Ich werde im Zusammenhang mit einigen Bemerkungen zu dem Offenbarungstatbestand der Forschung und Planung darauf zurückkommen. Es würde den Rahmen dieses Referats sprengen, wenn ich auf die genannten Tatbestände der Offenbarungsbefugnis im einzelnen und mit den heute bereits erkennbaren Zweifelsfragen einginge. Ich beschränke mich daher auf einige besonders interessante Tatbestände.

Als oberster Grundsatz der Offenbarungsbefugnis gilt die Einwilligung des Betroffenen. Falls sie vorliegt, erübrigt sie - so scheint es - die Prüfung aller anderen Tatbestände; sie schaltet sie gewissermaßen aus. Sie ist für jeden Einzelfall der Offenbarung erforderlich und an bestimmte Formen gebunden. Ihre Erfordernisse gehen somit über die entsprechende Regelung des BDSG hinaus.

Von besonderem, fast spektakulärem Interesse dürfte die Bestimmung über die Offenbarung personenbezogener Daten für den Schutz der inneren und äußeren Sicherheit sein. Dieser

Tatbestand war wegen seiner jeweiligen tagespolitischen Bedeutung, so bei der Terroristen-fahndung, immer ein Prüfstein für das Funktionieren des Datenschutzes gegenüber dritten Stellen, die nicht zum Bereich der Sozialversicherung gehören. Die nunmehr konkretisierte Regelung sieht folgendes vor:

Nur, soweit es im Einzelfall die rechtmäßige Erfüllung der Aufgaben der Behörden für die innere und äußere Sicherheit erfordert, ist die Offenbarung von Vor- und Familiennamen, Geburts-datum, Geburtsort, derzeitige und frühere Anschriften des Betroffenen sowie Namen und Anschriften seiner derzeitigen und früheren Arbeitgeber zulässig. Mit dieser nicht unerheblichen Einschränkung wird die in diesem Zusammenhang häufig erwähnte Rasterfahndung erschwert, soweit sie sich auf Bestände der Sozialversicherungsträger bezieht. Die Sozialversicherungs-träger werden damit aus der ihnen in der Vergangenheit bisweilen zugemuteten Aufgabe von Ersatzmeldeämtern entbunden. Über die Erforderlichkeit und damit Zulässigkeit des Offen-barungsersuchens entscheidet ein vom Leiter der ersuchenden Stelle Beauftragter, der die Befähigung zum Richteramt haben muß. Bei der ersuchten Stelle entscheidet über das Offen-barungsersuchen der Behördenleiter oder sein Stellvertreter. Darüber hinaus ist die jeweilige oberste Bundes- oder Landesbehörde über das Offenbarungsersuchen zu unterrichten. Wie zu verfahren ist, wenn der Beauftragte der ersuchenden Stelle das Offenbarungsersuchen geprüft und weitergegeben hat, der Behördenleiter der ersuchten Stelle bei seiner Prüfung zu einem anderen Ergebnis kommt, das Ersuchen also ablehnen will, ist ungeklärt.

Es scheint, als sei mit dieser Regelung das non plus ultra des Datenschutzes erreicht und eine Regelung konzipiert, die nur noch durch top secret-Verfahren im militärischen Bereich über-troffen werden kann.

Für den Sozialversicherungsbereich ist diese Regelung vom Standpunkt des Datenschutzes aber sicher die verfahrensrechtlich optimale Regelung.

Interessant sind die Bestimmungen über die Zulässigkeit der Offenbarung personenbezogener Daten für Forschung und Planung. Es handelt sich um die §§ 75, 76 des SGB X. Forschung und Planung genießen im allgemeinen Wohlwollen und Förderung; sie haben überall einen hohen Stellenwert. Aus diesem Grunde scheint es zweckmäßig, die genannten Vorschriften etwas näher zu betrachten, auch weil sie - natürlich im Rahmen datenschutzrechtlicher Überlegungen - beispielhaft für Regelungen in anderen Bereichen sein können, in denen Individualschutz einerseits und allgemeines Interesse an der Förderung der Forschung andererseits in einem gewissen Gegensatz stehen. Ob diese Regelungen richtungs- und zukunftsweisend sein können, möchte ich dahingestellt bleiben lassen.

Die materiellen Voraussetzungen der Zulässigkeit der Offenbarung personenbezogener Daten zum Zwecke der Forschung oder Planung sind folgende:

Die Offenbarung muß erstens erforderlich sein, entweder für die wissenschaftliche Forschung im Sozialleistungsbereich oder für eine Planung im Sozialleistungsbereich durch eine öffentliche Stelle im Rahmen ihrer Aufgaben.

Während bei der Planung der Adressat eine öffentliche Stelle sein muß, werden an den Empfänger zum Zwecke der Forschung keine besonderen Anforderungen gestellt; es muß sich lediglich um eine wissenschaftliche Forschung handeln. Dazu dürften Einzelpersonen, wie sogenannte Privatgelehrte, aber auch Doktoranden gehören.

Zwar bedarf die Offenbarung für Zwecke wissenschaftlicher Forschung der vorherigen Genehmigung durch die zuständige oberste Bundes- oder Landesbehörde. Diese Genehmigung ist eine gebundene Erlaubnis; sie darf nur versagt werden, wenn die Genehmigungsvoraussetzungen nicht vorliegen. Zu diesen gehört die Prüfung der Erforderlichkeit der in Frage stehenden Daten für das Forschungsprojekt.

Nun weiß man, daß die Notwendigkeit der Erhebung und Auswertung von Basisdaten bei einem Forschungsvorhaben erst dann beurteilt werden kann, wenn das Vorhaben abgeschlossen wurde; erst dann kann mit einiger Sicherheit gesagt werden, ob die Daten erforderlich, nicht erforderlich oder völlig sinnlos für das Vorhaben waren. Die Genehmigung kann sich daher bei der Erforderlichkeitsprüfung nur auf eine Art Schlüssigkeitsprüfung des Forschungsvorhabens beschränken, wobei sie durch das Ergebnis der Forschung unter Umständen widerlegt wird.

Als zweite Voraussetzung für die Offenbarung zu Zwecken der Forschung fordert das Gesetz, daß schutzwürdige Belange des Betroffenen nicht beeinträchtigt werden oder daß das öffentliche Interesse das Geheimhaltungsinteresse des Betroffenen erheblich überwiegt.

Als dritte Voraussetzung muß es unzumutbar sein, die Einwilligung des Betroffenen einzuholen oder den Zweck der Forschung oder Planung auf andere Weise zu erreichen.

Auch die beiden letzten Voraussetzungen sind Gegenstand des Genehmigungsverfahrens durch die obersten Bundes- oder Länderbehörden, stellen diese aber vor die kaum lösbare Aufgabe, das Forschungsprojekt bis zum Endergebnis vorwegzuprüfen, es also gewissermaßen im Vorhinein nachzuvollziehen. Inwieweit diese Regelung praktikabel ist, bleibt abzuwarten.

Aber auch hier gilt der allgemeine Grundsatz, daß dieses sicher schwierige Genehmigungsverfahren nicht erforderlich ist, wenn der Betroffene der Offenbarung seiner geschützten Daten zustimmt. Tut er das allerdings nicht oder ist die Einholung der Einwilligung des Betroffenen zwar zumutbar, wird sie aber von ihm versagt, dann darf eine Offenbarung nicht erfolgen, mit anderen Worten Forschung und Planung müssen ohne die Daten auskommen.

Einen besonderen Aspekt erhält die Offenbarung personenbezogener Daten zum Zwecke der Forschung im Hinblick auf medizinische Daten, die als besonders schutzwürdig behandelt werden. Dieser Tatbestand ist in § 76 SGB X angesprochen und geht als lex specialis allen anderen Offenbarungstatbeständen vor. Danach dürfen zum Beispiel medizinische Daten, die einem Sozialversicherungsträger von einem Arzt im Rahmen einer auftragsgemäßen Begutachtung des Betroffenen zugänglich gemacht worden sind, nur unter den Voraussetzungen offenbart, also weitergegeben werden, unter denen der Arzt selbst offenbarungsbefugt wäre. In dem Komplex der Rechtsbegriffe fließt damit zusätzlich noch ärztliches Standesrecht in Verbindung mit § 203 StGB ein.

Die hier im Vordergrund stehende ärztliche Schweigepflicht als Basis für das medizinisch erforderliche Vertrauensverhältnis zwischen Arzt und Patienten steht unter Umständen jeder Forderung entgegen, personenbezogene Daten des Patienten zum Zwecke der Forschung oder Planung weiterzugeben.


## IV.  Zusammenfassung

Die Auswirkungen des Datenschutzes für die Verwaltungspraxis der Rentenversicherungsträger lassen sich wie folgt zusammenfassen:

Soweit der Datenschutz durch interne Datensicherungsmaßnahmen zu realisieren ist, decken sich seine Anforderungen mit denen, die sich aus der Praktizierung des gesetzlich vorgeschriebenen, integrierten automatischen Datenverarbeitungssystems ergeben. Sie sind unabdingbare Voraussetzungen einer ordnungsgemäßen Erledigung der Geschäftsvorfälle mit Hilfe der Elektronik.

Soweit es sich um den Datenschutz im engeren Sinne, also um den Schutz der personenbezogenen Daten nach außen handelt, schreibt das für die Sozialversicherung maßgebliche Gesetz insoweit organisatorische Konsequenzen vor, als bei der Übermittlung beziehungsweise Offenbarung an Dritte die Zulässigkeit der Offenbarung in gravierenden Fällen durch vom Gesetz dazu berufene Personen der ersuchten Stelle zu prüfen ist. In zwei Fallgruppen sind außerdem die obersten Bundes- oder Landesbehörden einzuschalten. Damit wird eine konzentrierte und somit einheitliche, andererseits aber auch wieder leicht überprüfbare Instanz geschaffen, ohne daß dabei überzogene organisatorische Maßnahmen erforderlich wären. Das SGB X führt grundsätzlich klare Tatbestände und Zuständigkeitsregelungen als Kautelen für die Offenbarungstatbestände ein, die im wesentlichen der bisher herrschenden Meinung entsprechen und praktikabler sind als die bisherigen Vorschriften, wobei zum Schluß gesagt werden darf, daß eklatante Datenschutzprobleme in der Vergangenheit nicht aufgetreten sind und in der Zukunft auch sicherlich Seltenheitswert haben werden.

# DAS INTEGRIERTE SYSTEM DER GESETZLICHEN RENTENVERSICHERUNG

von Franz-Martin Fehn, Bayreuth

## I.  Soziale Sicherung in der Bundesrepublik Deutschland

Die gesetzliche Rentenversicherung ist ein Teil der sozialen Sicherung in der Bundesrepublik Deutschland. Bevor ich mich mit dem eigentlichen Teil meines Vortrages - dem integrierten System der gesetzlichen Rentenversicherung - befasse, soll ein kurzer Überblick über die weiteren an der sozialen Sicherung in der Bundesrepublik Deutschland beteiligten Bereiche gegeben werden, um die Stellung der Rentenversicherung in diesem Gesamtsystem sowie die noch zu behandelnde Datenkommunikation zwischen den Versicherungsträgern verständlicher zu machen. Der Sozialleistungsbereich ist durch die Vielfalt der Aufgaben, die er zu erfüllen hat, und die Unterschiedlichkeit der abzudeckenden Risiken relativ breit gegliedert.

Da ist zunächst die Sicherung der Gesundheit der Bevölkerung. Dies ist die Aufgabe der Krankenversicherung, die mit ihren Leistungen immer dann einsetzt, wenn es gilt, die Gesundheit des einzelnen und der Familie zu erhalten oder wiederherzustellen.

Mit dem Arbeitsschutz ist die Unfallversicherung betraut. Ihre wichtigste Aufgabe ist es, Arbeitsunfälle zu verhüten. Tritt ein Arbeitsunfall ein, so hat die Unfallversicherung die Folgen zu mindern oder zu beseitigen.

Die Aufgaben der Arbeitsförderung und Arbeitslosenversicherung sind der Bundesanstalt für Arbeit in Nürnberg übertragen. Im Vordergrund steht heute die Arbeitsförderung. Sie ist darauf gerichtet, einen hohen Beschäftigungsstand zu erreichen sowie die Beschäftigungsstruktur zu verbessern und damit zur Steigerung des gesamtwirtschaftlichen Wachstums beizutragen.

Ein nicht unbedeutender Teil der Versorgung im Falle der Berufsunfähigkeit oder Erwerbsunfähigkeit und des Alters sowie der Versorgung für die Hinterbliebenen wird heute durch die öffentlich-rechtliche Zusatzversorgung oder tarifliche und betriebliche Altersversorgung abgedeckt. Es ist anzunehmen, daß diese seit Jahren im öffentlichen Bereich und in größeren Unternehmen der privaten Wirtschaft übliche Zusatzversorgung letztlich allen Arbeitnehmern zugute kommen wird.

In Notlagen, für die Sozialleistungsträger Leistungen nicht vorgesehen haben, tritt die öffentliche Sozialhilfe ein. Sie wird gewährt, wenn der einzelne seine Notlage aus eigenen Kräften und Mitteln nicht beheben kann.

Kriegsschäden, Vertreibungsschäden sowie die durch die Währungsumstellung 1948 entstandenen Sparerschäden werden durch soziale <u>Entschädigungen</u> in Form von Beihilfen und Renten ausgeglichen.

Wenn man das System der sozialen Sicherung erschöpfend umschreiben will, dürfen auch <u>Steuerermäßigungen</u> aus sozialen Gründen nicht unberücksichtigt bleiben. In diesem Falle wird ohne Leistungsgewährung durch die Verminderung eines Abzugs die soziale Sicherheit des Bürgers verbessert.

Dieser kurze Überblick zeigt deutlich die Vielfalt des Systems der sozialen Sicherung in der Bundesrepublik Deutschland. Für breite Schichten der Bevölkerung, für die die soziale Sicherung von grundlegender Bedeutung ist, sind das Leistungsangebot und die Anspruchsberechtigungen schwer überschaubar. Der Grund liegt nicht nur in der Vielschichtigkeit des Systems, sondern auch in der Zersplitterung der Rechtsquellen.

Diese unbefriedigende Rechtslage soll durch die Zusammenfassung des Sozialrechts in einem <u>Sozialgesetzbuch</u> verbessert werden.


## II.  Die gesetzliche Rentenversicherung

Die Aufgaben, die die Rentenversicherung zu erfüllen hat, sind gesetzlich vorgeschrieben. Es sind dies:

- Allgemeine Maßnahmen zur Besserung der gesundheitlichen Verhältnisse der gesamten Bevölkerung
- Leistungen zur Rehabilitation für den Einzelnen
- Zahlung von Renten
- Zahlung von Beiträgen an die Krankenversicherung für die Rentner
- Aufklären und Beraten der Versicherten und Rentner.

Die Aufgaben werden von 22 Rentenversicherungsträgern durchgeführt. Zuständig sind:

- Für den Bereich der Arbeiterrentenversicherung 18 Landesversicherungsanstalten,
- für den Bereich der Angestelltenversicherung die Bundesversicherungsanstalt für Angestellte,
- für die in Bergbaubetrieben beschäftigten Arbeitnehmer die Bundesknappschaft,
- für die bei der Deutschen Bundesbahn beschäftigten Arbeitnehmer die Bundesbahnversicherungsanstalt,
- für die in der Hochseeschiffahrt tätigen Arbeitnehmer die Seekasse.

Insgesamt werden von den Rentenversicherungsträgern über 45 Millionen Konten für Versicherte und Rentner verwaltet. Diese verteilen sich auf die einzelnen Versicherungszweige wie folgt:

| | |
|---|---:|
| Arbeiterrentenversicherung | 26.335.868 |
| Angestelltenversicherung | 17.625.046 |
| Knappschaft | 512.081 |
| Bundesbahnversicherungsanstalt | 725.139 |
| Seekasse | 184.390 |
| Summe | 45.382.524. |

Die Finanzierung der Aufgaben der Rentenversicherung erfolgt über zwei Wege, durch die Beiträge, die bei dem Pflichtversicherten je zur Hälfte vom Versicherten und vom Arbeitgeber getragen werden, sowie durch den Bundeszuschuß. Der größte Teil der Ausgaben wird durch die Beiträge bestritten.

Einen Überblick über den Umfang des Haushalts der Rentenversicherung geben die folgenden Zahlen aus den Rechnungsergebnissen der Arbeiter- und Angestelltenversicherung für das Jahr 1979:

Einnahmen

| | |
|---|---|
| Beiträge | 107,7 Milliarden DM |
| Bundeszuschuß | 19,1 Milliarden DM |
| Sonstige Einnahmen | 1,7 Milliarden DM. |

Ausgaben

| | |
|---|---|
| Renten | 106,4 Milliarden DM |
| Krankenversicherung der Rentner | 12,5 Milliarden DM |
| Beitragserstattungen | 0,4 Milliarden DM |
| Rehabilitationsmaßnahmen | 3,9 Milliarden DM |
| Verwaltungskosten | 1,4 Milliarden DM |
| Verfahrenskosten | 0,9 Milliarden DM. |

## III. Datenverarbeitung in der gesetzlichen Rentenversicherung

### A) Entwicklung

Die Träger der deutschen gesetzlichen Rentenversicherung haben sich, im Vergleich zu anderen Bereichen der öffentlichen Verwaltung, sehr frühzeitig mit der Datenverarbeitung befaßt. Äußere Ursache war die Rentenreform des Jahres 1957. Die Berücksichtigung eines ganzen Berufslebens für die Rentenfestsetzung eines Versicherten, die individuelle Bewertung von Beschäftigungs-, Krankheits- und Arbeitslosigkeitszeiten für die Rentenberechnung, die Dynamisierung der Leistung führten zu einer beitragsorientierten und "gerechten", aber auch zu einer sehr komplizierten Rentenformel. Der Arbeitsanfall war bei dieser neuen Art der Leistungsfestsetzung mit herkömmlichen Mitteln nicht zu bewältigen. Alle Rentenversicherungsträger setzten deshalb erstmals in den Jahren 1957/58 die Datenverarbeitung in der Verwaltung ein. In den mehr als zwanzig Jahren, die seither vergangen sind, haben die Versicherungsanstalten die gesamte technische Entwicklung der Datenverarbeitung, von Lochkartenmaschinen bis zu den Anlagen der dritten Generation, mitgemacht. Die Anwendungsbreite der Datenverarbeitung dehnte sich von der Erledigung einzelner Teilaufgaben am Anfang auf die vollständige maschinelle Bestandsführung für alle Versicherten in der Gegenwart aus.

In dieser sich kontinuierlich fortsetzenden Entwicklung befindet sich die Rentenversicherung damit heute in einem Abschnitt, den man mit "Terminalisierung der Verwaltung" bezeichnen kann. Der Computer wird für den Sachbearbeiter direkt verfügbar. Eine neue Art der Sachbearbeitung, der Mensch-Maschine-Dialog, beeinflußt und ändert den herkömmlichen Verwaltungsablauf. Eine Vielzahl einschneidender und den traditionellen Arbeitsablauf beeinflussender Maßnahmen war erforderlich, um den heutigen Automationsstand zu erreichen, der es - nur um Beispiele zu nennen - erlaubt, jederzeit in Sekundenschnelle die aufgelaufenen Leistungsansprüche eines Versicherten zu ermitteln und sie in überschaubarer Form zu dokumentieren.

### B) Versicherungsnummer

Voraussetzung für ein Verfahren, das nicht nur die maschinelle Verarbeitung bei den einzelnen Versicherungsträgern gewährleisten, sondern auch die unbedingt notwendige Datenkommunikation zwischen den Versicherungsträgern ermöglichen soll, war die Einführung eines für das gesamte Bundesgebiet einheitlichen Ordnungsmerkmals für die Versicherten. Es mußte sichergestellt werden, daß jeder Versicherte eine eindeutige Kennung erhält, damit seine Daten, ganz gleich, wo er sich im Bundesgebiet aufhält und bei welchem Versicherungszweig er versichert ist, stets nur einem Konto zufließen.

Der erste Schritt wurde mit der allgemeinen Verwaltungsvorschrift zur Einführung einer Versicherungsnummer in der Rentenversicherung vom 15. Februar 1964 getan. In dieser sowie in der erweiterten Verwaltungsvorschrift vom 27. Dezember 1967 ist festgelegt, daß jeder Versicherte beim Eintritt in die Versicherung und - soweit er beim Inkrafttreten der Verwaltungsvorschrift bereits versichert war - beim Umtausch der Versicherungskarte eine Versicherungsnummer erhalten muß.

Die Versicherungsnummer ist 12-stellig und setzt sich wie folgt zusammen:

| | |
|---|---|
| 2 Stellen | Bereichsnummer |
| 6 Stellen | Geburtsdatum des Versicherten |
| 1 Stelle | Anfangsbuchstabe des Familiennamens |
| 2 Stellen | Seriennummer |
| 1 Stelle | Prüfziffer. |

Durch die Bereichsnummer wird sichergestellt, daß sich die von verschiedenen Versicherungsträgern vergebenen Versicherungsnummern unterscheiden. Das Geburtsdatum wird unverschlüsselt in der Reihenfolge Tag, Monat, Jahr übernommen. Als Anfangsbuchstabe wird der Anfangsbuchstabe des Geburtsnamens verwendet, so daß auch bei Namensänderungen durch Verehelichung die Versicherungsnummer nicht geändert werden muß. Die Seriennummer dient zur Unterscheidung mehrerer Versicherter mit gleichem Geburtsdatum und gleichem Anfangsbuchstaben des Familiennamens. In diesem Feld ist auch die Unterscheidung von männlichen und weiblichen Versicherten vorgesehen. Männlichen Versicherten werden die Seriennummern 00 bis 49, weiblichen Versicherten die Seriennummern 50 bis 99 zugeordnet. Die Prüfziffer wird maschinell über einen Rechengang ermittelt, der in einem Erlaß des Bundesministers für Arbeit und Sozialordnung vom 9. Dezember 1969 festgelegt ist. Sie soll helfen, Schreib-, Dreh- und Übertragungsfehler aufzudecken.

Heute besitzt jeder Versicherte der Rentenversicherung eine derartige Versicherungsnummer. Der immense Arbeitsaufwand, der besonders im Erfassungsbereich mit der Vergabe der Versicherungsnummer und der Einrichtung der maschinellen Konten verbunden war, ergibt sich aus der bereits eingangs erwähnten Anzahl von über 45 Millionen Konten, die bei den Rentenversicherungsträgern geführt werden.


C)  Kontoinhalt


Eine weit größere Arbeitsbelastung brachte die Ergänzung dieser Konten um die Versicherungsdaten, die auf herkömmlichen Versicherungskarten eingetragen waren. Knapp 200 Millionen Versicherungskarten lagerten in den Archiven der Versicherungsträger, die für die Erfassung aufbereitet, erfaßt und in die Konten eingespeichert werden mußten. Diese Arbeiten konnten nur in einer Sonderaktion mit erheblichem Personaleinsatz durchgeführt werden. Sie sind seit 31. Dezember 1979 weitgehend abgeschlossen. Für jeden Versicherten ist heute vom Eintritt in die

Versicherung bis zum jeweils aktuellen Zeitpunkt gespeichert, von wann bis wann er bei welchem Arbeitgeber gearbeitet und welches Arbeitsentgelt er erhalten hat. Weiterhin sind alle Ersatzzeiten, wie zum Beispiel die Zeiten des Kriegsdienstes, der Kriegsgefangenschaft und Internierung ebenso wie die Ausfallzeiten, zum Beispiel die Zeiten der Krankheit, der Mutterschaft, der Arbeitslosigkeit und der Ausbildung festgehalten. Neben diesen Beitragsdaten werden auch die Leistungsdaten bei durchgeführten Rehabilitationsmaßnahmen sowie bei der Gewährung von Renten im Konto abgelegt. Das Konto ist somit eine maschinell geführte Versicherungsakte, die in chronologischer Reihenfolge ab Eintritt in die Versicherung alle versicherungsrechtlich-relevanten Tatbestände enthält. Die Aktualisierung dieser Konten erfolgt heute auf einem maschinellen Wege, der im Abschnitt Datenkommunikation noch kurz erläutert wird. Die Vielzahl der zu speichernden Tatbestände sowie die Datenhistorisierung führen dazu, daß Konten der Versicherungsträger erheblich größer sind als dies bei anderen Verwaltungen üblich ist. Das durchschnittliche Konto eines Versicherten umfaßt nahezu 1.000 Bytes.


D)   Ablauf des Verfahrens

1.   Die Arbeitsgänge

Der Ablauf des Verfahrens läßt sich am anschaulichsten am Beispiel eines Versicherten vom Eintritt in die Versicherung bis hin zur Leistungsgewährung schildern. Ein junger schulentlassener Berufsanfänger, der erstmals eine Arbeit aufnimmt, muß vom Arbeitgeber bei der zuständigen Krankenkasse angemeldet werden. Diese leitet die Anmeldedaten an den zuständigen Rentenversicherungsträger auf einem noch näher zu erläuternden Wege weiter. Über diese Angaben wird beim Rentenversicherungsträger die Versicherungsnummer vergeben und ein maschinelles Konto eingerichtet. Die zugeteilte Versicherungsnummer wird der Krankenkasse maschinell und dem Versicherten auf einem Versicherungsnachweisheft bekanntgegeben. Über den Versicherten erhält auch der Arbeitgeber Kenntnis von der Versicherungsnummer.

Jeweils am Ende eines Kalenderjahres oder beim Ausscheiden aus dem Betrieb gibt der Arbeitgeber unter der Versicherungsnummer die Zeitdauer der Beschäftigung und das erzielte Bruttoarbeitsentgelt über die Krankenkasse der Rentenversicherung bekannt. Diese Angaben werden in das maschinelle Konto übernommen. Ergänzend werden von den Krankenkassen und von der Bundesanstalt für Arbeit die Ausfallzeiten, die Zeiten der Krankheit oder der Arbeitslosigkeit geliefert. Auf diese Weise entsteht im Konto bei den Rentenversicherungsträgern eine lückenlose Datensammlung aller für das Versicherungsrecht wesentlichen Tatsachen. Ab dem 45. Lebensjahr erhält der Versicherte in einem sechsjährigen Zyklus einen Versicherungsverlauf mit allen für ihn gespeicherten Daten, der es ihm ermöglicht, Unrichtigkeiten zu korrigieren und Lücken ergänzen zu lassen. Anfragen und Auskünfte, die der Versicherte auf schriftlichem Wege an die Rentenversicherungsträger leitet, werden in das Konto übernommen und - von Ausnahmen abgesehen - maschinell erledigt. Auch Leistungsanträge werden noch vor der Zuleitung an die

Sachbearbeitung in das maschinelle Konto eingespeichert, um auf diesem Wege die Antragsbearbeitung überwachen zu können. Die Leistungsfestsetzung erfolgt nach Sachaufklärung durch Anstoß der Sachbearbeitung auf maschinellem Wege, wobei nicht nur die Leistungsberechnung durchgeführt und die Bescheide ausgedruckt, sondern auch alle Ergebnisdaten in das Konto abgespeichert werden, damit auch die Leistungsnachbehandlung, wie zum Beispiel die jährliche Anpassung der Renten, maschinell durchgeführt werden kann.


## 2. Bildschirmverfahren

Diese Arbeiten, Vergabe der Versicherungsnummer, Einspeichern von Daten, Behandlung von Anfragen, Leistungsfestsetzung und Nachbehandlung von Leistungsfällen, laufen in einem integrierten System ohne Trennung auf Arbeitsgebiete täglich einmal für alle zu diesem Zeitpunkt anstehenden Vorgänge ab. Auf diesem Wege, der sogenannten Batch-Verarbeitung, wird heute noch der überwiegende Teil der Arbeiten abgewickelt. Daneben tritt nun in zunehmendem Maße die Direktverarbeitung über Bildschirm. Die Rentenversicherungsträger haben die für die Stapelverarbeitung entwickelten, sehr umfangreichen Programme so modifiziert, daß auch alle Arbeiten über Bildschirm ablauffähig sind. Bildschirme bieten den Vorteil, daß bei Bedarf der benötigte Fall sofort zur Verfügung steht und die gewünschten Arbeiten auch umgehend ausgeführt werden. Neben dem Einsatz in der Sachbearbeitung werden Datensichtgeräte mit großem Erfolg vor allen Dingen im Auskunfts- und Beratungsdienst eingesetzt. Wir sind heute in der Lage, dem beim Versicherungsträger vorsprechenden Versicherten sofort die Rente bekanntzugeben, die er erhalten würde, wenn der Versicherungsfall jetzt eingetreten wäre. Diese Auskunft gewinnt durch das sogenannte flexible Altersruhegeld besonders an Bedeutung, das es dem Versicherten ermöglicht, ab dem 62. Lebensjahr und unter bestimmten Voraussetzungen bereits ab dem 60. Lebensjahr das Altersruhegeld zu beantragen, wenn er aus dem Arbeitsprozeß ausscheidet. Für die Entscheidung, Rente zu beantragen oder weiter zu arbeiten, ist die sichere Aussage über die Rentenhöhe ausschlaggebend.

Die Auskünfte werden dabei nicht nur am Dienstsitz des Versicherungsträgers, sondern auch bei den Sprechtagen der Versicherungsanstalten in den Gemeinden gleichermaßen gegeben. Zu diesem Zwecke sind die Auskunftsbeamten mit Bildschirmgeräten und Modems ausgerüstet, die es erlauben, die digital gespeicherten Daten der Versicherungskonten über das Telefonnetz zu übertragen. Mit wenigen Handgriffen lassen sich die Geräte am Auskunftsort an das Telefonnetz anschließen. Dem Auskunftsbeamten steht dann am Wohnort des Versicherten die ganze Breite der Computerauskunft zur Verfügung, wie dies früher nur am Dienstsitz des Versicherungsträgers möglich war. Diese unkonventionelle und schnelle Auskunftserteilung wird von den Versicherten sehr begrüßt.

3.    Auswirkungen des maschinellen Verfahrens

a)    Organisatorische Auswirkungen

Wie bereits erwähnt, hat eine so umfassende Verfahrensautomation wesentlichen Einfluß auf den traditionellen Arbeitsablauf. Um ein rationelles Gesamtverfahren zu erreichen, war eine Änderung der Organisationsstruktur bei den Versicherungsträgern unerläßlich. Bis Ende der sechziger Jahre waren die Anstalten aufgabenorientiert gegliedert. So gab es bei allen Versicherungsträgern eine Beitragsabteilung, die neben dem Beitragseinzug und der Beitragsüberwachung für alle Anfragen vor dem Leistungsverfahren zuständig war. Es gab eine eigene Gesundheitsabteilung, die die Anträge auf Rehabilitationsmaßnahmen zu bearbeiten, und es gab weiterhin eine Rentenabteilung, die das Rentenverfahren abzuwickeln hatte. Jede dieser Abteilungen hatte eine eigene Aktenablage und ein eigenes Aktenzeichensystem. Seit Einführung der Versicherungsnummer ist im Verkehr mit dem Versicherten nur noch die Versicherungsnummer als Aktenzeichen zugelassen. Dies führt dazu, daß alle Vorgänge eines Versicherten, seien es die Beitrags-, Rehabilitations- oder Rentenvorgänge, unter der Versicherungsnummer in einer Einheitsakte abgelegt werden. Die Einheitsakte ist heute zum überwiegenden Teil ein Spiegelbild des ab Beginn einheitlich organisierten Kontos. Sachbearbeitung ist zu einem großen Teil Kontenbearbeitung. Jeder Sachbearbeiter muß, ganz gleich in welcher Abteilung er tätig und mit welcher Aufgabe er betraut ist, die Korrespondenz mit dem maschinellen Konto beherrschen. Die maschinelle Kontoführung bewirkt so eine Vereinheitlichung der Sachbearbeitung. Diese Entwicklung hatte zur Folge, daß die drei Abteilungen zu einer Einheitsabteilung zusammengefaßt wurden. Wesentliches Organisationsmerkmal der neuen Abteilung ist die Versicherungsnummer. Eine Arbeitseinheit der Einheitsabteilung ist jeweils zuständig für alle an einem Tag geborenen Versicherten. Somit ergibt sich aus der Versicherungsnummer selbst das zuständige Arbeitsteam. Die Entscheidung, wer für die Bearbeitung zuständig ist und an welche  Stelle zum Beispiel Ausdrucke der Datenverarbeitung zu leiten sind, kann dadurch eindeutig und schnell getroffen werden.

b)    Personelle Auswirkungen

Eine so weitgehende Umgliederung der Verwaltung, verbunden mit einer umfassenden Automation, wirft immer wieder die Frage nach den personellen Auswirkungen auf. Sie ist nicht leicht zu beantworten. Konkret ist zu sagen, daß sich in den letzten fünf Jahren der Personalbestand bei den Rentenversicherungsträgern um knapp fünf Prozent verringert hat. Diese Feststellung bringt alleine jedoch noch keine abschließende Aussage über die Auswirkungen im Personalbereich. Wenn man an die sehr umfangreichen neuen Aufgaben denkt, wie den Versorgungsausgleich im Scheidungsfalle und die zyklische Versendung von Versicherungsverläufen, so muß darauf hingewiesen werden, daß diese Arbeiten ohne die Automation, wenn überhaupt, nur mit einer beachtlichen Personalmehrung hätten bewältigt werden können. Andererseits ist festzustellen, daß die gesetzlichen Neuregelungen nur deshalb eingeführt werden konnten, weil der Gesetzgeber die durch die Automation geschaffenen Voraussetzungen bei den Rentenversicherungsträgern kannte. Mit anderen Worten, Gesetze in dieser Form hätten ohne die bei den Rentenversicherungsträgern betriebene umfassende Automation nicht erlassen werden können, weil die verwaltungsmäßige Abwicklung nicht möglich gewesen wäre. Das Mehr an Automation setzt somit kaum Personal frei, es schafft vielmehr die Voraussetzungen für eine Verbreiterung und Verbesserung des Leistungsangebotes für den Bürger.


E)      Maschinelle Datenkommunikation

1.      Datenaustausch zwischen den Rentenversicherungsträgern


Die Aufgaben der gesetzlichen Rentenversicherung werden, wie bereits erwähnt, von 22 Rentenversicherungsträgern durchgeführt. Trotzdem besteht für jeden Versicherten jeweils nur ein Konto unter seiner für alle Rentenversicherungsträger verbindlichen Versicherungsnummer. Dieses Konto wird von dem zuständigen aktuellen Kontoführer geführt. Bei der Vergabe der Versicherungsnummer ist dies der für die Vergabe zuständige Versicherungsträger. Diesem Versicherungsträger werden danach alle versicherungsrechtlich wesentlichen Daten zur Speicherung zugeleitet. Wechselt der Versicherte den Versicherungszweig (ein Arbeiter wird beispielsweise Angestellter) oder stellt der in der Arbeiterrentenversicherung versicherte Arbeiter, nachdem er seinen Wohnsitz aus dem Bereich der Vergabeanstalt in den Bereich einer anderen Landesversicherungsanstalt verlegt hat, einen Antrag, so muß das maschinelle Konto von dem bisher zuständigen Rentenversicherungsträger an den neuen Kontoführer abgegeben werden. Zu diesem Zweck haben die Rentenversicherungsträger ein Verfahren zum maschinellen Kontenaustausch aufgebaut. Damit nicht jeder Versicherungsträger mit den anderen 21 Versicherungsträgern korrespondieren muß, wurde eine Clearingstelle - die Datenstelle der Rentenversicherung in Würzburg - eingerichtet. Nur mit dieser Datenstelle, die neben dem Datenaustausch zwischen den Versicherungsträgern noch andere, im folgenden zu behandelnde Aufgaben hat, korrespondieren die Versicherungsanstalten. Täglich einmal übersendet jeder Versicherungsträger ein Magnetband mit allen Konten, die an andere Versicherungsträger weiterzuleiten sind. Aufgabe der Datenstelle ist es, die Magnetbänder auf die empfangenden Versicherungsträger zu trennen und die Konten dem nunmehr zuständigen Kontoführer zuzuleiten.

2.    Datenaustausch im Sozialbereich

An der maschinellen Datenkommunikation im Sozialbereich sind fünf Stellen beteiligt. Dies sind:

- die Rentenversicherung,
- die Krankenversicherung,
- die Bundesanstalt für Arbeit,
- die Bundeswehrverwaltung und
- der EG-Bereich.

Bei dieser Aufzählung wird bewußt der Datenverbund mit der Deutschen Bundespost und mit der Unfallversicherung nicht angeführt, weil diese Verbindungen nur im Leistungsfall Rente von Bedeutung sind.

Keine der fünf oben genannten Stellen korrespondiert direkt mit einer der anderen Stellen. Jede am Austausch beteiligte Stelle gibt die auszutauschenden Daten an die Datenstelle der Rentenversicherung, die wie beim Datenaustausch zwischen den Rentenversicherungsträgern die Verteilerfunktion übernimmt.

Der umfangreichste Datenaustausch findet mit der Krankenversicherung statt, da sowohl die Angaben zur Vergabe der Versicherungsnummer als auch die Beitragsdaten, nämlich die Beschäftigungszeiten und die erzielten Arbeitsentgelte, von den Arbeitgebern über die Krankenkasse der Rentenversicherung zugeleitet werden. Außer diesen Meldungen liefert die Krankenversicherung via Datenstelle auch die Angaben, die in ihrem eigenen Bereich entstehen. Dies sind die Zeiten der Krankheit und der Mutterschaft.

Die Bundesanstalt für Arbeit meldet der Datenstelle die Zeiten der Arbeitslosigkeit und die Zeiten des Arbeitslosengeldbezuges.

Da die den Grundwehrdienst ableistenden Bürger versicherungspflichtig in der Rentenversicherung sind, meldet die Bundeswehrverwaltung die Zeiten des Grundwehrdienstes über die Datenstelle auf maschinellem Wege den Rentenversicherungsträgern.

Der Datenaustausch im EG-Bereich beschränkt sich auf die Mitteilung der Arbeitsaufnahme, wenn ein Staatsbürger eines EG-Staates in einem anderen EG-Staat ein Arbeitsverhältnis aufnimmt. Dabei wird dem Land, dessen Staatsangehörigkeit der in die Beschäftigung Eintretende besitzt, die Versicherungsnummer bekanntgegeben, die der Versicherte in dem Land erhalten hat, in dem er nunmehr tätig ist.

3.    Aufgaben der Datenstelle der Rentenversicherung

Da sich aus der Versicherungsnummer selbst nicht ergibt, wer der derzeit zuständige Kontoführer ist - an die Ausführungen beim Wechsel des Versicherungszweiges und dem Wohnortwechsel wird erinnert -, führt die Datenstelle für jeden Versicherten einen Stammdatensatz. In diesem Stammdatensatz ist neben der Versicherungsnummer und den Personaldaten auch festgehalten, wer von den 22 Rentenversicherungsträgern der derzeit zuständige Kontoführer ist. Alle bei der Datenstelle eingehenden Meldungen werden deshalb stets mit dem Stammdatenbestand abgeglichen, um den derzeit zuständigen Kontoführer zu ermitteln. An diesen Rentenversicherungsträger leitet dann die Datenstelle die eingelaufenen Meldungen weiter. Außer dieser Aufgabe der Datenannahme und der Datenverteilung hat die Datenstelle keine weiteren Aufgaben. Die Datenstelle wird im Auftrag der Rentenversicherungsträger tätig. Sie speichert - abgesehen von dem zur Aufgabenverteilung erforderlichen Stammdatensatz - keine Daten der Rentenversicherung und sie setzt auch keine Leistungen frei.


## IV.  Weitere Entwicklung

Die Entwicklung der Datenverarbeitung hängt wesentlich von dem Entwicklungsstand und der Leistungsfähigkeit der Maschinen, der Hardware, ab. In einer ersten Phase standen Maschinen zur Verfügung, die es erlaubten, relativ große Datenmengen nach einfachen Regeln zu bearbeiten. In der zweiten Phase war es möglich, komplexe Informationsprozesse in einem System zu integrieren, wobei dadurch die Organisation der Verwaltung, wie es sich am Beispiel der Rentenversicherung zeigt, berührt und schließlich auch geändert wurde. Heute steht die Datenverarbeitung durch die schnelle Entwicklung der Halbleitertechnologie am Beginn einer dritten Phase. Bisherige Beschränkungen technischer Art fallen durch gesteigerte Arbeitsgeschwindigkeiten und höhere Speicherkapazitäten weg. Die neue Technologie bringt weiterhin eine stetige Verbesserung des Preis-Leistungsverhältnisses, so daß bislang vorhandene Beschränkungen wirtschaftlicher Art ebenfalls weitgehend entfallen. Durch den Ausbau der Telekommunikation wird zukünftig die Computerleistung einem größeren Personenkreis zur Verfügung stehen. Der Sachbearbeiter in der Verwaltung wird seine Anweisungen für den Rechner nicht mehr auf dem Umweg über Papier erteilen, sondern direkt über ein Online-Terminal mit dem Computer korrespondieren. Der Einsatz von Bildschirmterminals wird in der Verwaltung in den nächsten Jahren erheblich zunehmen und die Arbeitsweise der Sachbearbeitung grundlegend ändern.

Neben diesen durch die Hardwareentwicklung und das günstige Preis-Leistungsverhältnis für alle Benutzer von Datenverarbeitungsanlagen gegebenen Möglichkeiten wird sich in der Rentenversicherung zusätzlich das Softwaresystem wegen neuer Gesetze und des Bestrebens, bürgerfreundlichere Computerausdrucke zu erstellen, bedeutend erweitern. Das Bundesverfassungsgericht hat in seinem Urteil vom 12. März 1975 den Gesetzgeber beauftragt, bis zum Jahre 1984 die Hinterbliebenenversorgung derart zu gestalten, daß Männer und Frauen im Hinblick auf ihre Rentenansprüche im Hinterbliebenenfalle gleich behandelt werden. Alle im Bundestag vertretenen Parteien sind sich einig, diesen Auftrag durch die Einführung einer sogenannten Teilhaberrente zu erfüllen. Die Rentenansprüche der Ehepartner sind nach den Vorstellungen des Gesetzgebers im Hinterbliebenenfalle zu verbinden und daraus ist eine neue Hinterbliebenenrente zu berechnen. Dieses Vorhaben erfordert eine völlig neue Organisationsstruktur der bestehenden Leistungsprogramme, da sich dann die Leistungen zweier Versicherter gegenseitig beeinflussen.

Unabhängig von diesen durch neue Gesetze anfallenden Arbeiten sind die Rentenversicherungsträger zur Zeit damit beschäftigt, die Ausdrucke der Datenverarbeitungsanlagen übersichtlicher und leichter lesbar zu gestalten. Ein Rentenbescheid umfaßt heute etwa zehn DIN A 4-Seiten. Diese vielen Blätter, beschrieben mit monotonen Großbuchstaben, sind selbst für den Fachmann schwer überschaubar. Durch den Einsatz neuer Drucktechniken werden die Rentenversicherungsträger die Ausdrucke für den Bürger in der deutschen Schreibweise mit Groß- und Kleinbuchstaben und mit den Umlauten erstellen und durch besondere Hervorhebungen überschaubarer machen.

Nach fast fünfundzwanzig Jahren des Einsatzes von Datenverarbeitungsanlagen für die Erledigung von Verwaltungsaufgaben in der Rentenversicherung beginnt damit eine Umkehr der bisher üblichen Entwicklung. Nicht mehr der Mensch muß sich auf die maschinellen Gegebenheiten einstellen, sondern die Maschine paßt sich den Vorstellungen und Bedürfnissen der Bürger an. Das ist gut so.

Aussprache zu den Referaten
von Hans Sendler, Karl Koch und Franz-Martin Fehn


Bericht von Claus-Peter Matt, Speyer


Die Möglichkeit einer intensiveren Zusammenarbeit der Rentenversicherungsträger in der DV sowie die Weiterentwicklung der bestehenden EDV-Systeme beherrschten die von Werner Ruckriegel geleitete Diskussion. Auf diesbezügliche Fragen von Agi gab Sendler zunächst zu bedenken, daß es rund 1.400 autonome Versicherungsträger gebe und es daher zwangsläufig zu vielen Eigenlösungen komme. Die Mehrfachprogrammierungsrate sei allerdings unbekannt. Insbesondere im Bereich der Allgemeinen Ortskrankenkassen gebe es eine Reihe von individuellen Anwendungssystemen, obwohl dort bereits Standardsoftwarepakete angeboten würden. Gleichzeitig gäbe es aber auch gemeinsame Programmierung und zusätzlich einen gezielten Programmaustausch, der im Einzelfall lediglich kleine Anpassungen erfordere. Für den Bereich der Sozialversicherungen berichtete Fehn über vier Programmierkreise, die zur Zeit parallel Softwarepakete entwickelten. Er sehe darin jedoch keinen Nachteil, da sich die Konkurrenz durchaus vorteilhaft auswirke, wenn die Entwicklung von Standards und die Definition von Schnittstellen, wie bereits geschehen, betrieben werde. Die Umgestaltung der vorhandenen EDV-Verfahren im Sozialversicherungsbereich allein unter technischen Gesichtspunkten hielt Sendler gegenwärtig für wenig sinnvoll. Der Hardware-Preisverfall ermögliche zwar eine zunehmende Dezentralisierung der EDV. Demgegenüber stünden allerdings steigende Softwarekosten, die die Realisierung neuer Lösungen zur Zeit unmöglich mache. Zudem existierten noch keine Konzepte für die Umgestaltung der alten Verfahren. Grimmer gab zu bedenken, daß besonders auf dieser Tagung klar geworden sei, daß der "große Wurf" im Bereich der Sozialversicherungsträger nicht gelingen könne. Hierfür spreche vor allem die Vielzahl der unterschiedlichen Problemkreise. Sendler stimmte ihm zu und ergänzte, daß finanzielle beziehungsweise wirtschaftliche Aspekte nicht ausschlaggebend für Änderungen am Organisationskonzept seien, insbesondere dann nicht, wenn kleinere Versicherungsträger dadurch eine EDV-Organisation aufgezwungen bekämen. Es gäbe aber gemeinsame Programmierungsvorhaben, so zum Beispiel für die Lohn- und Gehaltsabrechnungen. Im Bereich der Arbeiter- und Angestelltenversicherung seien im versicherungstechnischen Bereich die Probleme aber schon zu verschieden, um eine gemeinsame Programmierung durchführen zu können. Ein weiterer Diskussionsredner wies darauf hin, daß im Bereich der Angestelltenversicherung sechs Jahre lang an Programmsystemen gearbeitet werde. Die Kosten hierfür beliefen sich auf 50 Millionen DM. Eine Neuprogrammierung und die darauf aufbauende Implementation würde cirka 80 Millionen DM Kosten verursachen. Deshalb sei es aus Zeit- und Kostengründen nicht vertretbar, eine Neuprogrammierung in Angriff zu nehmen. Wülfrath gab für den Bereich der Allgemeinen Ortskrankenkassen zu bedenken, daß für seinen Bereich keine bestimmten Vorgaben existierten. Es erfolge im wesentlichen eine Übernahme von schon bestehenden Programmen. Eine dezentrale beziehungsweise funktionale Verarbeitung sei in den nächsten vier bis fünf Jahren in Sicht. Zur Zeit laufe die Umsetzung von Batch-Programmen auf Dialog-Programme. Tendenziell bestehe, von Ausnahmen abgesehen, im Bereich der Allgemeinen Ortskrankenkassen die Absicht, Programme gemeinsam zu entwickeln und zu nutzen.

Zum Vortrag von Koch ergänzte Ruckriegel, daß sich die Datenschutzgesetzgebung nicht nur im Bereich der Rentenversicherungsträger ausgewirkt habe. In diesem Zusammenhang verwies er insbesondere auf die Datenschutzregelungen im Einwohnermeldewesen. Im Bereich der Sozialversicherungsträger habe sich der Datenschutz aber im Gegensatz zu anderen datenschutzrelevanten Bereichen sogar schon konkretisiert. Koch betonte, daß der Datenschutz bei den Sozialversicherungsträgern entgegen der Meinung der Öffentlichkeit nicht vernachlässigt werde. In einem kritischen Beitrag bemerkte Hertel, daß es im Bereich der Rentenversicherungen eine Amtshilfevorschrift gebe, die die Übermittlung von bestimmten Datenvolumina zulasse. Vor allem scheine es einfacher zu sein, an bestimmte Daten im Sozialbereich heranzukommen, als zum Beispiel im Bereich des Meldewesens. Er halte daher diese Regelungen für nicht so optimal, wie dies im Vortrag zum Ausdruck gebracht worden sei. Sehr viele Bürger brächten bei Eingaben beim Datenschutzbeauftragten zum Ausdruck, daß die Menge der abgespeicherten Daten zu umfangreich sei und daß darüber hinaus keine Löschungsvorschriften bestünden, obwohl es sich oftmals um hochsensible Daten handele. Lenk bezweifelte die Praktikabilität der Bestimmungen des Datenschutzes, denn die Sachbearbeiter in der Krankenkasse oder im Sozialamt seien für die Erfüllung dieser Vorschriften meist überfordert. Hierzu bemerkte Koch, daß durch die gesetzliche Mitteilungspflicht eine Klarstellung und eine bessere Handhabung des Datenschutzes im Bereich der Sozialversicherung erreicht worden wäre, insbesondere durch die Beschränkung auf drei Fälle der Amtshilfevorschriften: Die Sozialversicherungsträger seien nicht berechtigt, ganze Bestände herauszugeben, sondern nur Einzeldaten und diese nur auf Anforderung. Eine Herausgabe von persönlichen Daten sei darüber hinaus immer problematisch, zum Beispiel bei Beleidigungsklagen. Es müsse darüber hinaus geprüft werden, ob die Daten nicht anderweitig zu besorgen seien. Durch diese Regelungen sei das Amtshilfeersuchen gesichert und machbar. Als zusätzliche Sicherheit sei eine Forderung eingebaut, nach der jeweils der Behördenleiter das Amtshilfeersuchen genehmigen müsse. Die Belastung des einzelnen Sachbearbeiters sei aber trotzdem größer als vorher. Im Bereich der Sozialversicherungsträger kämen Anfragen des Bundeskriminalamtes selten. Die Forderung einer Einzelzustimmung auch bei Forschungsvorhaben im Bereich personenbezogener Daten sei gut und erfüllbar. Diese Regelung treffe nicht auf anonymisierte Daten zu, da diese der Forschung jederzeit zur Verfügung stünden.

Die Diskussionsbeiträge zum Referat von Fehn konzentrierten sich auf die zukünftige Entwicklung des DV-Systems der Rentenversicherung. Auf die Frage von Grimmer nach den Zeitvorstellungen für die Realisierung des integrierten Systems und der Berücksichtigung des Aspekts der Bürgerfreundlichkeit erwiderte Fehn, daß bei der Bearbeitung der Projekte zuerst die gesetzlichen Vorschriften termingerecht ausgeführt werden müßten. Im Bereich der Mitteilungen und der Bescheide an Bürger sei schon gute Vorarbeit geleistet worden. Die Verständlichkeit der Bescheide werde weiterhin steigen. Der Gesetzgeber sollte jedoch detaillierter zum Ausdruck bringen, welche Informationen für die Versicherten zu erbringen seien. Außerdem müsse auf der Gesetzgebungsseite im Bereich der Rentenversicherung auf eine größere Klarheit Wert gelegt werden. Ab 1984 sei eine Neuprogrammierung geplant, die dann die neuen Zielvorstellungen berücksichtigen solle. Rohrlach wies auf die Schwierigkeiten bei Programmumschreibungen und Programmumstellungen hin und warnte davor, sich hinsichtlich der Zeitplanungen Illusionen hinzugeben. Auch die Neuprogrammierung werde schwieriger, da Programme immer umfangreicher und komplexer würden. Der Gesetzgeber hätte in diesem Bereich leider noch nicht zu einer Vereinfachung beigetragen. Grimmer betonte die Notwendigkeit weiterer Leistungsmerkmale wie zum Beispiel die Einführung der Groß- und Kleinschreibung. Durch den Einsatz von Textbausteinen könnten die Systeme zudem bedienungsfreundlicher werden, und die Sachbearbeiter hätten die Möglichkeit einer individuelleren Aufbereitung der Bescheide und Briefe. Fehn erwiderte hierauf, daß bei den Rentenversicherungsträgern die Massendatenverarbeitung eindeutig im Vordergrund stehe und daß hierbei Textbausteine bereits zum Einsatz kämen. Außerdem sei es heute schon möglich, Zusätze zu den Bescheiden auszudrucken, wodurch die Bescheide lesbarer und individueller gestaltet würden.

Fünfter Abschnitt

# Rechtspflege

# MODELLVERSUCH "GRUPPENGESCHÄFTSSTELLE BEIM AMTSGERICHT HAMBURG"

von Roland Makowka, Hamburg

Anfang der siebziger Jahre kam es in den Geschäftsstellen des Amtsgerichts Hamburg, einem Gericht mit etwa 220 Richtern und rund 1.500 Bediensteten des nichtrichterlichen Dienstes, zu erheblichen Schwierigkeiten. Häufige Personalausfälle und Mangel an Vertretungskräften führten zu Arbeitsrückständen, unzureichende äußere Arbeitsbedingungen verstärkten die Unzufriedenheit bei den Mitarbeitern. Ende 1973 beauftragte die Freie und Hansestadt Hamburg das Battelle-Institut e.V., Frankfurt, mit einer Organisationsuntersuchung beim Amtsgericht Hamburg. Zwei Jahre später wurde das sogenannte Battelle-Gutachten [1] vorgelegt. In diesem wurden umfangreiche Vorschläge zur Verbesserung der Organisationsstruktur beim Amtsgericht gemacht, für den Geschäftsstellenbereich wurde die Einrichtung sogenannter Gruppengeschäftsstellen vorgeschlagen.

Das Amtsgericht Hamburg war damals wie heute im Zivil- und Strafverfahren zentral organisiert. Die Geschäftsstellenverwalter, jeweils zuständig für eine Richterabteilung, arbeiten getrennt von den Protokollführern und Schreibkräften in einem Geschäftsstellenraum mit einem oder zwei weiteren Kollegen. Die Protokollführer, die in aller Regel nur Protokolldienst wahrnehmen, sind in anderen Räumen untergebracht. Ihr Einsatz wird, soweit Vertretungen erforderlich sind, zentral gesteuert. Das "kleine" und "große" Schreibwerk im Zivilverfahren wird in einer Textverarbeitungszentrale mit drei Schreibdienstleiterinnen und 37 Schreibkräften bearbeitet. Im Strafverfahren wird das kleine Schreibwerk in Klein-Kanzleien geschrieben, welche den jeweiligen Dezernaten zugeordnet sind. Das große Schreibwerk wird in einer zentralen Einheit bearbeitet.

## I.	Das Konzept des Modellversuchs

Der Vorschlag im Battelle-Gutachten, sogenannte Gruppengeschäftsstellen einzurichten, hat zum Inhalt, gemischte Arbeitsgruppen von sieben bis zehn Mitarbeitern zu schaffen, in denen Geschäftsstellenverwalter, Protokollführer und Schreibkräfte (für das kleine Schreibwerk) unter Einschluß des AV-20-Sachbearbeiters (zuständig für Antragsaufnahme und Kostenberechnung) das in die Zuständigkeit der Gruppe fallende Geschäftsstellen- und Schreibwerk autonom und in Teamarbeit erledigen.

Das Konzept des Modellversuchs weist eine Reihe weiterer Besonderheiten auf:

- Die Arbeitsgruppe arbeitet in einem modern eingerichteten Arbeitsraum mit angrenzendem Pausenraum.

- Die Arbeitsgruppe regelt den Arbeitsablauf, die Aktenverteilung, die Pensums-, Leistungs- und Arbeitszeitkontrolle selbständig und eigenverantwortlich. Die Gruppe hat keinen unmittelbaren Vorgesetzten. Die koordinierenden Aufgaben werden von einem gewählten Gruppensprecher wahrgenommen.

- Unter Aufgabe der traditionellen Spezialisierung wird eine weitgehende Tätigkeitsvermischung bei den Mitarbeitern angestrebt.

- Die in jeder Gruppengeschäftsstelle eingesetzte Textverarbeitungstechnologie der mittleren Datentechnik für Adressenerfassung und -speicherung und für Textverarbeitung wird von den Schreibkräften, Protokollführern und Geschäftsstellenverwaltern kooperativ genutzt. Die Sitzungsprotokolle werden im Zivilverfahren auf Bildschirmtextautomaten aufgenommen, wobei in der Protokollführung auch Schreibkräfte eingesetzt werden.

Mit diesem Konzept sollten unter anderem folgende Ziele erreicht werden:

- Verbesserung des Leistungs- und Serviceangebots gegenüber dem Rechtsuchenden durch Beschleunigung der Verfahrensvorgänge, sachkundige Beratung der Rechtsuchenden, bessere Verständlichkeit der Verwaltungsvorgänge

- Verbesserung der Arbeitsmotivation der Beschäftigten durch Schaffung von mehr fachlicher Selbständigkeit (Tätigkeitsvermischung)

- Erhöhung der Eigenverantwortlichkeit durch Demokratisierung der Arbeitsorganisation innerhalb der Gruppe

- Verwirklichung einer humaneren Arbeitsorganisation auch durch Verbesserung der äußeren Arbeitsbedingungen

- Integration der Textverarbeitungstechnologie in die Gruppenarbeit unter Vermeidung von Nur-Bildschirmarbeitsplätzen.

Der Modellversuch "Gruppengeschäftsstelle", gefördert vom Bundesministerium für Forschung und Technologie, wurde in der Zeit von Oktober 1977 bis Mai 1980 unter wissenschaftlicher

Begleitung in jeweils zwei Gruppen des Zivil- und Strafverfahrens durchgeführt. Die wissenschaftlichen Abschlußberichte liegen seit dem 1. Juni 1980 vor.


## II. Ergebnisse

Die mit dem Modellversuch angestrebten Ziele können in wesentlichen Teilen als erreicht angesehen werden. Es ist nicht möglich, die vorliegenden umfangreichen Abschlußberichte erschöpfend zu referieren. Nur auf einige Ergebnisse sei hingewiesen.


### A) Gemischte Kleingruppen

Die Arbeit in gemischten Kleingruppen hat insbesondere im Zivilverfahren zu einer Verbesserung des Leistungs- und Serviceangebots geführt. Die in der traditionellen Organisation noch heute auftretenden Arbeitsverzögerungen im Geschäftsstellensektor und bei der Erledigung des kleinen Schreibwerks sind in den Gruppengeschäftsstellen abgebaut worden. Die Gruppen arbeiten in der Regel tagfertig. Die internen Bearbeitungszeiten sind in einer Größenordnung von vier bis sechs Wochen reduziert worden. Vertretungen innerhalb der Gruppe werden aufgrund des breiteren Ausbildungsstandes (Tätigkeitsvermischung) aller Mitarbeiter zumeist problemlos gelöst. Die erhöhte Aktenpräsenz im Geschäftsstellenraum reduziert die Zeit für das Aktensuchen, erspart lange Wege etwa zur Schreibzentrale und ermöglicht schnellere und präzisere Auskünfte an den Rechtsuchenden. Gleichzeitig ist die Arbeitsmotivation bei den Mitarbeitern erhöht worden. Im Vergleich zur Arbeit in der alten Organisation fühlen sich die Mitarbeiter angesichts des besseren Ausbildungsstands in der Bearbeitung der Vorgänge sicherer. Sie empfinden die Arbeit als vielseitiger und interessanter. Niemand möchte die Gruppe verlassen und in die frühere Arbeitsumgebung zurückkehren.


### B) Textautomation bei Zivilverfahren

Was speziell die Integration der Textverarbeitung anbetrifft, so ging es bei der Einfügung der neuen Technologie in die Gruppenarbeit des Zivilverfahrens um die Lösung von zwei Problemen:

Mit Hilfe der Textverarbeitung mußte der Rationalisierungsvorteil der Textverarbeitungszentrale aufgeholt werden. Dieser liegt unter anderem darin, daß 30 Schreibkräfte in einer Zentrale Arbeitsrückstände infolge von Krankheit, Urlaub und weiter durch Umverteilung der Schreibsachen auf die Dauer besser auffangen können als nur drei Schreibkräfte in einer Kleinkanzlei oder in zwei Gruppengeschäftsstellen.

Die Textautomatik mußte in der Form in die Gruppenarbeit integriert werden, daß sie den Gruppenprozeß insbesondere in Richtung auf Tätigkeitsvermischung nicht hinderte, sondern eher unterstützte. So hätte es der Idee der Gruppenarbeit widersprochen, die Bildschirm-Textautomatik nur zum Arbeitsmittel derjenigen zu machen, die in der alten Organisation als Schreibkräfte in der Textverarbeitungszentrale oder als Protokollführer in einem Protokollführer-Pool speziell mit Schreibarbeiten betraut waren.

Die geschilderten Probleme können für die Gruppengeschäftstellen des Zivilverfahrens als gelöst angesehen werden: Die Textautomatik ist zum zentralen Arbeitsmittel aller Gruppenmitglieder geworden. Notwendige Absprachen darüber, zu welchen Zeiten der einzelne seine Arbeiten am Textautomaten verrichten darf, fördern die Kooperationsbereitschaft. Die Ausbildung aller an der Textautomatik hilft gleichzeitig, Vertretungsprobleme leichter zu lösen und damit die Gruppen gegenüber erheblichen Personalausfällen krisenfester zu machen. Der Rationalisierungsvorteil der Textverarbeitungszentrale ist nicht nur aufgeholt, sondern durch die Gruppenarbeit überholt worden.

Was den Speicherumfang der Textautomatik anbetrifft, so werden nahezu alle Arbeitsmittel für Registriertätigkeiten (Prozeßregister, Namensregister, Fristenkalender, Verhandlungskalender und Aktendeckblatt) sowie das gesamte formalisierte Schreibwerk über den Textautomaten geführt. Das gilt für Ladungen genauso wie für Kostenfestsetzungsbeschlüsse, die über den Textautomaten schneller erledigt werden als früher. Die Abrufbarkeit der Parteinamen und Adressen sowie der vollen Rubren für Ladungen und Beschlüsse führt ebenfalls zu einer Beschleunigung der Schreibarbeiten. Gleichzeitig wird die Monotonie dieser Schreibtätigkeiten reduziert, die ohne Textautomatik individuell an der Schreibmaschine ausgeführt werden müßten.

Ein weiterer Vorteil sollte nicht verschwiegen werden: Mit Hilfe der Textautomatik ist das für den Rechtsuchenden wenig verständliche Formularwerk in wesentlichen Teilen aufgegeben worden. Die Prozeßpartei wird in einem kurzgefaßten Schreiben zum Termin geladen. Das Schreiben enthält nur die für den konkreten Prozeß erforderlichen Hinweise und Belehrungen. In einem der Ladung beigefügten Merkblatt werden der Partei weitere Hinweise (Möglichkeit der Inanspruchnahme von Prozeßkostenhilfe und anderes) gegeben.

Durch den Einsatz der Bildschirmtextautomatik auch in den Sitzungssälen ist es gelungen, die Protokolle zeitgerecht (am folgenden Tag) dem Richter und anschließend den Prozeßparteien zuzuleiten. Die Textautomatik im Sitzungssaal hat gegenüber der herkömmlichen Protokollführung durch Aufnahme des Diktats in Kurzschrift einen erheblichen Beschleunigungseffekt. Die Nachbearbeitung und das Ausdrucken des gespeicherten Protokolltextes nehmen wesentlich weniger Zeit in Anspruch als das Abschreiben des Kurzschrift-Diktats.

C)  <u>Textautomation bei Strafverfahren</u>

Der Aufbau der Textautomatik in den Gruppengeschäftsstellen des Strafverfahrens ist noch nicht
so weit fortgeschritten wie in den Zivilgruppen. Viele Schwierigkeiten standen einer zügigen
Umsetzung entgegen. Hierzu gehört unter anderem: Hamburg ist das erste Bundesland, das die
Integration der Textautomatik in den Geschäftsstellenverband des Strafverfahrens erprobt. Auf
Erfahrungen in anderen Ländern konnte daher nicht zurückgegriffen werden.

Die wesentlichen Grundlagen für eine erfolgreiche Integration der Textautomatik in die
Strafgruppen sind jedoch gelegt: Bevor die eingegangene neue Strafsache dem Richter vorgelegt
wird, werden die Standarddaten des Angeklagten aus der Anklageschrift, die Zustellungsurkunden
und die Retentkartei ausgedruckt. Diese Standarbeiten soll jeder Geschäftsstellenverwalter,
Protokollführer und jede Schreibkraft erledigen können. Zur Zeit beherrschen mindestens drei
Mitarbeiter jeder Gruppe diese Arbeiten. Die Ausbildung der anderen Mitarbeiter wird durchgeführt. Weiteres standardisiertes Schreibwerk wird bereits über den Automaten bearbeitet. Es
handelt sich hierbei unter anderem um Empfangsbekenntnisse der Anwälte, Einwohnermelde-
amtsanfragen, Bewährungsbeschlüsse, Straßerlaß und Kostenfestsetzungsbeschlüsse. Jeder einge-
arbeitete Mitarbeiter ist anhand des gestellten Texthandbuchs in der Lage, diese Arbeiten über
den Textautomaten zu erledigen.


## III.  Schlußfolgerungen

A)  <u>Informationstechnik als Teilaspekt umfassenderer Reorganisation</u>

Der Beschreibung der Textautomatik im Modell "Gruppengeschäftsstelle" ist nach den vorstehenden Ausführungen ein breiterer Raum gewidmet worden. Damit ist aber nicht gesagt, daß die
Automation des Geschäftsstellen- und Schreibdienstes einen entscheidenden Teil des Versuchs
darstellte. Im Vordergrund stand das Bemühen, Mitarbeiter, die bis dahin in einer zentralisierten
und spezialisierten Organisation gearbeitet haben, an die Arbeit in besser motivierbaren
Kleingruppen heranzuführen, in diesem Zusammenhang allerdings auch die Textautomatik als
Mittel zur Unterstützung und Förderung der Gruppenarbeit einzusetzen. Die zentrale Verwen-
dung der Textautomation etwa in der Textverarbeitungszentrale hätte zu einer noch stärkeren
Betonung der mit der Zentralisierung verbundenen Nachteile geführt. Ein Hauptanliegen des
Modellversuchs war es gerade, Fließbandarbeitsplätze zu verhindern.

Sicherlich ist es notwendig, daß in der öffentlichen Verwaltung die Möglichkeiten neuer
Techniken im stärkeren Maße genutzt werden. Das gilt nicht minder für Gerichtsorganisationen,
denen eine gewisse Rückständigkeit nicht ohne Grund nachgesagt wird. Es ist aber nicht damit
getan, in unsere vielfach veralteten Geschäftsstellenräume moderne Textautomaten einfach

hineinzustellen. Die notwendige Einführung der Automation im Geschäftsstellen- und Schreibwesen der Gerichte darf nicht nur unter dem Gesichtspunkt der "Elektrifizierung der Justiz" gesehen werden. Erforderlich ist vielmehr, daß die spezifischen Besonderheiten der Organisation, ihre Aufgaben und Bedürfnisse, gerade im Zusammenhang mit der auf uns zukommenden Automation, überdacht werden. Eine humane und gerade deshalb effektive Organisation verlangt, daß die Technik auf die Belange der Bediensteten und Rechtsuchenden ausgerichtet ist und nicht umgekehrt diese einer fremden Technik hilflos ausgeliefert werden. Hierzu gehört auch, daß die Einführung neuer Techniken in einer Gerichtsorganisation in Zusammenarbeit mit allen Mitarbeitern erfolgt, wozu im besonders starken Maße auch die Richter und Rechtspfleger gehören.

B)    Zur Implementation neuer Techniken in Gerichten

Die aus dem Modellversuch gewonnenen Erfahrungen und Erkenntnisse über die Beschaffenheit unserer Gerichtsorganisation geben auch Aufschluß über das "Wie" der Automation in einem Gericht, letzten Endes darüber, ob diese zentral oder dezentral einzurichten ist. Gerade diejenigen, die mit dem Komplex der Automation im Bereich der Gerichtsorganisation befaßt sind, sollten darauf bedacht sein, die Automatik nicht als einen Fremdkörper in die Gerichte einzubringen, der sich bei der Wahrnehmung gerichtlicher und richterlicher Tätigkeit als Störfaktor auswirken würde. Deshalb seien nachstehend einige Faktoren beschrieben, die bei der Implementation neuer Techniken berücksichtigt werden sollten. Es handelt sich hierbei um Faktoren, die der freien Organisierbarkeit in einem Gericht als Teil des öffentlichen Dienstes unter dem Aspekt der Humanität und Effektivität Grenzen setzen, aber auch um Aspekte, die im Wesen gerichtlicher Tätigkeit ihre Ursachen finden.

1.    Humanität und Effektivität

Der Aufbau und die Lenkung von zentralisierten gerichtlichen Organisationen, die in aller Regel spezialisiertes Massenwerk zu erledigen haben, setzt Beweglichkeit im Management und hohe, gleichbleibende Leistungsbereitschaft bei den Mitarbeitern voraus. Diesen Erfordernissen kann die freie Wirtschaft eher genügen als die öffentliche Verwaltung, die in der Frage der Organisierbarkeit ihren eigenen Begrenzungen und Zwängen Rechnung tragen muß.

Analytik und BAT, Laufbahnvorschriften und starre Haushaltsbestimmungen erschweren die flexible Führung einer großen Behörde. Eine Behörde kann eine Führungskraft nicht heute einstellen und morgen wieder entlassen. Ein Gericht ist auch nicht in der Lage, einen erstklassigen Mitarbeiter, etwa eine überdurchschnittliche Schreibkraft, durch höhere Gehaltsangebote zu halten. Der öffentliche Dienst bietet gerade auch dem durchschnittlichen Mitarbeiter eine Chance und einen sicheren Arbeitsplatz. Ältere Bedienstete, die ihre volle Leistungskraft eingebüßt haben, werden nicht entlassen. Zu Recht wird angestrebt, mehr Schwerbeschädigte im öffentlichen Dienst zu beschäftigen.

Wird damit die öffentliche Verwaltung - im Gegensatz zu Unternehmen der privaten Wirtschaft - gerade in der Frage der Arbeitsplatzsicherung einem wesentlichen sozialstaatlichen Anliegen gerecht, so muß sie über die Beachtung der Gesichtspunkte von Effektivität und Wirtschaftlichkeit hinaus anderes und mehr tun, um vorzeigbare Arbeitsergebnisse zu erreichen. Angesichts ihrer - im Vergleich zur freien Wirtschaft - andersartigen Aufgabe und Ausgangslage sind der öffentlichen Verwaltung die Mittel zur Produktivitätssteigerung, wie verschärfte PersonalAuslese, Fließbandarbeit, Akkord- und Überstundenentlohnung, nicht gegeben. Stattdessen kann sie entsprechend ihrer sozialen Einbindung den Aspekt der menschengerechten Organisation dazu einsetzen, eine Erhöhung der Arbeitszufriedenheit zu erreichen, die dann zur Steigerung der Leistungsmotivation und Effektivität führt - ohne daß beides zueinander in Widerspruch gerät. Gelingt es, durch Hebung von Arbeitszufriedenheit einen bis dahin durchschnittlichen Mitarbeiter zu einem überdurchschnittlichen zu qualifizieren, dann handelt es sich um das Ergebnis eines humanitären Prozesses und nicht eines solchen von Leistungsdruck und Streß.


2.      Arbeitszergliederung und Arbeitsentfremdung

Die spezifischen Bedingungen gerichtlicher Tätigkeit fordern im besonderen Maße dazu auf, die Organisation so anzulegen, daß dem einzelnen Mitarbeiter möglichst viel Bewußtsein für die Sache der Justiz und ihrer Aufgabe gegenüber dem Rechtsuchenden in der täglichen Arbeit vermittelt wird. Die mit der Zentralisierung und Spezialisierung der Einzeltätigkeiten verbundenen Gefahren für die individuelle Arbeitsmotivation sind hier noch höher einzuschätzen als bei anderen Behörden.

Mehrere Faktoren sind zu berücksichtigen:

Die gerichtliche Sprache bleibt auch für den eingearbeiteten Mitarbeiter schwer verständlich, wenn er einen Vorgang ohne Beziehung zum "Fall" und ohne Kenntnis des Anliegens des Bürgers erledigen muß.

Die Eigenart des Zivilprozesses, die Beachtung von Prozeßformalien (Fristen, Termine, Zustellungen, Auflagen und anderes) bedingen eine in sich zergliederte Arbeit an der Akte. Eine Betonung dieser Zergliederung durch Schaffung getrennter Bearbeitungszuständigkeiten führt zu einer noch stärkeren Entfremdung bei der Aktenbearbeitung.

Bei keiner anderen Behörde fällt so viel Schreibwerk an wie beim Amtsgericht. Die Bearbeitung des sogenannten kleinen Schreibwerks ist mehr sachbearbeitende Tätigkeit. Der Mitarbeiter - die

Schreibkraft - setzt in aller Regel Kurzverfügungen des Rechtsanwenders in individuelle Schreiben an den Rechtsuchenden um, die von ihm auch ohne vorherige Vorlage beim Richter abgesandt werden. Die Zusammenfassung dieser Schreibsachbearbeitung in Textverarbeitungszentralen, die damit verbundene Isolierung der Mitarbeiter vom Rechtsanwender, verringern die inhaltliche Beziehung zur Arbeit.


3.    Aktendurchlauf oder Prozeßbetreuung

Die zentrale Anlage einer Gerichtsorganisation und damit auch der Textautomatik mag dort gerechtfertigt sein, wo der Rechtsfall des Bürgers als schnell durchlaufende Sache mit geringer individueller Beziehung zum Rechtsuchenden zu behandeln ist, wie es etwa bei den automatisierbaren Mahnsachen der Fall ist. In Zivilstreitigkeiten und in Strafsachen äußert sich die gerichtliche Tätigkeit dagegen in Prozeßbetreuung, und zwar auch der Parteien und ihrer Anwälte. Diese Prozeßbetreuung wird nur dann einen guten Justiz-Service bieten, wenn die für die Aktenverwaltung und Schreibsachbearbeitung zuständigen Mitarbeiter eine lebendige Beziehung zu Fall und dem Anliegen des Rechtsuchenden haben. Dem Gedanken der gemeinsamen Verantwortung für eine zuverlässige Prozeß- und Aktenbetreuung wird aber nicht Rechnung getragen, wenn an ein und derselben Akte in verschiedenen "Zentralen" über mehrere Stockwerke verteilt bestimmte Arbeitsvorgänge lediglich "erledigt" werden.


Anmerkung:

1)    Batelle-Institut e.V., Organisationsuntersuchung in den hamburgischen Amtsgerichten, Bericht für das Senatsamt für den Verwaltungsdienst der Freien und Hansestadt Hamburg, Frankfurt 1975.

GRUPPENGESCHÄFTSSTELLE IM AMTSGERICHT:
KEIN GEGENSATZ ZWISCHEN RATIONALISIERUNG
UND HUMANISIERUNG DER ARBEITSWELT [1]

von Erhard Blankenburg, Amsterdam

Die Reorganisation von Geschäftsstellen am Hamburger Amtsgericht hat weder mit einem technologischen Neuerungskonzept noch als ein Vorhaben im Rahmen der 'Humanisierungs-bemühungen in der Arbeitswelt' begonnen. Es ging aus von Organisationsmängeln, die öffentliches Aufsehen erregten und damit einen Veränderungsdruck erzeugten: Pannen und Verzögerungen im Arbeitsablauf wurden vor allen Dingen von der Anwaltschaft moniert; schlechtes Betriebsklima und hoher Krankenstand wurden verwaltungsintern und von seiten des Organisationsamtes als Warnzeichen wahrgenommen. Solche Mängel wirkten als Reputation nach außen: Nicht nur wegen der vergleichweise niederen Bezahlung war es für die Justiz schwer, neues Büropersonal zu rekrutieren; auch wegen schlechter Arbeitsplatzbedingungen setzten sich jüngere Arbeits-kräfte (besonders wenn sie routinegemäß zunächst in zentralen Schreibstuben oder ähnlichem eingesetzt waren) zu anderen Verwaltungsbehörden ab. Diese ständige Auslese verstärkte wiederum die Personalschwierigkeiten. Für die Justiz in Hamburg hat der Arbeitsmarkt selbst in den siebziger Jahren immer das Merkmal der Überbeschäftigung und damit der zu kurzen Personaldecke gehabt. Rationalisierung bedeutet unter diesen Bedingungen keinen Verlust von Arbeitsplatzmöglichkeit; Verbesserung der Arbeitsplatzgestaltung wirkt sich in der Situation des Personalmangels als Zugewinn an Attraktivität aus; Rationalisierung und Humanisierung sind daher in diesem Falle nicht entgegengesetzte, sondern gleichgerichtete Ziele.

Allerdings war die Arena des Hamburger Modellversuchs zunächst kleiner. Das Organisations-Gutachten von Batelle 1975 ist ein Reorganisationsvorschlag, der zunächst die spezifischen Organisationsmängel der Hamburger Justiz zum Auslöser hatte. [2] Da seine Vorschläge aus eigenen Ressourcen nicht finanzierbar waren, schlug das Organisationsamt des Hamburger Senats vor, sich an die größere Arena der 'Humanisierung der Arbeitswelt' zu wenden. Wie so häufig in diesem Programm wurde es benutzt für Bemühungen, die anderweitig ihren Ausgangspunkt genommen hatten. Allerdings sollte man hieraus nicht - wie oft geschehen - einen Vorwurf herleiten: Durch die Einschaltung der 'Humanisierungs-Arena' veränderte sich die Prioritäten-setzung des Modellversuchs von dem Reorganisations-Vorhaben zu einem Humanisierungs-Projekt. Der starke Einfluß der Bürotechnologie als Motor für den innerorganisatorischen Wandel hat - von den Initiatoren unvorhergesehen - zu einem gleichzeitigen Rationalisierungseffekt beigetragen. In der Gesamtwirkung wiederholt sich damit auch hier, was bei vielen Projekten im Rahmen der 'Humanisierung der Arbeitswelt' konstitutiv ist, nämlich, daß 'Humanisierungs'-

Programme helfen, einen Rationalisierungsprozeß durchzusetzen. Die wissenschaftliche Begleitung dient dabei weitgehend dazu, diese Zielverquickung zu legitimieren und in manchen Einzelfragen auch zu verhindern, daß die Fragen der humanen Gestaltung von Arbeitsplätzen in den Hintergrund gedrängt werden. Dies ist insbesondere dort notwendig gewesen, wo Interessen von Sachbearbeitern gegen den Status quo-Anspruch hierarchischer Position (meist auf der mittleren Leitungsebene) zu verteidigen waren. Hier - in der intra–organisatorischen Arena - geht es selten um grundsätzliche Fragen der Rationalisierung oder Humanisierung, sondern viel eher um konkrete Arbeitserleichterungen und konkrete Streß-Forderungen der neuen Technologie; und hier geht es um konkrete Job-Erweiterungen und etablierte Vorgesetztenstellungen, wenn sich deren Inhaber durch die Organisationsänderungen gefährdet sehen.

Zu Beginn stellen sich Innovatoren die Einführung neuer Technologien allerdings meist einfacher vor: Sie orientieren sich an bestehender Arbeitsteilung und greifen diejenigen Tätigkeiten heraus, die sich durch den Einsatz von Technologien rationalisieren lassen. Zunächst ergeben sich daraus einfach erscheinende Konsequenzen für die Organisation: Gleichartige Tätigkeiten werden an einer Stelle zusammengefaßt, es entstehen technologische Argumente für eine Zentralisierung. Zugleich wächst neben der traditionellen Hierarchie (und manchmal auch gegen sie) eine neue Abhängigkeit von Expertenwissen:

- Einmal ist als kurzzeitiger Effekt zu beobachten, daß die lernfähigen und -willigen Mitarbeiter die weniger innovationsfreudigen zu verdrängen drohen; da die letzteren sich häufig unter den Vorgesetzten und unter den Älteren befinden, trägt dies zum grundsätzlichen Widerstand gegen Innovationen bei.

- Langfristig entsteht eine Abhängigkeit von Expertenwissen durch die Spezialisierung entweder auf die Handhabung oder auf Reparatur und Umstellung der eingesetzten Technologie. Dies erlaubt, eigene Interessen als 'Sachzwänge' innerhalb der Organisation durchzusetzen.

Zwar mögen höhere Hierarchieebenen versuchen, die neuen Technologien auf ausführende Tätigkeiten zu beschränken. Selten jedoch ist solch partieller Widerstand erfolgreich: Dafür sorgt die Managementebene oberhalb der unmittelbar Vorgesetzten, gegebenenfalls mit ihren spezialisierten Stäben.

Diese generelle Interessen- und Machtkonstellation ist bekannt aus der Literatur über die Implementation von Datenverarbeitung. Alle ihre Elemente lassen sich bei der Einführung von Schreibautomaten im Rahmen der Gruppengeschäftsstellen am Hamburger Amtsgericht finden: Unter den unmittelbar Beteiligten setzten sich die statushöheren Kostenbeamten (innerlich ebenso wie physisch) etwas von der Gruppenbildung ab, die ja in der Tat ihre hierarchischen Funktionen stark reduziert; erst recht betrachteten die meisten der Richter den Organisations-

versuch nicht als 'ihre Sache'. Beide allerdings wurden allmählich in den Prozeß der Gruppenbildung unter den Geschäftsstellen einbezogen, dies weitgehend unter Mithilfe von gruppen-
dynamisch bewußten externen Betreuern, die eine innovationsfeindliche Koalition von Ausführenden und deren unmittelbaren Vorgesetzten zu verhindern wußten. Sie konnten dies, da sie
Legitimation daraus bezogen, daß sie die Handhabung der Schreibautomaten erlernten und für
eine Entwicklung der nötigen 'Software' sorgten, die die Herstellerfirmen nicht zu liefern in der
Lage waren. Sie bildeten damit eine Gegen-Expertise gegen potentielle 'Sachzwangargumente',
die organisatorische Lösungen von der Technologie her präjudizieren würden.

Der Unterschied zur gewohnten Konstellation bei der Einführung neuer Technologien geht
allerdings noch sehr viel weiter. Nicht die Einführung von Schreibautomaten stand am Beginn des
Modellversuchs, sondern das Konzept von Gruppengeschäftsstellen (welches im übrigen als Teil
eines umfassenderen Leitungssystems und einer für den öffentlichen Dienst revolutionären
leistungsbezogenen Dienstpostenbewertung konzipiert war). Die Einführung von Schreibautomaten ergab sich sekundär, als die Reorganisatoren nach geeigneten Arbeitsmitteln für ihr
Konzept suchten. Den Modellversuch als 'Implementation' dieser Technologie anzusehen, heißt
also, die ursprüngliche Konzeption von hinten aufzuzäumen. Dennoch verfehlt eine solche
Perspektive die Realität nicht völlig: Bei der Darstellung des Organisationsversuchs gegenüber
Außenstehenden, insbesondere auch gegenüber dem politisch verantwortlichen Hamburger Senat,
überwog die Faszination der technologischen Neuerungen das Verständnis der innerorganisatorischen Bedeutung von Gruppenarbeit; zur Legitimation wurde die 'Modernität' herausgestellt. Es
wurden Wirtschaftlichkeit und Verfahrensbeschleunigung betont. Innerorganisatorische Veränderungen, der Abbau von Hierarchie lassen sich sehr viel schwerer zur Legitimation von
Innovationen heranziehen. Ihre Durchsetzbarkeit ist daher auch sehr viel geringer, es sei denn,
daß sie sich mit einem Rationalisierungsinteresse verbinden und an die Faszination neuer
Technologien anknüpfen können. So sehr also Organisationsüberlegungen den Modellversuch
zunächst in Gang brachten, so sehr die dabei vorgesehene Enttaylorisierung mit Zielsetzungen
der 'Humanisierung der Arbeitswelt' kongruent war - in der unmittelbaren Organisationsumwelt
wären diese Ziele kaum allein auf positives Interesse gestoßen; es wäre damit auch die externe
Erfolgsdarstellung ausgeblieben, die besonders im letzten Abschnitt des Modellversuchs für
interne Durchsetzungsfolge abgerufen wurde.

So sehr sich hier also organisatorische Neuerung und Technologieeinsatz gegenseitig bedingen, so
deutlich bleibt der Unterschied zu Projekten in der Justiz, bei denen technologische Möglichkeiten am Ausgangspunkt von Neuerungskonzepten stehen. Als Beispiel mag hierfür der Vorschlag
stehen, die Registerführung an den Amtsgerichten einem Datenverarbeitungssystem zu übertragen, so wie es die Gesellschaft für Mathematik und Datenverarbeitung für die hessische und
die bayerische Justiz entwickelt hat. [3] Hier wurden diejenigen Tätigkeiten herausgegriffen, die
am besten durch Datenverarbeitung unterstützt beziehungsweise ersetzt werden können. Das
Projekt greift zwar ein zentrales Problem der Verwaltung von Akten auf, die auf dem Wege

durch verschiedene Bearbeitungsstellen immer wieder in neuen Warteschlangen stecken, die zwischenzeitlich gesucht und auf Termin bereitgehalten werden müssen. Es integriert in die Registratur von Akten und ihren Verbleib auch die Zählkartenstatistik, so daß diese auf dem jeweiligen Stand abrufbereit sein kann und sich damit das Führen von 'privaten Statistiken' entbehrlich machen könnte. Allerdings wurde Ähnliches auch schon bei der Einführung der Zählkarte versprochen: In Wirklichkeit jedoch wurden neben der zentralisiert ausgewerteten Zählkarte auf den meisten Geschäftsstellen die traditionellen Strichlisten und Bücher weitergeführt, da nur diese schnell verfügbar waren und eine eigene Definition der zu erhebenden Kriterien erlaubten. Der GMD-Vorschlag automatisiert überwiegend Tätigkeitsvollzüge, die sich für eine zentrale Verarbeitung eignen. Das Hamburger Organisationsmodell integriert die Registratur in die Bearbeitung der Akte, es reduziert Bearbeitungs- und Warteschlangen und macht den Such- und Registrieraufwand weitgehend überflüssig, der in dem Automationsvorschlag gerade perfektioniert wird. Entgegen einer zentralisierten Automatisierung ermöglicht das Hamburger Organisationskonzept eine Vermischung von Tätigkeitsmerkmalen und damit Ausgleich einseitiger Belastungen sowie ein Größtmaß an gruppenautonomer Ablaufgestaltung. Für die Zielsetzung der 'Humanisierung der Arbeitswelt' werden diese 'Nebenerscheinungen' einer organisatorischen Dezentralisierung zum Hauptkriterium für eine positive Einschätzung der technologischen Neuerung.


<u>Anmerkungen:</u>


1)  Vgl. hierzu auch die Beiträge von Makowka und Weihermüller in diesem Band. Der Autor des vorliegenden Beitrags war als wissenschaftlicher Begleitforscher des Hamburger Projekts tätig.

2)  Batelle-Institut e.V., Organisationsuntersuchung in den hamburgischen Amtsgerichten, Frankfurt 1975; vgl. auch Bauer, V. u.a., Abschlußbericht für das Projekt 'Gruppengeschäftsstellen' am Amtsgericht Hamburg, Hamburg 1980.

3)  GMD, Konzept für ein EDV-gestütztes Gerichtssystem, Abschlußbericht im Auftrag des hessischen Justizministeriums, Birlinghoven 1979; GMD, Hauptuntersuchung über die Büroautomation im Teilbereich der Geschäftsstellenverwaltung der Justiz, Zwischenbericht im Auftrag der bayrischen Staatskanzlei, Birlinghoven 1980.

MÖGLICHKEITEN EINES INFORMATIONSTECHNIK-EINSATZES
ZUR VERWALTUNG GERICHTLICHER VERFAHREN
- STAND DER ENTWICKLUNG UND ENTWICKLUNGSTENDENZEN -


von Manfred Weihermüller, St. Augustin


## I.  Problemskizze

Die Rechtspflege in der Bundesrepublik Deutschland erfüllt ihre Aufgabe gegenüber dem rechtsschutzsuchenden Bürger nur unvollkommen. Geringe Effizienz und lange Bearbeitungsdauer werden vielfach beklagt. Die vielfach zu lange Verfahrensdauer gefährdet dabei die Rechtsschutzfunktion des Prozesses und untergräbt das Vertrauen in die Rechtspflege. [1]

Versuchen und Bemühungen des Gesetzgebers sowie der Justizverwaltungen, durch Änderungen im Verfahrensrecht, durch Veränderungen in der Gerichtsorganisation und durch Personalvermehrungen diesem Zustand entgegenzuwirken, blieben ohne nachhaltigen Erfolg.

In Ergänzung zu diesen Anstrengungen wird gefordert, alle organisatorischen Möglichkeiten, insbesondere auch zur Rationalisierung des Arbeitsablaufes auszuschöpfen. [2] Dabei ist die DV-Unterstützung des gerichtlichen Geschäftsbetriebs, der sehr personalaufwendig ist, von der Rechtsinformatik schon frühzeitig als Anliegen identifiziert worden. [3] Mit dieser Problematik hat sich seit 1975 das Institut für Datenverarbeitung im Rechtswesen (IDR) der Gesellschaft für Mathematik und Datenverarbeitung (GMD) systematisch auseinandergesetzt. Die Erfahrungen aus diesen interdisziplinären Projektarbeiten bilden die wesentliche Grundlage der folgenden Darstellungen.


## II.  Aufgabenanalyse

Unter "gerichtlichem Geschäftsbetrieb" fassen wir die Aufgaben zusammen, welche der Verwaltung und Koordinierung von Gerichtsverfahren dienen. Hierzu zählen unter anderem:

- Die Registrierung neu eingehender Verfahren,
- die Verteilung der Verfahren auf die zuständigen Spruchkörper (Richter, Kammer, Senat),
- die Festlegung und formelle Vorbereitung von Verhandlungsterminen,
- die Überwachung von Terminen und Fristen,
- die Erstellung von Geschäftsübersichten,
- das Ausfüllen von "Zählkarten" für die Justizstatistik,
- die Führung und Verwaltung der Akten.

Diese Aufgaben obliegen im wesentlichen der Geschäftsstelle des Gerichts (§ 153 GVG). Die Aufgaben, die Art ihrer Ausführungen und die dabei zu benutzenden Hilfsmittel sind im wesentlichen in der "Aktenordnung" (genauer: Anweisung für die Verwaltung des Schriftgutes bei den Geschäftsstellen der Gerichte und Staatsanwaltschaften) festgelegt.

Der Geschäftsstelle obliegt es, jederzeit den Verbleib eingegangenen Schriftgutes nachzuweisen, das in den Akten verwahrt wird. Die Erledigung dieser Aufgaben wird ihr eigenverantwortlich übertragen. Sie bedient sich zur Erfüllung dieser Aufgaben unter anderem folgender Register und Kalender:

- Verfahrensregister,
- Namensverzeichnis,
- Geschäftskalender,
- Verhandlungskalender,
- Bewegungsverzeichnisse.

In diesen Verzeichnissen werden in wechselnder Reihenfolge unter anderem folgende Eintragungen vorgenommen: Eingangsdatum, Registernummer, Parteienbezeichnungen, Termine und Fristen, Verwahrungsort der Akten, Erledigungsdatum und -art. Die Führung so vielfältiger Register und Verzeichnisse ist dadurch bedingt, daß über verschiedene Merkmale auf das Verfahren zugegriffen werden soll, zum Beispiel über das Aktenzeichen, den Beklagtennamen oder das Verhandlungsdatum. [4]

## III.  Lösungsansatz mittels Informationstechnik

Die moderne Informationstechnik, insbesondere die elektronische Datenverarbeitung, stellt - vor allem mit der Methodik von Datenbank- und Textverarbeitungsfunktionen - Hilfsmittel zur Verfügung, welche die Durchführung der Aufgaben des gerichtlichen Geschäftsbetriebs deutlich erleichtern.

So kann durch die Nutzung der Möglichkeit eines Zugriffs auf einen Datensatz über mehrere Schlüsselbegriffe die Zahl der parallel einzurichtenden und zu pflegenden Verwaltungsdateien wesentlich verringert werden. Im Gegensatz zu der herkömmlichen Realisierung mit Buchregistern oder Karteikästen kommt man oft mit einer einzigen Verfahrensdatei aus. [5)] Hierdurch und durch die Möglichkeit, aus Textbausteinen "automatisch" häufig wiederkehrende Druckausgaben wie Ladungen und Verfügungen zu generieren, kann der Aufwand von Geschäftsstelle und Kanzlei bei der Verwaltung der Gerichtsverfahren deutlich verringert werden. Durch die starke Entlastung können diese Tätigkeiten auch beschleunigt und so Verzögerungen bei der Verfahrensbearbeitung vermieden werden.

Bei einem Modellversuch am Amtsgericht Hamburg, über den ebenfalls auf dieser Tagung berichtet wurde, [6)] steht im Mittelpunkt die Organisation der Geschäftsstellentätigkeit (Gruppengeschäftsstelle), wobei die kooperative Nutzung von Textverarbeitungstechnologie einen wesentlichen Gestaltungsfaktor darstellt. Demgegenüber setzten die Überlegungen der Arbeiten im IDR bei der Registerführung an und bezogen Textverarbeitungskomponenten erst im Fortgang der Arbeiten und nur in vereinfachter Form ("kleines Schreibwerk" wie Ladungen) ein.

Im Mittelpunkt der Überlegungen stand die Nutzung einfacher Datenbankfunktionen, welche es ermöglichen, auf die gespeicherte Verfahrensdatei über mehrere "Schlüsselbegriffe" schnell zuzugreifen. Verwendet man dabei als Schlüssel alle "Felder", nach denen derzeit Register und Kalender geordnet sind, so ist es möglich, sich mit der Führung einer einzigen Datei zu begnügen. Über die Schlüsselfelder können dabei die "Werte" wie der Beklagtenname als Such- beziehungsweise Zugriffskriterium verwendet werden. Dieses logische Grundkonzept erlaubt es, sämtliche Zugriffsmöglichkeiten, welche im bisherigen konventionellen Geschäftsstellenbetrieb vorhanden sind, trotz der Beschränkung auf eine einzige Datei auch im DV-gestützten System verfügbar zu machen.

Im Hinblick auf diesen Lösungsansatz, welcher es erlaubte, die bisherige Arbeitsmethodik bei der Aufgabenerfüllung beizubehalten, standen - im Gegensatz zum "Hamburger Projekt" - Fragen einer Umorganisation des Geschäftsbetriebs im Vordergrund der Betrachtungen. Mit dem Konzept einer DV-gestützten Verfahrensbearbeitung sollte gezeigt werden, daß eine solche machbar und auch wirtschaftlich ist, ohne daß Veränderungen im Arbeitsablauf und der Arbeitsorganisation vorgenommen werden müssen. Dieser Ansatz erleichterte es auch, für die Erprobung des Konzepts Pilotpartner zu finden.

## IV.  Pilotanwendungen am Amtsgericht Wiesbaden und am Landgericht Frankfurt

Das Grundgerippe einer DV-gestützten Verfahrensverwaltung wurde auf einem Kleinrechner implementiert (Philips X-1150) und am Amtsgericht Wiesbaden getestet. Die Erprobung der Anwendung fand in enger, vertrauensvoller Zusammenarbeit mit dem Gericht und dem hessischen Justizministerium statt.

Die Nutzung der DV-gestützten Verfahrensverwaltung erfolgt im Dialog über Bildschirmgeräte, welche an den Arbeitsplätzen der Geschäftsstellenverwalter aufgestellt sind. Dies ermöglicht eine direkte Kommunikation des Sachbearbeiters mit der DV-Anlage.

Die Erfassung der neu eingehenden Verfahren erfolgt entsprechend der vorgefundenen Organisation in einer Eingangsstelle, wobei auch die für die Akten erforderlichen Druckausgaben mit Hilfe des DV-Systems erzeugt werden (Aktenaufkleber und anderes). Die Fortschreibung und Nutzung der Daten erfolgt in den Geschäftsstellen (Vormerkung und Überwachung von Terminen, Erstellung von Ladungen, Zählkartenbearbeitung und so weiter).

Der Bildschirmdialog erfolgt formulargesteuert, wobei dem Benutzer entsprechend der von ihm angewählten Aufgabe programmgesteuerte Anzeigen am Bildschirm präsentiert werden und der Benutzer gegebenenfalls zu Eingaben mittels Tastatur aufgefordert wird. Bei der Gestaltung der Formulare wurde großer Wert darauf gelegt, weitgehende Übereinstimmung mit den bisher von den Geschäftsstellenverwaltern verwendeten "Papier-Formularen" zu erhalten, um Umgewöhnungsaufwand zu minimieren. Dies ist gelungen, so daß nennenswerte Einarbeitungsprobleme nicht aufgetreten sind.

Die Eingaben werden vom Programm über vielfältige Plausibilitätsprüfungen auf Gültigkeit geprüft, wodurch eine weitgehende Fehlerfreiheit des Datenbestandes erreicht wird. Eine besondere Erleichterung für die Benutzer stellt die automatische Vergabe von Registernummern und Zählkartennummern dar, wodurch versehentliche "Lücken" und Doppelbelegungen ausgeschlossen sind. Arbeitserleichternd wirkt die Verwendung vielfältiger Abkürzungs- und Hilfsdateien, welche den Eingabeaufwand erheblich reduzieren (Rechtsanwaltsverzeichnis, Verzeichnis häufig auftretender Parteien, Ortsverzeichnis und anderes).

In mehrjähriger enger Zusammenarbeit mit dem Pilotgericht wurde das zunächst implementierte Grundgerippe der DV-gestützten Verfahrensverwaltung ständig erweitert und an die Wünsche und Bedürfnisse der gerichtlichen Praxis angepaßt. Diese partizipative Vorgehensweise erwies sich zwar als zeitaufwendig; sie gewährleistete jedoch eine weitgehende Berücksichtigung der Praxisbedürfnisse und reduzierte die sonst häufig mit DV-Anwendungen verbundenen Akzeptanzprobleme. Das Anwendungsspektrum wurde dabei ständig erweitert, so daß derzeit ein Großteil der Geschäftsstellentätigkeit über das DV-System abgewickelt werden kann. Als vorläufig letzte

Erweiterung ist die Berechnung und Sollstellung der Gerichtskosten anzusehen, von der sich die gerichtliche Praxis weitere deutliche Arbeitserleichterungen verspricht.

Während am Amtsgericht Wiesbaden die Verwaltung von Zivilverfahren im Vordergrund stand, wurde bei der Realisierung für das Landgericht Frankfurt, die sich derzeit im Aufbau befindet, der Anwendungsbereich auf die Verwaltung von Strafverfahren ausgedehnt. Hierbei bestätigte sich die Arbeitshypothese, daß die Verwaltung praktisch aller Gerichtsverfahren nach den gleichen Grundprinzipien erfolgt und damit auch mittels des erarbeiteten logischen Konzepts DV-gestützt abgewickelt werden kann. Es ist lediglich eine Anpassung an den jeweiligen Verfahrenstyp erforderlich.


## V.  Erfahrungen mit den Pilotanwendungen

Die Anwendungen im echten Gerichtsbetrieb des Amtsgerichts Wiesbaden hat gezeigt, daß auf einem autonomen Kleinrechner ein hohes Maß an Zuverlässigkeit und Systemstabilität erreichbar ist, welches zuläßt, die Verwaltungsdaten gerichtlicher Verfahren dem System "anzuvertrauen", ohne dabei ernstliche Störungen im Geschäftsbetrieb befürchten zu müssen.

DV-Anlage und Anwendungsprogramme können dabei von Gerichtsbediensteten selbst bedient werden. Akzeptanzprobleme und Vorbehalte der Personalräte lassen sich bei einem behutsamen, auf Partizipation ausgerichteten Verfahren der Systementwicklung und -implementierung weitgehend vermeiden. Vorausgesetzt wird dabei allerdings die Bereitschaft, auf die Wünsche und Belange der Bediensteten echt einzugehen.

Die der Wirtschaftlichkeitsrechnung zugrundegelegten Annahmen haben sich bestätigt. Gericht und Bedienstete sind mit der Anwendung voll zufrieden. Die Anwendung, welche zum 1. Januar 1980 in die Verantwortung der hessischen Justiz übergeleitet werden konnte, ist inzwischen voll in den Gerichtsalltag integriert. Die im System realisierten Vorkehrungen gegen Mißbrauch haben ausgereicht, um mißbräuchliche Nutzung zu verhindern. Negative Entwicklungen der Arbeitsbedingungen sind bis jetzt nicht feststellbar.

Der erreichte Stand am Landgericht Frankfurt läßt die Erwartung gerechtfertigt erscheinen, daß auch an diesem Großgericht mit etwa 600 Bediensteten eine sinnvolle, aufgaben- und benutzerorientierte DV-Unterstützung des gerichtlichen Geschäftsbetriebs gelingen wird. Auch an diesem Gericht, mit seinen schon vom Umfang des Geschäftsanfalls erheblich größeren Anforderungen an die Leistungsfähigkeit des DV-Systems, soll die Anwendung auf einem autonomen Kleinrechner realisiert (Philips P 7000) und ohne Einstellung besonderer "Computerfachleute" von Gerichtsbediensteten eigenverantwortlich betrieben werden. Hier ist zunächst ein eingeschränkter Einsatz in der Eingangsstelle mit wenigen Geschäftsstellen vorgesehen (vier Bildschirmarbeitsplätze). In stufenweisen Erweiterungen wird auch hier der Anschluß aller Geschäftsstellen angestrebt.

Die Schwierigkeiten bei der Nutzung der DV-Unterstützung an Großgerichten liegen nur in geringem Maße auf DV-technischem Gebiet. Bei Organisationen dieser Größenordnung und Komplexität treten jedoch vielfältige menschliche und organisatorische Probleme auf, die es ratsam erscheinen lassen, der DV-Unterstützung ein Organisationskonzept voranzustellen. Konzepte, welche sich nicht mit der bloßen Automatisierung der vorgefundenen Arbeitsabläufe begnügen, können nach unserem Eindruck von der Justiz allein kaum erarbeitet werden.


## VI.  Stand der Entwicklung

Neben den Entwicklungen für die Pilotgerichte in Wiesbaden und Frankfurt, welche als Ergebnis ein weitgehend allgemein einsetzbares Verfahren zur DV-gestützten Verfahrensverwaltung ergaben, ist auf weitere einschlägige Arbeiten des IDR hinzuweisen. Eine Projektgruppe hat als Auftragsvorhaben für die Bayerische Staatskanzlei, Abteilung Datenverarbeitung, eine Hauptuntersuchung über die Möglichkeiten der DV-Unterstützung des Geschäftsbetriebs bei Gerichten und Staatsanwaltschaften durchgeführt. Dem dabei vorgelegten Sollkonzept liegt eine wesentlich breitere Analysebasis und ein breiteres Aufgabenspektrum als den Pilotanwendungen in Hessen zugrunde. Die bereits erwähnte Modellentwicklung am Amtsgericht Hamburg ist hinsichtlich Texterfassung und Textverarbeitung relativ weit fortgeschritten. Sie hat unter anderem auch für die Führung von Sitzungsprotokollen - ein vielbeklagter Engpaß im Geschäftsbetrieb und ein Verzögerungsfaktor für die richterliche Verfahrensbearbeitung - eine informationstechnik-gestützte Lösung entwickelt, welche derzeit erprobt wird.

An mehreren größeren Staatsanwaltschaften im Bundesgebiet wird DV eingesetzt, um die teilweise sehr umfangreichen und manuell kaum mehr handhabbaren Register effektiver nutzen zu können. Hieran anknüpfende Erweiterungen in Richtung auf eine umfassende DV-Unterstützung des staatsanwaltschaftlichen Geschäftsbetriebs befinden sich in der Phase von Vorüberlegungen.


## VII.  Entwicklungstendenzen

Die derzeitigen Vorstellungen bei den interessierten Justizverwaltungen und Gerichten gehen unter anderem dahin, mittels einiger Pilotanwendungen selbst weitere Erkenntnisse über die Möglichkeiten und Probleme beim Einsatz von Informationstechnik zur Unterstützung der Verwaltung gerichtlicher und staatsanwaltschaftlicher Verfahren zu gewinnen. Im Mittelpunkt der Überlegungen stehen dabei Folgeprobleme, die sich aus dem Einsatz für die Zukunft ergeben können und die mit Schlagworten wie unbeherrschte Abhängigkeit, mangelnde Flexibilität, übermäßiger Wartungsaufwand für Software skizziert werden können. Das hessische Justizministerium plant, die erprobte Anwendung in den nächsten Jahren an einigen weiteren größeren Gerichten einzusetzen, wobei an eine Abrundung des Anwendungsspektrums gedacht ist.

Nach dem derzeitigen Kenntnisstand kann davon ausgegangen werden, daß der Modellversuch am Amtsgericht Hamburg auch nach Beendigung der Fremdfinanzierung unter Verantwortung der Hamburger Justiz fortgesetzt wird. Hierbei wird sich erweisen, inwieweit es gelingt, die gefundene Organisationsstruktur der autonomen Gruppengeschäftsstelle in die Gesamtorganisation einzubeziehen und zu stabilisieren.

Dieses behutsame "Vorantasten" und Erfahrungsammeln durch die Justiz erscheint dem derzeitigen Stand der Technik und der Anwendungserfahrungen angemessen. Es ist zu hoffen, daß es gelingen wird, die von den einzelnen Pilotanwendern gewonnenen Erkenntnisse und Erfahrungen auch anderen Interessenten in ausreichendem Maße zugänglich zu machen, um so Doppelarbeit zu vermeiden. Eine wesentliche Rolle kann dabei die Bund-Länder-Kommission der Justizminister für Datenverarbeitung spielen, in der die Projekte zur Informationstechnik-Unterstützung des Geschäftsbetriebs bereits mehrfach erörtert worden sind.

Eine überstürzte Einführung von Informationstechnik im Justizbereich wäre dem Kenntnisstand und der abzusehenden Entwicklung nicht angemessen; von ihr muß abgeraten werden. Diese Einschätzung beruht auf folgenden Erwägungen:

- Die technologische Entwicklung auf dem Gebiet der Kleinrechner schreitet rapide voran. Neben einer ständigen Verbesserung des Preis-Leistungsverhältnisses ist die ständige Verkleinerung der Anlagen und ihrer Komponenten von besonderer Bedeutung.

- Der notwendige Entwicklungs- und Pflegeaufwand für aufgabenadäquate Anwendungssoftware überfordert die derzeitigen personellen und finanziellen Möglichkeiten der Justiz. Dies gilt vor allem dann, wenn weitgehend anlagenunabhängige Lösungen angestrebt werden (Portabilität der Software). Die Mehrzahl der derzeit am Markt verfügbaren Kleinanlagen bietet zu wenig Unterstützung bei der Erstellung und Pflege von Software. Hier kann bereits in den nächsten Jahren mit wesentlichen Verbesserungen gerechnet werden. Neben leistungsfähigen Compilern werden Datenbankgrundsysteme verfügbar sein, welche es erlauben, mit wesentlich geringerem Aufwand gerichtsspezifische Anwendungen zu realisieren. Bei größerem Interesse der Justiz am Informationstechnik-Einsatz kann auch damit gerechnet werden, daß sich interessierte Hersteller beziehungsweise Distributoren von DV-Anlagen sowie Softwarehäuser bereit finden werden, "branchenspezifische" Anwendungssoftware auch für die Justiz zu entwickeln und auf Lizenzbasis anzubieten. Derartige Marktlösungen könnten der Justiz den Entwicklungs- und Pflegeaufwand abnehmen und damit zu einer schnellen Verbreitung informationstechnik-gestützter Anwendungen beitragen.

- Entscheidend für die weitere Entwicklung wird es jedoch sein, inwieweit es der Justiz gelingt, die künftigen Möglichkeiten der Informationstechnik als Arbeits- und Organisationsmittel voll auszuschöpfen. Während sie sich derzeit auf Teillösungen beschränken und mit einer weitgehenden Umsetzung des Ist-Zustandes auf die neue Technik begnügen muß, werden künftig andere Probleme in den Vordergrund rücken. Es wird notwendig werden, die Frage einer sinnvollen Delegation von Aufgaben durch einen Primärbearbeiter (Richter) an eine Infrastruktur (Geschäftsstelle, Kanzlei) neu aufzuwerfen. In diese Überlegungen sind auch die Möglichkeiten einer informationstechnik-gestützten Kommunikation zwischen Gerichten und Rechtsanwälten einzubeziehen, welche Fragen des Zustellwesens oder der Kostenabrechnung in einem neuen Licht erscheinen lassen werden.

Derartige Überlegungen, für welche der Ist-Zustand auch in seiner "durch DV elektrifizierten Form" nur eine Ausprägung aus einem durch Informationstechnik wesentlich erweiterten Gestaltungsraum sein wird, erfordern jedoch einerseits theoriegestütztes, andererseits praxiserprobtes Know how, was derzeit im Bereich der Justizautomation nicht in ausreichendem Maße vorhanden ist. Hier wird der Rechtsinformatik eine besondere Aufgabe zukommen.

Es wird dabei auch entscheidend darauf ankommen, Arbeitsbedingungen für die in Gerichten Beschäftigten zu finden, welche zu einer stärkeren Identifizierung mit der Aufgabe führen. Daneben muß das Verhältnis Bürger/Justiz in den Mittelpunkt der Betrachtung rücken. Es darf nicht dazu kommen, daß der Bürger in einem noch stärkeren Maß als derzeit schon die Justiz als anonymen, einschüchternden Apparat begreift, den man tunlichst meiden sollte. [7]

Das Institut für Datenverarbeitung im Rechtswesen hat sich im Rahmen der Programmplanung der Gesellschaft für Mathematik und Datenverarbeitung zum Ziel gesetzt, auf diesem Gebiet Beiträge zu leisten (Projekt ALJUS). Diese Arbeiten können jedoch nur einen kleinen Beitrag zur Bewältigung des Gesamtproblems darstellen, welches so beschrieben werden kann: Es geht darum, Formen der Rechtspflege zu schaffen und zu praktizieren, welche bürger- und mitarbeiterfreundlich, aber auch effizient sind.


<u>Anmerkungen:</u>

1) Vgl. den Gesetzentwurf der Bundesregierung zur Vereinfachungsnovelle, in: Bundestagsdrucksache 7/2729.

2) Siehe dazu den Beschluß der 50. Konferenz der Justizminister und -senatoren vom 29. bis 31. Mai 1979 (zu Punkt 9 der Tagesordnung).

3)   Fiedler, H., Computer für die Justiz, in: JZ 1968, S. 556-557.

4)   Eine detaillierte Beschreibung der Register, der Form der Einträge und deren Rechts-
     grundlagen gibt der Verfasser in: Zielsetzungen und Folgen eines DV-gestützten Ge-
     schäftsbetriebs im Zivilprozeß, in: Automation in Gerichts- und Verwaltungsverfahren,
     DVR, Beiheft 12, 1980, S. 125-139.

5)   Dotterweich, J., Reichelt, P. und Weihermüller, M., Büroautomation am Beispiel des
     gerichtlichen Geschäftsbetriebs, in: ÖVD, Heft 4, 1978, S. 18-21.

6)   Vgl. dazu die Vorträge von Makowka, R., Modellversuch Gruppengeschäftsstelle beim
     Amtsgericht Hamburg und Blankenburg, E., Gruppengeschäftsstellen im Amtsgericht: Kein
     Gegensatz zwischen Rationalisierung und Humanisierung der Arbeitswelt in diesem Ta-
     gungsband.

8)   Vgl. infas, Kontakt mit der Justiz: Barrieren, Bad Godesberg, Februar 1978, und infas, Der
     Zugang zur Justiz: Barrieren und Reformen, Bonn-Bad Godesberg, September 1979; beide
     Umfragen im Auftrag des Instituts für Datenverarbeitung im Rechtswesen der GMD.

# INFORMATION FÜR RECHT UND VERWALTUNG
## – JURIS ALS FACHINFORMATIONSSYSTEM IM IUD-PROGRAMM

von Josef Fabry, Karlsruhe

## I.  Information und Recht

Information und Recht stehen zueinander in einem ganz besonderen Verhältnis. Versteht man Recht nicht nur als die Wissenschaft vom Recht, sondern als den Inbegriff von Regelungsfaktoren für das Zusammenleben von Individuen und Gruppen, wird dies schnell deutlich.

Die spezifische Beziehung zwischen Information und Recht zeigt sich exemplarisch im Rechtsetzungsakt. Ein Normengebilde kann nur dadurch die Qualität von Recht erlangen, daß es einmal zur Information geworden ist. Jede Rechtsnorm bedarf zu ihrer Wirksamkeit der Promulgation, der Verkündung, das heißt der Nachricht an alle, die es angeht. Eine Norm, die nicht Gegenstand eines derartigen Informationsprozesses geworden ist, ist keine Norm im Rechtssinne.

Gleiches gilt für das privat gesetzte Recht. Auch dieses bedarf zu seiner Wirksamkeit der Erklärung gegenüber den Beteiligten, der "Willenserklärung" in der Terminologie des Bürgerlichen Gesetzbuchs.

Diese ursprüngliche und nicht auflösbare Beziehung zur Information ist eine Besonderheit des Rechts, die sie, soweit ich sehe, mit keinem anderen Gebiet des Wissens oder der Tatsächlichkeit teilt. Gesetze der Physik oder der Biologie sind existent, auch wenn sie noch nicht als Information weitergegeben sind. Selbst Werke der Literatur sind, obwohl eigens für den Informationsprozeß geschaffen, bereits existent, bevor der Informationsprozeß begonnen hat.

Diese Besonderheit des Rechts wird im Auge zu behalten sein, insbesondere mit Rücksicht auf die zunehmende Bedeutung der richterlichen Rechtsfortbildung und der sich damit ergebenden Frage nach der Notwendigkeit einer Rechtsprechungsdokumentation. Auch derart zustande gekommene Rechtschöpfung bedarf der Bekanntmachung unter den Rechtsgenossen, um Wirksamkeit als Recht zu entfalten.

Sicherlich vollzieht sich sowohl die Verkündung der Rechtsvorschriften wie auch der Urteile in den formal vorgeschriebenen Verfahren, im Gesetzesblatt oder in der doch sehr beschränkten Öffentlichkeit des Gerichtssaals. Tatsächlich ist aber das, was mit der Verkündung des Rechts erstrebt wird, nämlich die Bewußtmachung dessen, was als Recht gelten soll, unter den heutigen Verhältnissen nicht viel mehr als eine Fiktion.

Weitere Aspekte der engen Verknüpfung zwischen Information und Recht kommen hinzu.

Das einmal gesetzte Recht lebt als Regelungssystem wie jedes andere, auch technische, Regelungssystem von der Verarbeitung von Informationen zu Entscheidungen. Dies geschieht gleichermaßen auf dem Gebiet der Rechtsetzung wie dem der Rechtsanwendung. Die Qualität des Rechtes, sowohl der generellen Regelungen wie der Einzelentscheidungen, hängt unmittelbar ab von den Informationen, die den jeweiligen Entscheidungen zugrunde gelegen haben.

## II. Recht im Gemeinwesen

Das Recht ist nicht nur Regelungsinstrument für eine bestimmte Staatsgewalt, etwa der Justiz. Zwar wird Recht und Justiz schnell und fast automatisch miteinander assoziiert. In Wirklichkeit sind heute fast alle Lebensbereiche verrechtlicht. Jegliche Staatsgewalt ist an das Recht gebunden und unterliegt mit Ausnahme weniger justizfreier Hoheits- und Regierungsakte der richterlichen Nachprüfung (Art. 19 Abs. 4 des Grundgesetzes). Auch die privaten Verhältnisse der Menschen sind größtenteils rechtlich geregelt. Nur in einigen vornehmlich personal bestimmten Bereichen ist das Miteinander von Menschen der Konvention, dem "Recht" des Stärkeren oder des Gewitzteren oder sonstigen außerrechtlichen Bestimmungsfaktoren überlassen, in manchen Bereichen gilt das Recht praktisch nur subsidiär (Familiengemeinschaft).

Das Recht ist also nicht das einzige Regelungsinstrument im Gemeinwesen. In großen Bereichen, insbesondere in der öffentlichen Verwaltung, zeigt es nur die Grenzen auf, innerhalb derer andere Steuerungs- und Bestimmungskriterien (Zweckmäßigkeit - Ermessen) maßgeblich sein dürfen.

## III. Mängel des bestehenden Rechtsinformationssystems

Wenn man mit einem neuartigen Instrumentarium zur Verbesserung eines Zustandes beitragen will, bedarf es zunächst der Feststellung der Mängel des Zustandes, die es zu beheben gilt. Worin sind nun die Mängel zu sehen, die durch ein wie immer geartetes Informationssystem potentiell behoben werden können?

Das sinnfälligste Symptom für bestehende Mängel scheint mir der seit Jahren sich verstärkende Ruf nach Entlastung der Justiz und der Verwaltung zu sein. Diese Forderung hat ihre sachliche Entsprechung in dem ebenfalls stetig anwachsenden Umfang dessen, womit der Jurist und der Verwaltungsbeamte sich zu beschäftigen haben:

- Die Gesetzgebung steigert fortgesetzt ihren Ausstoß.

- Immer mehr Lebensbereiche werden durch rechtliche Regelungen erfaßt.

- Die zur rechtlichen Beurteilung anstehenden Sachverhalte werden komplexer.

- Die Geschäftszahlen der Gerichte und Behörden wachsen und

- die rechts- und verwaltungswissenschaftliche Literatur wird immer umfangreicher.

Da die Flut der Arbeit nicht dadurch gestoppt werden kann, daß regelungsbedürftige Sachverhalte nicht mehr geregelt, Streitfälle nicht mehr zur Entscheidung angenommen oder rechtswissenschaftliche und gesellschaftliche Probleme totgeschwiegen werden, muß ein anderer Ausweg gesucht werden.

Als ein Weg zur Abhilfe wird unter anderem die Spezialisierung gefordert. Diese Forderung zeigt einen bemerkenswerten Tatbestand auf, nämlich den des allgemeinen Informationsmangels. Spezialisten heranzubilden, heißt ja nichts anderes als den Betroffenen das außerordentliche Wissen zur Routine zu machen. Der Ruf nach Spezialisten enthält damit das Eingeständnis, daß der durchschnittliche Repräsentant eines Berufsstandes nicht mehr in der Lage ist, das von ihm geforderte Sachwissen jederzeit und auf jedwede Anforderung hin verfügbar zu haben.

Es gilt demnach, den Informationsmangel zu beheben. Dabei geht es nur vordergründig um die Verbesserung der Arbeitssituation des praktizierenden Juristen oder Verwaltungsbeamten. Es geht im Grunde um die Erhöhung der Effizienz der Justiz und Verwaltung im allgemeinen und um die Sicherung einer einheitlichen Rechtsprechung und Verwaltungspraxis und damit um eine Erhöhung der Rechtssicherheit und um eine Verbesserung der Transparenz der Rechtsordnung im besonderen.

A)    Rechtsprechungsvielfalt

Die Sicherung einer einheitlichen Rechtsprechung ist eine in allen Gerichtsverfassungsgesetzen den obersten Instanzen übertragene Aufgabe. Ein Netz von Vorschriften über Vorlageverpflichtungen oder Rechtsmittelzulassungen bei Abweichungen von der Rechtsprechung anderer Senate oder anderer Gerichte soll die Verwirklichung dieses Gebotes sicherstellen.

Allein mit der Existenz solcher Vorschriften ist es aber nicht getan. Sie können nur befolgt werden, wenn der zur Vorlage oder Rechtsmittelzulassung verpflichtete Spruchkörper Kenntnis von etwa abweichenden Vorentscheidungen anderer Spruchkörper hat. Obwohl keine Zahlen vorliegen, wird doch mit einiger Berechtigung angenommen werden können, daß eine beachtliche Anzahl von Abweichungen mangels Kenntnis der zu berücksichtigenden Rechtsprechung überhaupt nicht als solche erkannt wird. Dieser Informationsmangel hat mehrere Gründe.

Einmal wird nur ein Teil aller erlassenen Urteile veröffentlicht. Bei den obersten Gerichtshöfen des Bundes sind es im Durchschnitt etwa die Hälfte aller Urteile, davon wiederum nur ein Teil in amtlichen Sammlungen. Ähnlich liegt es bei den Obergerichten der Länder. Der Anteil der veröffentlichten Urteile der anderen Gerichte liegt naturgemäß noch wesentlich niedriger. Hinzu kommt, daß die Veröffentlichungen über Hunderte von Entscheidungssammlungen und Zeitschriften verteilt sind, die von einem einzelnen unmöglich alle auch nur durchgesehen werden können. Schließlich sind viele, insbesondere von privater Seite veröffentlichte Entscheidungen wesentlich gekürzt und nur unter dem gerade interessierenden Aspekt wiedergegeben.

Neben der gesetzlichen Verpflichtung für bestimmte Gerichte, die Rechtsprechung bestimmter anderer Gerichte zu berücksichtigen, besteht aber auch ein praktisches Bedürfnis aller mit der Rechtsprechung, Rechtsetzung und Rechtsanwendung befaßten Stellen auf Information - wenigstens sollte es bestehen.

Dabei soll keineswegs dem immer wieder befürchteten und abgelehnten Präjudizienkult das Wort geredet werden. Die in diesem Zusammenhang häufig aufgeworfene Frage, ob der Rückgriff auf vorhandene Rechtsprechung überhaupt sinnvoll und erstrebenswert sei, ob er nicht eher der Spontaneität und Kreativität in der Rechtsfindung entgegenwirke und das gute Judiz verkümmern lasse, erfordert eine differenzierende Antwort.

Sicherlich wird die Bezugnahme auf vorhandene Rechtsprechung dann schädlich sein, wenn sie nur dazu dient, das Denken und Abwägen durch Zitate zu ersetzen. Im übrigen dürfte die Forderung nach Kenntnisnahme und Berücksichtigung vorhandener Rechtsprechung allenfalls lästig sein für denjenigen, der von lieb gewordenen eigenen Festlegungen und Vorurteilen nicht befreit werden möchte oder der grundsätzlich seine eigenen Erkenntnisse für höherwertig hält als die Erkenntnisse anderer.

B)    Normenflut

Informationsmangel besteht nicht nur hinsichtlich der vorhandenen Rechtsprechung. Er besteht auch hinsichtlich der geltenden oder einmal geltend gewesenen Gesetze und sonstigen Vorschriften.

Die einigermaßen zuverlässige Kenntnis der in Betracht kommenden aktuellen Vorschriften wird heute nur mehr von denjenigen zu erwarten sein, deren Zuständigkeit oder Arbeitsbereich auf bestimmte Rechtsgebiete beschränkt ist. Aber auch schon da gibt es Schwierigkeiten, die nicht nur auf die häufigen Änderungen der Rechtsgrundlagen zurückzuführen sind, sondern auch auf die Form der Änderungs- und Ausführungsbestimmungen. In den Bereichen, in denen Verwaltungs- vorschriften und Erlasse von rechtlicher Bedeutung sind, ist häufig für die Entscheidung einer Rechtsfrage ein Wust von Ausführungsbestimmungen und aus Einzelfällen hervorgegangenen Erlassen zu beachten. Selbst der spezialisierte Rechtsanwender kann in solchen Fällen den Überblick nur dann bewahren, wenn er sich, was häufig geschieht, ein eigenes Ordnungs- und Dokumentationssystem schafft.

Besondere Schwierigkeiten bestehen häufig bei der Ermittlung des Rechtsbestandes für einen bestimmten in der Vergangenheit liegenden Zeitpunkt oder Zeitraum. Das gilt insbesondere für die Arbeit der Gerichte, die häufig mehrere Jahre oder gar Jahrzehnte zurückliegende Sach- verhalte zu beurteilen haben. Die vorhandenen Gesetzessammlungen in Lose-Blatt-Form be- mühen sich zu recht, jeweils den aktuellen Rechtsbestand nachzuweisen. Sie geben erfreu- licherweise aber auch häufig Hinweise auf Änderungen, denen das Gesetz seit seinem Erlaß oder seiner letzten Neubekanntmachung unterzogen worden ist. Ein ähnliches Hilfsmittel gibt das Fundstellenverzeichnis zu Teil III des Bundesgesetzblattes. Trotz dieser Hilfsmittel ist es oft eine außerordentlich mühsame und zeitraubende Arbeit, den Rechtsbestand für einen bestimmten Zeitraum beispielsweise in manchen Bereichen des besonderen Verwaltungsrechts zu ermitteln.

C)    Dokumentationsmängel

Ähnliche und teilweise noch größere Schwierigkeiten bestehen im Bereich der wissenschaftlichen Literatur. Sie ist verstreut auf unzählige Zeitschriften, Festschriften, Dissertationen und Monographien. Die inhaltliche Erschließung ist dürftig und ebenso zersplittert wie die Publi- kationsmedien. Der Wissenschaftler und erst recht der Praktiker können heute unmöglich dieses breite und häufig unsortierte Angebot an Publikationen noch annehmen. Die heute in sehr weiten Bereichen bestehende Arbeitsüberlastung schließt es aus, die fachliche Fortbildung durch ständiges Studium einschlägiger Publikationen zu betreiben. Wie vielfach bekannt wird, ist der Einzelne allenfalls noch in der Lage, jeweils die Inhaltsverzeichnisse der Zeitschriften zu überfliegen und vermutlich interessante Beiträge anzulesen, um entscheiden zu können, ob sich eine Ablichtung lohnt, die dann für ruhigere Tage - die nie kommen - an die Seite gelegt wird.

# IV. Zielsetzungen des Fachinformationssystems 11 (JURIS) [1]

## A) Dokumentationssystem

Eines der wesentlichen Ergebnisse der Planungsphase war die Entscheidung, das Juristische Informationssystem zunächst als ein Dokumentationssystem zu entwickeln. Grob gesagt handelt es sich dabei um ein System, das einem Fragesteller nur die Dokumente ermitteln und gegebenenfalls zur Verfügung stellen kann, in denen zu dem in der gestellten Frage angeschnittenen Problem etwas ausgeführt ist, nicht aber eine Antwort zum Problem selbst liefert.

Es ist einzuräumen, daß mit dem Begriff Informationssystem auch weitergehende Vorstellungen verknüpfbar sind. Solche Vorstellungen werden auch für die weitere Entwicklung nicht ausgeschlossen. Es ging zunächst aber darum, einen praktikablen Ansatz zu finden, die Entwicklung im Rahmen des jeweils technisch und finanziell Realisierbaren voranzutreiben und stets darum besorgt zu bleiben, daß Möglichkeiten für weitergehende Entwicklungen nicht verbaut werden.

Derartige Beschränkungen im Ansatz der Arbeit mußten vielfach vorgenommen werden. Die anfängliche Zielbeschreibung des Unternehmens, die notwendigerweise sehr grob und allgemein sein mußte, lautete etwa dahin, ein Instrument zu schaffen, das in der Lage ist,
- alle juristisch relevante Information
- jedem Interessenten
- möglichst schnell, unmittelbar und selektiert
zur Verfügung zu stellen.

Bei näherer Prüfung des zahlenmäßigen Umfangs der zu verarbeitenden Information und der potentiellen Benutzer eines Informationssystems ergaben sich so außerordentliche Größenordnungen, daß auf ihrer Grundlage eine realistische Planung unmöglich war. Die technischen, zeitlichen und finanziellen Grenzen waren offensichtlich.

Es galt deshalb, in den Größenordnungen Beschränkungen anzubringen. Dabei waren zwei Grenzen zu beachten. Einmal mußten die Beschränkungen so weit gehen, daß das Projekt technisch, zeitlich und finanziell realisierbar erschien. Andererseits durften die Beschränkungen nicht so weit gehen, daß dadurch der Gesamtzweck gefährdet wurde.

Die Entscheidung für ein Dokumentationssystem, genauer gesagt, für ein Dokument-Retrieval-System, hat mehrere Gründe. Zwei wesentliche möchte ich kurz nennen:

- Ein juristisches Informationssystem, das diese Bezeichnung verdient, kann auf keinen Fall auf diese Komponente verzichten. Das Dokument-Retrieval-System ist daher ein elementarer Baustein eines jeden weitergehenden Systems. Es bietet noch eine Reihe ungelöster technischer Probleme, an deren Bewältigung alle verfügbare Kraft gesetzt werden sollte.

- Alle über ein reines Dokument-Retrieval-System hinausgehenden Systeme setzen Vorinterpretationen, also rechtliche Wertungen voraus, und zwar in umso stärkerem Maße, als die Leistungserwartungen steigen. Damit sind Vorinterpretationen gemeint, wie sie etwa in Lehrbüchern oder Kommentaren geboten werden. Bei einem universellen Informationssystem ist die Zulässigkeit von Vorinterpretationen eine sehr heikle Frage. Es käme darauf an, eine fachlich und funktional kompetente Stelle für derartige Vorinterpretationen zu finden, die für alle Systembenutzer akzeptabel ist. Das wird, wie die Dinge liegen, ein außerordentlich schwieriges, wenn nicht unmögliches Unterfangen sein.

## B) Vollständigkeit

Der Wert eines Informationssystems ist um so größer, je inhaltsreicher seine Datenbasis ist. Das kann aber nicht bedeuten, daß alle überhaupt existierende Information gespeichert werden müßte, obwohl für den Gesetzgeber oder den Richter alle tatsächlich vorhandene Information einmal interessant sein kann. Ein solches System wäre schon seines Umfanges wegen nicht machbar.

In einem juristischen Informationssystem muß der Aspekt der Vollständigkeit daher durch die vorgegebene Thematik abgegrenzt werden: In Betracht kommt nur die Aufnahme von Material mit quellenmäßig juristischem oder eng darauf bezüglichem Status. Bezugspunkt ist das Recht der Bundesrepublik Deutschland.

Der Aspekt der Vollständigkeit ist ferner qualitativ abzugrenzen: Aufnahmewürdig ist nur das "relevante" Material. Das bedeutet, daß rechtliche Informationen von nur individueller oder lokaler Bedeutung nicht zum Bestand eines allgemeinen juristischen Informationssystems gehören können, ebensowenig Informationen, die keine Bedeutung für die Feststellung des Rechtsbestandes oder für die Rechtsfortbildung besitzen.

## C) Aktualität

Ein besonderer Aspekt der Vollständigkeit ist die Aktualität. Nur, wenn der Benutzer des Systems sicher sein kann, auch die neuesten Informationen vermittelt zu bekommen, wird ein juristisches Informationssystem ihm ein optimales Hilfsmittel sein. Die gegenwärtige Situation ist gerade dadurch nachteilig gekennzeichnet, daß der Informationsstand der Juristen in vielen Bereichen um Monate und Jahre hinter der Entwicklung zurückbleibt.

D)  Objektivität

Für ein umfassendes, einer breiten Benutzerschaft zur Verfügung stehendes juristisches Informationssystem ist die Frage der Objektivität von entscheidender Bedeutung. Ein solches System kann leicht eine gewisse Monopolstellung erlangen und daher in hohem Grade meinungsbildende Bedeutung gewinnen. Es wäre daher unerträglich, wenn ein solches System die Pluralität juristischer Standpunkte reduzieren oder deren quantitative Repräsentation verschieben würde. Das System müßte umgekehrt gerade zur getreuen Anzeige dieser Verhältnisse dienen können.

E)  Transparenz

Das Konstruktionsprinzip und der Arbeitsmechanismus des Informationssystems müssen für den Benutzer durchschaubar sein. Nur so kann er die Leistungen des Systems für seine jeweiligen Zwecke richtig beurteilen. Insbesondere müssen die Regeln über die Auswahl der gespeicherten Dokumente und über ihre Bearbeitung dem Benutzer bekannt gemacht werden.

## V.  Technische Anforderungen an das System

Das automatisierte Informationssystem muß leistungsfähiger sein als das bisherige System der Informationsvermittlung.

A)  Vielfalt von Fragetypen

Das System muß auf möglichst viele Fragetypen reagieren können. Das Interesse des Benutzers wird gerade an solchen Fragetypen besonders groß sein, auf die er mit der konventionellen Suchmethode - wenn überhaupt - nur mit erheblichem Aufwand Antwort erhält. Das erfordert eine tiefgreifende Strukturierung des gespeicherten Materials. Nur so kann erreicht werden, daß der Benutzer alle denkbaren Suchmerkmale zum Ausgangspunkt einer Suchanfrage machen kann.

B)  Dialogverkehr

In vielen Fällen wird der Benutzer das juristische Problem, das ihn beschäftigt, nicht von vornherein so eindeutig definieren können, daß er mit nur einer Frage und nur einer Antwort schon zum Ziel käme. Er wird sich in diesen Fällen erst an die richtige Fragestellung heranarbeiten müssen. Soll ihm das System bei diesem Lernprozeß behilflich sein, muß die Möglichkeit des Dialogverkehrs gegeben sein.

## C)   Dialogsprache

Es ist wünschenswert, daß der Benutzer seine Anfragen möglichst mit eigenen Worten frei formulieren kann. Jede Bindung an einen beschränkten Wortschatz oder an bestimmte Codes wirkt abschreckend.


## D)   Komfort

Das System sollte so ausgestaltet sein, daß der Benutzer mit ihm auch ohne längere Unterweisung und ohne größeres technisches Verständnis sinnvoll umgehen kann. Während des Dialoges müssen dem Benutzer vom System Hinweise gegeben werden können, die die jeweils bestehenden Möglichkeiten des weiteren Vorgehens anzeigen. Wenn Bedienungsfehler gemacht werden, muß das System die richtige Handhabung mitteilen.


## E)   Reaktionszeit

Der Benutzer erwartet vom System auch schnellere Information. Es muß daher gewährleistet sein, daß der Benutzer eine laufende Beratung oder Besprechung, in der ein rechtliches Problem aufgetaucht ist, nicht vertagen, sondern allenfalls kurzfristig unterbrechen muß, um die erforderlichen Auskünfte einzuholen. Eine kurze Reaktionszeit ist im übrigen auch Vorbedingung für einen Dialogverkehr.


## F)   Vollständigkeit/Ballastfreiheit

Die Auskunft muß zuverlässig und vollständig sein. Sie muß dem Benutzer einerseits möglichst alles relevante Material nachweisen, andererseits aber auch nicht mehr als das relevante Material.


## G)   Kosten

Die Kosten der Benutzung des Systems dürfen nicht prohibitiv sein. Sie sollen nach Möglichkeit unter den Gesamtkosten liegen, die bei Inanspruchnahme konventioneller Hilfsmittel entstehen würden. Gegebenenfalls ist eine Subventionierung aus den gegebenen rechtspolitischen Zielsetzungen in Betracht zu ziehen.

H)    Belastbarkeit

Da das System jedem Interessenten zugänglich sein soll, muß es so ausgestattet sein, daß viele Benutzerstationen eingerichtet werden können und das System im ganzen einer hohen Belastbarkeit standhält.


## VI.    Entwicklungsstand des Projekts

Durch Kabinettentscheidung vom 13. September 1973 ist dem Bundesminister der Justiz der Auftrag erteilt worden, zunächst auf drei Rechtsgebieten praktisch zu demonstrieren, daß ein computerunterstütztes Informationssystem, wie zuvor beschrieben, technisch realisierbar ist sowie von der Praxis angenommen und benutzt wird. Aufgrund der gewonnenen Erfahrungen soll dann im Jahre 1982 eine weitere Entscheidung darüber getroffen werden, ob und wie ein weiterer Ausbau betrieben werden soll.


A)    Datenbestände

Es existieren drei Datenbanken, die sich durch die gespeicherten Dokumentarten unterscheiden. Eine Unterscheidung nach Rechtsgebieten ist auf Datenbankebene nicht beabsichtigt; sie kann aber innerhalb der einzelnen Datenbanken durch Eingabe einer Sachgebietsbezeichnung bewerkstelligt werden. Die Dokumentarten, durch die die Datenbanken definiert werden, sind Gerichtsentscheidungen, Literaturbeiträge (selbständige und unselbständige) und Vorschriften.

Die Rechtsprechungsdatenbank enthält zur Zeit über 100.000 Entscheidungen. Darin enthalten sind sämtliche bekannt gewordenen relevanten Entscheidungen aus dem Sozialrecht (in Kurztexten), sämtliche Entscheidungen des Bundesfinanzhofs (im Langtext), die veröffentlichten Entscheidungen der Finanzgerichte seit Anfang 1979 sowie eine ständig wachsende Zahl von Entscheidungen aus anderen Gerichtsbarkeiten.

Die Anzahl der gespeicherten Literaturabstracts erreicht in Kürze den Umfang von 100.000 Dokumentnachweisen. Auch hier ist das Gebiet des Sozialrechts vollständig, die übrigen Rechtsgebiete teilweise abgedeckt.

Die Normendatenbank ist noch relativ klein. Im Rahmen der im vergangenen Jahr angelaufenen "bereinigungsfördernden Dokumentation des Bundesrechts" sind etwa 8.000 Normen (= Paragraphen) gespeichert. Ferner ist mit der Speicherung von steuerrechtlichen Verwaltungsvorschriften begonnen worden. Die Normendatenbank enthält nur Langtexte.

B)    Anschlüsse und Abfrageintensität

Über ein Konzentrator-Netz sind 32 ständige Benutzer mit einem oder mehreren Terminals angeschlossen. Die Zahl der Abfragesitzungen betrug im Jahre 1979 etwa 1.000 je Monat. Nach der bisherigen Entwicklung des Jahres 1980 ist damit zu rechnen, daß die durchschnittliche Abfrageintensität je Monat auf etwa 1.500 steigen wird.

C)    Kostenbeteiligung

Zur Zeit werden von den Benutzern, sofern diese nicht zugleich als Dokumentationsstellen von JURIS tätig sind, lediglich die umgelegten Kosten des Datenfernübertragungsnetzes und der Terminals als Gebühren erhoben. Das sind monatlich etwa 3.000 DM.

D)    Dokumentationsstellen

Als Dokumentationsstellen für JURIS sind tätig:
- Das Bundessozialgericht für den Bereich des Sozialrechts,
- das Bundesarbeitsgericht für den Bereich des Arbeitsrechts,
- der Bundesfinanzhof für den Bereich des Steuerrechts,
- das Bundesverwaltungsgericht für seine Rechtsprechung,
- das Oberverwaltungsgericht Münster für die übrige Verwaltungsrechtsprechung und einen Teil der Verwaltungsrechtsliteratur,
- das Forschungsinstitut für öffentliche Verwaltung bei der Hochschule für Verwaltungs-wissenschaften Speyer für den Bereich der Verwaltungswissenschaften.

Der Rest wird zur Zeit noch durch Aktivitäten abgedeckt, die aufgrund privatrechtlicher Werkverträge vom Bundesministerium der Justiz gesteuert werden.

E)    Kosten-Nutzen-Untersuchung

Zur Zeit läuft eine breit angelegte Untersuchung der Diebold GmbH über die Kosten-Nutzen-Verhältnisse eines umfassenden juristischen Informationssystems. Die Ergebnisse dieser Unter-suchung sollen im Frühjahr 1981 vorliegen.

F) <u>Bevorstehende Entscheidungen</u>

Nach der Vorlage der Kosten-Nutzen-Analyse wird ein umfassender Schlußbericht über die Entwicklungsphase von JURIS dem Bundeskabinett vorgelegt werden, das dann eine Entscheidung darüber treffen wird, ob und in welchem Ausmaß und in welchen Zeitabständen das Informationssystem ausgebaut und in welcher Rechts- und Organisationsform es gegebenenfalls betrieben werden soll.


<u>Anmerkung</u>:

1)  Zu IV ff. vgl.

1. Bundesminister der Justiz (Hrsg.), Das Juristische Informationssystem - Analyse, Planung, Vorschläge, Karlsruhe 1972;

2. Bundesminister der Justiz (Hrsg.), JURIS - Projektbeschreibung, in: Beilage 18/1978 zum Bundesanzeiger vom 1. August 1978, Nr. 141a;

Fabry, J., Information und Dokumentation im Rechtswesen, in: Lutterbeck, E. (Hrsg.), Dokumentation und Information, Frankfurt/Main 1971, S. 233-242;

derselbe, Das Juristische Informationssystem des Bundes, in: DSWR, 1973, S. 298-305.

Aussprache zu den Referaten

von Roland Makowka, Erhard Blankenburg, Manfred Weihermüller und Josef Fabry


Bericht von Klaus Umbreit, Speyer


In der vom Berichterstatter geleiteten Diskussion wurde zunächst zu den Vorträgen von Makowka und Blankenburg die Frage gestellt, ob das Modell Auswirkungen auf die übrige Organisationsstruktur des Gerichts habe (Grassmugg). Makowka betonte, daß auch Richter und Rechtspfleger eng in das Geschäftsstellenmodell mit einbezogen würden. In der Kleingruppe sei ein direktes Ansprechen möglich, was dazu führe, daß kleinere Schreibarbeiten (Ladungen, Kleine Beschlüsse) tagesfertig gemacht werden könnten. Nur Urteile würden weiter in der Zentrale geschrieben. Die Übertragbarkeit dieses Modells auf andere Bereiche (Frage von Reichelt) wurde von Makowka positiv beurteilt. Ein Lernprozeß der Beteiligten sei zwar erforderlich, indem die Mitarbeiter an die neuen Arbeitsformen der Teamarbeit herangeführt werden müßten. Hier könne bereits in der Ausbildung viel getan werden. Der Zeitraum zur Einarbeitung müsse nicht so hoch angesetzt werden wie in Hamburg (ein bis zwei Jahre), da die Mitarbeiter dort zugleich in die Benutzung von Textautomaten eingeführt worden seien. Zur Frage, inwieweit bestimmte Gerichtstypen wie zum Beispiel Strafgerichtsbarkeit oder Staatsanwaltschaft mit der Anwendung dieses Modells Schwierigkeiten haben könnten (Grassmugg), meinte Makowka, daß sicher das Strafverfahren anders als das Zivilverfahren organisiert sei und einen anderen Richtertyp erfordere. Grundsätzlich sei aber eine dezentrale Organisationsform bereits in der gleichfalls dezentralen Arbeitsweise des Richters angelegt, dem dann sinnvollerweise die Zuarbeit entsprechen solle. Diesem Ansatz stimmte Blankenburg ausdrücklich zu. Man dürfe nicht von der Technologie ausgehen, sondern müsse gleichzeitig auch organisatorisch ansetzen, da sonst die Technologie nur aufgesetzt sei. Dabei sei auch nicht allein von den zentralisierungsfähigen Tätigkeiten auszugehen, da das dann wieder zu einer Zentralisierung führe. Im Ergebnis könnten die neuen Organisationsformen zu einer Durchbrechung der etablierten Organisationstrennung in der Justiz führen. Blankenburg wies weiter darauf hin, bei der Anwendung neuer Technologien seien die gerichtlichen Interaktionsstrukturen genau zu beachten. So müsse zum Beispiel bei der Protokollführung per Terminal auch den Parteien Gelegenheit gegeben werden, den Bildschirm beobachten zu können, eventuell durch Aufstellung eines den Parteien zugewandten zweiten Terminals. Die Diskussion wandte sich dann wieder Fragen nach Reibungspunkten zwischen der alten und der neuen Organisationsstruktur und der Mitarbeitermotivation zu (Schumacher). Makowka betonte, daß alle Mitarbeiter des Modellversuchs, die sich freiwillig beteiligen konnten, sich auf ihrem neuen Arbeitsplatz wohl fühlten, insbesondere die Schreibkräfte wollten nicht zurück in die Zentrale. Er räumte aber ein, daß die überwiegende Mehrzahl der Mitarbeiter des Gerichts - von 1.600 sind cirka 50 am Versuch beteiligt - dem Modell indifferent gegenüber stünden, insbesondere bei den Älteren würde es sicher Schwierigkeiten geben. Makowka meinte aber, der Arbeitsplatz sei attraktiver geworden, was auf dem schwierigen Arbeitsmarkt in Hamburg die Konkurrenzfähigkeit gegenüber dem Arbeitsplatzangebot der privaten Wirtschaft gesteigert habe. Die bisherigen Erfahrungen, insbesondere auch mit der Textverarbeitung (Frage von Schwarzer) seien positiv, höhere Fehlerquoten nicht feststellbar. Ausschlaggebend sei aber, daß die Umgestaltung der Organisation zu erhöhter Arbeitszufriedenheit geführt habe. Allein technologische Änderungen führten nur dazu, daß in den alten Räumen zwar neue Geräte stünden, die Motivation der Mitarbeiter aber nicht automatisch steige. Ergänzend wies Blankenburg darauf hin, daß die Arbeitsräume der Gruppengeschäftsstelle im Vergleich zu anderen behördlichen Räumen zwar eine Verbesserung darstellten, gegenüber vergleichbaren Arbeitsbedingungen für Gruppenarbeit etwa in der Versicherungswirtschaft aber noch beträchtliche Unterschiede bestünden. Blankenburg führte weiter aus, daß ein Kontrollgruppenvergleich bisher nicht möglich gewesen wäre, da es schwierig sei, eine entsprechende Vergleichsgruppe in dem überkommenen zentralisierten Gerichtsverwaltungssystem zu isolieren. Zu Fragen, die bei der Anwendung des BAT entstehen könnten (Dahms), meinte Makowka, daß hier ein Problem läge, da die Tätigkeitsprofile des BAT am Berufsbild des Spezialisten ausgerichtet wären. Allerdings sei auch die Leitvorstellung des Hamburger Modells nicht der Einheitssachbearbeiter, sondern der vielseitig ausgebildete, vertretungsfähige Mitarbeiter. Im übrigen sei eine Höherstufung nach BAT nur erforderlich, wenn mehr als 50 Prozent höherwertige Tätigkeiten ausgeübt würden, was normalerweise bei der Gruppenarbeit nicht der Fall sei. Langfristig solle aber eine Ergänzung des BAT versucht werden, um der Mischarbeit besser Rechnung tragen zu können. Abschließend wurde die Frage aufgeworfen, ob die Ursache des Modellversuchs mehr in einer unbefriedigenden Arbeitsplatzsituation oder in einem Rationalisierungsbedürfnis zu suchen sei (Fabry). Dazu antwortete Makowka, der Modellversuch sei kein Rationalisierungsvorhaben, da es nicht zu einer Freisetzung von Personal hätte kommen dürfen. Trotzdem sei bei Mitarbeitern das Unbehagen entstanden, hier würde rationalisiert. Richtig sei aber, daß die Arbeit jetzt wirtschaftlicher und schneller durchgeführt werde. Gleichzeitig werde auch bürgernäher gearbeitet. Als Beispiel führt er an, daß mit Hilfe der Textautomation die Formulare von der Verwaltung selbst individueller gestaltet werden könnten.


Die Diskussion zum Vortrag von Weihermüller über die Möglichkeiten des Einsatzes der Informationstechnik spitzte sich auf die Frage zu, inwieweit kleinere Lösungen (Insellösungen) gegenüber Gesamtlösungen den Vorrang verdienten (Grassmugg, Püschel). Weihermüller wies insbesondere darauf hin, daß sich die Annahme des ursprünglichen Ansatzes, der gerichtliche Geschäftsbetrieb sei ein leicht isolierbares Subsystem, als unrichtig erwiesen habe (differenzierender Kommentar von Fiedler). Erforderlich sei eine genaue Analyse auch des Bereichs der richterlichen Tätigkeit und seiner Beziehungen zum Geschäftsbetrieb. Dem Referenten schien aber eine kleine Lösung zunächst sinnvoller. Man müsse skeptisch sein gegenüber dem Konzept des "großen Wurfs", eine gute Insellösung sei besser als eine schlechte Gesamtlösung. Erforderlich sei ein vorsichtiges Vorgehen, wobei dem Akzeptanzproblem erhöhte Aufmerksamkeit zu schenken sei. Die EDV könnte andernfalls für die Justiz zu einem Abenteuer werden, das von ihr nicht beherrscht würde und von dem sie sich nicht mehr befreien könne. Fiedler wies zunächst erklärend darauf hin, daß die Begriffe Insel- und integrierte Gesamtlösung, je nach der Weite des Zusammenhangs, der einbezogen würde, relativ seien. Er vertrat die Ansicht, daß ausgehend von Teilbereichen wie Verfahrensverwaltung über Geschäftsstellenverwaltung immer mehr Teilbereiche einbezogen werden sollten, wobei allerdings jeder weitere Schritt zu einem integrierten System genauer Überlegung bedürfe und der Komplexität der Materie gerecht werden müsse. Ein weiterer Schwerpunkt der Diskussion lag in den Problemen der Kosten-Nutzen-Analyse bei der Einführung neuer Informationstechniken (Püschel). Hier wurde von Weihermüller die Ansicht vertreten, daß das Land Hessen entsprechende Überlegungen vor der Einführung der EDV angestellt habe und zu einem vertretbaren Kostenergebnis gelangt sei. In dem Zusammenhang bezifferte er die Kosten für das Wiesbadener Modell mit acht Bildschirmen auf monatlich DM 10.000,--, was in etwa gegen zwei Justissekretäre aufzuwiegen sei. Das Frankfurter Modell, was einen höheren organisatorischen Aufwand benötigte, koste monatlich cirka DM 20.000,-- bis DM 30.000,--. Der Referent wandte sich aber abschließend dagegen, bei diesen Modellversuchen allein den ökonomischen Gesichtspunkt in den Vordergrund zu rücken.

Bei der Diskussion zum Vortrag von Fabry standen zunächst Fragen der Wirtschaftlichkeit von JURIS im Vordergrund (Poetzsch-Heffter). Fabry verwies auf eine von JURIS bei der Firma Diebold in Auftrag gegebene Kosten-Nutzen-Analyse, von der man sich nähere Aufschlüsse erhoffe. Der momentane Jahreshaushalt von JURIS belaufe sich auf sieben Millionen DM. Zur Frage, welche Änderungen sich gegenüber dem ursprünglichen Entwicklungskonzept von JURIS ergeben hätten und welche der damaligen Annahmen sich als falsch herausgestellt hätten (Fiedler), meinte der Referent, daß die damals zugrunde gelegten Zeitvorstellungen nicht hätten eingehalten werden können. Die Ursache dafür liege in der bei JURIS herrschenden Personalknappheit. Das inhaltliche Konzept, das im Planungsbericht der Projektgruppe niedergelegt sei, enthalte keine Fehlprognosen. Vieles sei damals in diesem Konzept offengelassen worden, indem nur theoretisch alle Möglichkeiten durchdacht worden seien. Überholt sei das Konzept allein in der technischen Entwicklung, die schneller als erwartet verlaufen sei. Zur Frage bezüglich der Benutzerfrequenz von JURIS und der Tatsache der Nichtbeteiligung des Bundesverfassungsgerichts (Goebel) teilte Fabry mit, daß bei der Benutzerbeteiligung das sich als Informationsvermittlungsstelle verstehende Bundessozialgericht an der Spitze stünde. Die mittlere Abfragefrequenz, auf die sich insbesondere die Landessozialgerichte eingependelt hätten, betrage 60 bis 70 Anfragen im Monat. Die Nichtbeteiligung des Bundesverfassungsgerichts sei allein in der dortigen Personalknappheit begründet. Die Rechtsprechung des Gerichts werde aber vollständig an JURIS geliefert, wo sie dokumentarisch nachbearbeitet werden müsse. Abschließend wurden Fragen nach der künftigen Organisationsform von JURIS und insbesondere einer Zusammenarbeit mit den privatwirtschaftlichen Verlegern gestellt (Lohner). Fabry betonte, daß JURIS an einer

Zusammenarbeit mit den juristischen Verlegern interessiert sei, den Verlegern sei angeboten worden, entsprechende Kooperationsmodelle zu entwickeln. Die Zusammenarbeit werde aber durch die interne Uneinigkeit der Verleger erschwert. Über die künftige Organisationsform von JURIS sei noch nicht entschieden, eine Vielzahl von Möglichkeiten auch in privatrechtlicher Form sei denkbar.

Sechster Abschnitt


# Kommunikationsinfrastruktur

# der Verwaltung

# BEDARF DER PLANENDEN VERWALTUNG AN INFORMATIONEN UND INFORMATIONSTECHNIK

von Wolfgang Hartenstein, Bonn

Die These meines Beitrages ist, daß das Geschäft derer, die Informationstechnik für Planung und politische Entscheidung einsetzen wollen, künftig nicht leichter, sondern eher schwieriger wird, und daß die Schwierigkeiten eher organisatorischer als technischer Art sein werden.

## I. Ausgangslage, Eingrenzung der Fragestellung

Eine sehr genaue Abgrenzung von "Planung" und "planender Verwaltung" ist nicht vonnöten. Wir wollen darunter Tätigkeiten verstehen, bei denen es um die zweckmäßige zukünftige Verwendung von Ressourcen geht (personellen, finanziellen, räumlichen Ressourcen), Tätigkeiten, bei denen es um die Auswahl und den Einsatz von Instrumenten zur Erreichung bestimmter Ziele geht.

Bekanntlich tun sich Politik und Verwaltung hierbei schwerer als die Wirtschaft, weil die Ziele weniger eindeutig sind und es auch weniger Einhelligkeit in bezug auf die Instrumente gibt. Daher sind bis heute auch kaum Verfahren des Operations Research in die politische Planung eingeführt worden.

Planungstätigkeiten unterscheiden sich von Tätigkeiten des Verwaltungsvollzugs unter anderem darin, daß Wirkungszusammenhänge, etwa zwischen den Instrumenten und den Zielen, und Fragen der Bewertung von Alternativen eine größere Rolle spielen. Dies hat spürbare Auswirkungen auf die Art der Informationsverarbeitung und den spezifischen Informationsbedarf der Planung.

Informationsverarbeitung für Planung und Entscheidung ist unter anderem dadurch gekennzeichnet:

- daß sie weniger stark formalisiert abläuft,
- daß der Anspruch an die Genauigkeit der Information im Einzelfall geringer ist,
- daß es immer wieder neuartige Verarbeitungsabläufe gibt,
- daß Planung abhängig ist von Informationen, die nicht durch den Vorgang selbst erzeugt werden
- und daß Planung angewiesen ist auf Informationen sehr verschiedener Art.

Ich betone die beiden letzten Punkte, weil sie uns noch beschäftigen werden. Fest steht jedenfalls: Je besser die verfügbare Information, um so besser kann die Entscheidung ausfallen (sie muß nicht, sie kann). Gute Planung und Entscheidung aufgrund mangelhafter Daten - das gibt es, aber kaum auf Dauer.

Das hat sehr früh zu folgendem Schluß geführt: Wenn die Automatisierung von Verwaltungsabläufen zu besseren, besser organisierten, besser zugänglichen Daten führt, dann wird sich am Ende auch die Planung leichter tun. Daraus entwickelte sich in den späten sechziger Jahren ein fester Glaubenssatz - das Planungs-Informationssystem als höchste Stufe der Verwaltungsautomation.

Ich möchte hierzu einen Aufsatz aus einer verwaltungswissenschaftlichen Zeitschrift von 1970 zitieren, stellvertretend für viele andere Äußerungen aus diesen Jahren. "Wer mit automatischen Datenverarbeitungsanlagen Planung betreiben will und wer die nichtformalisierbare Entscheidung stets auf der Grundlage aktuellsten Datenmaterials treffen will, bedarf zunächst der Daten, mit denen im täglichen Verwaltungsvollzug auf der operierenden Ebene gearbeitet wird. ... Es kommt darauf an, die Grunddaten (über Einwohner, Grundstücke, Finanzen) in automatischen Verfahren in ein lückenloses, jede Gemeinde umfassendes Netz einzubeziehen, weil damit nicht nur die "Verwaltungsautomation", sondern auch hieraus sich entwickelnd die "Planungsautomation" verwirklicht werden kann." [1)

Dies war damals gängige Auffassung auch im kommunalen Bereich, artikuliert vor allem durch die KGSt. Aus dem Länderbereich konnte man ähnliches hören, natürlich um einiges emphatischer. Heute kann man dergleichen nicht mehr hören, nicht jedenfalls von Leuten, die sich ernsthaft mit der Sache befassen. Heute ist fester Glaubenssatz, daß man ein solches "lückenloses Netz" weder aufspannen kann, noch aufspannen soll und darf.

Ich habe das zitiert, nicht um zu zeigen, daß man im Laufe von zehn Jahren neue Einsichten gewinnen kann, sondern um zu begründen, warum eine ernstzunehmende Alternative zu diesem - in sich ja sehr stimmigem - Konzept nicht entwickelt wurde. Dem Planer, der nach Unterstützung durch Datenverarbeitung verlangte, wurde mitgeteilt, er solle sich bitte noch etwas gedulden, demnächst werde er doch hervorragend bedient.

## II.  Mögliche Trends in den achtziger Jahren

Die Gründe, warum das Modell heute nicht mehr akzeptabel ist, liegen auf verschiedenen Ebenen.

Zunächst gibt es technologische Tendenzen, die Zweifel an den Prämissen wecken. Die Großrechner-orientierten, zentralistischen Modelle der sechziger Jahre geraten in Konkurrenz mit dezentralen, arbeitsplatznahen Lösungen. Was immer die Vorteile der großen, integrierten Lösungen sind und sein werden: Es gibt ökonomisch vertretbare Alternativen. Die Gleichsetzung von "Einheit der Verwaltung" und "Integration aller DV-Leistungen" ist nicht länger aufrecht zu erhalten - technisch nicht, politisch nicht, auch verfassungsrechtlich nicht.

Ferner: Die DV-technischen Trends laufen parallel zu administrativen Tendenzen der Dezentralisierung, der Aufgabenentflechtung und der Verlagerung von Verantwortung auf autonome Einheiten. Technologische und organisatorische Trends verstärken einander. Wenn die DV-Technik sich an der Art der Aufgabenerfüllung orientieren soll, und nicht umgekehrt, wird es künftig mehr Organisationseinheiten geben als früher, die ihre Arbeiten durch Informationstechnik unterstützen lassen.

Es gibt einen weiteren Trend, der dem Konzept "erst alle Daten in die große Datenbank, dann die Planungsverfahren obendrauf" entgegenarbeitet - die Verschlechterung der Datenlage. Jedenfalls wird die Zahl der amtlichen Erhebungen, deren Ergebnisse allen ohne Einschränkung z.r Verfügung stehen, eher ab- als zunehmen. Die Verschiebung der für 1981 geplanten Großzählungen ist hierfür ein Indiz.

Schließlich gibt es eine weitverbreitete Planungs- und Prognosemüdigkeit, eine unterschwellige Skepsis, ob der Computer zur Bewältigung der drängenden Probleme von heute und morgen überhaupt viel beitragen könne, wo diese Probleme - bei knapper werdenden Mitteln, strukturellen Spannungen, bedrohter Lebensqualität - doch eher qualitativer als quantitativer Natur sind.

Ich habe hier vier Tendenzen genannt - Dezentralisierung der DV-Technologie, Verselbständigung der Anwender, Verringerung des Datenangebots, Planungsmüdigkeit - und will diese Tendenzen nicht weiter hinterfragen. Es gibt ja auch gegenläufige Trends, und es kann Rückkopplungen geben. Ich möchte für die folgende Diskussion einmal unterstellen, daß sie in den nächsten Jahren mehr oder weniger wirksam werden.


**III.   Elemente eines Szenarios über DV-gestützte Planungshilfen in den achtziger Jahren**

Vor diesem Hintergrund will ich versuchen, eine Art Szenario zu entwerfen, wie der Einsatz von Informationstechnologie für Planung und Entscheidung in den achtziger Jahren aussehen könnte.

In einem solchen Szenario können wir folgende Situationen beobachten:


A)    Mehr Autonomie über Informationstechnik

Bei der Frage, wer mit welchen Geräten ausgestattet wird, spielt das wirtschaftliche Kalkül eine geringere Rolle als das politische. In der Dezentralisierungsdebatte wird mehr mit "Kontrolle" argumentiert als mit "Kosten". Kraemer hat das in seinem Beitrag in der ÖVD klar analysiert. [2] Wenn die Anwender mehr alleine machen können, dann wird es etliche geben, die es auch wollen. Das gilt für die USA wie für Europa, für die Politik wie für die Wirtschaft, für die staatliche wie für die kommunale Ebene, für die Beziehungen zwischen den Behörden und innerhalb von Behörden. Einzelne Abteilungen und Ämter werden bestrebt sein, aus mehr oder weniger rationalen Gründen, sich mit Informationstechnik zu versorgen. Die Anwender werden selbständiger, auch selbstbewußter gegenüber der DV-Zentrale.


B)    Mehr technische Vielfalt

Dieses Autonomiestreben wird unterstützt durch neue technische Produkte. Da die kleine Maschine nicht soviel kann wie die große, wird sie entsprechend trainiert, bestimmte Dinge besonders gut zu erledigen. Es wird mehrere Möglichkeiten geben, Informationstechnik zur Unterstützung von Verwaltungstätigkeiten heranzuziehen: Im Anschluß an den Universalrechner oder im Dialog mit dem Spezialrechner, der nicht mehr können muß als der Sachbearbeiter von ihm verlangt.

Daß dies erhebliche Auswirkungen auf die Software-Produktion und -Pflege hat und zu dramatischen Kostensteigerungen und Personalengpässen in diesem Bereich führt, ist bekannt, soll uns hier aber nicht weiter beschäftigen. Was uns primär interessiert, sind die Auswirkungen auf die Information.


C)    Mehr Inkompatibilität von Daten

Je größer die Vielfalt und Autonomie der Aufgaben und Dienststellen, die Informationstechnik einsetzen, um so schwieriger das Zusammenspielen und Aufeinanderlegen der Daten (selbst wenn man es wollte) und um so lückenhafter das Netz. Mehr und mehr Daten werden innerhalb einer Behörde erzeugt, im Gefolge von Berichtssystemen, die zur Erfüllung der Aufgaben aufgebaut werden und statistische Informationen abwerfen. Beispiele hierfür werden heute und morgen in dieser Sitzung genügend geliefert werden. Ob es sich um die Arbeitsverwaltung, um das Gesundheitswesen, um die Rentenversicherung, die Ausbildungsförderung oder die Stadterneuerung handelt: Die dabei entstehenden Datenbestände sind häufig nach speziellen inhalt-lichen und technischen Konventionen angelegt und daher wenig kompatibel und austauschbar.


D)    Mehr Abschottung von Informationen


Die Bereitschaft, Daten aus diesen Beständen anderen verfügbar zu machen, wird generell gering sein. Information zu teilen, kann auch bedeuten, einen Informationsvorsprung einzubüßen, Macht zu verlieren. Vor allem wenn wenig Mittel oder Personal oder Flächen zur Disposition stehen, wenn der Verteilungskampf hart zu werden droht, wird jeder zögern, mit präzisen Angaben über seine Ressourcen und ihre alternative Verwendung herauszurücken.

Schon heute läßt sich diese Neigung, Informationen voreinander abzuschotten, vielfach beobach-ten: Zwischen Abteilungen und Ressorts, zwischen Bund und Ländern, besonders drastisch neuerdings zwischen staatlicher und kommunaler Planung. Beispiele: Soll die Landesplanung sozusagen baublockscharfe Informationen über die Verteilung von Infrastruktureinrichtungen haben oder stehen sie nur der Gemeinde zu? Soll der Bund über Umweltbelastungen genauso detailliert Bescheid wissen wie die Länder? Wo immer Daten vor Ort, ziemlich weit unten, ermittelt werden und weiter oben benötigt werden, tritt dieser Widerstreit von Zuständigkeit und Zugänglichkeit auf.


E)    Mehr Pochen auf Datenschutz


In unserem Szenario wird sich zeigen, daß das Politische (Information ist Macht) und das Rechtliche (Information darf nicht mißbraucht werden) eng miteinander verquickt sind. Das Abschotten der Information läßt sich mit den Erfordernissen des Datenschutzes ganz gut legitimieren. Die Beweislast, daß eine Information nicht schutzwürdig ist, liegt bei dem, der sie haben will. In Zweifelsfällen sind Öffentlichkeit und Politiker auf der Seite dessen, der sie nicht herausrücken will.


F)    Mehr Bedarf an Planungsinformation


Es wird sich auch erweisen, daß trotz der genannten Planungs- und Prognosemüdigkeit ein zusätzlicher und neuartiger Bedarf nach Vorausschau, Steuerung und Erfolgskontrolle auftritt. Gerade wenn die Ressourcen beschränkt sind, müssen die Maßnahmen sorgfältiger abgewogen und überprüft werden, damit unnötige Härten vermieden, Entbehrungen gerecht verteilt werden. Auch müssen sie den Betroffenen gegenüber sauber begründbar sein. Die Planungsinstrumente müssen flexibler sein, feiner und kurzfristiger reagieren, der engeren Verflechtung verschiedener

Politikbereiche gerecht werden - etwa zwischen Energie, Ökologie, Verkehr und Siedlungs-
entwicklung.


G)    Mehr Neigung zur Selbstversorgung mit Information

In den Bereichen, in denen ein solcher Planungsbedarf besteht, aber entsprechend differenzierte,
übergreifende und zuverlässige Daten nicht rasch verfügbar sind, zeigt sich eine recht unangenehme Dialektik. Jeder Versuch, Informationsverarbeitung und formale Planungstechniken
einzusetzen, enthält Risiken:  Es dauert länger, es passieren Fehler, jedenfalls beim ersten Mal.
Jeder von uns kann hiervon ein Lied singen. Politische Entscheidungen aber sind jedesmal neu und
anders. Die Versuchung für die politische Spitze ist groß, sich von dem ganzen technischen
Apparat abzukoppeln, Notlösungen zu finden, sich recht und schlecht selbst zu versorgen. Und die
Bereitschaft der politischen Spitze, künftig Mittel für neue Erhebungen und neue Systeme
bereitzustellen, wird entsprechend geringer.


H)    Fazit

Manches spricht dafür, daß die Menge der schnell abrufbaren Daten zunimmt, daß die Software
zur Verwaltung und Analyse kraftvoller wird, daß es immer mehr nützliche Geräte zur
Kommunikation mit den Daten und ihrer Darstellung gibt. Viel spricht aber auch dafür, daß sich
die Zugänglichkeit zu den Daten drastisch verschlechtert und daß aus diesem Grunde das
technologische Potential - jedenfalls für die nicht-operativen Aufgaben - überhaupt nicht
ausgeschöpft wird.

"Immer mehr Technik, immer weniger Informationen":  Eine solche Zukunftsperspektive können
wir nicht ausschließen. Es gibt Leute, die stört diese Aussicht wenig. Wenn sie einen aber stört
- was kann man tun?


## IV.    Organisationspolitische Folgerungen und Überlegungen

Weil die Ursachen organisatorischer Art sind, müssen auch die Maßnahmen organisationspoli-
tischer Natur sein. Auf vier Ebenen kann ich Ansatzpunkte sehen, wo man sich bemühen sollte
- und vielerorts auch schon mit Erfolg bemüht hat -, die Informationsgrundlagen für Planung und
Entscheidung zu verbessern. Über vier Bündel von Fragen sollte man sich verstärkt Gedanken
machen.

Erstens über Fragen der Zugänglichkeit: Ich glaube, viele Probleme sind einfach dadurch entstanden, daß man mit dem Sammeln und Speichern und Tauschen von Daten angefangen hat, in der Meinung, der Computer habe seine eigentliche Stärke im Wiederfinden und Sortieren von ungeheuer vielen Einzelangaben. Wir haben uns an das Bild von der Daten-Pyramide gewöhnt, an deren Spitze sich die für Führungsaufgaben erforderlichen Informationen ansammeln. Das Bild ist falsch.

Gewiß: Informationen sind immer verdichtete Daten, auf ein Problem bezogene, zielorientierte Daten. Es ist aber keineswegs zwingend, daß ein Planungsunterstützungssystem sämtliche Einzeldaten enthält. Wenn es gelingt, vorab festzulegen, wie ein Indikator, wie eine handlungsrelevante Information im einzelnen beschaffen ist, dann wird Zugänglichkeit eher ein inhaltliches als ein technisches oder juristisches Problem sein. Dann wird es auch eher möglich, Informationen einzuklagen, die man zur Erfüllung einer bestimmten Aufgabe benötigt.

Ich könnte hierfür Fälle nennen, aus eigener Erfahrung bei DATUM, wo Informationen auf einer höheren Stufe der Verdichtung schließlich doch verfügbar wurden, die entsprechenden Ausgangsdaten aber nie. So etwa bei der Koordinierung von Raumordnungs- und Verkehrspolitik, oder bei der Abstimmung von großräumigen und kleinräumigen Prognosen.

Wir müssen uns auch von der Vorstellung lösen, Information sei immer numerische Information. Auch Bilder, Karten, Symbole gehören dazu. Die moderne Informationstechnik bietet zunehmend Möglichkeiten, solche Informationen herzustellen, zu manipulieren und zu übermitteln.

Zweitens muß man sich Gedanken über Zuständigkeiten machen. Informationstechnik wird sich nur nutzen lassen, wenn die Stellen, die über das inhaltliche und technische Know how verfügen, personell zureichend ausgestattet und institutionell richtig eingebunden sind.

Wie das im einzelnen aussehen soll, ist generell schwer zu sagen. Es gibt hierfür keine Patentlösung. Entscheidend dürfte sein, daß das Know how über Daten, Techniken, Auswertungsverfahren und Anwendungen an einer Stelle liegt. Ob diese Stelle außerhalb der Vollzugsbehörde angesiedelt sein kann - als nachgeordnetes Institut oder auch als externer Berater -, sei dahingestellt. Im kommunalen Bereich gibt es eine Tendenz, diese Funktion in die statistischen Ämter zu verlagern und deren Aufgabenspektrum zu erweitern.

Drittens wird man sich Gedanken darüber zu machen haben, wie sich denn die erforderliche Kommunikation und Interaktion erhalten und verbessern läßt, wenn es mehr und mehr autonome Einheiten gibt.

Dies wird nur gehen, wenn es so etwas wie "organisatorische Schnittstellen" gibt: Leute, deren Aufgabe es ist, Konventionen auszuarbeiten und einzuhalten. Solche Schnittstellen oder "Interfaces" muß es geben zwischen denen, die die Probleme, und denen, die die Systeme kennen; aber auch zwischen verschiedenen Verwaltungseinheiten und Verwaltungsebenen. Die Leute, die da miteinander reden, müssen über einen gemeinsamen Sprachschatz und ein gemeinsames Methodenwissen verfügen. Hier hat sich im Rahmen des KoopA die Arbeitsgruppe Planungsinformationssysteme (AG PLIS) beträchtliche Verdienste erworben.

Viertens erfordert die Vielfalt der Systeme bei diesen Anwendern ein Mehr an <u>Koordination</u> und an Kooperation zwischen Anwendern. Die gemeinsame DV-Anlage verbindet nicht mehr; Zusammenarbeit muß sich nicht notwendigerweise in geografischen Einheiten abspielen. Die Anstrengungen müssen vielmehr dahin gehen, einen Pool von Anwendungsverfahren und Anwendungserfahrungen aufzubauen und in Gang zu halten: Zentrale Clearing-Stellen und Nachweisdienste, die sich an bestimmten Aufgabenbündeln orientieren und von den Benutzern selbst eingerichtet und beansprucht werden. Solche Benutzerringe und Verbundlösungen scheinen sich im kommunalen Bereich, wo die Vielfalt besonders groß und folgenreich ist, in jüngster Zeit durchzusetzen.

Mechanismen dieser Art sollten eingeführt und gefördert werden, wenn überhaupt Chancen bestehen sollen, DV-gestützte Planungshilfen auf Dauer ökonomisch einzusetzen. Nur wenn die erheblichen und ständig steigenden Aufwendungen, die für die Erstellung, Wartung und breite Nutzung der Software erforderlich sind, gemeinsam getragen werden, werden wir die Vorteile einer aufgabenorientierten, arbeitsplatznahen, menschengerechten Informationstechnologie voll nutzen können.


<u>Anmerkungen:</u>

1)  Ostermann, J., Automation in der Verwaltung. Realität und Zukunftserwartung, in: Die Verwaltung, 1970, S. 129-158.

2)  Vgl. Kraemer, K.L., DV-Technologie und DV-Organisation in den 80er Jahren. Erfahrungen und Perspektiven aus den USA, in: ÖVD, Heft 1-2, 1980, S. 7-11.

    Vgl. außerdem: Hartenstein, W., Datenverarbeitung, Planungsinformationen und Entscheidungshilfen: Wie sich der Computer für politische Planung nutzen läßt, in: PVS, Sonderheft 8, 1977, S. 120-136.

    Ostermann, J., Auf dem Wege in die kommunale Informationsverwaltung?, in: Die Verwaltung, 1980, S. 297-327.

Bericht von Hartmut Picht, Speyer


Einer der Kernpunkte des Vortrages bestand in der Beschreibung der gegenüber den sechziger und frühen siebziger Jahren veränderten Rahmenbedingungen der Nutzung von Informationstechniken für Planungsaufgaben. Herausgehoben wurden unter anderem die sich auf breiter Ebene bemerkbar machende Planungs- und Prognosemüdigkeit sowie der Rückgang an amtlichen Datenerhebungen (Statistikbereinigung). In seinem Szenario für die achtziger Jahre machte er - wieder neben anderen Faktoren - den Mißbrauch der Datenschutzargumente zur Abschottung von eigentlich nicht schutzwürdigen Informationen für eine weitere Verschlechterung der Datensituation verantwortlich.


Die Diskussion wurde von Werner Ruckriegel geleitet. In dem Diskussionsbeitrag von Dahms wurde die Frage aufgeworfen, ob denn wirklich Statistikbereinigungen und Datenschutz als bedeutsame Einengungen der Planungstätigkeiten aufgefaßt werden könnten. In der Vergangenheit seien mit viel Daten nur wenig verläßliche Informationen und Prognoseleistungen zu erzielen gewesen. Es müsse deswegen gefragt werden, ob das Problem nicht eher in einem Methodendefizit liege und das Datendefizit kaum mehr als ein vorgeschobenes Argument sei. S. Uhlig ergänzte diese Frage mit dem Hinweis, daß ein großer Teil der Probleme darin bestehe, daß in der Planungsplanung nicht hinreichend überlegt werde, wer eigentlich was und wozu wissen sollte. Zangl führte die Probleme eher auf ein Zuviel an Daten und auf die Auswahl des relevanten Materials zurück.


Brinckmann griff die Vorstellung Hartensteins vom rationalen Planungsprozeß auf und wies auf gewisse Inkonsistenzen im Vortrag hin:  Er habe einerseits herausgestellt, daß um Daten Konflikte entstehen können ("Information ist Macht"), andererseits unterstelle er mit seinen Überlegungen zur Verbesserung der Kommunikation und insbesondere der Kooperation eine Harmonievorstellung, die es nicht gebe. Konflikte gebe es sowohl zwischen verschiedenen Planungsträgern als auch innerhalb einzelner Planungsebenen. Solange Planen ein konfliktträchtiger Prozeß sei, müsse gewährleistet werden, daß die verschiedenen Interessenvertreter auch das Recht auf eigene Informationssysteme haben. Er votierte daher unter anderem für ein System der Informationsvielfalt, anstatt für eines der Informationspoolung. Das von Hartenstein vorgeschlagene Organisationsmodell halte er deshalb für unzulänglich.


Hartenstein entgegnete auf diese letzte Frage, daß die Konflikte nicht an den Daten und den Methoden festgemacht werden sollten. Eine rationale Planung müsse dagegen die politischen

Konflikte offenlegen. Dies sei nur dann möglich, wenn eine ausreichende Transparenz in den Annahmen und Methoden gewährleistet werden könnte. Eine weitere Auseinandersetzung mit den Vorstellungen Brinckmanns erfolgte nicht.

Hinsichtlich des ersten Fragenkomplexes wiederholte Hartenstein seine Ausführungen aus dem Vortrag und billigte den methodischen Problemen nur eine bescheidene Bedeutung zu. Für ihn liege ein entscheidender Beitrag darin, mit hochaggregierten Informationen zu arbeiten, da sie erstens weniger hinter den Datenschutzargumenten versteckt werden könnten und zweitens sogar brauchbarer seien.

**"DIVIDE AND CONQUER" ALS KONSTRUKTIVES PRINZIP**
**ZUR FUNKTIONALEN STRUKTURIERUNG KOMPLEXER DV-KONZEPTE**

von Friedel Hoßfeld, Jülich

## I.  Innovations- und Wachstumsprobleme

Die Fortschritte der Halbleitertechnologie, deren Innovationsraten das Preis-Leistungsverhältnis
von Computern seit 1960 millionenfach verbessert haben, liefern die Voraussetzung für das
rapide Eindringen der Datenverarbeitung in immer neue wissenschaftlich-technische, kommerzielle und soziale Anwendungsgebiete. Während die Hersteller gerade wegen des Preisverfalls
bei der Hardware und wegen der hohen Investitionen in die Computertechnologie gezwungen sind,
ständig neue Märkte zu erschließen, wird deutlich, daß die zunehmend komplexeren Probleme in
der Forschung, Wirtschaft und Gesellschaft zu ihrer Bewältigung das Instrument Computer
brauchen. Insbesondere im Bereich der öffentlichen Verwaltung wächst mit der Notwendigkeit,
den stärkeren Dienstleistungsanforderungen unserer Gesellschaft zu genügen, in der wachsenden
Flut von gesetzgeberischen und rechtstechnischen Maßnahmen die Ordnungsmäßigkeit und
Prüffähigkeit zu bewahren sowie die vielfältigen Wechselwirkungen zwischen fachlich und
geographisch getrennten Sachgebieten und Bereichen zu koordinieren, das Bewußtsein und die
Bereitschaft, durch verstärkten Einsatz des Computers die Information als wichtige zukünftige
Ressource zu erschließen und zu managen.

Infolge dieser Entwicklung ist die Situation geprägt durch eine wachsende Vielfalt von DV-
Anwendungen, die dem technischen Fortschritt in Konzepte wie Timesharing und Personal
Computing, Datenbank- und Management-Informationssysteme, Distributed Processing, Daten-
fernverarbeitung und Netzwerke folgen. Dadurch hat sich der Grad der Heterogenität in der
Datenverarbeitung signifikant erhöht.

Unglücklicherweise - aber in immanenter Konsequenz - wird diese Entwicklung in den DV-
Bereichen der Unternehmen und Verwaltungen begleitet von steigender Systemkomplexität; sie
bestimmt heute und auf nicht absehbare Zukunft die Situation der Datenverarbeitung. Ursachen
dafür sind primär:

- die historische Entwicklung der Strukturen und politischen Gegebenheiten,
- die anspruchsvolleren Anwendungen,
- die Politik der Hersteller bezüglich Hardware- und Software-Architekturen,
- der Mangel an Standards und Standardschnittstellen,

- die Neigung der DV-Experten zu exotischen Lösungen eigener Provenienz,
- schlechtes Design der Software,
- schlechtes Management und mangelnde Methoden des Change Management.

## II.   Ideologischer Konflikt: Zentral versus dezentral

Auch ohne die Anerkennung von Parkinsons Drittem Gesetz "Expansion bedeutet Komplexität, und Komplexität bedeutet Verfall" [1] wächst die Erkenntnis, daß die Aufgaben des DV-Managements - und damit des gesamten Managements einer Organisation oder Verwaltung - in der Zukunft sicherlich nicht einfacher werden, denn mit den Systemen wird auch der Komplexitätsgrad der zu ihrer Realisierung und ihrem funktionsgerechten Einsatz und Betrieb zu bewältigenden Kommunikations-, Koordinations- und Managementaufgaben wachsen.

So ist in den vergangenen zehn Jahren zunehmend deutlicher geworden, daß die Unternehmen und Verwaltungen in dreifacher Hinsicht den zukünftigen Anforderungen nicht gewachsen sind:

- Die existierenden DV-Systeme entsprechen in Struktur, Flexibilität und Leistungsfähigkeit nicht den Anforderungen und Erwartungen. [2]

- Der Mangel an Methoden, Werkzeugen und Produktivität bei der Software-Entwicklung behindert die Umsetzung der Anwendungen in DV-Systeme. [3]

- Die Struktur der Organisationen läßt sich nicht auf die realisierbaren DV-Strukturen abbilden. [4]

Da diese vornehmlich strukturellen Implikationen politischen Zündstoff enthalten, mußte sich der ideologische Streit über das Zukunftspotential zentraler und dezentraler DV-Strukturen entfachen.

Aus dem Zwang heraus, angesichts des Preisverfalls neue Märkte zu erschließen, die für die technologisch machbaren Produkte offen sind und mengen- und absatzmäßig das Wachstum garantieren, mischte sich die DV-Industrie in diesen Strukturkonflikt ein mit noch unausgereiften Konzepten des "Distributed Data Processing" und des "Office of the Future". [5] Die Argumentation konnte sich dabei auf die technologisch bedingte Verbesserung des Preis-Leistungs-Verhältnisses der Hardware stützen, um die konzeptionellen Schwächen und die Probleme der Software-Krise zu verdecken.

Heute, nachdem unter dem Druck wachsender Anforderungen die politischen Einsichten in die Notwendigkeit neuer struktureller Lösungsversuche und verbesserter Managementmethoden zugenommen haben, scheinen auch die technischen Voraussetzungen gegeben oder in Sicht, um aufgeschlossener und vorbehaltlos an Probleme herangehen zu können, die vorwiegend Komplexitäts- und Strukturprobleme sind. [6]

Die anstehenden Fragen sind ohne Zweifel zu kompliziert, um allgemeine Lösungsrezepte angeben zu können. Das Ziel kann deshalb nur sein, Probleme aufzuzeigen und das notwendige Problembewußtsein zu fördern, das die Wege zu kooperativen Lösungen finden kann. Es sollen zwei Ansätze für die funktionale Strukturierung von DV-Systemen diskutiert werden; das erste Prinzip handelt von der Dynamik und Leistungsfähigkeit von Computern, [7] das zweite leitet sich aus der Analogie zur Behandlung komplexer Probleme beim Entwurf von Algorithmen her. [8]

## III.  Charakteristika von Server-Strukturen

Um unabhängig von der Realisierung von DV-Systemen Aussagen über Funktion und Leistungsfähigkeit von Computern zu erhalten, sind Modellvorstellungen über ihre Struktur und Dynamik nötig. Hierbei bedient man sich weitgehend der Prinzipien der Warteschlangentheorie und der Server-Strukturen. [9]

Ein sehr einfaches Modell für die globale Funktion eines Datenverarbeitungssystems ist das Konzept des "Single Server" (siehe Abbildung 1).

Dieses Modellsystem besteht aus einer Warteschlange der in statistischer Folge, mit einer Rate $\lambda$ ankommenden Aufträge und dem eigentlichen "Bediener" (Server), der die Aufträge nacheinander bearbeitet. Nennt man die mittlere Wartezeit eines Auftrages in der Warteschlange $W_Q$ und die mittlere Bearbeitungszeit für einen Auftrag $\tau$, so ergibt sich als mittlere Verweilzeit $T_S$ eines Auftrages:

$$T_S = \tau + W_Q.$$

Diese für den Benutzer des Systems wichtige Zeit entspricht in der Realität der Turnaroundzeit für Jobs in Stapelverarbeitungsanlagen oder der Responsezeit von Timesharing- beziehungsweise Online-Systemen. Sie muß naturgemäß davon abhängen, wieviel Arbeit insgesamt dem Server abverlangt wird.

Bezeichnet man mit $\lambda$ die mittlere Anzahl der pro Zeiteinheit am Eingang des Systems ankommenden Aufträge, so definiert man als Systemauslastung:

$$\rho = \lambda\tau.$$

Vereinfachende Modellannahmen liefern eine Abhängigkeit zwischen Turnaround- oder Responsezeit und Systemauslastung, wie sie in Abbildung 1 dargestellt ist. Dabei sind die genauen und vollständigen Modelleigenschaften der Systeme von untergeordneter Bedeutung. Bemerkenswert ist der steile Anstieg mit steigender Systemlast, wie sie aus der Erhöhung der Anzahl der Jobs oder der Transaktionen pro Zeiteinheit resultiert. Dieser starke Anstieg ist qualitativ unabhängig von den spezifischen Eigenschaften des Warteschlangenmodells und seinem Verfeinerungsgrad.

Interpretiert man den Verlauf von $T_S$ aus dem Selbstverständnis einer Serviceeinrichtung heraus, so bedeutet die Maximierung der Systemauslastung als Optimalitätskriterium zur Minimierung der Systemkosten, daß einer wachsenden Zahl von Benutzern ein drastisch dürftiger werdender Service angeboten wird. Die Zielsetzung einer Serviceeinrichtung kehrt sich um; die Konsequenzen lassen sich absehen und sind aus vielen Beispielen hinlänglich bekannt.

Die Beurteilung der Leistungsfähigkeit eines realen Datenverarbeitungssystems darf sich allerdings nicht allein auf die modellmäßige Behandlung des Systems selbst stützen. Vielmehr ist die Bedarfsstruktur der Benutzer samt ihren Zielen und Verhaltensweisen zu berücksichtigen.

Zu diesem Zweck führte Streeter [10] eine "Nutzenfunktion" in die Betrachtungen ein, um für die verschiedenen Nutzungsarten von DV-Systemen den optimalen Betriebspunkt zu ermitteln. Dabei wird der (relative) Nutzen, den die Benutzer einer Serviceleistung beimessen, durch einen Wert zwischen 0 und 1 (minimaler beziehungsweise maximaler Nutzen) in Abhängigkeit von der Turnaround- oder Responsezeit $T_S$ gekennzeichnet. In Abbildung 2 sind solche Nutzenfunktionen dargestellt, und zwar für Realtime-Anwendung ($T_S \approx 10^{-2}$ sec), für Timesharing- und Online-Anwendungen ($T_S \approx 1$ sec) und für Stapelverarbeitung ($T_S \approx 10^3$ sec).

Als Gesamtnutzen gilt das Produkt aus relativem Nutzen und Systemauslastung. Dieser ist für die hier diskutierten Kategorien in Abbildung 2 (unterer Teil) dargestellt. Offensichtlich hat der Gesamtnutzen, der Rechner und Benutzer berücksichtigt, keineswegs bei 100 Prozent Systemauslastung sein Optimum, sondern je nach Responsezeit-Forderung oder -Erwartung bei etwa 25 Prozent für Realtime-Systeme, etwa 50 Prozent für Timesharing- und Online-Anwendungen und etwa 80 Prozent für Stapelverarbeitung.

Es wird deutlich, daß sich bei so stark heterogenen Anforderungen die extrem unterschiedlichen Benutzererwartungen (in Abbildung 2 überstreichen die Erwartungen an die Responsezeiten fünf Zehnerpotenzen, die "optimale" Auslastung variiert zwischen 25 und 80 Prozent) nicht in Einklang bringen lassen. Die Modellvorstellungen liefern so qualitative und quantitative Argumente dafür, daß angesichts der Heterogenität der Anforderungen und der Form und Breite des Serviceprofils Optimalität in der Datenverarbeitung nicht mit einer Single-Server-Struktur erreicht werden kann.

Das läßt sich anhand der Pollaczek-Khinchine-Formel für die Responsezeit eines Single Server-Systems allgemeinerer Eigenschaften [11] verdeutlichen:

$$T_S = \tau \cdot \left[ 1 + (1 + c^2) \cdot \frac{\rho}{2(1-\rho)} \right].$$

Dabei ist $c^2 = \sigma^2/\tau^2$ und $\sigma^2$ die Varianz der Servicezeitverteilung. Für wachsende Varianz der Servicezeitverteilung, die ein Maß für die Heterogenität der Benutzeranforderungen ist ($\sigma^2 = 0$ entspricht voller Homogenität), ergibt sich eine steigende Responsezeit.

Die Lösung muß also in der grundsätzlichen Separation heterogener Anforderungen und ihrer Aufteilung auf verschiedene, in ihrer Leistung der Anwendung angepaßte Rechnersysteme liegen. Damit stellt sich aber die Frage nach dem Kooperationsgrad und somit nach der Struktur und Organisation verteilter Systeme.


## IV. "Divide and Conquer" - Analogon aus der Komplexitätstheorie

Aus der antiken Geschichte ist hinlänglich bekannt, daß Rom die Expansion seines Reiches in die außeritalischen Gebiete - die provinciae (Amtsbereiche) - hinein nach dem sparsamen außenpolitischen Prinzip "divide et impera!" verfolgte, indem es durch die Verschiedenwertigkeit der Bündnisverträge und Rechtszustände, in die es die Unterworfenen erhob, die Uneinigkeit zwischen den Besiegten nach dem Motto "Säe Zwietracht unter diejenigen, die du beherrschen willst!", aufrecht erhielt. [12] Es sei zugegeben, daß die Expansion der DV-Strukturen in die Unternehmen und Verwaltungen hinein zuweilen an dieses, als politischer Imperativ inzwischen diskriminierte Struktur- und Herrschaftselement erinnert haben mag.

Im Gegensatz zu diesem zwar wirkungsvollen, aber eher destruktiven Grundsatz muß das in Theorie und Praxis des Entwurfs und der Analyse effizienter Algorithmen vielfach und mit Erfolg angewandte Prinzip des "Divide and Conquer" als ausgesprochen konstruktiv gewertet werden; denn es bewirkt dort die Reduktion der von der Größe des Problems bestimmten "Komplexität", die entscheidend ist für den (zeitlichen) Aufwand, den ein Problem zu seiner algorithmischen Lösung erfordert. [13]

Diese bekannte Strategie des "Divide and Conquer" zur Lösung eines Problems der "Größe" N besteht aus den drei Schritten:

(I)     Zerlege das Problem in zwei (allgemein: $k \geq 2$) Teilprobleme der "Größe" N/2 (allgemein: N/k).

(II)    Löse jedes Teilproblem rekursiv (durch weitere Zerlegung gemäß (I)).

(III)   Baue die Lösungen der Teilprobleme zur Lösung des Gesamtproblems auf.

Bezeichnet man mit OVERHEAD(N) den zusätzlich entstehenden Aufwand der Schritte (I) und (III), so läßt sich der Aufwand der Prozedur, die "Komplexität" T(N), in der Rekurrenzrelation darstellen:

$$T(N) = 2\, T(N/2) + \text{OVERHEAD}(N),$$

allgemein:

$$T(N) = k\, T(N/k) + \text{OVERHEAD}(N).$$

Diese Rekurrenzrelation läßt sich nun aber für verschiedene, in dem hier diskutierten Zusammenhang interessierende Gestalten der OVERHEAD-Funktion der Ordnung nach lösen: [14)]

(1)   OVERHEAD(N) = $O(1)$:          $T(N) = O(N)$;

(2)   OVERHEAD(N) = $O(N)$:          $T(N) = O(N\log N)$;

(3)   OVERHEAD(N) = $O(N\log N)$:      $T(N) = O(N\log^2 N)$;

(4)   OVERHEAD(N) = $O(N^2)$:         $T(N) = O(N^2\log N)$.

Das Prinzip besteht somit im Aufbau einer Hierarchie progressiver Arbeitsteilung, wobei für den Teilungsprozeß und für die Organisation der Hierarchie bis zur Gesamtlösung des Problems ein zusätzlicher Aufwand als OVERHEAD aufgebracht werden muß, der von der Größe des Problems und damit vom schließlichen Ausmaß der Hierarchie abhängt und in seiner funktionalen Gestalt von der besonderen Art des Problems, die ja die "Kommunikation" während des Lösungsprozesses festlegt, bestimmt ist.

Es zeigt sich, daß die schließliche Komplexität des Problems maßgeblich von der Gestalt des OVERHEAD beeinflußt ist. Die Aussage bedeutet andererseits, daß sich durch Aufbau einer solchen Hierarchie der Arbeitsteilung mit vorgegebenem OVERHEAD ein Lösungsweg für das Problem ergibt, dessen Aufwand der Ordnung nach durch die Funktionen (1) bis (4) begrenzbar ist.

# V. Funktionale Strukturierung

Auf technologischen und physikalischen Daten basierende Prognosen sagen voraus, daß nach einer evolutionären Weiterentwicklung am Ende dieses Jahrzehnts die Leistungsgrenzen des General Purpose-Computers höchster Leistungsfähigkeit, wie ihn etwa die IBM/370-Familie einschließlich des Systems 3033 repräsentiert, erreicht werden. [15] Schon heute erscheint die Gültigkeit des Gesetzes von Grosch ("je größer der Rechner, desto günstiger das Kosten/Nutzen-Verhältnis") angesichts der Innovationssprünge der Halbleiter- und Computerindustrie einerseits und der explosionsartig gestiegenen Systemkomplexität, gerade bei den Großsystemen andererseits, mehr als fragwürdig.

Der Nutzen der technologischen Entwicklung wird in den verteilten Systemen liegen, deren Preis-Leistungs-Verhältnis die Verwirklichung der technischen Konzeptionen für hochgradig kommunikative DV-Systeme begünstigen wird. [16]. Die Erkenntnisse aus den Warteschlangenmodellen, die aufgrund der Leistungsminderung bei heterogenen Anforderungen zur Separation inkommensurabler Anwendungen zwingen, und die Analogie des "Divide and Conquer"-Prinzips, das die Komplexität der Probleme durch eine rekursive hierarchische Struktur meistert, zeigen den Weg zur funktionalen Strukturierung komplexer DV-Konzepte. Darunter wird also die Analyse und der Entwurf einer Struktur verstanden, die das globale heterogene und komplexe DV-Profil in hinsichtlich ihrer Leistungsanforderung kleinere, in sich funktional homogene und damit in ihrer Systemkomplexität reduzierte Problembereiche separiert, denen in der Funktion und Leistungsfähigkeit angepaßte Rechnersysteme und Software-Funktionen zugeordnet werden, so daß in der Kommunikationsgesamtheit ein adaptierbares "verteiltes System" entsteht.

Die kooperativen Eigenschaften dieses verteilten Systems werden bestimmt durch die Kommunikationsnotwendigkeiten aufgrund der zu realisierenden Systemfunktionen und Anwendungen einerseits und der organisatorischen und geographischen Bedingungen andererseits. Es lassen sich, wenn man Multiprozessoren ausklammert, sechs grobe Kategorien verteilter Systeme angeben:

| Kooperations-Grad | geographische Anordnung | |
|---|---|---|
| | lokal | entfernt |
| null | zentralisierte unabhängige Prozessoren | dezentralisierte Systeme unabhängiger Prozessoren |
| mittel | lokales Netzwerk (Last- oder Datenverbund) | geographisch verteiltes Netzwerk (Last- oder Datenverbund) |
| hoch | lokal verteiltes System multipler Prozessoren funktionaler Struktur | geographisch verteiltes System multipler Prozessoren funktionaler Struktur |

Die Funktionen, Vor- und Nachteile dieser Kategorien können hier nicht diskutiert werden. [17] Es darf aber nicht der Eindruck entstehen, als seien alle technischen, strukturellen und politischen Probleme der Datenverarbeitung in großen Organisationen und insbesondere in öffentlichen Verwaltungen mit der Angabe globaler Strukturierungsprinzipien gelöst oder in Zukunft lösbar. Selbst die technischen Fragen der Kompatibilität der Systeme, der Datenfernverarbeitung und der Netzwerkstandards werden noch Zeit brauchen, bis akzeptable Lösungen realisiert werden können.

Ohne Zweifel aber werden die Kernprobleme in der Organisation, im Management und in der Politik der Unternehmen und Verwaltungen liegen. [18]. Das läßt sich auch ablesen an der Skala der Schwierigkeitsgrade, die Manager großer DV-Installationen in den USA den Komplexen "Datenbanken und Kooperationsgrad" (abgesehen vom CPU-Herstellerwechsel mit dem höchsten Index 100) beimessen. [19]. Danach ergibt sich diese Indexfolge der vier schwierigsten Kategorien:

- Change of CPU vendors                                         100
- Implementation of data base management
  system                                             73
- Change in relationships between computer
  installations, such as centralization            65
- Change from batch to online system               61.

Ein besonders kritischer Punkt der Entwicklung eines verteilten Systems oder Netzwerks ist, daß die Organisationen dazu neigen, dieses Vorhaben als eine im wesentlichen technische Aufgabe zu betrachten; daher delegieren sie die Verantwortung an das technische Management. Ohne die Einbeziehung und die ständige aktive Teilnahme der politischen Managementebene sind aber keine wirkungsvollen Mittel zur Behandlung der aus einer für die Organisation und ihre Mitglieder und Mitarbeiter so essentiellen strukturellen Veränderung erwachsenden politischen Konflikte möglich.

Wie die aus den verschiedenen OVERHEAD-Funktionen in Abschnitt IV resultierenden Komplexitäten zeigen, ist der Aufwand für die Problemlösung sensitiv gegenüber der Entscheidungs- und Managementstruktur. Der für verschiedenartige Entscheidungs- und Kommunikationsmuster notwendige Overhead ist dabei: $O(N^2)$ = "demokratische" Entscheidungsstruktur; $O(N\log N)$ = "hierarchische" Entscheidungsstruktur; $O(N)$ = "Linien"-Struktur; $O(1)$ = "A priori-Konsensus".

Dementsprechend scheint sich immer mehr der rationale Standpunkt durchzusetzen, daß verteilte Systeme und Netzwerke eine zentrale Verantwortlichkeit und Managementstruktur für alle Kommunikationssysteme, Computer und Betriebssystemkomponenten erfordern, so daß die Koordination und das Management der Systeme auch über relativ autonome Glieder der in das Gesamtsystem eingebundenen Unternehmensbereiche und Verwaltungen hinweg möglich wird.

Es ist natürlich, daß die einzelnen Glieder die Notwendigkeit eines zentralen Managements des verteilten DV-Systems aus historischen Gründen, Eigeninteressen und der berechtigten Furcht vor dem inhärenten Autonomieverlust nicht vorbehaltlos akzeptieren können; es kann zu Interessenkonflikten der Beteiligten kommen, die ja unterschiedliche Begriffe von Kosten und Nutzen haben. Verteilte Systeme erfordern so von allen Mitgliedern eine ständige, exzeptionelle Kooperationsbereitschaft.

Es erscheint deshalb umso wichtiger, daß frühzeitig eine Managementorganisation geschaffen wird, der klare Kompetenzen und Verantwortlichkeiten zugewiesen und ausreichende Ressourcen (Personal, Finanzen, Zeit) garantiert werden. Im Hinblick auf die etablierten Unternehmens- und Verwaltungsstrukturen ist die Schaffung dieser Organisation mit Sicherheit ein schwieriges Problem, da damit das Abtreten von Autorität, Ressourcen und Kontrolle verbunden ist.

Der Erfolg hängt ab von der Kooperationsbereitschaft und der Kommunikationsfähigkeit der Beteiligten, der Kompetenz und Stärke der zentralen Managementorganisation sowie der administrativen, finanziellen und sonstigen vertraglichen Regelungen, die die Integration in das Gesamtsystem betreffen. Dennoch muß berücksichtigt werden, daß es im wesentlichen in der Psychologie begründete Grenzen der "Unterordnung" unter ein verteiltes System oder Netzwerk gibt, die trotz sogar offensichtlicher Wirtschaftlichkeit und funktionaler Vorzüge die Realisierung nicht machbar werden lassen.[20]

Bei geographisch verteilten Systemen kommt als erschwerender Faktor hinzu, daß die normalen, oft informellen Kommunikationskanäle, wie sie sich in lokalen, besonders in zentralisierten Systemen etabliert haben, wegfallen und durch künstliche Instrumente innerhalb des neuen Interorganisationssystems ersetzt werden müssen. Hier kann für die Zukunft eine große Hilfe von Funktionen wie "electronic mail" und Telefonkonferenzen erwartet werden.

Notwendig ist die Schaffung netzwerkweiter Standards für Protokolle, Schnittstellen und Dokumentation sowie effektive Mechanismen des Change-Managements, der Design-Abstimmung und der Benutzerberatung ("Information Center"). Es muß das Gleichgewicht zwischen dem zentralen System-Management und den Benutzern und die angemessene Repräsentanz der Beteiligten in den Kontrollgremien des Unternehmens oder der Verwaltung gewährleistet werden.

Während in den kommenden Jahren die technischen Hindernisse für effiziente verteilte Systeme mit Sicherheit überwunden werden, erscheinen die psychologischen, strukturellen und politischen Barrieren nach wie vor gewaltig; die technische und organisatorische Aufgabe der Entwicklung kooperativer DV-Systeme wird große Opfer von allen Beteiligten, Autonomieverlust und beträchtlichen Anpassungsaufwand erfordern. Dem Top Management fällt dabei die entscheidende Führungsaufgabe auf dem Weg zukunftsorientierter DV-Konzepte zu.

## VI. Autonomie der Anwendungen

Die Versuchung im Management der Unternehmen und Verwaltungen scheint nach wie vor groß genug zu sein, die Entwicklung und Implementierung aller Anwendungssysteme ebenfalls zu zentralisieren in der Hoffnung, damit den als "Software-Krise" umschriebenen Rückstau bei der Realisierung von DV-Anwendungen schneller abbauen zu können. Bei diesem Hang zur Zentralisierung der Software-Entwicklung werden wesentliche Grundsätze und grundlegende Erkenntnisse der letzten Jahren ignoriert:

Erstens sind das Know how-Profil und der fachliche Hintergrund des Personals, das DV-Anwendungssysteme für die Fachabteilungen beispielsweise von öffentlichen Verwaltungen entwickeln soll, grundsätzlich verschieden von dem Qualifikationsspektrum und auch den Verhaltensmustern von Computerexperten, deren Aufgabe die Entwicklung von Betriebssystemkomponenten oder Netzwerksoftware, die Planung und der effiziente Betrieb der Computersysteme ist; deren Anforderungen liegen vollständig innerhalb der Computertechnik und Informatik, während bei der Anwendungssoftware das Eindringen in die spezifischen Anforderungen der Fachabteilungen und deren Umsetzung in DV-Systeme entscheidend ist. Während der Computerexperte gerade durch sein "einseitig" auf Computertechnik gerichtetes Profil seinen Wert - auch Marktwert - erhält, ist bei der Anwendungssoftware die fachliche Ambivalenz und Fähigkeit zur interdisziplinären Arbeit wichtig. Diese auch psychologisch relevanten Profilunterschiede [21] wurden bisher zu wenig bei der Teambildung berücksichtigt.

Zweitens hat die mangelnde Produktivität in der Programmierung und der Software-Entwicklung allgemein zu Konzepten wie Strukturierte Programmierung und einer Flut von damit zusammenhängenden Techniken geführt, ohne daß sich bisher der durchschlagende Erfolg erkennen ließe. Es scheint sich vielmehr herauszustellen, daß die Verfechter der Strukturierten Programmierung und der "Top-Down"-Techniken - deren Richtigkeit und Wirkung dort, wo sie konsequent eingesetzt werden, außer Zweifel sind - selbst dem traditionellen Prinzip des "Bottom Up" bei dem entscheidenden Problem aufgesessen sind; denn sie konzentrieren sich vornehmlich auf die letzte, tiefste Ebene der Software-Entwicklung: Die Programmierung. Es wächst jedoch mit der Zahl der gescheiterten Projekte und den Daten aus Software-Messungen die Erkenntnis, daß das Kernproblem der Software-Entwicklung bei der Definition der Spezifikationen und in der Designphase liegt. So gibt Comper für ein Pilotprojekt der Bank of Montreal an, [22] daß im Laufe des ersten Betriebsjahres von den festgestellten Fehlern 56 Prozent in den Spezifikationen und 27 Prozent im Design lagen, im Code dagegen nur 7 Prozent. Entscheidend dabei ist jedoch, daß die Behebung der Spezifikations- und Designfehler 82 und 13 Prozent, zusammen also 95 Prozent des Korrekturaufwandes (gegenüber nur 1 Prozent für die Code-Korrekturen) erforderten. Daraus folgt, daß den Spezifikationen und dem darauf basierenden Design der DV-Systeme im Gegensatz zur heutigen Praxis [23] mehr und bessere Ressourcen gewidmet werden müssen.

Drittens ist eine Voraussetzung für die Verbesserung der Spezifikations- und Designphase aber vor allem, daß der Sachverstand der Fachabteilungen richtig, stetig und vorbehaltlos in die Projekte einfließt. Das erfordert neben den richtigen Techniken aber auch, daß den psychologischen Phänomenen, die bei Teams allgemein, insbesondere aber bei Software-Projekten, und im weitesten Sinne angesichts bevorstehender Veränderungen der Arbeitsumwelt beobachtet werden können, von den Verantwortlichen rechtzeitig genügend Aufmerksamkeit geschenkt wird. Produktivität setzt sich zusammen aus (besseren) Techniken und Motivation; den Techniken ist bisher bei der Software-Entwicklung möglicherweise zuviel Gewicht im Vergleich zu den Motivatoren beigemessen worden.

Weinberg [24] umreißt das mit neuen DV-Techniken und -Systemen verbundene Problem der starken Veränderung der gewohnten Umgebungen und Beziehungen etwas satirisch, aber durchaus richtig, mit zwei "Trägheitsgesetzen" und dem "Rückkopplungsprinzip":

- <u>Das Erste Gesetz der Trägheit:</u>
  "People change, when forced to change by changes in their environment".


- <u>Das Zweite Gesetz der Trägheit:</u>
  "When forced to make change, people struggle to preserve the things that are most important to them, at the expense of things that are less important".


- <u>Das Ford'sche Rückkopplungsprinzip:</u>
  "If you want people to change what they are doing, make sure they are fed back the consequences of what they are doing".

Insbesondere die stärkere Berücksichtigung des "Rückkopplungsprinzips" würde man für die Struktur vieler Organisationen, nicht zuletzt der öffentlichen Verwaltungen, begrüßen. Für die Entwicklung und Implementierung neuer Anwendungssysteme erscheint das Erkennen der Existenz und Wirkungsweise der dadurch umrissenen psychologischen und soziologischen Mechanismen aber essentiell.

Berücksichtigt man die in den Abschnitten I bis III dargelegten Problemkreise und Argumente, die sich sicherlich vielfältig ergänzen ließen, so gelangt man zu dem Schluß, daß die Zuständigkeit für Anwendungen und Anwendungssysteme sowie für deren Entwicklung nicht bei der zentralen Abteilung für Hardware, Betriebssysteme, Kommunikationssysteme und Netzwerke liegen darf. Diese Zuständigkeit, einschließlich der notwendigen Ressourcen, ist bei den Benutzern dieser Systeme, das heißt bei den Fachbereichen und Fachabteilungen anzusiedeln. Denn nur dort lassen sich die erforderlichen Voraussetzungen schaffen.

Als eine der Konsequenzen folgt, daß anwendungsorientiertes DV-Personal in die einzelnen Fachbereiche eingebettet werden muß, um die DV-technischen Voraussetzungen für die Software-Entwicklung zu schaffen. Ohne Zweifel muß sich auch das fachspezifische Personal den DV-technischen Fragen gegenüber öffnen. Auch strukturelle Veränderungen werden sich nicht grundsätzlich vermeiden lassen. Doch mit der eigenen Zuständigkeit für die den Fachbereich betreffenden Anwendungssysteme wird die Motivation und Identifikation entstehen, die wesentliche Voraussetzungen für den erfolgreichen Einsatz der Datenverarbeitung sind. Die technischen Schnittstellen und die Kommunikation zwischen dem zentralen Management der Computersysteme und den Fachbereichen lassen sich durch Aufgeschlossenheit, Kooperationsbereitschaft und gutes Management auf allen Seiten leichter gewährleisten.

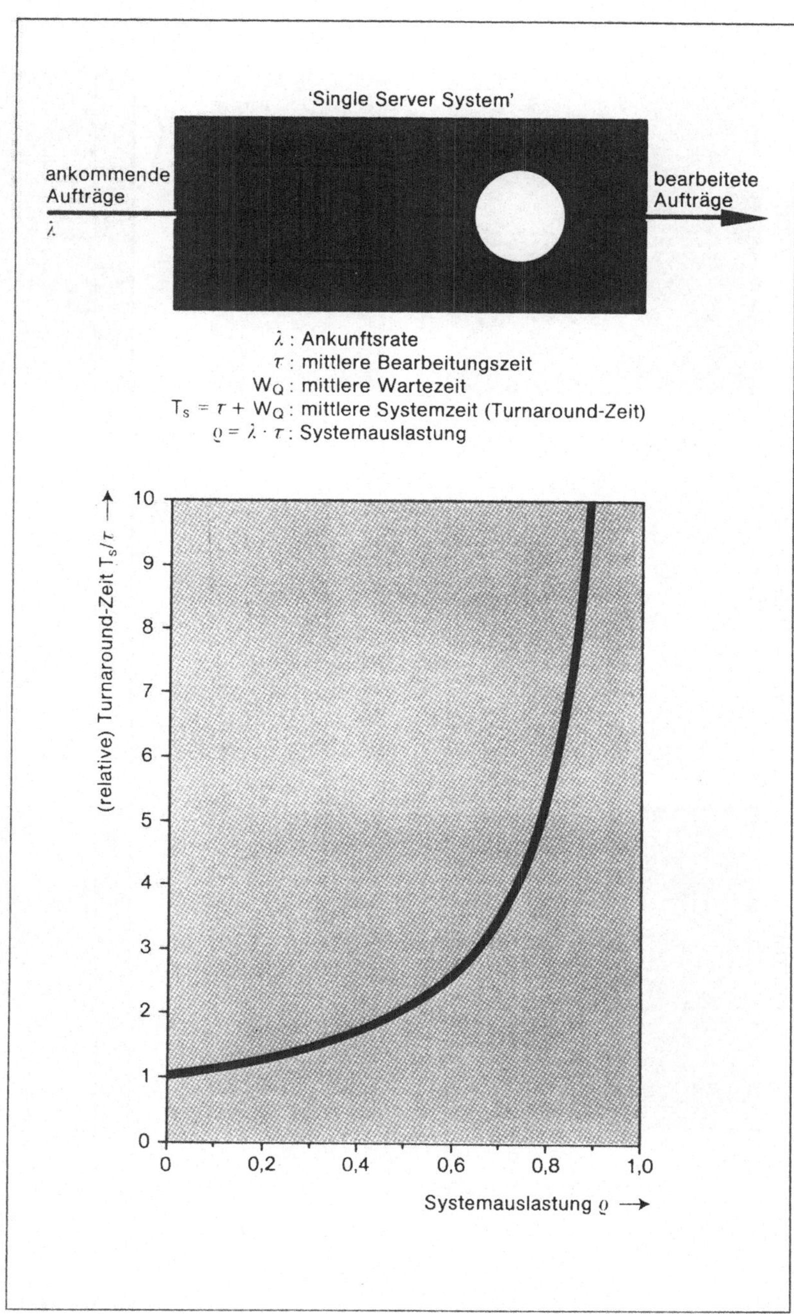


<u>Abbildung 1:</u>   'Single Server System'
als einfaches Modell einer Datenverarbeitungsanlage

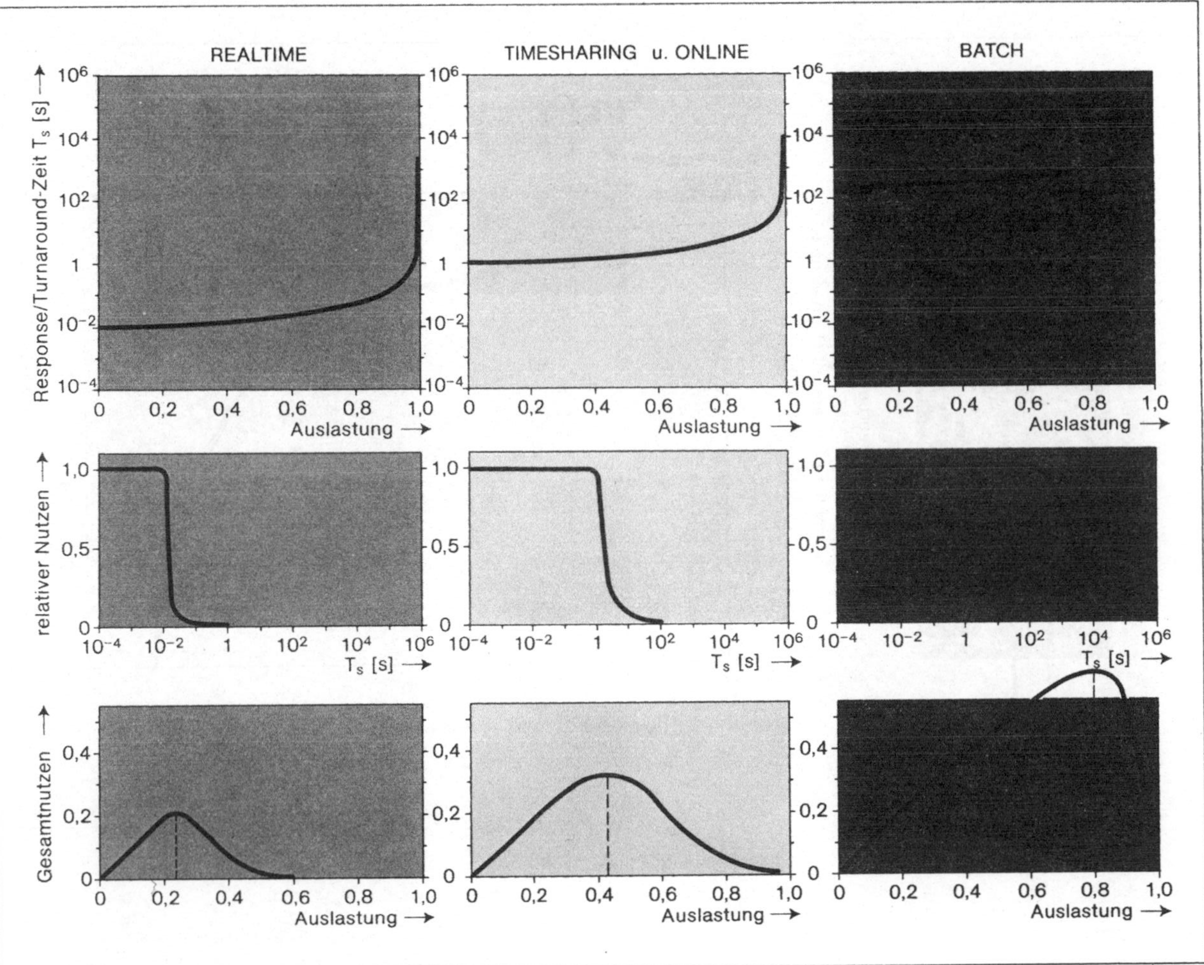



**Abbildung 2:** Relative Nutzenkurven für verschiedene Anwendungsbereiche der Datenverarbeitung (Wert erbrachter Rechnerleistung in Abhängigkeit von der Response- bzw. Turnaroundzeit)

## Anmerkungen:

1) Vgl. Parkinson, C.N., Das Dritte Gesetz, in: Favoriten und Außenseiter, Reinbek 1967, S. 127-136.

2) Vgl. Dolotta, T.A., Bernstein, M.I., Diekson Jr., R.S., France, N.A., Rosenblatt, B.A., Smith, D.M. und Steel Jr., T.B., Data Processing in 1980 - 1985, A Study of Potential Limitations to Progress, New York 1976.

3) Vgl. Proceedings Application Development Symposium, Monterey, 14. - 17. Oktober 1979, SHARE Inc. and GUIDE Intern. Corp., 1979.

4) Vgl. Diebold Research Program Europe, ADP and the Corporate Structure, Research Report, Doc E 139, May 1976.

5) Vgl. Schünemann, C., Zentrale oder verteilte Systeme, in: Endres, A. und Schünemann, C. (Hrsg.), Informationsverarbeitung und Kommunikation, IBM Informatik-Symposium 1978 in Bad Neuenahr, Lectures and Tutorials, Volume 8, München 1979, S. 103-125; Driscoll, J.W., People and the Automated Office, in: Datamation, November 1979, S. 106-112 und Ellis, C.A. und Nutt, G.J., Office Information Systems and Computer Sciences, in: ACM Computing Surveys, Nr. 1, 1980, S. 27-60.

6) Vgl. Bernard, D., Management Issues in Cooperative Computing, in: ACM Computing Survey, Heft 1, 1979, S. 13-18 und Infotech, State of the Art Report, Distributed Processing, Volume 1/2, Maidenhead, England, 1977.

7) Vgl. Kleinrock, L., Queueing Systems, Volume I/II, New York 1975/76.

8) Vgl. Aho, A.V., Hopcroft, J.E. und Ullman, J.D., The Design and Analysis of Computer Algorithmus, Reading/Mass. 1974.

9) Vgl. Kleinrock, L., a.a.O.

10) Vgl. Streeter, D.N., The Scientific Process and the Computer, New York 1974.

11) Vgl. Kleinrock, L., a.a.O.

12) Strasburger, H., Römische Antike, in: Studienbegleitbrief 6, Funkkolleg Geschichte, Weinheim und Basel 1979, S. 118.

13) Vgl. Aho, A.V., Hopcroft, J.E. und Ullman, J.D., a.a.O.

14) Vgl. Bentley, J.L., Multidimensional Divide-and-Conquer, in: Communications of the ACM, 1980, S. 214-229.

15) Vgl. Giloi, W.K., Rechnerarchitektur, in: Informatik-Spektrum, Heft 3, 1980, S. 3-18.

16) Vgl. Infotech, a.a.O.

17) Vgl. dazu ebenda und Liebowitz, B.H., The Dimensions of Distributed Processing, in: Computerworld, Heft 38, 1980, S. 85 ff.

18) Vgl. Bernard, D., a.a.O.

19) Vgl. Mathews, J.R. und Smith, R.J., Gauging the Impact of Change, in: Datamation, September 1978, S. 241-248.

20) Hoßfeld, F., "Hidden Costs" - Dilemma oder Alibi des DV-Managements?, in: Böhling, K.H. und Spies, B.P. (Hrsg.), Tagungsband der 9. Jahrestagung der GI, Berlin 1979, S. 609-617.

21) Vgl. Weinberg, G.M., The Psychology of Computer Programming, New York 1971.

22) Vgl. Comper, F.A., Project Management for System Ouality and Devlopment Productivity, in: Proceedings Appl. Dev. Symposium, a.a.O., S. 17-23.

23) Vgl. Albrecht, A.J., Measuring Application Development Productivity, in: Proceedings Appl. Dev. Symposium, a.a.O., S. 83-92.

24) Vgl. Weinberg, G.M., The Psychology of Change in Development Methodology, in: Proceedings Appl. Dev. Symposium, a.a.O., S. 93-100.

Bericht von Wilfried Frankenbach, Speyer


Dieter Rave hob als Diskussionsleiter zunächst zwei leitende Motive des Vortrags hervor, die er zu den Grundsatzfragen der künftigen Nutzung der Informationstechnik durch die öffentliche Verwaltung zählte und welche die gegenwärtigen Diskussionen, insbesondere auf dieser Tagung, nicht unwesentlich bestimmt hätten. Zum einen handele es sich um das Komplexitätsproblem und zum andern um die Frage "Zentralisation oder Dezentralisation?".

Die Aussagen Hoßfelds zum ersten Problembereich hätten deutlich gemacht, daß Reduktion von Komplexität durch Strukturierung von Komplexen in einfachere Aufgaben und folglich sowohl mittels Zentralisierung als auch durch Dezentralisierung erreichbar sei. Damit habe Hoßfeld erfreulicherweise versucht, der derzeitigen Debatte den hin und wieder anklingenden Akzent des Glaubenskrieges zu nehmen. Über die Lösung bestehender Komplexitätsprobleme hinaus vermisse er jedoch auch in anderen Diskussionen die Frage, was in den nächsten Jahren an wachsender Komplexität beim Einsatz der Informationstechnik auf die Verwaltung zukomme und folglich zu lösen sein werde. Beispielsweise würde mit dem zunehmend arbeitsplatznahen Einsatz der DV in der Konsequenz eine Vielzahl von Beschäftigten von den Auswirkungen der DV-Systeme in einem viel größeren Ausmaß betroffen sein als bisher. Das führe zu neuen Problemkomplexen, die in ihrer vollen Tragweite noch nicht absehbar seien.

Zu der Fragestellung "Zentralisation oder Dezentralisation?" habe Hoßfeld wesentliche Hinweise gegeben, indem er implizit unterschieden habe zwischen dem, was in den Phasen der System-entwicklung zweckmäßig ist, und dem, was zum Zeitpunkt des Betriebs entwickelter Systeme zweckmäßig sein mag. Wenn es gelänge, auf der Grundlage dieser Differenzierung die derzeitige Dezentralisierungsdebatte zu versachlichen, dann könne seiner Meinung nach eher Klarheit darüber entstehen, welche Form von horizontaler oder vertikaler Zentralisierung beziehungs-weise Dezentralisierung eigentlich sinnvoll sei.

Schwerpunkte der anschließenden Diskussion bildeten ein inhaltlich-informativer Fragenkomplex zu konkreten Aussagen des Vortrags sowie eine kritische Auseinandersetzung mit dem vorge-stellten Prinzip des "Divide and Conquer" zur Strukturierung komplexer DV-Konzepte. Hoßfeld erläuterte zunächst die in seinem Vortrag als ein Grund für Schwierigkeiten zwischen Fachab-teilungen und DV-Spezialisten erwähnten Unterschiede in den Verhaltensmustern von Computer-experten und Durchschnittsbürgern. Während beim Durchschnittsbürger in der Prioritätenliste der Motivatoren die Selbstverwirklichung erst nach dem Wunsch nach Befriedigung der physischen und psychischen Bedürfnisse sowie nach einer Gruppenzugehörigkeit rangiere, lägen bei Computerexperten die Notwendigkeit einer Gruppenzugehörigkeit und der Drang zur Selbstverwirklichung mit Abstand an der Spitze. Daraus resultiere ein fast schon pathologisches Problem, nämlich das Bestreben, um jeden Preis die eigenen Vorstellungen und Zielsetzungen im Umgang mit der DV-Technologie verifizieren zu wollen. Es sei daher sehr schwierig, den Computerexperten beziehungsweise Programmierern die eigentlichen Ziele einer Unternehmung oder Verwaltung hinreichend zu verdeutlichen und sie dazu zu bringen, diese Ziele in eine dementsprechend ordnungsgemäße Hierarchie ihrer Bedürfnisse und Motivatoren einzuordnen.

Seine Aussage, daß sich die Strukturen der Organisationen nicht auf die realisierbaren DV-Strukturen abbilden ließen, wollte er als Bestandsaufnahme der bisherigen Erfahrungen verstanden wissen. In Zukunft sei es vielleicht möglich, die Chancen der informationstechnologischen Entwicklung und die daraus resultierende Flexibilität zur Anpassung der DV-Systeme an die Zielvorstellungen der Organisationen zu nutzen (Frage von Reinermann). Er warnte allerdings vor übertriebenem Optimismus, da es sehr schwierig sei, die bereits vorhandenen gewachsenen DV-Strukturen aufzubrechen. Dies bedürfe eines längerfristigen Wandels, der vor allem von den Herstellern, insbesondere dem Marktführer, durch entsprechende Marktstrategien mitgetragen werden müsse. Rave gab in diesem Zusammenhang zu bedenken, ob es wirklich notwendig sei, jeden technologischen Wandel mit einem organisatorischen Wandel zu beantworten. Vor allem unter der Zielsetzung einer Reduzierung von Komplexität müßte die Frage diskutiert werden, ob nicht die sinnvollste Strategie die Minimierung von Veränderungen in der Arbeitsorganisation sei.

Püschel glaubte, aus dem Vortrag eine etwas zu pessimistische Bewertung der Strukturierten Programmierung herausgehört zu haben, der er nicht zustimmen könne. Gerade in der Steuerverwaltung sei die aus der Vielfalt des Steuerrechts resultierende Komplexität der inzwischen vierten Programmgeneration letztendlich nur durch den Einsatz der Strukturierten Programmierung beherrschbar. Hoßfeld erläuterte zur Aufklärung des seiner Meinung nach vorliegenden Mißverständnisses, er habe lediglich kritisiert, daß sich die Anhänger der Strukturierten Programmierung und der Top Down-Techniken überwiegend auf die unterste Ebene der Softwareentwicklung, die Codierung, konzentriert und die seiner Auffassung nach viel wichtigeren darüber liegenden Ebenen der Spezifikation und des Design vernachlässigt hätten. Strukturierte Programmierung allein genüge nicht, sondern auch für die anderen Phasen seien Werkzeuge zur Produktivitätssteigerung zu entwickeln.

In einer weiteren Stellungnahme setzte sich Püschel aus der Sicht der Steuerverwaltung mit dem Prinzip des "Divide and Conquer" auseinander. In der Steuerverwaltung, wo ein relativ komplexes System der Datenverarbeitung existiere, sei der Grad der Integration zu 100 Prozent aus dem manuellen Verfahren übernommen worden. "Divide and Conquer" würde seiner Vorstellung nach die Auflösung dieser Integration bedeuten und folglich auch die Änderung einer bewährten

Organisation und Datenverarbeitung. Das müsse zwangsläufig zu Erschwernissen für die Mitarbeiter in der Verwaltung führen. Andererseits resultiere die Komplexität der Aufgaben aus der Aufgabenstellung, die nun einmal durch die Gesetzgebung festgeschrieben sei. Darüber hinaus sei ein weiterer Wandel in der Steuerverwaltung nicht mehr verkraftbar. Seit 1975 hätte es insgesamt 109 Steueränderungsgesetze gegeben, davon allein 19 im Bereich der Einkommensteuer. Eine Phase der Konsolidierung halte er daher für dringend erforderlich. Das Rezept des "Divide and Conquer" müsse zwangsläufig an der Realität der Verwaltung scheitern. Hoßfeld stimmte dieser Auffassung bedingt zu, warnte jedoch entschieden davor, das Prinzip des "Divide and Conquer" als ein Rezept anzusehen, das es um jeden Preis zu realisieren gelte. Es gebe sicherlich Gesichtspunkte, die die Konzeption eines verteilten Systems im konkreten Einzellfall, jetzt oder in Zukunft, vereiteln. Die Realisierung solcher Organisationsformen wider jede Vernunft oder über eine maximale Änderungsfrequenz hinaus, auch wenn sie rein technisch möglich sei, lehne er ebenfalls ab. Er habe lediglich deutlich machen wollen, daß es Ansätze zur Reduzierung von nicht mehr "managebarer" Komplexität auf ein "managebares" Maß gebe. Das stecke sozusagen als Philosophie hinter diesem Prinzip und nicht die Ablösung einer bestehenden Struktur.

Fiedler fragte, ob nicht eine Strategie der Integration, sozusagen ein Umkehrschluß im Sinne eines "Unite and Conquer", sinnvoller wäre. Er vermute nämlich, daß in der Verwaltung die Komplexität der Aufgaben nicht so sehr in den Algorithmen, sondern im Koordinierungsaufwand der Einzelabläufe liege. Durch das Zusammenfassen von Aufgaben sei es folglich möglich, den Koordinationsaufwand zu verringern. Hoßfeld sah darin keinen Widerspruch, denn er habe die Gliederung ebenfalls nach identischen, homogenen Problembereichen vorgenommen. Das bedeute, daß eine geografisch dezentrale oder zentrale Lösung durchaus eine "unit" sein könne, wenn sie die gleiche Aufgabe erfülle.

Nach Auffassung von Rave sei man in der Vergangenheit der Divide-Philosophie zu extensiv gefolgt. Man habe bei der Einführung der EDV Arbeitsabläufe zerteilt, maschinelle von manuell zu erledigenden Teilabläufen isoliert und auf EDV-Anlagen übertragen. Das habe nicht nur zu Effektivitätsverlusten, sondern zu einer ganzen Reihe von Schwierigkeiten geführt. Hoßfeld ergänzte dazu, daß mit dieser Zerstückelung der Arbeitszusammenhänge im Zuge der Automatisierung eine nicht zu unterschätzende Gefahr verbunden sei: der Effekt des "de-skilling", die Reduzierung des Wertes der Arbeit. Parallel dazu sinke die Qualifikation und Motivation der betroffenen Beschäftigten rapide ab. Er empfahl daher, die Möglichkeiten des Computers künftig vernünftiger zur Schaffung menschengerechterer Arbeitsbedingungen zu nutzen. Die Arbeitsplatzproblematik sei darüber hinaus eine Kernfrage, die die Entwicklung der nächsten Jahre wesentlich beeinflussen werde. Altmann betonte in diesem Zusammenhang die Notwendigkeit intensiverer Anstrengungen im Bereich der Aus- und Fortbildung, um die Menschen in die Lage zu versetzen, sich mit technischen Veränderungen besser zurechtzufinden.

Aufgrund eines weiteren Diskussionsbeitrags sah sich Hoßfeld veranlaßt, seine Ausführungen über das "Divide and Conquer" nochmals zu präzisieren. Er betonte, er habe von der Strukturierung von Systemen gesprochen und nicht von der Strukturierung von Programmen oder vom Zerbrechen von Arbeitszusammenhängen, das heißt vom Herauslösen von Prozeßteilen und deren Übertragung auf EDV-Systeme. Der Kooperationsgrad zwischen den einzelnen Teilsystemen des strukturierten Gesamtssystems müsse natürlich der jeweiligen Problemstellung angemessen sein. Das bedeute, daß es durchaus isolierte Prozessoren geben könne, die, möglicherweise sogar geografisch verteilt, überhaupt nicht miteinander kommunizieren müßten, von gelegentlichen Datentransfers, Datenverbund oder Lastverbund abgesehen. Andererseits könne man sich hochgradig kooperative Systeme vorstellen, die aus Effizienz- und Effektivitätsgründen strukturiert seien und aus dedizierten, aber untereinander stark kommunizierenden Prozessoren bestehen könnten. Er versuchte, das Prinzip am Beispiel des EDV-Systems der Kernforschungsanlage Jülich zu verdeutlichen. Dort existiere ein großes Netzwerk, bestehend aus 170 Prozeßrechnern für die Real Time-Verarbeitung. Die Anwendungsgebiete seien zum überwiegenden Teil wissenschaftlicher und zum geringeren Teil kommerzieller, verwaltungsmäßiger Struktur. Aufgrund des großen Bedarfs an interaktiver Problemlösungsarbeit im wissenschaftlichen Bereich sei dafür ein dediziertes Time Sharing-System entwickelt worden. Außerdem seien zwei weitere Prozessoren, einer für die Online-Anwendung wie zum Beispiel Datenbankabfrage und ein anderer für den Batch-Betrieb installiert. Alle Prozessoren seien hochgradig miteinander verbunden und kommunizierten im Problemlösungssinne miteinander. Das Gesamtsystem sei allerdings im Sinne von "Divide and Conquer" entsprechend der heterogenen Anforderungen der Benutzergruppen sauber strukturiert. Anwender mit Datenbankzugriffen hätten beispielsweise einigermaßen vernünftige Bedingungen und müßten nicht befürchten durch Batch-Programme im Hintergrund oder durch den Time Sharing-Betrieb im wissenschaftlichen Bereich unter Umständen ungünstige Verarbeitungsprioritäten zugeteilt zu bekommen.

UNTERSTÜTZUNG DES VERWALTUNGSVOLLZUGS DURCH EIN VERBUNDSYSTEM
ERLÄUTERT AM DATENVERMITTLUNGSSYSTEM NORDRHEIN-WESTFALEN (DVS)


von Wilfried Köhler, Düsseldorf


## I. Hilfsmittel für Verwaltungsvollzug

Die Verwaltung hat sich seit eh und je aller Hilfsmittel bedient, die für den Vollzug von Verwaltungsaufgaben nützlich waren: Schreibkundige Sklaven, mechanische Geräte, elektrische Maschinen, elektronische Rechenanlagen. Alle Hilfsmittel wurden immer in den Verwaltungsvollzug eingeordnet und somit der Aufgabenerfüllung untergeordnet. Erst durch den Aufbau automatisierter Datenverarbeitungssysteme, die Verwaltungsvollzug teilweise automatisiert, das heißt verselbständigt durchführen können, kommt eine Furcht vor der selbsttätigen, also menschenfreien Durchführung der Verwaltung auf. Während früher die Verwaltung, man denke an Vermessungswesen, Statistik, Finanzverwaltung, Anregung zur Entwicklung neuer Hilfsmittel gegeben hat, kommt jetzt Furcht auf, der hilfreiche Computer könnte ein Roboter werden und daher Menschen "freisetzen". Technische Einrichtungen sind stets dem Verwaltungsvollzug einzuordnen, ihr Einsatz muß also organisiert werden. In der Fachliteratur wird "Organisation" beschrieben als die Koordination von Handlungseinheiten auf ein bestimmtes Ziel hin. Handlungseinheiten können Individuen oder Gruppen, aber auch Sachen, somit auch Computer sein. Koordiniert werden Tätigkeiten wie Berechnen, Sortieren, Ablegen, allgemein Informationsverarbeitung und -austausch. Ziele zu setzen und Handlungen zu koordinieren, sind in keiner Organisation Tätigkeiten, die auch nur kurzzeitig zu einer statischen Organisationsform führen; sie sind Steuerungshandlungen in einem dynamischen Prozeß. Technische und organisatorische Entwicklungen hängen eng miteinander zusammen. Die technische Entwicklung eröffnet neue Möglichkeiten für organisatorische Lösungen, die nach der jeweils gegebenen Zielsetzung, den verfügbaren materiellen und menschlichen Ressourcen vom Gesichtspunkt der Wirtschaftlichkeit optimiert werden müssen. Nach erfolgter Wahl einer bestimmten Organisationsform können einzelne technische Hilfsmittel notwendige Voraussetzungen für ihre Verwirklichung werden. Im folgenden wird zuerst kurz auf die zwei wesentlich unterschiedlichen Organisationsformen der Datenverarbeitung eingegangen und dann auf die Nutzungsmöglichkeiten eines Verbundsystems.


## II. Klassische Form der Datenverarbeitung

Bei dieser Form der Datenverarbeitung wird der Computer als große Rechenmaschine eingesetzt; diese Spezialmaschine kann nicht allen Mitarbeitern am Arbeitsplatz angeboten werden, vielmehr wird "Rechenarbeit" in das Rechenzentrum ausgelagert, ähnlich wie Schreibarbeiten in die "Schreibstuben" des Mittelalters. Die während eines Verwaltungsablaufs anfallenden "Daten" werden gesammelt, insgesamt als "Massendaten" dem Computer zu einer ihm gemäßen Zeit angeboten, abhängig vom Gesamtarbeitsanfall durchgearbeitet, die Ergebnisse meist als Liste ausgegeben und dem Sachbearbeiter, manchmal auch dem Bürger, zugestellt.

Diese Art der Durchführung legt eine Zentralisierung der DV-Organisation nahe. Dazu drängten anfangs auch die hohen Kosten der Datenverarbeitungseinrichtungen und die Seltenheit der Computerfachleute und Organisatoren. Die Kosten der DV-Einrichtungen nehmen aber laufend ab; ihre Benutzung erfordert weniger und weniger Spezialkenntnisse. Datenverarbeitung kann also, wo es nutzbringend ist, auch ausgelagert werden an die Orte, an denen Daten entstehen beziehungsweise benötigt werden. Da Verwaltungsvollzug aber in der Mehrheit der Fälle keine isolierte "Berechnung" ist, ergibt sich die Notwendigkeit für eine Datenendeinrichtung am Arbeitsplatz des "Sachbearbeiters", die zum Datenaustausch zumindest mit einer Zentrale und eventuell auch mit anderen gleichberechtigten Arbeitsplätzen verbunden ist. Für die Bewältigung von Massendaten, aufwendigen Berechnungen und Langzeitspeicherung waren und sind die handelsüblichen Rechenanlagen gut geeignet und können wirtschaftlich eingesetzt werden. Für die arbeitsplatzorientierte Nutzung mit Zugangs- und Abfragemöglichkeiten ergeben sich jedoch neue Bewertungskriterien.

## III.  Sachbearbeiterbezogene Datenverarbeitung

Bei sinkenden Hardwarekosten und der immer häufigeren Notwendigkeit, auch in der Verwaltung die Daten relativ rasch und am Ort des Entstehens verarbeiten zu können, ergab sich sowohl die Möglichkeit als auch die Forderung nach einer neuen Art der Datenverarbeitung. Man sprach von "Dezentraler Datenverarbeitung" und konstruierte einen Gegensatz zur zentralen Datenverarbeitung. Die Organisation dieser Verarbeitungsform bedeutet, daß die Daten dort erfaßt und zumindest vorverarbeitet werden, wo sie entstehen, daß sie sowohl dort relativ rasch wieder verfügbar sind, wie auch an anderen Stellen, wo sie zusätzlich benötigt werden. Das beinhaltet keineswegs, daß alle Daten auch an dem Ort ihres Entstehens verarbeitet und langzeitig gespeichert werden müssen; im Gegenteil, wegen des nunmehr erforderlichen Verknüpfungsvorganges kommen den Zentralen neue, größere beziehungsweise schwierigere Aufgaben zu.

Insgesamt stellt diese Form der Datenverarbeitung nicht nur wesentlich höhere Anforderung an das technische System, sondern auch höhere Anforderung an die Gesamtorganisation und die DV-Konzeption; sie ermöglicht andererseits aber einen vollständigeren und kontinuierlicheren Einbau des Hilfsmittels "Datenverarbeitung" in den Gesamtablauf des Verwaltungsvollzugs.

## IV.  Die technische Konzeption des Datenvermittlungssystems Nordrhein-Westfalen (DVS)

Die Grundkonzeption der automatisierten Datenverarbeitung in Nordrhein-Westfalen wurde im Gesetz über die Organisation der Automatisierten Datenverarbitung in Nordrhein-Westfalen (ADVG NW vom 12. Februar 1974) festgelegt. Das Gesetz schreibt den Aufbau eines Systems leistungsfähiger Datenverarbeitungszentralen für das Land und die Kommunalverwaltung vor, die aus Gründen der Wirtschaftlichkeit in der Regel von mehreren Verwaltungen gemeinsam genutzt werden und zur Erleichterung der Integration im Verbund zusammenarbeiten (vergleiche Abbildung 1).

Die im ADVG NW vorgesehene Integration der Datenverarbeitung ist darauf gerichtet, durch vielfältigen Austausch von Informationen ein Zusammenwirken aller Teile der öffentlichen Verwaltung und damit höhere Effektivität und Rationalisierung bei der Erledigung öffentlicher Aufgaben zu erreichen. [1] Die DV-Zentralen erfüllen die ihnen übertragenen Aufgaben und erbringen auf dem Gebiet der EDV Dienstleistungen für andere Behörden.

Der gesetzliche Auftrag war der Ausgangspunkt der Überlegungen zum Aufbau eines Datenvermittlungssystems für die öffentliche Verwaltung des Landes Nordrhein-Westfalen. Anstelle der Vielzahl unterschiedlich leistungsfähiger, inkompatibler Datenfernverarbeitungssysteme hat man von vornherein eine allgemein nutzbare und kompatible Lösung angestrebt. Aufgrund der großen Zahl von am Verbund zu beteiligenden unterschiedlichen DV-Einrichtungen ergab sich unmittelbar die Zweckmäßigkeit einer Standardisierung, also der Schaffung einer einheitlichen Schnittstelle zum Anschluß an das Verbundsystem. Die durch "Sprachumsetzung" zwischen jeweils zwei unterschiedlichen DV-Systemen gegebene Alternative würde langfristig eine um ein Vielfaches größere Anzahl von Umsetzungen erfordern. Die Möglichkeit, das Verbundsystem aus Soft- und Hardware nur eines DV-Herstellers aufzubauen, kann bei der geplanten Größe nicht als echte Alternative gesehen werden.

Die formale Beschreibung des technischen Konzepts kann heute mit Hilfe des bekannten ISO-Modells für die technisch-freizügige Kommunikation, "Open Systems Interconnection" (OSI), erfolgen. Die Funktionsschichten 1 bis 3 (siehe Abbildung 2) entsprechen der CCITT-Empfehlung X.25. In der Funktionsschicht 3 wurde zusätzlich zu den in X.25 gebotenen Möglichkeiten ein einfacher Datagrammdienst realisiert. [2] Die logische Verbindung der Benutzer des Datenpaketvermittlungssystems erfolgt durch die Funktionsschicht 4 mit der sogenannten DV-Strom-Prozedur. Sie hat Ende-zu-Ende-Sicherungsfunktion und ist ein einheitliches Netzzugriffsverfahren aller angeschlossenen Datenverarbeitungsanlagen. [3] Diese DV-Strom-Prozedur war ein Ausgangspunkt für die Erstellung des Einheitlichen Höheren Kommunikationsprotokolls für die Transportebene (EHKP4). Als Funktionsschicht 5 folgt die der Dienstleistungsprozeduren. Hier sind anwendungsabhängig verschiedene Protokolle realisiert, zur Zeit Datei-Transfer, interaktive Zusammenarbeit. Die Dienstleistungsprozesse tauschen Nachrichten aus. [4] Die Dienstleistungsprozesse beinhalten die jeweils notwendigen Funktionselemente für Kommunikationssteuerung wie Checkpointsetzen, für Datendarstellung wie ISO-7-Bit-Code und Feldvereinbarungen, sowie für die eigentliche Anwendung wie Senden einer Datei.

Die Realisierung für zwei Großrechner sowie für kleinere Systeme ist soweit fortgeschritten, daß zur Zeit Funktionstests für mehrere Anlagen laufen (siehe Abbildung 3).

## V. Organisatorische Regelungen im Verbundsystem der automatisierten Datenverarbeitung für die öffentliche Verwaltung Nordrhein-Westfalens

In einem "offenen Kommunikationssystem" sind eine Reihe von Festlegungen zu treffen, unter anderem für die Ablauforganisation, für die Zusammenarbeit und für gemeinsame Datenbestände. [5]

Bei einem einzigen Rechenzentrum werden durch Verfahrensablauf und Benutzerregelung Grenzen gesetzt, in einem technisch-freizügigen Kommunikationssystem müssen dagegen Regelungen getroffen werden, um durch die größere Anzahl der Möglichkeiten nicht Verwirrung, sondern Nutzen zu erzeugen. Zusätzlich zu dem Betrieb der Rechenzentren ist ein "Netzwerk-Management" erforderlich. Diese zentrale "Dienststelle" ist zuständig für

- den Betrieb des Netzwerkes,
- die Planung des Ausbaus sowie
- die Information der Benutzer und der Umwelt.

Dieses "Netzwerk-Management" ist eine zentrale Aufgabe, die sich aber auf das gesamte "vom Netz überspannte" Gebiet erstreckt. Neben der leicht einsichtigen Aufgabe - Betrieb, Wartung und Fehlerbehebung - ist die zentrale Planung, das sogenannte "Netzwerk-Entwicklungszentrum" von besonderer Bedeutung. Hier sollen aufgrund der Erfahrungen Fortschreibungen an Hard- und Software für das gesamte Netzwerk zentral vorgenommen, neuere Entwicklungen mit den Anwendern abgesprochen und getestet sowie das "Change Management" durchgeführt werden. Unter "Change Management" ist die Vorausplanung von Änderungen und deren Auswirkungen zu verstehen. In einem Verbundsystem sind viele Änderungen nicht isolierbar, sie ziehen Änderungen bei anderen Teilnehmern oder in anderen Software-Modulen nach sich.

Neben dieser mehr transportorientierten Beratung ist eine zentrale Beratung über die Nutzung von Datenbanksystemen, Benutzung von größeren mathematischen Hilfsprogrammen und anderes erforderlich.

Die Aufrechterhaltung des Betriebes wird unterstützt durch dezentrale Stellen, die die Nutzer des jeweiligen Rechenzentrums betreuen und unmittelbar Ansprechpartner für die Benutzer des jeweiligen Rechenzentrums sind. Die Rechenzentren sind für die Durchführung der ihnen zugewiesenen Aufgaben zuständig (vergleiche Abbildung 4), im Verbund ist es lediglich nicht von vornherein klar, woher die Rechnerleistung kommt, an einem Datenendgerät können also Dienste verschiedener Rechenzentren in Anspruch genommen werden.

Die Ablauforganisation muß aufgabenspezifisch erfolgen. Dies führte zum Modell der sogenannten "Leitstellen". Dies sind Stellen, wo für eine spezielle Aufgabe der Ablauf festgehalten, Änderungswünsche notiert, notwendige Änderungen mit allen Beteiligten abgesprochen und zu einem abgesprochenen Termin eingeführt werden. Diese Leitstellen müssen nicht in den dienstleistungserbringenden Rechenzentren sein (vergleiche Abbildung 5).

Sachbearbeiter-bezogene Datenverarbeitung beziehungsweise Arbeiten im Verbund erzwingt eine Abänderung der Ablauforganisation gegenüber der Ablauforganisation der klassischen Nutzungsform. Ausführlich ist dies für den Bereich der Finanzverwaltung bei Göldner dargestellt,[6] speziell die Nutzung eines verteilten Datenbanksystems.

Für andere Verwaltungsbereiche wie staatliches Vermessungswesen oder staatliche Gewerbeaufsicht gibt es ähnliche Regelungen. "Technisch" sind alle Nutzer im Verbund gleichberechtigt und bedienen sich der Dienste des Verbundes. Für die Festlegung der Ablauforganisation, Programmspezifikationen, Fortschreibung, Formulargestaltung und so weiter hat sich dagegen das in Abbildung 5 skizzierte Modell herausgebildet. Es gibt viele gleichberechtigte Vollzugsstellen (Sachgebiete, Dezernate), eine zentrale Stelle für Dienste wie Rechenleistungen, Datenhaltung und eine "Leitstelle".

Im Bereich der staatlichen Gewerbeaufsicht ist die Leitstelle die Zentralstelle für Sicherheitstechnik, Strahlenschutz und Kerntechnik, für das Vermessungswesen das Landesvermessungsamt. Das Rechenzentrum ist in beiden Fällen das Gemeinsame Gebietsrechenzentrum Köln.

Im Verbundsystem der automatisierten Datenverarbeitung Nordrhein-Westfalens wird ein Informationsverbund, zum Beispiel durch Nutzung der Landesdatenbank, geboten.

Neben netzwerkorientierten Diensten der Rechenzentren gibt es eine Fülle von verarbeitungsspezifischen Diensten, die hier nicht behandelt wurden, etwa graphische Datenverarbeitung. Einige Dienste fordern andere Formen der technischen Zusammenarbeit wie Breitbandleitungen oder direkte Kopplung. Die Benutzer bedienen sich dann "direkt-zugeordneter" Systeme, zugeordnet dem jeweiligen Hauptrechner. Die Benutzer nehmen nicht direkt am Verbund teil, sondern indirekt, das heißt über Programme in den Hauptrechnern.

Stärker noch als bei der Nutzung einer zentralen Rechenanlage ist bei der Nutzung eines Verbundsystems die organisatorische Einbettung in den Verfahrensablauf von ausschlaggebender Bedeutung. Dies gilt nicht nur für Verwaltungsvorgänge, sondern auch für Betriebsabläufe in der Wirtschaft. Ein Beispiel für eine formale Methode zur rechnergestützten Beschreibung von Betriebsabläufen wird von Stübel wiedergegeben. [7)]

## VI.  Ausblick

Das Angebot an leistungsfähigen Geräten, Anlagen und Systemen für die Datenverarbeitung wird immer größer und damit auch unübersichtlicher. Das gilt - mit einer gewissen Verzögerung - auch für Textverarbeitungs- und Kommunikationssysteme. Die technologische Entwicklung deutet auf weitere, eher stürmische als gemächliche Ausweitung des Angebotes hin. Das bedeutet: Auch im Büro- und Verwaltungsbereich wird immer mehr technisch machbar werden; damit gewinnen aber auch betriebswirtschaftliche und organisatorische Probleme zunehmend an Bedeutung. Die Techniken und Systeme, die angeboten werden, lassen isolierte Einzelinstallationen, zentrale oder dezentrale Lösungen ebenso zu wie integrierende Netzwerke.

Die vorgestellte technische Lösung ermöglicht

- Flexibilität gegenüber Benutzeranforderungen,
- Unabhängigkeit von speziellen Herstellern und
- unterschiedliche Organisationsstrukturen.

Sie setzt jedoch voraus, daß in "Vollzugsbehörden" ausreichend technisches Know how eingebracht wird, daß systemnahe, kommunikationsorientierte Software-Module entwickelt, gepflegt und fortgeschrieben werden können.

Bezüglich des Verwaltungsvollzugs gilt: Die Organisationsform ist entscheidend, nicht das technische System.

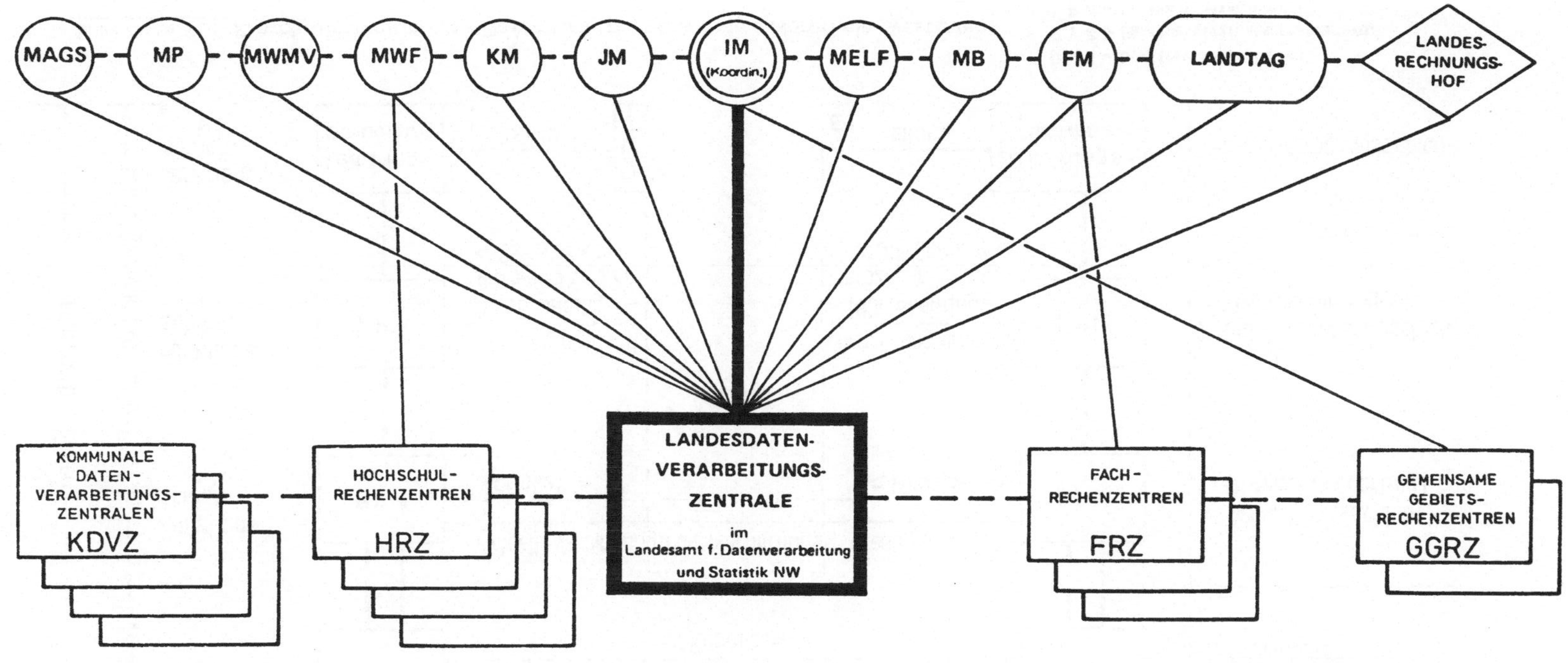


Abbildung 1: Organisation der automatisierten Datenverarbeitung in Nordrhein-Westfalen.

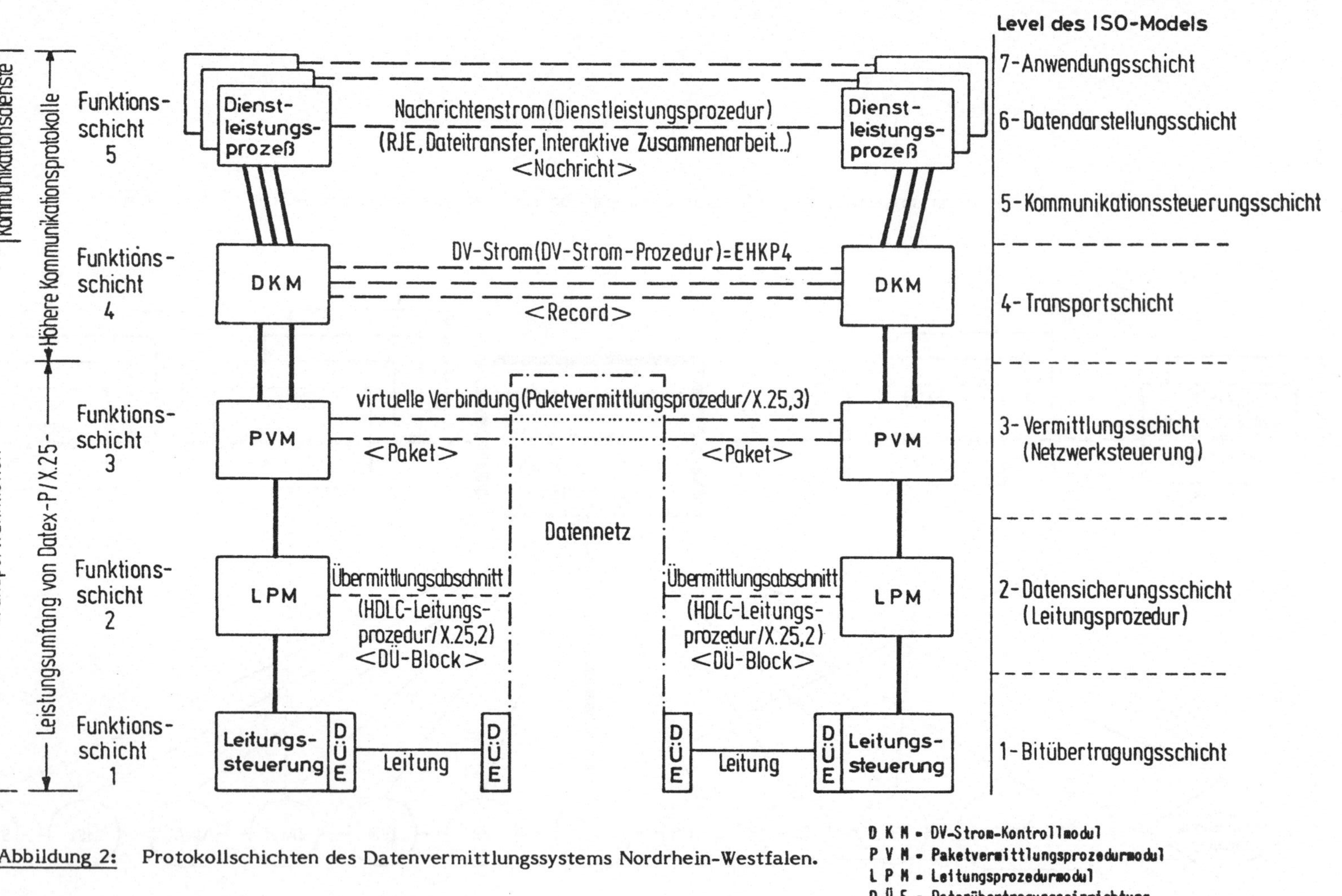


Abbildung 2:  Protokollschichten des Datenvermittlungssystems Nordrhein-Westfalen.

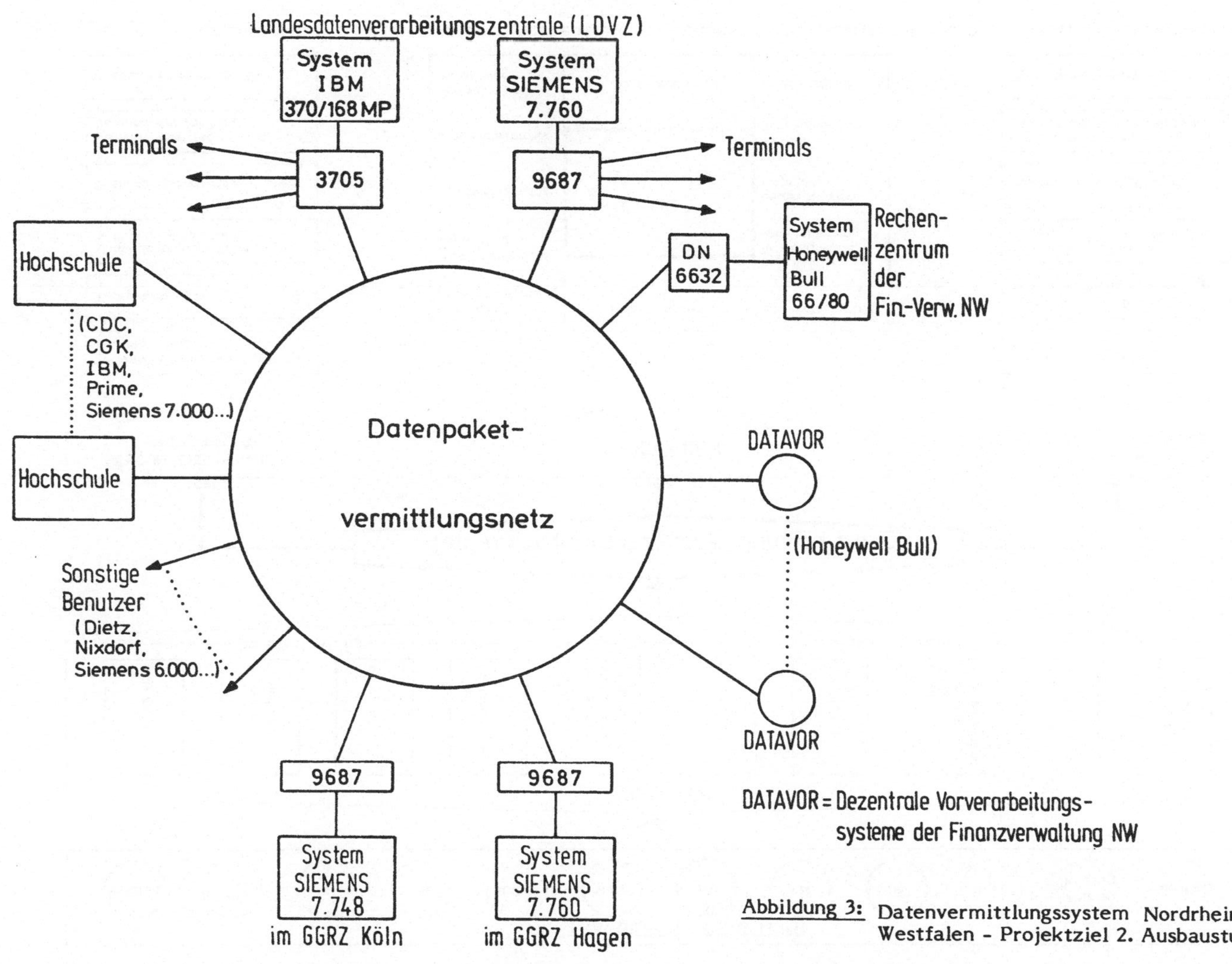


Abbildung 3: Datenvermittlungssystem Nordrhein-Westfalen - Projektziel 2. Ausbaustufe.

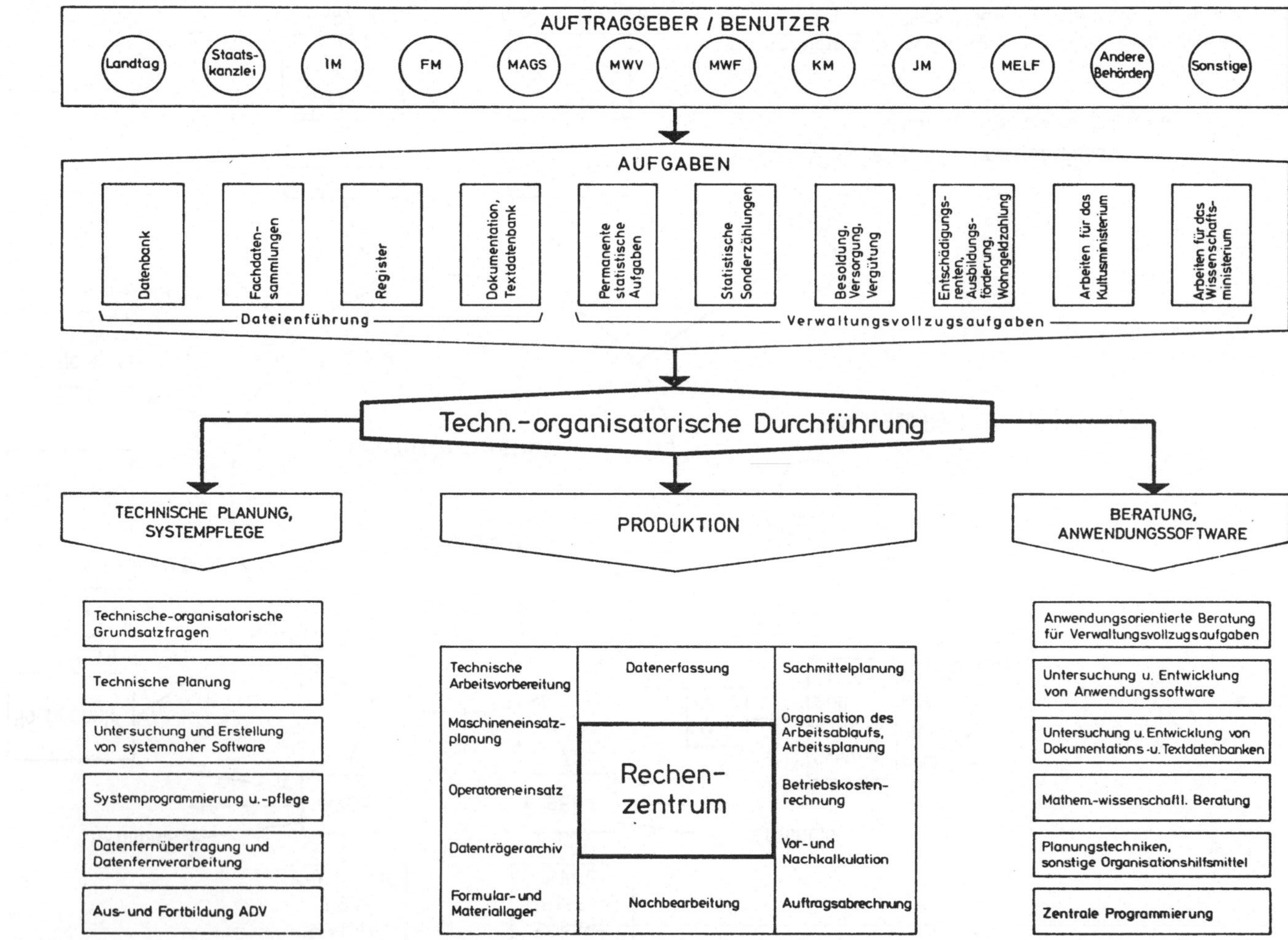


Abbildung 4: Organisation der Datenverarbeitungszentrale im Landesamt für Statistik Nordrhein-Westfalen (schematisiert).

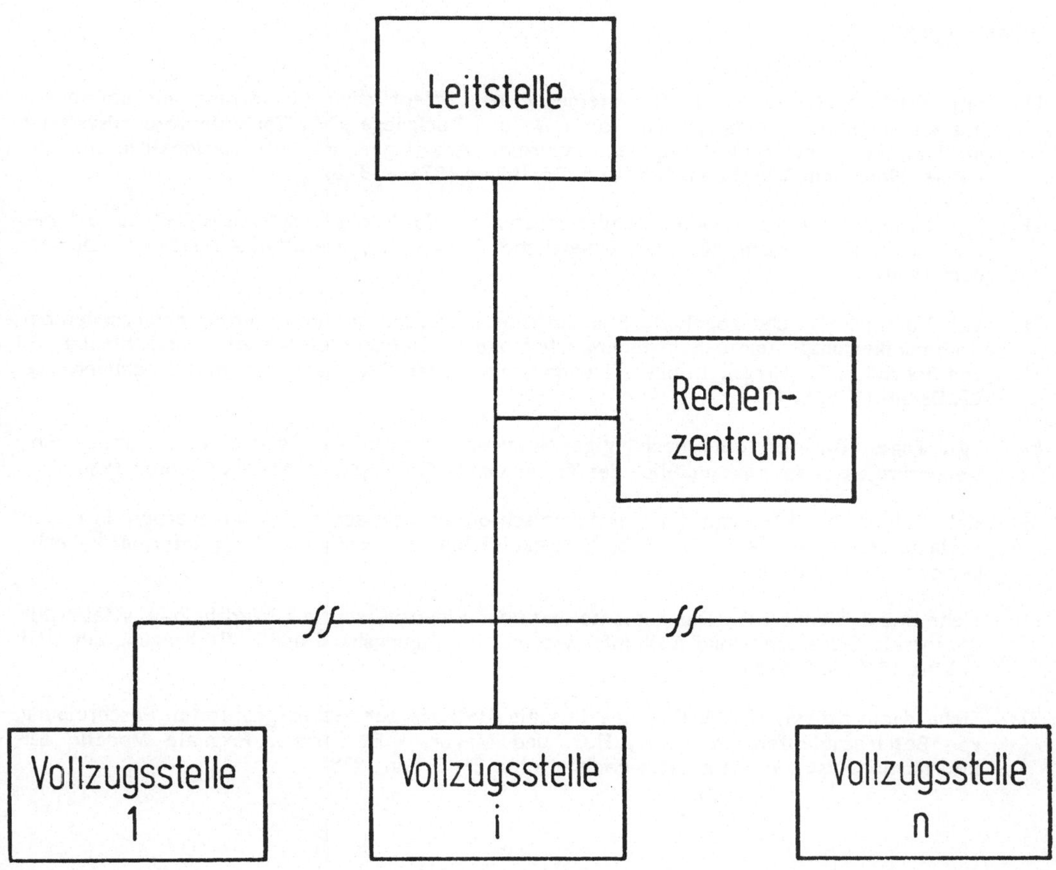



**Abbildung 5:**     Organisationsschema für Aufgabenvollzug
unter Nutzung des Verbundsystems.

<u>Anmerkungen:</u>

1)    Vgl. Ruckriegel, W., Computersysteme in der öffentlichen Verwaltung aus anwenderbezogener Sicht, in: Grochla, E., Starke, W. und Ruckriegel, W., Computerverbundsysteme in Wirtschaft und Verwaltung, Schriftenreihe Arbeitsgemeinschaft Rationalisierung des Landes Nordrhein-Westfalen, Heft 169, Dortmund 1976, S. 3-25.

2)    Vgl. Dropmann, E., Das Datenvermittlungssystem Nordrhein-Westfalen (LDS), Ein offenes Kommunikationssystem für die öffentliche Verwaltung Nordrhein-Westfalen, Düsseldorf 1980.

3)    Vgl. Hartnick, W. und Vogel, B., Standardisierungsfragen und Realisierungserfahrungen bei Kommunikationsprotokollen in einem inhomogenen Rechnerverbundnetz, in: Schindler, S. und Schröder, J. (Hrsg.), Kommunikation in verteilten Systemen, Informatik-Fachberichte 22, Berlin 1979, S. 187.

4)    Vgl. Vogel, B., Herstellerunabhängige Netzwerkkonzepte am Beispiel eines großen Anwenderprojekts, Vortrag anläßlich der TELECOM'80 Köln vom 22. bis 24. Oktober 1980.

5)    Vgl. Köhler, W., Überlegungen zur technisch-organisatorischen Zusammenarbeit in einem Verbundsystem, in: Wall, D. (Hrsg.), Organisation von Rechenzentren, Informatik-Fachberichte 15, Berlin 1978, S. 127.

6)    Siehe dazu: Göldner, R., Das geplante Netz der Finanzverwaltung Nordrhein-Westfalen für dezentrale Erfassungs- und Auskunftssysteme, in: Tagungsband der 2. Fachtagung der ÖGI in Linz 1980, S. 909-932.

7)    Siehe dazu: Stübel, G., ISAC - eine formale Methode zur rechnergestützten Beschreibung von Betriebsabläufen, in: Mayr, H.C. und Meyer, B.E. (Hrsg.), Formale Modelle für Informationssysteme, Informatik-Fachberichte 21, Berlin 1979.

# STRUKTURASPEKTE VON KOMMUNIKATIONSDIENSTLEISTUNGEN IN OFFENEN SYSTEMEN

von Karl Rihaczek, Bad Homburg

## I.    Zum Thema

In letzter Zeit wird häufig vermerkt, daß der technische Fortschritt nicht nur Probleme zu lösen hilft, sondern auch aufwirft. Wenn seine Nachteile offenkundig werden, sind sie von den Vorteilen zumeist nicht mehr trennbar. Man möchte ihnen deshalb rechtzeitig vorbeugen. Kann man in diesem Sinne die technische Evolution beeinflussen? Kann man Aufgaben im Humanbereich stellen, die man dann mit technischen Mitteln lösen kann? Kann man solche Mittel angeben und zu Vorgaben für den technischen Fortschritt machen? Kann man Lösungen finden, die nicht auch Nachteile bringen?

Aufgaben im Humanbereich? Man kann sich die Aufgabe stellen, den Mond zu betreten, und kann sie auch lösen. Man kann aber nicht einer freien Gesellschaft die Aufgabe stellen, in bestimmter Weise in sich zu kommunizieren. Kommunikationsnetze, die es zu entwickeln gilt, sollen zur Lösung sehr vieler Aufgaben geeignet sein, die man zum guten Teil noch nicht kennt.

In diesem Falle empfiehlt es sich, den Aufgabenbereich einerseits und den Lösungsbereich andererseits nach Strukturen zu untersuchen, die man aufeinander abstimmen kann - nach Strukturen, die einander zuordenbar sind und miteinander in einem Wirkungszusammenhang stehen.

## A)    Problemstrukturen

Das Problem stellt sich folgendermaßen: Es sind gesellschaftliche Bedürfnisse festzustellen, daraus Aufgaben abzuleiten und diese einer technisch gestützten Lösung zuzuführen - vereinfacht dargestellt in Abbildung 1.

## 1.    Wirkungskette 1

Im Humanbereich tritt ein Bedürfnis auf und wird als Aufgabe verstanden. Für sie muß eine Lösung gefunden werden - in Richtung Pfeil (1). Soll die Lösung mit Hilfe eines technischen Systems erreicht werden, muß die Aufgabe in den technischen Bereich transformiert werden

- Pfeil (2). Dort wird eine technische Lösung gesucht - Pfeil (3). Die gefundene technische Lösung soll die für den Humanbereich angestrebte Lösung vermitteln - Pfeil (4).

## 2.	Wirkungskette 2

Manchmal stellt sich dieser Zusammenhang anders dar: Eine (unkontrollierte) Entwicklung im technischen Bereich stört das vorhandene Lösungsgefüge im Humanbereich - Pfeil (5). Die Störung führt zur Aufgabe, sie zu beheben - Pfeil (6). Diese muß in eine technische Aufgabe übersetzt werden - Pfeil (7). Durch deren Lösung versucht man, die Nachteile der auslösenden technischen Entwicklung zu beheben.

Die beiden Pfeilzüge stellen Wirkungszusammenhänge dar. Den Wirkungen mag zwar eine zielgerichtete Absicht unterliegen; sie sind trotzdem nicht genau vorherbestimmbar. In diesem Sinne treten im Verlaufe der Pfeilzüge Genauigkeitsverluste auf. Die Aufgabe im Humanbereich ist nicht genau beschreibbar; sie trifft in der Regel das Bedürfnis nicht vollständig. Auch der Schritt zur technischen Aufgabenstellung kann nicht genau erfolgen; sie kann nicht beliebig gewählt werden und muß sich nach den grob antizipierten Lösungsmöglichkeiten richten. Die technische Lösung wird nicht voll der technischen Aufgabenstellung entsprechen können. Sie wird stellenweise zu kurz geraten und anderorts eventuell störende Nebeneffekte aufweisen, die zum Beispiel zu einer Wirkungskette 2 führen können. Die Bemühungen entlang eines Pfeilzuges werden also keineswegs zu einer vollkommenen Lösung im Humanbereich führen.

## 3.	Zuständigkeiten

Wer soll Aufgaben definieren, übersetzen, lösen und die Lösungen akzeptieren? In dieser Hinsicht sind Zuständigkeiten zu verteilen:

-	Wer definiert das Problem im Humanbereich?
-	Wer übersetzt es in ein technisches Problem?
-	Wer bewirkt die technische Lösung?
-	Wer beurteilt den Erfolg im Humanbereich?

Hier scheinen sich in der Praxis Präferenzen eingestellt zu haben, die man aber nicht ungeprüft akzeptieren sollte. Techniker zum Beispiel favorisieren die Wirkungskette 1; sie suchen eine Aufgabe, die sie einer technischen Lösung zuführen können. Häufig ist jedoch für den Techniker die Lösung vor der Aufgabe da; zum Beispiel führte nicht ein artikuliertes menschliches Bedürfnis, sondern die Entdeckung der elektromagnetischen Wellen zum Fernsehen. Das Bedürfnis im Humanbereich stellt sich erst danach ein.

Der Techniker nimmt also die erstgenannte Zuständigkeit für sich in Anspruch. Soll er das?

Auf der anderen Seite sind es gerne die Nicht-Techniker, die ihre Fähigkeiten überfordern, wenn das Bedürfnis im Humanbereich angeregt wird; sie meinen, den Technikern bereits das technische Problem oder gar technische Lösungen bieten zu müssen.

Nicht-Techniker favorisieren häufig die Wirkungskette 2. Sie stellen Störungen im Humanbereich fest und führen diese auf Veränderungen im technischen Bereich zurück. Sie beobachten die Wirkungen im Sinne des Pfeils (5) - zum Beispiel im Sinne einer soziologischen Wirkungsforschung.

Im ersten Falle interessieren die beabsichtigten, im zweiten die unbeabsichtigten Wirkungen - zumeist Nebenwirkungen.

Was noch keineswegs gesichert ist: Zuständigkeiten sollten definiert, verteilt und eingehalten werden; die mit den beiden Wirkungsketten befaßten Personen sollten miteinander konstruktiv kommunizieren.


## B)   Begriffliches

Zur Klärung der in der Überschrift verwendeten Begriffe:


### 1.   Kommunikationsdienstleistungen

Unter "Kommunikation" wird der menschliche intentionale, reflektierte Austausch von Information verstanden. Kommunikationsdienstleistungen sind Dienstleistungen am Menschen mit Hilfe technischer Systeme. Solche technischen Systeme werden grundsätzlich mit den Fernmeldeeinrichtungen der Post realisiert.


### 2.   Offene Systeme

Technische Kommunikationssysteme werden als offen bezeichnet, wenn sie "offene Objekte" umfassen. Im Gegensatz zum landläufigen Verständnis versteht man einmal darunter Application Processes (Anwendungsprozesse) als Teilnehmer, die wahlweise miteinander in Verbindung treten können; die Offenheit ist im Sinne der Wahlmöglichkeit zu verstehen. Anwendungsprozesse, die miteinander fest verbunden sind, sind "geschlossene Objekte"; sie bilden ein "geschlossenes System".

Ein Beispiel für ein offenes System ist das öffentliche Fernsprechnetz, eines für ein geschlossenes System das Datenverarbeitungssystem mit fest angeschlossenen Terminals.

Zuweilen versteht man unter einem offenen System ein solches, in dem mehrere (von ihren Herstellern) getrennt entwickelte Teilsysteme miteinander verkehren können; ein geschlossenes System wäre demnach eines, dessen Architektur einheitlich ist. Diese beiden Definitionen sind voneinander unterschieden, kommen aber in der Praxis auf das Gleiche heraus. Keineswegs ist aber "offen" mit "öffentlich" und "geschlossen" mit "privat" gleichzusetzen.

## II.   Schichtstrukturen

Die funktionalen Eigenschaften eines Systems, die im Verlaufe eines systemimmanenten Prozesses wirksam werden, kann man sich in Schichten strukturiert denken. Damit eine solche Gliederung einen praktischen Wert habe, sollte dabei auf folgendes geachtet werden:

- Jede Schicht sollte ihre Leistungen ausschließlich der nächst höheren zur Verfügung stellen und sich ausschließlich der Leistungen der nächst niedrigeren Schicht bedienen. In diesem Sinne sollte jede Schicht der im Prozeß erzeugten Leistung einen Mehrwert zuführen.

- Die Leistungen einer Schicht sollten definiert und überprüfbar sein.

- Die Leistungen einer Schicht sollten den gleichen Abstraktionsgrad aufweisen; entsprechend sollten sich Leistungen unterschiedlicher Schichten unterscheiden.

- Die Leistungen aufeinanderfolgender Schichten sollten sich im zeitlichen Hintereinander darstellen.

- Die Funktionen innerhalb einer Schicht sollten sich so ändern lassen, daß die abgegebenen und die beanspruchten Leistungen dennoch gleich bleiben können.

Solche Schichtenmodelle lassen sich sowohl im Humanbereich als auch im technischen Bereich aufstellen. Zunächst soll ein Beispiel aus dem technischen und dann eines aus dem Humanbereich gebracht werden.

A)   <u>Das ISO-Schichtenmodell</u>

Genauer bezeichnet ist es das "Reference Model of Open Systems Interconnections". Es wurde von der International Organization for Standardisation (ISO) in dessen Technical Committee TC97 beziehungsweise in dessen Subcommittee SC16 "Open Systems Interconnections" entwickelt. Es beschreibt zur Systematisierung der einschlägigen Normung den technischen Kommunikationsprozeß. Seine Entwicklung ist noch nicht abgeschlossen.

Nur Normung stehen an - und zwar für jede Schicht:

- Schnittstellen des schichtenspezifischen Prozesses zur nächst tieferen beziehungsweise höheren Schicht

- Protokolle zwischen den gleichgestellten Partnerprozessen einer Schicht.

Unter Protokollen versteht man hier Vereinbarungen darüber, welche Information im Verlauf des Kommunikationsprozesses in welchem Format zwischen den Teilnehmern ausgetauscht wird. Es handelt sich also nicht um die Aufzeichnung von Ereignissen in ihrem zeitlichen Ablauf - was man normalerweise unter Protokoll versteht. Hier liegt nicht etwa die Protokollierung des Kommunikationsprozesses vor.

Abbildung 2 zeigt eine Darstellung des ISO-Schichtenmodells, wie sie vom Fernmeldetechnischen Zentralamt der Post publiziert wurde. [1] Die Funktionen der Schichten sind in der ISO-Publikation definiert. [2]

Aus der Darstellung ist zu erkennen, daß das Fernmeldetechnische Zentralamt für die ersten drei Schichten jeweils eine Zwischenstelle vorsieht. Das sind die unterschiedlichen Einrichtungen der Post, die ja den Kommunikationsvorgang betreibt. Es gibt auch Vorstellungen über solche Zwischenstellen in den höheren Schichten mit Ausnahme der siebten. Diese wäre so zu definieren, daß in ihr eine solche Zwischenstelle nicht vorhanden sei. Jedoch wären Zwischenstellen nicht durch die Post, sondern durch Teilnehmer (M-Teilnehmer im Sinne von III.A) zu betreiben. Dazu muß man sich Abbildung 2 kaskadiert denken: Zwei normale Teilnehmer (N-Teilnehmer), die miteinander über einen M-Teilnehmer kommunizieren - also insgesamt drei Teilnehmer und zwischen diesen jeweils die Post als Transportdienstleister.

Die Schichtenorganisation des Kommunikationsprozesses beziehungsweise die neben dem Transport gebotenen Leistungen wenden sich vornehmlich gegen Fehler, Störungen und Fehlfunktionen, die bei der technischen Kommunikation auftreten. Sie richten sich nicht allein gegen ungewollte Fehler, sondern machen das System auch sicherer gegen beabsichtigtes Eindringen. Die unterschiedlichen Protokolle der einzelnen Schichten - der Konsensus zwischen den Teilnehmerinstanzen jeder Schicht - wollen ja bekannt und berücksichtigt sein. Dem Eindringling, der sie nicht mitbekommt, wird es schwerer gemacht, sein Ziel zu erreichen.


B)    Das Dienstleistungs-Schichtenmodell

Hier handelt es sich um ein Modell, das im Humanbereich anzusiedeln ist. Es bezieht sich nicht auf den technischen Prozeß, sondern auf Dienstleistungen, die mittels des Prozesses von Personen anderen Personen angeboten werden. Die Personen können juristischer und natürlicher Art sein; bei Anbietern wird es sich eher um juristische, bei Anwendern eher um natürliche Personen handeln.

Eine angebotene Dienstleistung kann von ihrem Anwender für eine weitere, spezialisiertere Dienstleistung verwendet werden, welche dieser dem Anwender der nächst höheren Schicht anbietet. So kann eine empfangene Dienstleistung mit einem Mehrwert versehen und indirekt weiter angeboten werden. Verwendet ein Anwender eine Dienstleistung nur für sich selbst, so ist er ein Endanwender. Die angewendete Dienstleistung ist eine End-Dienstleistung.

End-Anwender und End-Dienstleistungen können grundsätzlich außer in der ersten in allen Schichten auftreten, vornehmlich aber in den oberen.

Folgendes kann als charakteristisch für das Dienstleistungs-Schichtenmodell herausgestellt werden:

-   Es bezieht sich auf Dienstleistungen im unternehmerischen Sinne.

-   Es ist nach oben hin offen, indem es - zumindest gedanklich - die Möglichkeit für eine immer neuere Schicht von Mehrwertdienstleistungen bietet.

-   Es ist nach der Seite hin offen, indem Dienstleistungen anderer Art mit Kommunikationsdienstleistungen verknüpft werden können - zum Beispiel die Datenverarbeitung und ihre unterschiedlichen Anwendungen.

-   Es bietet die Grundlage für eine Ordnung der beteiligten Personen juristischer und natürlicher Art und damit auch die Möglichkeit, den Bereich der Fernmeldehoheit beziehungsweise den Aktivitätsbereich der Post detaillierter zu bestimmen.

Abbildung 3 zeigt die einzelnen Schichten und die stufenförmige Trennungslinie zwischen Postbereich und Nicht-Postbereich.

Schicht 1 - Technische Übertragungswege: Hierunter fallen Leitungen, Richt- und Rundfunk-
einrichtungen, Modulationseinrichtungen, Endeinrichtungen der Post, Vermittlungseinrichtungen
und so weiter. Der Bereich ist fast ausschließlich eine Domäne der Post. Es gibt nur relativ
wenige private Übertragungswege und entsprechende Einrichtungen der Bundeswehr, der Bundesbahn und so weiter.

Schicht 2 - Transportnetz: Mit den technischen Einrichtungen der Schicht 1 werden Netze
zusammengestellt, welche an beliebig vielen Stellen Daten in vereinbarter Form übernehmen und
ihren Adressaten in dieser Form zustellen. Dies wird von der Post als Dienst angeboten. Typisch
dafür sind die DATEL-Netze, das Fernsprechnetz, das Rundfunknetz oder das im Aufbau
befindliche Kabelfernsehnetz.

Im Nicht-Postbereich gibt es Netze, die nicht allein - und das nur zum geringen Teil - auf
privaten Übertragungswegen aufbauen. Vielmehr werden hier zumeist überlassene Stromwege der
Post eingesetzt. Deshalb ist der Anteil des Nicht-Postbereichs an dieser Schicht größer als der an
der darunterliegenden.

Schicht 3 - Mehrwertnetz I: Die Dienstleistungen dieser Schicht bauen auf denen der Transportnetzschicht auf. Zu ihnen zählen im Postbereich: Bildschirmtext-Übermittlung, Telefax, Teletex, Videotext, Kabelfernsehdienst, DV-Fernverarbeitung durch die Post und anderes.

Im Nicht-Postbereich erscheinen Dienstleistungen wie private DV-Fernverarbeitung, Fernüber-
wachungssysteme, Auskunftssysteme, Buchungssysteme und so weiter. Dieser Bereich ist wiederum relativ größer als der entsprechende Bereich der unterliegenden Schicht, denn für seine
Dienstleistungen werden vornehmlich öffentliche Transportnetze verwendet.

Schicht 4 - Mehrwertnetz II: Dieser Schicht sind die Dienstleistungen zuzurechnen, welche auf
den Dienstleistungen der Mehrwertnetz-I-Schicht aufbauen - zum Beispiel öffentliche Daten-
bankdienste der Post, die etwa mit dem Bildschirmtext-Dienst realisiert werden. Hierunter fiele
auch ein etwaiges Bildschirmtext-Inkasso der Post.

Den größten Teil dieser Schicht füllen private Dienstleistungen oder solche, die von anderen
Stellen der öffentlichen Hand (nicht von der Post) angeboten werden, etwa aufgrund anderer
staatlicher Hoheitsrechte. Das können unter anderem sein: Private Bildschirmtext-/Datenbank-
dienste, Bildschirmzeitung, Kabelfernsehprogramme öffentlicher oder privater Anstalten.

In dieser Schicht kann es bereits fraglich sein, ob das in ihr auftretende Dienstleistungsangebot
der Post allein mit der Fernmeldehoheit gerechtfertigt wäre.

Schicht 5 - Mehrwertnetz III: Es ist denkbar, daß sich Schicht 4 eine weitere überlagert. Zum Beispiel könnte hier ein Maklerdienst realisiert werden, der auf einem Datenbankdienst (per Bildschirmtext) aufbaut. Auch computerunterstützter Unterricht und ähnliche Datenverarbeitungsanwendungen mit starker Kommunikationskomponente könnten in diesen Bereich fallen.

Der Anteil der Post an dieser Schicht dürfte praktisch null sein, wenn auch nicht ausgeschlossen werden kann, daß sie als Wirtschaftsunternehmen auch hier anbietet.

Der Aufbau dieses Schichtenmodells zeigt deutlich die Tendenz der Problemverfolgung, die oben bereits dem Techniker unterstellt wurde: Die Dienstleistungen bauen auf vorhandenen technischen Grundlagen auf. Sie sind das Resultat dessen, was technisch möglich ist. Die nackte Technik ist zuerst da und stößt die weitere Entwicklung an. Es ist schwer vorstellbar, daß zum Beispiel ein Bedarf an einer Maklerdienstleistung als erstes entstünde, daraus die Notwendigkeit einer Datenbankdienstleistung, daraus wiederum die des Bildschirmtext-Dienstes, daraus die eines Paketvermittlungsdienstes, und daß man schließlich daraus den Bedarf an technischem Gerät und passenden physikalischen Gesetzen ableiten könnte. Die technische Evolution eilt den Erkenntnissen ihres Werts oder Unwerts für den Humanbereich stets voraus.

Trotzdem kann dies nicht so hingenommen werden, denn das würde bedeuten, daß nur die in den technischen Möglichkeiten liegende Sinnfälligkeit und eine wenig reflektierte Akzeptanz durch den Anwender über eine überaus wichtige technische Entwicklung und ihre gesellschaftlichen Auswirkungen entscheiden würden. Man muß versuchen, durch Antizipieren des Entwicklungsprozesses - so gut es geht - von der Anwendung ausgehend zu planen.


## III.  Teilnehmerstrukturen

Neben den Leistungsstrukturen interessieren die auf ihre Teilnehmer bezogenen Strukturen der Kommunikationssysteme. Diese zeigen sich im Gegensatz zum vorangegangenen Falle zunächst nicht im technischen sondern im Humanbereich. Sie lassen sich in der im ersten Kapitel aufgezeigten Weise in den technischen Bereich übersetzen. Im technischen Bereich treten sie zum guten Teil als topologische Strukturen auf.

Die Strukturen sind vornehmlich interessenbedingt. Die Interessen können zuzuordnen sein

- den Teilnehmern des Systems
- dem Betreiber des Systems
- dem Hersteller des Systems
- den rechtlichen Norminstanzen
- der indirekt betroffenen Allgemeinheit.

Im folgenden sollen als wichtigste Interessen die der Teilnehmer untersucht werden.


A)    Teilnehmerarten

Die Teilnehmer an einem Kommunikationsprozeß lassen sich grundsätzlich in zwei Klassen einteilen:

- N-Teilnehmer (normale Teilnehmer, für die die kommunizierte Nachricht das Wesentliche ist)
- M-Teilnehmer (vermittelnde Teilnehmer, welche die Kommunikation für die N-Teilnehmer ermöglichen, verbessern oder sonstwie besonders gestalten; sie führen als Mittler, Makler, Moderatoren, Monitoren, Mentoren und so weiter M-Funktionen aus).

Jeder der Dienstleistungsschichten - außer der untersten - sind bestimmte Ausprägungen von N- und M-Teilnehmern zuzuordnen. Vor allem in der untersten Schicht führt die Post die M-Funktionen durch, etwa indem sie den Fernsprechteilnehmern - also N-Teilnehmern - mit der Transportnetzschicht die technischen Einrichtungen (der ersten Schicht) zur Verfügung stellt.

In den höheren Schichten des Dienstleistungsmodells können unter N-Teilnehmern Unterschiede in dem Sinne auftreten, daß eine Unterklasse von N-Teilnehmern ausschließlich Information zentral anbietet und eine andere sie ausschließlich anwendet. Demnach kann man weiter unterscheiden zwischen

- Z-Teilnehmern (zentrale Anbieter)
- A-Teilnehmern (Anwender).

Diese Unterscheidung kann für die Unterscheidung der Interessen erheblich sein. Das ist für wählvermittelte Transportnetze etwas Neues. Dort wurden bislang Teilnehmer als grundsätzlich gleichartig angesehen (zum Beispiel im Fernsprechnetz).


B)    Interessenstrukturen

So unterschiedlich die Teilnehmer sind, so grundsätzlich unterschiedlich sind auch ihre Interessen anzusetzen. Die Interessen sollen sich aber auf die Gestaltung des Kommunikationssystems auswirken. Sie bestimmen die topologische Struktur des Netzes. Z-Teilnehmer mögen ihm zum Beispiel zumindest lokal eine hierarchische Ausprägung geben.

Die Interessen sind zu unterscheiden in

- Interessen am Zustandekommen einer Übermittlung
- Interessen an der Qualität der Kommunikation.


## 1. Zustandekommen einer Übermittlung

Eine Übermittlung zwischen zwei Partnern kann in beiden Richtungen erfolgen. Sie kann von jedem der beiden Partner veranlaßt werden. Sie kann erfolgen, möglich sein, gewünscht sein oder auch nicht. Dies bestimmt die in Abbildung 4 dargestellten acht einfachen Kommunikationsmöglichkeiten und deren Verhinderung.

"Senden" ist eine von einem Teilnehmer veranlaßte Übertragung von sich aus zu seinem Partner hin.

"Abrufen" ist eine von einem Teilnehmer veranlaßte Übertragung von seinem Partner aus zu sich selbst hin.

Zu den acht einfachen Kommunikationsmöglichkeiten von Abbildung 4 gibt es 256 Kombinationen, von denen jedoch nur 16 in dem Sinne konfliktfrei sind, daß beide Partner jeweils das Gleiche wollen. Diese Kombinationen sind in Abbildung 5 dargestellt. Sie bezeichnen, was im Interesse der beiden Partner ermöglicht beziehungsweise verhindert werden soll.

Man kann auf diese Weise nach einer Analyse der Interessen vorgeben, welche Kommunikationsmöglichkeiten zwischen den Partnern beziehungsweise allen Teilnehmern eines Kommunikationssystems eingerichtet werden sollen.


## 2. Qualität der Übermittlung

Die Teilnehmer können daran interessiert sein, die im folgenden aufgeführte Information

- zu erkennen
- nachzuweisen
- geheimzuhalten
- zu sichern
- wiederherzustellen.

Zu dieser Information zählen im einzelnen nicht allein

- die Nachricht, sondern auch
- die Urheberschaft zur Nachricht
- Teilnehmeridentifikationen
- Teilnehmerorte
- Sende- und Empfangszeitpunkte
- autorisierte Personen
- an der Kommunikation beteiligte Stellen
- der Initiator des Kommunikationsvorgangs
- der Verlauf des Kommunikationsvorgangs
- der Weg der Nachricht
- benutzte Systemkomponenten
- Sonderverhalten von Teilnehmern
- Fehlverhalten von Teilnehmern
- systembedingte Fehler (zum Beispiel Falschzustellungen)
- unbeabsichtigte Störungen
- Angriffe auf das System
- Angriffe auf den Kommunikationsvorgang
- Nachweisfälschungen und so weiter.

Die hier angeführten Sachverhalte sind ferner aufzugliedern nach Bezügen

- zur eigenen Person
- zum Partner
- zu autorisierten Dritten
- zu nicht-autorisierten Dritten.

Mit dieser Systematik lassen sich einige hundert Elemente ableiten, von denen etwa hundert zu sinnvollen Forderungen führen, welche die Teilnehmer an das Kommunikationssystem stellen können.

Diese Interessen am Zustandekommen und an der Qualität einer Übermittlung sind dem Humanbereich nach Abbildung 1 zuzuordnen. Die hier angegebenen Beschreibungsmittel bieten eine Hilfe, sich gegenüber dem Techniker zu artikulieren. Die sich daraus ableitenden technischen Aufgaben können grundsätzlich gelöst werden.

Vorher ist im Humanbereich zu entscheiden, ob die Interessen im einzelnen für eine Realisierung wesentlich genug sind, in welcher Dienstleistungsschicht sie zu realisieren wären sowie, ob sie besser vom Anbieter oder vom Anwender selbst realisiert werden sollten.

Im technischen Bereich wird sich abhängig von den im Humanbereich gestellten Forderungen zum Beispiel die Frage stellen, in welcher Schicht des ISO-Schichtenmodells welche Funktion berücksichtigt werden müßte. Dabei mag es sich allerdings auch herausstellen, daß der benötigte Entscheidungsfreiraum durch bereits getroffene Festlegungen eingeengt ist.


C)   <u>Netzstrukturen</u>


Ein Kommunikationsnetz ist durch seine Knoten einerseits und deren Verbindungen andererseits zu beschreiben. Im vorliegenden Zusammenhang geht es bei den Knoten um bestimmte Funktionen, die in ihnen zu realisieren sind, und zwar durch die unterschiedlichen N- und M-Teilnehmer, die den Knoten zuzuordnen sind. An sie richtet sich zumindest ein Teil der Forderungen aus dem Humanbereich. Sollen zum Beispiel die übertragenen Nachrichten gegen unbefugte Kenntnisnahme gesichert werden, dann wird man von den einzelnen Knoten Verschlüsselungsfunktionen verlangen.


Die Verbindungen können ebenfalls unterschiedlich realisiert werden. Das Spektrum der Möglichkeiten reicht von einer fest verlegten Leitung bis zum Beispiel zu virtuellen Verbindungen mit Datex-P-Dienst. Die Forderungen, die an die Verbindungen gestellt werden können, werden deshalb sehr unterschiedlich sein. Sie richten sich gegebenenfalls an die Dienstleistung (der nächst niedrigeren Schicht), welche die Verbindung zur Verfügung stellt, also zum Beispiel an den Datex-P-Dienst.


Das Kommunikationsverhältnis Nr. $\emptyset$ aus Abbildung 5 mag dazu führen, daß zwischen den beiden Teilnehmern nicht nur keine Verbindung vorgesehen wird, sondern jede Verbindung - zum Beispiel auch eine über andere Teilnehmer - verhindert wird.


Wird die Forderung erhoben, daß ein Partner zum anderen anonym zu halten ist, dann wird man ebenfalls zwischen ihnen keine direkte Verbindung zulassen, aber sie miteinander über einen Dritten verkehren lassen, der dafür sorgt, daß trotz Anonymisierung Kommunikation stattfinden kann.


Im Zusammenhang mit der technischen Realisierung ist insbesondere auf die Normung zu achten. Sofern man nämlich nicht darauf verzichten will, die geforderten Funktionen unterschiedlichen Anwendern gleichermaßen (genormt) zur Verfügung stellen zu können, wird man sie den unterschiedlichen Schichten des ISO-Schichtenmodells zuordnen müssen, um sie überhaupt sinnvoll normen zu können.


So kann es sein, daß die eigentlichen Probleme, die bei der Umsetzung von Aufgaben des Humanbereichs in technische Lösungen entstehen, nicht Probleme der technischen Realisierung, sondern solche der Normung sein werden, also weitgehend Probleme des Humanbereichs selbst. Die Normung - ein Selektionsvorgang ähnlich dem der Planung, gewissermaßen deren Abschluß - kann aus technischen Möglichkeiten auf nachhaltige Weise Unmöglichkeiten machen.

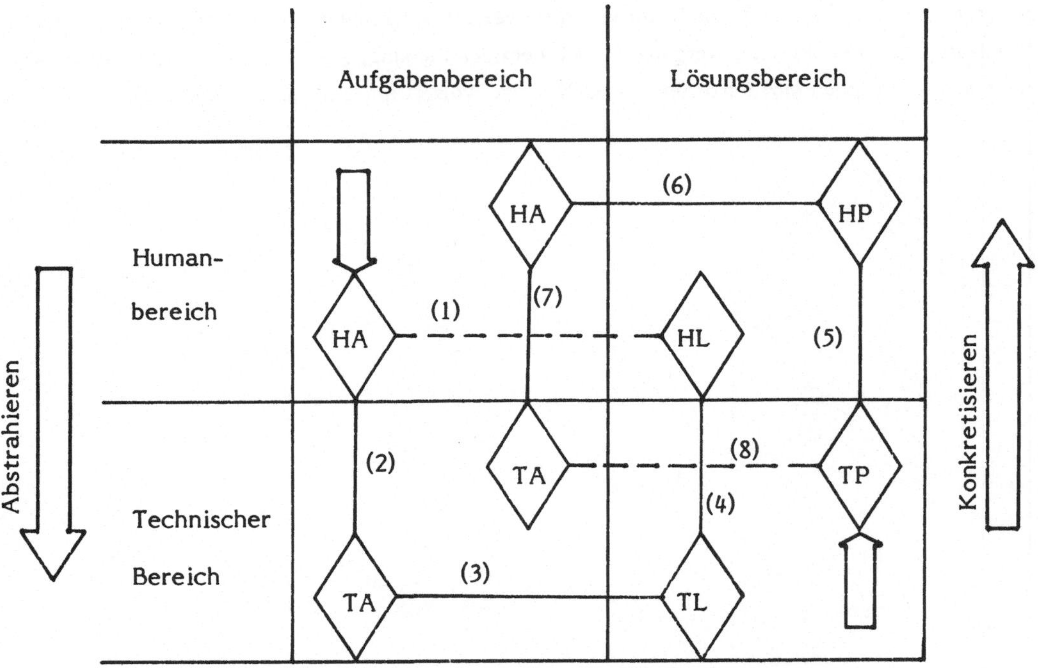


HA  Aufgabe im Humanbereich
TA  **Aufgabe im technischen Bereich**
TL  Lösung im technischen Bereich
HL  Lösung im Humanbereich
TP  Problem im technischen Bereich
HP  Problem im Humanbereich

<u>Abbildung 1:</u>  Wirkungsketten. [3]

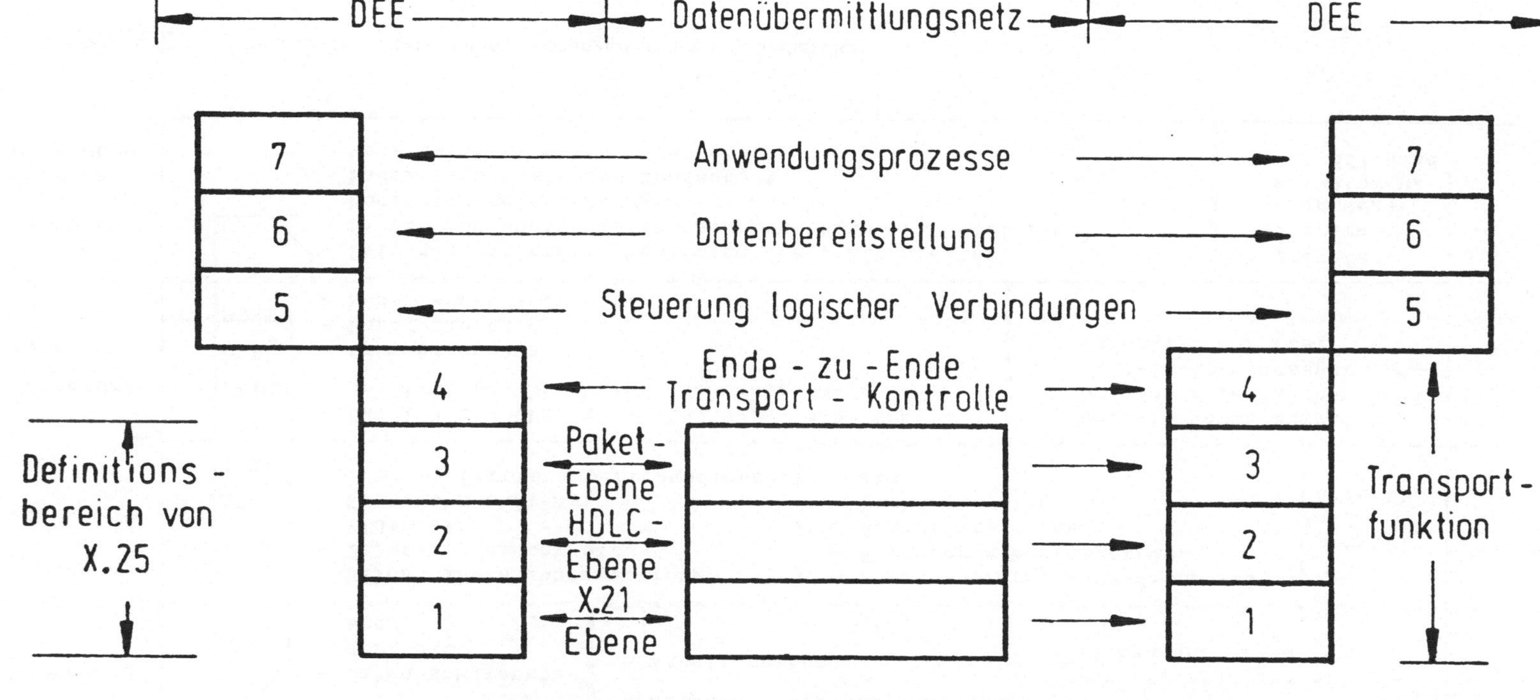


Schematische Darstellung der hierarchischen Struktur von Datenübermittlungsprotokollen nach dem Architekturmodell für "offene Kommunikationssysteme" der ISO.

Abbildung 2:  ISO-Schichtenmodell.

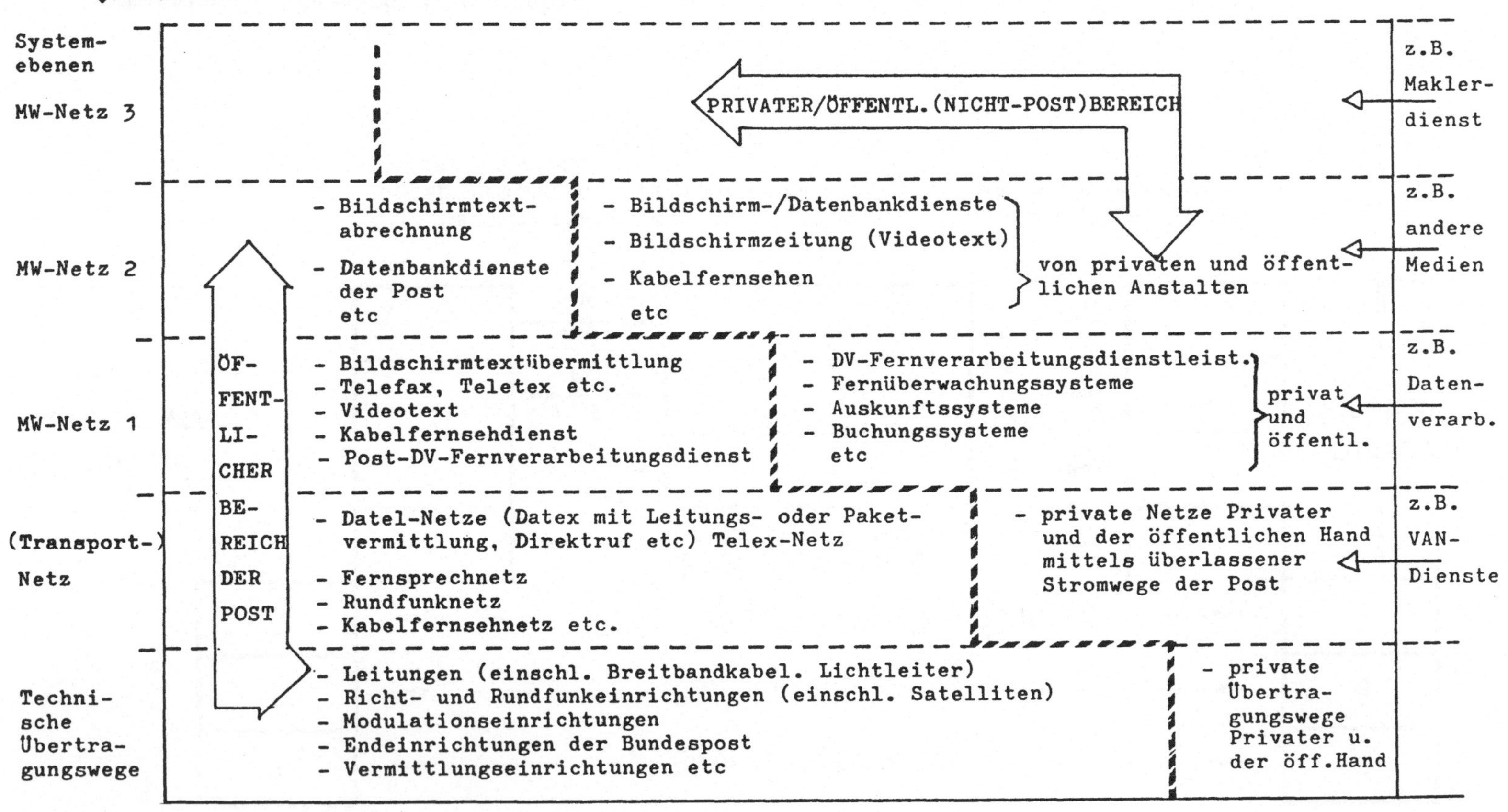


Abbildung 3:  Schichtenmodell der Dienstleistungen im Fernmeldebereich.

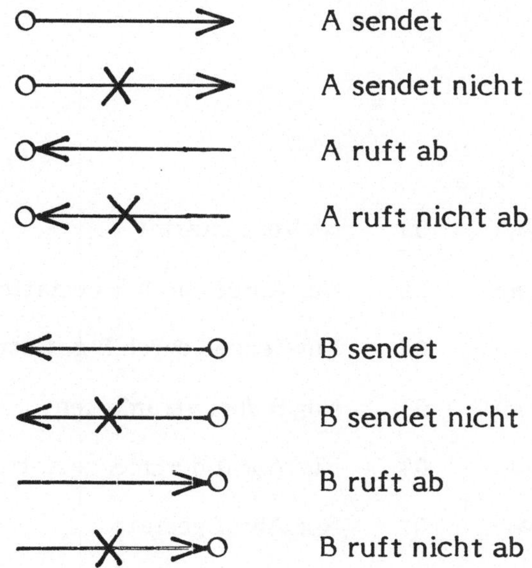


<u>Abbildung 4:</u>  Teilnehmer-Wahlmöglichkeiten für Übertragungsvorgänge.

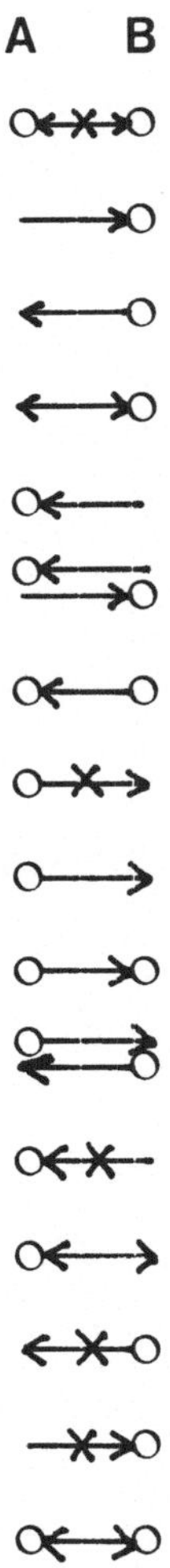

| A sendet | A ruft ab | B sendet | B ruft ab | A  B | | |
|---|---|---|---|---|---|---|
| 0 | 0 | 0 | 0 | | 00 | Nichts gestattet |
| 0 | 0 | 0 | 1 | | 01 | Nur Abruf durch B gestattet |
| 0 | 0 | 1 | 0 | | 02 | Nur Senden durch B gestattet |
| 0 | 0 | 1 | 1 | | 03 | Nur B darf veranlassen |
| 0 | 1 | 0 | 0 | | 04 | Nur Abruf durch A gestattet |
| 0 | 1 | 0 | 1 | | 05 | Nur Abruf gestattet |
| 0 | 1 | 1 | 0 | | 06 | Nur Übertragung B zu A gestattet |
| 0 | 1 | 1 | 1 | | 07 | Nur Senden durch A verboten |
| 1 | 0 | 0 | 0 | | 08 | Nur Senden durch A gestattet |
| 1 | 0 | 0 | 1 | | 09 | Nur Übertragung A zu B gestattet |
| 1 | 0 | 1 | 0 | | 10 | Nur Senden gestattet |
| 1 | 0 | 1 | 1 | | 11 | Nur Abruf durch A verboten |
| 1 | 1 | 0 | 0 | | 12 | Nur A darf veranlassen |
| 1 | 1 | 0 | 1 | | 13 | Nur Senden durch B verboten |
| 1 | 1 | 1 | 0 | | 14 | Nur Abruf durch B verboten |
| 1 | 1 | 1 | 1 | | 15 | Alles gestattet |

1 = ja

0 = nein

Abbildung 5: Konfliktfreie Teilnehmerinteressen am Kommunikationsverhältnis.

<u>Anmerkungen:</u>


1) Fernmeldetechnisches Zentralamt der Deutschen Bundespost, Überlegungen der Deutschen Bundespost zur Einführung eines öffentlichen Datenpaketvermittlungsnetzes, Darmstadt 1978.

2) International Organization for Standardisation (ISO), Reference Model of Open Systems Interconnections, in: ISO/TC97/SC16 N 227.

3) Angelehnt an eine komplexere Darstellungsweise in: Wedekind, H., Erweiterung einer Entwicklungsmethodologie für Datenbanksysteme um eine Komponente zum Schutze vor Mißbrauch von personenbezogenen Daten, in: Angewandte Informatik, 1980, S. 255-265.

Aussprache zu den Referaten von
Wilfried Köhler und Karl Rihaczek

Bericht von Claus-Peter Matt, Speyer

Die Diskussion wurde von Werner Ruckriegel geleitet. Auf die Frage von Agi nach der im DVS
angewendeten Übertragungstechnik erklärte Köhler, daß die Planungen in seinem Bereich schon
früh begonnen worden seien. Anfragen bei der Deutschen Bundespost zum damaligen Zeitpunkt
im Jahre 1975 hätten jedoch ergeben, daß zumindest in den nächsten zehn Jahren mit einer
Realisierung der Konzepte und der Implementierung der höheren Protokollebene nicht zu rechnen
war. Aus diesem Grunde hätten eigene Protokolle erstellt werden müssen. Nach der Verabschie-
dung von X.25 nach CCITT seien diese Vorgaben allerdings übernommen und der eigene Ausbau
des Packetswitching mit drei Knoten gestoppt worden. Bei den Knoten in Düsseldorf und Hagen
sei ein Anschluß an Datex-P realisiert, und in Zusammenarbeit mit der Post wurden Tests an den
Ebenen durchgeführt. Aus dieser Zusammenarbeit hätte sich auch die Tätigkeit in den Arbeitskreisen von Datex-P ergeben. Es hätte sich allerdings herausgestellt, daß mit Datex-P nicht alle
Probleme gelöst werden konnten. Durch die intensive Mitarbeit in den Ausschüssen sei es aber
möglich gewesen, die eigenen Erfahrungen einzubringen und somit Einfluß auf die Konzeptionen
der höheren Protokollebenen, insbesondere auf die Ebenen 4 und höher zu nehmen. Grassmugg
stellte in diesem Zusammenhang die Frage nach der Netzverträglichkeit von Peripheriegeräten
unterschiedlicher Hersteller. Nach Aussage von Köhler ließen dies die Protokolle der Ebene 4 zu.
Auch der Dateitransfer zwischen lokalen und Zielrechnern und unter lokalen beziehungsweise
Zielrechnern sei möglich. In Zusammenarbeit mit Hochschulen und der Firma Siemens seien
große Fortschritte erzielt worden. Bei IBM sei man in der Realisierung zur Zeit noch nicht ganz
so weit.

Zum Vortrag von Rihaczek stellte Köhler in Übereinstimmung mit dem Referenten klar, daß auf
dem Markt zur Zeit keine Kommunikationsdienstleistungen angeboten würden und man diese
daher aus eigener Initiative selbst erarbeiten müsse. Bei der Realisierung eines Kommunikationssystems solle man zwar "von unten nach oben" vorgehen, bei der Konzeption aber genau
umgekehrt. Von seiten der ISO seien derzeit neue Überlegungen zur Normung der Kommunikationsdienstleistungen in Arbeit.

# DRITTER TEIL

# STREITFRAGENORIENTIERTE

# SEMINARE

# EINFÜHRUNG INFORMATIONSTECHNISCHER EINRICHTUNGEN – ALS "GROSSER WURF" ODER ALS "LERNENDES SYSTEM"?

I.      Die Podiumsrunde


A)      <u>Moderation</u>

Prof. Dr. Helmut Klages, Speyer


B)      <u>Diskutanten</u>

Hinrich Bonin, Karlsruhe

Dr. Hans-Alexander Kaiserauer, Waiblingen

Hans-Joachim Rohrlach, Berlin

Dr. Werner Robert Svoboda, Wien

Hans Wülfrath, Göttingen

A)	<u>Thesen zum Thema: Einführung informationstechnischer Einrichtungen - als "großer Wurf"</u>
<u>oder als "lernendes System"?</u>

von Hinrich Bonin, Karlsruhe

1.	Ob Sie als DV-Experte, EDV-Manager, Anwender oder auch als irgendwie sonst Beteiligter ein überzeugter Anhänger des "großen Wurfs" sind oder ob Sie die Methode "lernendes System" vertreten, stets hat die von Ihnen bezogene Grundeinstellung sowohl ganz konkrete Auswirkungen in der alltäglichen Praxis als auch bei der Beurteilung der auftretenden positiven und negativen Ereignisse im Rahmen der Einführung informationstechnischer Einrichtungen. Beispielsweise werden Fehlschläge beim "großen Wurf" entweder als systembedingt und damit quasi als unvermeidbar und unvorhersehbar gebrandmarkt oder nur als ausräumbarer Fehler bei der Systemanalyse oder Konzeptionsdefinition betrachtet. Demgegenüber können die einzelnen Iterationsschritte beim "lernenden System" einerseits als kontinuierlicher Fortschritt positiv beurteilt werden oder andererseits als Beweis dafür gelten, wie unwirtschaftlich man mangels weitreichender Systemplanung bisher gewurstelt hat. Es ist somit ein weites Feld für einen "freischwebenden" Methodenstreit, ohne Verknüpfung mit konkreten Aufgabengebieten, vorhanden.

Um einen solchen zu vermeiden, sind die Thesen primär bezogen auf computergestützte Informationssysteme für Beschaffungs-, Einsatz- und Steuerungsentscheidungen von Betriebsmitteln (wie Personal, Material, Fahrzeuge, Arbeitsgeräte). Den Hintergrund bildet der Unterhaltungs- und Betriebsdienst der Wasser- und Schiffahrtsverwaltung des Bundes, kurz charakterisiert durch eine bundesweite Objektverwaltung (Wasserstraßen, Ufer, Brücken, Schleusen, Fahrzeuge und so weiter) mit cirka 18.000 Beschäftigten.

Die einzelnen Thesen sind bewußt zur Verdeutlichung der Kernaussage überspitzt formuliert und sollten stets im Gesamtzusammenhang gesehen werden.

2.	Konzeption und Implementation von informationstechnischen Einrichtungen ("EDV-Verfahren") müssen sich in verstärktem Maße an Nutzen-Kostenüberlegungen orientieren; deshalb ist für den "großen Wurf" nur noch selten Raum.

Die Anforderungen des Bürgers an die Effizienz der Verwaltung und damit auch an die Wirtschaftlichkeit von informationstechnischen Einrichtungen sind ständig gewachsen. Die Entscheidung über die Einführungsform von EDV-Verfahren ist daher an Nutzen-Kostenüberlegungen gekoppelt.

Bei der Quantifizierung der einzelnen Nutzen- und Kostenwerte muß die zu erwartende wirtschaftliche Einsatz-(Lebens-)dauer prognostiziert werden. Unterstellt man für ein "klassisches" EDV-Verfahren im oben erwähnten Aufgabengebiet eine Nutzungsdauer von cirka 10 Jahren - das ist sicherlich ein Zeitraum, nach dem auch beim "großen Wurf" wieder ein neuer großer Wurf erfolgen muß -, dann sollten Entwicklungs- und Einführungsphase nicht wesentlich länger als drei bis vier Jahre dauern, damit sie in einem adäquaten Verhältnis zur gesamten wirtschaftlichen Nutzungsdauer stehen. Die Praxis hat gezeigt, daß eine solche Realisierungszeitspanne von cirka vier Jahren beim "großen Wurf" durch die notwendigerweise zeitintensive Analyse und Konzeptionsphase und zusätzlich durch die überproportionale Schulungs- beziehungsweise Personaleinweisungszeit schnell verbraucht ist.

Kalkuliert man nun mittels dynamischer Investitionsrechnungsverfahren, so schneidet der "große Wurf" wegen des relativ spät eintretenden Nutzens im Vergleich zum "lernenden System" mit seiner kontinuierlichen Teilnutzenrealisierung relativ ungünstig ab. Außerdem verschlechtert der vorzuleistende Implementationskostenblock, das heißt die Finanzierung der mehrjährigen Entwicklungs- und Einführungszeit, die Nutzen-Kostenrelation.

3.    Die Diskrepanz zwischen dem enormen Tempo der EDV-technischen Entwicklung und der erforderlichen Länge des praxisangemessenen Realisierungszeitraumes erzwingt den Übergang vom "großen Wurf" zum "lernenden System".

Relevante Parameter auf der Hard- und Softwareseite verschieben sich permanent, beispielsweise die Preis-Leistungsverhältnisse oder der verwirklichbare Automationsgrad, so daß der "große Wurf" schon veraltet, also nicht mehr effizient genug ist, bevor überhaupt sein geplanter Nutzen zum Tragen kommt.

Stets wird man natürlich bestrebt sein, die EDV-technische Fortentwicklung mit in die Gesamtkonzeption des "großen Wurfs" zu integrieren. Dieses Bemühen bedeutet jedoch, daß mindestens für den Entwicklungszeitraum der tatsächlich stattfindende EDV-technische Fortschritt gesichert vorausgesehen werden müßte. Konkret wären quantifizierte Aussagen über die Veränderungen von Leistungsfaktoren und Kosten zum Beispiel von Datenverarbeitungsnetzen, Zentralprozessoren, Datenbankverwaltungssystemen und so weiter erforderlich - mit Sicherheit ein Unterfangen mit äußerst risikobehafteten Aussagen. Darüber hinaus sei angemerkt, daß häufig aufgrund des relativ langen Realisierungszeitraumes noch zusätzlich mit einer bedeutsamen Aufgabenprofilverschiebung zu rechnen ist.

Die Vergangenheit hat gezeigt, daß ausreichend gesicherte Prognosen der Hard- und Software-entwicklung als tragfähige Basis für den "großen Wurf" kaum möglich sind. Selbst renommierte DV-Gerätehersteller haben mit ihrer Politik frühzeitiger offizieller Ankündigungen keine Herab-setzung des Prognoserisikos gebracht. Ganz im Gegenteil: Durch Nichteinhaltung proklamierter Produktionen - aufgrund des zwischenzeitlich noch schnelleren Fortschritts - ist die Unsicherheit für das langfristige Systemdesign noch gestiegen. Die DV-Hersteller haben allerdings dadurch auch einen deutlichen Beweis geliefert, daß zum jetzigen Zeitpunkt der EDV-technischen Entwicklung keine genügend gesicherten Produktprognosen aufgestellt werden können.

Es ist deshalb davon auszugehen, daß erhebliche Aufwendungen für Analyse und Alternativen-beurteilung zur Fixierung des "großen Wurfs" urplötzlich total wertlos sind.

Diese systembedingten Fehlprognosen beeinträchtigen nicht nur die Nutzen-Kostenrelation, sondern gefährden auch den "großen Wurf" insgesamt.

Mit der Methode "lernendes System" wird das negative Ausmaß solcher Fehlprognosen erheblich gemindert, weil der zu prognostizierende Zeitraum wesentlich kürzer gewählt werden kann. Ist beispielsweise ein Iterationsschritt auf der Basis einer Fehlprognose realisiert worden, so bedarf es einer umgehenden Anpassung an den möglichen Effizienzgrad beim nächsten Lernschritt. Eine derartige Anpassungsnotwendigkeit muß daher stets im Rahmen des "lernenden Systems" konzeptionell einkalkuliert werden, das EDV-Verfahren sollte also insbesondere bei den Anfangs-schritten nicht starr ausgelegt werden.


4.    Die Methode "lernendes System" verlangt ein hohes Maß an EDV-technischer Flexibilität und damit auch an Kapazität.

Die primäre Dimensionierungsbasis sollte nicht, wie in der Vergangenheit, die Ablaufoptimierung der Software beziehungsweise die Kapazitätsauslastung der Hardware sein. Primäre Dimensio-nierungsbasis muß vielmehr die Möglichkeit sein, den erforderlichen Iterationsschritten des "lernenden Systems" problemlos bei minimalem Aufwand folgen zu können.

Noch immer werden heute jedoch Datenbankverwaltungssysteme hauptsächlich nach Kriterien wie CPU-Zeitverhalten und Speicherplatzbedarf angepriesen, beurteilt und ausgewählt statt, wie für die Praxis zwingend notwendig, nach den Möglichkeiten der Struktur- und Datensatz-veränderungen. Es gibt marktgängige Systeme, bei denen einer geladenen Datenbank keine neuen Datenelemente (Merkmale) hinzugefügt werden können, falls man diese nicht schon zum Urladezeitpunkt eingeplant hatte. Eine solche Software ist nicht geeignet, den Lernschritten zu folgen beziehungsweise eine Grundlage für die problemlosen Anpassungen zu bieten.

Um die (Installations-) Kosten der bereitzustellenden DV-Kapazität zu minimieren, wird leider häufig im Hinblick auf quasi maximale Kapazitätsauslastung dimensioniert. Beispielsweise werden Zentralrechner, Arbeitsspeicher, intelligente Datensichtstationen oder Magnetplattenlaufwerke so konfiguriert, daß die konzipierte Aufgabenmenge gerade abgedeckt wird. Auf einer so bemessenen DV-Basis kann sich ein "lernendes System" nicht produktiv entwickeln, weil jeder kleine Iterationsschritt letztlich mit einer Umkonfiguration verbunden wäre. Eine daraus resultierende permanente Hardware- beziehungsweise Softwareveränderung ist, so zeigt die Erfahrung bei Datenverarbeitungszentralen, stets mit zusätzlichen Betriebsproblemen behaftet und stößt daher fast immer auf berechtigten Widerstand beim betroffenen Betriebspersonal.

Nicht selten ist die Folge ein zeitliches Verschieben beziehungsweise Unterlassen sinnvoller "Lernschritte".

Damit die Methode "lernendes System" erfolgreich angewendet werden kann, sollte bei der Ermittlung der DV-Kapazität nicht nur die maximale Auslastung zur Kostenreduktion im Vordergrund stehen, sondern die Schaffung der erforderlichen Flexibilität. Dieser weitere Aspekt bedeutet in der Tat eine bewußt einkalkulierte Überkapazität, damit Raum für die zu vollziehenden Lernschritte vorhanden ist.

Fazit aus den bisherigen Thesen: Minimierung der Implementationszeit durch iteratives Vorgehen und Maximierung der EDV-technischen Flexibilität sind wesentliche Aspekte für eine wirtschaftliche Einführung von EDV-Verfahren.

5.   Im Rahmen der Einführung informationstechnischer Einrichtungen ist das Prinzip der Resultatsverantwortung konsequent anzuwenden, um den Erfolg zu gewährleisten.

Das Risiko des völligen Scheiterns oder der erheblichen Überschreitung der veranschlagten Einführungskosten ist beim "großen Wurf" nicht unwesentlich. Als einer der Hauptfaktoren kommt in vielen Fällen die recht komplexe Projektorganisation in Betracht, mit Steuerungsausschüssen, zahlreichen Expertenteams, Vertretung der Betroffenen, Koordinierungsgruppen, Leitungsgremien und so weiter. Eine glasklare Fixierung der Kompetenz- und Verantwortungsbereiche ist selten gegeben.

Daß der "große Wurf" mit seinen weitreichenden Folgen für die Zukunft einen hohen Führungs- und Leistungsaufwand erfordert, ist unbestritten; jedoch kompliziert die große Beteiligtenzahl die Kontrollfunktion und damit die Absicherung des Projektzieles.

Resultatsverantwortung und Erfolgskontrolle lassen sich beim "lernenden System" leichter konkretisieren, zum einen, weil das einzusetzende Projektmanagement nicht so aufgebläht werden muß, zum anderen, weil die kleine Führungsmannschaft und die wenigen Spezialisten leichter in die bestehende Organisation integriert werden können. Die Vorteile liegen in einer überschaubaren Verantwortungsregelung, so daß das gebräuchliche Herumreichen des "Schwarzen Peter" nicht ganz so leicht gemacht wird. Darüber hinaus kommt die praxiserprobte Leerformel "... konnte leider keiner vorhersehen!" wegen konkreter Einzelschrittdefinition nicht so häufig zur Anwendung.

6. Der "große Wurf" stellt im Regelfall die vorhandene Organisation quasi auf den Kopf und damit die bisher Betroffenen vor ungeheure Anpassungsprobleme.

Normalerweise bedingt der "große Wurf" eine gravierende Veränderung der vorhandenen Organisation in einem relativ kurzen Zeitraum, im Extremfall zu einem Stichtag. Diese Struktur- und Aufgabenneudefinition ist von dem bisherigen Personal nachzuvollziehen. Die Fälle, in denen die damit verbundenen persönlichen Anpassungsprobleme nicht gelöst werden, gefährden nicht selten den gesamten Projekterfolg. Zur Zielsicherung ist dann das Auswechseln dieses Stammpersonals eine häufig praktizierte Maßnahme.

Die negativen Folgen durch derartige einschneidende Organisationsveränderungen in Form von erhöhtem Streß, Angstgefühlen und Frustrationen bei den Betroffenen sind nicht zu unterschätzen. Fast immer haben solche Situationen dazu beigetragen, daß der kalkulierte Nutzen erst erheblich später als geplant erreicht wurde, wodurch die vormals positive Nutzen-Kostenrelation wesentlich schlechter ausfiel.

7. Das "lernende System" knüpft an die gewachsenen Strukturen an und integriert die Erfahrungen der bisher Betroffenen.

Auf der Basis gewachsener Strukturen kann eine Identifikation mit einem EDV-Verfahren und dessen Erfolg für die Betroffenen problemfrei erzielt werden, so daß dann der Optimierungsprozeß von diesem Personenkreis (etwa Sachbearbeiter in den Fachabteilungen) nicht nur akzeptiert, sondern massiv vorangetrieben wird. Die unmittelbar "präsentierbaren" Verbesserungen zum ehemaligen Ist-Zustand und die tatsächliche Einbeziehung der Endbenutzer in das EDV-Verfahren führen zu einem erheblichen Motivationsschub und in dessen Folge zu Innovationen, die mit der Methode "großer Wurf", das heißt mit der klassischen Methode der hard- und softwareorientierten Systemanalyse durch externe DV-Experten, kaum erreichbar wären.

Vorausgesetzt, man plant beim Einstiegsschritt einen relativ leicht nachvollziehbaren "Know how-level"-Sprung für die Betroffenen, so werden synchron mit der qualitativen und quantitativen EDV-Verfahrensausweitung die Erfahrungen im Umgang mit dem System stetig mitwachsen, besonders wenn die Modifikationen von den Betroffenen selbst initiiert wurden.

Das konstruktive Engagement bei der Verwirklichung von mitformulierten Teilzielen hat einen enorm positiven Effekt auf den gesamten Einführungsprozeß des EDV-Verfahrens. Die Lernbereitschaft der Betroffenen ist erheblich größer als bei einer aufgepfropften "großer Wurf"-Lösung. Mit diesem Fundus an Lernbereitschaft und Engagement lassen sich mittels mehrerer Iterationsschritte auch Organisationsänderungen durchführen, ohne daß es zu einer Nutzenausfallzeit kommt.


8.   Die Methode "großer Wurf" hat mindestens auf dem Gebiet der komplexen Planungs-, Einsatz- und Steuerungssysteme keine Zukunft, wenn man bereit ist, die Erfahrungen aus der Vergangenheit zu berücksichtigen.

Die Methode "lernendes System" ist effizienter, allerdings nur, falls EDV-technische Betriebsmittel bereitgestellt werden, die nicht nach einer optimalen Kapazitätsauslastung der Hardware dimensioniert sind, sondern sich an einem optimalen Nutzen-Kostenverhältnis der Gesamtaufgabe orientieren.

B) <u>Thesen zum Thema: Einführung informationstechnischer Einrichtungen - als großer Wurf"</u>
<u>oder als "lernendes System"?</u>

von Hans-Alexander Kaiserauer, Waiblingen

1.   Einleitende Bemerkungen

Trotz großer Anstrengungen wurden die gesteckten Ziele beim Einsatz von elektronischen Datenverarbeitungsanlagen in Wirtschaft und Verwaltung nicht erreicht; bestehende Möglichkeiten des integrierten EDV-Einsatzes wurden nicht genutzt. Der Produktivitätszuwachs im Fertigungsbereich betrug in den vergangenen hundert Jahren cirka 1400 Prozent; im Verwaltungs- oder Bürobereich kann man nur eine Produktivitätssteigerung von 40 Prozent ausweisen. Der im Fertigungsbereich erzielte Rationalisierungserfolg wird durch das Anwachsen der Kosten für Bürotätigkeiten in der industriellen und öffentlichen Verwaltung zum Teil wieder aufgezehrt und droht verloren zu gehen, wenn es nicht gelingt, auch hier in stärkerem Maße zu rationalisieren. Das ist aber weniger eine Frage des technischen Fortschritts als eine Frage fortschrittlichen Organisierens.

Bei der Einführung der elektronischen Datenverarbeitung ging man davon aus, daß ein bestehendes Ablaufsystem einfach verbessert werden könne, indem man manuelle Tätigkeiten durch maschinelle Funktionen ersetzt und daß die gleichzeitige Durchführung mehrerer Arbeiten durch eine maschinelle Anlage gleichbedeutend sei mit optimaler Organisation. Ergebnis der Mechanisierung der Verwaltung war aber in vielen Fällen eine von EDV-Anlagen mit respektabler Geschwindigkeit erzeugte Papierflut. Der Einsatz von elektronischen Datenverarbeitungsanlagen auf dem Verwaltungs-Sektor hat bisher nur in Ausnahmefällen zu wirtschaftlich vertretbaren Ergebnissen geführt.

2.   Möglichkeiten zur Überwindung des EDV-Dilemmas

Die Ursache für mangelnde Effizienz des EDV-Einsatzes in Wirtschaft und Verwaltung liegt hauptsächlich in der Vorgehensweise bei Einführung des Hilfsmittels EDV und in fehlenden Gestaltungsstrategien zur Strukturierung von Verwaltungssystemen. Obwohl Systemtheorie und Kybernetik die Möglichkeit zur Gestaltung und Führung komplexer Verwaltungssysteme bieten, existieren bis heute noch keine geschlossenen und wissenschaftlich fundierten Strategien zur Gestaltung von Verwaltungssystemen, zum Beispiel einer Kommunalverwaltung, eines Krankenhauses oder einer Unternehmung. Das Fehlen wirkungsvoller Gestaltungsstrategien zeigt sich in vielen Unzulänglichkeiten, so insbesondere im Berichts- und Formularwesen von Verwaltungssystemen, was nicht zuletzt auch wieder auf mangelnde Effizienz der integrierten elektronischen Datenverarbeitung zurückgeht.

Ein informationstechnik-gestütztes Verwaltungssystem besteht aus den drei Komponenten: Orgware - Hardware - Software.

Hardware und Software spielen beim integrierten Computereinsatz zunächst eine sekundäre Rolle. Primär kommt es auf das Vorhandensein der sogenannten "Orgware" in Form einer organisatorischen Gesamtkonzeption an. Diese ist auch die Ausgangsbasis für ein ganzheitliches, integriertes Formularsystem. Das Fehlen der "Orgware" ist Hauptursache für die mangelnde Effizienz im EDV-Bereich. Bevor die Technik eingesetzt wird, sollte das Problem der Organisation vollständig und transparent gelöst sein. Das den neuzeitlichen Datenverarbeitungstechniken gemäße Organisationskonzept ist größtenteils jedoch nicht vorhanden. Zahlreiche informationstechnologische Abhandlungen haben stark technisch orientierte Fragen der optimalen Strukturierung von Maschinensystemen (Hardware) und Programmsystemen (Software) zum Gegenstand. Das Problem der Anwendungssysteme, das heißt die Gestaltung organisatorischer Informationssysteme beim Einsatz automatischer Datenverarbeitungsanlagen, findet demgegenüber erst in den letzten Jahren verstärktes organisationstheoretisches Interesse.

3. Überlegungen zur Strukturierung von organisatorischen Gesamtkonzeptionen im Hinblick auf den integrierten EDV-Einsatz

Verwaltungssysteme benötigen für den integrierten EDV-Einsatz eine organisatorische Gesamtkonzeption, damit beim Computereinsatz keine aus der Praxis zur Genüge bekannten Insellösungen entstehen, die später nicht oder nur unter erheblichem Aufwand in ein Gesamtsystem integriert werden können. Dazu müssen zwei Voraussetzungen erfüllt sein:

- Eine formale Konzeption in Form von Modellvorstellungen für Organisationssysteme und die zugehörigen Darstellungstechniken

- der entsprechende Formalismus, also die Gestaltungsmethodik, um solche formalisierten beziehungsweise standardisierten Modellkonzeptionen entwickeln zu können.

Die formale Konzeption ist ein Orgware-Modell, das bestimmte Forderungen erfüllen muß. Als Management-System und Regelkreismodell ist es Ausgangsbasis für die Orgware-Module und das ganzheitlich-computergestützte Datenfluß-Modell.

Die Gestaltungsmethodik besteht aus einer Gestaltungsstrategie, die sich, wie im ingenieurwissenschaftlichen Bereich, systematisieren läßt. Beim Konstruktionsprozeß im technischen Bereich setzt der Konstrukteur mosaikartig Funktionskomplexe zusammen. Diese Vorgehensweise läßt sich auf den Entwurfsprozeß für organisatorische Systeme übertragen. Ein Funktionskomplex eines organisatorischen Gesamtsystems ist ein Zielerreichungsprozeß in Form einer Funktionskette, denn jede Einzelfunktion löst nach ihrer Vollendung die nächste aus. Dadurch entstehen Funktionsketten, die in sich geschlossene Abläufe darstellen und mit einer Kontroll- oder Entscheidungsfunktion enden. Jede Funktionskette ist damit gleichzeitig eine Informations- beziehungsweise Steuerkette oder ein Regelkreis. Die einzelnen Funktionsketten sind zum Teil überlappt oder laufen parallel; außerdem bestehen wechselseitige Beziehungen.

Die Strukturierungsmethode als Entwurfsmethodik für ein Orgware-Modell besteht aus folgenden Ablaufschritten:

- Analysieren der Zielsetzungen
- Erkennen des Zielerreichungsprozesses
- Festlegen der Funktionskette (Aufgabenfolge)
- Transformation der Funktionsketten in Steuerketten und Regelkreise
- Integration der Steuerketten und Regelkreise zu einem Steuerketten- und Regelkreissystem in Form eines Orgware-Modells.

Dabei darf niemals das Gesamtsystem aus den Augen verloren werden, da die Kombination der Teiloptima nicht das Gesamtoptimum ergeben muß. Dieser Entwurfsprozeß kann als kybernetisches Modellieren bezeichnet werden.

Wie bei der Konstruktion eines technischen Gebildes kann für den Entwurfsprozeß zur Strukturierung eines Organisationssystems ein sogenanntes Pflichtenheft beziehungsweise ein Forderungskatalog erstellt werden:

- Alle wichtigen Funktionen des betreffenden Systems sind zu erfassen.

- Die wechselseitigen Beziehungen zwischen den einzelnen Funktionen innerhalb des Systems und zwischen ihm und seiner relevanten Umwelt sind darzustellen.

- Das Modell muß zur Lenkung der Prozeßabläufe als kybernetisches Modell nach dem Regelkreisprinzip strukturiert werden.

- Die Daten- und Informationsflüsse innerhalb des Systems und die Wechselwirkung zur Umwelt sind als logische Flüsse geschlossen darzustellen.

- Teilsysteme sind von vornherein als integrierende Bestandteile einzuplanen beziehungs- weise zu strukturieren.

- Alle wichtigen Dateien und Belege innerhalb des Systems sowie ihre Benutzer müssen aus der Modelldarstellung ersichtlich sein.

- Die Prozeßabläufe müssen innerhalb des Gesamtsystems verfolgt werden können.

In einem Gesamtmodell werden nur die Zusammenhänge dargestellt. Zweck ist, eine übersicht- liche Orientierungshilfe über das Gesamtsystem und seine wesentlichen Teile zu bieten.

4.    Die Verwendung von Modellen zur Gestaltung von Organisationssystemen.

Probleme einer optimalen Organisationsstrukturierung lassen sich nur mit Hilfe von Modellen lösen. Auf deren Konstruktion kann aus mancherlei Gründen nicht verzichtet werden:

- Ein Modell liefert zumindest Anhaltspunkte für die Gestaltung realer Systeme; es läßt die verschiedensten Handlungs- und Gestaltungsmöglichkeiten für die Realität erken- nen. Ein Modell, das soweit konkretisiert ist, daß es in die Realität umgesetzt werden kann, ist als optimal zu bezeichnen.

- Modelle sind geeignet, das Systemverhalten zum Zwecke der funktionalen Analyse nachzuvollziehen.

- Da die Durchführung von Experimenten in der Praxis nur schwer möglich ist, müssen Modelle entwickelt werden, die ein möglichst realitätsnahes Abbild des jeweiligen betrachteten Systems wiedergeben und dadurch ein Überprüfen der Systemaussagen sowie ein modellmäßiges Experimentieren, etwa mit verschiedenen Inputs, ermöglichen.

- Weiterhin dienen Modelle bei der Organisationsstrukturierung zur Überprüfung von Logik und Widerspruchsfreiheit der Aufgabenstruktur, der Funktionen und der Wirkungs- ketten.

- Ein wesentlicher Vorteil von Organisationsmodellen ist, daß mit Hilfe der verschiedenen Modellklassen die Betrachtung des abzubildenden Systems aus verschiedenen Blick- winkeln möglich wird:

-- Die Organisationsstruktur mit Organigrammen,

-- die Ablauforganisation mit Ablaufdarstellungen,

-- die Kommunikationsbeziehungen mit Kommunikationsdiagrammen und -matrizen,

-- die sachlogischen Zusammenhänge mit Blockdiagrammen und Netzplänen,

-- die programmierbaren Entscheidungen mit Entscheidungstabellen.

Obwohl die Darstellungsform von Art und Umfang des darzustellenden Problems bestimmt werden sollte, existiert doch ein allgemeingültiges Prinzip für die Darstellungsform organisatorischer Systeme:  Die Darstellung soll exakt, kurz und übersichtlich sein; sie muß die organisatorischen Regelungen vollständig, differenziert, eindeutig und widerspruchsfrei wiedergeben.


5.   Das ganzheitlich strukturierte Prozeßmodell (Orgware-Modell) als Basis für das EDV-orientierte Datenfluß-Modell

Für die Realisierung von computergestützten Verwaltungssystemen ist ein Ausgangsmodell notwendig, das die gesamten organisatorischen und funktionalen Zusammenhänge erfaßt. Es soll den Istzustand nicht im Maßstab 1:1 abbilden, sondern als Vorbild, als optimierte Sollkonzeption für die spätere Realisierung dienen, da es auch Rationalisierungseffekte enthält. Der gesamte organisatorische Aufwand soll mit einem solchen Orgware-Modell reduziert werden.

Das Orgware-Modell als Gesamtmodell bildet die Basis des ganzheitlichen, EDV-orientierten Datenfluß-Modells, wobei dieses durch Transformation aus dem Orgware-Modell entsteht. Diese integrative Verknüpfung ist der Schlüssel zu einer wirksamen und wirtschaftlichen Datenverarbeitung in einem Organisationssystem.


6.   Forderungen an ein EDV-orientiertes Datenfluß-Modell

Das computergestützte Gesamtmodell sollte als Rahmenkonzeption die Grundstruktur des Datenverarbeitungssystems hinsichtlich der durchzuführenden Funktionen und ihrer gegenseitigen Interdependenzen beschreiben. Es muß deshalb enthalten

- alle durchzuführenden Datenverarbeitungsfunktionen;
- Beschreibung des Informationsnetzes, das heißt die Verknüpfung der einzelnen Funktionen;
- Erfassung aller Daten- und Informationsspeicher;
- alle Inputs und Outputs der einzelnen Funktionen;
- Entscheidungsbasis für Zugriffskompetenzen zu den Datenbanken;

- Entscheidungsmöglichkeiten zur Festlegung der Veränderungskompetenzen für die Dateien;

- anschauliche Darstellung des Daten- und Informationsflusses innerhalb des Gesamtsystems;

- einmalige Erfassung der Basisdaten, die dann allen anderen Funktionen, soweit sie zur Funktionserfüllung nötig sind, zur Verfügung stehen müssen, um Doppel- und Mehrfacharbeiten zu vermeiden.


7.    Das Datenfluß-Modell als Ersatz für umfangreiche verbale Beschreibungen

EDV-orientierte Datenfluß-Modelle bieten nach den gemachten Erfahrungen die Gewähr, daß die Probleme des integrierten EDV-Einsatzes optimal gelöst werden können. Dazu müssen jedoch folgende Forderungen beachtet werden:


- Ein EDV-orientiertes Gesamtmodell muß alle Datenverarbeitungsfunktionen sowie den gesamten Daten- und Informationsfluß enthalten. Darstellungsgrundlage bilden die Sinnbilder für Datenflußpläne nach DIN 66 001.

- Außerdem muß die Darstellung des Modells ein gleichbleibendes Niveau der Detaillierung aufweisen (konstanter Aggregationsgrad). Dann kann die Logik komplexer Informationsprobleme aussagefähig dargestellt werden.

- Durch die große Anzahl von Funktionen und die Vielfalt der Verknüpfungen wird das EDV-orientierte Datenfluß-Modell zu einer komplexen Darstellung. Aufgrund der genormten Symbole und ihrer eindeutigen Verknüpfungen kann der Prozeßablauf exakt verfolgt werden, wodurch sich eine ausführliche und komplizierte verbale Beschreibung erübrigt.


8.    Die phasenorientierte, bausteinartige Realisierung der ganzheitlich strukturierten Organisationskonzeption

Ein EDV-orientiertes Datenflußmodell muß ganzheitlich konzipiert sein, denn das Problem, einzelne Module später zu einer Gesamtkonzeption für den integrierten EDV-Einsatz zu verknüpfen, ist nicht zu lösen, da der Änderungs- und Anpassungsaufwand bei einer schrittweisen Implementierung beziehungsweise Installierung nicht zu überschauen ist. Die Schwierigkeiten beim integrierten EDV-Einsatz liegen also in dem Problem, die einzelnen Module, die meist in Form von modularen Programmen vorliegen, vollkommen und organisch zu verknüpfen.

Für die Umsetzung einer organisatorischen Gesamtkonzeption in die Praxis ist eine Zerlegung in Teilsysteme notwendig. Diese Bausteine oder Module bilden die Ausgangsbasis zur Erstellung der modularen Programme.

Die organisatorische Gesamtkonzeption muß ganzheitlich, als großer Wurf konzipiert sein, damit die Teilsysteme oder Module zusammenhängend, jedoch in Phasen realisiert werden können:

- Da man von einer Gesamtkonzeption ausgeht, lassen sich diese Module relativ schnell erstellen, denn im Gesamtmodell sind alle wesentlichen Beziehungen vorhanden.

- Über Datenbanken als Konnektoren sind die problemorientierten Datenfluß-Module miteinander verknüpft.

- Die einzelnen Dateien müssen als Vielzweckdateien aufgebaut sein, damit sie den jeweiligen Funktionen die Daten für ihre Aufgabenerfüllung liefern können. Außerdem müssen sie stets auf dem neuesten Stand gehalten werden.

- In Vielzweckdateien, zu denen die einzelnen Funktionen direkten Zugriff über Abfragestationen haben, ist der Haupt-Rationalisierungseffekt des EDV-Einsatzes zu sehen.

9.    Empfehlung: Deduktives Vorgehen bei Einführung informationstechnischer Einrichtungen

Die induktive Vorgehensweise (von den Einzelheiten zum Gesamtrahmen) hat aus oben genannten Gründen nicht zum erwünschten Erfolg geführt. Deshalb wird die deduktive Vorgehensweise (vom Gesamtrahmen zu den Einzelheiten) empfohlen, bei der eine organisatorische, prozeßorientierte Gesamtkonzeption strukturiert wird, die anschließend bausteinartig (modular) realisiert und installiert werden kann.

Zum Abschluß wird eine organistorische, modellgestützte Gesamtkonzeptionen [1] vorgestellt, die mit Hilfe der dargestellten Konstruktionsmethodik entworfen wurde (vergleiche Abbildungen 1 und 2).

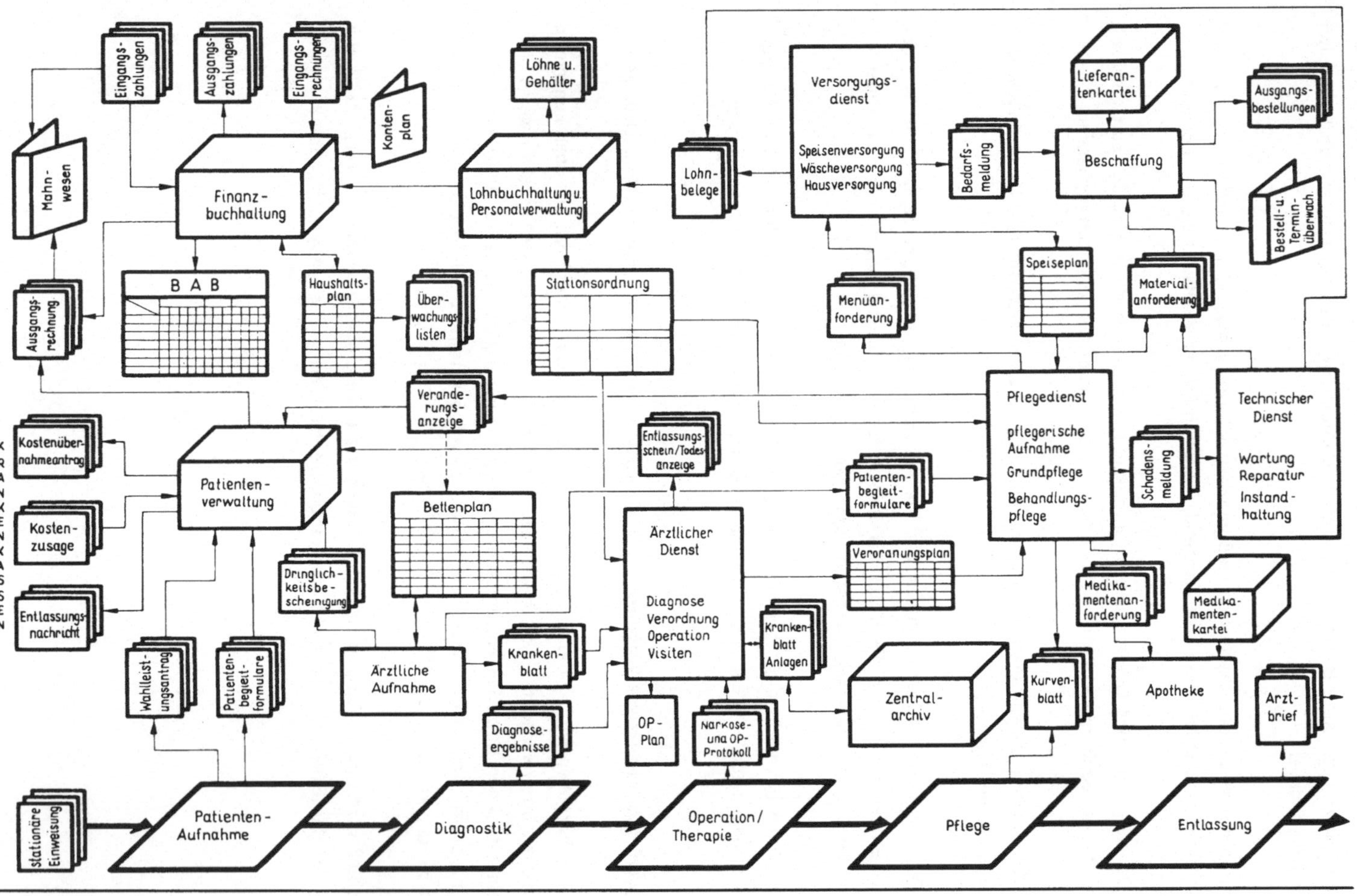


Abbildung 1: Schematische Darstellung der Abläufe in einem prozeßorientierten Orgware-Modell für ein Krankenhaus.

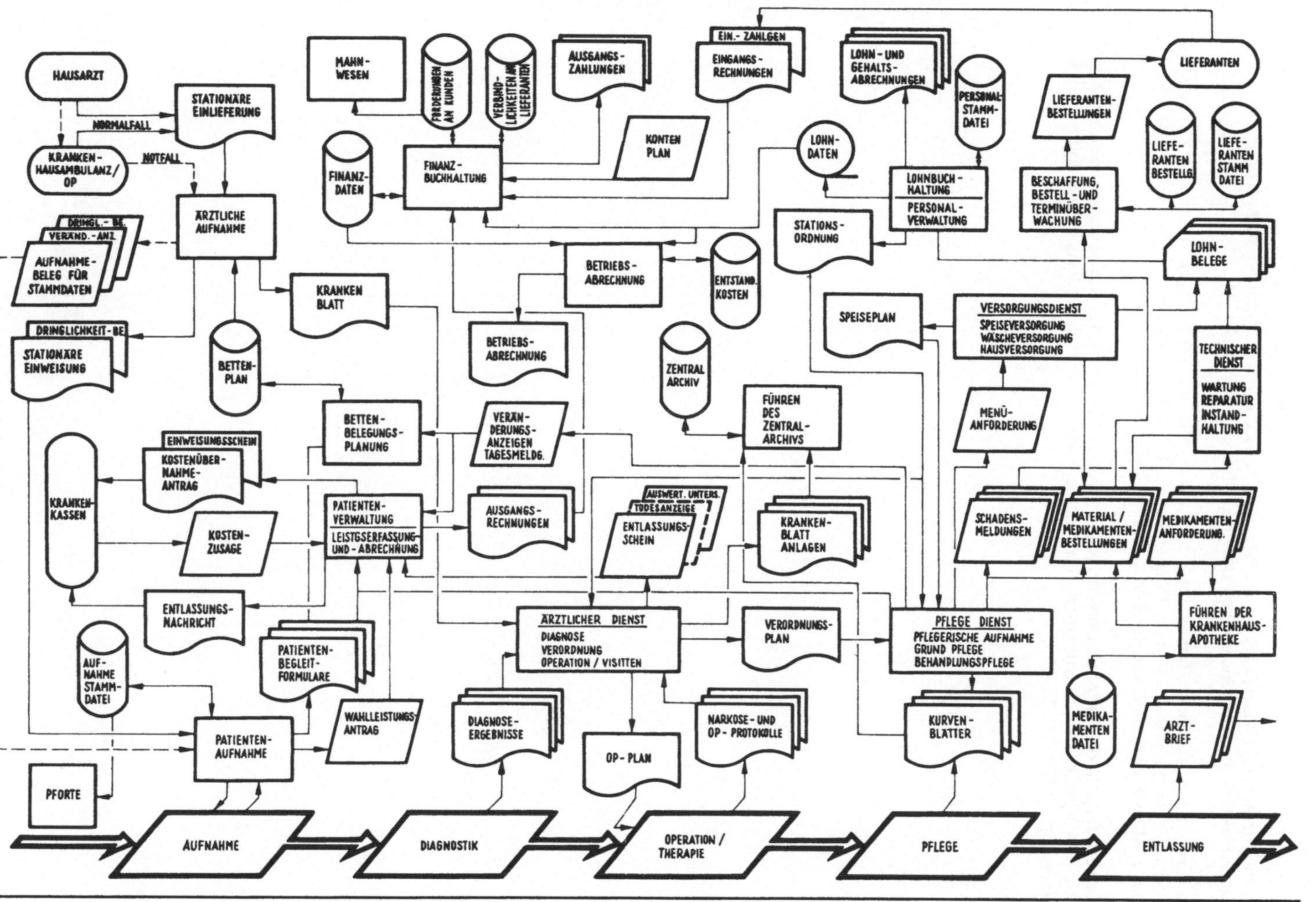



Abbildung 2:     Computergestütztes Datenflußmodell für ein Krankenhaus.

Anmerkungen:

1)  Entnommen aus: Kaiserauer, H.-A., Was am meisten fehlt, ist eine ganzheitliche Organisationsstruktur, in: krankenhaus-beschaffung, Heft 3, 1979, S. 50-58.

In Ergänzung zu den Thesen und zur Verdeutlichung der vorgestellten Organisationsmethodik vergleiche außerdem Dürrschnabel, F., Kaiserauer, H.-A. und Frankenbach, W., Das Philippsburger Projekt, in: ÖVD, Heft 9, 1979, S. 9-13;

Kaiserauer, H.-A., Organisationsstrukturierung und integrierter Computereinsatz in kleineren und mittleren Unternehmen, in: Fortschrittliche Betriebsführung und Industrial Engineering , 1979, S. 325-330.

C)    <u>Erfahrungen mit der Projektorganisation in der Bundesversicherungsanstalt für Angestellte</u>


von Hans-Joachim Rohrlach, Berlin


1.    Vorbemerkung: Aufgaben der Bundesversicherungsanstalt für Angestellte (BfA)

Die BfA ist Träger der gesetzlichen Rentenversicherung der Angestellten. Dazu werden von ihr über 16,5 Millionen Konten von Versicherten und Rentnern maschinell geführt. Die BfA

- verarbeitet monatlich
  425.000 Anträge
  120.000 Kontenspeicherungsverfahren
   12.000 Rentenauskünfte
   30.000 Rentenbescheide

- erhält jährlich 17 Millionen Meldungen nach der DEVO/DÜVO und 9,5 Millionen Datenaustauschsätze zwischen der BfA und der Datenstelle der Deutschen Renten-versicherung (DSRV).

Um diese Datenmengen bewältigen zu können, war die Entwicklung eines integrierten Daten-verarbeitungssystems (IDS) erforderlich. Mittelpunkt des IDS ist eine Datenbank, die alle persönlichen und rechtlich relevanten Daten der Versicherten und Rentner der BfA umfaßt und auf die von den verschiedenen Anwendungsteilsystemen aufgabenspezifisch jederzeit maschinell zugegriffen werden kann.


2.    Einführung der Projektorganisation in der BfA

Mit der Entwicklung des IDS der BfA wurde 1970/71 begonnen; es wurde im vergangenen Jahrzehnt schrittweise eingeführt und nähert sich gegenwärtig seiner sachlogischen Vollendung. Für die Entwicklung solch komplexer Verfahren ist die traditionelle hierarchische Struktur der Aufbauorganisation weniger geeignet:

- Eine eindeutige Zuordnung der Entwicklungsaufgaben zu den Organisationseinheiten ist nicht möglich.

- Eine intensive Zusammenarbeit vieler Stellen im Rahmen der Systementwicklung ist erforderlich.

- Die Fachabteilungen sollen bereits frühzeitig in die Planung und Steuerung der Entwicklungsvorhaben einbezogen werden.

- Neue Arbeitstechniken mußten eingesetzt werden.

- Die Beteiligung des Personalrats soll durch frühzeitige und kontinuierliche Information über die Entwicklungsvorhaben sichergestellt werden.

Die Analyse der Problemstellung führte zur Einführung der Matrix-Projektorganisation in der BfA im Jahre 1970/71. Neben der Linienorganisation mit zwölf Abteilungen wurden Projekte eingerichtet, in denen Mitarbeiter der jeweils vom Projekt betroffenen Abteilungen im Team zusammenarbeiten (vergleiche Abbildung 1). Die Freistellung für das Projekt erfolgt teilzeitlich; die Mitarbeiter bleiben ihren Vorgesetzten in der Linie dienstlich unterstellt. Jedoch hat in Fragen des Projekts der Projektleiter das fachliche Weisungsrecht.

Die Projekte werden von einem Projektmanagement geführt. Dessen Gremien sind

- Geschäftsführung und Programmausschuß (Entscheidungsgremien)
- Programmleitung (Steuerungsgremium)
- Projektleiter und Projektgruppe (Ausführungsgremien).

Die <u>Geschäftsführung</u> leitet die Projektorganisation; sie ernennt die Mitglieder des Programmausschusses und der Programmleitung, legt Ziele und Rahmenrichtlinien für die Projekte fest und führt den Vorsitz im Programmausschuß.

Der <u>Programmausschuß</u> ist unter anderem zuständig für

- das Ernennen von Projektleitern
- das Eröffnen und Schließen von Projekten
- das Festlegen der Prioritäten für die Arbeit der Projekte.

Der <u>Programmleitung</u> obliegt die Leitung, Koordination und Kontrolle aller Projekte. Dazu gehören insbesondere

- das Prüfen und Genehmigen der Aufgaben-, Termin- und Personalpläne der Projekte
- das Ernennen von Projektmitgliedern
- das Überwachen des Arbeitsfortschritts in den Projektgruppen.

Der <u>Projektleiter</u> ist für Planung, Koordinierung und Überwachung der Arbeiten in dem ihm übertragenen Projekt verantwortlich.

Der Aufbau des Projektmanagements wird in Abbildung 2 veranschaulicht. Sie zeigt auch, wie die Linieninstanzen, der Personalrat und der Datenschutzbeauftragte der BfA in diesen Gremien vertreten sind.

Zur Unterstützung der Gremien der Projektorganisation bei Leitung, Koordination und Kontrolle der Projekte wurde ein maschinell gestütztes Projektsteuerungs- und -kontrollsystem installiert, in dem die Aufgaben-, Termin- und Personalplanung der Projekte geführt wird.

Als Arbeits- und Dokumentationsrichtlinien für die Projektgruppen wurden "Richtlinien und Verfahren für die Systementwicklung und -einführung" eingeführt, die für jede Phase der Projektabwicklung unter anderem die erforderlichen Aktivitäten und die erwarteten Ergebnisse beschreibt. Einen Überblick über die Phasen der Systementwicklung gibt Abbildung 3.


3.    Entwicklung der Matrix-Projektorganisation

In den knapp zehn Jahren des Einsatzes der Projektorganisation mußten alle Beteiligten lernen, sich des Systems zu bedienen und im System richtig zu agieren. Die Erfahrungen mit dieser Organisationsform führten zu Änderungen an der ursprünglichen Konzeption. Auch heute werden in einzelnen Projekten Änderungen erprobt. Die organisatorische Flexibilität ist nicht nur ein Ziel, das mit der Matrixorganisation erreicht werden soll, sie ist gleichzeitig Bedingung für ihren Einsatz.

Es kann aber auch - im Hinblick auf das Thema dieser Diskussionsrunde: "Einführung informationstechnischer Einrichtungen als großer Wurf oder als lernendes System?" - festgestellt werden, daß die vor fast zehn Jahren festgelegten Grundzüge unserer Matrix-Projektorganisation auch heute noch unverändert gelten. Als lernendes System angelegt, hat sie sich gleichwohl als gar nicht so schlechter Wurf entpuppt.


4.    Thesen zur Matrix-Projektorganisation

Nachfolgend werden einige Thesen zur Anwendbarkeit der Matrix-Projektorganisation bei der Einführung informationstechnischer Systeme angegeben.


a)    Aufwand und Nutzen

Die Matrix-Projektorganisation ist eine organisatorisch und personell aufwendige Einrichtung. Sie erfordert insbesondere einen hohen Informations- und Koordinationsaufwand und stellt an das Führungsverhalten der Vorgesetzten hohe Anforderungen.

Liegen die Grundvoraussetzungen für die Anwendung der Matrix-Projektorganisation vor, ergeben sich aber für das Unternehmen beziehungsweise die Behörde erhebliche Vorteile gegenüber dem Einlinien- oder Mehrliniensystem. Dies sind insbesondere hohe Flexibilität, verbesserte Informations- und Entscheidungsprozesse, verbesserte Zielidentifikation der Mitarbeiter.

b)     Konflikte in der Matrix-Projektorganisation

Das herausragende Problem bei dem Einsatz einer mehrdimensionalen Organisationsform wie der Matrix-Projektorganisation ist die Beherrschung der sich aus dieser Struktur ergebenden Konflikte. Es sind dies Konflikte zwischen den Fachbereichen der <u>Linie untereinander</u> sowie Konflikte <u>zwischen den Projekten und den Linien-Fachbereichen</u>. Konfliktpunkte sind in der Regel fachliche Fragen, Prioritäten, Kapazitäten und so weiter.

Die Organisation muß so gestaltet sein, daß diese Konflikte frühzeitig erkannt und in Kooperation gelöst werden. Bei der BfA werden durch die Beteiligung aller betroffenen Bereiche diese Konflikte bereits in der Projektgruppe ausgetragen. Für den Fall, daß eine Lösung im Projekt nicht gefunden wird, fungieren die übergeordneten Gremien der Projektorganisation als Konfliktmanagement.

Die von der BfA gewählte Gliederung und Kompetenzverteilung der Gremien des Projektmanagements hat sich als geeignet erwiesen, Konflikte sachdienlich und zielorientiert auszutragen.

c)     Führungsverhalten

Die aufgezeigte Eigenschaft der Matrix-Projektorganisation, Konflikte als Instrument der kooperativen Zielfindung zu benutzen, fordert einen entsprechenden Führungsstil. Kooperative Führung, die projektorientierte Teamarbeit fördert, ist auf allen Leitungsebenen erforderlich. Bei der BfA werden die Voraussetzungen dafür durch umfangreiche Fortbildungsmaßnahmen für Führungskräfte und Teams geschaffen.

d)     Projektteam-Größe

Für die Bestimmung der Projektteam-Größe sind unterschiedliche Kriterien maßgebend. Einerseits sind, entsprechend der Zielsetzung der Matrix-Projektorganisation, alle betroffenen Stellen an den Problemlösungs- und Entscheidungsprozessen zu beteiligen. Andererseits soll zur Erhaltung der Effektivität der einzelnen Mitarbeiter und des Teams eine bestimmte Teamgröße (optimal 5 bis 8 Mitglieder) nicht überschritten werden, um die Informationsbeziehungen innerhalb des Teams und nach außen handhabbar und überschaubar zu halten.

Dieser Widerspruch kann nur gelöst werden durch Strukturierung der Informationsbeziehungen in der Gruppe. Die BfA hat einige Projektteams in Kerngruppe und Arbeitsgruppen strukturiert. Die Arbeitsgruppen erhalten eng begrenzte Aufträge und lösen sich dann auf. Informations- und Koordinationsaufgaben werden in begrenztem Umfang an Arbeitsgruppenleiter delegiert. Die Kerngruppe betreibt mit dem Projektleiter die langfristige Systementwicklung. Die wesentlichen Informations- und Koordinationsaufgaben werden zum Teil vom Projektleiter und - jeweils für den eigenen Zuständigkeitsbereich - vom Kerngruppenmitglied übernommen.

## 5.   Zusammenfassung

Diese Thesen, die keinesfalls den Anspruch auf Vollständigkeit erheben, sollten aufzeigen, daß die Einführung der Matrix-Projektorganisation als Instrument zur Einführung informationstechnischer Systeme eine langfristige Organisationsentwicklung erfordert und nicht durch Weisung von einem Tag zum anderen erfolgen kann.

Nach langjähriger Erfahrung mit der Matrix-Projektorganisation kann festgestellt werden, daß die mit der Einführung dieser Organisation in der BfA angestrebten Ziele erreicht wurden. Heute werden alle komplexen Vorhaben zur Einführung informationstechnischer Systeme im Rahmen der Matrix-Projektorganisation abgewickelt. Sie ist gleichwohl weiterzuentwickeln und den ständig sich wandelnden Bedingungen anzupassen.

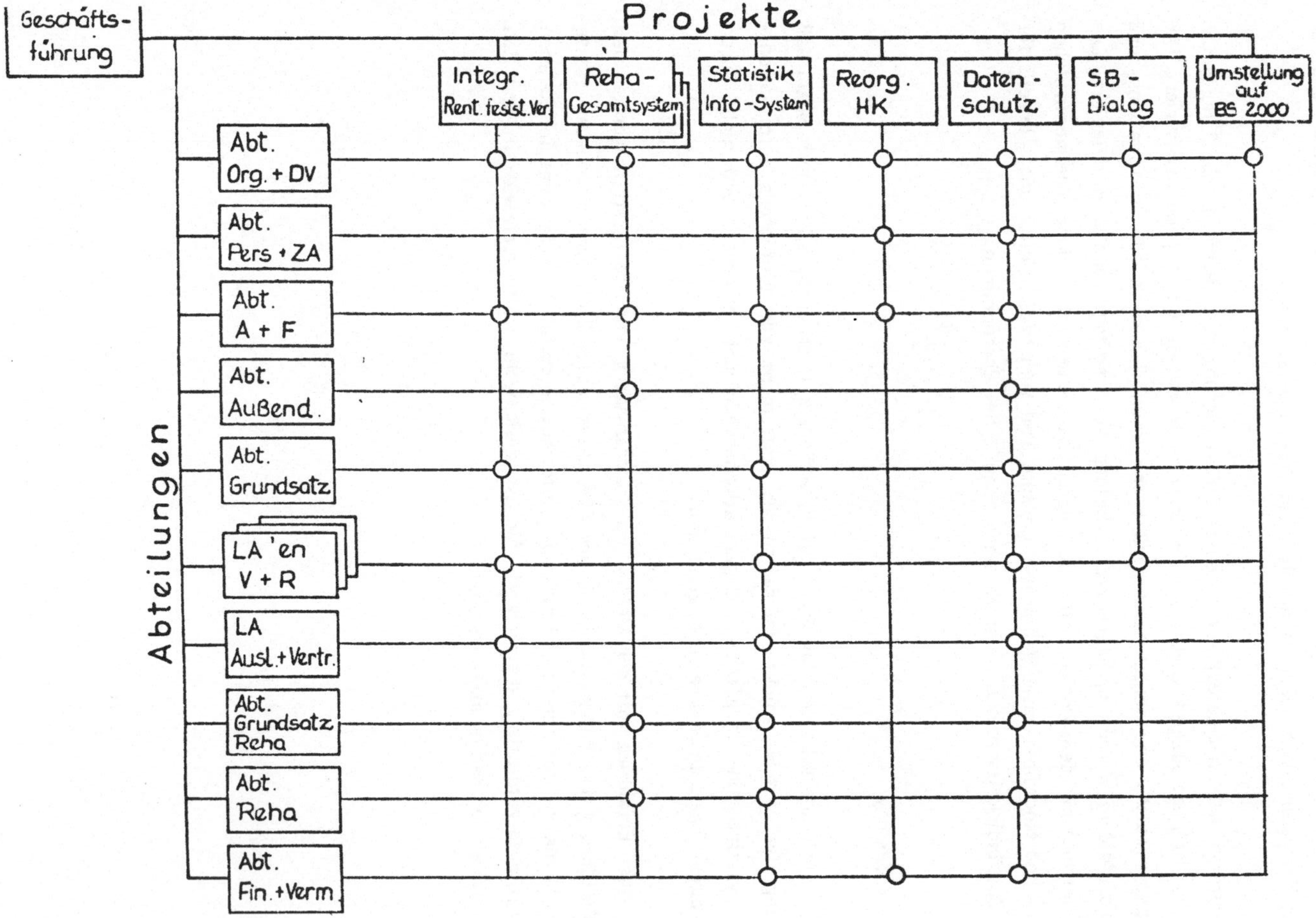

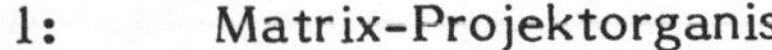



Abbildung 1:     Matrix-Projektorganisation in der BfA.

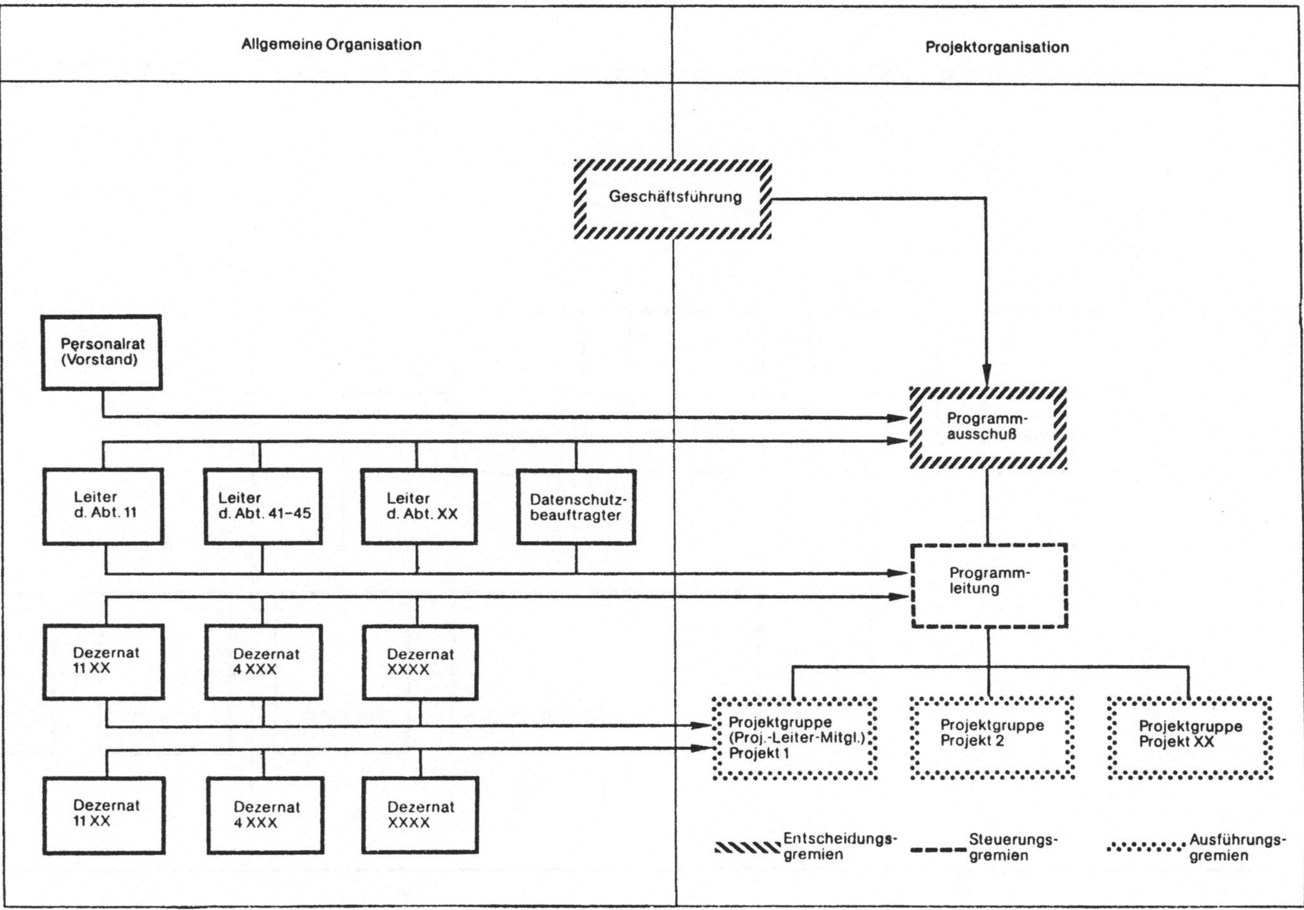


Abbildung 2:    Aufbau des Projektmanagement der BfA.

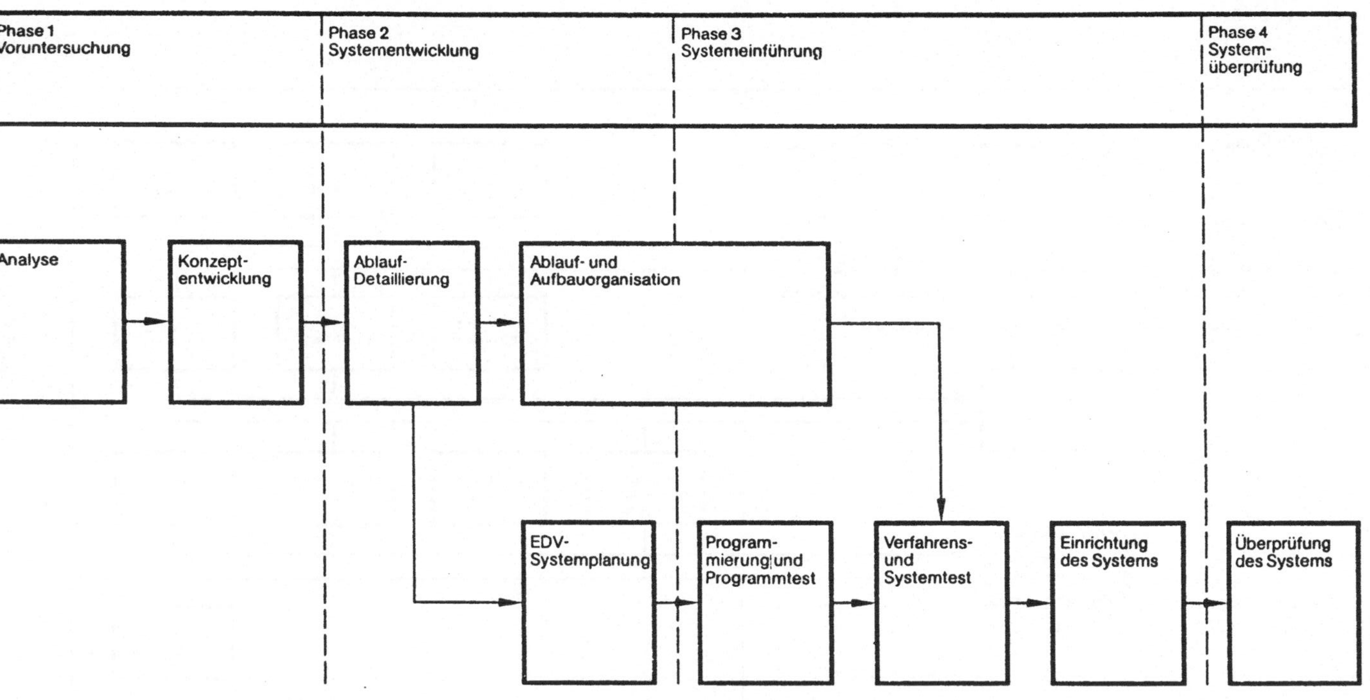


Abbildung 3:     Überblick über die Phasen und Abschnitte der Systementwicklung.

D) <u>Thesen zum Thema: Einführung informationstechnischer Einrichtungen - als "großer Wurf"</u> <u>oder als "lernendes System" ?</u>

von Werner Robert Svoboda, Wien/St. Augustin

> Ordnung ist heute meistens dort,
> wo nichts ist.
> Es ist eine Mangelerscheinung.
>
> (Brecht)

1.  Die Bedeutung eines System(reform)vorschlages liegt in der Veränderung, die er bewirkt (vergleiche Abbildung 1):

    -   Die Wirkung eines Vorschlages wird stärker beeinflußt von der Vorgehensweise als von den Eigenschaften des vorgeschlagenen Produktes.

    -   Ebenso wie die Eigenschaften des vorgeschlagenen Produktes spielen die verwendeten Methoden im engeren Sinne (Interviews, Sekundäranalyse, Gruppendiskussion und so weiter) für seine Verwirklichungschancen nur eine untergeordnete Rolle (natürlich nur, sofern sie nicht durch die prinzipielle Art der Vorgehensweise bedingt sind).

2.  Der Prozeß der Systementwicklung muß vor allem mit Zielrichtung auf Komplexitäts- und Unsicherheitshandhabung geschehen:

    -   Der Zustand einer Organisation ist stets inhaltsreicher, mannigfaltiger, lebendiger als sich der erfahrenste Systementwickler vorstellen kann.

    -   Soll man bei diesem Tatbestand wirklich glauben, daß die naiven und biederen Regeln, von denen sich Organisationsuntersuchungen im allgemeinen leiten lassen, ein solches Labyrinth von Wechselwirkungen auflösen können?

    -   Es kann trotzdem sinnvoll sein, derart naive Methoden anzuwenden; aber nicht wegen der dadurch erzielbaren Ergebnisse, sondern wegen der Auswirkungen, die die Anwendung der Methoden haben (zum Beispiel, um damit einem Entscheidungsträger Legitimation zu geben).

    -   Bei der Analyse für eine erfolgreiche Systemimplementierung geht es nicht darum, formale (das heißt zum Beispiel linear, Schritt für Schritt vorgehend, hierarchisch geordnet, repräsentativ) Anforderungen zu erfüllen, sondern ein Gefühl für die zu untersuchende Organisation zu bekommen. Dieses Gefühl basiert auf Wissen; formale Methoden garantieren aber nicht die Beschaffung gerade dieses Wissens.

3. Die Aufgabe des Systementwicklers hört nicht beim Vorschlag, sondern nach der Implementierung in der Wirklichkeit auf:

   - Die Aufgabe des Systemanalytikers muß Denken (analysieren und konzipieren) und Handeln (durchsetzen, tatsächlich errichten) umfassen.

   - Die tatsächliche Implementierung ist keine (und schon gar keine selbstverständliche) Konsequenz eines "richtigen" oder vorteilhaften, klaren und deutlichen Vorschlages.

   - Soweit der Systementwickler keine Verantwortung für die Implementierung hat, wird er sich auch im wesentlichen nur auf die formale Akzeptanz seines Vorschlages konzentrieren und nicht auf die viel wesentlicheren Verwirklichungsbedingungen.

4. Die Wirksamkeit von Vorschlägen hat Grenzen, die vor allem von der Einstellung der "Designobjekte" (Entscheidungsträger, Mitarbeiter) abhängen:

   - Was die Entscheidungsträger nicht durchsetzen wollen oder was sie nicht durchsetzen können, wird nicht verwirklicht.

   - Was die Mitarbeiter nicht akzeptieren und was die Entscheidungsträger bei den Mitarbeitern nicht durchsetzen wollen oder können, wird nicht verwirklicht.

   - Die Grenzen sind nicht einfach identisch mit den Grenzen, die von den Entscheidungsträgern und Mitarbeitern zu einem vorfixierten Zeitpunkt direkt oder indirekt abgefragt werden können, sondern sind zeitabhängig (dynamisch) und werden von der Vorgehensweise bei der Systementwicklung beeinflußt.

   - Bei der Systementwicklung ist daher eine stark verhaltensorientierte Vorgangsweise nötig.

5. Die "Designobjekte" wissen immer mehr von ihrer Organisation (ihrem Teilbereich) als der (externe) Systemdesigner.

- Bei der Organisationsuntersuchung geht es darum, weg von der bloßen Möglichkeits-
analyse und hin zu einer Beschreibung auch der Verwirklichungsbedingungen zu kommen.

- Ohne, daß Schlüsselpersonen der Organisation nicht wenigstens das Gefühl der Unzufriedenheit mit der derzeitigen (Teil-)Situation dieser Organisation haben, sind Änderungen nicht erreichbar.

- Die Unzufriedenheit als Basis von Reformen muß in emanzipatorisch wirksame Aktionen
umgesetzt werden, nicht in die Richtung eines Krisenmanagements.

6. Die Frage der Partizipation muß von einer zur allgemeinen heutigen Diskussion umge-
kehrten Position aus gelöst werden: Das Problem der Partizipation besteht nicht in der
Beteiligung der Betroffenen, sondern in der Beteiligung des (externen) "Systemdesigners":

- Die Träger der Systementwicklung müssen die unmittelbar Betroffenen sein.

- Dem externen Berater kommt nur Moderatorfunktion zu; seine primäre Aufgabe liegt in
der Initiierung und Organisation von Lernprozessen und psychosozialen Prozessen, die
geeignet sind, (schlechte) Wirklichkeit zu verändern.

- Der externe Berater beobachtet nicht neutral die Organisation (um auf dieser Basis
Vorschläge zu entwickeln), sondern er nimmt - unter Wahrung seiner externen Eigenschaft - an der Entwicklung teil.

7. Die wesentlichen Unterschiede zwischen öffentlichen und privaten Organisationen im
Hinblick auf die Implementierung von Veränderungen bestehen bei den Zielen und den
Durchsetzungsmechanismen:

- Die Ziele privater Organisationen liegen in Gewinnmaximierung beziehungsweise Be-
standserhaltung, und diese Zielerreichung ist leicht meßbar; die Ziele öffentlicher
Organisationen sind andere, und deren Erreichung ist schwer meßbar.

- Die Durchsetzungsmechanismen müssen sich an den Zielen orientieren und sind von der
Meßbarkeit der Zielerreichung abhängig.

- Die öffentliche Verwaltung definiert sich in ihrer Wirkungsweise als Gegenposition zum
Markt; nicht der Marktmechanismus und die "wirksame Nachfrage" ist ihr Regulator,
sondern der soziale Bedarf.

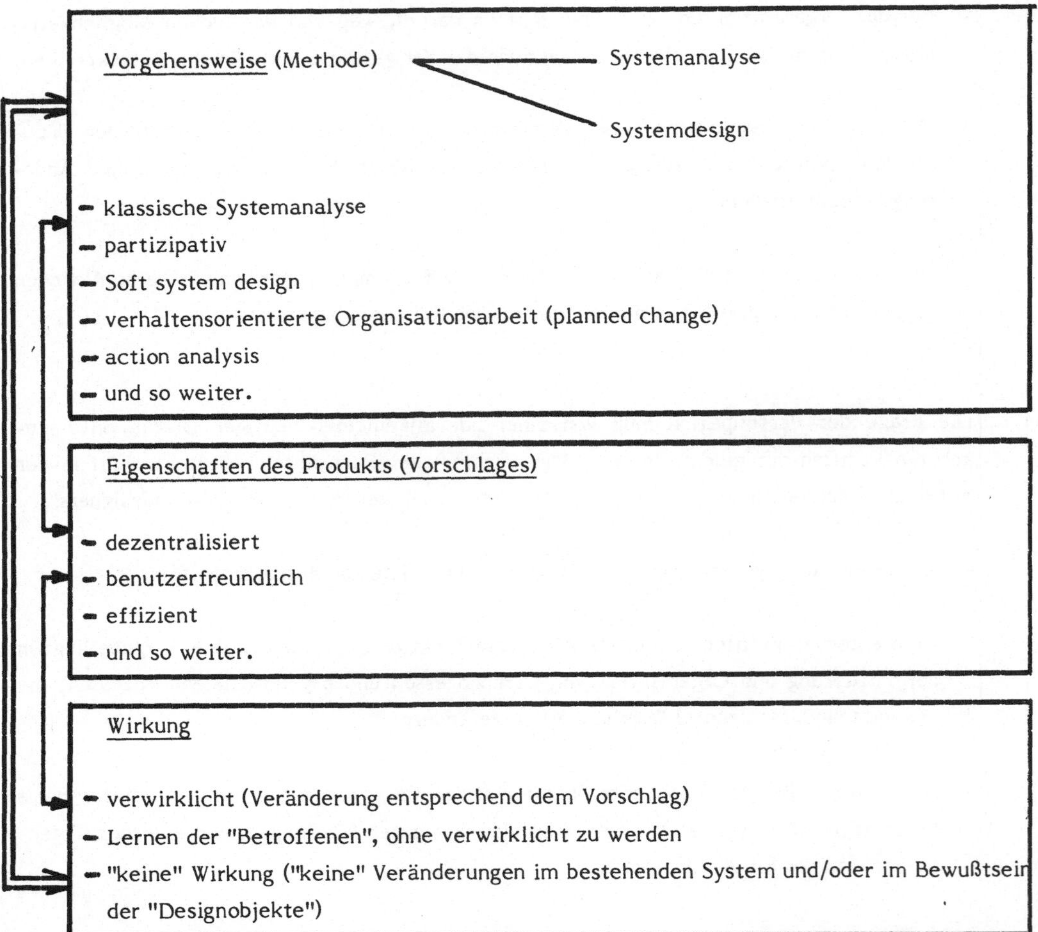


Abbildung 1: Beziehungen zwischen Inhalt, Methode und Wirkung bei der Systementwicklung.

E)    <u>Entwicklung und Implementierung der Datenverarbeitung bei den Ortskrankenkassen in</u>
<u>Niedersachsen</u>

von Hans Wülfrath, Göttingen

Die Überlegungen zu einer Verwaltungsautomation bei den Ortskrankenkassen in Niedersachsen entstanden in den Jahren 1966/67. Zu diesem Zeitpunkt verfügte die Allgemeine Ortskrankenkasse Hannover mit einer Mitgliederzahl von rund 160.000 als einzige Kasse im Landesverband über eine eigene Datenverarbeitungsanlage. Die übrigen siebzig Ortskrankenkassen hatten lediglich Magnetkontencomputer im Einsatz.

Grundvorstellung war die Übernahme von Stapelarbeiten auf elektronische Datenverarbeitung, um damit einen Rationalisierungseffekt zu erreichen. Fernziel war die Einführung eines Dialogverkehrs mit einer karteilosen Verwaltung.

Da bei dem Hardware-Angebot in den Jahren 1966/67 die Kosten für eine Einzelkasse zu groß gewesen wären, wurde vom Landesverband der Ortskrankenkassen eine Rechenzentrumskonzeption flächendeckend für das Land Niedersachsen entwickelt, wobei die Ortskrankenkassen regional vier Rechenzentren zugeteilt wurden. Zu Beginn war für den Datentransport ein off-line-Verkehr vorgesehen. Die Erfassung erfolgte dezentral bei den einzelnen Kassen, die Verarbeitung zentral im Rechenzentrum. Der Output, zuerst nur Papier, dann Microfiches, wurde den Kassen per Post wieder zugestellt.

Im Rahmen der Entwicklungsphase wurde dann ein Auskunftssystem konzipiert, das seit 1977/78 im Einsatz ist. Mit Standleitungen zum Rechenzentrum stellen die Kassen die Verbindung her und können auf einen zentralen Datenpool aller Mitglieds- und Leistungsdaten über Bildschirm zugreifen.

Dieses Verfahren hat zu einer kundenfreundlicheren Betreuung geführt und zum Teil die Verwaltungsarbeiten weiter rationalisiert. Bei den Kassen entstehen keine Schlangen an Schaltern mehr, da eine Buchstabenzuordnung allgemein nicht vorgesehen ist.

Trotzdem ist dieses Auskunftssystem noch nicht rationell genug, da erst die Dialogverarbeitung eine ereignisorientierte Erledigung ermöglicht und dem "Kunden" Wartezeiten erspart. Eine solche Konzeption liegt bereits vor. Sie wird zur Zeit jedoch wegen der starken Preisreduktion der Hardware überdacht mit dem Ziel, Arbeiten auf dezentralen Anlagen in einer Kassengröße von 40.000 Mitgliedern durchzuführen, während bisher die Rechenzentren eine Vielzahl von

Kassen mit 300.000 bis 400.000 Mitgliedern betreuen. Daneben sollen die Rechenzentren für zentrale Aufgaben bestehen bleiben.

Die Umsetzung dieser Planung in die Wirklichkeit hängt mit der Schwierigkeit der Erstellung der Software für ein solches umfassendes Projekt zusammen, zumal bisher die Software für die Ortskrankenkassen in Niedersachsen allein vom Landesverband erstellt worden ist und jetzt Bestrebungen bestehen, für alle Ortskrankenkassen im Bundesgebiet eine einheitliche Software zentral beim Bundesverband zu erarbeiten.

## III.   Verlauf und Ergebnisse der Diskussion


Bericht von Peter Schäfer, Speyer


Ein Bericht über eine wissenschaftliche Tätigkeit - zu der ja auch das streitfragenorientierte Seminar gehört, welches sich auf dieser Tagung als anregend und fruchtbar erwies - sollte folgende drei Fragen beantworten: Was war das Problem? Wie wurde es untersucht? Was kann man daraus lernen?


### A)   Die Problemstellung

Es ging um "Modalitäten und um Bedingungen der Einführung der elektronischen Datenverarbeitung in Verwaltungen", wie es der Moderator in seiner Einleitung formulierte. "Einführung" sei ein weiter Begriff, der in verschiedene Phasen gegliedert werden könne, etwa in die der Konzeptentwicklung, der Einführungsentscheidung, der Einführung selbst, der Anwendung, der Erfolgskontrolle und der Weiterentwicklung. Wie notwendig eine derartige Gliederung in Phasen für die Problemformulierung und -lösung ist, zeigte sich im weiteren Verlauf des Seminars.

Die im Seminarthema vorgegebenen Alternativen lauteten "Großer Wurf" oder "Lernendes System". Mit anderen Worten hatten die Seminarteilnehmer auf dem Podium und im Plenum das Problem zu lösen, welche dieser beiden Einführungsstrategien in der öffentlichen Verwaltung die größten Realisierungschancen hat. Dabei sind diese Strategien - wie der Moderator weiter zu bedenken gab - nicht unbedingt als Alternativen beziehungsweise Gegensätze zu verstehen, sondern möglicherweise auch als Ergänzungen. Desweiteren seien auch andere als diese beiden Strategien denkbar.

Auf dem Podium saßen zum einen Systemdesigner beziehungsweise Systemanbieter. Ihre Aufgabe war es zu zeigen, wie man angesichts der neuesten Erkenntnisse vorgehen soll, um einen optimalen EDV-Einsatz sicherzustellen. Zum anderen saßen dort Systemanwender, die in einer bestimmten Verwaltungsorganisation arbeiten und die Informationstechnik als Hilfsmittel zur Aufgabenerledigung einsetzen. Ihre Aufgabe war es, auf wichtige kritische Punkte bei der Einführung von EDV-Systemen hinzuweisen.

Es ging mit anderen Worten um diese beiden Fragen: Nimmt die Praxis die Impulse aus der Theorie auf? Und: Stellt sich die Theorie auf die Anforderungen der Praxis ein?

B)    Die Untersuchung der Problemstellung

Im zeitlichen Verlauf folgten dieser problemformulierenden Einleitung die Vorstellung der Podiumsteilnehmer sowie - bereits unterbrochen von Diskussionen - deren Kurzvorträge zum Thema. Da letztere vorweg abgedruckt sind, werden im folgenden nur die Ergebnisse der Diskussion referiert. Nebenbei sei bemerkt, daß es bei einer derartigen Form der kollektiven Erkenntnisgewinnung wie einem streitfragenorientierten Seminar nicht nur auf eine qualifizierte Zusammensetzung des Podiums, sondern auch auf eine (zufällige, da nicht steuerbare) qualifizierte Zusammensetzung des Plenums ankommt.

Ein Großteil des kollektiven Erkenntnisgewinnungsprozesses wurde für begriffliche Klärungen verwandt.

Der "Große Wurf" wurde bezeichnet als die ausgiebige Ist-Analyse eines Zustandes sowie als ein weitreichendes Konzept mit dem Willen, dieses in einem mehr oder weniger geschlossenen Block zu realisieren, mit anderen Worten die Entwicklung und Durchsetzung eines geschlossenen Projektes beziehungsweise die ganzheitliche Strukturierung von Organisationssystemen. Im Gegensatz dazu wurde das "Lernende System" bezeichnet als ein Vorgehen in einzelnen Iterationsschritten mit nicht vollständig ausgenutzten technisch vorstellbaren Möglichkeiten, mit anderen Worten sogenannte "Insellösungen" mit Teilnutzenrealisierungen.

In anderer Terminologie (Fiedler) wurde die erste Strategie als "top-down-Ansatz" bezeichnet, bei dem von einer Gesamtkonzeption aus - von "oben her" - die einzelnen Details festgelegt und verwirklicht werden. Dem steht der "bottom-up-Ansatz" gegenüber, bei dem die einzelnen Bestandteile nachträglich - von "unten her" - zu einemGesamtsystem hin entwickelt werden. Das Plädoyer der meisten Diskussionsteilnehmer ging in Richtung einer Mischung beider Verfahrensweisen. Dies gelte insbesondere dann, wenn man den Einführungsprozeß in bestimmte Phasen unterteile. In der Konzeptphase könne es sinnvoll sein, ein Gesamtmodell zu entwickeln, während dieses dann nicht geschlossen, sondern in Teilschritten realisiert werde.

Die verschiedenen Diskussionsbeiträge lassen sich folglich einem einfachen dichotomen Schema nicht zuordnen. Sie könnten eher wie folgt typologisiert werden:

Das deduktiv-integrierte Vorgehen (Kaiserauer): Diese Vorstellung entspricht weitgehend dem soeben skizzierten "Großen Wurf". Im Vordergrund steht das organisatorische Gesamtkonzept, dem sich die EDV instrumentell unterordnen muß. Kritisiert wurde aus dieser Sicht, daß bei der Einführung von EDV-Systemen eine ganzheitliche organisatorische Gestaltungsstrategie gefehlt habe, die der EDV ihren Platz hätte zuweisen können. Statt dessen sei die EDV in die bestehende Organisation bei all deren Schwächen und Fehlern implementiert worden.

<u>Das induktiv-technokratische Vorgehen</u> (Bonin): Die Datenverarbeitung ist nicht nur ein Hilfs-
mittel, sondern determiniert in erheblichem Maße die Arbeitsorganisation und den Arbeitsablauf.
Nach dieser Vorstellung soll die jeweils vorhandene Datenverarbeitungstechnik an den Schreibtisch des einzelnen problemkundigen Mitarbeiters gebracht werden, statt nach einer zeitaufwendigen Analyse ein optimales und umfassendes Datenverarbeitungskonzept zu entwerfen. Im
letzteren Fall werde man wegen des Zeitverlustes ständig mit veralteter EDV-Hardware und
-Software sowie mit hohen Kosten arbeiten. Es sei sinnvoller, die jeweils führende Datenverar-
beitungskapazität einzukaufen und damit den jeweiligen Mitarbeitern die Möglichkeit zu geben,
mit flexiblen Mitteln zu arbeiten.

<u>Das emanzipatorisch-kommunikative Vorgehen</u> (Svoboda): Nach dieser Vorstellung liegt die
Bedeutung eines Systemvorschlags in der Veränderung selbst, die er bewirkt. Man habe es hier
nicht mit Problemen zu tun, deren Lösung richtig oder falsch sei, sondern mit sogenannten
"bösartigen Problemen", das heißt solchen, die nur mehr oder weniger gut zu lösen seien. Die
hierbei auftretenden Akzeptanzprobleme könne man einmal ignorieren, zum zweiten sozialtechnologisch überwinden. Nach dieser Ansicht müßte man hingegen - in einer dritten Version -
auf eine Überwindung der Akzeptanzprobleme verzichten: Die Vor- und Nachteile seien von den
Betroffenen selbst in einem argumentativen Prozeß abzuwägen, die Entscheidung für eine
bestimmte Vorgehensweise von ihnen selbst zu treffen.

<u>Das situativ-pragmatische Vorgehen</u> (Rohrlach und Wülfrath): Ausgangspunkt dieser Vorstellung
sind die Aufgaben, die zum Beispiel einer Organisation wie der öffentlichen Verwaltung durch
den Gesetzgeber vorgegeben sind. Die Anforderungen an die Organisation wie im besonderen an
den Einsatz der EDV ergäben sich aus diesen sich ständig weiterentwickelnden Aufgabenstellungen unter sparsamem Einsatz vorhandener Ressourcen. Der Ansatzpunkt sei daher die
aufgabengerechte Aufbau- und Ablauforganisation, in der dann die EDV in Ausrichtung auf die
Bedürfnisse und Interessen der betroffenen Mitarbeiter und der Kunden ihren Platz finde. Es
seien jeweils genau die finanzielle Situation, die technischen Rahmenbedingungen, die sozialpsychologische Komponente zu betrachten, bevor man die eine oder die andere Strategie
einschlage (Zöllner).

Ein Problempunkt, der sich durch die gesamte Diskussion zog, kam in dem Zitat zum Ausdruck,
"daß wir mit Computern (Hardware) der dritten Generation, der Software der zweiten Generation, mit Personal auf dem Informationsstand der ersten Generation und der Organisation der
vorelektronischen Zeit arbeiten". [1]

Allgemein wurde die Auffassung geteilt, daß heute die Schwierigkeiten bei dem Einsatz der EDV-
Technik weniger bei der Hardware und der Software zu suchen seien, sondern bei der dritten
Komponente, der sogenannten Orgware, das heißt den organisatorischen Voraussetzungen des
Wirksamwerdens der Datenverarbeitung.

Ein Orgware-Modell soll die organisatorischen und funktionalen Zusammenhänge des gesamten Verwaltungssystems erfassen.

Einheitliche Meinung bestand auch darüber, daß die häufig aufgetretenen und auftretenden Fehlentwicklungen des EDV-Einsatzes weniger auf Unzulänglichkeiten der EDV selbst zurückzuführen seien, sondern auf überkommene Organisationsstrukturen. Anstelle herkömmlicher Organisationsstrukturen wie zum Beispiel der traditionellen hierarchischen Aufbauorganisation habe man andere, der Komplexität heutiger Aufgaben angemessenere Organisationsformen wie zum Beispiel die Matrix-Projekt-Organisation entwickelt.

Die Berichte und Beispiele der Praktiker zeigten deutlich, daß hier zur Zeit die eigentlichen Probleme liegen. Organisatorische Probleme könnten nicht von Programmierern bewältigt werden, und auch die Wissenschaft stelle derzeit noch keine erprobten Methoden und Werkzeuge zur Verfügung. Zusammengefaßt ging es um das Problem, wie man die vier Komponenten Aufgabe, Organisation, Personal und Technik aus ihrer derzeitigen "Ungleichzeitigkeit" heraus in ein angemessenes Verhältnis zueinander bringen kann.

Die Bedeutung der Aufgabe für die Gestaltung der Organisation wurde damit belegt, daß für unterschiedliche Verwaltungstypen unterschiedliche Formen der EDV-Organisation erforderlich seien. Da es nicht die Verwaltung gebe, gebe es auch nicht die optimale EDV-Organisation: Eine Kommunalverwaltung mit ihrer Vielzahl und Vielfalt von Aufgaben sei zum Beispiel mit einer Sozialversicherungsanstalt mit ihrem relativ homogenen Aufgabengebiet nicht zu vergleichen. Daß letztere Verwaltungstypen eher für den Einsatz der EDV geeignet sind, liegt auf der Hand und wurde an Beispielen erläutert.

Von den anwesenden Praktikern wurde behauptet, daß die bisherige Verwendung der EDV-Technik in der öffentlichen Verwaltung sowohl einen Rationalisierungseffekt gehabt als auch größere Bürgernähe verwirklicht habe. Die mobilen Terminals der Bundesversicherungsanstalt zum Beispiel, die dem Versicherten eine schnelle Auskunft geben, bewirken sowohl beträchtliche Kostenersparnisse als auch erhebliche Vorteile für den Bürger gegenüber den konventionellen brieflichen Auskünften. Dabei sei es natürlich sehr schwer, die Bürger als Betroffene in den Gestaltungsprozeß einzubeziehen, sie partizipieren zu lassen. Ansätze wurden genannt, die sich zum Beispiel auf Kundeninterviews erstrecken. Insgesamt zeigte sich, daß die Frage der Beteiligung der Bürger an der Gestaltung der Organisation der öffentlichen Verwaltung ein noch unbekanntes Feld ist.

Etwas weiter sei man hingegen in der Beteiligung der Mitarbeiter der Organisation, die ebenfalls Betroffene von EDV-Einführungen, allgemeiner gesprochen: von Organisationsänderungen sind. Im Gegensatz zu technischen Systemen, für deren Gestaltung fachliche und methodische Kenntnisse reichen, gehe es bei soziotechnischen Systemen zusätzlich um soziale Komponenten.

Ohne die Berücksichtigung der Mitarbeiter sei keine Organisationsänderung zu realisieren. Mit anderen Worten müßten Rückkopplungen eingeplant sein - diese seien wiederum nur in einem lernenden Prozeß möglich.

Zum Schluß wünschten sich die "Anwender" von den "Anbietern", daß diese endlich vergleichbare EDV-Systeme anbieten und es damit möglich machen, bei einer vernünftigen Preis-Leistungs-Relation auf andere Hersteller beziehungsweise andere Betriebssysteme umzusteigen. Dieser Wunsch sei nur allzu verständlich: Denn solange es diese Möglichkeit nicht gebe, werde die "Computerei" nicht zum "Stiefelknecht" der Verwaltung werden, sondern die Verwaltung die "Spielwiese der Computerei" bleiben.

C)    <u>Was konnte man aus dieser Diskussion lernen?</u>

- Wenn auch der Ausdruck der "Computergerechtigkeit" inzwischen auf den Index der öffentlichen Meinung gesetzt ist, hat die EDV - eigentlich Instrument des Verwaltungshandelns - längst ihren instrumentellen Charakter überwunden und entwickelt sich zu einer selbsttätig treibenden Kraft. Dieser Gefahr wird sich die Verwaltung bewußt. Selbst nur Instrument der Aufgabenerfüllung und ebenfalls nicht selten zum Selbstzweck geronnen, sucht sie in der öffentlichen Aufgabe den Rettungsanker gegen die Eigendynamik der Technik. Die Organisation entdeckt die Aufgabe wieder. Die Hierarchie Aufgabe - Organisation - Personal - Technik ist, jedenfalls im Bewußtstein, wiederhergestellt.

- Dieser Aufgabenorientierung entspricht es, wenn die Anforderungen an die EDV nach dem jeweiligen Aufgabencharakter unterschiedlich definiert werden. Unterscheidungsmerkmale sind die Vielzahl, die Vielfalt (Unterschiedlichkeit) und die Interdependenz (Verflechtungsgrad) öffentlicher Aufgaben. Je niedriger das jeweilige Aufgabengebiet einer Organisation auf diesen Merkmalsdimensionen ausgeprägt ist, um so wahrscheinlicher und problemloser ist der Einsatz von EDV-Technik.

- Wichtige "Modalitäten und Bedingungen der Einführung der elektronischen Datenverarbeitung in Verwaltungen" sind die Mitarbeiterorientierung und die Bürgernähe. Bei der Einführung von EDV-Systemen (wie bei Organisationsänderungen im allgemeinen) rückt die Akzeptanzfrage in den Mittelpunkt. Dabei wird das Verhalten beziehungsweise die Einstellung der betroffenen Mitarbeiter nicht nur als sozialtechnologisch zu überwindende Barriere betrachtet, sondern mehr und mehr als nützliche und kreative Produktivkraft.

- Bürgerorientierung und Bürgerpartizipation werden in Zukunft bei Entscheidungen über die Verwaltungsorganisation, insbesondere der EDV-Organisation stärker berücksichtigt werden. Wenn auch noch auf theorie- und erfahrungslosem (wie auch verwaltungsrechtlich unklarem) Boden, beginnen nun einige Verwaltungen, die Organisation stärker als bisher auf die Bedürfnisse und Anliegen ihrer "Kunden" hin auszurichten und dabei diese selbst für die Teilnahme an der Gestaltung der Verwaltungsorganisation und des Verwaltungsverfahrens zu gewinnen.

- Aufgaben-, Mitarbeiter- und Bürgerorientierung lassen die Frage nach der optimalen Einführungsstrategie von EDV in der öffentlichen Verwaltung in einem komplizierteren Licht erscheinen als es das Thema dieses streitfragenorientierten Seminars zu verheißen schien: Weder kann die Entscheidung darüber "am grünen Tisch" fallen, noch wird sie ein für allemal gültig sein, da wir es bei Aufgaben, Mitarbeitern und Bürgern mit "variablen Größen" zu tun haben.


<u>Anmerkung:</u>

1) Es handelt sich hierbei um ein leicht abgewandeltes von Kaiserauer in die Diskussion eingebrachtes Zitat aus: Müller-Lutz, H.L., Das personelle Defizit gegenüber dem technischen Fortschritt - Personalprobleme der DV, in adl-Nachrichten, Heft 69, 1971, S. 44-49, hier S. 44.

# SPEZIALISTEN FÜR INFORMATIONSTECHNIK UND FACHVERWALTUNGEN - VON MISSKLÄNGEN ZU HARMONIE?

### I. Die Podiumsrunde

#### A) Moderation

Prof. Dr. Sebastian Dworatschek, Bremen

#### B) Diskutanten

Prof. Dr. Hans Brinckmann, Kassel

Eckhard Fuchs, Berlin

Prof. John L. King, Irvine

Prof. Dr. Gerhard Krüger, Karlsruhe

Prof. Dr. Manfred Lepper, Köln/Speyer

Prof. Herbert Maisl, Paris

Hanns Püschel, Bonn

A)   Zweierlei Experten für die gleiche Aufgabe:
Das stabile Mißverstehen zwischen DV-Fachleuten und Verwaltungsfachleuten


von Hans Brinckmann, Kassel [1]


1.   Die Ausgangslage

Die Verunsicherung über Sinn und Ziel des technischen Fortschritts hat nach Energie und Verkehr auch den Bereich der Informationstechnik erfaßt. Hiervon ist unmittelbar auch die öffentliche Verwaltung betroffen. Deutlich sichtbar brachten DV-Fachleute in der öffentlichen Verwaltung ihre Verunsicherung auf Tagungen dieses Jahres zum Ausdruck, wo Diskussionen bis zu der Forderung führten, man müsse sich bestimmten Automationswünschen verweigern oder gar ein Moratorium durchsetzen.

Die Lage der DV-Fachleute ist heute schwieriger als je zuvor: Einerseits haben sie das - durchaus berechtigte - Gefühl, in relativ kurzer Zeit schwierigste Aufgaben erfolgreich bewältigt zu haben; andererseits stoßen sie auf zunehmende öffentliche Kritik, auf verstärkten Druck von seiten der Mitarbeiter der öffentlichen Verwaltung, auf eher nachlassende denn stärkere Unterstützung bei der politischen Führung. Hinzu kommt, daß sich allmählich so etwas wie eine Wachablösung vollzieht. In der ersten Phase der Automation kamen zahlreiche DV-Fachleute aus den Fachverwaltungen selbst. Sie brachten Erfahrungen aus der Fachverwaltung, die allerdings langsam verblaßten, in die DV-bezogene Arbeit ein. An ihre Stelle treten in zunehmendem Maße "originäre" DV-Fachleute aus den inzwischen ausgebauten einschlägigen Ausbildungsgängen, häufig mit Erfahrungen aus betrieblichen Anwendungsbereichen.

Diese Verstärkung der DV-Orientierung ist aber nicht von einer verstärkten Aufmerksamkeit der Verwaltungsseite für die Probleme der Automation begleitet. Eher herrscht Demotivation auf allen Seiten. Notwendig aber ist der Übergang zu einer technologiepolitisch wie verwaltungs- politisch angeleiteten Kooperation zwischen DV-Experten und Experten der alltäglichen Verwal- tungsarbeit. Die Seite der Verwaltung zieht gegenwärtig eher eine Vogel-Strauß-Politik vor und versteckt sich hinter der entpolitisierenden Argumentation der Wirtschaftlichkeit, hinter engen Rationalisierungskonzepten. Die DV-Seite beschränkt sich auf die Optimierung und Vervoll- ständigung "bewährter Verfahren" und auf Verbesserung des alltäglichen Betriebes.

Unsere Untersuchungen haben nicht ergeben, daß wir es hier mit der Dominanz einer Expertengruppe zu tun haben, der es gelungen ist, ihre Ziele an die Stelle der Ziele der Fachverwaltung zu setzen. [2] Es herrscht eher ein Zustand der Orientierungslosigkeit, der gegenseitigen Blockade – auch häufig Anwendungsstau genannt.

Im folgenden geht es darum, einigen Ursachen dieser fortlaufenden Mißverständnisse nachzugehen, also die Frage zu erörtern, was einer intensiveren Kooperation eigentlich im Wege steht. Hierzu ist es notwendig, zunächst Stellung und Funktion der DV-Experten in der öffentlichen Verwaltung zu klären zu versuchen.

DV-Fachleute haben ihre Position errungen aus Anlaß und zum Zeitpunkt des Übergangs von manueller zu DV-gestützter Arbeitsweise in den Büros, also aufgrund technischer Entwicklungen, die besonderen Sachverstand erfordern. Sie gehören also zu der großen Gruppe der Spezialisten, Ingenieure, deren Aufgabe Folge des technischen Fortschritts ist. Sie teilen auch deren Probleme innerhalb der Bürokratie.

Im allgemeinen ist aber die Tätigkeit der naturwissenschaftlich-technischen Experten auf nach außen gerichtete Aufgaben (Hoch- und Tiefbau, Wasserwirtschaft, Gewerbeaufsicht, Gesundheitswesen, Bildung und so weiter) konzentriert. Der DV-Fachmann dagegen beschäftigt sich unmittelbar mit einer (oder mehreren Fachaufgaben und gerät somit zwangsläufig in den Bereich des Verwaltungsfachmanns. Daher: Zweierlei Experten für die gleiche Aufgabe, die große Kommunikationsprobleme miteinander haben.

2.    Rahmenbedingungen der Arbeit der DV-Fachleute

Um der Art des Konfliktes und den Realisationschancen von "Harmonie" etwas nachzuspüren, möchte ich zunächst einen Versuch wagen, die Rahmenbedingungen der Arbeit von DV-Fachleuten in der öffentlichen Verwaltung systematisch zu erfassen und gegenüber den Mitarbeitern in den Fachverwaltungen abzugrenzen. Dies soll auf drei Ebenen geschehen.

Erstens gehe ich davon aus, daß objektive Gegebenheiten der Arbeit das Handeln der DV-Fachleute bestimmen, daß also Eigenschaften der DV-Technologie und Art der zu lösenden Entwurfs- und Konstruktionsaufgaben prägend sind und daß sich ihr Handeln schon deshalb von dem der Mitarbeiter in Fachverwaltungen unterscheidet und unterscheiden muß.

Zweitens unterscheiden in Ausbildung und Beruf erzeugte und durch eine im Ansatz vorhandene Professionalisierung stabilisierte subjektive Elemente - Haltungen, Verhaltensweisen, Orientierungen - die DV-Fachleute von der Verwaltungsseite und führen zu Kommunikationsproblemen.

Drittens scheint mir das "setting" der Arbeit von DV-Fachleuten innerhalb der Verwaltungen eine gewichtige Rolle zu spielen, also etwa die Art und Weise ihrer organisatorischen Einbindung in die beziehungsweise Separierung von der Fachverwaltung, die besonderen Karrieren, die für sie offenstehen, ihr Zugang zur administrativen Spitze wie zum zuständigen Sachbearbeiter vor Ort, ihre Verfügung über besondere Sach- und Personalmittel, die noch dazu längere Zeit stark expansiv waren.

Der Arbeit der DV-Fachleute - unter Vernachlässigung aller Abgrenzungsprobleme seien hierunter DV-Organisatoren, Programmierer, Systemspezialisten verstanden, deren vornehmlicher Arbeitsplatz das Rechenzentrum, die DV-Zentrale oder DV-Abteilung ist - möchte ich jeweils die Arbeit von Verwaltungsfachleuten gegenüberstellen. Ich orientiere mich etwas vereinfachend dabei an rechtlich strukturierten Verhaltensweisen und Aufgaben, verstehe als Verwaltungsfachmann also nicht den Organisator (etwa den Mitarbeiter der Organisationsabteilung oder des Hauptamtes) - dieser repräsentiert sozusagen eine Übergangsstellung -, sondern den juristisch geschulten Mitarbeiter im gehobenen oder höheren Dienst, dem die Bearbeitung der Fachaufgabe übertragen ist. Dem technisch-organisatorisch orientierten Experten wird also der rechtsanwendungsorientierte Experte gegenübergestellt. [3]

a)      Objektive Gegebenheiten der Arbeit

Sicher wäre es überzogen zu sagen, die Eigenschaften der DV-Technik selbst seien absolut bestimmend für die Art und Weise des Vorgehens von DV-Fachleuten; es dürften aber vom Stand der Technik und insbesondere der ingenieurmäßigen Arbeit in Entwicklung und Konstruktion (insbesondere "software engineering") [4] her Unterschiede zwischen den beiden Arbeitstypen erklärbar sein.

Ingenieurarbeit - und als solche möchte ich hier idealtypisch die von DV-Fachleuten begreifen - zeichnet sich durch typische Merkmale aus, die sich mehr oder weniger stark jeweils am einzelnen Arbeitsplatz, bei einzelnen Arbeitsprozessen ausprägen. So ist die Arbeit des DV-Fachmannes konstruktiv-synthetisch angelegt. Vor der Synthese hat er den Verwaltungsvorgang zu analysieren, wobei ihm der Gang und der Gegenstandsbereich der Analyse von der einzusetzenden Technik strikt vorgegeben ist. Der Analysegang und sein Ergebnis vermittelt zudem in hohem Maße den Anschein der Objektivität, die keinen Widerspruch zuläßt und Kommunikation mit der Verwaltungsseite, die ihre Arbeit in dem Analyseergebnis kaum wiederfindet, erschwert.

Der DV-Fachmann pflegt komplexe Verwaltungsvorgänge zu zerlegen, zeitlich aufeinanderfolgende Module mit möglichst klaren Schnittstellen zu erreichen, also das Ganze in Teilaufgaben und Teilschritte zu strukturieren. [5] Seine Aufgabe ist in einem vorgegebenen Rahmen technischer Möglichkeiten zu lösen, wobei stets die Weiterentwicklung der Rahmenbedingungen mit zur

Aufgabe gehört. Technische Lösungen werden nicht primär nach Maßgabe der Kriterien "wahr oder falsch" gesucht, sondern eher nach Praktikabilität, Machbarkeit, Nützlichkeit. Jede Lösung gilt, weil sich die technische Entwicklung fortsetzt, immer nur für heute.

Die juristische Entscheidungslehre, die Hintergrund jeder Sachbearbeitung ist, geht von anderen Arbeitsvoraussetzungen aus: Unvollständiges Wissen, Beschränkung in Entscheidungsgrundlagen und Entscheidungsmitteln werden in dieser Entscheidungs- (gleich Rechtsanwendungs-)lehre nicht explizit berücksichtigt. Obwohl jedermann bekannt ist, daß dieser Rahmen besteht, wird er nicht in die Methodologie einbezogen. Man kann dies an der rechtswissenschaftlichen Behandlung der Massenarbeit in der Verwaltung (zum Beispiel der "typisierenden Verwaltung" [6]) gut nachvollziehen.

Für den Sachbearbeiter gibt es zwar auch eine Ablauforganisation; die Entscheidung bleibt aber gedanklich und von der Verantwortung her eine Einheit. Der DV-Fachmann setzt seiner konstruktiven Aufgabenstellung folgend den Bearbeitungsprozeß der Verwaltungsaufgabe aus einzelnen Elementen zusammen, wobei ihm immer Alternativen zur Verfügung stehen. Er geht von dem technisch Machbaren aus, sieht die technischen Potentiale, zugleich aber auch die Grenzen der Technik. Dem Verwaltungsfachmann sind ganz andere Begrenzungen, zumeist eben politisch definierte wie Haushaltsmittel, Zuständigkeit und ähnliche, gesetzt.

Dies mag als Charakterisierung der Gegensätze zunächst einmal genügen, um einige Folgerungen für die Kommunikationsprobleme zwischen beiden Experten zu ziehen. So hat es der Sachbearbeiter schwer, von seinem Standpunkt der Bindung an Gesetz und Recht systematisch Varietät zu erzeugen und wieder zu reduzieren, sich also ausdrücklich auf Alternativen einzulassen. Die objektiv vorhandenen, von der Entscheidungslehre aber nur im Ermessensbereich akzeptierten Gestaltungsspielräume werden vom Sachbearbeiter wie vom Verwaltungsmanagement gerade nicht explizit gemacht. Daß sie dann oft durch DV-Verfahren beseitigt werden, ist also ein Sachverhalt, der in der offiziellen Diskussion gar nicht unterzubringen ist, obwohl Sachbearbeiter sich in aller Regel durch DV-Verfahren eingeengt fühlen.

Das juristische Vorurteil, Gesetz und Recht regelten das Verwaltungsverfahren vollständig, macht es offenbar auch schwierig, den DV-Fachleuten vollständige Vorgaben (Spezifikationen) zu machen. Da die Ingenieuraufgabe aber notwendigerweise unvollständig definiert ist [7] - denn es geht gerade um eine Entwurfs- und Konstruktionsaufgabe, nicht aber um Routinetätigkeit -, erhöht sich der Grad der Unvollständigkeit, wenn schon die Spezifikation aus der Sicht des (späteren) Anwenders zu grob ist. So ist es für die DV-Abteilungen eine alltägliche Sache, daß die Vorgaben für ihre Arbeit aus der Fachverwaltung allzu ungenau sind, so daß sie Spielraum und damit Entscheidungszuständigkeit auch dort haben, wo auch aus der Sicht der DV eigentlich die Verwaltungsseite bestimmen sollte.

Konsequenz ist, daß die Verwaltungsarbeit, vom Standpunkt der Sachbearbeiter aus gesehen, häufig nicht richtig im DV-Verfahren abgebildet wird.

Defizitäre Abbildung folgt aber auch daraus, daß der DV-Fachmann davon ausgeht (und auch ausgehen muß), daß die Annahmen über rationales Verwaltungshandeln, die er seinem DV-Konzept zugrunde legt, der Verwaltungswirklichkeit entsprechen. Tatsächlich aber ist jede Sachbearbeitung bestimmt durch ein Gemisch von rationalen und weniger rationalen, von individuellen und generalisierten Elementen. [8] Diese Art zu arbeiten, muß dem DV-Fachmann fremd bleiben, während umgekehrt der Verwaltungsfachmann seine Arbeitsbedürfnisse unzureichend berücksichtigt sieht.

Die Arbeit des DV-Fachmannes ist schließlich durch besondere Anforderungen und Belastungen gekennzeichnet. Wenn es auch Unterschiede gibt, so dürften im Durchschnitt der Arbeitsdruck, die Arbeitsintensität und der alltägliche Streß im DV-Bereich höher sein. Hinzu kommen Belastungen durch Schichtarbeit, die in der normalen Bürotätigkeit kaum vorzufinden ist. Dem steht keine entsprechend höhere Honorierung gegenüber; die Zulagen im DV-Bereich können jedenfalls den Unterschied zur Honorierung im privaten Bereich nicht ausgleichen. So vorteilhaft ein durchlässiger Arbeitsmarkt generell sein mag, so nachteilig wirkt sich der gerade für die Qualifiziertesten wirksame Sog auf die Arbeitsbedingungen derjenigen aus, die als DV-Fachleute - insbesondere auf der Ebene des mittleren und gehobenen Dienstes - in der öffentlichen Verwaltung verbleiben.

b)    Differenzen in der beruflichen Orientierung

Wenn auch die DV-Berufe nicht ganz das erfüllen, was die Berufssoziologie als Merkmale von Professionen herausgearbeitet hat, so springen doch eine Reihe typisch professioneller Probleme ins Auge, die das Handeln der DV-Fachleute gegenüber und in der öffentlichen Verwaltung bestimmen.

Der DV-Fachmann steht - wie es Daheim für den Professionellen ausdrückt [9] - vor "dem Dilemma, entweder die Berufskollegen oder die Arbeitsorganisation als Bezugsgruppe vor allem hinsichtlich der Ziele der Tätigkeit, der dabei zu beachtenden Normen oder der angestrebten Belohnungen zu wählen".

Sehr anschaulich unterscheidet man hier zwischen "cosmopolitans" als den Berufsgruppen, die sich an den Standards ihrer Profession orientieren, und "locals", die sich auf die eigene Organisation und die Arbeitsumgebung selbst ausrichten.

Es hat den Anschein, daß die neue Personalpolitik mit ihrer Betonung der DV-fachlichen Komponente die kosmopolitische Ausrichtung eher noch stärkt.

Die DV-Fachleute erreichten ihre Position, weil sie in die Verwaltung eine Qualifikation einbringen, die auf der Verwaltungsseite nicht vorhanden war und auch heute noch ganz unzureichend vorhanden ist. Sie haben also eine Monopolstellung als Anbieter einer von der Verwaltung benötigten Sachkenntnis. "In dieser Sicht arbeitet die Profession immer gleichzeitig auf zwei Ebenen: Sie arbeitet am Produkt und arbeitet am Erhalt ihrer Macht, was durchaus darin bestehen kann, gesellschaftlich 'funktionalere' Problemlösungen zu verhindern. Insofern ist die Profession als soziale Bewegung anzusehen, die immer auf zwei Klavieren spielt: Sie erhält ihre Macht, indem sie ihrer professionellen Arbeit nachgeht, und sie benutzt ihre Macht, um ihre professionelle Arbeit als solche zu erhalten und Alternativen abzuwehren". [10]

Natürlich nimmt keine Organisation auf Dauer ein solches Verhalten hin; vielmehr werden ständig Versuche unternommen, die Experten überflüssig zu machen - auch, indem man Experten gegeneinander ausspielt. Die Schärfe der Auseinandersetzung, die zwischen den "Zentralisten" und "Dezentralisten" im kommunalen Bereich sich abspielt, wird vor diesem Hintergrund verständlicher. Dort steht ganz deutlich das Argument, man müsse die DV-Qualifikationen in die Verwaltung hineintragen, [11] dem anderen Argument gegenüber, das benötigte Expertenwissen könne überhaupt nur zentral in ausreichender Weise zur Verfügung stehen, alles andere sei Dilettantismus. [12]

Die DV-Fachleute sind auch einer ständigen Bedrohung durch Rationalisierung in ihrem eigenen Bereich ausgesetzt: Programmierungstechniken, "Benutzerfreundlichkeit", neue Computer-sprachen sind auch Methoden, Fachleute überflüssig zu machen. [13] Die Fachleute müssen sich dagegen zur Wehr setzen und ihre Position zu wahren versuchen.

Ob die vielbeschworene Software-Lücke als ein Element der Sicherungsstrategie anzusehen ist oder ob das Nachhinken der Software-Entwicklungen die Position der DV-Fachleute langfristig absichert, ist schwer zu beurteilen. In der professionellen Absicherung kann man wohl auch einen der Gründe für die überall unzureichende Anwenderschulung [14] - wobei offenbar auch eine professionelle Unfähigkeit zur Schulung die Lage erschwert - wie für die immer wieder beklagten Defizite beim Verfahrenstransfer wie bei der Dokumentation von DV-Verfahren sehen. [15]

Die These von der "Unbeherrschbarkeit der Computer", die Weizenbaum vertritt, [16] verleiht schließlich der Monopolstellung eine geradezu mystische Weihe - was ganz sicher nicht in der Intention von Weizenbaum liegt.

Jedenfalls dürfte unbestreitbar sein, daß die DV-bezogene Ausbildung und die Ausbildung zum gehobenen und höheren Verwaltungsdienst zu unterschiedlichen beruflichen Orientierungen und

Loyalitäten führt. Mit der Verstärkung der DV-fachlichen Komponente in den Rechenzentren und DV-Abteilungen treten diese Unterschiede deutlicher hervor. Das von der Informationstechnik bereitgestellte technische Potential wird von beiden Gruppen aus unterschiedlicher Perspektive gesehen; sie beurteilen technische Lösungen jeweils durch die Brille ihrer beruflichen Orientierung.

Diese Arbeitsteilung zwischen DV-Experten und Verwaltungsexperten tritt schließlich der öffentlichen Verwaltung insgesamt, wie auch dem Bürger, als technischer Sachzwang gegenüber, indem eben die DV-Experten ihre Sicht der Technik und Techniknutzung in die Systeme mit einbauen (beziehungsweise in einem frühen Stadium der DV-Entwicklung bereits eingebaut haben). Einschränkung von Nutzungschancen, von technischen Potentialen ist die notwendige Folge, zugleich aber auch das Unverständnis des DV-Laien, warum die sich angeblich so rasant entwickelnde Technik dies und das immer noch nicht könne. Dem DV-Fachmann ist aber aus seiner beruflichen Orientierung heraus das schrittweise, oft mühsame Weiterentwickeln technischer Lösungen durchaus vertraut und gar nichts Unverständliches.

Gerade an dem mangelnden Verständnis der Verwaltungsseite für die sich ständig verändernden DV-Systeme zeigt sich ein prinzipieller Unterschied in den beruflichen Orientierungen. Der Verwaltungsmann muß an einer stabilen Verwaltung interessiert sein; er ist konservativ in dem Sinne, daß Änderungen für ihn zunächst einmal Störungen im Ablauf und auch im Kontakt mit dem Bürger bedeuten. Der DV-Fachmann will die durch die technische Entwicklung bereitgestellten Potentiale auch nutzen und stößt sich mit seinem Neuerertum am Konservativismus der Verwaltung. Diese hat demgegenüber Verwaltungsaufgabe wie Verwaltungsstruktur als vorgegeben zu betrachten, besitzt aber auch zu wenig Kenntnisse über das in diesem Rahmen einsetzbare technische Potential.

So werden auch die DV-Fachleute in der öffentlichen Verwaltung nicht sonderlich motiviert, ihre Kreativität zu entfalten.

c)    Die organisatorische Separierung der DV-Fachleute

Gegenüber den DV-Fachleuten hat die öffentliche Verwaltung strukturell ähnlich reagiert wie gegenüber anderen naturwissenschaftlich-technischen Fachleuten: Sie werden soweit wie möglich separiert, nicht aber integriert; man gesteht ihnen - in Form von Rechenzentren, Datenzentralen, eigenen Abteilungen und so weiter - verselbständigte Verwaltungseinheiten mit mehr oder weniger großer Unabhängigkeit zu.

Die technische Aufgabe aber ist nun weder nach außen gerichtet noch lediglich eine Unterstützung von geringem Einfluß auf die Fachaufgabe; vielmehr greift sie tief und oftmals bestimmend in die Fachaufgabe, deren interne Erledigung wie die Außenkontakte ein. Damit wird die organisatorische Verselbständigung der Fachleute zum Bumerang. [17]

Statt die Verwaltung vom Einfluß der Experten abzuschirmen - was die Intention von Verselbständigung bei Einheiten mit vornehmlich experten-orientierten Aufgaben ist -, wurde bei der DV-Entwicklung und DV-Einführung der Einfluß der separierten Einheiten und der dort zusammengefaßten Experten auf die Fachverwaltungen eher unkontrollierbar. Hinzu kommt, daß DV-Systeme zumeist nicht für eine einzelne Fachverwaltung entwickelt werden, sondern auf Transfer in eine Vielzahl von Verwaltungen hin ausgerichtet sind. Damit ist die Position der DV-Fachleute gegenüber der einzelnen Fachverwaltung dreifach abgesichert.

Zum einen können die DV-Fachleute bei Konflikten mit der Fachverwaltung mit der politischen oder administrativen Spitze dieser Verwaltung - etwa dem Ressortminister oder dem Bürgermeister beziehungsweise Stadtdirektor - koalieren, und zwar immer dann, wenn es diesen um die Modernisierung oder Rationalisierung der Fachverwaltung mit Hilfe oder bei Gelegenheit von DV-Einführungen geht. Außerdem ist den DV-Fachleuten jederzeit eine Koalition mit dem übergreifenden DV-Sachverstand möglich, um ihre Position gegenüber Fachverwaltung wie Verwaltungsspitze zu stärken. Schließlich kann sich der DV-Fachmann auch noch auf die Instanzen zurückziehen, die die Automation einer Fachaufgabe insgesamt betreiben, etwa die Gremien von Verbundprogrammierung oder verfahrensbezogene Arbeitsgemeinschaften.

Die Gegenstrategie der Projektorganisation, also die projektbezogene Zusammenfassung von DV-Experten und Verwaltungsfachleuten, kann zwar einige Nachteile vermeiden, erkauft dies jedoch durch die Separierung des Projektes von der Linie und durch zeitliche Begrenzung. Nach Abschluß des Projektes ist die Verselbständigung wieder hergestellt. Im übrigen erliegen auch die aus der Verwaltung kommenden Mitarbeiter sehr schnell der Faszination der Technik; sie eignen sich die DV-technische Sichtweise wie die entsprechende Sprache an, so daß sie bei der Rückkehr neue Probleme mit den alten Kollegen haben.

Indem die DV-Fachleute sich - chamäleonartig je nach Konfliktlage - entweder in die Hierarchie der Verwaltungseinheit oder die der fachlichen Aufgabe oder die der DV-Experten einordnen können, sind sie für die einzelne Fachverwaltung, deren Leiter und deren Sachbearbeiter kaum faßbar. Die Lage der Fachverwaltung kann sich in dieser Situation nur dadurch verbessern, daß sie durch eigene Experten konfliktfähig wird. Diese Technologieexperten der Fachverwaltung müssen deutlich zu machen verstehen, daß der Versuch der DV-Fachleute, die Fachaufgabe zu routinisieren und damit die Position der Fachverwaltung zu schwächen, nicht gelungen ist. Dies kann entweder dadurch geschehen, daß man mangelnde Eignung oder untergeordnete Bedeutung des DV-Systems für die Bearbeitung der Fachaufgabe herausstellt, oder auch dadurch, daß man eine eigene DV-Lösung entwickelt und damit die Bedeutung der Fachverwaltung aufrecht erhält.

Aber umgekehrt ist auch die Lage der DV-Fachleute ziemlich heikel. Steht ein Experte einem absoluten Laien gegenüber, der über keine Kontrollmittel verfügt, wie etwa der Arzt dem Patienten, dann ist der Experte relativ geschützt gegen Kritik und Kontrolle. Anders der DV-Fachmann, der es mit einem Gegenüber zu tun hat, der auf der DV-technischen Seite ignorant ist, von der Fachaufgabe aber viel versteht und somit die Arbeit des DV-Spezialisten nicht nach dessen, sondern nach eigenen Kriterien beurteilt und kritisiert. Zudem kann die Fachverwaltung insgesamt - wenn sie sich einig ist - sehr viel stärker die Bedingungen und Ressourcen der DV-Seite beeinflussen als umgekehrt.

Die DV-Organisationen stehen also den Fachverwaltungen relativ ungeschützt und verwundbar gegenüber; sie sind zudem kaum in der Lage, der Kritik ihrer Arbeit aufgrund von Verwaltungskriterien eigene Argumente gegenüberstellen zu können.

Möglicherweise trägt dieser Sachverhalt dazu bei, daß es - in Zeitschriften wie auf Tagungen - fast ausschließlich positive Berichte aus dem Lager der DV-Fachleute über Stand und Fortgang der Verwaltungsautomation gibt, allenfalls noch Forderungen, wie man es noch besser machen könne. Bei all den tagtäglichen Problemen, die die DV in der Verwaltungspraxis hat, ist dies ein Indiz für einen sehr starken Legitimationsdruck.

3.    Rücknahme der Arbeitsteilung

Damit sind einige objektive, subjektive und strukturelle Aspekte zusammengetragen, die Stabilität der Kommunikationsprobleme erklären können, die zugleich aber auch deutlich machen sollte, wo Änderungsstrategien anzusetzen haben. Von "Mißklängen zur Harmonie" ist überhaupt nur zu gelangen, wenn man sich über die "Harmonieprioritäten" im klaren ist: Geht es primär um ein besseres Zusammenspiel zwischen DV-Fachmann und Sachbearbeiter, also zwischen Technikerexperten und dem unmittelbaren Nutzen des DV-Systems als dem Experten für die alltägliche Sachbearbeitung, oder um eine bessere Einbindung der DV-Fachleute in das Verwaltungsmanagement? Denn die Aufgabe, DV-Systeme zu entwerfen, einzuführen und zu betreiben, greift in beide Positionen ein.

Das DV-System übernimmt von der Sachbearbeitung Teile des Arbeitsprozesses, Gestaltungs- und Kontrollmöglichkeiten, bildet einen Teil der Qualifikationen und Erfahrungen der Sachbearbeiter ab und tritt diesen zugleich als Ordnungsschema für den Arbeitsprozeß insgesamt wieder gegenüber.

Vom Management übernimmt das DV-System einen Teil der Organisations- und Führungsfunktionen, indem es inhaltliche und prozessuale Regeln verkörpert, nach denen die Sachbearbeitung abzulaufen hat, und indem es Kontrollfunktionen erfüllt.

Die vorfindliche Arbeitsteilung zwischen DV-Organisation auf der einen Seite und der Fachverwaltung auf der anderen Seite läßt weder Verwaltungsmanagement noch Sachbearbeiter teilhaben an der Verwissenschaftlichung der Verwaltungsarbeit, wie sie sich im Übergang von manueller zu DV-gestützter Arbeit vollzieht. Auf der Verwaltungsseite verbleibt ein reduzierter Bestand an Qualifikationen auf sozusagen vorindustriellem Niveau; auf der DV-Seite konzentrieren sich die neuen technisch-wissenschaftlichen Kenntnisse.

Interaktionsprobleme zwischen DV-Fachleuten und Mitgliedern der Fachverwaltung sieht man allzu häufig primär unter dem Gesichtspunkt, wie dem Anwendungsstau der Informationstechnik begegnet werden kann. So stellt Nagel seinen "Leitfaden zur besseren Zusammenarbeit von Benutzern und DV-Spezialisten" vor folgende Aufgabe: "Der heutige Einsatz des Computers deckt nur einen Bruchteil derjenigen Aufgaben in den Fachabteilungen ab, die ihm in den nächsten Jahren zugewiesen werden können. Voraussetzung dazu ist, daß es uns gelingt, den Beschreibungsgrad der Systeme entscheidend zu erhöhen. Für die Mitarbeiter in den Fachabteilungen bedeutet das eine intensive formale Beschreibung ihrer Aufgaben und Ziele, damit diese in hohem Umfang programmierbar und automatisierbar werden". [18]

Man geht also bei dieser Diskussion eher von "Anforderungen, die insbesondere aus der Sicht der EDV-Organisation zu sehen sind" [19] aus, statt in erster Linie Anforderungen an DV-Organisation und DV-Systeme zu stellen, also im Bereich der öffentlichen Verwaltung verwaltungspolitische statt technokratische Harmonie anzustreben. Eine Strategie, die die völlige Aufhebung der Arbeitsteilung zwischen DV-Experten und Experten der Fachverwaltung anstrebt, wäre wohl wenig realistisch. Sicher aber ist, daß gegenwärtig die jeweiligen Aufgabengebiete nicht zweckmäßig voneinander abgegrenzt sind und daß der Trend dahin geht, diese Abgrenzung weiter zu Lasten der Fachverwaltungen und insbesondere zu Lasten der Sachbearbeiter zu verschieben. Dies geschieht im wesentlichen dadurch, daß die Komplexität der angesetzten Systeme und damit deren Undurchschaubarkeit für den Experten des Verwaltungsalltages steigt.

Diesen Trend abzumildern oder gar umzudrehen, bedarf zweierlei:

Auf der DV-Seite bedarf es einer nicht professionell - sondern nutzerorientierten Reflexion der Aufgabe, die Gestaltungsprinzipien verfolgt wie Einfachheit statt Komplexität, Unmittelbarkeit der Kommunikation statt Mediatisierung, Erweiterung von Spielräumen statt Spezialisierung, Differenzierungen statt Formalisierung. Das bedeutet, daß eine Technik entwickelt wird, die sich der Nutzer aneignen kann. Hierzu ist eine wichtige Voraussetzung, daß die DV-Ausbildung entsprechende Kompetenzen entwickelt, was eine stärkere Öffnung der Informatik wie der Programmiererschulung erfordert. [20]

Auf der Seite der Fachverwaltung, insbesondere bei den Sachbearbeitern, braucht es einerseits mehr technisch-organisatorische Qualifikationen, die zur Auseinandersetzung befähigen - was natürlich mehr Zeit für Weiterbildung bedeutet - und entschiedenere Forderung nach frühzeitiger Einbeziehung in Systemgestaltung und -einführung, andererseits Entwicklung von verwaltungspolitischen, nicht nur eng wirtschaftlich orientierten Gestaltungsprinzipien für die künftigen Nutzungsformen der Informationstechnik. Hinhaltender Widerstand allein stärkt nur die Position der DV-Experten.

Anmerkungen:

1) Die folgenden Thesen beruhen auf Ergebnissen der empirischen Arbeit der Forschungsgruppe Verwaltungsautomation an der Gesamthochschule Kassel in der Steuerverwaltung, in Kommunen und in Sozialversicherungen. Für Diskussion und Kritik danke ich R. Diehl, B. Jungesblut und W. van Treeck (alle Kassel.)

2) Dies ist die Hauptthese von Danziger, J.N., The "Skill Bureaucracy" and Interorganisational Control, The Case of the Date Processing Unit, in: Sociology of Work and Occupations, Heft 2, 1979, S. 204-226. Seine Untersuchungsergebnisse, die eine stark unterschiedliche Orientierung der beiden Bereiche eindrucksvoll belegen, sollen damit nicht bestritten werden. Nur kann man daraus auch den Schluß ziehen, daß die DV-Seite, von ihm als Service-Einheit gesehen, eben keine Vorgaben erhält und daher sich die Ziele selbst wählen muß.

3) Es geht also nicht in erster Linie um die Beziehung der Fachleute zur administrativen Verwaltungsspitze, zum Verwaltungsmanagement, worauf sich Tertilt, E.A., Management und EDV, Eine Analyse des Interface-Gap zwischen Management und EDV-Spezialisten, Wiesbaden 1978, konzentriert.

4) Zur Sicht der Informatik als konstruktives, ingenieurmäßiges Fach siehe Wedekind, H., Quo vadis Informatik?, in: Informatik Spektrum, Heft 3, 1980, S. 69.

5) Vgl. Griese, J., Entwurf und Programmierung komplexer Informationssysteme in den 80er Jahren, in: Österreichische Gesellschaft für Informatik (Hrsg.), Informationssysteme für die 80er Jahre, Fachtagung Linz 1980, S. 372. Ein gutes Beispiel ist auch die Strukturierung der Ingenieurarbeit in der VDI-Richtlinie 2225.

6) Vgl. etwa Isensee, J., Die typisierende Verwaltung, Berlin 1976.

7) Vgl. Winkler, H., Technologisch bedingte Handlungszwänge und Handlungschancen für Ingenieure, in: Hermanns, H. u.a. (Hrsg.), Ingenieurarbeit: Soziales Handeln oder disziplinierte Routine?, Werkstatt-Berichte II, Wissenschaftliches Zentrum für Berufs- und Hochschulforschung, Gesamthochschule Kassel 1980, S. 79.

8) Ein sehr plastisches Beispiel ist die Abbildung eines Teils des beim Arbeitsvermittler ablaufenden Entscheidungsprozesses durch das Verfahren der computerunterstützten Arbeitsvermittlung (Co Arb) der Bundesanstalt für Arbeit. Untersuchungen von Gräßle und Kumbruck im Forschungsprojekt Verwaltungsautomation haben die Differenzen zwischen "DV-Rationalität" und "Vermittler-Rationalität" herausgearbeitet (Veröffentlichung demnächst).

9) Daheim, H., Berufssoziologie, in: König, R. (Hrsg.), Handbuch der empirischen Sozialforschung, Band 5, Stuttgart 1977, S. 71.

10) Hermanns, H., Professionen - berufliche Gruppen im Kampf um gesellschaftliche Macht, Das Beispiel der Ingenieure, in: Hermanns, H. u.a. (Hrsg.), a.a.O., S. 135.

11) Vgl. etwa Ostermann, J., Das Konzept der gemeinsamen kommunalen Datenverarbeitung - Gemeinsamkeit als Chance und Risiko, Sonderdruck der Kommunalen Gemeinschaftsstelle für Verwaltungsvereinfachung, Köln 1977.

12) Vgl. etwa Wissing, W., Kommunale Konkurrenz, in: ÖVD, Heft 12, 1979, S. 17.

13) Siehe hierzu Greenbaum, I., Arbeitsteilung auf dem Gebiet der Computertechnik, in: Monthly Review (deutsche Ausgabe), Heft 3, 1976, S. 44 ff.

14) In keiner der Verwaltungen, die wir im Rahmen des Forschungsprojektes Verwaltungs-automation untersucht haben, war die Anwenderschulung ausreichend. Besonders deutlich wurde dies im Bereich der Krankenkassen, über den demnächst von Diehl, R., Karlsen, Th., und van Treeck, W. ein Bericht veröffentlicht wird. Siehe auch Baum, G., Überlegungen zur DV-Ausbildung im Anwenderbereich, in: Nagel, K. (Hrsg.), DV-Aktuell 1978, München 1978, S. 123.

15) Siehe hierzu Hansen, H., Möglichkeiten und Probleme beim Einsatz von Standard-An-wendungssoftware, in: IBM-Nachrichten 245, Mai 1979, S. 149 ff. Der Verfahrenstransfer in der Steuerverwaltung bietet vielfältige Belege für unterschiedliche Orientierungen. Vgl. hierzu Brinckmann, H. u.a., Die automatisierte Verwaltung. Eine empirische Untersuchung über die Rationalisierung der Steuerverwaltung, Frankfurt (im Erscheinen).

16) J. Weizenbaum hat die in seinem Buch (Die Macht der Computer und die Ohnmacht der Vernunft, Frankfurt 1978) entwickelten Thesen besonders prononciert auf der Tagung der ÖGI und der GI, Informationssysteme für die 80er Jahre, Linz 1980, vorgetragen.

17) Aus der Sicht der Kommunen hierzu Ostermann, J., Auf dem Wege in die kommunale Informationsverwaltung, in: Die Verwaltung, 1980, S. 297 ff.

18) Nagel, K., Fachabteilung und DV-Organisation, Leitfaden zur besseren Zusammenarbeit von Benutzern und DV-Spezialisten, Stuttgart 1977, S. 7.

19) Ebenda, S. 17.

20) Hierzu eingehend Wolter, H., ADV-Anwendungen, Qualifikation und gewerkschaftliche Bildungspolitik, Darmstadt 1980.

B)  **Thesen zum Thema: Spezialisten für Informationstechnik und Fachverwaltungen - von Mißklängen zu Harmonie?**

von Eckhard Fuchs, Berlin


1.  Die rollenspezifische Disharmonie zwischen DV-Spezialisten und Fachabteilungen hat ihren Ursprung in den sechziger Jahren. Obwohl die Ursachen des damaligen "Schnittstellen-Gaps" längst überholt sind, besteht heute Disharmonie nach wie vor.

Zu Beginn der sechziger Jahre bestand die Hauptaufgabe der Automation in der Reduzierung der Kosten für Schreib- und Massenarbeiten. Datenverarbeitung wurde in der damaligen Zeit mit dem Hinweis auf Stelleneinsparungen verkauft, wodurch bei dem Anwender - bedingt durch die damalige Situation auf dem allgemeinen Arbeitsmarkt - die Furcht vor dem Verlust der Arbeitsplätze entstand. Es ergab sich damit von Anfang an eine feindliche Stellung gegen dieses neue technische Hilfsmittel.

Die sehr schnell nach den ersten Computern auf den Markt kommende zweite Rechnergeneration brachte neue Schwierigkeiten. Die Automationsfachleute mußten umlernen. Die Führungskräfte wurden vielfach unzufrieden darüber, daß die mit der ersten Generation von den Herstellern versprochenen Kosteneinsparungen nicht eintraten oder durch die Umstellungskosten aufgezehrt wurden. Daneben trat durch fehlende technische Schulung der breiten Masse der Computerbenutzer eine Sprachbarriere zwischen Anwendern und Spezialisten, die zu Unverständnis und Mißverständnissen führte. Den Automationsbereichen gelang es in dieser Zeit, den Anwendern technische Lösungen aufzudrücken, deren Ergebnisse und Möglichkeiten bei den Benutzern neue Aversionen hervorriefen.

Aufgrund dieser Tatsache wurde die dritte Computergeneration in der Regel in Verwaltungen und Unternehmen eingeführt, die bereits in die zwei Lager der (zahlenmäßig meist geringen) Computeranhänger und der (zahlenmäßig vielen) enttäuschten Computergegner aufgespalten waren. Nach Umschulungsschwierigkeiten der Computerfachleute, die häufig zu zusätzlichen Problemen auch bei den Anwender führten, wurden die Letzteren mit neuen Gesamtansätzen konfrontiert, die den Loyalitätsgefühlen der eigenen Organisationseinheit zuwiderliefen und daher neue Spannungen brachten. Das Rechenzentrum wurde aus technischen Gründen zum "geschlossenen Betrieb", wodurch der Anwender den Kontakt zu der Maschine, die ihn bei seiner täglichen Arbeit unterstützen sollte, völlig verlor. Die Schwierigkeiten emulierter und simulierter Verfahren früherer Computergenerationen mußten zum großen Teil von den Anwender getragen werden, denen natürlich jegliches Verständnis dafür abging. Ferner hinderten die

Umstellungsarbeiten bestehender Verfahren deren Weiterentwicklung und im Zusammenhang damit die Berücksichtigung neuer Anwenderwünsche.

Als sich auch die von vielen Spezialisten propagierten Gesamtansätze (zum Beispiel Management-Informationssystem) als nicht realisierbar erwiesen, als permanente Umstellungen aus technischen oder sonstigen Gründen die Einführung notwendiger Verfahrensverbesserungen zunehmend verhinderten, kam es in breitem Umfang zu einer Frontstellung gegen den DV-Spezialisten (vergleiche zum Beispiel Report im Managermagazin). Konzeptionen "benutzerfreundlicher Lösungen" verbesserten diese Situation nicht, einmal, weil sie sich kurzfristig nicht realisieren ließen, zum andern, weil die Datenverarbeiter in zunehmendem Maße auch für Probleme verantwortlich gemacht wurden, die sie selber nicht verändern konnten (zum Beispiel Vorwurf wegen unlesbarer Computerausdrucke).

Die heutige Situation zwischen Fachverwaltungen einerseits und Datenverarbeitungsspezialisten andererseits wird in der öffentlichen Verwaltung noch voll von dem beschriebenen Konflikt beherrscht: Die Datenverarbeiter werden für viele Fehlentwicklungen verantwortlich gemacht, ohne Rücksicht darauf, ob sie sie verschuldeten oder nicht. Der bestehende Wartungs- und Pflegeaufwand vorhandener Verfahren behindert die kurzfristige Realisierung vieler Anwenderwünsche, was ebenfalls den DV-Spezialisten zur Last gelegt wird. Mangelnde Wirtschaftlichkeiten vorhandener DV-Verfahren werden ohne Differenzierung ebenfalls den DV-Spezialisten angelastet, und schließlich sorgen diese durch ein vielfach zur Schau gestelltes elitäres Auftreten, durch eigene Terminologien, durch größere Loyalität gegenüber ihrer Aufgabe als gegenüber ihrer Dienststelle sowie durch weitere berufsbezogene Spezifika eher für ein Aufrechterhalten als für einen Abbau bestehender Disharmonien.

2.   Die neuen technologischen Möglichkeiten, das Sinken der Hardware- und Steigen der Softwarekosten, führten zu einem weitgehend dezentralen Computereinsatz. Die DV-Anwender werden dabei in zunehmendem Maße selbst DV-Kenntnisse erwerben, die es ihnen erlauben, ohne spezielle Fachkräfte direkt mit den Computern zu arbeiten.

Mit der zunehmenden Miniaturisierung auf dem Gebiet der Computertechnologie und dem Angebot von Klein- und Kompaktcomputern mit enormen Rechenleistungen zu geringen Kosten wird heute der DV-Anwender in zunehmendem Maße in die Lage versetzt, sich selber mit eigener DV-Kapazität zu versorgen. Man kann dieser Entwicklung mit unterschiedlicher Auffassung gegenüberstehen (bekanntlich gibt es bei den Datenverarbeitern heute Zentralisten, Dezentralisten und sogenannte Föderalisten), verhindern wird man diese Entwicklung mit Sicherheit nicht. Sie wird meines Erachtens eher dadurch begünstigt, daß die Kompaktrechner in zunehmendem Maße mit vorgefertigter Anwendungssoftware angeboten werden und die Anwender sich so ihre Erfordernisse - zumindest teilweise - kurzfristig erfüllen können, während andererseits die zentralen DV-Einrichtungen wegen der erforderlichen permanenten Wartung und Pflege vorhandener Verfahren und bestehender Personalengpässe häufig den Wünschen kurzfristig nicht Rechnung tragen können. Ob eine solche Entwicklung wünschenswert ist oder nicht, gehört dabei nicht in dieses Streitgespräch; wohl aber die Tatsache, daß sie sich nicht verhindern lassen wird und daß dadurch innerhalb der Verwaltungen Konkurrenzsituationen entstehen, die auch das Zusammenarbeiten von DV-Spezialisten und Fachverwaltungen beeinflussen.

3.     Auch bei zunehmender Dezentralisierung gewisser DV-Aufgaben wird es solche Aufgaben der Informationsverarbeitung geben, die nach wie vor den Einsatz zentraler Systeme erfordern. Diese werden aufgrund ihrer Komplexität nach wie vor DV-Spezialisten binden, deren Aufgabe dann erneut zu Spannungen mit den Fachverwaltungen führen kann.

Es gilt heute weitgehend als erwiesen, daß komplizierte Aufgaben der Informationsverarbeitung auch in Zukunft große DV-Systeme erfordern, wobei es für das Streitgespräch unbeachtlich ist, ob es sich dabei um Groß- oder Größtrechner handeln wird oder um sogenannte Verbundsysteme. Sicher ist, daß diese Informationsverarbeitungssysteme so komplex sein werden, daß zu ihrer Entwicklung und Bedienung DV-Spezialisten erforderlich sein werden. Deren Aufgabe wird es dann sein, verschiedene Informationsverarbeitungs-Kapazitäten möglichst zu koordinieren, für eine Standardisierung zu sorgen und sicherzustellen, daß qualifizierte Informationserfordernisse mit einem Minimum an Kosten und Aufwand erfüllt werden können. Diese Arbeit wird aufgrund ihres regelnden Charakters zwangsläufig zu Spannungen mit den Fachverwaltungen führen. Die Letzteren haben allerdings aufgrund der angebotenen Kleinrechnersysteme nunmehr eine wesentlich bessere Position, als sie versuchen könnten, ihre eigenen Anforderungen zu realisieren und die der übergeordneten Informationszentrale zu ignorieren. Koordinierung und Standardisierung engt immer den eigenen Spielraum ein und erzeugt damit zwangsläufig Spannungen, für die man sich dann wechselseitig verantwortlich macht. Daß dabei der Verwaltungsspezialist gegenüber dem reinen DV-Spezialisten oder Techniker vielfach im Vorteil ist, liegt auf der Hand. Die Tatache, daß heute bei vielen Verwaltungsstellen die automatische Datenverarbeitung ohnehin schon als Fremdkörper angesehen und betrachtet wird, verschafft dem DV-Spezialisten zusätzlich eine schlechte Ausgangsposition.

Die Situation wird eher verschärft als gemildert durch die Tatsache, daß es sich bei diesen Spezialisten häufig um solche spezieller Berufsfachrichtungen (zum Beispiel Informatik) handeln wird, die in der Verwaltung selbst ohnehin einen Fremdkörper darstellen. Sie werden erst langwierig die Verwaltungsterminologie lernen müssen, um sich nicht nur mit den Fachabteilungen, sondern auch mit den (teilweise politischen) Verwaltungsmanagern verständigen zu können. Dies kann zu neuen Problemen führen.

4. Die heute zwischen Fachabteilungen und DV-Spezialisten bestehenden Spannungen und Disharmonien werden durch die Schaffung eigener dezentraler DV-Systeme zum Teil abgebaut werden, sie werden in anderen Bereichen fortdauern. Ein nachhaltiger Abbau wäre nur möglich, wenn es gelänge, auf beiden Seiten ein Problemverständnis für den Anderen zu schaffen.

Die Begründung für diese These war bereits bei den vorhergehenden gebracht worden.

C)   <u>Datenverarbeitungsabteilungen als Expertenbürokratien</u>
      - Analyse eines Konzeptes und empirisches Beweismaterial -


von Kenneth L. Kraemer und John Leslie King, Irvine [1]


1.   Einleitung

In Publikationen und Erfahrungsberichten von Datenverarbeitungspraktikern kann man bedeutende Differenzen feststellen zwischen den Datenverarbeitungstechnikern und denjenigen, die von diesen bedient werden, also den "Benutzern". Die Differenzen zwischen Datenverarbeitungstechnikern und Benutzern werden gewöhnlich mit dem Begriff "Kommunikationsschwierigkeiten" umschrieben. Das bedeutet, daß die technische Sprache der Datenverarbeitung den Benutzern unverständlich ist, während wiederum die technischen Spezialausdrücke der Benutzer (zum Beispiel in der Finanzverwaltung oder im Ingenieurwesen) dem Datenverarbeitungspersonal Verständnisschwierigkeiten bereiten. Diese "Kommunikationslücke" wird oft als einer der Gründe zitiert, die bei Entwicklung und Einführung von Computersystemen zu Problemen führen. Als Heilmittel zur Lösung vieler Probleme bei Systementwicklung, Einführung und Anwendung werden Anstrengungen zur Verbesserung der Kommunikation empfohlen.

Im Rahmen von Untersuchungen technischer und sozialer Dimensionen beim Einsatz von Computern, die wir und unsere Kollegen der Public Policy Research Organization (PPRO) an der University of California in Irvine in den letzten acht Jahren durchführten, haben wir festgestellt, daß solche einfachen Charakterisierungen der Differenzen zwischen EDV-Spezialisten und Benutzern die tatsächliche Situation nicht adäquat beschreiben können. Es scheint so, als ob die Tendenz, diese Differenzen nur unter dem Aspekt der Kommunikation zu sehen, die eigentlichen und kritischen Aspekte der Beziehung zwischen Datenverarbeitungsspezialisten und Benutzern nur vertuschen, nämlich die intraorganisatorischen politischen Aspekte.

Basierend auf Ergebnissen von Untersuchungen im Rahmen der EPRIS-und URBIS-Projekte [2] haben Wissenschaftler der PPRO die Beziehungen zwischen EDV-Spezialisten und Benutzern aus verschiedenen Perspektiven untersucht. Die interessanteste Studie über diese Beziehungen spricht von der Datenverarbeitungsabteilung als "Expertenbürokratie". Auf diesen Begriff wurde erstmals in einer früheren Arbeit von King und Kraemer 1975 hingedeutet. [3] Kreiert wurde der Begriff eigentlich von James Danziger, der ihn in Werken 1976 und 1979 verwendete. [4] Danzigers Idee basiert auf der Vorstellung, daß die Datenverarbeitungsabteilung durch bestimmte Verhaltenschemata gekennzeichnet ist, die im Gegensatz zu dem allgemein vorzufindenden Image dieser Abteilungen als Dienstleistungslieferanten stehen. Im einzelnen versuche die Datenverarbeitungsabteilung,

- "die eigene Unabhängigkeit von äußerer Kontrolle aufrechtzuerhalten",

- "die Beziehung zu ihren Kunden zu beherrschen",

- "ihren Aktivitätsbereich auszuweiten" und

- "sich einzig durch ihren internen Professionalismus leiten zu lassen".[5]

Falls dieses Verhalten als repräsentativ für Datenverarbeitungsabteilungen bezeichnet werden kann, müßte es sich in vier Tendenzen manifestieren. Datenverarbeitungsabteilungen hätten demnach

- eine eigene Auffassung von der Rolle der Datenverarbeitung,

- ein geringes Gespür für Mängel in ihrem Service,

- einen kontinuierlichen Drang zur Expansion ihrer Aktivitäten und

- den Wunsch nach Unabhängigkeit von organisatorischer Kontrolle durch andere Abteilungen, was in der Realität auch sehr oft festzustellen ist.

Im folgenden wird das Konzept der Expertenbürokratie kurz untersucht, wobei sowohl Daten, die gerade dieses Konzept unterstützen, als auch Gegenhypothesen mit entsprechendem Material verarbeitet werden. Abschließend wird die Nützlichkeit dieses Konzepts für die Erklärung der offenbar vorhandenen Disharmonien zwischen Datenverarbeitungstechnikern und -benutzern bewertet.

2.    Argumente für "Expertenbürokratie"

Die größte Unterstützung erhält der Begriff "Expertenbürokratie" aus Daten, die in den EPRIS- und URBIS-Projekten gesammelt wurden.

Die Hypothese, daß Datenverarbeitungsabteilungen ihre Rolle als etwas Einzigartiges und Besonderes empfänden, wurde erstmals in einer Delphi-Studie 1975 von King und Kraemer untersucht,[6] wobei eine Rangordnung wichtiger Problempunkte von Datenverarbeitungspersonal und -benutzern zugrunde gelegt wurde. Die Beantworter wurden gebeten, eine Rangordnung von vierzig Problemen der Datenverarbeitung aufzustellen. Diese Aufstellungen zeigen eine grundsätzliche Übereinstimmung, was die ersten fünf Punkte betrifft. Allerdings gab es Unterschiede bei den weiteren Punkten der Rangordnung (vergleiche Abbildung 1). Das Datenverarbeitungspersonal scheint mehr als die Benutzer an Fragen interessiert zu sein, welche die Ausweitung ihrer Aktivitäten, die Datenkontrolle und die Rechte der Bürger betreffen. Benutzer befassen sich mehr mit Organisation und Kontrolle der Datenverarbeitungseinheit, mit der Leistung der Systeme und der Schulung von Benutzern in Datenverarbeitung. Diese Angaben zeigen, daß es in der Betrachtung dieser Problembereiche einen bemerkenswerten Unterschied zwischen Datenverarbeitungspersonal und Benutzern gibt.

Eine zweite Hypothese, daß Datenverarbeitungsspezialisten Probleme im Zusammenhang mit dem Datenverarbeitungsservice herunterspielen, wurde anhand von Daten der URBIS-Studie untersucht. Ausgehend von 24 Problemfeldern, zu denen das Datenverarbeitungspersonal befragt wurde, ergab sich, daß die auf Schwierigkeiten mit der Leistung von Datenverarbeitungsabteilungen zurückzuführenden Probleme im Verhältnis zu den Schwierigkeiten mit Benutzern und Topmanagement sehr weit hinten rangieren (vergleiche Abbildung 2). In diesem Zusammenhang ist es nützlich zu bemerken, daß andere Umfrageergebnisse des URBIS-Projektes zeigen, daß Inhaber leitender Stellen in der Verwaltung eine andere Auffassung von den Problemen haben. Sie zählen zu den wichtigeren Datenverarbeitungsproblemen zum Beispiel: Schwierigkeiten bei den täglichen Datenverarbeitungsaktivitäten, späte Lieferung von Datenverarbeitungsleistungen und Kommunikationsschwierigkeiten zwischen dem Datenverarbeitungs-Topmanagement und den Benutzern. Diese Daten scheinen einen Unterschied in der Wahrnehmung von DV-Problemen zwischen dem Datenverarbeitungspersonal und den außerhalb der Datenverarbeitung Tätigen zu bestätigen.

Die Expansionshypothese wurde auf zwei Wegen untersucht: Einmal ergab die Delphi-Studie, daß das Datenverarbeitungspersonal sehr großen Wert darauf legt, die Datenverarbeitungsaktivitäten auszuweiten. Außerdem wurde das momentane Tempo betrachtet, mit dem sich Datenverarbeitungsaktivitäten ausbreiten. Die letztere Untersuchung zeigt einen deutlichen Anstieg der Aktivitäten im Datenverarbeitungsbereich in den Städten, die im Rahmen des URBIS-Programms untersucht wurden. Ergebnisse einer 1975 durchgeführten Untersuchung zeigen, daß lokale Verwaltungsbehörden in der Regel planen, die Zahl der momentan bei ihnen laufenden Anwendungen in nur zwei Jahren zu verdoppeln.[7] Es wurde weiterhin festgestellt, daß zwei Drittel der Städte die Grundkapazitäten kürzlich ausgedehnt haben und ein Fünftel solche Aufstockungen plant.[8] Ein anderes Anzeichen für den Expansionsdrang war im Vergleich zwischen gegebenen und erwünschten Zuteilungen von Programmierer- und Analytikerzeit durch die Datenverarbeitungsmanager festzustellen. Diese Daten zeigen, daß hier der Wunsch vorhanden ist, mehr Zeit in die Entwicklung neuer Anwendungsmöglichkeiten und weniger in Wartung und Pflege bereits bestehender Systeme zu investieren (vergleiche Abbildung 3). Alles in allem scheint es, als ob Datenverarbeitungsprofis eine Expansion der Datenverarbeitungsaktivität wünschten und sich weniger mit der Aufrechterhaltung des momentanen Serviceniveaus befassen.

Der Wunsch der Datenverarbeitungsabteilungen nach eigener Steuerungskompetenz wurde anhand von URBIS-Ergebnissen untersucht. Zugrunde lag die Frage, wer am Entscheidungsprozeß über Datenverarbeitungsaktivitäten beteiligt ist. Die Daten zeigen, daß die Datenverarbeitungsabteilung die meisten größeren Datenverarbeitungsentscheidungen dominiert, sogar solche, von denen man vernünftigerweise erwarten würde, daß sie von leitenden Personen, lokalen gesetzgebenden Körperschaften oder Benutzern gefällt werden (vergleiche Abbildung 4). Bezeichnend ist wohl die Tatsache, daß es häufig die Datenverarbeitungsabteilungen sind, welche höchst politische Entscheidungen treffen: das Festsetzen von Entwicklungsprioritäten.[9] Diese Ergebnisse deuten an, daß die Datenverarbeitungsabteilung danach strebt, die Kontrolle über größere Datenverarbeitungsentscheidungen zu erlangen.

Zusammenfassend scheint nach Anführung aller Fakten und Argumente die Hypothese der Expertenbürokratie gestützt. Überdies ist sie vom Gefühl her ansprechend. Man kann sicher annehmen, daß zumindest einige Datenverarbeitungsabteilungen in lokalen Verwaltungen sich eher wie Expertenbürokratien benehmen als nach Art von Servicelieferanten.

Wenn wir zunächst einmal annehmen, daß die Hypothese tatsächlich den Allgemeinzustand beschreibe, so stellt sich die Frage nach ihrer Bedeutung für den Computereinsatz in der örtlichen Verwaltung. Danziger behauptet, daß das Verhalten der Expertenbürokratie die Behörden potentiell bedrohe. Es zeigt sich nämlich, daß die Datenverarbeitungsabteilung eher danach strebt, ihre eigenen Ziele zu maximieren als die der übergeordneten Institution, die zu bedienen sie vorgibt. Gewisse Probleme mit der DV, die man aus Städten hört, scheinen diese Sorge erneut zu bestätigen, nämlich die Existenz von modischen Technik-Anwendungen, die aber den Benutzern nicht dienen, eine Überbetonung neuer im Vergleich zu Wartung und Pflege bestehender Anwendungen, Kommunikationsschwierigkeiten der Benutzer mit dem Datenverarbeitungspersonal und so weiter. Danziger behauptet, daß die Kernfrage die Steuerung der Datenverarbeitungsfunktion ist: Wer hat die Zuständigkeit und die Fähigkeit, diese Kontrolle auszuüben, und welche Konsequenzen hat diese Verantwortung? Die Expertenbürokratie, so glaubt er, ist für die Sicherung umfassender Institutionsziele bei der Versorgung mit Datenverarbeitungsservice nicht gut geeignet. Das impliziert, daß die Expertenbürokratie grundsätzlich gegen die Interessen der Führungskräfte und der Datenverarbeitungsanwender in der lokalen Verwaltung arbeite.[10]

3.    Erneutes Überdenken des Konzeptes und des Beweismaterials

Das Konzept der Expertenbürokratie ist als solches einsichtig - kurz und bündig und als Erklärung der großen Differenzen, die zwischen Datenverarbeitungspersonal und Benutzern bezüglich

Orientierung, Sinn und Zweck bestehen, recht ansprechend. Weiterhin glauben wir, daß es im Grunde genommen wahrheitsgetreu widerspiegelt, wie manche Datenverarbeitungsmanager ihre Rolle und ihre Vorrechte sehen. Die Erfahrungen jedoch, die wir bei unseren Forschungen gemacht haben und die auch im Rahmen des URBIS-Projektes und anderer Forschungsprojekte gemacht wurden, waren uns Anlaß, das Konzept und das dahinterstehende Beweismaterial neu zu überdenken. Dabei beschäftigen uns hauptsächlich vier Punkte.

Der erste ist die Expertenbürokratiehypothese, daß nämlich die Datenverarbeitungsabteilung das Anwachsen der Computeranwendungen fördere, um damit ihren eigenen Bereich auszuweiten, und daß sie dies auf Kosten der Benutzer in den Abteilungen ebenso wie auf Kosten der Führungskräfte tue. Es ist ohne Zweifel wahr, daß in der Datenverarbeitung in lokalen Verwaltungen ein phänomenales Wachstum zu verzeichnen war und immer noch zu verzeichnen ist. Dies trifft für die USA und auch international zu, wie unsere jüngste vergleichende Studie über Datenverarbeitung in der lokalen Verwaltung von zehn Ländern zeigt.[11] Wir glauben jedoch, daß dieser Expansionsdrang auch den Benutzerabteilungen dient und daß er oft auf ihr Drängen zurückzuführen ist, vor allem auf Drängen derer, die von den speziell für ihren Gebrauch entwickelten Anwendungsmöglichkeiten profitieren. Anstatt Besorgnis oder Gleichgültigkeit gegenüber dem Anwachsen der Datenverarbeitung zu zeigen, unterstützen diese Abteilungen bereitwillig die Bemühungen der Datenverarbeitungsabteilungen, neue Anwendungsmöglichkeiten für ihren Funktionsbereich zu fördern. Wir glauben, daß die Benutzer zwar besorgt sind, was das Wesen der Expansion der Datenverarbeitung anbelangt, aber diese Besorgnis hat nichts mit der Rolle zu tun, die die Datenverarbeitungsabteilung dabei spielt. Die Benutzer sind primär interessiert an Verteilungsaspekten der für die Expansion notwendigen Ressourcen. Denn jede Benutzerabteilung will sicher sein, daß sie selbst alles das bekommt, was sie braucht. Die Benutzer, die zur dominierenden Koalition gehören, scheinen von der Expansion im Datenverarbeitungsbereich zu profitieren und fördern sie deshalb gewöhnlich. Diejenigen, die mit ihrem zugeteilten Anteil an Datenverarbeitungsressourcen unzufrieden sind, sei es absolut oder relativ, mögen zwar gegen die Expansion sein, weil sich damit ihre eigene Position noch verschlechtert. Jedoch wollen sie auch keine Beschränkung, da damit möglicherweise zugleich ihre eigenen Datenverarbeitungsressourcen gekürzt werden könnten.

In vielen Fällen dient der Expansionsdrang auch den Interessen der Verwaltungsführung. Normalerweise gibt es nur wenige Anwendungsmöglichkeiten, die den Führungskräften in der lokalen Verwaltung direkt dienen.[12] Neuere Studien zeigen aber, daß diese von einem verbreiteten Einsatz der Computer in den ausführenden Abteilungen profitieren. Denn dadurch wird eine umfassende Datenbasis über die Verwaltung erstellt; die Datenverarbeitungsabteilung verhilft so den Führungsinstanzen zu einer verbesserten organisatorischen Kontrolle.[13] Es trifft also vielleicht zu, daß die Datenverarbeitungsabteilung die Expansion der Datenverarbeitung fördert und daß sie dies teilweise aus eigenem Interesse tut. Aber das ist kein Grund für die Schlußfolgerung, daß die Datenverarbeitungsabteilung damit gegen die Interessen der Führung arbeite.

Im allgemeinen begrüßen also Benutzer wie Führung in der örtlichen Verwaltung die Expansion der Datenverarbeitung. Die Tatsache, daß sich auch die Datenverarbeitungsabteilung nicht gegen Expansion wehrt, ist sicherlich nicht überraschend.

Unser Interesse gilt zweitens der in der Expertenbürokratiehypothese enthaltenen Aussage, die Datenverarbeitungsabteilung monopolisiere das Computerfachwissen hauptsächlich deshalb, um die Beziehungen zu Benutzern und Führung zu beherrschen. Die Monopolstellung wird normalerweise damit begründet, daß die Datenverarbeitung zentralisiert sein sollte, um sie so wirtschaftlich wie möglich durchführen zu können, und daß die Beteiligung der Benutzer begrenzt sein sollte, um technisch-effiziente Systeme in möglichst kurzer Zeit errichten zu können. Wiederum wird angenommen, daß solche zentralisierten Monopole zum Vorteil der Datenverarbeitungsabteilung und zum Nachteil von Benutzern und Management arbeiten.

Eine neuere Untersuchung stützt die Behauptung der Datenverarbeitungsabteilungen, man spare durch Zentralisierung Kosten. Zentralisierung spart anscheinend wirklich Geld.[14] In ähnlicher Weise zeigt eine Untersuchung, daß die Beherrschung der Beziehungen zu den Benutzern bei der Systementwicklung durch die Datenverarbeitungsabteilung oft effektivere Systeme erzeugt, als wenn eine hohe Benutzerbeteiligung vorliegt.[15] Insbesondere scheint die Anwenderbeteiligung am Design nicht sehr wichtig zu sein für die Einführung von Routinesystemen, die ja die häufigsten sind. Benutzermitsprache ist dagegen wichtiger bei der Entwicklung und Einführung von komplexeren Systemen, die weniger für Routinezwecke verwendet werden und die Neuerungen darstellen. Die Beherrschung der Beziehungen zum Benutzer durch die Datenverarbeitungsabteilung kann somit, situationsabhängig und vom organistorischen Standpunkt betrachtet, nützlicher sein als ein hohes Maß an Benutzerpartizipation.

Unser drittes Interesse betrifft die Behauptung, die Datenverarbeitungsabteilung versuche, autonom zu sein und sich der Kontrolle durch Benutzerabteilungen und Management zu entziehen. Das Beweismaterial, daß nämlich Benutzer und Führungskräfte weit weniger häufig bei maßgeblichen Computerentscheidungen beteiligt sind als das Datenverarbeitungspersonal, kann, wenn man es weiter untersucht, unterschiedlich interpretiert werden. Gestützt auf neuere Untersuchungen sind wir der Meinung, daß es doch einen höheren Anteil an Benutzerpartizipation bei Datenverarbeitungsaktivitäten gibt als dies die oben zitierten Resultate des URBIS-Projektes andeuten.[16] Eine solche umfassende Beteiligung der Anwenderabteilung führt die Datenverarbeitungsabteilungen unweigerlich zu Verhandlungen und Gesprächen mit Benutzern und Management. Die Datenverarbeitungsabteilung mag in erster Linie für das Aufstellen der Tagesordnung bei größeren Entscheidungen bezüglich Datenverarbeitung verantwortlich sein, aber die Beiträge der Leitungsinstanzen und der Benutzer sind doch beachtlich. Von höchster Wichtigkeit ist unseres Erachtens, daß Führung und Benutzer im allgemeinen nicht gewillt sind, die Zeit zu investieren, die nötig ist, um intensiv an Datenverarbeitungsentscheidungen beteiligt zu sein, - es sei denn, sie betreiben ihre eigene Datenverarbeitung. Wenn also viele Datenverarbeitungsentscheidungen einseitig durch die Datenverarbeitungsabteilung bestimmt sind, so oft deshalb, weil Benutzer und Führungskräfte auf ihre Einflußmöglichkeiten verzichten.

Noch weit intriganter ist das kürzlich in unserer Untersuchung gefundene Beweismaterial für den Zusammenhang zwischen einem hohen Anteil an Manager- und Benutzermitsprache bei Datenverarbeitungsentscheidungen und dem Auftreten von größeren Problemen mit Computern. Je höher die Beteiligung von Benutzern und Führungskräften bei Computeraktivitäten und Entscheidungen ist, um so größer scheinen die Computerprobleme lokaler Verwaltungen zu sein. [17] Obwohl man aufgrund besserer Kooperation und Kommunikation zwischen Datenverarbeitungspersonal einerseits sowie Benutzern und Verwaltungsführung andererseits weniger Probleme erwarten sollte, gibt es in Wirklichkeit mehr. Die Untersuchung zeigt keinen Kausalzusammenhang für eine solche Beziehung. Wir glauben nicht, daß die Strategie der Anwender- und Führungspartizipation wirklich größere Probleme verursacht. Aber diese Erkenntnisse zeigen, daß eine "Beteiligungspolitik" nicht immer und selbstverständlich nur Gutes bewirkt, was oft angenommen wird. Wir glauben, daß es unangebracht ist, einfach aus der Tatsache, daß die Datenverarbeitungsabteilung bei der Entscheidungsfindung in der Datenverarbeitung eine große oder sogar dominante Rolle spielt, zu folgern, dies geschehe gegen die Interessen des Managements und der Benutzer. Tatsächlich kann, argumentiert man technokratisch, diese Dominanz der Datenverarbeitungsabteilung für Benutzer, Management und für die örtliche Verwaltung als Ganze sogar angebracht und hilfreich sein.

Schließlich interpretieren wir die Perzeptionsunterschiede zwischen Datenverarbeitungspersonal und Benutzern anders. Es gibt tatsächlich Unterschiede in der Wahrnehmung, aber es ist nicht eindeutig, was sie widerspiegeln. Computeranwender in den Fachabteilungen liefern ein gutes Beispiel für die Komplexität der Wahrnehmungen im Bereich der Datenverarbeitung. Diese Benutzer nehmen oft auffällig widersprüchliche Positionen ein, was die Rolle der Datenverarbeitung anbetrifft. Die eine reflektiert die wirkliche Versorgung mit Dienstleistungen; hier sind die Benutzer im allgemeinen mit dem Service, den sie von der Datenverarbeitungsabteilung erhalten, zufrieden. Die andere Haltung ist eine mehr politische und spiegelt die Rolle wider, die die Benutzergruppe in einem größeren politischen Umfeld spielt, von dem der Computereinsatz nur ein Teil ist. Selbst wenn die Datenverarbeitungsabteilung ihren Benutzern guten Service liefert und die Benutzer ihrerseits mit dem Service zufrieden sind, können sie immer noch Mängel finden, die sie der Datenverarbeitungsabteilung ankreiden, um dadurch größeren Einfluß zu erlangen oder die Aufmerksamkeit auf ihre eigenen Forderungen zu lenken.

Ein Beispiel hierfür liefert eine kürzlich durchgeführte Studie. Benutzer in Planungsabteilungen von Gemeinde- und Stadtverwaltungen waren im allgemeinen mit einem zentralisierten Computersystem zufriedener als mit einem dezentralisierten. Nichtsdestotrotz verlangten sie immer wieder, ihre eigene dezentralisierte Datenverarbeitung durchführen zu können. [18] Wie in anderen Bereichen auch wird in der Datenverarbeitung das quietschende Rad geschmiert. Die

Antworten von Benutzern auf Fragen zur Datenverarbeitungsabteilung müssen im Licht ihrer politischen Folgen ebenso gesehen werden wie auf der Basis ihres Anscheinswerts als objektive Leistungsbeurteilungen.

Zusammenfassend scheint es signifikante Gegenargumente zum Konzept der Expertenbürokratie als Erklärung für die unterschiedlichen Wahrnehmungen und Verhaltensweisen von Datenverarbeitungspersonal sowie Benutzern und Führung zu geben.


4.    Schlußfolgerungen

Aus der Diskussion des Konzeptes der Expertenbürokratie können wir zwei Schlußfolgerungen ziehen. Erstens sehen wir, daß es eine exzellente Erklärungshypothese für das politische Verhalten zweier nachweislich unterschiedlicher Gruppen in der lokalen Verwaltung ist - Datenverarbeitungsfachleute einerseits sowie Benutzer und Führung andererseits. Die Stärke dieses Konzeptes liegt darin, daß es die Rolle genau beschreibt, die diese Gruppen bei politischen Entscheidungsprozessen über die Festlegung von Grenzen der Datenverarbeitung und die Verteilung der Datenverarbeitungsressourcen spielen. Wir glauben, daß sich das Konzept gut eignet, um das Verhalten besonders von zentralisierten, unabhängigen Datenverarbeitungsabteilungen in lokalen Verwaltungen mit stark zersplitterten Verwaltungsstrukturen und geringem organisatorischem Zusammenhang beziehungsweise zentraler Autorität zu erklären. Solche Einheiten kann man sicher in vielen lokalen Verwaltungen finden, aber sie stellen nicht die Mehrheit dar. In solchen örtlichen Verwaltungen wird die Datenverarbeitungsabteilung sicherlich nach einigen der Verhaltensschemata handeln, welche die Expertenbürokratie charakterisieren, teils aus Eigennutz und teils, um sich vor dem im allgemeinen ungewissen politischen Umfeld der lokalen Verwaltung (innerhalb der Institution wie innerhalb der Gemeinde) zu schützen.

Unsere zweite Beobachtung ist, daß das Konzept nur begrenzt anwendbar und wahrscheinlich nicht für die Mehrzahl der Datenverarbeitungsabteilungen in der lokalen Verwaltung charakteristisch ist. Wir befürchten weniger eigennützigen Expansionsdrang und Streben nach größerer Unabhängigkeit von der lokalen Verwaltungsspitze, sondern sind der Ansicht, daß die meisten Datenverarbeitungsabteilungen in der lokalen Verwaltung versuchen, Servicelieferanten zu sein. Wenn sie Expansionsdrang an den Tag legen, dann ebenso sehr auf Betreiben der Benutzer wie aus Eigeninitiative. Grund für einseitige Kontrolle liegt ebensosehr darin, daß es diesbezüglich an Initiative seitens des Managements fehlt, wie in dem Wunsch, die Beziehungen zur Führung und zu Benutzern beherrschen zu wollen.

Obwohl oft bemerkt wird, daß für den Erfolg von Informationssystemen die Unterstützung von seiten der Verwaltungsspitze und die Beteiligung der Benutzer an Designfragen eine Schlüsselrolle spielen, so scheint dies nur gültig, wenn es eng begrenzt aufgefaßt wird. In den meisten

Fällen können Systeme <u>ohne</u> die Unterstützung des Managements keinen Erfolg haben, denn normalerweise hängen die finanziellen Mittel für Entwicklung und Realisation direkt von seiner Unterstützung ab. Dies bedeutet aber nicht, daß die aktive Teilnahme des Managements beim Aufbau von Systemen ein notwendiger oder gar ein wünschenswerter Faktor für Entwurf und Einführung guter Systeme ist. In vielen Fällen ist es einfach so, daß Manager Wichtigers zu tun haben als sich um Anwendungen zu kümmern, die sie nicht direkt betreffen.

In ähnlicher Weise ist die Beteiligung von Benutzern nur insoweit wichtig, als sie sicherstellt, daß die Systeme die Aufgaben, Fähigkeiten und die Arbeitsabläufe der Benutzer berücksichtigen. Die meisten Systeme sind Nachbildungen und geringfügige Erweiterungen von Aufgaben, die vorher manuell erledigt wurden. Daraus folgt, daß solche Systeme schon mit routinemäßiger Beteiligung von Benutzern erfolgreich entworfen und eingeführt werden können wie Benutzerbefragung vor der Festlegung der Parameter für die zu automatisierende Aufgabe und Schulung der Benutzer im Umgang mit dem eingeführten System. Komplexere und innovative Systeme erfordern einen intensiveren Kontakt, aber nicht deshalb, weil der Benutzer besonders gut informiert ist über das, was getan werden muß, sondern weil der Systemanalytiker eine größere Zahl von Unbekannten in Systemkonzept und Design handhaben muß.

Das Konzept der Expertenbürokratie verdient es, mit neuen Daten noch weiter untersucht zu werden, um seine Gültigkeit ebenso wie die Grenzen seiner Anwendbarkeit festlegen zu können. Wir hoffen, daß wir in Zukunft weitere Forschungen zu diesem Thema durchführen und auch andere Forscher auf dem Gebiet des Management und der Politik von Informationssystemen ermutigen können, sich damit zu beschäftigen.

| | Rangordnung [b)] | |
|---|---|---|
| | EDV-Personal | Benutzer |
| Erweiterte EDV-Anwendungen | 1 | 5 |
| Richtigkeit der Daten | 2 | 2 |
| Systemeffektivität | 3 | 1 |
| Benutzerbeteiligung bei der Systementwicklung | 4 | 3 |
| Verfügungsbefugnis über Daten | 5 | 13 |
| Systemzuverlässigkeit | 28 | 4 |
| | Rangordnung [c)] | |
| Erweiterte EDV-Anwendungen | 1 | 4 |
| Richtigkeit der Daten | 2 | 2 |
| Systemeffektivität | 3 | 1 |
| Benutzerbeteiligung bei der Systementwicklung | 4 | 3 |
| Verfügungsbefugnis über Daten | 5 | 12 |
| Bürgerrechte | 6 | 13 |
| Datenerfassung und Datenmißbrauch | 7 | 9 |
| Dateizugriff | 8 | 10 |
| Auswirkung des Computers auf die Verwaltung | 9 | 15 |
| Finanzierung der Systementwicklung | 10 | 8 |
| Gemeinsam benutzte Datenbanken | 11 | 16 |
| Implementationsstrategie | 12 | 19 |
| Kosten-Nutzen-Evaluation | 13 | 18 |
| Schulung der Anwender in EDV | 14 | 6 |
| Reduzierung der Datenerfassungskosten | 15 | 7 |
| Zugang des Bürgers zu EDV-Hilfsmitteln | 16 | 11 |
| Standardisierung von Systemen/Daten/Methoden | 17 | 14 |
| Auswirkung des Computers auf die Bevölkerung | 18 | 20 |
| EDV-Organisation | 19 | 5 |
| EDV-Planung | 20 | 17 |

r (Spearman's rho) = +.515 (Rangkorrelationskoeffizient)

Abbildung 1: Rangordnung der Wichtigkeit von EDV-Problemen. [a)]
Ergebnisse einer Delphi-Studie mit Befragten aus der lokalen Verwaltung [19].

a) Diese Tabellen sind Auszug aus einer Liste von vierzig Problembereichen, deren Rangordnung sich durch Befragung von Mitarbeitern der amerikanischen lokalen Verwaltung ergab.

b) Aktuelle Rangordnungen jeder Gruppe aus der vollständigen Liste der vierzig Problembereiche.

c) Rangordnung, bei der die ersten zwanzig Problembereiche des EDV-Personals den äquivalenten Problembereichen der Benutzer gegenüber gestellt sind. Während die Benutzerliste richtig geordnet ist, ist die Numerierung der Problembereiche nicht identisch mit deren Position in der vollständigen Vierziger-Liste.

| Rang | Problem | Wert [a] |
|---|---|---|
| 1 | Benutzer haben keine großen Kenntnisse in EDV | 1.54 |
| 2 | Benutzer unterschätzen die Zeit für Entwicklung | 1.48 |
| 3 | Zahlreiche alte Programme sind zu verändern | 1.30 |
| 4 | Unzulängliche Dokumentation für die Benutzer | 1.15 |
| 5 | Unzulängliche Dokumentation für das Betriebspersonal | 1.14 |
| 6 | Zu wenig Analytiker | 1.12 |
| 7 | Unrichtige Daten werden an die EDV geliefert | 1.09 |
| 8 | Benutzererwartungen sind unrealistisch hoch | 1.08 |
| 9 | Zu wenig Anwendungsprogrammierer | 1.08 |
| 10 | Unzulängliche Dokumentation für die Wartung | 1.07 |
| 11 | Schwierigkeit, gutes EDV-Personal zu rekrutieren | 0.96 |
| 12 | EDV-Gehälter sind nicht mit denen der Industrie konkurrenzfähig | 0.90 |
| 13 | Terminüberschreitung bei der Anwendungsentwicklung | 0.89 |
| 14 | EDV fehlt die Akzeptanz durch die Verwaltungsspitze | 0.80 |
| 15 | EDV fehlt die Akzeptanz durch die Benutzer in den Fachabteilungen | 0.76 |
| 16 | EDV fehlt die Akzeptanz durch die lokalen Ämter | 0.76 |
| 17 | Häufige kleinere Softwareprobleme | 0.75 |
| 18 | Programme gehen an den Benutzeranforderungen vorbei | 0.72 |
| 19 | Zeitpläne werden überschritten | 0.72 |
| 20 | Hohe Kosten bei Programmmodifikationen zur Anpassung an die Erfordernisse | 0.66 |
| 21 | Kürzungen im EDV-Entwurfs- und Entwicklungsbudget | 0.51 |
| 22 | Unzuverlässige Leistung der Hardware | 0.47 |
| 23 | EDV-Kosten sind zu hoch für lokale Ämter | 0.43 |
| 24 | Hohe Kosten der EDV-Schulung für das Personal | 0.43 |
| 25 | Kürzungen des EDV-Betriebskostenbudgets | 0.40 |
| 26 | Unzuverlässige Leistung des Betriebssystems | 0.39 |
| 27 | Hohe Kosten, um die Benutzer in EDV-Anwendungen zu schulen | 0.36 |

<u>Abbildung 2:</u>    Stellenwert von EDV-Problemen bei DV-Managern in der lokalen Verwaltung. [20]

a)    Durchschnittspunktwert, basierend auf folgender Meßskala (N = 495): Dies ist gegenwärtig ein Problem (= 2).
Dies war ein Problem während der letzten zwei Jahre, ist jetzt aber gelöst (= 1).
Dies war kein Problem während der letzten zwei Jahre (= 0).

| Tätigkeiten | Durchschnittsanteile der insgesamt aufgewendeten Programmier- und Systemanalytikerzeit (in Prozent) | Bereich mit dem stärksten Bedarf nach mehr Aktivitäten (in Prozent) |
|---|---|---|
| Analyse und Entwurf neuer Programme | 22 | 45 |
| Programmierung und Testen neuer Anwendungsprogramme | 25 | 10 |
| Modifikation alter Anwendungsprogramme | 11 | 14 |
| Wartung der Anwendungssoftware | 19 | 1 |
| Wartung der Betriebssystemsoftware | 9 | 1 |
| Dokumentation | 8 | 26 |
| Andere | 6 | 3 |

Abbildung 3:     Tatsächliche und gewünschte Verteilung der Programmier- und System-
analytikerzeit in EDV-Installationen lokaler Verwaltungen. Befragt
wurden 452 amerikanische Stadt- und Kreisverwaltungen mit EDV-Anlagen. [21]

| | Prozentsatz der Nennungen | | | | |
|---|---|---|---|---|---|
| | Verwaltungschef | Lokale rechtssetzende Körperschaft | Benutzerabteilungen | Ausschuß der Abteilungen | Datenverarbeitungsabteilung |
| "Hat Autorität, die Prioriäten bei der Entwicklung neuer Anwendungen zu setzen" b) | 18 | 3 | 3 | 15 | 51 |
| "Ist in erster Linie verantwortlich für die Beurteilung der von der DV-Anlage erbrachten Dienstleistungen" b) | 12 | 3 | 21 | 7 | 53 |
| "Liefert den größten Input für die Entscheidung, ob neue EDV-Anwendungen erschlossen werden sollen oder nicht" c) | 33 | 15 | 73 | 32 | 78 |
| "Muß die Haushaltswünsche für neue Computer und -systeme bewilligen" c) | 65 | 72 | 6 | 13 | 60 |

Abbildung 4: Wahrnehmungen von DV-Managern a) zur Frage, wer die DV-Aktivitäten steuert. [22]

a) Befragt wurden 475 DV-Manager in Stadt- und Kreisverwaltungen

b) Die Befragten hatten nur eine beste Antwort zur Auswahl. Die Differenz der addierten Prozentsätze zu 100 entfällt auf Nennungen der Kategorie "Andere".

c) Die Befragten hatten alle Antwort-Kategorien zur Auswahl. Die Summe der Prozentsätze übersteigt daher 100.

Anmerkungen:

1)  Die Namen der Autoren wurden nicht in einer systematischen Reihenfolge genannt, denn beide haben in gleichem Maße zu diesem Papier beigetragen.

2)  EPRIS ist eine groß angelegte Studie über Literatur zum Thema Managementpolitik im Computerwesen, die von der Public Policy Research Organization (PPRO) von 1973 bis 1975 durchgeführt wurde. Die Resultate finden sich zusammengefaßt in Kraemer, K.L. und King J.L., Computers and Local Government, Volumes 1 und 2, New York 1977. Die URBIS-Studie ist eine umfangreiche empirische Auswertung über den Einsatz von Computern und deren Wirkung in der lokalen Verwaltung. Durchgeführt wurde sie ebenfalls von der PPRO zwischen 1975 und 1979. Die Resultate des URBIS-Projektes finden sich in verschiedenen Publikationen, die in der PPRO Publikationsliste aufgeführt sind, erhältlich über die PPRO, University of California, Irvine, California 92717. Verweisen möchten wir in diesem Zusammenhang auch auf zwei noch erscheinende Werke: Kraemer,K.L., Dutton, W.H. und Northrop, A., The Management of Information Systems, New York 1981 (in Vorbereitung) und Danziger, J.N., Dutton, W.H., Kling, R. und Kraemer, K.L., Computers and Politics: High Technology in American Local Governments, 1981 (in Vorbereitung); ebenso wie auf den Abschlußbericht von Kraemer, K.L. und King, J.L., An International Comparative Study of Computing Policies and Impacts in Cities, Irvine 1980, über eine neuere Studie beruhend auf URBIS-Daten und Daten, die von der OECD gesammelt wurden.

3)  Vgl. King, J.L. und Kraemer, K.L., Policy Concerns In Municipal Information Systems: Results of a Delphi Survey, Irvine 1975.

4)  Vgl. Danziger, J.N., Service Provider or Skill Bureaucracy ?: The Data Processing Function in Local Government, Irvine 1976 und Danziger, J.N., The "Skill Bureaucracy" and Intraorganizational Control: The Case of the Data Processing Unit, in: Sociology of Work and Occupations, Volume 6, Nr. 2, Mai 1979, S. 204-226.

5)  Vgl. Danziger, J.N., Service Provider or Skill Bureaucracy ?, a.a.O.

6)  Vgl. King, J.L. und Kraemer, K.L., a.a.O.

7)  Vgl. Kraemer, K.L., Danziger, J.N. und King, J.L., Local Government and Information Technology in the United States, in: OECD (Hrsg.), Local Government and Information Technology, Paris 1978.

8)  Vgl. Danziger, J.N., Service Provider or Skill Bureaucracy ?, a.a.O.

9)  Vgl. ebenda.

10) Danziger behauptet nicht, daß die Datenverarbeitungsexpertenbürokratie immer gegen die Interessen der lokalen Verwaltung als Ganzheit arbeitet. Sondern er zielt eher darauf ab, daß die Expertenbürokratie eine potentielle Bedrohung der Interessen der lokalen Verwaltung im allgemeinen sei.

11) Vgl. Kraemer, K.L. und King, J.L., An International Comparative Study of Computing Policies and Impacts in Cities, a.a.O.

12) Vgl. ebenda.

13) Vgl. Kraemer, K.L., Dutton, W.H. und Northrop, A., a.a.O.

14) Vgl. King, J.L., Centraliziation vs. Decentralization of Computing: An Empirical Assessment in Local Governments, Irvine 1977.

15) Vgl. Kraemer, K.L., Dutton, W.H. und Northrop, A., a.a.O.

16) Vgl. Kraemer, K.L. und Danziger, J.N., The Participants in Computing Decisions, in: Danziger, J.N., Dutton, W.H., Kling, R. und Kraemer, K.L., a.a.O.

17) Vgl. Kraemer, K.L. und King, J.L., An International Comparative Study of Computing Policies and Impacts in Cities, a.a.O.

18) Vgl. King, J.L., a.a.O.

19) Quelle: King, J.L. und Kraemer, K.L.,a.a.O.,Appendix F.

20) Quelle: ebenda.

21) Quelle: ebenda.

22) Quelle: ebenda.

D)    <u>Thesen zum Thema: Spezialisten für Informationstechnik und Fachverwaltungen - von Mißklängen zu Harmonie?</u>


von Gerhard Krüger, Karlsruhe


Betrachtet man die knapp dreißigjährige Geschichte des Einsatzes der elektronischen Rechenanlagen, so sehen wir in dieser doch sehr kurzen Zeitspanne ein erstaunliches Auf und Ab in der Beurteilung des Nutzens oder der Erschwernisse der Rechneranwendung im beruflichen Alltag.

Die fünfziger und der Beginn der sechziger Jahre waren durch die Anwendung großer und mittlerer Rechner in der technisch-wissenschaftlichen Datenverarbeitung und der Automatisierung einfacher Routineaufgaben in der kommerziellen Datenverarbeitung geprägt. Von den Wissenschaftlern und Technikern wurde die Rechnerunterstützung wohl ausnahmslos begrüßt, denn die Maschine nahm dem Anwender langwierige, oft stumpfsinnige Routinearbeit im mathematisch-numerischen Bereich ab und eröffnete zudem die Möglichkeit, verfeinerte mathematische Methoden für die technisch-wissenschaftliche Arbeit einzusetzen. Eine ähnliche Entlastung erlebten die im kommerziellen Bereich Tätigen durch den allmählichen Übergang von der Lochkarten- und mechanischen Büromaschinentechnik zur elektronischen Rechentechnik. Überall spielte zudem noch eine gehörige Portion Pioniergeist mit, der es ermöglichte, viele Unzulänglichkeiten der neuen Technik großzügig zu tolerieren. Ab Mitte der sechziger Jahre kam dann der Umschwung.

Durch die schnellen Fortschritte der EDV, die ohne Zweifel in der genannten Anfangsphase erzielt wurden, begannen die DV-Fachkräfte phantastische Zukunftsperspektiven des EDV-Einsatzes zu prognostizieren und auch gleich ihrer staunenden Anwenderschaft zu verkaufen.

Die dann auftretenden Rück- und Fehlschläge, Terminverzögerungen, Kostenüberschreitungen und die hohen Forderungen an den Benutzer aus echten oder scheinbaren Sachzwängen haben das Image der DV gründlich angekratzt und die im Titel erwähnten Mißklänge für lange Zeit etabliert.

Nicht ohne Geschick haben Teile der DV-Industrie sich in diesen Ablehnungstrend gegen die allmächtige, als überheblich empfundene und wenig benutzerfreundliche zentrale DV und die sie tragenden Spezialabteilungen eingefügt und den autarken, in voller Selbstverantwortung seine DV- (und übrigen Informationstechnik-) Belange regelnden Endbenutzer als neues Leitbild kreiert.

Aber auch beim falsch verstandenen "Mündigwerden" des Endbenutzers der Fachabteilung sind schon wieder Fehlentwicklungen, Rückschläge und Enttäuschungen vorgezeichnet und in vielen Fällen auch in der Praxis nachzuweisen.

Die Probleme entstehen unter anderem dadurch, daß bei vielen Fachabteilungen eine Überreaktion aufgetreten ist. Aus dem Glauben an das Können der Spezialisten ist eine mehr oder weniger verdeckte Ablehnung der als Bevormundung empfundenen Zusammenarbeit mit den DV-Leuten hervorgetreten und damit verbunden der Ansatz, entweder auf eine Entwicklung der informationstechnischen Hilfsmittel im eigenen Anwendungsbereich weitgehend zu verzichten oder diese Aufgabe voll in die eigenen Hände zu nehmen.

Konfrontiert man diese Haltung mit der voraussehbaren Entwicklung der Informationstechnik, sollte man von folgenden Voraussetzungen ausgehen:  Die moderne rechnergestützte Informationstechnik steht in der Ausschöpfung ihres technischen Potentials erst am Anfang.

Das gilt sowohl für die elektronische (gegebenenfalls optische) Informationsverarbeitung und -speicherung (Computer) als auch die Informationsübertragung und -verbreitung (Telekommunikation).

Die technischen Möglichkeiten werden - das gilt besonders für den aktiven Umgang mit Informationstechnik in Unternehmen und Verwaltungen - den Fähigkeiten der Anwender, diese Möglichkeiten sinnvoll und wirtschaftlich zu nutzen, in den nächsten Jahrzehnten immer vorauseilen.

Eine solche Nichtausschöpfung des technischen Potentials durch eine Volkswirtschaft wäre an sich unter dem Motto "nicht alles wirklich zu tun, was technisch machbar ist" durchaus eine diskussionswürdige These.

Es wird aber dabei leicht übersehen, daß neben dem Energieproblem die Beherrschung und Nutzung der zukünftigen Informationstechnik sowohl für das Einzelunternehmen als auch die öffentliche Infrastruktur und im Grunde für die ganze Volkswirtschaft von elementarer Bedeutung für das Bestehen der Bundesrepublik Deutschland im internationalen Wettbewerb ist.

Dem Nutzungszwang der modernen Informationstechnik kann sich somit niemand entziehen. Privatwirtschaftlich arbeitende, in direktem internationalem Wettbewerb stehende Unternehmungen sind diesem Veränderungsdruck naturgemäß stärker ausgesetzt als die mit größeren Schutzzonen ausgestatteten öffentlichen Verwaltungen. Doch wird allein durch die Abhängigkeit der Privatwirtschaft von vielfältigen öffentlichen Dienstleistungen mit Sicherheit eine - vielleicht indirekt wirkende - Verschlechterung der Wettbewerbsfähigkeit wirksam werden, wenn die öffentliche Verwaltung in der Informatisierung nicht Schritt hält.

Zukünftige informationstechnische Systeme werden trotz aller funktions- oder anwendungsbezogener Dezentralisierung noch weit komplexer als heutige Anlagen sein. Auch für den qualifizierten Anwender in der Fachabteilung werden die technischen Wirkungsweisen, die technisch-funktionellen Zusammenhänge immer undurchschaubarer.

Diese Situation ist natürlich auch in der bisherigen Informationstechnik (und auch der übrigen Technik) nicht neu. Wer versteht schon als Benutzer die Funktionsweise des internationalen Selbstwähl-Telefonnetzes? Während dieses Faktum praktisch unbewußt akzeptiert wird, wird bei der heutigen Datenverarbeitung die Akzeptanz der notwendigen technischen Komplexität und die erforderlichen Sachzwänge der Anpassung an technische Gegebenheiten - vielleicht aus den geschilderten schlechten Erfahrungen des letzten Jahrzehnts heraus - immer wieder in Frage gestellt.

Die Lösung dieser sehr deutlichen Disharmonie zwischen dem Vertreter der technischen Komplexität und der Anpassungszwänge, dem DV-Spezialisten und den dadurch verärgerten oder verschreckten Benutzern in den Fachabteilungen, kann nur durch Aktivitäten auf beiden Seiten erreicht werden.

Dazu ist eine vorurteilslose Einschätzung der im Durchschnitt zu erwartenden Fähigkeiten der Benutzer informationstechnischer Systeme und damit der ihnen ohne Überforderung anzubietenden Komplexitäten beziehungsweise, positiv gesagt, Gestaltungsmöglichkeiten Voraussetzung.

Hier liegt ein, heute durchaus kontrovers beurteilter, zentraler Punkt für die Aufgabenverteilung bei Vorbereitung und Betrieb dezentraler Informationstechniksysteme.

Viele Anzeichen sprechen allerdings dafür, daß die Spezialisten verschiedener Ausrichtung zukünftig eher noch eine zunehmende Rolle spielen werden. Der durchschnittliche Anwender (Endbenutzer) ist nach den Erfahrungen in vielen Fällen in der computer- und kommunikationsgerechten Gestaltung der eigenen fachspezifischen Arbeitsabläufe überfordert.

Selbst hier braucht er den Spezialisten "Anwendungsmethodiker", der seine Sprache spricht und der ihn bei der Reorganisation seiner Aufgaben und Arbeitsabläufe in einer neuen informationstechnischen Umwelt unterstützt. Diese Unterstützung kann auch nicht mit einer einmaligen Einführungsphase abgeschlossen werden. Die im Betrieb befindlichen Anwendungsprogramme müssen vielmehr so aufbereitet sein, daß sie den Nicht-Rechner-Experten viele - auf Wunsch anbietbare - Hilfestellungen, Beratungen, Hinweise und auch Warnungen geben können.

Eine sinnvolle, wirtschaftlich vernünftige und menschengerechte Gestaltung zukünftiger hochintegrierter Informationssysteme kann nur gelingen, wenn der normale Anwender von technischen Fragen (auch der Programmierung und Datenorganisation) fast völlig entlastet wird.

Das bedeutet natürlich nicht, daß er sich nicht systemgerecht verhalten muß, wie er es ja auch bei der Telefonbedienung und beim Führen eines Kraftfahrzeuges ganz selbstverständlich tut. Handelt es sich allerdings um wirtschaftlich motivierte Zwänge, sollte zukünftig die Entlastung der Benutzer einen Vorrang vor wirtschaftlich-technisch scheinbar optimalen Lösungen haben.

Die technologischen Entwicklungen haben gerade in jüngster Zeit in dieser Richtung Ansätze erbracht, die menschengerechte DV-Nutzung zu verbessern. Durch den Preisverfall bei gerätetechnischen Komponenten (Hardware) ergeben sich wirtschaftlich vertretbare Möglichkeiten, die Mensch-Maschine-Kommunikation ausführlicher, verständlicher und damit benutzerfreundlicher zu gestalten. Verbunden mit entsprechender Software ergeben sich so ganz neue Aspekte bei Bedienerführung, graphischen Darstellungshilfsmitteln, bis hin zu selbst adaptierbaren Systemen mit einem gewissen "Einfühlungsvermögen".

Neue gerätetechnische Entwicklungen, wie über die Kathodenstrahlröhre hinausgehende bessere Bildschirmtechniken und die Rechnereingabe/-ausgabe in natürlicher Sprache, werden sicher die Kommunikationsschnittstelle zum Rechner noch weiter vermenschlichen und manches Akzeptanzproblem abbauen helfen.

Je mehr der Rechnernutzer mit seinem Hilfsmittel Computer zufrieden ist, umso geringer sind naturgemäß seine Vorbehalte gegen die Computerspezialisten.

In der Zusammenfassung soll nochmals hervorgehoben werden, daß der kommende Masseneinsatz rechnergestützter Informationstechnik und die damit verbundene Dezentralisierung der Nutzung von Rechnerfunktionen mit einer zunehmenden Verlagerung von Geräten und Funktionen an den Platz der Endbenutzer, in die Fachabteilungen, eine kräftige Zunahme der Zahl und Bedeutung von DV- und Telekommunikationsspezialisten erwarten läßt.

Spezialisten werden ebenso für die eigentlichen technischen Probleme, zum Beispiel Unterhaltung der Rechnernetze, gebraucht wie bei der Beratung und Betreuung der Anwender. Diese Anwendungsspezialisten müssen mit der Gedanken- und Arbeitswelt der Benutzer vertraut sein und die computer- und kommunikationsgerechte Umsetzung und Reorganisation der fachspezifischen Arbeitsabläufe verantwortlich betreuen. Die Anwendungsmethodiker stellen den Mittler zwischen den Wünschen, Vorstellungen und Bedürfnissen der Fachabteilungen und den eigentlichen Informationstechnik-Spezialisten dar.

Die funktionsbezogene Charakterisierung läßt noch offen, wo diese Anwendungsspezialisten organisatorisch angesiedelt sind. Dafür gibt es sicher kein Patentrezept; es wäre aber naheliegend, sie nicht der DV-Abteilung zuzuordnen, sondern entweder in die Fachabteilung zu integrieren (sie vertreten dann in Fachfragen ihren Bereich gegenüber den externen Spezialisten) oder sie in Verbindung mit den Organisationsabteilungen zusammenfassen.

Auf keinen Fall aber werden die DV-Spezialisten an Bedeutung verlieren oder gar bis auf unbedeutende Spezialfunktionen verschwinden, wie mancher Dezentralisierungsapostel meist in Vermischung vieler Aspekte der Dezentralisierung heute glauben machen möchte.

E)   <u>Thesen zum Thema: Spezialisten für Informationstechnik und Fachverwaltungen - von</u>
     <u>Mißklängen zu Harmonie?</u>

von Manfred Lepper, Köln/Speyer

1. Die Diskussion um die Rolle des Spezialisten in der Verwaltung ist ebenso alt wie die Frage
nach der Zweckmäßigkeit der Spezialisierung von Funktionen. Beide Fragestellungen sind zwar
nicht identisch, sie sind jedoch auf denselben Kern zurückzuführen, nämlich auf die Frage, ob der
Einsatz von Spezialisten neben den Generalisten zu einer funktional optimalen oder dysfunktionalen Organisation führt.

Angesichts einer sehr verfestigten Meinung muß es provokativ klingen, wenn man eine solche
Frage in den Raum stellt, haben wir uns doch kritiklos an den "Sachzwang" gewöhnt, daß
fortschreitende Technisierung die Tendenz zur Spezialisierung zwangsläufig zur Folge habe und
daß das Wirken der Spezialisten Zweckmäßigkeit und Effizienz gewährleiste. Der Beweis für
diese These ist bisher allerdings nicht erbracht worden, wenn man nicht unbesehen Forschungs-
erkenntnisse aus der Fließbandproduktion auf die Bürolandschaft übertragen will. Natürlich wird
niemand die Notwendigkeit des Einsatzes von Spezialisten in der Verwaltung bestreiten wollen.
Die Funktion eines Polizeiarztes in einer Polizeidirektion kann eben nur ein Mediziner und nicht
der "Generalist Polizeirat" ausüben. Hier geht es darum, nicht vor Trends und Sachzwängen zu
kapitulieren, sondern kritisch zu untersuchen, ob "die Richtung stimmt".

Wenn dem Organisator die Aufgabe gestellt wird, "Mißklänge" zwischen den Fachverwaltungen
einerseits und den Spezialisten für Informationstechnik andererseits zu beseitigen und "Harmonie" herzustellen, dann müssen zunächst einmal die Ursachen der Mißklänge festgestellt und
analysiert werden, um daraus Schlußfolgerungen für die Organisationsstrukturen, das Rollenver-
halten und das Anforderungs- und Ausbildungsprofil mit dem Ziel der Harmonisierung zu ziehen.

2. Mißstände sind selten auf eine Ursache zurückzuführen, sondern entwickeln sich in der Regel
aus einem Ursachenbündel, das in seiner Gemengelage eine hohe Komplexität schafft. Diese
Komplexität verdichtet sich noch dadurch, daß der hier zu untersuchende Bereich der Informationstechnik in einem unmittelbaren und unauflöslichen Verbund mit der Fachverwaltung steht
und nicht teilverselbständigt gesehen und organisiert werden kann wie zum Beispiel bei einer
Kantinenküche, einer Dienstkraftwagenreparaturstelle oder dem ärztlichen Dienst. Man darf
deshalb nicht den Blick davor verschließen, daß die für ratlose Vorgesetzte typische Forderung,
"mehr gegenseitiges Verständnis" zu zeigen, allein nicht die rollenimmanente Dissonanz zwischen
Generalist und Spezialist aufhebt.

Aus dem Bündel an Disharmonie erzeugenden Ursachen seien hier nur die wichtigsten erwähnt, wobei es in der Natur der Sache liegt, daß dabei verallgemeinert werden mußte und daß sich die geschilderte Situation in Behörden mit starkem, quantifizierbarem Datenbestand günstiger darstellt.

a)     Generalisten als Mitarbeiter der Fachabteilungen und Spezialisten gehören in der Regel unterschiedlichen Fachrichtungen an. Denkweise und Sprache sind hiervon geprägt und damit Verständigungsbarrieren für den Funktionsablauf vorgegeben.

b)     Da der Spezialist einerseits in einem System in der Minderheit ist, andererseits weiß, daß man auf ihn angewiesen ist, kultiviert er seine fachrichtungstypischen Besonderheiten zu einem Subsystem, das sich integrationshemmend und kooperationsfeindlich für das Gesamtsystem auswirkt.

c)     Ebenso bringt der Generalist keine Kooperationsbereitschaft mit, weil er, der Mehrheitsgruppe angehörend, nicht lernbereit ist und vom Spezialisten, den er sich "für den technischen Kram hält", die Integration in seine Denk- und Arbeitsweise erwartet. Für Verständigungsschwierigkeiten und das Scheitern von Gesprächen macht er den Spezialisten verantwortlich.

d)     Da der Generalist in der Regel nicht die informationstechnischen Funktionsabläufe kennt, fühlt er sich nicht mehr als Beherrscher des informationstechnischen Subsystems. Da ihm auch häufig - aus Kostengründen - ein unmittelbarer Zugang zu "seinem" Datenbestand versagt ist, er vielmehr eines Mediums bedarf, legt er mit der Begründung, "es benötige alles zu lange Zeit", keinen Wert auf eine Ausweitung des Informationssystems. So ist es zu erklären, daß bisher nicht alle informationstechnischen Möglichkeiten ausgeschöpft wurden und die Handakten - und Zettelkasteninflation nicht abgebaut werden konnte.

e)     Die technische Entwicklung, die Notwendigkeit spezialisierter technischer Kenntnisse und Betriebskostenüberlegungen haben die Organisatoren dazu veranlaßt, nach einer streng zentralistischen aufbauorganisatorischen Lösung zu suchen, bei der alle informationstechnischen Verrichtungen in besonderen Dienststellen oder Organisationseinheiten zusammengefaßt werden. Eine kritische Analyse, ob die vorgegebenen technischen Entwicklungen nur eine zentralistische organisatorische Lösung notwendig macht, wurde in den seltensten Fällen vorgenommen. Die Folge einer solchen aufbauorganisatorischen Lösung konnte nur sein, daß sich die vor allem durch sozialpsychologische Faktoren ausgelösten Tendenzen einer Entfremdung zwischen Spezialisten und Generalisten verstärkten.

f)     Diese Entfremdungs- beziehungsweise Verkrampfungserscheinungen werden nur selten von den Behördenleitungen beseitigt. Es fehlt in der Regel die fachliche Autorität, um dem Spezialisten begegnen und um in Konfliktsituationen bestehen zu können. Insbesondere, wenn die

Einführung von Informationstechnologien aufgrund externer Gutachten erfolgt ist, der Behördenleiter also nur aus Plausibilitätserwägungen eine "halbherzige" Entscheidung getroffen hat, wird er durch Konflikte seine verdrängten Zweifel bestätigt sehen. Er wird dann vor allem nicht mehr bereit sein, einer Einbeziehung weiterer Sachgebiete in den von den Informatikern betreuten Bereich zuzustimmen. Auf diese mittelbare Weise wirkt sich ebenfalls ein hoher Spezialisierungsgrad, der von der Vorgesetztenautorität nicht einmal halbwegs umfaßt werden kann, entwicklungshemmend aus.

3. Angesichts dieser komplexen Zusammenhänge fragt es sich, wie eine Harmonie zwischen den informationstechnischen Spezialisten und den Generalisten der Fachabteilungen hergestellt werden kann. Hierbei sollten die Ziele nicht zu hoch angesetzt werden: Denn ein konfliktloses System gibt es nicht, es ist vielleicht auch gar nicht erstrebenswert. Die "organisatorische Harmonie" kann nur bedeuten, eine Organisations- und Personalstruktur anzustreben, deren

- aufbauorganisatorische Lösungen Koordinationsmechanismen fördern und rollentypische Konfliktmöglichkeiten der Systemangehörigen nicht verstärken

- ablauforganisatorische Lösungen den Generalisten so weit wie möglich in den Ablauf des Informationsverarbeitungsprozesses einbeziehen

- technische Gestaltung einsehbar ist

- Ausbildungsprofil aller Systemangehörigen Grundlage für eine optimale Kooperation ist.

Aus dieser generellen oberen Zielsetzung läßt sich das operative Ziel für unser Problemfeld ableiten: "Der Spezialisierungsgrad beim informationstechnologischen Betrieb muß minimiert werden".

Zur Zielerreichung sind eine Reihe unterschiedlichster Maßnahmen, die teils organisatorischer, teils technischer oder organisationspsychologischer Natur sind, erforderlich.

a) Abbau von "Angstgefühlen" des Nicht-Spezialisten vor der "Hardware" und Förderung des technischen Grundverständnisses. Angstgefühle mit ihrer negativen Wirkung erweisen sich stets als lernhemmend und verstärken den Ruf nach dem Spezialisten, auf den man das "Unangenehme" abladen kann.

b) Die Beseitigung von Hemmungen ist aber nicht nur ein psychologisches, sondern auch ein technisches Problem. Zumindest die Endgeräte sollten bedienungsleicht sein, damit eine unmittelbare Bedienung auch von dem Generalisten, dem Nicht-Spezialisten vorgenommen werden kann. Damit werden die Voraussetzungen geschaffen, mehr informationstechnische Apparaturen am Arbeitsplatz zu installieren und sie für den unmittelbaren Arbeitsprozeß dienstbar zu machen.

c)     Diese Einbeziehung des informationstechnischen Subsystems in den Arbeitsprozeß ermöglicht einen gestuften Aufbau dieses Subsystems.

(1)     Die erste Stufe, die man als voll dezentralisiert bezeichnen kann, verwirklicht sich am Arbeitsplatz. Einen begrenzten Teil von Verrichtungen kann der Angehörige der Fachabteilung selbst vollziehen, sei es bei der unmittelbaren Abfrage, sei es bei der Eingabe. Hierdurch wird nicht nur eine Beschleunigung der Informationsverarbeitung erreicht, sondern auch die rollensoziologische Basis dafür geschaffen, daß der Generalist den informationstechnischen Spezialisten nicht als Systemfremden, sondern sich selbst als Teilhaber an diesem Subsystem sieht und damit in matrixähnliche Beziehungen eingebunden wird.

Wieweit diese Delegation von informationstechnischen Teilfunktionen auf den einzelnen Fach-Arbeitsplatz vorgenommen werden kann, ist generell nicht zu bestimmen, weil dieses Konzept von der jeweiligen Art der Information und von dem Maschinenbestand abhängig ist.

(2)     Die zweite Stufe unserer Informationsorganisation sollte mit der mittleren Organisationsebene, also mit der (Fach-) Abteilungs- beziehungsweise Dezernatsebene, gekoppelt sein, weil auf dieser Ebene ohnehin die Programmplanung erfolgt.

Denkbar ist die Verzahnung beider Subsysteme auf dieser Ebene in zweierlei Beziehung. Erstens sollten die informationstechnischen Vorgänge, die aus größenordnungsmäßigen Gründen nicht auf der ersten Stufe abgewickelt werden können, in dem engen fachlichen, räumlichen und personellen Verbund der Fachabteilung ablaufen, soweit die Bedienungsanforderungen gering sind und eine Zentralisierung nicht zwingend geboten ist.

Ist letzteres geboten, darf allerdings die Fachabteilung nicht ihrer Mitverantwortung für die informationstechnischen Prozesse entkleidet werden. Ihr sollte - und das wäre die zweite Möglichkeit der Verzahnung - dadurch Rechnung getragen werden, daß die Fachabteilung aus ihren Reihen einen Systembeauftragten bestellt, der die informationsbezogenen Anforderungen der Abteilung zusammenstellt und gemeinsam mit entsprechenden Bereichsbeauftragten des informationstechnischen Zentrums ein Informationsversorgungsprogramm für die Abteilung erarbeitet. Dem Systembeauftragten für die Abteilung sollte aber auch die inputorientierte Aufgabe obliegen, innerhalb der Abteilung nach Möglichkeiten für die Anwendung von Informationstechnologien und damit nach Verbesserung der Informationsversorgung der Abteilung zu suchen. Durch dieses System vermischter persönlicher Verantwortungsbereiche können scheinbar unüberbrückbare Gegensätze der fachrichtungsbezogenen Betrachtungsweise überwunden werden.

(3)  Die dritte Stufe der Informationsorganisation stellt die zentrale Organisationsform dar. Diese Stufe soll deshalb zentral genannt werden, weil alle informationstechnischen Funktionen in Organisationseinheiten außerhalb der Fachabteilungen (Dezernate) konzentriert sind, während den Fachabteilungen lediglich die Rolle des Anfordernden und des Verbrauchers zukommt.

Da bei dieser Stufe natürlich die Gefahr der Frontbildung besteht, sollte sie in der rein zentralistischen Form nur Verwendung finden, wenn die beiden ersten Stufen aus technischen oder sonstigen Gründen nicht realisiert werden können und wenn ablauforganisatorisch eine weitgehende Mitwirkung der Fachabteilungen gesichert ist.

Um Mißverständnissen vorzubeugen, sei darauf hingewiesen, daß das - behördeninterne oder behördenübergreifende - informationstechnische Zentrum auch bei der dezentralen Organisationsform der Stufen 1 und 2 nicht überflüssig wird, sondern seine Funktion als technische Basis und als Steuerungsinstrument für die Integration aller Informationsinstrumente und Informationsverfahren nicht nur beibehält, sondern in konzentrierter Form ausbauen kann.

d)  Eine weitere Maßnahme, Entfremdungserscheinungen zwischen Spezialisten und Generalisten zu beseitigen, zumindest zu reduzieren, sollte darin bestehen, Voraussetzungen für gegenseitiges Verständnis und für gemeinsame Fachgespräche zu schaffen. Da dies nicht nur eine Frage des guten Willens, sondern auch des Vorhandenseins von Kenntnissen ist, müssen bereits während der Ausbildung die entscheidenden Weichen gestellt werden. Hierbei ist zwischen lang- und kurzfristigen Maßnahmen zu unterscheiden.

(1)  Zu den kurz- bis mittelfristig zu realisierenden Maßnahmen gehört es, den Generalisten - das werden in der Regel Juristen, Volkswirte und Beamte des gehobenen nichttechnischen Dienstes sein - die notwendigen Kenntnisse über die Entwicklung und Bedeutung der Informationstechnik zu vermitteln. Dazu gehört ein Überblick über

- das Anliegen und den Stellenwert der elektronischen und insbesondere mikroelektronischen Datenverarbeitung
- den gegenwärtigen Entwicklungsstand
- die Zukunftsperspektiven
- den Datenschutz.

Mindestkenntnisse aus dem Bereich der technischen Grundlagen sind erforderlich über

- Aufbau und Arbeitsweise von Zentraleinheiten, Speichermedien, periphere Geräte der EDV sowie sonstiger informationstechnischer Geräte
- Betriebssysteme und ihre Bestandteile
- Anwenderprogramme.

Eingehender Erörterungen bedürfen

- Organisation und Verwaltung des informationstechnischen Instrumentariums in der Verwaltung
- Organisation der Betriebseinrichtungen und der informationstechnischen Zentren
- Organisation der Beziehungen zu den Fachabteilungen
- Organisation von Verbundlösungen.

Dieses Programm, zu dem inhaltliche Empfehlungen des "Kooperationsausschusses ADV" vom Februar 1976 vorliegen und das in der Fachhochschule des Bundes für öffentliche Verwaltung praktiziert wird, kann bereits mit einem Stundenrahmen von 30 bis 80 Stunden Sinnvolles bewirken.

(2) Ein vergleichbares Einführungsprogramm muß für den Spezialisten in der öffentlichen Verwaltung entwickelt werden. Die Schwerpunkte dieses Programms müssen in folgenden Bereichen liegen:

- Aufgaben und Organisationsziele der öffentlichen Verwaltung
- Beziehungen zwischen dem politischen System, der Verwaltung und der Umwelt
- Aufbau und Gliederung der Verwaltung
- Planung, Entscheidung und Geschäftsgang
- Grundlagen der Rechtsordnung
- Einführung in die jeweilige Fachaufgabe.

Auch dieses Programm kann in einem Stundenrahmen von 30 bis 80 Stunden sinnvoll abgewickelt werden.

(3) Diese beiden Maßnahmen können jedoch nur als ein Mindestprogramm, das im Rahmen der gegenwärtigen Ausbildungskonzeption zu verwirklichen ist, gekennzeichnet werden. Sie reichen für eine befriedigende Lösung in der Zukunft nicht aus. Ursache für diese Mangelerscheinung ist die herrschende Ausbildungskonzeption, die zumindest für den höheren Dienst immer noch vom Fachrichtungsprinzip beherrscht wird: Es werden Juristen, Mediziner, Volkswirte, Chemiker und so weiter unabhängig vom zukünftigen Beschäftigungsfeld ausgebildet. Wir wissen aber, daß in den einzelnen Beschäftigungssystemen nur selten reine fachrichtungstypische Arbeitsplätze vorkommen. Der Bauingenieur in der öffentlichen Verwaltung macht nur zu einem Teil Bautechnik. So geht es Juristen, Volkswirten und Medizinern, die alle nicht ausschließlich das machen, was sie gelernt haben. Die Folge ist eine erhebliche, allerdings nicht zugegebene Effizienzminderung des jeweiligen Systems.

Deshalb muß die Forderung für die Ausbildungskonzeption der Zukunft lauten, zu einer Kombination von Fachrichtungs- und Systemausbildung zu kommen. Dies könnte in der Form geschehen, daß zunächst ein fachrichtungsorientiertes Grundstudium absolviert wird und daran anknüpfend ein systembezogenes Aufbaustudium angeschlossen wird. Dieses Ausbildungsmodell ist zur Zeit in ersten Ansätzen an der Hochschule für Verwaltungswissenschaften Speyer für das Verwaltungssystem in der Erprobung.

Wird dieses Modell zum Regelfall, ist gleichzeitig ein entscheidender Schritt in Richtung auf den Abbau von Mißverständnissen zwischen den informationstechnischen Spezialisten und den Fachabteilungen getan und eine Basis für eine sachbezogene Zusammenarbeit zwischen beiden Bereichen geschaffen.

F) <u>Überlegungen zum Verhältnis zwischen Informatikfachleuten und Entscheidungsträgern in der Verwaltung</u>

von Herbert Maisl, Paris

Das Verhältnis zwischen Informatikern und Entscheidungsträgern in der Verwaltung ist ein Spezialfall des generellen Problems der Zusammenarbeit zwischen Spezialisten und Entscheidungsträger. Heute weiß man, daß, auch wenn der hierarchische Chef die juristische Verantwortung für eine Entscheidung trägt, diese das Ergebnis einer Zusammenarbeit ist, an der eine Reihe von Personen innerhalb und außerhalb der Verwaltung teilnimmt: der Fachmann, und vorrangig der Informatikfachmann, der Informationen aufgreift und verarbeitet, fügt sich notwendigerweise in diesen Prozeß ein.

Ist es ein Naturgesetz, daß der Entscheidungsträger mehr oder weniger der Macht des Spezialisten ausgesetzt ist, der ihm nicht die Ausgangsdaten, die Beweise mitteilt, sondern nur die aus diesen abgeleiteten Konsequenzen? Eine klassische Frage, die zwar schon vollständig durch die Verwaltungswissenschaft erörtert, aber bei der Einführung von Informationssystemen in der Verwaltung zwangsläufig wieder aufzugreifen ist.

Ist das Verhältnis von Informatikern zu Entscheidungsträgern dazu verurteilt, sich in Verständnislosigkeit zu verlieren, wobei jeder in seinen Babelturm eingeschlossen bleibt? Oder ist im Gegenteil eine Annäherung möglich? Was sollte man tun, damit eine echte Zusammenarbeit einsetzt, die jedem seine exakte Stellung in diesem Entscheidungsprozeß zuweist und die es erlaubt, den größten Nutzen aus der Automatisierung zu ziehen?

Wir meinen, daß man beginnen sollte, eine Berufsethik der Informatik zu entwickeln. [1] Wir betrachten den Terminus Berufsethik als Synonym für Verhaltensregeln, die nicht nur auf Informatikfachleute anwendbar sind, sondern auf alle, die in dieser oder jener Eigenschaft durch den Einsatz der automatisierten Datenverarbeitung betroffen sind, zum Beispiel Entscheidungsträger und andere Verwaltungsfachleute. Diese objektive Berufsethik erscheint schon in den Datenschutzgesetzen, Gesetze, die zugleich Informatikfachleute und Anwender der automatisierten Datenverarbeitung betreffen. In der Verwaltung müssen Informatiker und Entscheidungsträger lernen zu kooperieren; zu diesem Zweck müssen Spielregeln definiert werden, damit ihre Beziehungen harmonisch werden und das Laufwerk der Verwaltungsmaschinerie nicht gestört wird.

Ausgehend insbesondere von der französischen Praxis möchten wir Ihnen einige Überlegungen zu der Problematik dieses Verhältnisses vortragen und versuchen, die möglichen Wege einer Verbesserung dieses Verhältnisses zu skizzieren.

1.    Die Problematik des Verhältnisses von Informatikfachleuten und Entscheidungsträgern in der Verwaltung

Die Informatisierung der Verwaltung ist selten bewußt und einheitlich vor sich gegangen; dem Verhältnis zwischen Informatikern und höheren Entscheidungsträgern ist nicht genügend Aufmerksamkeit geschenkt worden. Indessen verdienten zwei Punkte eingehender untersucht zu werden: Eine beiden Parteien gemeinsame Sprache und ein organisierter Dialog stellen notwendige Bedingungen für eine Harmonisierung der Beziehungen dar.

a)    Die Definition einer gemeinsamen Sprache

Um eine gemeinsame Sprache definieren zu können, ist die Integration des Informatikers in die Verwaltung ebenso notwendig wie die Befähigung des Entscheidungsträgers, sich der Informationstechnik zu bedienen.

(1)    Der Status des Informatikers (Informatikfachmanns, DV-Spezialisten)

Wenn man den Betriff "Status" verwendet, hat man gewiß nicht die Absicht, ein Corps von Informatikern zu schaffen. Zum einen weiß man, daß die Umrisse des Berufes des Informatikers sehr verschwommen sind. Außerdem würde ein Corps von Informatikfachleuten, das seine Stellung in der Verwaltung und die Interessen seiner Mitglieder verteidigt, einen zusätzlichen Trägheitsfaktor im Arbeitsablauf der Verwaltung darstellen; er würde die Entscheidungsprozesse schwer belasten.

Vielmehr sind in die Verwaltung integrierte Informatikfachleute notwendig. In der Tat hat der Einsatz der Informationstechnik in der Verwaltung Eigenarten, welche man näher präzisieren sollte; Verwaltung zielt darauf ab, kollektive und nicht wirtschaftliche Bedürfnisse zu befriedigen; Informationstechnik spielt hier mit Sicherheit nicht die gleiche Rolle wie in einem produktiven System. Folglich kann man nicht schlicht und einfach Führungsmodelle anwenden, die für Unternehmen geschaffen worden sind.

Die Verwaltung muß ihre eigenen, mit Verwaltungsproblemen vertrauten Informatikfachleute haben. Dies impliziert, daß es keine strikte Trennung zwischen Technikern und Verwaltungsleuten geben darf. Das ist die Lösung, die in Frankreich gewählt wurde: "Die Beamten und Angestellten des Staates, die in ihrer Eigenschaft als Techniker ihren Dienst aufnahmen, besaßen alle die Möglichkeit, eine administrative Laufbahn einzuschlagen; alle Beamten und Angestellten des

Staates sollten aufgefordert werden, eine Technikerausbildung zu absolvieren und Arbeitsplätze dieser Art zu besetzen". [2] Der Informatiker, der als Beamter ausgebildet wurde, besitzt nämlich eine größere Mobilität.

Eine Untersuchung hat die Wichtigkeit dieser personellen Probleme bei der Einführung der Informationstechnik aufzeigen können: "Ein schlechter Einsatz der Spezialisten führt dazu, daß der Computer weiter als eine schnellere und perfektionierte mechanische Maschine und nicht als ein wirkliches Instrument der Auswertung und der Verknüpfung von Daten benutzt wird. Daraus folgt eine doppelte Negativkonsequenz: Man betreibt nicht nur schlechte Informationsverarbeitung, sondern auch schlechte Verwaltungsarbeit". [3] Diese Feststellung gilt auch für die Entscheidungsträger.

(2)    Entscheidungsträger und Informationstechnik

Das gesamte Verwaltungspersonal, das Gestaltungsarbeit erfüllt, besonders die Beamten in Leitungspositionen, muß sich in den Möglichkeiten der Informationstechnik gut auskennen. Es muß klare Vorstellungen von dem haben, was die Verwaltung von der Informationstechnik erwartet.

Dieses Ziel kann nur über mehrere Stadien erreicht werden: Während der Vorbereitung auf die Eingangsprüfung, in den Ausbildungsstätten und durch organisierte Seminare während der beruflichen Karriere.

So gibt es im Institut d'études politiques, Paris, (diese Anstalt bereitet auf die Eingangsprüfungen vor) obligatorische praktische Arbeiten in der Informatik, die darauf hinzielen, eine umfassende Kenntnis des Computers und seiner Möglichkeiten und Grenzen zu vermitteln. Im Jahr 1979/1980 hat es einen Kurs über das Thema "Informatik und Gesellschaft" mit Berücksichtigung der technischen, wirtschaftlichen und sozialen Aspekte sowie der öffentlichen Diskussion gegeben. In der ENA (Ecole nationale d'administration) wird ebenfalls Verwaltungsinformatik in zwei Ausbildungsgängen gelehrt: Einführung in die Programmierlogik und Einführung in die funktionelle und organisatorische Analyse der Verwaltungssysteme anhand von praktischen Fällen. Ziel ist, die Kommunikation zwischen Entscheidungsträgern und Informatikfachleuten zu erleichtern sowie Kenntnisse über Möglichkeiten und Grenzen des Computers zu vermitteln.

Die Annäherung von Sprache und Problemsicht der beiden Partner muß ergänzt werden durch die Institutionalisierung eines organisierten Dialogs.

b)	Die Institutionalisierung des Dialogs

(1)	Die Notwendigkeit des Dialogs

Der Dialog ist notwendig um zu verhindern, daß die Einführung der Informatiksysteme unter dem Einfluß von Technikern erfolgt, ohne den von den Entscheidungsträgern formulierten Anforderungen zu entsprechen. Man hat in der französischen Administration eine Gruppe von ungefähr fünfzig Personen ausmachen können, die sich sozusagen als Unterseeboote der Verwaltungsreform verstanden und am Rande der Autoritätsstrukturen gehandelt haben; diese Gruppe war bemüht, eine Eigendynamik der Entwicklung und der Verteilung von Informatiksystemen zu schaffen, obwohl keine Koordinationsinstanz sich hatte durchsetzen können. [4]

Es besteht also eine doppelte Gefahr: Die Einführung der Informationstechnik vollzieht sich unmerklich und stetig, ohne wirklich freie Wahl der Entscheidungsträger; sogar im Entscheidungsprozeß selbst verzichtet der Entscheidungsträger punktuell zugunsten eines Technikers auf seine Macht. Dieser versteht wenig von den verfolgten Zielen, entwickelt aber Programme, welche die Entscheidungen vorbestimmen, die der Entscheidungsträger hinterher auf sein Konto zu nehmen hat.

Diese Gefahr der Substituierung der Macht durch den Einsatz der Systemanalyse ist bekannt. "Wenn ohne Kenntnis des Verantwortlichen in höchster Instanz Entscheidungsmodelle so ausgearbeitet werden, daß mißbräuchlich bestimmte Orientierungen begünstigt werden, insbesondere auf der Programmebene, so kann dieser Machttransfer sich in Machtmißbrauch verwandeln". Wäre es nicht "notwendig, daß es den Spezialisten für Entwicklung und Handhabung der Modelle ab sofort zur Bedingung gemacht wird, die Natur und die Quelle der Daten, die sie in Betracht gezogen haben, sowie alle Gedankengänge, die den Aufbau der Programme bestimmten, ohne Einschränkung offen zu legen"? [5] Eine solche Verpflichtung würde den Betroffenen, aber auch den Entscheidungsträgern, ohne Zweifel zu gute kommen.

(2)	Die Organisation des Dialogs

Der Dialog zwischen Informatikfachleuten und Entscheidungsträgern muß in jeder Phase des Entscheidungsprozesses organisiert werden - zur Zeit der Entscheidungsvorbereitung und der Programmplanung, zur Zeit der Auswahl der Hardware und in der Durchführung. Die Informatisierung der Verwaltung sollte nicht auf den alten Verwaltungsstrukturen aufbauen. Die Informationstechnik ermöglicht die integrierte Amtsführung; sie verändert die Abläufe und sie beeinflußt die Kontrollmöglichkeiten. Die Entscheidungsträger müssen also in jedem Stadium zusammen mit den Informatikfachleuten die Anwendung der Informationstechnik überwachen, das Marktangebot untersuchen, ein Entwicklungsschema aufstellen und an der Erarbeitung einer interministeriellen Politik partizipieren.

Man kann den Einsatz der Informationstechnik nicht der Initiative jeder einzelnen Dienstbehörde überlassen. Es muß eine Koordinationsstruktur geschaffen werden. Das kann beispielsweise ein Ausschuß für Verwaltungsreform sein, der dem Regierungschef zugeordnet werden könnte [6]. Man muß in der Tat die politische Gewalt dazu bringen, sich mit der Zukunft ihrer Behörden zu befassen. Ist nicht im Endeffekt der Politiker der Entscheidungsträger? Auch ihn geht die Verbesserung des Verhältnisses zwischen Informatikfachleuten und Entscheidungsträgern an.

2.	Wege einer Verbesserung des Verhältnisses zwischen Informatikfachleuten und Entscheidungsträgern in der Verwaltung

Wir möchten einige, in keiner Weise erschöpfende, Überlegungen dazu anregen, wie bessere Verhältnisse zwischen Informatikfachleuten und Entscheidungsträgern in der Verwaltung gefunden werden könnten. Besonders scheint uns hier eine erste Bilanz der Datenschutzgesetzgebungen lehrreich zu sein.

a)	Die Lehren der Datenschutzgesetzgebung

Wenn man das französische Datenschutzgesetz vom 6. Januar 1978 [7] und seine ersten Anwendungserfahrungen [8] untersucht, so stellt man fest, daß eine Gesetzgebung dieser Art Verhaltensregeln enthält, die gleichzeitig den Informatikfachleuten und Entscheidungsträgern auferlegt sind - Regeln, die sich mit Sicherheit auf deren Verhältnis auswirken. Drei Beobachtungen können gemacht werden.

(1)	Das Gesetz erzwingt den Dialog zwischen Informatikfachleuten und Entscheidungsträgern

Dieser Dialog, dessen Notwendigkeit wir bereits gesehen haben, ist eine unausweichliche Folge der Anwendung dieses Gesetzes. Es können sich Gewohnheiten herausbilden, eine gemeinsame Sprache kann entstehen, indem der Informatikfachmann aus seinem Ghetto herauskommt und der Entscheidungsträger sich der Rechtsgrundlage annimmt. In dieser Hinsicht ist es sehr bezeichnend, daß das Dossier über "Informatik und Freiheitsrechte", das in den ersten Monaten der Anwendung des Gesetzes nur vom Informatikzentrum beachtet wurde, jetzt im Kabinett erwähnt wird.

Von nun an ist in Frankreich jede Einrichtung automatisierter personenbezogener Dateien in der Verwaltung einer Kontrollinstanz mitzuteilen, der Nationalen Kommission für "Informatik und Freiheitsrechte" (Commission Nationale de l'Informatique et des Libertés CNIL). Andererseits hat jeder Betroffene ein Zugangsrecht zu den über ihn gespeicherten Daten.

Die Anwendung dieser Bestimmungen, insbesondere der vorgesehenen Formalitäten, verlangt die Zusammenarbeit zwischen Informatikfachleuten, Juristen und Entscheidungsträgern der Verwaltung, denn kein Partner besitzt allein die zur Erfüllung dieser Formalitäten notwendige Information. Um das von der CNIL ausgearbeitete Formular auszufüllen und die gestellten Fragen zu beantworten, ist eine gründliche Analyse von Charakteristik und Funktion jeder Auswertungsmöglichkeit der Daten unabdingbar. Es ist der Entscheidungsträger, der die Stellungnahme zu unterzeichnen hat. Seine Unterschrift verpflichtet ihn, und folglich wird er in der Bearbeitung dieses in einer nicht-technischen Sprache verfaßten Dossiers seine Verantwortlichkeiten wahrnehmen. Dieses formale Verfahren wird wahrscheinlich eine größere Sorgfalt in der Anwendung der Informatik zur Folge haben.

Andererseits beachtet das Gesetz, unter Androhung von Strafsanktionen, die Verantwortlichkeiten von Informatikfachleuten und Entscheidungsträgern. Anfangs haben sich die Informatikfachleute wegen dieses Gesetz, das sie mit Freiheitsstrafen bedrohte, Sorgen gemacht; viele haben heute verstanden, daß die Verantwortungslast verteilt ist. Der Entscheidungsträger kann von nun an "für sein Handeln verantwortlich gemacht werden". So droht das französische Gesetz jedem Strafe an, der aus Fahrlässigkeit oder Gleichgültigkeit personenbezogene Daten verbreitet hat oder hat verbreiten lassen. Dies gilt gleichermaßen für den in seinem Beruf nachlässigen Informatikfachmann wie für den Entscheidungsträger, den Verantwortlichen einer Verwaltungsbehörde, der - zu Sicherheitsmaßnahmen aufgefordert - diese vernachlässigt hat.

Diese gesetzlichen Vorschriften implizieren die Auseinandersetzung von Informatikfachleuten und Entscheidungsträgern mit allen Folgen der Anwendung von Computern.

(2)    Das Gesetz verlangt eine Vereinfachung der Sprache

Ein Hindernis auf dem Weg zum Dialog ist die Unverständlichkeit der Informatiksprache. Indessen zwingt das Gesetz wegen der vorgesehen Formalitäten und des Zugangsrechts den Informatikfachmann dazu, seine Fachtermini aufzugeben. Die Stellungnahme zu einer geplanten Datensammlung muß in der Umgangssprache abgefaßt sein; die Bekanntgabe des Inhalts der Datensammlungen an den Betreffenden soll in einer klar verständlichen Sprache erfolgen. So kann die EDV-Abteilung nicht mehr eine Welt für sich sein; sie muß in die normalen Abläufe integriert werden und wirklich ein Werkzeug zur vollen Verfügung des Entscheidungsträgers darstellen.

(3)    Das Gesetz ist ein Element der Entscheidungspolitik in Sachen der Informatik

Die Datenschutzgesetze zielen darauf ab, die Informatik zu entmystifizieren und die Gefahren einzugrenzen. Sie sind für die Personen geschaffen worden, deren Daten erfaßt sind und für die eine Gefahr besteht, in ihrem persönlichen Leben betroffen zu werden. Doch sie werden einen Ansteckungseffekt haben. Der Entscheidungsträger ebenfalls wird ein Zugangsrecht zu den Systemen erlangen; er wird die Programme diskutieren und er wird sich dagegen wehren, daß

Entscheidungen vom Computer getroffen werden; das heißt, daß sie nicht die Folge von technischen Faktoren sein sollen.

Zwei Artikel des französischen Gesetzes sind diesbezüglich bedeutsam:

"Keine administrative Entscheidung (...), die Wertungen über ein menschliches Verhalten voraussetzt, darf auf einer automatisierten Auswertung von personenbezogenen Informationen basieren, die eine Beschreibung des Profils und der Persönlichkeit des Betroffenen geben".

"Jeder hat das Recht, die Informationen und die zugrundeliegenden Gedankengänge zu erfahren und anzufechten, die in automatisierten Auswertungen verwendet worden sind und mit deren Resultaten er konfrontiert wird".

Über die Verarbeitung personenbezogener Daten hinaus wollte das Gesetz, daß der Entscheidungsträger sich der Systemanalyse als eines Arbeitsinstruments unter anderen bediene und daß er sich nicht voll und ganz auf deren Schlüsse verläßt. Der Entscheidungsträger muß die Elemente des Programms kennen und er selbst muß die Entscheidungen abschätzen, die Computerauswertungen ihm nahelegen.

So geht die Bedeutung dieser gesetzlichen Vorschriften über das Problem der Speicherung personenbezogener Daten weit hinaus. Es ist die ganze Technik der Informatik, die in Frage gestellt wird und für die neue Maßnahmen verlangt werden.

b) Die zu suchenden ergänzenden Maßnahmen

Es werden noch viele ergänzende verwaltungsspezifische Verhaltensregeln ausgearbeitet werden müssen. Die britische Kommission für Datenschutz hatte den Vorschlag gemacht, sogenannte "codes of practice" zu schaffen [9]. Diese "codes" können verschiedene Formen annehmen: Rundschreiben, Dienstinstruktionen, Arbeitsverträge und so weiter. Es müßten auf jeden Fall drei Gruppen von Zielen angestrebt werden.

(1) Sicherung der Kompetenz der Informatikfachleute und der Information der Entscheidungsträger

Die Frage der Ausbildung des Informatikfachmannes und des Entscheidungsträgers ist schon angesprochen worden. Eines ist hinzuzufügen: Wenn das Näherbringen der Menschen in diesem Beruf notwendig ist, dann wäre die Ausbildung von Menschen, die selbst diese Synthese verkörpern, von großem Nutzen. Es handelt sich hier um das Problem der Schulung von höheren Angestellten, die schon Erfahrung in der Verwaltung haben. Das ist der während der Woche "Informatik und Gesellschaft" in Paris im September 1979 von Monsieur Empereur gemachte

Vorschlag: Die Administration benötigt neue, profilierte Verantwortliche "als Architekten von Systemen", das heißt, "Angestellte, Verwaltungsleute und Ingenieure in einer Person, die fähig sind, von Anfang bis zum Ende die Konzeption, die Einführung und die Verbreitung von verteilten Informatiksystemen zu planen, und die fähig sind, die zu deren "Herstellung" und Nutzung im großen Maßstab notwendigen internen und externen Mittel zu kontrollieren" [10].

(2)    Vorbeugung mißbräuchlicher Informatikanwendungen

Das "Recht der Informatik" befindet sich noch im Embryonalzustand. Bevor Recht und Rechtsprechung Lösungen liefern können, ließen sich Gebote aus der Praxis heraus schaffen und formalisieren. Außerdem müßte auch die Forschung über administrative Innovationen durch die Informatik mehr darauf gerichtet werden, die Besonderheiten der Verwaltungsinformatik herauszustellen und angepaßte Lösungen zu definieren.

Die soziale Verantwortung der Informatik und des Entscheidungsträgers im Einsatz der Informatik ist noch wenig entwickelt. Ist die Informatik, wie man es oft behauptet, neutral? Oder gibt es im Gegenteil technologische Determinanten, und welchen Einfluß üben sie auf die Entscheidung aus? Die soziale Verantwortung ist im Zusammenhang mit der Verarbeitung personenbezogener Daten untersucht worden; andere Gebiete liegen noch brach: Die Auswertung großer wirtschaftlicher und sozialer Datenbanken, das Zurückgreifen auf die Systemanalyse, auf Simulationen und das Verhältnis von Verwaltung und Politik auf diesem Gebiet. Der Entscheidungsträger in der Verwaltung unterliegt der Kontrolle des politischen Entscheidungsträgers; aber vielleicht gibt es manchmal eine heimliche Übereinkunft zwischen Informatiker und Entscheidungsträger in der Verwaltung zu Lasten des politischen Entscheidungsträgers?

(3)    Schaffung von Reformstrukturen

Zweifellos hat die wissenschaftliche Forschung ihre Rolle zu spielen. Doch muß die Verwaltung ihre eigenen Überlegungen über notwendige Verbesserungen der Strukturen und Verfahrensarten anstellen. Ist über die hierfür in jeder Dienstbehörde schon vorhandenen Institutionen hinaus eine zusätzlich Koordinationsstruktur notwendig? Das wäre denkbar. Simon Nora und Alain Minc haben angeregt, einen Ausschuß für die Verwaltungsreform zu schaffen [11].

Als Schlußfolgerung sollen zwei Bemerkungen gemacht werden:

Erstens zeichnet sich offensichtlich in allem, was heute in der Verwaltung auf dem Gebiet der Informatik geschieht, bereits die Gestalt ab, die diese am Ende des Jahrhunderts annehmen wird. Erneutes Infragestellen und Korrigieren werden später nur schwer möglich sein. Daher ist es wichtig, daß eine Debatte jetzt einsetzt.

Zweitens kann sicherlich viel gegen die Abgrenzung zwischen den Verwaltungsapparaten verschiedener Staaten unternommen werden. Die Entstehung von Verbraucherverbänden auf europäischer Ebene ist auffällig. Warum nicht mehr Gedankenaustausch zwischen Verwaltungen, auch wenn diese ihre eigene Charakteristik haben? Solche Gegenüberstellungen können nützlich für Verwaltungstätigkeit und Entscheidung sein, aber auch für Ausbildung und Forschung. Letzteres gilt für diese von der Hochschule für Verwaltungswissenschaften Speyer und der Gesellschaft für Informatik organisierte Konferenz, die auf eine bessere Kenntnis der Verwaltungsinformatik abzielt.


<u>Anmerkungen:</u>


1)   Vgl. unseren Bericht: Les problèmes juridiques posés par la déontologie de l'informatique, Conseil de l'Europe Straßburg 1979.

2)   Vgl. Hadas-Lebel, R., L'informatique dans l'administration francaise, Commentaire de la loi du 23 décembre 1970 relative à la situation des fonctionnaires affectés au traitement de l'information, Institut francais des siences administratives, Paris 1973, S. 113.

3)   Vgl. Francois, A., Informatique et personnels administratifs en Informatique et administration, Institut international des sciences administratives, Paris 1977, S. 36.

4)   Jamous, H. und Gremion, P., L'ordinateur au pouvoir - Essai sur les projects de rationalisation du gouvernement et des hommes, Paris 1978, S. 25.

5)   Commission Informatique et Libertés, Rapport, Paris 1975, S. 83.

6)   Siehe dazu unseren Kommentar in: Semaine Juridique J.C.P. 1978, I 2891.

7)   Ebenda.

8)   Siehe dazu: Le premier rapport d'activité de la Commission Nationale de l'Informatique et des Libertés, Paris (im Erscheinen).

9)   Report of the Committee on Data Protection, London 1978, S. 164.

10)  Actes du colloque international informatique et société, vol. I, Paris 1980, S. 144.

11)  Nora, S. und Minc, A., L'informatisation de la société, Band I, Paris 1978, S. 108.

G) Thesen zum Thema: Spezialisten für Informationstechnik und Fachverwaltungen - von Mißklängen zu Harmonie?


von Hanns Püschel, Bonn


1. EDV-Arbeitsspezialisierung als Management-Problem aus allgemeiner Sicht

a) Die Wissenschaft ist sich darin einig, die Tendenz zur Spezialisierung der Arbeitnehmer in der Wirtschaft als notwendige Folge der Industrialisierung zu betrachten.

Die Anfänge dieser Tendenz liegen im 19. Jahrhundert. In einer ersten Phase der Industrialisierung ähnelte das Management noch dem überkommenen Führungssystem. Seine Aufgabe bestand im Ordnen, Strukturieren, Planen, Organisieren und Kontrollieren einer soziotechnischen Einheit (zum Beispiel eines Unternehmens). Im Prinzip beherrschte der Manager jedes Teil-Arbeitsgebiet der soziotechnischen Einheit. Dem entsprach ein "autokratischer Management-Stil" (vergleiche Abbildung 1).

Als mit fortschreitender Industrialisierung der Prozeß der Arbeitsteilung für eine immer weiter reichende Spezialisierung sorgte und sich wegen der differenzierten technischen Vorgänge der Ausbildungsstand der Arbeitnehmer erhöhte, war der alte Management-Stil überholt:

- Management wird heute zunehmend erschwert durch eine unverhältnismäßige Verteilung des fachlichen Wissens und Könnens. Der Manager müßte immer mehr von immer mehr wissen und können. Stattdessen weiß und kann er immer weniger von immer mehr. Andererseits wissen und können immer mehr Arbeitnehmer immer mehr von immer weniger. Die grundsätzliche Überlegenheit des Managers im Fach und die Fach-Übersicht gehen damit verloren. Es entwickelt sich eine "fachliche Abhängigkeit aller von allen".

- Der Manager hat seine relative Unabhängigkeit und Entscheidungsfreiheit bei der Wahrnehmung seiner Führungsaufgabe verloren.

- Die Auswechselbarkeit der Arbeitnehmer verringert sich. In letzter Konsequenz droht sich das Verhältnis sogar umzukehren in eine Abhängigkeit des Managers von dem hochspezialisierten und nach Einarbeitung nur schwer auswechselbaren Arbeitnehmer.

- Der Arbeitnehmer entwickelt ein starkes Selbstbewußtsein, das sich in Zielen äußert wie "Selbstverwirklichung im Beruf" und "Lebensqualität am Arbeitsplatz" (Anspruchshaltung).

Für das sich daraus entwickelnde Management-Problem gibt es keine allseits anerkannte Lösung. Nur scheinbar überzeugen kann der vielfach empfohlene "kooperative" Management-Stil. Er versteht Management und Arbeitnehmer als ein Lehr- und Lernsystem, dessen Teilnehmer wechselseitig lehren und wechselseitig lernen. Der Manager ähnelt darin einem Moderator (vergleiche Abbildung 2).

b) Im Rahmen dieses generellen Management-Problems stellt sich die EDV-Spezialisierung in <u>dreifacher Hinsicht</u> als Besonderheit dar:

(1) Erstens fällt die heutige Form der EDV durch einen extremen, noch exotisch anmutenden Spezialisierungsgrad auf.

(2) Zweitens unterscheidet sich die EDV-Spezialisierung von anderen Spezialisierungen durch ihre Dimension.

Andere Spezialisierungen beschränken sich im allgemeinen auf einen Teil-Arbeitsbereich, der gleichrangig neben anderen Teil-Arbeitsbereichen steht.

Die EDV-Spezialisierung stellt hingegen eine überlappende, eine Mehrzahl der anderen Teil-Arbeitsbereiche erfassende Querschnittsaufgabe dar (vergleiche Abbildung 3).

Dies schafft zusätzliche Probleme, etwa Probleme der Koordinierung, der Standardisierung und der Benutzernähe. Der EDV-Arbeitsbereich tritt sozusagen in Konkurrenz zum Management. Daraus resultiert auch die Unsicherheit, wo der EDV-Arbeitsbereich organisatorisch im Unternehmen einzuordnen ist (Stabsabteilung, gleichgeordnete Fachabteilung oder ausgegliederte Facheinheit).

(3) Drittens nimmt die EDV im Arbeitsablauf eine Position ein, die ihr von manchen nicht zugebilligt wird.

Nach allgemeinem Verständnis sollte der Computer "ein Arbeitsmittel sein wie jedes andere" (Schreibmaschine oder Telefon). Bisher ist dies jedoch nicht der Fall. Im Grunde stellt die EDV eine fabrikmäßige Verarbeitung von Informationen dar. Sie übt Zwänge auf den geistigen Arbeitsprozeß aus, die heute als unangemessen empfunden werden: Der Mensch muß sich den Konditionen, die der Computer für die Eingabe, Verarbeitung und Ausgabe von Informationen setzt, fügen. EDV-Verfahren und die davon abhängigen personellen Arbeitsabläufe können nicht kurzfristig abgeändert werden, was als Unbeweglichkeit beanstandet wird.

Es ist tröstlich, von den EDV-Herstellern zu hören, daß diese Schwierigkeiten im Laufe der Zeit entfallen sollen und durch wesentlich vereinfachten, benutzerorientierten Umgang mit der EDV, durch Dezentralisierung von Hardware und Software und durch flexiblen Computer-Einsatz am Arbeitsplatz beseitigt werden sollen. Bis dies alles eine Realität darstellt, werden jedoch viele Jahre vergehen.

2.	Spezielle Aspekte der EDV-Arbeitsplatzspezialisierung in der öffentlichen Fachverwaltung

Im Grundsatz gelten die vorstehenden Ausführungen auch für die öffentliche Fachverwaltung.

Jedoch gibt es Unterschiede:

- Die Tendenz zur Spezialisierung der Arbeitnehmer setzte in weiten Teilen der öffentlichen Fachverwaltungen sehr viel später ein als in der Wirtschaft. Auch war sie nicht so intensiv. Erst in den letzten Jahrzehnten hat die öffentliche Fachverwaltung "aufgeholt". Der autokratische Management-Stil blieb aber in Resten, vor allem im Selbstverständnis der Beamten, erhalten. In diesem Rahmen stellt die EDV-Arbeitsspezialisierung noch einen Fremdkörper dar.

- Öffentliche Fachverwaltungen werden als "Monopolisten" tätig. Sie unterliegen keinem Wettbewerbsdruck und infolgedessen keinem unerbittlichen Rationalisierungszwang durch EDV.

Zugleich fehlt den öffentlichen Fachverwaltungen eine ähnlich sichere Hilfe für die Feinsteuerung, wie sie der Markt für den Unternehmer darstellt. So orientiert sich die öffentliche Fachverwaltung stärker an ihrem eigenen Selbstverständnis, an den Bedürfnissen des öffentlichen Dienstes, an allgemeinen politischen Maximen und an der veröffentlichten Meinung. Diese Orientierungshilfen sind weniger zuverlässig. Zum Beispiel werden die Bedürfnisse des öffentlichen Dienstes von den Verbänden und Gewerkschaften ungenau (etwa zu nachhaltig oder zu früh) artikuliert. Die veröffentlichte Meinung gibt nicht immer die tatsächlichen Empfindungen und Bedürfnisse der Bürger wieder; zur Zeit äußert sie sich überwiegend rationalisierungs- und EDV-kritisch.

- Die Rahmenbedingungen für die öffentlichen Fachverwaltungen werden zunehmend weniger planungs- und rationalisierungsgeeignet. Eine verwaltungs- und automationserschwerende Gesetzgebung beeinträchtigt den Aufgabenvollzug.

- Das Management der öffentlichen Fachverwaltungen rekrutiert und orientiert sich mehr und mehr politisch. Dies hat zwar auch Vorteile. Jedoch bedeutet es zugleich eine

Konzentration des Denkens auf verwaltungsexterne Vorgaben, und ein Engagement und Feeling für den automatisierten Verwaltungsvollzug hat darin - jedenfalls zur Zeit - weniger Raum.

- Der Nachwuchs für den höheren Dienst der öffentlichen Fachverwaltungen, aus dem sich einmal das Management rekrutieren wird, besitzt - von Ausnahmen abgesehen - keinerlei EDV-Vorbildung und ist häufig "automationsunwillig".

Unter diesen Verhältnissen halte ich zwar das Thema der Diskussion insoweit für verfehlt, als darin das Wort "Mißklang" verwendet wird. Jedoch hielte ich es für zutreffend, von einer besonders problematischen Position des EDV-Spezialisten und von einem besonderen EDV-Management-Problem in den öffentlichen Fachverwaltungen zu sprechen.


3.   Lösungsansätze

Ich habe bereits ausgeführt, daß es der technische Fortschritt ermöglichen wird, die derzeitigen EDV-Schwierigkeiten zu beheben oder mindestens zu mildern. Ob es zu einer "Harmonie" kommen wird, kann ich freilich nicht voraussagen. Sicher ist, daß viele Jahre vergehen werden, bis eine durchgreifende Besserung erreicht werden wird. Ich vermute, daß wir bis in die neunziger Jahre warten müssen.

Unter den heutigen Verhältnissen kann es nur darum gehen, sich Schritt für Schritt an dieses Ziel heranzuarbeiten. Kurzum, ich empfehle Management-Methoden, die von den Organisations-theoretikern vielleicht verdammt werden: die Methoden eines "flexiblen Management", des "Managerial Breakthrough" und der "Zero Defects" (vergleiche Abbildung 4).

Die Risiken des EDV-Managements können dabei gemindert werden durch eine sorgfältige Personalauswahl der EDV-Spezialisten, insbesondere der EDV-Manager, und durch eine enge Zusammenarbeit mit parallelen Fachverwaltungen, wie es zum Beispiel zwischen den Steuer-verwaltungen der Länder und dem Bund seit Jahren geübt wird. Natürlich muß man auch die vielgerühmte "Benutzernähe" üben.

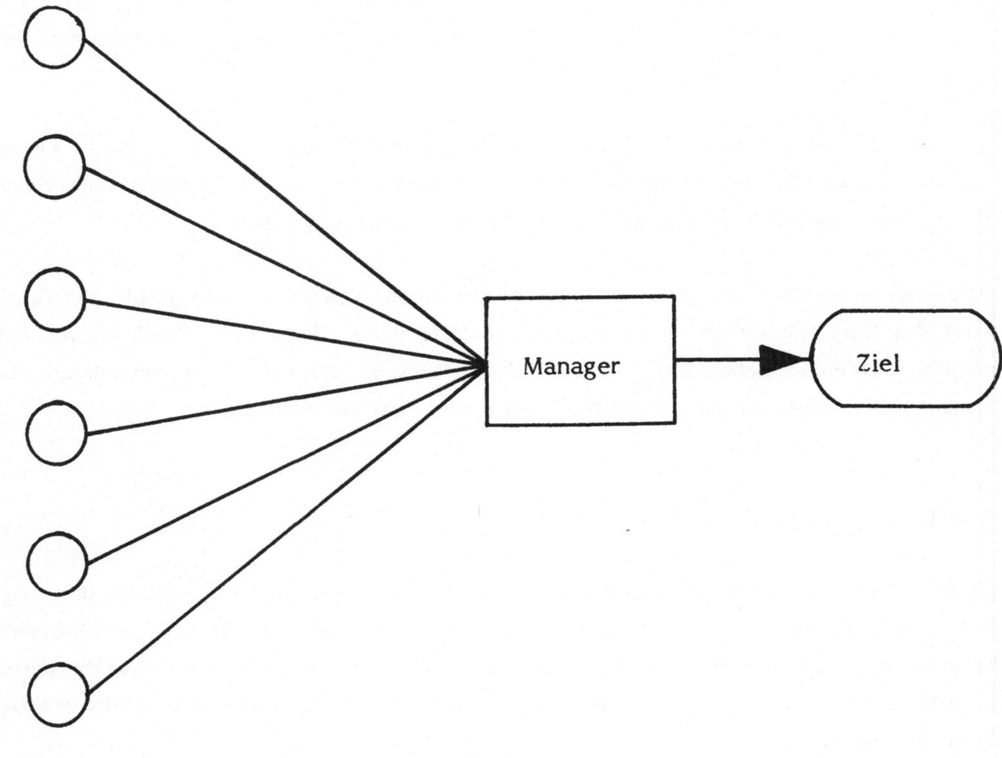



Mitarbeiter wird von einem fachlich überlegenen Manager geführt.

<u>Abbildung 1</u>: Autokratisches Management (nach Erwin Küchle).

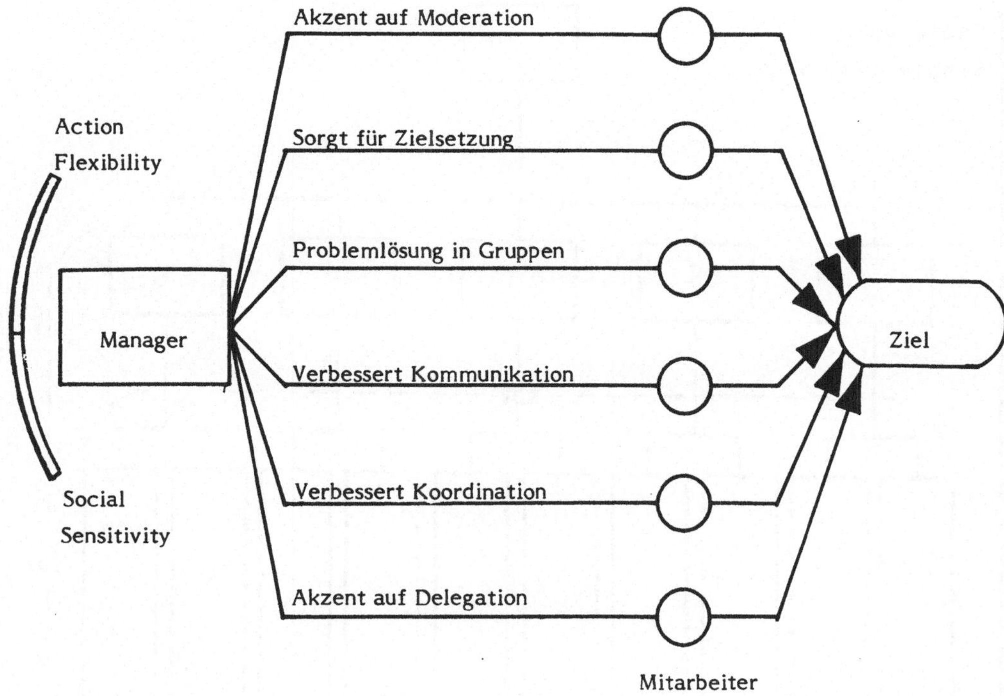



Manager und Mitarbeiter bilden ein Lehr- und Lernsystem, das wechselseitig lernt und sich wechselseitig lehrt.

Abbildung 2: Kooperatives Management (nach Erwin Küchle).

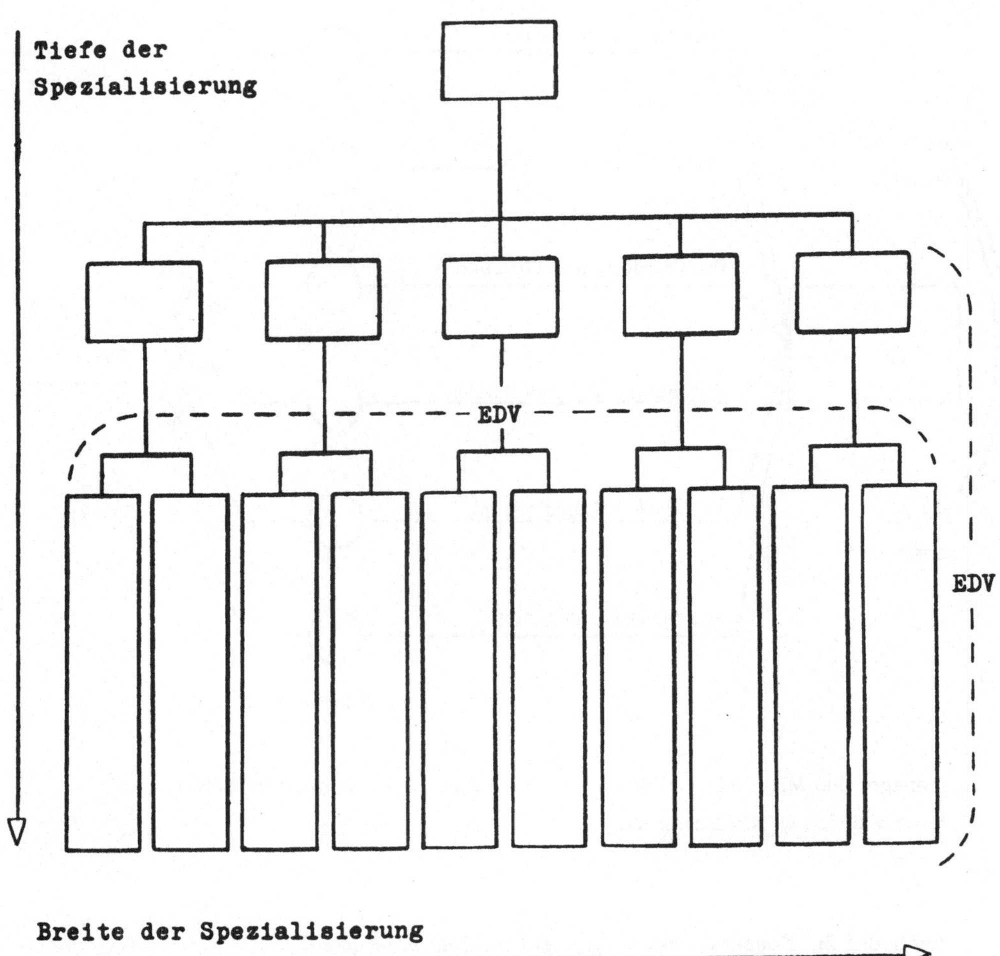



Abbildung 3 : Dimensionen der EDV-Spezialisierung (nach Erwin Küchle).

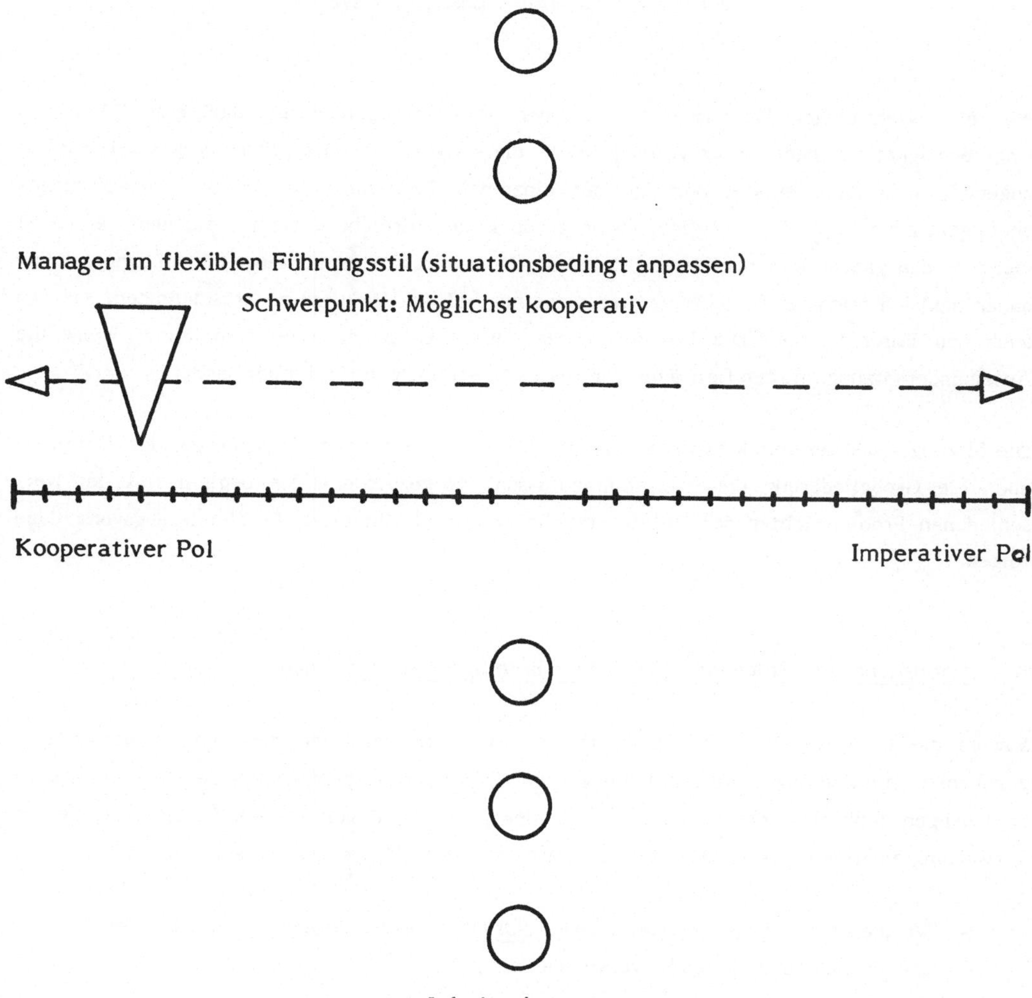


Abbildung 4: Flexibles Management (nach Erwin Küchle).

## III.  Verlauf und Ergebnisse der Diskussion


Bericht von Hansrainer Bosbach, Speyer


Wer eine vierstündige Diskussion auf wenigen Seiten zusammenfaßt, muß eine Reihe von Ungerechtigkeiten begehen: Er vermag weder die Dynamik des Gesprächs insgesamt wiederzugeben, noch kann er die Beiträge der einzelnen Teilnehmer bis in ihre Nuancierungen verfolgen, noch ist es ihm möglich, deren große Linie ausreichend nachzuzeichnen - er packt vielmehr den ganzen kommunizierten Reichtum in das Prokrustesbett einer dürren Synopse. Von daher muß ich mich als Berichterstatter nicht nur bei den Diskutanten entschuldigen, sondern auch den Leser warnen: Die Lektüre dieser Zusammenfassung ersetzt in keiner Weise die Auseinandersetzung mit den Beiträgen der Diskussionsteilnehmer in diesem Bande.

Die Sitzung selbst ist dem klassischen Schema "erst Diagnose, dann Therapie" gefolgt. Damit ist auch die Grobgliederung dieser Zusammenfassung vorgezeichnet: Sie beginnt mit den verschiedenen Problemsichten der Diskussionsteilnehmer und läßt deren Problemlösungsvorschläge folgen.


A)    Definitionen des Problems: Wie sind die Beteiligten zu beschreiben?

Sowohl die Interpretation des Sitzungsthemas allgemein als auch die Analyse der derzeit gegebenen Situation sowie die Empfehlungen der Diskussionsteilnehmer auf dem Podium und im Saal hängen zunächst einmal davon ab, wie der jeweilige Diskutant den DV-Experten in die Verwaltung einordnet, wie er dessen Beziehungen zur Verwaltungsumwelt bestimmt:

- Weitgehend einig ist man sich darin, daß DV-Experten in der Tat Spezialisten sind und daß sie sich auch als solche verstehen.

- Unterschiedliche Akzente ergeben sich jedoch in der Bestimmung dessen, wovon sich der DV-Experte als Spezialist abhebt.

Zwei Hauptdimensionen, längs derer DV-Experten von anderen Verwaltungsangehörigen unterschieden werden, sind

- die Art der Aufgabe, mit denen DV-Experten und andere Verwalter jeweils befaßt sind (hier handelt es sich um eher objektive Sachverhalte),

- das Wissen und Können, über das DV-Experten und andere Verwalter jeweils verfügen (hier geht es um eher subjektive Gegebenheiten).

Im Rahmen der zweiten Hauptdimension kann einmal eine "Anbieter-Nutzer"-Dichotomie herausgearbeitet werden: Der DV-Experte offeriert als Systemanbieter ein Spezialangebot, die anderen Verwalter sind als Datenverarbeitungsnutzer Abnehmer dieses Systems (King, Krüger).

Zum anderen kann bei der zweiten Hauptdimension der Ausschließlichkeitsgrad eines bestimmten Fachwissens und -könnens akzentuiert werden: Dann wird der DV-Experte als Fachmann, der über ein bestimmtes Systemwissen und -können verfügt, den anderen Verwaltern gegenübergestellt, die im Verhältnis zu ihm Laien sind (Dworatschek, King).

Auch der ersten Hauptdimension lassen sich zwei Unterfälle zuordnen: Erstens kann das Ausmaß an Spezialisierung bei einer Aufgabe zum Maßstab genommen werden - dann werden DV-Experten als Spezialisten, andere Verwalter als Generalisten angesehen (Lepper). In diesem Rahmen lassen sich auch Sonderaufgaben von Führungsaufgaben trennen - DV-Experten sind mit bestimmten Spezialaufgaben betraut, im Unterschied dazu existiert ein Management, das mit Führungsaufgaben befaßt ist (Dollenbacher, Fiedler, Lepper, Maisl).

Zweitens kann die Verschiedenheit von Spezialisierung als Kriterium dienen - nun grenzt man die DV-Experten als Spezialisten für bestimmte Aufgaben von Verwaltungsexperten ab, die als Spezialisten für andere bestimmte Aufgaben innerhalb der Verwaltung gesehen werden (Fuchs, Püschel), oder man stellt auch die DV-Experten als Generalisten einer Art gegen die Verwaltungsexperten als Generalisten einer anderen Art (Brinckmann). In jedem Falle handelt es sich aber um die Relation zweier Experten-Gruppen.


B)   Definitionen des Problems: Welche Konflikte werden gesehen?

Die Themenstellung, wenngleich sie ein relativierendes Fragezeichen beifügt, bestimmt das weitere Verhältnis von DV-Experten und anderen Verwaltern mittels zweier gegensätzlicher musikalischer Metaphern: "Mißklänge" und "Harmonie". Der zentrale Begriff, um den die Diskussion dann jedoch kreist, ist "Konflikt".

In vielen Beiträgen ist vorausgesetzt worden, daß in der Tat das Verhältnis der DV-Experten zu anderen Verwaltern konflikthaft ist, jedoch herrscht in diesem Punkt eine nicht ganz so ausgeprägte Einigkeit wie bei der Ansicht, DV-Experten seien Spezialisten. Einwände beziehen sich einmal generell darauf, daß das Zueinander von DV-Experten und anderen Verwaltern Teil eines in Hinsicht auf die anstehenden Probleme sinnvollen Gefüges von "check and balance of powers" sei (Hauser). Zum anderen wird die Rolle mancher häufig behaupteter, gängiger

Konfliktmerkmale wie etwa widerstreitendes Machtstreben in Frage gestellt: In empirischen Untersuchungen zeigen sich diese Merkmale oft als Komponenten nicht eines Konflikts zwischen DV-Experten und anderen Verwaltern, sondern eines (oft politischen) Konflikts zwischen verschiedenen anderen Verwaltern; auch können allgemein als positiv eingeschätzte Merkmale wie etwa Kooperation, statt Elemente eines effektiven Verhältnisses zu sein, im Gegenteil manchmal Konflikte hervorrufen (King).

Soweit Konflikt als geeignete Kategorie zur Beschreibung der Relationen von DV-Experten und anderen Verwaltern angesehen wird, ergeben sich dann jedoch Unterschiede in der Ausfüllung dieser Kategorie, wobei wiederum zwei Hauptdimensionen unterscheidbar sind,

- eine sozusagen objektive Dimension: Organisation und Technologie,
- eine sozusagen subjektive Dimension: Wissen, Einstellungen und Verhaltensdispositionen.

Als subjektiver Faktor wird sehr häufig genannt die unterschiedliche Sprache, die DV-Experten und andere Verwalter sprechen: Dieselbe Aufgabe wird verschieden beschrieben und interpretiert - ebensowenig wie Verwalter Darstellungen von Problemen, die DV-Experten liefern, verstehen, können DV-Experten Schilderungen von Problemen entschlüsseln, die Verwaltungsexperten geben (Brinckmann, Dworatschek, Fuchs, Lepper, Püschel, Schumacher). Der Akzent liegt allerdings meist eher auf der Verständnislosigkeit der Verwalter gegenüber der Datenverarbeitung (King, Maisl); insbesondere an den Managern wird diesbezüglich harte Kritik geübt (Dollenbacher, Lepper, Maisl): Wegen ihrer Wissenslücken könnten sie ihre Führungsaufgabe gegenüber der Datenverarbeitung nicht erfüllen.

Ein weiterer subjektiver Faktor zeigt sich in falschen und enttäuschten Erwartungen: Insbesondere für die Ebene der Führungskräfte gilt, daß nicht alle das bekommen, was sie erwartet haben (Stichwort: nicht-realisierte Gesamtansätze). Hier ist dann im übrigen der Ansatzpunkt für die Verwendung der DV-Experten als "Sündenböcke" auch bei Problemen, für die sie nicht verantwortlich sind - man kann offenbar vor allem im Rahmen politischer Auseinandersetzungen auf eine gewisse Bereitschaft zählen, von vornherein von einem Versagen der Datenverarbeitung gegenüber umfassenden Ansprüchen auszugehen (Fuchs, King, Püschel).

Soweit, als weiterer subjektiver Faktor, Verhaltensdispositionen angesprochen werden, bietet sich kein einheitliches Bild: Hier ist von unterschiedlichen Loyalitäten, Orientierungen die Rede, einer "lokalen" bei den Verwaltern und einer "kosmopolitischen" bei den DV-Experten (Brinckmann, Fuchs); es werden Schwierigkeiten erwähnt, die für Verwalter bestehen, die sich trotz einer mit der EDV verbundenen "Zerstückelung" ihrer Aufgaben dennoch mit diesen identifizieren sollen (Dollenbacher, H. Trost); Disharmonien werden schließlich auf so unterschiedliche Bedingungen wie teilweise elitäres Auftreten der DV-Experten (Fuchs) und wechselseitige, aus Unverständnis erwachsende Angst voreinander (Lepper) zurückgeführt.

Was die erste, die "objektive" Dimension angeht, so ist die Diagnose der Diskutanten einheitlicher:

Der meistgenannte Faktor ist "Zentralisierung/Ausgliederung" - beide Teile werden aus organisatorischen und technologischen Gründen gewissermaßen voneinander abgeschottet, eine Einbeziehung des DV-Experten in die komplizierten Entscheidungsabläufe der Verwaltung findet
nicht statt (Maisl), die Kontrolle der Datenverarbeitung wird erschwert (Brinckmann, Dollenbacher, Lepper, Maisl).

Häufig erwähnt wird auch das ungeklärte Hierarchieverhältnis - wer kann oder muß bei wem
eingreifen? Wie sind die Querschnittsfunktionen von Führungskräften einerseits und Datenverarbeitern andererseits aufeinander bezogen? Wer bestimmt letztlich die Einführung von Systemen,
wer überwacht deren Funktionen (Brinckmann, Fuchs, Lepper, Püschel)?

Als weitere objektive Faktoren genannt werden das Aufeinandertreffen zweier <u>hochkomplexer</u>
Systeme - einerseits der Verwaltung und andererseits der Datenverarbeitung - (Püschel) und, aus
der Perspektive eines Kleinanwenders, die Benachteiligung der Kleinanwender bei der Durchsetzung ihrer Bedürfnisse gegenüber den Großanwendern (H. Trost).

C)      <u>Vorschläge zu Problemlösungen: Welche Strategien versprechen Erfolg?</u>

Sowohl bei der Klassifikation der DV-Experten und anderen Verwalter als auch bei der
Darstellung ihrer Konflikte können eine mehr objektive und eine mehr subjektive Dimension der
Einordnung unterschieden werden. Dies ist auch für die Vorschläge möglich, die Strategien zur
Therapie der diagnostizierten Konflikte beinhalten:

- Die eher objektive Dimension erfaßt Strategievorschläge, die technologische oder
  organisatorische Veränderungen implizieren.

- Eher zur subjektiven Seite zählen demgegenüber Anregungen, die auf Bildungsreformen
  oder den gesellschaftlichen Rahmen der Verwaltung zielen.

Was ihr Konfliktlösungs-Potential betrifft, so wird die <u>Entwicklung von Hardware und Software</u>
von den meisten Teilnehmern eher pessimistisch gesehen. Dennoch gibt es Diskussionsteilnehmer,
die diesbezüglich auch Hoffnungen hegen:

- Krüger sieht Chancen für eine Besserung, wenn es gelänge, die Systeme zuverlässiger
  ("redundanter") zu machen (allerdings: Unlogik bei der Eingabe in den Rechner läßt sich
  nicht in Logik bei der Ausgabe verwandeln).

- Nach Hauser lassen sich Schwierigkeiten vermeiden oder vermindern, falls man die Einführung neuer Technologien an die relativ langsame Lernfähigkeit und Änderungswilligkeit der sie nutzenden Menschen anpaßt.

- Püschel setzt weniger auf die hardwaretechnologische Entwicklung und mehr auf die im Software-Bereich. Er hofft insbesondere auf die im Auftrag des amerikanischen Verteidigungsministeriums entwickelte neue Programmiersprache ADA (benannt nach Augusta Ada Byron, Tochter von Lord Byron und Mitarbeiterin des englischen Mathematikers und Rechenmaschinenerfinders Charles Babbage, die als erste Programmiererin der Geschichte bezeichnet wird).

Etwas optimistischer als die Entwicklung bei Hardware und Software fällt die Beurteilung der Möglichkeiten der Organisationsentwicklung aus:

- In allen Phasen der Systemimplementation - Entwicklung, Erprobung, Einführung, Pflege - kann und soll eine stärkere Beteiligung der jeweiligen Anwender organisiert werden (Brinckmann, Fiedler, Fuchs, Hauser, King, Püschel, H. Trost).

- Für Dollenbacher und Fiedler ist die Datenverarbeitung eine Organisationsaufgabe primär für Führungskräfte; sie verlangen, daß das Management sich endlich bemüht, diese Aufgabe angemessen wahrzunehmen.

- Lepper und H. Trost befürworten aufbauorganisatorische Lösungen, die möglichst viel Technik an den einzelnen Arbeitsplatz heranbringen; auf diese Weise soll die EDV für den Anwender transparenter werden, sein Verständnis für die Datenverarbeitung wachsen.

- Krüger, Fiedler, King und Lepper sehen Chancen in der Einrichtung der Position eines Mittlers ("Anwendungsmethodologie", "Rechts-", "Betriebs-", "Verwaltungsinformatiker") zwischen Techniker/Informatiker einerseits und Endbenutzer andererseits. Dieser Mittler soll sowohl ausgedehnte Praxiskenntnisse im Anwendungsbereich als auch ausreichende Systemkenntnisse haben, so daß er imstande ist, die Probleme der Anwender in Probleme umzusetzen, die im DV-System bearbeitet werden können.

- Maisl fordert, den Dialog einerseits zwischen DV-Experten und DV-Anwendern, andererseits zwischen DV-gestützter Verwaltung und Bürgerschaft zum Beispiel durch Datenschutzgesetze gesetzlich zu organisieren und zu verankern (Einrichtung integrierter Amtsführung unter Einbezug auch der politischen Entscheidungsträger; gemeinsame Verantwortlichkeit von DV-Experten und DV-Nutzern in der Verwaltung gegenüber den Bürgern).

Die Mehrzahl der Strategieüberlegungen beschäftigt sich mit der <u>Aus- und Fortbildung</u> (wobei dieser Bereich sehr weit gefaßt wird):

- In der Ausbildung der Verwaltungsexperten und des Verwaltungsmanagements soll die DV stärker berücksichtigt werden, in die Ausbildung zumindest der später in der Verwaltung tätigen DV-Experten müßten mehr verwaltungsbezogene Inhalte eingebaut werden (Fiedler, Fuchs, Lepper, Maisl, Rothem).

- Fort- und Weiterbildungsmaßnahmen, insbesondere für Verwalter, sollen in starkem Maße ausgeweitet werden (Dollenbacher, King, Krüger, Maisl, Rothem).

  Häufig wird darauf hingewiesen, bei allen Bildungsmaßnahmen sei eine schnell erreichte Grenze der Bildbarkeit zu berücksichtigen (Fuchs, Krüger, Lepper). Für Brinckmann besteht diese Grenze weniger im Lernvermögen als in der Lernmotivation, er betont die Wichtigkeit der Einstellungen, die in der Gesellschaft zur Technik vorherrschen.

- Entscheidend für die Aus- und Fortbildung ist ihr enger Bezug zum Praxisfeld: Aus Praxisbedürfnissen genährte Motivation und Praxiserfahrungen sollen zusammenkommen, im Praxisfeld läßt sich auch der Erfahrungsaustausch zwischen verschiedenen Behörden und mit der Wirtschaft, im Inland und im Ausland sinnvoll organisieren (King, Püschel).

- Die bereits bei organisatorisch akzentuierten Lösungsstrategien angesprochene Mittlerposition muß auch im Rahmen von Strategien, die mit Bildungsmaßnahmen verknüpft werden, abgesichert werden: Für diesen Mittler wird eine eigene, neue Ausbildungsrichtung ("Anwendungsmethodologie") vorgeschlagen (Krüger).

- Lepper strebt als Langfristziel an, die traditionell in Fakultäten aufgespaltenen Ausbildungsgänge in Ausbildungswege umzuwandeln, die eine von vornherein interdisziplinär angelegte Systemausbildung beinhalten (Beispiele für Systeme können sein "Wirtschaft", "Medizinwesen", "öffentliche Verwaltung". Ansätze in dieser Richtung finden sich in der Fachhochschulausbildung).

- Maisl will mit Unterstützung auch auf Aus- und Fortbildung gerichteter Gesetze zweierlei entwickeln: Erstens geht es ihm um eine Berufsethik (déontologie), die Verhaltensnormen für <u>alle</u> Verwaltungsangehörigen vorgibt, die mit dem Einsatz der EDV befaßt sind; auf diese Weise sollen sowohl der Datenschutz als auch die Kompetenz von DV-Experten und Führungskräften gesichert werden. Zweitens fordert er die Entwicklung einer gemeinsamen Sprache, die sowohl die betroffenen Bürger als auch DV- und Verwaltungsexperten verstehen und die den beständigen, institutionalisierten Dialog zwischen diesen Gruppen ermöglicht.

Die in den Stellungnahmen von Lepper und Maisl anklingende Erweiterung der Strategie-
vorstellungen in den gesellschaftlichen Bereich hinein findet sich auch in Hinweisen, die
Brinckmann und King geben: Hier wird einerseits die primär politische Natur der Probleme
zwischen DV-Experten und -Nutzern betont, die daher auch auf politischer Ebene gelöst werden
müßten (King). Andererseits wird hervorgehoben, da es letztlich um Technikkonzeptionen und
-einstellungen in der Gesellschaft und nicht nur um das Verhältnis von DV-Experten zu DV-
Nutzern in der Verwaltung gehe, seien auch die Lösungsansätze für Konflikte entsprechend weit
zu fassen (Brinckmann).

**SERVICERECHENZENTRUM DER ZUKUNFT
- ARBEITSLOS ODER UMFUNKTIONIERT?**


I.      Die Podiumsrunde


A)      <u>Moderation</u>

        Joachim Stöckle, Germersheim


B)      <u>Diskutanten</u>

        Wilhelm Albrecht, Buxtehude

        Klaus Eichhorn, München

        Willi Haas, Kassel

        Hans Hansen, Bonn

        Dr. Josef Klinger, Karlsruhe

        Peter Lange-Hellwig, Hannover
        (wegen Erkrankung an der Teilnahme verhindert)

        Dr. Bernward Löwenberg, Frankfurt am Main - Höchst

        Dr. Hartmut Niesing, Kiel

        Volker Röske, Kassel

**II.    Schriftliche Stellungnahmen der Diskutanten**

A)    <u>Thesen zum Thema: Servicerechenzentrum der Zukunft - arbeitslos oder umfunktioniert?</u>

von Wilhelm Albrecht, Buxtehude

1.    Was ist die Zukunft der Datenverarbeitung in Kommunalverwaltungen?

a)    Die Bearbeitung und (Daten-) Verarbeitung von Bürger- und Verwaltungsinformationen orientiert sich zurück an den Arbeitsplatz, denn:

(1)    Die technischen Voraussetzungen werden wirtschaftlich immer interessanter auf dem Markt angeboten.

(2)    Wesentliche Vorteile für die Verwaltung sind gegeben,

-    wenn Eingabe (Änderungsdienst) und Ausgabe (einschließlich Bescheinigungen, Bescheide, kleine Statistiken) in der Regel vor Ort beim Sachbearbeiter erledigt werden können (nur noch Massenverarbeitung, zum Beispiel Wahlbenachrichtigungen oder Lohnsteuer, kann in größeren Gemeinden auf einem besonderen Schnelldrucker erledigt werden; bei kleineren Gemeinden genügt auch hier der Drucker vor Ort);

-    wenn die volle Verantwortung für die Bearbeitung der Daten beim Sachbearbeiter liegt und nicht bei einem anonymen Datentypisten (Verbesserung der Qualität und Aktualität);

-    wenn entscheidende Informationen, zum Beispiel während einer Ratssitzung, sofort mit aktuellem Wert verfügbar sind;

-    wenn die Gemeinde die Kosten der Datenverarbeitung als Verursacher oder direkter Auftraggeber kontrollieren und regulieren kann, an Stelle einer anonymen nicht beeinflußbaren Umlage an ein Rechenzentrum;

-    wenn ohne großen Mehraufwand ein Zusatznutzen durch Verarbeitungen für Zweigbetriebe, wie Stadtwerke, Krankenhaus oder Bibliotheken entsteht;

-   wenn auf die Software-Entwicklung oder -Auswahl direkt Einfluß genommen werden kann. (Die Software-Erarbeitung erfolgt durch die regionale gemeinschaftliche Zentrale. Kleinere und mittlere Gemeinden haben Aufgaben kleineren und mittleren Umfanges und Schwierigkeitsgrades, deshalb entsteht auch geringerer Programmieraufwand. Die Software-Änderung ist einfach, Kleinigkeiten können auch durch geschulte Sachbearbeiter vor Ort individuell erledigt werden. Über alle Veränderungen muß eine Informationsbibliothek in der Zentrale sein.)

(3)   Wesentliche Vorteile für den Bürger sind gegeben,

-   wenn bei Kontaktaufnahme zur Behörde sofort auf das Ergebnis gewartet werden kann;

-   wenn bei Unstimmigkeiten eine Klärung sofort durch den Sachbearbeiter herbeigeführt werden kann;

-   wenn der Schutz der persönlichen Daten nur einem namentlich bekannten, engen Personenkreis anvertraut ist;

-   wenn durch die Verfügbarkeit von aktuellen Datenbeständen das Leistungsangebot der Verwaltung für den Bürger verbessert wird;

-   wenn die Qualität der Informationsbehandlung verbessert wird.

EDV-Intelligenz ist vor Ort verfügbar. Die Sachbearbeiter denken und handeln mit, weil sie auch für die Datenverarbeitung verantwortlich sind. Das Betriebsklima verbessert sich.

b)   Zukünftig wird niemand mehr in der Lage sein, folgende Risiken zu verantworten:

(1)   Die Zentralisierung von Daten, die für den Bürger, wie für den Staatsbetrieb, lebenswichtig sein können, birgt folgende Gefahren in sich:

-   Verlust großer Datenmengen bei regionalen Katastrophen (Terrorismus),

-   nicht kontrollierbarer Verlust von Informationen bei Systemzusammenbrüchen (Blitzschlag in der Datenübermittlungsphase, Stromausfall, technische Störungen),

-   Preisgabe großer Datenmengen bei mangelhaftem Datenschutz.

(2)   Durch ständige Zunahme der zu speichernden und zu verarbeitenden Daten

- tritt entweder eine Verlangsamung der Verarbeitung auf oder es müssen durch mehr Hardware die Preise angehoben werden

- müssen sehr große, komplexe, unüberschaubare Programme mit großem Aufwand geändert beziehungsweise neu geschrieben werden

- wird immer mehr Personal in den Rechenzentren gebunden.

(3)   Die Zentralisierung der Datenverarbeitung zeigt heute schon, daß eine Kluft zwischen den Angestellten der Gemeinde und den kommunalen Rechenzentren entsteht.

Mit zunehmender Technologisierung der Rechenzentren und Übernahme von Verwaltungsfunktionen durch zentrale Computer sinkt in gleichem Maße das Verständnis des Verwaltungsverantwortlichen für das, was er verantworten muß.

2.   Wie muß deshalb die Zukunft der Service-Rechenzentren aussehen?

a)   Service-Rechenzentren werden in der heute gegebenen Funktion nicht mehr gebraucht,

(1)   weil der Einsatz von Hardware und die Durchführung der Verarbeitung zukünftig vor Ort erfolgen wird,

(2)   weil die kostenträchtige Erstellung von Anwendersoftware ersetzt wird durch preis- und leistungsgünstige Angebote der Hardwarehersteller, von renommierten Softwarehäusern oder von Arbeitsgemeinschaften gleicher Softwareanwender.

b)   Service-Rechenzentren werden als Institution auch zukünftig benötigt,

(1)   weil eine kommunalorientierte Institution folgende Tätigkeiten in der Zukunft übernehmen könnte:

- Schulung der Sachbearbeiter der Gemeinden ("Anwenderprogramm-orientiert")

- Beratung der Gemeinden bei Auswahl des Systems

- organisatorische Unterstützung der Gemeinden bei EDV-Einführung

- regionale Unterstützung bei EDV-Problemen;

(2)   weil die Erfordernis besteht,

-   die Programme für die Gemeinden zu modifizieren und zu pflegen,

-   Geräte für nicht zeitabhängige Arbeiten vorzuhalten und damit bestimmte, nicht häufige Arbeiten durchzuführen (COM, graphische Darstellungen und anderes).


3.   Wie muß ein Service-Rechenzentrum umfunktioniert sein?

Die Hauptfunktion des Service-Rechenzentrums wird sein

-   Beratung

-   Organisation

-   Pflege von Programmen, die bei Gemeinden im Einsatz sind.

Das setzt allerdings voraus, daß die Rechenzentren ihre Struktur entscheidend verändern. Obwohl die Verarbeitung auf die einzelne Gemeinde übergeht, bleiben wichtige Aufgaben auch in Zukunft sinnvollerweise einer Institution wie den Rechenzentren vorbehalten.

B)   <u>Thesen zum Thema: Servicerechenzentrum der Zukunft - arbeitslos oder umfunktioniert?</u>


von Klaus Eichhorn, München


1.   Die Themenstellung des Seminars ist irreführend, da es <u>reine</u> <u>Servicerechenzentren</u> im kommunalen Bereich wohl kaum gab und gibt. Vielmehr ging und geht es in Vergangenheit, Gegenwart und Zukunft stets um den EDV-Dienstleistungsbetrieb schlechthin und dabei um folgende Fragen:

- Wer kommt als Benutzer oder Kunde eines solchen Dienstleistungsbetriebes in Betracht?

- Welche Dienste sollte er anbieten?

- Wie soll ein solcher Dienstleistungsbetrieb aussehen und arbeiten?


2.   Die folgenden Ausführungen enthalten Erfahrungen und Aussagen aus der Sicht eines EDV-Dienstleistungsbetriebes in dem Land mit den meisten Kommunen, nämlich: 2.053 Gemeinden, Städte, davon 48 mit mehr als 20.000 Einwohnern, 71 Landkreise, 7 Bezirke, verteilt in einem Land mit über 70.000 $km^2$. Sie sind daher zu verstehen als konzeptionelle Überlegungen, die keinen Anspruch darauf erheben, allgemein gültig zu sein, sondern vor jeder praktischen Anwendung der Prüfung bedürfen, ob sie für die jeweilige Situation zutreffen.


3.   Ein kommunaler EDV-Dienstleistungsbetrieb sollte seine Dienste <u>allen</u> Kommunen, kommunalen Einrichtungen und so weiter anbieten, das heißt nicht nur größeren, finanzstärkeren Kommunen, sondern auch kleineren Gemeinden und Verwaltungsgemeinschaften, insbesondere solchen mit wenig oder keinem EDV-erfahrenen Personal.

Mit dieser These wollen wir nicht die früher vielfach vertretene Meinung aufrechterhalten, die in der Einführung der EDV über kommunale Gebietsrechenzentren für kleinere Gemeinden die Chance gesehen hat, daß diese nun qua EDV an Verwaltungskraft und -komfort größerer Städte teilhaben können. Diese Ansicht ist längst durch die Praxis überholt, die gezeigt hat, daß kleinere Gemeinden einen solchen "Komfort" weder brauchen noch verkraften - einfach deswegen, weil ihre Anforderungen und insbesondere auch ihre personellen Möglichkeiten viel zu bescheiden dafür sind.

Daß sie gleichwohl für die Erledigung ihrer Aufgaben einer EDV-Unterstützung bedürfen, liegt vielmehr daran, daß die diesen Verwaltungsaufgaben zugrunde liegenden Gesetze und sonstigen Vorschriften mittlerweile vielfach einen Grad an Kompliziertheit und Änderungshäufigkeit erreicht haben, der gerade von kleineren Kommunen mit wenig und nicht spezialisiertem Personal kaum mehr ohne Unterstützung bewältigt werden kann.

Schon aus diesem Grund vermögen wir auch neueren KGSt-Empfehlungen zur Weiterentwicklung der EDV im kommunalen Bereich nicht zu folgen, da diesen personelle und finanzielle Voraussetzungen zugrunde liegen, die bei den meisten Kommunen in unserem Lande nicht gegeben sind.

Daraus folgt nicht, daß allen Kommunen die gleichen Dienstleistungen in gleicher Weise anzubieten sind. Vielmehr ist gemäß den unterschiedlichen Anforderungen der Kommunen - auch zu gleichen Aufgaben - je nach Größenordnung, örtlichen Besonderheiten und so weiter zu differenzieren, welche Dienstleistungen für welche Benutzer von Nutzen sind.


4.    Ein kommunaler EDV-Dienstleistungsbetrieb sollte seinen Benutzern oder Kunden möglichst alle von diesen benötigten beziehungsweise gewünschten Leistungen und nicht nur einen Ausschnitt anbieten. Hier sind folgende Dienstleistungsbereiche zu nennen:

a)    Entwicklung und Wartung von Anwendersoftware:

- Möglichst nur an einer Stelle (also zentral), aber unter Ausrichtung auf die verschiedenen Benutzergruppen (Gemeinden, Städte, Landkreise, Krankenhäuser und so weiter).

- Gewährleistung einer längerfristigen Wartungssicherheit, insbesondere bei Rechtsänderungen oder beim Einsatz neuer Systeme.

- Fortentwicklung und Ergänzung in enger Abstimmung mit den Kunden der AKDB.

b)    Vorhaltung von Rechenzentren für zentrale Produktion:

- Keine "ideologische" Festlegung auf entweder zentrale oder dezentrale Produktion, sondern

- Vorhaltung zentraler Rechenzentrumskapazität, soweit dies für bestimmte, insbesondere nicht zeitkritische oder batchorientierte Anwendungen sinnvoll ist und/oder von (insbesondere kleineren) Kommunen, die sich aus Kosten- oder Personalgründen kein dezentrales System anschaffen wollen, gewünscht wird.

Soweit zentrale Produktion stattfindet, ist diese nur Hilfsbetrieb, beinhaltet aber keine eigene Verwaltungskompetenz (keine eigene Informationsverwaltung) für die Zentrale.

c)     Auswahl und "Vertrieb" dezentraler Hardware und Betriebssoftware:

- <u>Keine</u> Beschränkung auf <u>einen</u> Hersteller, sondern möglichst Einbeziehung jeweils mehrerer Hersteller pro Systemtyp zur Vermeidung von Abhängigkeiten und zur Erreichung von Vergünstigungen für alle Kommunen.

- Zentrale Bestimmung der dezentral einzusetzenden Hardware und Systemsoftware, solange wegen der Schwierigkeiten bei Einsatz von Anwendungssoftware auf verschiedenen Systemen eine Beschränkung auf bestimmte Systeme erforderlich ist, will man nicht auf den Vorteil möglichst nur einmaliger Entwicklung der Anwendungssoftware wieder verzichten.

d)     Organisationsberatung, insbesondere Beratung und laufende Betreuung bei Einführung und Einsatz von automatisierten Anwendungsverfahren und dezentralen Systemen

- möglichst benutzernah und benutzergerecht,

- nicht nur bei Einführung (Verkauf), sondern laufend, insbesondere auch bei Rechts- und sonstigen Änderungen.

e)     Bündelung und Verstärkung der Interessen der Kommunen bei Einsatz von EDV gegenüber

- Herstellern von Hard- und Software, zum Beispiel durch bessere Konditionen, insbesondere Mengenrabatte, Überprüfung von Angeboten und Forderungen, größeren Rückhalt, insbesondere bei Wartungsproblemen, längerfristige Nutzung der Systeme;

- dem Staat, zum Beispiel bei Organisation und Durchführung von Datenlieferungen, Berücksichtigung im kommunalen Bereich bereits eingeführter Standards;

- Sonstigen, insbesondere sonstigen Datenempfängern und -lieferanten (zum Beispiel Banken), sonstigen Firmen (zum Beispiel Zustellern und Materiallieferanten).

f)     Zusammenfassung dieser Dienstleistungen durch Koordinierung der unter a) bis e) genannten Komponenten in einem Verbundsystem zum Nutzen der Kommunen,

- die sich diesem Verbundsystem angeschlossen haben (insbesondere: Ein Ansprechpartner für alle Probleme; kommunale Nachbarschaftshilfe wegen der bereits erreichten großen Dichte des kommunalen EDV-Verbundsystems)

- die sich dem Verbundsystem nicht anschließen (als Druckmittel bei Vertragsverhandlungen mit anderen Herstellern; als Lieferant von Ideen und Vorlagen für eigene Entwicklungen sowie als Alternative, auf die man im Notfall zurückgreifen kann).

5. Die Wahrnehmung der unter 4. aufgeführten Aufgaben durch selbständige, dauerhafte Einrichtungen ist zumindest unter den in Bayern gegebenen Verhältnissen zweckmäßig. Denn auch bei fortschreitender Technologie ist bei den genannten Aufgaben zwar eine Verschiebung der Bedeutung der einzelnen Bereiche, insgesamt aber eher ein wachsender Bedarf an EDV-Dienstleistungen zu erwarten. Dieser Bedarf an EDV-Dienstleistungen wird umso größer sein, je mehr Kommunen EDV einsetzen werden; und er wird umso umfassender und längerfristiger sein, je weniger EDV-erfahrenes Personal diese Kommunen haben werden.

Gleichbleibende Grundaufgabe eines kommunalen Dienstleistungsbetriebs wird es also sein, seine Benutzer unter Wahrnehmung deren Organisationshoheit bei der größtmöglichen Nutzung der Technologie unter Minimierung der Kosten zu unterstützen.

6. Wie notwendig für die Erfüllung all der unter 4. aufgeführten Aufgaben ein genügend großer Einzugsbereich ist, zeigt sich, wenn man dem die Möglichkeiten und Konsequenzen eines möglichst kleinen Einzugsbereiches gegenüberstellt. Dies sei an einem Beispiel, der Entwicklung und Wartung von Anwendungsverfahren, gezeigt.

Hier erlauben nur entsprechende Kundenzahlen und damit laufende, sichere Einnahmen

- die Vorhaltung einer qualitativ und quantitativ ausreichenden Entwicklungs- und Wartungsmannschaft für eine umfassende Anwendungssoftware,

- eine Differenzierung der Anwendungssoftware (bis hin zum Angebot paralleler Verfahren) je nach den Anforderungen unterschiedlicher Benutzergruppen und

- gerade bei dezentralen Anwendungen die Minderung der Herstellerabhängigkeit durch Einbeziehung mehrerer Systeme.

Demgegenüber führen möglichst kleine Einzugsbereiche zu

- umso geringerer Entwicklungs- und Wartungskapazität mit der Folge eines entsprechend geringeren Angebotes an Anwendungssoftware oder umso größerer Abhängigkeit von der Stelle, von der die Anwendungssoftware bezogen wird,

- umso größerer Abhängigkeit der kleineren, finanzschwächeren Kommunen von der oder den größeren Kommune(n) im gleichen Einzugsbereich und zu

- umso größerer Herstellerabhängigkeit, je kleiner der Einzugsbereich ist; (denn je kleiner der Einzugsbereich, umso geringer die Chance, verschiedene Systeme einzusetzen).

Gerade diese letzten beiden Aspekte zeigen, daß es dann oft nur noch um die Wahl der Abhängigkeit geht. So kommt Albrecht [1] auch folgerichtig zu dem Resultat, daß zwar kreisbezogene Einzugsgebiete erstrebenswert seien, letztlich aber herstellerbezogene "Flickenteppiche" herauskommen. Damit reduziert sich in der Praxis für die Kommunen, die ihre Anwendungssoftware nicht selbst entwickeln können oder wollen, das Problem auf die Alternative, ob sie die benötigte Anwendungssoftware

- entweder von einer kommunalen Einrichtung mit einer gewissen Größenordnung

- oder von einer Firma beziehen wollen, die eine solche Software ebenfalls anbietet und zwar in der Regel bundesweit und vor allem, um überhaupt ihre Hardware für diesen Kundenkreis verkäuflich zu machen.

Bei richtiger Würdigung dieser Problematik beeinträchtigt daher auch ein für einen größeren Bereich - zum Beispiel ein ganzes Land - tätiger kommunaler Dienstleistungsbetrieb die Organisationshoheit seiner Benutzer nicht in unzulässiger Weise, wenn

- er ausschließlich von kommunalen Vertretern getragen wird,

- die Inanspruchnahme seiner Leistungen (auch einzelner Leistungen) stets freiwillig erfolgt,

- den Benutzern - insbesondere bei Neu- und Fortentwicklung der Anwendungssoftware - ausreichende Mitwirkungsmöglichkeiten gegeben werden und

- die angeschlossenen Benutzer über dieses Dienstleistungsangebot hinaus auch die Möglichkeit erhalten, eigene Verfahren oder Verfahrensteile auf dezentralen Systemen zu entwickeln und einzusetzen.

Im übrigen ist auch nicht einzusehen, warum eine Kommune nicht die Freiheit haben soll, sich in Ausübung ihrer Organisationshoheit dafür zu entscheiden, die unter 4. dargestellten Dienstleistungen von einem kommunalen Dienstleistungsbetrieb zu beziehen.

7.  Ein solcher kommunaler EDV-Dienstleistungsbetrieb hat sich bei seiner Arbeit durchaus an ordnungspolitischen Vorstellungen zu orientieren, wie sie die KGSt in ihrem Gutachten [2] 1979 zusammengetragen hat, auch wenn sich diese bei näherer Betrachtung weniger als Leitplanken denn als miteinander oft im Konflikt befindliche Zielvorstellungen darstellen.

Darüber darf er aber gerade wegen der Konkurrenz zu privaten Anbietern, insbesondere zu Herstellerfirmen nicht vergessen, daß es vordringliche Aufgabe eines EDV-Dienstleistungsbetriebes ist, seinen Benutzern nicht nur das Beste zu wünschen, sondern vor allem verfügbare Leistungen zu bieten. Daher besteht für ihn die Notwendigkeit, seine konkreten Vorhaben an realistischen - derzeitigen und künftigen - Voraussetzungen und Möglichkeiten der Kommunen und der EDV zu orientieren und nicht nur an technisch machbaren oder sonst wünschbaren Zuständen.

Anmerkungen:

1)  Vgl. Albrecht, W., Gemeinschaftliche autonome Basis-Datenverarbeitung - Die Philosophie der 80er Jahre?, in: ÖVD, Heft 6, 1979, S. 3-7.

2)  KGSt, Weiterentwicklung der Gemeinsamen Kommunalen Datenverarbeitung (GKD), KGSt-Gutachten, Köln 1979.

C)  <u>Dezentrale Datenverarbeitung unter der Betreuung zentraler Organisationen</u>

von Willi Haas, Kassel

Die Ausrichtung dieser Fachtagung auf die Organisation informationstechnik-gestützter öffentlicher Verwaltungen - und zwar der verschiedensten Verwaltungen - macht am Anfang dieses
Thesenpapieres die Erklärung notwendig, daß der Autor seit vier Jahren für ein Rechenzentrum
verantwortlich ist, das nur Kommunalverwaltungen als Mitglieder hat - obwohl es auch für
staatliche und private Organisationen arbeitet -, und daß diese Thesen aus der Erfahrung in der
Zusammenarbeit mit 120 Kommunalverwaltungen nach dem "Hessischen Datenverarbeitungs-
gesetz", einer Abgeordnetentätigkeit in einem Kreistag - hier besonders in einem EDV-Aus-
schuß - und einer langjährigen Verantwortung für ein großes Rechenzentrum eines privaten
Unternehmens entwickelt wurden.

1.  Die großen Trends in der Datenverarbeitung werden in erster Linie nicht durch die
Forderung der Datenverarbeitungsanwender bestimmt, sondern durch den technologischen Fortschritt und der sich daraus ergebenden Marketingstrategie der Hersteller.

Wer an der Entwicklung der automatisierten Datenverarbeitung in den vergangenen dreißig
Jahren aktiv teilnehmen konnte und die Bemühungen in den fünfziger Jahren um Teilautomati-
sierung von Sachbearbeitertätigkeiten, die Anstrengungen in den sechziger Jahren um die
Umgestaltung der Arbeitsabläufe ganzer Abteilungen und in den siebziger Jahren die Verknüpfung von Informationen der verschiedensten Unternehmensbereiche zu Informationssystemen
erleben konnte und die vorgegebenen Ziele mit der Wirklichkeit im Jahre 1980 vergleicht, der
wird berechtigt fragen müssen, warum denn diese Ziele nicht oder nur mangelhaft erreicht
wurden, wenn sie wirklich von den Anwendern für deren Fortbestehen gewünscht wurden.

Dazu eines von vielen Beispielen: Aufgrund einer Besichtigungsreise durch die USA Ende der
fünfziger Jahre wurde bei dem Vorstandsvorsitzenden eines großen Frankfurter Unternehmens
das Bedürfnis geweckt, daß die maschinelle Gewinn- und Verlustrechnung unabdingbar sei. Solche
Computerberichte hatte er bei seinem Kollegen in einem Computerunternehmen gesehen. Es
wurde ein riesiger Computer in Auftrag gegeben, und nach einem Jahr sollten die ersten
Ergebnisse vorliegen.

Jahre vergingen, die zweite Computergeneration war schon installiert, bis die geforderte
monatliche Gewinn- und Verlustrechnung durch einen Computer erstellt wurde. Die Firma hatte
die Zwischenzeit mit prächtigen Gewinnen überlebt.

2.     Unternehmensberatungen und ähnliche Gemeinschaftseinrichtungen der öffentlichen Verwaltungen übernehmen leichtfertig die Ziele der Hersteller.

In folgender Reihenfolge werden neue und immer größere Systeme durchgesetzt:

- Neue Hardware
- Überzeugung der Fachpresse und der Unternehmensberater von der Notwendigkeit neuer Systeme
- Erzeugung einer Unzufriedenheit bei den Empfängern von Datenverarbeitungsleistungen durch neue Möglichkeiten
- Verwendung dieser Unzufriedenheit als Druckmittel gegenüber den Organisationsabteilungen und EDV-Leitern
- Bestellung eines neuen Systems
- Entwicklung der Systemsoftware
- Installation
- Enttäuschung bei den Endbenutzern durch neue Unzulänglichkeiten.

Dazu folgende Beispiele:

a)     Als Ende der sechziger Jahre der Übergang auf die dritte Computergeneration zum größten Teil vollendet war und die Hardware für den Einsatz von Terminals bereitstand, war die Antwort für die Lösung aller Informationsprobleme der zentrale Großrechner mit riesigen Datenfernverarbeitungsnetzen und unintelligenten Terminals. Die Terminals durften keine eigene Logik haben, damit sie von den Bedienern ohne großes Fachwissen beherrscht werden konnten. Die Probleme mit der Steuerung von Großsystemen und umfangreichen Datenfernverarbeitungsnetzen waren nicht bekannt oder wurden verheimlicht. Aus der daraus entstehenden Unzufriedenheit bei den Anwendern, konnte dann die neue Marketingstrategie entwickelt werden.

b)     Als Ende der siebziger Jahre im atemberaubenden Tempo eine Verbesserung des Preis-/Leistungsverhältnisses eintrat - kostete 1961 ein Megabyte bei einem IBM-Plattenspeicher 1311 noch DM 1.044,-- Monatsmiete, so ist dieses Megabyte in Kürze bei einem IBM-Plattenspeicher 3380 für DM 1,88 zu haben -, wurden diese Kostensenkungen nicht an die Empfänger von Computerleistungen weitergegeben, sondern es wurden neue Wahrheiten verkündet wie etwa die dezentrale Datenverarbeitung oder die verteilte Datenverarbeitung. Heute müssen die Sachbearbeiter an ihren Terminals oder Klein-Computern über eigene Logik verfügen. Die Überschrift zu diesem Seminar unterstreicht die in der These 2 aufgestellte Behauptung.

3.    Die Betriebsart der Datenverarbeitung ist nur von der Aufgabenstellung abhängig.

Die insbesondere im Bereich der kommunalen Datenverarbeitung ständig geführte Diskussion um die richtige Betriebsart ist überflüssig und irritierend. Aufgrund der vorhandenen technischen Möglichkeiten sind alle Betriebsarten realisierbar. Die Betriebsart hat sich nur an den Wünschen des Anwenders aufgrund dessen Aufgabenstellung zu orientieren. Im Kommunalbereich sind von besonderer Bedeutung die Größe der Verwaltung, die finanziellen Möglichkeiten und die Ziele der Verwaltung in bezug auf Automatisierung, Rationalisierung und den gewünschten Servicegrad gegenüber dem Bürger.

Dazu folgende Beispiele:

a)    Wenn ein Bürgermeister einer 5.000-Einwohner-Gemeinde als oberstes Ziel seines Handelns die Sparsamkeit um jeden Preis angibt, dann wird er bei einer zentralen Datenerfassungsstelle und einer zentralen Datenverarbeitungsorganisation mit der Betriebsart "Stapelverarbeitung" arbeiten lassen und Zwischeneintragungen zur Auskunftsbereitschaft vornehmen lassen. An diesen Anwender sind die Preissenkungen der Hersteller weiterzugeben.

b)    Wenn ein Bürgermeister einer 15.000-Einwohner-Gemeinde Autonomie bei der Datenverarbeitung will, dann wird er sich einer eigenen Datenverarbeitung bedienen. Um nicht von einem Hersteller oder von einem einzelnen Programmierer abhängig zu sein, wird er sich für die Programmerstellung einer kommunalen Gemeinschaftseinrichtung für Organisation und Datenverarbeitung bedienen.

c)    Wenn ein Bürgermeister einer 50.000-Einwohner-Gemeinde bei den wichtigsten Daten jederzeit auskunftsbereit sein will, dann wird er am kostengünstigsten die Betriebsart "Verteilte Datenverarbeitung" zusammen mit einem zentralen Rechenzentrum benutzen.

d)    Wenn eine Großverwaltung Verwaltungsabläufe verkürzen und Verwaltungshandeln dezentralisieren will, dann bleibt nur der direkte Anschluß an ein Großrechenzentrum.

4.    Die teilweise Unzufriedenheit mit der automatisierten Datenverarbeitung hat ihren Grund weder in der Organisationsform, noch in der Betriebsart, noch in der technischen Technologie (Hardware), sondern nur in der mangelhaften intellektuellen Technologie (Software).

Zu Recht spricht man allenthalben von einer Softwarekrise in der Datenverarbeitung. Die intellektuelle Technologie kann dem Tempo der Erledigung der technischen Technologie nicht mehr folgen. Nach Untersuchungen der IBM soll ein Anwendungsstau von zehn Jahren bestehen.

Obwohl diese Aussagen für alle Branchen Gültigkeit haben, treffen sie im besonderen Maße für die kommunale Datenverarbeitung zu.

Folgende Gründe sind dafür maßgebend:

a)   Die für die Betreibung von Datenverarbeitungssystemen notwendige Anwendungssoftware wird nicht als Investition angesehen, deren Rückfluß sich zeitversetzt einstellt. Man ist nicht bereit, in Vorlage zu treten; die Erfolge sollen sich noch im gleichen Haushaltsjahr, auf jeden Fall aber noch vor Ablauf der Wahlperiode einstellen.

b)   Die kommunalen Anwender sind nicht in der Lage, ihre Wünsche zu definieren. Automationsausschüsse und Projektgruppen werden von seiten der Anwender mit untergeordneten Bediensteten beschickt, und eine Freistellung von der Tagesarbeit erfolgt nicht.

Die meisten kommunalen Wahlbeamten kümmern sich nicht um Organisation und Informationsfluß in ihren Verwaltungen. Bei kleineren und mittleren Verwaltungen gibt es keine hauptamtlichen Organisatoren und bei großen Verwaltungen sind diese mit Tagesfragen ausgelastet. Niemand denkt im Grundsätzlichen.

c)   Eine Langfristplanung ist nicht vorhanden, liebgewordene und überlieferte Arbeitsabläufe werden nicht in Frage gestellt und die neuen technischen Möglichkeiten werden in Organisationsformen der fünfziger Jahre eingesetzt.

d)   Das weitgehende Mitbestimmungsrecht der Personalräte in Organisations- und Ablauffragen verhindert Lösungen, die der Technologie der vierten Computergeneration gerecht werden.

e)   Das streng reglementierende und leistungshemmende öffentliche Dienstrecht macht die Beschäftigung von qualifizierten Mitarbeitern in Datenverarbeitungsorganisationen, insbesondere in Ballungsgebieten, äußerst schwierig. Nach der Ausbildung wechseln viele hoffnungsvolle Talente zu privatwirtschaftlichen EDV-Organisationen.

5.   Unabhängig von der Betriebsart der Datenverarbeitung sind für kommunale Verwaltungen zentrale EDV-Dienstleistungsunternehmen unabdingbare Voraussetzung für eine effiziente Datenverarbeitung.

Durch die Arbeit der Ende der sechziger Jahre gegründeten "Gemeinsamen Kommunalen Datenverarbeitungsorganisationen" konnte der zum Gründungszeitpunkt bestehende Rückstand in der Nutzung der Datenverarbeitung im Vergleich zu privatwirtschaftlichen Dienstleistungsunternehmen erheblich vermindert werden. Die Aufgabenstellung dieser Organisationen ließ aber auch das EDV-Know-how in den angeschlossenen Verwaltungen verkümmern. An eine Auflösung dieser Rechenzentren ist nicht mehr zu denken. Irreparable Schäden und der Verlust von riesigen Investitionen wären die Folge. Im Gegenteil, eine Verbesserung des Istzustandes kann nur durch den Ausbau der bestehenden zentralen Organisationen und Erweiterung ihrer Aufgabenstellung erreicht werden. Dabei spielt die Betriebsart der Datenverarbeitung eine untergeordnete Rolle.

Als Vorbild für Organisation und Arbeitsweise dieser gemeinsamen Dienstleistungsunternehmen könnte die hochgelobte DATEV e.G. in Nürnberg, die Datenverarbeitungsgenossenschaft der Steuerberater, dienen. Diese Genossenschaft hatte Ende 1979 16.380 Mitglieder und einen Umsatz von über 140 Millionen. Die jährliche Wachstumsrate beträgt 25 Prozent.

Worin liegt dieser Erfolg begründet? Die Softwareentwicklung erfolgt nicht in langwierigen und großvolumigen Arbeitskreissitzungen, sondern wird durch hochkarätige Organisations- und Datenverarbeitungsspezialisten mit entsprechendem Fachwissen bestimmt. Die Wünsche der Mitglieder werden durch Marketing-Methoden ermittelt, und der Umsatz beweist, daß nicht am Bedarf vorbei entwickelt wird.

Auf der Grundlage der kommunalen Selbstverwaltung und der ihr eigenen Organisationshoheit könnten auf freiwilliger Basis die gemeinsamen kommunalen Datenverarbeitungsorganisationen zu Beratungsunternehmen für Organisation, Informationsverarbeitung, Nachrichtentechnik und Textverarbeitung ausgebaut werden. Einzigste Aufgabe dieser Organisation wäre es, für die angeschlossenen Mitglieder alle Probleme im Zusammenhang mit der Einführung neuer Organisationsmethoden zu erledigen. Nach einer schlüsselfertigen Übergabe der Organisationsmittel und Einarbeitung der Mitarbeiter in den angeschlossenen Verwaltungen in die neue Organisation ist die Arbeit der Gemeinschaftseinrichtung in einer Verwaltung bis auf die laufende Betreuung beendet. Die Entscheidungsfreiheit der Kommunalverwaltung liegt in der Auswahl des Dienstleistungsangebotes der Gemeinschaftseinrichtung.

Danach ergeben sich für eine solche Organisation folgende Aufgaben:

- Organisationsuntersuchung und Schwachstellenanalyse
- Erarbeitung von Organisationsvorschlägen und Definition der Anwenderwünsche
- Kosten-/Nutzenanalyse
- Systemdesign und Systementwicklung bis zur Produktionsreife
- Hardwareauswahl, Vertragsgestaltung, Vertragsabschluß und Qualitätskontrolle, Auswahl und Betreuung der Betriebssysteme
- Definition des Datenfernverarbeitungsnetzes und Auswahl der entsprechenden Software
- Schulung, Einarbeitung und Fortbildung
- Laufendhaltung der Software und Erledigung der Sonderwünsche

- Laufende Beratung in Verfahrens- und Organisationsfragen
- Bereitstellung von Computerzeit als back-up für dezentrale Anlagen, für zentrale und verteilte Datenverarbeitung sowie für Softwareentwicklung.

Der technische Fortschritt wird also nicht zu arbeitslosen Rechenzentren führen. Ein Ausbau der bestehenden Einrichtungen in bezug auf mehr Organisationsunterstützung vor Ort wird am Ende einer evolutionären Entwicklung stehen.

D)  <u>Thesen zum Thema:  Servicerechenzentrum der Zukunft - arbeitslos oder umfunktioniert?</u>


von Hans Hansen, Bonn


Die hier zur Diskussion gestellten Thesen betreffen nur einen sehr speziellen Bereich der Aufgabenstellung öffentlicher Rechenzentren:  Die Unterstützung planungsorientierter Informationsverarbeitung. Ausgangspunkt ist die Frage, inwieweit sich von der jeweiligen Aufgabenstellung der Informationsverarbeitung spezifische Anforderungen an das Leistungsspektrum von Rechenzentren ableiten lassen.

1.    Die verschiedenen Aufgabentypen der Informationsverarbeitung und ihre jeweils spezifischen Anforderungen an die Leistungen wirken sich vor allem auf die Rollenteilung zwischen Anwender und Rechenzentrum aus. Durch das weitgehend von Aufgaben der Verwaltungsautomation bestimmte Organisationsmodell und durch die dabei gefundene Schnittstelle zwischen Anwender und Rechenzentrum ergeben sich für Aufgaben der planungsorientierten Informationsverarbeitung Probleme. Im wesentlichen liegen sie darin, daß hier eine ganz anders geartete, viel intensivere Interaktion zwischen dem Bearbeiter der Aufgabe und den technischen Mitteln der Informationsverarbeitung erforderlich ist.


2.    Je differenzierter aber eine Arbeitsteilung ist und je mehr sie quer zur Aufbauorganisation in den Verwaltungen verläuft, desto störanfälliger ist sie und desto schwieriger ist auch die Rolle eines Rechenzentrums. Die Bearbeitung einer planungsbezogenen Informationsverarbeitungsaufgabe erfordert die enge Kooperation von meistens mehreren Ämtern:  Zum Beispiel Fachamt, bei dem das Problem ansteht, statistisches Amt, das bei der Datenbeschaffung und der anzuwendenden Methode helfen muß, Datenverarbeitung und darüber hinaus oft noch außenstehende Institutionen. Und diese Kooperation muß nicht nur bei der Entwicklung einer DV-Lösung geleistet werden, sondern durchweg auch bei der Anwendung vorhandener Methodenprogramme.

Darüber hinaus sind die DV-technischen Anforderungen eines Bevölkerungsprognosemodells, einer Verkehrswegeanalyse oder einer automatischen Kartierung keineswegs geringer als die eines Gehaltsprogramms oder einer Wahlbenachrichtigung. Vielen Rechenzentren fehlen entsprechende personelle Kapazitäten mit diesen speziellen Fachkenntnissen.

3.   Je anspruchsvoller aber wiederum die technischen und fachlichen Anforderungen bei der Informationsverarbeitung sind, desto enger muß die Zusammenarbeit zwischen dem technischen und dem fachlichen Spezialisten gestaltet werden. Räumliche und institutionelle Distanzen erschweren diese Zusammenarbeit.

4.   Die Bereitstellung sensibler Informationen in einem Informationsverarbeitungs-Service durch eine Institution für jeweils verschiedene Empfänger - seien es verschiedene Ämter einer Verwaltung oder gar verschiedene unabhängige Gebietskörperschaften (Gemeinden) - werfen ganz besondere Probleme auf. Beispiel: Schulentwicklungsanalysen, vermutlich sensible Informationen. Sie können zwar technisch gesehen "neutral" von einem Servicezentrum für verschiedene Gemeinden bereitgestellt werden; inhaltlich-methodische Fragen, Parameteranalysen, Standortentscheidungen sind aber eng mit politischen Zielen verknüpft und schließen nicht nur ein Angebot "kompletter" Service-Leistungen aus, sondern geraten zwangsläufig in die institutionellen Konflikte hinein.

5.   Das Auslastungsproblem:  Die Häufigkeit, mit der Informationen erforderlich sind, entspricht nicht unbedingt der Bedeutung der Information. DV-Einsatz setzt aber Routine voraus. Informationen für Planungs- und Entscheidungszwecke werden weder routinemäßig verlangt noch erarbeitet.

6.   Das Durchsetzungsproblem: Der Einfluß der Planungsinstitutionen auf die organisatorischen Rahmenbedingungen ist gering. Die Anwender aus dem Planungsbereich müssen sich nach vorgegebenen Organisationsmodellen richten (Batch, closed shop, Zentralisation der DV, schwierige Interaktion mit dem Rechner und so weiter). Diese daraus entstehenden Arbeitsbedingungen entsprechen den Bedürfnissen der Planer nur unzureichend. Das macht den DV-Einsatz schwierig und hat zur Folge, daß die Rationalisierungseffekte der DV in diesem Anwendungsbereich als gering angesehen werden, was wiederum .... ein circulus vitiosus also.

7.   Diese Randbedingungen sind schwierig, und in absehbarer Zeit sind keine dramatischen Veränderungen zu erwarten. Aus den Einsichten über unzureichende Modelle können aber vielleicht einige Schlüsse gezogen werden. Sie werden erleichtert durch Tendenzen im Bereich der Veränderung von Aufgabenstellung und Selbstverständnis in der Organisation von Rechenzentren, nämlich einen weniger produktions- und hardwarebezogenen und dafür einen mehr software- und beratungsorientierten Service zu bieten. Sie nützen auch der planungsorientierten Informationsverarbeitung und erlauben, die Rollenteilung zwischen Anwender und Rechenzentrum zu verbessern. Es wird mehr anwendernahes DV-Know how erforderlich sein, das heißt

Mitarbeiter in den Fachverwaltungen, die in der Lage sind, zur Lösung ihrer Informationsverarbeitungsaufgaben sich der verfügbaren Methodenbaukästen zu bedienen und die dann eine anwenderfreundliche DV-Infrastruktur - als Service-Leistung - brauchen. Die Schnittstelle zwischen Anwender und DV-Infrastruktur wird also nicht in der Lieferung des Input (in der Form von Aufgaben, Daten, Vorgaben) und der Entgegennnahme des fertigen Output (Tabellen, Grafiken und so weiter) bestehen, sondern in der Bereitstellung einer an den Bedürfnissen der Anwender orientierten DV-Infrastruktur, das heißt Terminals, dezentrale Arbeitsplätze, von denen aus der Anwender selbst seine Aufgaben bearbeiten kann, mit Hilfe von benutzer orientierten, integrierten Daten- und Methodenbank-Systemen, die der Anwender selbst steuern kann und deren Betriebssicherheit durch einen entsprechenden Service der Rechenzentren gewährleistet ist.


8. Erst wenn - auf beiden Seiten - die spezifischen Anforderungen der DV-gestützten Informationsverarbeitung für den Planungsbereich er- und anerkannt werden, ist zu erwarten, daß Informationstechnik in diesem Anwendungsbereich sinnvoll genutzt wird.

E)    Thesen zum Thema:  Servicerechenzentrum der Zukunft - arbeitslos oder umfunktioniert?


von Josef Klinger, Karlsruhe


Die kommunalen Rechenzentren werden in Zukunft weder über Arbeitsmangel zu klagen haben noch werden sie eine grundsätzliche Umfunktionierung - wie das in dem Arbeitstitel dieses Seminars zum Ausdruck kommt - in Kauf nehmen müssen. Ich schließe dabei allerdings nicht aus, daß sich das Eigenverständnis des einen oder anderen kommunalen Rechenzentrums mehr dem Dienstleistungsgedanken widmen wird, als das in den vergangenen zehn Jahren der Fall war, in denen die Konzeptionen weitreichender Planungs- und Informationssysteme die Entwicklung der kommunalen Datenverarbeitung zwar nicht beherrscht, aber doch mitbestimmt haben. Ich will auch betonen, daß den kommunalen Rechenzentren der Zukunft neben der Datenverarbeitungs- aufgabe weitere Funktionen zuwachsen. Zu nennen sind die Aufgaben der Anwendungs- und Organisationsberatung sowie die Aufgabe der Entwicklung und Pflege von Anwendungs-Software für regionale Bedürfnisse.

Doch nun zu den sachlichen Hintergründen meiner optimistischen Einstellung.

Die Antwort muß - so glaube ich - dort einsetzen, wo beinahe jede verwaltungspolitische Diskussion beginnt, nämlich bei der Feststellung, daß der Bürger von heute mündig geworden sei, und daß die Verwaltungen sich auf einen bürgerfreundlichen Verwaltungsvollzug einzustellen hätten - zwei Schlagwörter, die im Rahmen dieser Tagung sicherlich nicht nur von mir strapaziert werden. Ich möchte sie deshalb schnell beiseite legen und fragen: "Was erwarten wir als Steuerzahler und Bürger von der öffentlichen Verwaltung?"


1.    Lassen Sie mich die Erwartungshaltung, die wir als Bürger gegenüber den öffentlichen Verwaltungen hegen, in zwei Aussagen zusammenfassen:

a)    Wir alle sind dann und wann mit der öffentlichen Verwaltung unzufrieden und erwarten eine Verbesserung ihrer Leistungen. Unsere Probleme, die wir an sie herantragen, sollen schnell und umfassend gelöst werden. Dabei sollen die Daten laufen, und nicht der einzelne Bürger soll seinen Daten hinterherlaufen müssen.

b)    Die öffentlichen Verwaltungsleistungen müssen wirtschaftlich erbracht werden. Ich glaube, bei einer derzeitigen Staatsquote von rund 47 Prozent muß jedem Bürger daran gelegen sein, daß sich die öffentlichen Verwaltungsapparate personell nicht weiter aufblähen und damit eine

Inflation der Personalkosten ständig neu angeheizt wird. Die Effektivität der Verwaltungsleistungen ist zu steigern, und der Einsatz von zusätzlichem Personal bedingt nicht zwangsläufig eine Verbesserung der Leistung der Verwaltung gegenüber dem Bürger.

Ich habe zwei der wichtigsten Punkte herausgegriffen, die vor allem dem Bürger auf der Straße am Herzen liegen müssen und die ganz deutlich als Ziele für die zukünftige Gestaltung des Verwaltungshandelns auf dem Tisch liegen.

Ich räume ein, daß bei der Ausgestaltung des Verwaltungshandelns weitere Ziele verwaltungspolitischer und rechtspolitischer Art eine ebenso bedeutungsvolle Rolle spielen, vor allem für die Kommunalverwaltungen. Zu nennen sind die <u>Organisationshoheit</u> und die <u>verfassungsrechtlich geschützte Autonomie der Kommunen.</u> Um nicht mißverstanden zu werden: Ich halte diese Rechtsgüter für wichtige Bestandteile unserer föderalen Ordnung. Sie müssen mit aller Macht verteidigt werden.

Die Forderung nach <u>wirtschaftlicher</u> Gestaltung des Verwaltungshandeln gegenüber den verwaltungs- und rechtspolitischen in den Hintergrund zu stellen, halte ich aber im Hinblick auf die nachhaltige Diskussion um die Einschränkung der öffentlichen Ausgaben für völlig verkehrt.

2.   Welcher Stellenwert ist nun auf der Basis dieser Forderungen der Datenverarbeitung, vor allem der kommunalen Datenverarbeitung, zuzuordnen? Die Antwort darauf ist schnell gefunden.

a)   Die kommunale Datenverarbeitung hat auf gar keinen Fall einen Selbstzweck zu erfüllen. Sie stellt ausschließlich ein Hilfsmittel dar, um die vorhin skizzierten Forderungen, die an eine moderne Verwaltung zu stellen sind, zu erfüllen.

Gott sei Dank ist die Planungs- und Integrationseuphorie längst abgeflaut, die einem Außenstehenden in den sechziger Jahren schon manchmal den Eindruck vermitteln konnte, mit Hilfe der Datenverarbeitung würden sich neben den etablierten Verwaltungsstrukturen neue Planungs- und Informationsträger einrichten.

b)   Kommunale Rechenzentren sind daher keine Einrichtungen einer neuen Computer-Verwaltung, wie das von übereifrigen Kritikern manchmal apostrophiert wird, sondern Dienstleistungsbetriebe in einem modernen, technologisch arg in Bewegung befindlichen Metier.

Ich halte es wirklich für nicht zutreffend, wenn von Kritikern der kommunalen Rechenzentren der Eindruck erweckt wird, als seien diese drauf und dran, sich als Informationsverwaltungen neben den Kommunen zu etablieren und die eigentlichen Aufgabenträger als "Leere Hülsen" übrig zu lassen. Niemand möchte an der Eigenständigkeit der Gemeinden rütteln, auch der Leiter einer kommunalen Datenverarbeitungszentrale nicht. Von den kommunalen Rechenzentren droht sicherlich keine Gefahr zur Aushöhlung der kommunalen Selbstverwaltung.

Mit besonderem Nachdruck kann ich das für die Verhältnisse in Baden-Württemberg behaupten.

3.	Die EDV-Organisation Baden-Württembergs gewährleistet die Beteiligung der Kommunen an der Projektentwicklung über Projektberatergruppen, in denen alle kommunalen Größenstrukturen repräsentativ vertreten sind. Die einzelne Gemeinde ist außerdem weder durch Gesetz noch durch Rechtsverordnung verpflichtet, landeseinheitliche Programme einzusetzen. Die kommunale Zusammenarbeit in den Rechenzentren beruht auf völlig freiwilliger Basis. Deshalb verstehen sich auch die Regionalen Rechenzentren als Dienstleistungsbetriebe und nicht als Informationsverwaltungen. Dieses Eigenverständnis und das Freiwilligkeitsprinzip haben gerade in Baden-Württemberg zu einer weiten Verbreitung landeseinheitlicher Verfahren geführt.

Einige Zahlen sollen das verdeutlichen:

Anzahl der Gemeinden: 1100
Anzahl der Einwohner: 9,15 Millionen.
Einwohnerwesen: 950 Gemeinden mit 8,2 Millionen Einwohnern oder 90 Prozent.
Kassenwesen: 980 Gemeinden.
Personalwesen: 1.070 Gemeinden mit 190.000 monatlichen Abrechnungen.

Dieser enorme Verbreitungsgrad landeseinheitlicher Verfahren wurde erreicht durch jährliche Steigerungsraten des Auftragsvolumens um 20 bis 25 Prozent. Auch für die folgenden Jahre stehen die Zeichen auf weitere Expansion. Ich darf in diesem Zusammenhang die Ergebnisse einer Endbenutzerbefragung wiedergeben, die die Firma Prognos im Jahre 1978 in Baden-Württemberg durchgeführt hat.

Die zentralen Aussagen dieses Gutachtens lauten:

Die Regionalen Rechenzentren und damit die gemeinsame kommunale Datenverarbeitung sind heute in Baden-Württemberg unumstritten. <u>Eine Alternative wird bei den Befragungsteilnehmern nicht gesehen.</u> Das Prognos-Gutachten weist allerdings auch darauf hin, daß der technologische Fortschritt der Datenverarbeitung eine Anpassung an neue Möglichkeiten verlangt. "Das betrifft im wesentlichen die Möglichkeiten der Datenfernübertragung und der Datenfernverarbeitung". Gemeint ist dabei die Forderung der Anwender, die Computerleistung am Arbeitsplatz des Sachbearbeiters verfügbar zu machen.

Dieser Forderung haben sich in jüngster Zeit alle kommunalen Rechenzentren gestellt und dabei in den letzten zwei bis drei Jahren erhebliche Fortschritte erzielt. Verweisen möchte ich dabei auf die von Baden-Württemberg mit mehreren Bundesländern gemeinsam erarbeitete UDEV/BENDA-Konzeption, die sich heute bereits in der Einführungsphase befindet und dem Anwender weitreichende Möglichkeiten der direkten Kommunikation mit seinem Rechenzentrum eröffnet.

Datenerfassung, Datenabfrage, Datenübertragung und Online-Programmierung sind Funktionen, die unser Rechenzentrum in Karlsruhe heute jedem Anwender anzubieten vermag.

Von diesem Angebot wird auch reichhaltig Gebrauch gemacht. Wir versorgen mit über hundert Terminals - Geräte unterschiedlicher Herkunft - den Endbenutzer mit der von ihm gewünschten Computerleistung direkt am Arbeitsplatz.


4.    Da ich eingangs auf die Forderung der Wirtschaftlichkeit in der öffentlichen Verwaltung großen Wert gelegt habe, lassen Sie mich auch eine Bemerkung zu der Frage der Wirtschaftlichkeit der gemeinsamen Datenverarbeitung in kommunalen Rechenzentren machen und zunächst das oben bereits erwähnte Prognos-Gutachten zitieren:

"Die Wirtschaftlichkeit der eingesetzten Verfahren und die Verbesserung der Effizienz der Verwaltungstätigkeit steht außer Frage". Dieses Statement möchte ich anhand von einigen wenigen Zahlen aus unserem Rechenzentrum in Karlsruhe erhärten.

Nehmen wir das Beispiel einer Gemeinde mit rund 12.000 Einwohnern, die alle für sie relevanten EDV-Verfahren vom Einwohnerwesen über die Verbrauchsabrechnung und das Finanzwesen bis zum Personalwesen in Anspruch nimmt. Dieser Gemeinde entstehen von seiten des Rechenzentrums jährliche EDV-Kosten in Höhe von DM 45.000,--.

Nehmen wir die Kosten für ein Datenkommunikations-Terminal und die anteiligen Kosten für die landeseinheitliche Programmentwicklung dazu, dann resultiert eine Gesamtsumme in Höhe von rund DM 72.000,-- jährlich oder auf den Einwohner bezogen ein Aufwand von DM 6,-- pro Einwohner.

Wenn Sie bedenken, daß der Anwender für diese Kosten einen Full-Service erhält, der alle Formular- und Papierkosten beinhaltet und der ihn der Sorge um die Pflege der Programme enthebt, und wenn Sie weiter bedenken, daß ein qualifizierter Programmierer DM 60.000,-- bis DM 70.000,-- jährlich kostet, dann steht die Wirtschaftlichkeit der gemeinsam betriebenen kommunalen Datenverarbeitung nicht nur heute, sondern auch in Zukunft völlig außer Zweifel. Kritiker der kommunalen Rechenzentren dürfen eben nicht nur - gestützt auf die Verkaufsargumente der Hersteller - die Hardwarekosten und ihre sinkende Tendenz sehen. In den Wirtschaftsplänen der kommunalen EDV-Zentralen Baden-Württembergs belegen die Hardwarekosten cirka 30 Prozent des Gesamtbudgets. Dagegen weisen die Kosten für Programmentwicklung und -wartung einen ständig überproportional steigenden Trend aus.

Unserem strengen Wirtschaftlichkeitsdenken haben wir es auch zu verdanken, daß in Karlsruhe von sieben Konkurrenzkämpfen, die wir im letzten Jahr hart und sachlich mit Mitbewerbern geführt haben, sechs zu unseren Gunsten entschieden werden konnten.

Lassen Sie mich zusammenfassen: Die kommunalen Rechenzentren haben sich in den rund zehn Jahren ihres Bestehens gut bewährt. Sie haben bewiesen, daß sie die eingangs skizzierten Forderungen nach Leistungsverbesserung und Wirtschaftlichkeit in der öffentlichen Verwaltung zu erfüllen vermögen. Sie haben auch ihre Bewährungsprobe in dem rauhen Wind der Konkurrenz mit alternativen Formen der kommunalen Datenverarbeitung bestanden. Das Freiwilligkeitsprinzip und das Selbstverständnis der Rechenzentren als Dienstleistungsbetriebe haben dazu beigetragen, daß die Kommunen in den letzten zehn Jahren große Leistungen in der Anwendung von DV-Verfahren erbracht haben.

Mit den Kritikern der Rechenzentren gehe ich insoweit einig, als ich absolut keine Notwendigkeit sehe, die Aufgaben der Rechenzentren gesetzlich zu reglementieren und etwa die bestehende föderale Struktur durch die Schaffung neuer Aufgaben- beziehungsweise Informationsträger bei den Rechenzentren zu tangieren. Die Autonomie der Kommunen ist ein hohes Gut, das es in jedem Fall zu verteidigen gilt. Das von einigen Kritikern manchmal skizzierte Gespenst neuer Verwaltungsregionen, die von Computern völlig beherrscht werden, entspringt nach meiner Auffassung einer recht einseitigen Phantasie.

Worauf es in Zukunft noch mehr als bisher ankommt, das ist die Bereitstellung einer differenzierten Computerleistung sowohl am Arbeitsplatz des Verwaltungsbeamten wie auch am Schreibtisch des Verwaltungstechnikers.

Ich möchte allerdings davor warnen, die Frage einer bürgernahen Verwaltung mit Datenverarbeitung im eigenen Haus zwangsläufig zu assoziieren. Für den Bürger spielt es keine Rolle, ob die Auskünfte und Informationen, die er von seiner Verwaltung erwartet, aus einem EDV-Gerät nebenan oder über eine Leitungsverbindung von mehreren Kilometern Länge vom Regionalen Rechenzentrum geholt werden.

Die rein technische Lösung dieses Problems, zentrale oder dezentrale Vorhaltung von Computerleistungen, ist daher keine verwaltungs- beziehungsweise rechtspolitische, sondern eine rein wirtschaftliche Frage.

Gerade im Hinblick auf die Wirtschaftlichkeit des Angebots an Computerleistung sehe ich der Zukunft der kommunalen Rechenzentren mit großer Zuversicht entgegen.

In diesem Zusammenhang müssen wir auch einen Blick über den Zaun werfen und die Entwicklung der Rechenzentren der DATEV und der Raiffeisen-Organisationen sehen. Wie anders als durch wirtschaftliche Leistungsfähigkeit haben sich diese genossenschaftlich geführten Rechenzentren des Kreditgewerbes und der steuerberatenden Berufe zu der Bedeutung entwickelt, die ihnen heute in der Bundesrepublik zukommt?

                                        433

F)    <u>Die Zukunftschancen der Computer-Serviceunternehmen</u>


von Peter Lange-Hellwig, Hannover


1.    Bestandsaufnahme

Als sich Anfang der sechziger Jahre die automatische Datenverarbeitung mit der zweiten
Computergeneration durchsetzte und mit der dritten Generation den allgemeinen Durchbruch in
der Wirtschaft erreichte, etablierten sich als Folgeerscheinung die Service-Rechenzentren. Sie
folgten einer Marktnotwendigkeit insofern, als sie den Wettbewerbsvorsprung der Großunter-
nehmen ausgleichen halfen, den diese durch den Rationalisierungseffekt des Computereinsatzes
erreicht hatten. Die damalige Pionierrolle der DV-Service-Rechenzentren ist aus heutiger Sicht
gar nicht hoch genug einzuschätzen, halfen sie doch der mittelständischen Wirtschaft, schnell
wieder Anschluß zu finden. Die überzeugende Maxime der Argumentation für das Service-
Rechenzentrum war die Tatsache, daß der Computer auch eine Maschine ist und eine Maschine
einen umso höheren Wirkungsgrad erzielt, je größer sie gewählt wird. Die Überlegenheit der
Universal-Computer in den Service-Rechenzentren nutzte das mittelständische Unternehmen
partiell, zeitweise und zu anteiligen Kosten und fuhr damit weitaus besser als mit einer eigenen
Kleinanlage.


Mittlerweile haben sich durch die Entwicklung neuer Technologien, geändertes Marktverhalten
und das Selbstverständnis, mit dem der heutige Unternehmer die automatische Datenverarbeitung einsetzt, Argumentation und Marktverhalten gewandelt. Aus der "Datenverarbeitung
außer Haus", die durch zur Verfügungstellung von Rechnerzeit und Stapel-Abarbeitung gekennzeichnet war, ist das "Computer-Serviceunternehmen" geworden, das die gesamte Datenverarbeitung, also Hardware, Software und DV-Beratung aus einer Hand liefert.


Rund 300 dieser DV-Serviceunternehmen bestimmen den deutschen Markt und dürften - authentische Werke liegen nicht vor - jährlich rund 1,5 Milliarden DM mit 12.000 bis 14.000 Mitarbeitern erwirtschaften.



2.    Die DV-Service-Branche in Europa

Die Service-Rechenzentren der Bundesrepublik Deutschland und einige Softwarehäuser sind im
"Verband Deutscher Rechenzentren e.V. (VDRZ)" organisiert, der allgemein als offizielles
Sprachrohr der Branche in Wirtschaft und öffentlicher Verwaltung anerkannt ist. Der Organisa-

tionsgrad liegt bei 65 Prozent, die rund 80 Prozent des Branchenumsatzes repräsentieren. Der VDRZ seinerseits ist im europäischen Dachverband "ECSA" (European Computer Services Association) neben zehn weiteren europäischen Verbänden vertreten und maßgeblich an den internationalen Entscheidungen auch hinsichtlich der EG-Aktivitäten beteiligt.

Aus dem letzten Jahresbericht der ECSA lassen sich folgende Erkenntnisse ableiten:

Bereits 1979 haben die Anwender in Westeuropa für DV-Dienstleistungen insgesamt 11,4 Milliarden DM ausgegeben. Bei anhaltender Wachstumsrate ist zu erwarten, daß Westeuropa und der US-Markt schon 1983 gleichziehen werden.

Der Computer-Service-Markt läßt sich wie folgt aufgliedern (Basiszahlen 1978):

| | |
|---|---|
| Stapelverarbeitung | 41,2 Prozent |
| Datenfernverarbeitung | 20,4 Prozent |
| Software-Dienstleistung | 24,1 Prozent |
| Software-Produkte | 11,4 Prozent |
| Sonstiges | 2,9 Prozent. |

Insgesamt wurden in der westeuropäischen Service-Branche 142.000 Mitarbeiter beschäftigt, davon entfielen auf Frankreich und Großbritannien etwa 31.000, während in der Bundesrepublik (siehe oben) knapp die Hälfte beschäftigt ist. Dies hängt mit einer spezifisch deutschen Erscheinung zusammen.


3.    Das deutsche Phänomen

So nennen die Europäer und auch die überseeischen Insider die Tatsache, daß es nirgends so viele Kleincomputer gibt wie in der Bundesrepublik. Dieser Umstand hat nicht nur mit der historischen Entwicklung zu tun - die ersten Kleinanlagen wurden serienmäßig in der Bundesrepublik gefertigt -, sondern auch mit der Tatsache, daß in fast schwäbischer Manier viele Mittel- und Kleinbetriebe Wert darauf legten, eine eigene Anlage zu besitzen und häufig betriebswirtschaftliche Überlegungen hinsichtlich der Investition und der Folgekosten sekundär waren. Sicher haben auch Prestigefragen eine Rolle gespielt, was allerdings schwer zu beweisen ist. Grundsätzlich geändert hat sich diese auf Eigenständigkeit in der Datenverarbeitung bedachte Haltung nach der ersten Rezession 1967/1968, als der Rotstift Wegweiser zum Überleben wurde und bei seinen Aktivitäten die EDV-Kosten einbezog. Dies führte zu einem erheblichen Aufschwung der DV-Dienstleistungsunternehmen und zu einer größeren Bereitschaft, sensitive Daten des eigenen Unternehmens dem Service-Rechenzentrum anzuvertrauen.

4.    Der Markt heute

Wenngleich die jährliche Wachstumsrate von 15 Prozent die DV-Service-Branche deutlich vor der allgemeinen und der Universalcomputer-Entwicklung sieht, darf doch festgehalten werden, daß die Service-Rechenzentren in der Bundesrepublik durch ein besonderes Handicap benachteiligt sind:

Es sind dies die extrem hohen Datenübermittlungskosten, die die Deutsche Bundespost im Bereich der Datenfernverarbeitung verlangt. Sie liegen bis zum Faktor sieben über jenen in den USA.

Darüber hinaus hat das Marktangebot preisgünstiger stand-alone-Systeme in der jüngsten Vergangenheit (bis 1979) zu einem ständigen Aderlaß bei den Rechenzentren geführt, der die gesamte Branche zu strategischen Überlegungen und Maßnahmen im Hinblick auf die Zukunftssicherung zwang.

Durch ständige Studienreisen, die der VDRZ veranstaltete, erhärtet durch die Erkenntnisse, die aus den internationalen und bundesdeutschen Betriebsvergleichen herzuleiten sind, hat die Mehrzahl der im VDRZ organisierten DV-Serviceunternehmen auf die Strategie "alles aus einer Hand" umgeschaltet und sich für die Zukunft Akzente gesetzt:

-    Dialogisierung, soweit durch die Übertragungskosten wirtschaftlich vertretbar
-    Fullservice sowohl im Hardware- wie im Softwarebereich
-    Rückbesinnung auf den Zentralcomputer mit Auskunfts- und Datenbanksystemen.

Die DV-Serviceunternehmen haben in den letzten beiden Jahren erhebliche Investitionen getätigt, um das Leistungsangebot weiter attraktiv zu gestalten. Die Entwicklung leistungsfähiger und zugleich preisgünstiger Mini-Computer und der damit verbundene Preisverfall im Hardware-bereich hat den Service-Rechenzentren erhebliche Zukunftschancen eröffnet. Für zeitkritische Arbeiten werden dem Kunden die Geräte ins Haus gestellt, die die Faktura und ähnliche Auswertungen kurzfristig gestatten, während der gesamte Verwaltungsablauf im Service-Unternehmen erledigt wird. Über Datenfernverarbeitung, sei es nun im Dialog oder im remote batch, verfügt der Kunde über den Großrechner des Serviceunternehmens in gleicher Manier, als stände dieser im eigenen Hause.

5.    Künftige Entwicklung der DV-Service-Branche

Drei Entwicklungen haben in der Tat die Bedeutung der EDV-Dienstleistung im Software- und Rechenzentrums-Bereich erheblich gesteigert:

- Die Dialogisierung der Datenverarbeitung ermöglicht den Service-Unternehmen ein verbessertes Angebotsspektrum unter Berücksichtigung zeitkritischer Auswertungen (bisherige Achillesferse).

- Parallel zum Hardware-Preisverfall stiegen explosionsartig die Löhne für qualifiziertes DV-Personal.

- Die Entbündelung von Hard- und Software-Kosten gestattet dem Anwender eine exakte betriebswirtschaftliche Betrachtung, ob die eigene EDV mit oder ohne Anschluß an das Service-Computerzentrum sinnvoll ist.

Die Dialogfähigkeit führte zu einer Rückbesinnung auf den Zentralrechner, dessen Ressourcen schon von der Speicherkapazität durch die Kleinanlage im eigenen Hause nicht geboten werden können. Das Personalproblem im EDV-Bereich - der Hinweis auf den Umfang der Stellenangebote in den Zeitungen mag dies verdeutlichen - hat dazu geführt, daß die Gehälter der DV-Mitarbeiter in den Computer-Serviceunternehmen rund 10 Prozent höher liegen als in der freien Wirtschaft (VDRZ-Betriebsvergleich 1979). Aufgrund der unterschiedlichen Kundenanforderungen müssen die Rechenzentren sehr hohe Ansprüche an den betriebswirtschaftlichen Fundus und die geistige Flexibilität ihrer Mitrbeiter stellen und sind so in der Lage, jedem Rechenzentrums-Kunden den quasi Mehrfachnutzen des einzelnen, qualifizierten Mitarbeiters zur Verfügung zu stellen. Im DV-Service sind deshalb auch die ständige Aktualität der Programme, Anpassungen bei geänderter Rechtslage (wie bei Steuern) sowie Programmpflege und -dokumentation selbstverständlich.

Die Deutsche Bundespost hat signalisiert, daß sie künftig einen Weg finden wird, die Datenübertragungskosten erheblich zu vermindern. Die Ankündigung des Datex-P-Dienstes, der durch die entfernungsunabhängige Tarifierung gekennzeichnet sein wird, kann für die Service-Rechenzentren die wünschenswerten Marktchancen bieten. Das Angebot des einzelnen Service-Unternehmens wird somit in fast allen Bereichen der Bundesrepublik verfügbar sein, sofern es durch Datenfernverarbeitung gekennzeichnet ist, während es heute auf gleichem Wege nur "rund um den Schornstein" im Ortstarif wirtschaftlich nutzbar ist.

6.  Die Vorteile der Datenverarbeitung mit Computer-Dienstleistungs-Unternehmen

Abschließend kann gesagt werden, daß die Zuversicht der Computer-Service-Unternehmen sich auf folgende Vertriebsargumente gründet:

a)  Keine langfristige Bindung von Betriebsmitteln durch ersparte und nicht realisierte Investitionen.

b)   Das Bereitstellen und Herrichten von EDV-Räumen entfällt.

c)   Geringe Anlaufkosten während der Einführungsphase, da das Rechenzentrum

-   über leistungsfähige Computer verfügt,
-   ausgetestete Programme für die meisten Arbeitsgebiete mit den entsprechenden Belegen und Handbüchern bereitstellt,
-   mit erfahrenen Organisatoren die Umstellung durchführt und überwacht sowie die eigenen Mitarbeiter einweist,
-   eventuell notwendige Anpassungsprogrammierungen übernimmt.

d)   Vermeidung von teuren Überkapazitäten, die sich wegen der Arbeitsspitzen nicht immer vermeiden lassen, aber ansonsten ungenutzt bleiben.

e)   Keine Einstellung, Einarbeitung und laufende Schulung eines eigenen DV-Personals für Organisation, Programmierung und Operating.

f)   Ständige Aktualität der Programme, da Anpassungen bei veränderter Rechtslage (Steuern und anderes) sowie Programmpflege und -dokumentation vom Rechenzentrum vorgenommen werden.

g)   Es sind weitere Anwendungen möglich, die aufgrund ihrer Verarbeitungsintensität nur auf einem Großrechner durchführbar sind.

h)   Keine Probleme mit der Hardware, da Miete und Wartung Bestandteil des Werkvertrages mit dem Rechenzentrum sind und dies wiederum aus Wettbewerbsgründen gehalten ist, dem Kunden stets die neueste und leistungsfähigste Hardware bereitzustellen.

Deshalb nutzen heute mehr als 80 Prozent aller DV-Anwender die Datenverarbeitung mit Computer-Dienstleistungsunternehmen.

G)  **Thesen zum Thema:  Servicerechenzentrum der Zukunft - arbeitslos oder umfunktioniert?**


von Bernward Löwenberg, Frankfurt-Höchst


Als Mitglied des Verwaltungsrates des Kommunalen Gebietsrechenzentrums Wiesbaden und des Verwaltungsrates der Hessischen Zentrale für Datenverarbeitung mache ich keinen Hehl daraus, daß ich der Meinung bin, daß der hessische Datenverbund entstaatlicht und kommunalisiert werden muß. Das heißt: Er darf nicht mehr zentral über Steuermittel finanziert werden, die vom Land gegeben werden (eine Finanzierung, die den Verbund an der Entwicklung hindert), sondern er muß von den Nutzern unmittelbar finanziert werden. Nur dann sind diese wirklich an einer Weiterentwicklung der Leistungen der Datenverarbeitung interessiert. Auf dem Hintergrund der hessischen Erfahrungen mein Schlagwort: Weg vom Hardware- und Produktionsverbund, hin zur Softwareentwicklungs- und Beratungsgemeinschaft. Nun zu den Thesen im einzelnen:


1.   Die EDV in der öffentlichen Verwaltung, insbesondere im Bereich der kommunalen Selbstverwaltung, hat der schnellen, guten und kostengünstigen Verwaltung der Angelegenheiten der Bürger zu dienen. Der Bürgernähe ist daher bei der EDV und ihrer Organisation ein sehr hoher Rang einzuräumen. Der Bürger darf nicht mit dem Hinweis auf Maschine, Maschinenkonfigurationen oder Maschinenkonzentration zu mehr gezwungen werden, als unbedingt erforderlich ist, um eine geordnete öffentliche Verwaltung aufrecht zu erhalten.


2.   Die EDV muß mitarbeiter- (sachbearbeiter-) freundlich sein. Zur Erledigung eines Vorgangs muß, soweit wirtschaftlich überhaupt vertretbar, der unmittelbare und sofortige Zugriff auf die notwendigen Daten möglich sein. Dies ist bei dezentralisierten Systemen wahrscheinlich eher und wirtschaftlicher möglich als bei zentralisierten Systemen. Die Sachbearbeiterfreundlichkeit der EDV hat ebenfalls einen sehr hohen Rang.


3.   Die Organisationshoheit der kommunalen Selbstverwaltung darf durch die Organisation der EDV nicht beeinträchtigt werden. Überlegungen der Wirtschaftlichkeit müssen gelegentlich hinter dem Anspruch der Organisationshoheit zurückgestellt werden. Es muß vor Ort entschieden werden, wie, wann und in welchem Umfang EDV eingesetzt wird. Es darf nicht von einer zentralen Stelle aus die Organisation vor Ort unmittelbar oder auch nur mittelbar über die EDV gelenkt oder gar bestimmt werden. Die dezentrale EDV stützt die Organisationshoheit der kommunalen Selbstverwaltung.

4.    Die Einflußnahme auf die EDV-Systeme, ihre Organisation und ihre Bedienung muß unmittelbar sein; die Anwender müssen die Entscheidungen über Entwicklung, Technik und Kosten der EDV selbst und unmittelbar treffen können und auch treffen wollen. Und dies tun sie nur, wenn sie dafür wirklich Geld bezahlen müssen.


5.    Die Datenverarbeitung ist zu entmystifizieren. Sie ist vom Vokabular her so herunterzuzonen, daß ihre Einsatzbereiche und ihre Handhabung für Anwender verhältnismäßig leicht verständlich sind. Das gilt insbesondere für die kleineren Städte und Gemeinden, die sich EDV-Spezialisten als Dolmetscher nicht leisten können.


6.    Die Datenverarbeitung ist als Hilfsmittel der Verwaltung einzuordnen, was sie in der Tat ist oder doch sein soll, und von ihrem bisher gepflegten Image als Herrschaftsinstrumentarium zu befreien.


7.    Die Programmier- und Arbeitscodes (Sprachen) der EDV müssen so vereinheitlicht werden, daß die unterschiedlichen Systeme miteinander verbunden und der Datenaustausch ohne teure technische Umrüstung möglich werden kann. Insbesondere muß die Software so weiterentwickelt werden, daß verschiedene Fabrikate austauschbar werden, ohne daß die jeweilige Organisation völlig in Frage gestellt wird.


8.    Die gemeinsame Datenverarbeitung ist mit den Problemen der Zentralität oder Dezentralität der Datenverarbeitung nicht zu verwechseln, sondern eine Antwort auf die Frage nach der Wirtschaftlichkeit, der besseren Ausnutzung von Kapazitäten und der Verfügbarkeit von Hardware beziehungsweise Software. Gemeinsame kommunale Datenverarbeitung ist kein Wert an sich, den es zu verteidigen gilt, sondern ein an praktischen Erfordernissen orientiertes Organisationsmodell.


9.    Zentrale Datenverarbeitung als Prinzip ist nach der wesentlichen Senkung der Hardwarekosten in Frage zu stellen. Sie kann nur noch aus technischen und/oder wirtschaftlichen Gründen gefordert werden.


10.    Dezentrale Datenverarbeitung als Prinzip ist nach der wesentlichen Senkung der Hardwarekosten der Normalfall, wie ja auch normalerweise in dezentralisierter Verantwortung verwaltet wird. Dezentrale Datenverarbeitung findet ihre Grenze an technischen und/oder wirtschaftlichen

Gegebenheiten. Der Beweis des ersten Anscheins spricht für die Richtigkeit dezentraler Datenverarbeitung.


11.   Die Softwarekosten müssen nicht überproportional steigen, wenn die Software-Entwicklung eng am Bedarf orientiert wird. Die Integration von Randproblemen kann so teuer werden, daß auf ihre softwaremäßige Einarbeitung verzichtet werden muß. Es muß über das Regel-Ausnahme-verhältnis jeweils geprüft werden, welche Anforderungen an Software-Entwicklungen zu stellen sind.


12.   Der Mythos von der totalen Datenverarbeitung (globale, kontinentale oder auch nur nationale und regionale Integration von Datenverarbeitung) muß einem an Ziel, Zweck und Wirtschaftlichkeit orientierten, realistischen, an der Notwendigkeit kontrollierten System Platz machen.

H)  <u>Von der Datenverarbeitung im Rechenzentrum zur Informationsverarbeitung am Arbeits-</u>
<u>platz - künftige Aufgaben gemeinsamer Datenzentralen der öffentlichen Verwaltung</u>

von Henning Marwedel und Hartmut Niesing, Kiel

1.  Die Diskussion über die Zukunft und Rolle gemeinsamer Datenzentralen der öffentlichen Verwaltung ist gegenwärtig geprägt durch

- die in den einzelnen Ländern vorhandenen, sehr unterschiedlich gestalteten Organisationsgesetze, die nicht in jedem Fall die verwaltungspolitisch notwendige und zur Ausschöpfung der technologischen Entwicklung erforderliche Anpassungsfähigkeit der Datenverarbeitungsorganisation erkennen lassen,

- die Orientierung der Zentralitäts- beziehungsweise Dezentralitätsüberlegungen an der physischen Zuordnung der Computerinstallationen. Dabei wird verkannt, daß die organisatorische Wirkung des Computereinsatzes weniger vom Ort der Rechnerinstallation als vielmehr von der Gestaltung des Anwendungssystems (das heißt organisatorische Regelungen plus Software plus Verfügbarkeit der Speicherungs- und Verarbeitungsleistung) bestimmt wird.

In den Fällen, in denen die Anpassungsfähigkeit gegeben ist und die Gestaltung der Anwendungssysteme im Zusammenwirken der Fachverwaltungen und DV-Spezialisten als die eigentliche Herausforderung verstanden wird, ergibt sich ein evolutionärer Rollenwandel der gemeinsamen Datenzentralen zu "Gemeinschaftsstellen für Informationstechnik". Es gilt heute nicht mehr in erster Linie, die Hardware gemeinschaftlich zu nutzen, als vielmehr, das Spezialwissen und die jeweils wirtschaftlich verfügbaren technischen Möglichkeiten für alle, das heißt auch für die zahlreichen kleinen Verwaltungen, zugänglich zu machen.

In diesem Zusammenhang erweisen sich einmal mehr die Begriffe "Datenzentrale" oder "Rechenzentrum" als inadäquate Bezeichnung für eine Dienstleistungseinrichtung der Verwaltungen. Weder die zentrale Speicherung von Daten noch die zentrale Durchführung von Datenverarbeitung ist die eigentliche Aufgabe, diese besteht vielmehr in der Erschließung der Möglichkeiten der Informationsverarbeitung für die Verwaltungen.

2.  Die Entwicklung der Informationstechnik ermöglicht heute - und in Zukunft verstärkt - neue, weitergehende Nutzungsformen und damit neue Gestaltungsmöglichkeiten zur besseren Aufgabenerledigung:

- Kernpunkt ist die zunehmende Möglichkeit, die Tätigkeiten an den einzelnen Arbeitsplätzen in der Verwaltung durch Informationstechnik wirtschaftlich zu unterstützen. Dies gilt sowohl für die vollziehende wie für die planende Verwaltung, wobei die Art der bereitzustellenden informationstechnischen Unterstützung aufgabenbedingt sehr unterschiedlich sein kann.

- Die Arbeitsplatzorientierung bedeutet, daß nicht mehr einzelne Funktionsbereiche wie Datenverarbeitung oder Textverarbeitung oder Informationsspeicherung und Wiedergewinnung getrennt zu betrachten sind. Alle Funktionen, die die Erledigung der Aufgaben am einzelnen Arbeitsplatz technich unterstützen können, müssen im Zusammenhang bereitgestellt werden. Dieser Prozeß wird sich sukzessive vollziehen.

- Neben der Aufgabenerledigung an den einzelnen Arbeitsplätzen ist auch die Informationsübermittlung zwischen den Arbeitsplätzen im zunehmenden Maße technisch zu unterstützen und insofern in die Betrachtung einzubeziehen. Aus dieser Zusammenfassung von Kommunikation, Datenverarbeitung, Textverarbeitung und Informationsspeicherung und Wiedergewinnung entsteht die für die Verwaltung neue Möglichkeit einer umfassenden Informationsverarbeitung.

3. Die Erschließung der Möglichkeiten der Informationsverarbeitung stellt eine wachsende Herausforderung an die öffentliche Verwaltung dar. Die Verfügbarkeit "billiger" Hardware allein ist keinesfalls ausreichend, um das hier liegende Nutzenpotential freizusetzen. Dies ist vielmehr wesentlich von weiteren Voraussetzungen abhängig:

- Für die Verwaltungen und in den Verwaltungen muß ein der neuen Aufgabe angemessenes Organisationswissen entwickelt werden. Die Nutzung der Möglichkeiten der Informationsverarbeitung ist in erster Linie eine ablauforganisatorische Gestaltungsaufgabe.

- Das erforderliche Spezialwissen (zum Beispiel auf den Gebieten Datenverarbeitung, Textverarbeitung, Telekommunikation) muß den Verwaltungen herstellerneutral zugänglich sein.

- Um qualifikationsadäquate Lösungen zu gewährleisten, sind neue Formen der Einbeziehung der betroffenen Mitarbeiter in den Gestaltungsprozeß zu entwickeln. Zugleich ist eine den neuen Herausforderungen angemessene Fortentwicklung der Mitarbeiterqualifikation sicherzustellen.

- Die erforderliche Software muß zu vertretbarem Aufwand bereitgestellt und gepflegt werden.

- Wegen der starken Einbindung der Informationsverarbeitung in den Arbeitsablauf muß eine hohe Verfügbarkeit und Zuverlässigkeit der technischen Einrichtungen am Arbeitsplatz gewährleistet sein.

- Insbesondere im Zusammenhang mit der Informationsübermittlung zwischen Arbeitsplätzen müssen Schnittstellenprobleme durch Normung oder Vereinbarung gelöst werden.

4.  Die aus der Datenverarbeitung bekannten Verarbeitungsformen (interaktive Verarbeitung in Teilhabersystemen, Teilnehmersystemen, "Personal Computing" oder Stapelverarbeitung) gelten im Prinzip auch für das umfassendere Gebiet der Informationsverarbeitung. Die Auswahl der Verarbeitungsformen wird in der zukünftigen Informationsverarbeitung allein von den zu erledigenden Aufgaben bestimmt. Dabei gilt:

- Die vollständige Aufgabenerledigung erfordert in den meisten Fällen eine Mischung verschiedener Verarbeitungsformen (zum Beispiel interaktive Vorgangsverarbeitung bei Abwicklung der Verwaltungshandlung mit gleichzeitiger Bearbeitung eines Datenbestandes, zeitpunktbezogene Abarbeitung des Datenbestandes als Stapelverarbeitung).

- Die Frage, ob dabei die Maschineninstallation zentral oder dezentral vorzusehen ist, stellt sich aus der Sicht des "Endbenutzers" am Arbeitsplatz nicht. Solange am Endgerät Verfügbarkeit und Programmleistung für die Aufgabenerledigung angemessen sind, ist für den Benutzer der Ort der Computerinstallation ohne Bedeutung und deswegen nach Leistungs- und Wirtschaftlichkeitskriterien allein zu bestimmen.

- Gerade wenn die Informationsverarbeitung in ihren Zusammenhängen gesehen wird, ist zu erwarten, daß den zukünftigen Anforderungen ein Verbund zwischen örtlichen und überörtlich gemeinschaftlich genutzten Einrichtungen am ehesten gerecht wird (Beispiel: Gewährleistung von Informationsflüssen, Mitteilungsdienste, Datenträgeraustausch, gemeinsame Nutzung von Spezialgerät wie Mikrofilmausgabe und ähnliches).

5.  Die Gestaltung der Arbeitsabläufe unter Nutzung der Möglichkeiten der Arbeitszusammenfassung und Berücksichtigung der vorhandenen oder durch Schulung erreichbaren Mitarbeiterqualifikationen kennzeichnet die entscheidende Aufgabe der einzelnen Verwaltung zur Erschließung der informationstechnologischen Möglichkeiten. Dabei wird gerade die Vielzahl der kleineren Verwaltungen aus Wirtschaftlichkeitsgründen und aus Gründen der Personalknappheit

- auf Organisationslösungen und Software zurückgreifen müssen, die rationell für vielfältigen Einsatz entwickelt wurden, zugleich aber weitgehend flexibel in die speziellen Arbeitsabläufe der einzelnen Verwaltungen eingepaßt werden können,

- auf kompetente Beratung in Spezialfragen der Informationstechnik angewiesen sein.

Um allen Verwaltungseinheiten der unterschiedlichsten Größe den gleichen Zugang zur Informationstechnik zu eröffnen, ohne dabei Herstellerabhängigkeiten zu erzeugen, sind "Gemeinschaftsstellen für Informationstechnik" sinnvoll, um die personalintensiven Aufgaben

- der Softwarebereitstellung,
- der informationstechnologischen Beratung auf den Gebieten der Kommunikation, der Datenverarbeitung, Informationsspeicherung und Wiedergewinnung und der Textverarbeitung
- und der Schulung der Mitarbeiter aller Ebenen der Verwaltungen

zu übernehmen. Diese Aufgaben werden von den Datenzentralen heute bereits im steigenden Maße wahrgenommen und werden in Zukunft noch wesentlich an Gewicht zunehmen. Die Fortentwicklung der Datenzentralen zur vollständigen Abdeckung dieser Aufgaben erscheint logisch und zweckmäßig, da dadurch zugleich die Funktion "Gemeinschaftsrechenzentrum" ihrer veränderten Bedeutung gemäß im Verbund zentraler und dezentraler Einrichtungen fortgeschrieben werden kann. In diesem Verbund wird auch das Konzept einer planmäßigen Ausfallsicherung zunehmend Bedeutung erlangen.

6.   Ein Beispiel für die sinnvolle Weiterentwicklung auf dem Gebiet der Informationsverarbeitung liefert die Datenzentrale Schleswig-Holstein. Sie hat den Rollenwandel zu einer "Gemeinschaftsstelle für Informationstechnik" schon vor Jahren begonnen. Besonders begünstigt wurde diese Anpassungsfähigkeit durch

- den allgemein gehaltenen gesetzlichen Auftrag der Datenzentrale ".....die Erledigung von Aufgaben der öffentlichen Verwaltung im Lande Schleswig-Holstein durch elektronische Datenverarbeitung...." zu ermöglichen

- die Notwendigkeit, sich mit ihrem Dienstleistungsangebot und den dafür zu erhebenden Leistungsentgelten dem Wettbewerb zu stellen, da es in Schleswig-Holstein keinen Anschluß- und Benutzungszwang gibt.

In einem Flächenland wie Schleswig-Holstein, in dem cirka drei Viertel der Kommunalverwaltungen weniger als je 10.000 Einwohner betreuen, ist die verbreitete Nutzung der

Datenverarbeitung sowie der neuen Informationstechniken auch in Zukunft nur durch eine nach dem Willen der Verwaltungen fortzuentwickelnden Gemeinschaftseinrichtungen möglich.


7.    Das in vielen Diskussionsbeiträgen zitierte Autonomiestreben der Verwaltungen in Sachen Computer [1] berücksichtigt vielfach nicht, was autonomer Computereinsatz für insbesondere die kleinere Verwaltung bedeutet. Die Entscheidung einer Kommunalverwaltung zur Art der Nutzung der Datenverarbeitung (sei es im Hause im Rahmen der gemeinschaftlichen kommunalen Datenverarbeitung, sei es mit einem Hersteller) ist das unbestrittene Recht jeder einzelnen Verwaltung. Diese Entscheidung bedeutet jedoch im einen wie im anderen Fall Festlegung und Abhängigkeit von Dienstleistungsunternehmen beziehungsweise vom Hersteller.

Zweifellos verbleibt allerdings der größere Einfluß bei der Verwaltung, wenn sie die eigene Gemeinschaftseinrichtung nutzt, auf die sie in ausreichender Weise Einfluß hat. Es liegt auf der Hand, daß bei einer Gemeinschaftseinrichtung die Interessen der beteiligten öffentlichen Verwaltungen sich weitgehend entsprechen. Eine solche Interessenübereinstimmung kann zwischen einer Verwaltung und einem Hersteller nicht vermutet werden, der in erster Linie seinen Unternehmenszielen verpflichtet ist. Die besondere Abhängigkeit entsteht vornehmlich durch die Bereitstellung und Pflegenotwendigkeit für Software, die ja wiederum sehr stark mit den arbeitsorganisatorischen Verhältnissen verknüpft ist.

Es sollte auch nicht verkannt werden, daß ein Teil der Autonomiediskussion durch die Herstellerargumentation selbst entstanden ist. Das von den Herstellern geprägte Wort von der "Datenverarbeitung auf dem Weg zum Endbenutzer" läßt sich unter Bewertung der Herstellerinteressen umformulieren in "der Vertriebsbeauftragte auf dem Weg zum Endbenutzer". Das legitime Absatzinteresse der Hersteller führt nicht zwangsläufig dazu, daß Datenverarbeitung in der öffentlichen Verwaltung in einer Weise realisiert wird, die dieser am besten dient.


<u>Anmerkung:</u>

1)    Vgl. zum Beispiel Reinermann, H., Möglichkeiten und Grenzen der modernen Datenverarbeitung im kommunalen Bereich, in: Kommunal-Kassen-Zeitschrift, Heft 9, 1980, S. 161-168.

I)    <u>Umstellung auf dezentrale Datenverarbeitung - Das Ende der Rechenzentren?</u>

von Volker Röske, Kassel

Im Rahmen einer sozialwissenschaftlichen Begleituntersuchung zum Einsatz von dezentraler Datenverarbeitung in Kommunalverwaltungen ist auch die Rolle der Rechenzentren im Umstellungsprozeß auf dezentralisierte Datenverarbeitung zu berücksichtigen. Trotz der Vorläufigkeit der Interpretation des empirischen Materials und der methodologischen Bedenken, die oft gegenüber Fallstudienergebnissen - unsere Untersuchung stützt sich in ihrem methodischen Vorgehen im wesentlichen auf Fallstudien - vorgebracht werden, wurden im bisherigen Untersuchungszeitraum einige Probleme sichtbar, die für eine weitere Auseinandersetzung mit der Frage der Entwicklungslinien der Rechenzentren, das heißt ihrer Zukunft, nützlich sein können. Dabei wird zur Beantwortung der Frage, ob und inwieweit sich durch diesen Umstellungsprozeß ein Funktionswandel für die Rechenzentren ergibt, von Überlegungen ausgegangen, die auf Erfahrungen beruhen, die wir bisher in dieser Begleituntersuchung gesammelt haben.

Der von uns untersuchte Landkreis ist seit Gründung des dortigen Regionalen Rechenzentrums 1969 an dieses angeschlossen. Alle 45 Gemeinden des Landkreises sind in die Datenverarbeitungs-Verfahren des Rechenzentrums einbezogen, wenn auch nicht alle das gesamte Serviceangebot wahrnehmen. Eine der Ursachen für die vollständige Teilnahme der Gemeinden des Landkreises ist sicherlich das starke Engagement der Landkreisverwaltungsspitze bei der Gründung des Rechenzentrums, eine andere die schon mehr als zehn Jahre während Erfahrung der Landkreisverwaltung mit zentralisierter Datenverarbeitung. Die Struktur der Gemeinden (30 mit bis zu 3.000 Einwohnern, 13 mit bis zu 10.000 Einwohnern) repräsentiert in hohem Maße die strukturellen Ausgangsbedingungen der baden-württembergischen Gemeinsamen Kommunalen Datenverarbeitung, haben doch rund 83 Prozent der Gemeinden Baden-Württembergs unter 10.000 Einwohner. Hinzu kommt für diesen Landkreis eine ausgeprägte ländliche Struktur mit wenig entwickeltem öffentlichen Personennahverkehr. Zur Verkürzung der langen Wege zum Rechenzentrum hat man beim Landratsamt eine Datensammelstelle geschaffen. Hier werden die durch Post oder Boten angelieferten Daten zentral erfaßt und an das Rechenzentrum geleitet; und von hier aus werden auch die Ergebnisse der Datenverarbeitung wieder verteilt.

Zur Zeit wird mittels Bildschirmgeräten die Stapelübertragung der täglich erfaßten Daten ins Rechenzentrum realisiert, die Möglichkeit der Direktauskunft aus den Datenbeständen des Rechenzentrums soll für alle landeseinheitlichen Verfahren noch 1980 geschaffen werden. Dies erfordert unter anderem eine zweite EDV-Anlage im Rechenzentrum.

Diese Weiterentwicklung soll in Stufen erfolgen, wobei das Rechenzentrum in erster Linie auf die Anwender setzt, die "von sich aus" Interesse zeigen, nach dem Motto: "Wer zuerst kommt, mahlt zuerst".

Einschränkend ist festzustellen, daß das "Interesse-Zeigen" sich stark an ökonomischem Denken, etwa Kosten-Nutzen-Rechnungen des Rechenzentrums für die einzelnen Ausbaustufen, und an der technischen Realisierbarkeit orientiert. Da aber gerade für kleine Gemeinden, wegen des geringen Auskunftsbetriebes und Arbeitsumfanges, dezentralisierte Datenerfassung und Direktauskünfte über Bildschirm zu kostspielig werden, wird zur Zeit eine gemischte Lösung untersucht, die neben dezentralisierter Datenerfassung und -vorverarbeitung die Direktauskunft über Bildschirm, die 'billigere Lösung' eines 'Telefonauskunftsplatzes' einbezieht.

Damit erfüllt diese Datenverarbeitungs-Entwicklung die Anforderungen, die die Kommunale Arbeitsgemeinschaft für Elektronische Datenverarbeitung in Baden-Württemberg (KOAG) hinsichtlich dezentralisierter Datenverarbeitung gestellt hat: "Die Lösungen müssen so variabel sein, daß die Belange der Verwaltungen unterschiedlicher Größe innerhalb einer abgestimmten Gesamtkonzeption für alle Regionalen Rechenzentren (RRZ) in Baden-Württemberg berücksichtigt werden". [1] Ebenso befindet sich diese Datenverarbeitungs-Entwicklung in dem Rahmen, den das KGSt-Gutachten zur "Weiterentwicklung der Gemeinsamen Kommunalen Datenverarbeitung" abgesteckt hat. [2]

Bezogen auf die Fragestellung: "Servicerechenzentren der Zukunft - arbeitslos oder umfunktioniert?" werden auf der Basis dieses Sachstandsberichtes einige Problembereiche deutlich, welche die faktische, Macht erhaltende Struktur der Rechenzentren ebenso hervorheben wie die geringe Chance zur Entwicklung dezentraler und autonomer Verwaltungsstrukturen. Denn "ein derartiges (Computer-) System hat viele Türen ein für allemal zugeschlagen, die vor seiner Installierung offenstanden". [3]

Die sich abzeichnende Datenverarbeitungs-Entwicklung im untersuchten Landkreis geht in der Tat von dem universellen Anspruch der Computersysteme aus, alle Probleme lösbar zu machen. Als Ergebnis stellt sich eine "Unentbehrlichkeit des Computers" (Weizenbaum) ein. Bezogen auf unser betrachtetes Rechenzentrum erscheint dies wie eine natürliche Sache; es gilt, sich tagtäglich gegenüber den Anwendern zu rechtfertigen, die übernommenen Datenverarbeitungsaufgaben zu lösen. Diesem 'Datenverarbeitungs-Produktionszwang' entspricht denn auch eine Entwicklungslogik, die ihre Vervollkommnung in dem geschilderten Ausbau des regionalen Datenverarbeitungs-Netzes findet. Die Erwartungen des Rechenzentrums sind auf eine größtmögliche Einbeziehung von Anwendern gerichtet, nach dem Motto: "Verarbeitung von allem für alle".

Unterstützt werden diese Erwartungen von einfachen, aber doch erfolgreichen Marketing-Strategien, etwa probeweise kostengünstige Teilhabe am Rechenzentrumsangebot oder unterschiedliche technische Anbindungsmöglichkeiten. Dabei treffen sich die Bemühungen des Rechenzentrums, möglichst kostengünstig zu arbeiten, mit den Erwartungen der Anwendergemeinden, möglichst kostengünstig ihre eigenen Datenverarbeitungs-Haushaltstitel zu verwalten. Eine Beteiligung an den vom Rechenzentrum angebotenen Datenverarbeitungs-Verfahren ist nach unseren Erhebungen zu allererst eine Kostenfrage.

Nicht berücksichtigt werden die Erwartungen der Datenverarbeitungs-Anwender am Arbeitsplatz - Beschäftigte oder Bürger. Wenn viele Vertreter der Kommunen diese Tatsache zurückweisen werden, so ist doch festzuhalten, daß in die Begründung, warum Datenverarbeitungsverfahren in der Verwaltung eingesetzt werden sollen, die Erwartungen der eigentlichen Anwender, der Beschäftigten, in unserem Fallstudienobjekt nicht eingegangen sind. Sicherlich ist dies unter anderem auf die bei einem Großteil der Beschäftigten beobachtete zurückhaltende, konservative Haltung gegenüber der Datenverarbeitung zurückzuführen:

- Sie ertrugen zum Beispiel in der Datenerfassung den durch die mechanischen Teile in der bisherigen Technik verursachten Lärm,

- sie ertrugen zum Beispiel in den Fachabteilungen die umständliche Codierungsarbeit für die Lochbelege und das Warten auf die zentral verarbeiteten Arbeitsergebnisse,

- sie ertrugen die Mehrbelastung der Arbeit, die sich im Laufe der Zeit eingestellt hat.

Folglich richten sich ihre Erwartungen - sofern solche überhaupt bestehen - auf den Abbau dieser Unzulänglichkeiten. Konkrete Forderungen an die Datenverarbeitungs-Entwicklung wurden von den eigentlichen Anwendern nicht gestellt, höchstens indirekt, indem sich einige Mitarbeiter ein komfortables Datenverarbeitungs-Verfahren so vorstellten, wie sie es (in einem allerdings seit Jahren nicht mehr geänderten) Verfahren im Finanzwesen erleben.

Diesen unterschiedlichen Ausgangsbedingungen entspricht ein unterschiedliches Interesse an dezentralisierter Datenverarbeitung. Ausgeprägt ist es nur dort, wo Vertreter der Gemeinden als Mitglieder von Aufsichtsgremien des Rechenzentrums oder von Rechenzentrumsfachausschüssen direkt in die regionale oder überregionale Datenverarbeitungs-Entwicklung eingebunden sind. Bestimmt wird dieses Interesse in erster Linie aber durch ein interessenspezifisches Abarbeiten an rechenzentrumsübergreifenden Aufgaben und Vorgaben (Minimierung der Software-Kosten durch Übernahme und Abstimmung fremder Programme oder landeseinheitlicher Verfahren).

Nicht beteiligten Beschäftigten der Kommunalverwaltung und Bürgern erscheint die Entwicklung der Datenverarbeitung - in unserem Fall zu verteilten Datenverarbeitungs-Netzen, statt zu dezentralen, autonomen Datenverarbeitungs-Systemen - als natürlich, weil sie am Entwicklungs- und Entscheidungsprozeß unbeteiligt sind.

Unterstützt wird dies durch die im Rechenzentrum konzentrierte Datenverarbeitungs-spezifische Kompetenz; die Entwicklung folgt somit einer systemimmanenten Datenverarbeitungs-Logik.

Im Rechenzentrum arbeiten Kräfte, die als Sacharbeiter aus den Fachabteilungen der Kommunen abgezogen und dort gleichsam 'konserviert' wurden. 'Außenstellen' des Rechenzentrums wie die Datensammelstelle und erst recht die Anwendergemeinden müssen sich den einheitlichen Programmverfahren, der 'Datenverarbeitungs-Schiene' anpassen: "Welches Gerät draußen steht, das ist uns (dem Rechenzentrum) egal".

Diese Datenverarbeitungs-Struktur, die immer auf das Rechenzentrum ausgerichtet ist, zeichnet dementsprechend die Funktion der Beratung vor: Anwendersprechstunden oder Lehrgänge beziehen sich auf die Abwicklung des täglichen Geschäftes; auch bei größtmöglicher Berücksichtigung der Bedingungen und Probleme des Anwenders verliert diese Beratung den Blick zum Rechenzentrum und den 'Blick des Rechenzentrums' nicht. Somit ist die Bindung an das Rechenzentrum relativ stark; autonome Lösungen bleiben als Alternative außerhalb des Blickfelds der Anwender. Das Rechenzentrum wird zum 'allgemeinen Problemlöser' in der Bewältigung der Verwaltungsarbeit der Anwendergemeinden. Zugleich orientiert sich die Beratung an der erwähnten Marketing-Strategie des Rechenzentrums.

Mit der Ausrichtung der Anwendergemeinden auf einheitliche Verfahren und deren Anbindung an eine zentrale Datenverarbeitung orientiert sich die Verwaltung in zunehmendem Maße an den Datenverarbeitungsmöglichkeiten des Rechenzentrums. Das Rechenzentrum wird zum Garanten für die Sachbearbeitung schlechthin. [4] Alltagsprachlich äußert sich dies in immer häufiger zu findenden Hinweisen, etwa:

- "Die Bearbeitung ihres Falles verzögert sich noch, da das Rechenzentrum....."
- "Da muß im Rechenzentrum etwas falsch gelaufen sein".
- "Wir haben noch keinen genauen Überblick, da das Rechenzentrum...."
- "Ich kann Ihnen keine Auskunft geben, das Rechenzentrum hat mich 'abgehängt'."
- Und so weiter.

Die Zentralisierung der Datenverarbeitung trägt demnach immer mehr dazu bei, die Verwaltungshoheit der Kommunen den Systembedingungen des Rechenzentrums anzupassen. Diese Mediatisierung von Verwaltung durch das Rechenzentrum verlagert letztendlich 'heimlich' Verwaltungskompetenz in das Rechenzentrum, womit 'Servicerechenzentren neuer Art' entstehen, in denen Datenverarbeitung nicht Hilfsmittel für selbständige Kommunen ist, sondern Selbstzweck der vom Rechenzentrum produzierten 'Sachzwänge'.

So gesehen werden Rechenzentren in Zukunft nicht arbeitslos sein, ihre Funktion entwickelt sich entsprechend dieser systemimmanenten Logik. Inwieweit Rechenzentren gegen ihre eigene Zukunft arbeiten können, erscheint zweifelhaft. Kompetente Kenner schätzen die Chance "echter verteilter Datenbanken" eher skeptisch, deren Realisierung sei trotz des "stürmischen Fortschritts" in Industrie und Wissenschaft nur mit einem "erheblichen Personalbedarf mit hohem Qualifikationsaufwand" zu leisten. [5]

Eine wichtige Voraussetzung, verteilte und autonome Datenverarbeitungs-Lösungen zu realisieren, möchte ich hinzufügen, da sie mir unabdingbar scheint: Die Entwicklung von Datenverarbeitungsalternativen wird wesentlich davon abhängen, inwieweit autonome Lösungen - auch über die einzelnen Kommunen hinaus - politisch akzeptiert werden. Realistisch gesehen wird es schwer sein, angesichts der fast ausnahmslosen Fixierung auf zentrale Datenverarbeitungs-Lösungen "zugeschlagene Türen" zu öffnen. Aber wie wäre es mit einer Datenverarbeitungs-Struktur, die von den Bedürfnissen und Erwartungen der Anwender am Arbeitsplatz ausgeht?

<u>Anmerkungen:</u>

1)  Datenzentrale Baden-Württemberg, Benutzerorientierte Datenverarbeitung in der öffentlichen Verwaltung, in: Contact, Heft 2, 1978, S. 2-10, hier S. 4.

2)  Vgl. KGSt, Weiterentwicklung der Gemeinsamen Kommunalen Datenverarbeitung (GKD), Köln 1979.

3)  Weizenbaum, J., Die Macht der Computer und die Ohnmacht der Vernunft, Frankfurt/Main 1978, S. 63.

4)  Vgl. auch Ullrich, O., Technik und Herrschaft, Frankfurt/Main 1977.

5)  Krüger, G., Personalplanung in einer dezentralisierten Computer- und Telekommunikations-Welt, in: GMD-Spiegel, Heft 2, 1979, S. 62 ff.

### III. Verlauf und Ergebnisse der Diskussion

Bericht von Claus-Peter Matt, Speyer

Es ist eine Tendenz der letzten Jahre, daß die datenverarbeitenden Stellen wie Gemeinden, Landratsämter, Fachabteilungen und so weiter im Laufe der Zeit mündiger werden, was die EDV betrifft. Es kann heute als nicht mehr selbstverständlich angesehen werden, daß fertige Programmpakete der "DV-Zentralen" kritiklos übernommen werden. Bisher konnten diese damit argumentieren, daß die EDV eine bestimmte Lösung vorschreibe und andere Möglichkeiten nicht existierten. Dies konnte sogar so weit gehen, daß Sachbearbeiter dieselbe Argumentation gegenüber den Bürgern anwendeten. Dies hat in der Öffentlichkeit teilweise Unmut hervorgerufen. Aus diesem Grunde ist es allzu verständlich, daß sich manche Verwaltungen selbst geholfen haben, um die nötige Bürgernähe wieder zu erreichen (wie zum Beispiel Buxtehude). Danach ist dann eine Situation eingetreten, in der - vordergründig gesehen - nur zwei Lager existieren: Die einen sind die "Zentralisten", die anderen die "Dezentralisten". Die Thematik des streitfragenorientierten Seminars "Servicerechenzentren der Zukunft - arbeitslos oder umfunktioniert?" war also hochaktuell. Das zeigte sich auch deutlich in der Diskussion.

Dabei wurde aber gleichzeitig deutlich, daß es derzeit noch schwierig ist, eine einheitliche Linie zu finden. Erfreulich war aber, daß die Tagung es erreicht hat, die verschiedenen Fachleute an einen Tisch zu bringen, damit Annäherungspunkte gefunden werden können. Es sollten allerdings bei der Lösungsfindung noch weitere Vertreter berücksichtigt werden, die bisher kaum gehört wurden. Dies sind vor allem die unmittelbar Beteiligten, nämlich der Bürger und die für die Aufgabe verantwortliche Verwaltung mit ihren Sachbearbeitern, die direkt von den einzelnen Maßnahmen betroffen sind.

Die verschiedenen Diskussionsbeiträge lassen sich in kein einheitliches Schema einordnen. Die Meinungen innerhalb der einzelnen Schwerpunktbereiche zielen _nicht_ in eine einheitliche Richtung. Es kann festgestellt werden, daß einige der "Zentralisten" die Zeichen der Zeit erkannt haben und dabei sind, auf ihre Umgebung einzugehen. Welche der einzelnen Überlegungen sich aber letztendlich durchsetzen, wird nur die Zukunft zeigen. Damit die Richtungen sich entwickeln können, ist es wichtig, daß Verständnisbarrieren, wie auf der Speyerer Tagung der Fall, abgebaut werden.

Die Hauptargumente bei den "autonomen Anwendern" zielten darauf ab, daß ja lediglich eine Verlagerung von Hardware stattgefunden habe (Albrecht). Außerdem seien die Datenbestände viel besser vor Ort im Dialog zu pflegen als in einem entfernten Rechenzentrum. Die Datensicherheit und der Datenschutz seien in einem autonomen System wesentlich besser zu gewährleisten. Bei der Softwarepflege erscheine es jedoch sinnvoll, wenn sich zentrale Stellen damit befaßten. Ein weiterer Anwender (Löwenberg) plädierte für einen Produktionsverbund einschließlich des Softwarebereichs. Daneben sollten die Rechenzentren als Dienstleistungsbetriebe ausgebaut werden, insbesondere als Beratungsgemeinschaft, die den Software- und Hardwarebereich mit einzuschließen habe.

Die Anbieterseite ging auf die neuen Anforderungen ein; Eichhorn nannte einige Schwerpunktaktivitäten, die durchzuführen sind. Dabei handelt es sich insbesondere um das Anbieten von unterschiedlichen Dienstleistungen für Gemeinden, Krankenhäuser, Landkreise und so weiter. Darin enthalten ist die Entwicklung und Wartung von Software sowie Auswahl und Beratung von dezentralen Systemkomponenten auf der Hardwareseite. Ergänzend solle DV-Leistung vorgehalten werden und zwar sowohl zentral als auch dezentral. Damit die Anwenderseite nicht ganz mit ihren technischen Hilfsmitteln allein bleibt, wird ein weiterer Schwerpunkt in der Organisationsberatung gesehen.

Aus anderer Anbietersicht (Haas) wurde bemerkt, daß die Kommunen keine Unzufriedenheit mit dem bisherigen Angebot der Rechenzentren geäußert hätten - eine Feststellung, die für Hessen durchaus zutreffen kann, zumal die Anwender für die Inanspruchnahme von zentralen EDV-Dienstleistungen dort nichts zahlen müssen. (Der Bürger ist jedoch über das Land an den Kosten stets beteiligt.) Für die Zusammenarbeit von Anwender und Anbieter im kommunalen Bereich sei anzumerken, daß die Anwenderseite nicht in der Lage ist, ihre Wünsche zu definieren. Aus diesen Gründen sei es wichtig, daß die Organisationsunterstützung vor Ort ausgebaut und EDV-Dienstleistungen erweitert werden. Dies schließe insbesondere den Bereich der Textverarbeitung ein. Ein weiterer Grund für den zentralen Ausbau von EDV-Dienstleistungen sei dadurch gegeben, daß das leistungshemmende öffentliche Dienstrecht die Beschäftigung von EDV-Experten schwierig macht. Dieser Sachverhalt treffe ganz besonders für die Ballungsräume zu. Schon allein deshalb sei eine Konzentration von EDV-Experten dringend erforderlich.

Ein weiterer Anbieter (Klinger) betonte, daß man selbstverständlich nicht vergessen dürfe, daß die Organisationshoheit bei den Kommunen liege; aber niemand wolle daran etwas ändern. Ein wesentlicherer Faktor sei bis jetzt nicht angesprochen worden, nämlich die Wirtschaftlichkeit, die bei einigen Betrachtern der DV-Organisationszene ganz aus dem Blickfeld verschwinde. Wenn man diesem Faktor die nötige Beachtung schenke, so seien zentrale Entwicklung von Programmen in der Datenzentrale und zentrale Bereitstellung von EDV-Leistung eine logische Schlußfolgerung.

Eine weitere Dimension der Thematik wurde mit dem Hinweis von Niesing (ebenfalls ein "Anbieter") aufgezeigt, der die Integration von Datenverarbeitung und Informationstechnik einbezog. Die daraus erwachsenden Möglichkeiten seien heute von der öffentlichen Verwaltung noch nicht erkannt worden, etwa könne Bildschirmtext Anwendung in der Verwaltung finden. Die Rechenzentren sollten zweigleisig fahren:

- Aufgabenerledigung muß in die Nähe des Sachbearbeiters zurückverlagert werden,
- Massendatenverarbeitung sollte von Rechenzentren wahrgenommen werden.

Von seiten der Außenstehenden (Hansen) wurde vorgeschlagen, daß man sich zukünftig mehr der Qualität der DV widmen solle. Beträchtliche Möglichkeiten lägen in der Umstellung auf echte Dialogdatenverarbeitung. Von der Organisationsseite aus gesehen sei es dabei nötig, das Schnittstellenproblem zu lösen, das immer auftritt, wenn der Spezialist, der das EDV-Instrumentarium beherrscht, mit dem Anwender, der sich in Sachproblemen auskennt, zusammenarbeitet. Organisatorisch seien beide als eine Einheit zu betrachten. Es wird allerdings schwieriger, besseren Service mit EDV-gestützten Verfahren anzubieten, wenn die Informationen immer sensibler werden (Beispiel: Prognosemodelle für Bevölkerungsanalyse). Wirtschaftlichkeitsüberlegungen spielten unter Umständen eine geringere Rolle als politische (zum Beispiel kann Bürgernähe in der Nutzenskala höher angesiedelt sein als Kosten). Damit die Zukunftsprobleme bewältigt werden können, wird für eine Verstärkung der Anwenderposition über personelles Know how plädiert.

Die Durchführung sozialwissenschaftlicher Begleituntersuchungen hätten ergeben (Röske), daß Dezentralisierungsfragen für den Bürger bislang kaum von Interesse sind. Dieser erwarte, daß die Verwaltung die anfallenden Aufgaben löst, und zwar möglichst wirtschaftlich. Eine weitere Erkenntnis sei, daß die beteiligten Sachbearbeiter mehr bei der DV-Planung berücksichtigt werden müssen. Eine Rückkoppelung zu kleinen Gemeinden (unter 5.000 Einwohnern) habe von seiten der Rechenzentren nicht stattgefunden. Die Rechenzentren verkauften auch keine Alternativen (das heißt insbesondere, daß keine autonomen Lösungen angeboten werden). Die Sachbearbeiter hätten bei auftretenden Schwierigkeiten mit dem Bürger immer die Möglichkeit, Unzulänglichkeiten oder Fehler auf die EDV zu schieben. Die Entwicklung von Datenverarbeitungsalternativen sei kaum möglich, wenn es an der politischen Durchsetzbarkeit mangele.

Einen breiteren Raum der Aussprache nahmen die Probleme des Datenschutzes ein (Niesing, Stöckle). Die "Zentralisten" vertraten die Meinung, daß Datenschutz und Datensicherheit am besten von den Zentralen gewährleistet werde. Die hard- und softmaremäßige Ausstattung lasse Mißbrauchsmöglichkeiten kaum zu. Zöllner hingegen merkte an, daß bei zentralen Lösungen mehr Daten gefährdet seien, da potentiell mehr Leute auf Bestände zugreifen könnten. Für Haas können die Probleme des Datenschutzes von Gemeinden mit autonomer EDV nicht beachtet werden, da das Wissen dazu fehle. Von Bürgermeistern seien oft Auswertungswünsche gekommen, die das Datenschutzgesetz verletzten. Die <u>Rechenzentren</u> mußten die betreffenden Stellen darauf aufmerksam machen.

Für Gebhardt war im bisherigen Verlauf der Diskussion der Eindruck entstanden, daß das Tätigkeitsspektrum der Servicerechenzentren auf Datenverarbeitung für Kommunen eingeschränkt werde. Es solle auch von der Staatsverwaltung (Bund und Länder) gesprochen werden. Man sollte sich im übrigen nicht damit begnügen, was Verwaltungen heute selbst für notwendig erachten. Man müsse sich vielmehr darauf einstellen, welche technischen Entwicklungen die Zukunft bietet. Dabei solle man sich von den Hersteller- und Programmiererabhängigkeiten lösen und eigenes kompetentes Fachpersonal ausbilden, damit eine wirtschaftliche Datenverarbeitung gewährleistet ist. Dies müsse vor allem den großen Rechenzentren ein Anliegen sein.

Von Kassner wurde betont, daß die Rechenzentren mit komfortablen Rechnern auszurüsten sind, damit das Softwareengineering in den Griff zu bekommen ist. Die zentral entwickelte Software könne dann von den Endverbrauchern mit kleinerer Hardwareausstattung eingesetzt werden. Niesing ergänzte, daß nicht nur die Verfahrensentwicklung, sondern auch die Durchführung solcher DV-Aufgaben zentral erfolgen solle, die nicht zeitkritisch sind. Außerdem seien solche Vorgänge Kandidaten für zentrale Erledigung, für die dezentrale Lösungen nicht oder nicht mehr sinnvoll sind, wie Einsatz von Laserdruckern, COM-Recordern, Mitteilungsdienste zwischen Personalwesen und Banken beziehungsweise allgemein massenhafter Datenaustausch. Der zentrale Einsatz gilt besonders für Produktionsarbeiten, für die es noch keine Alternative gibt. Albrecht stimmt obigen Argumenten zu; auch in seinem Bereich sei für bestimmte Aufgaben ein großes Rechenzentrum besser geeignet. Zusätzlich empfiehlt er, den öffentlichen Dienst besser in Informatik auszubilden, damit er gegenüber Herstellern und Rechenzentren seinen Standpunkt vertreten kann.

Stöckle sah als Gefahr eine "Bevormundung" des Anwenders durch den Hersteller, die davon ausgehen könne, daß die Rechenzentren infolge der Bindung an eine Firma faktisch an Bewegungsfreiheit in bezug auf individuelle Benutzerwünsche verlieren könnten; und Löwenberg ergänzte, daß es bis jetzt tatsächlich so sei, daß die Rechenzentren den Herstellern treu bleiben, da es so gut wie unmöglich sei, bei Großrechnersystemen die Firma zu wechseln. Bezüglich der Herstellerabhängigkeit sieht Rothem weniger schwarz. Er berichtete von zwei Fällen des Herstellerwechsels, die innerhalb kürzester Zeit ohne jegliche Probleme vollzogen worden seien. Haas ergänzte, daß mit dem Unbundling zusätzliche neue Schwierigkeiten der Herstellerabhängigkeit auftreten. Die Hersteller übernehmen nicht mehr selbstverständlich die Programmwartung, die schon 70 Prozent der Kapazitäten verschlinge. Falls Hersteller noch Softwarewartung übernähmen, dann nur gegen Bezahlung. Im Vergleich zu DM 220,-- pro Stunde bei den Herstellern koste die Eigenwartung des Rechenzentrums nur DM 56,-- pro Stunde. In diesem Bereich hätten die Zentralen also einen Kostenvorsprung.

Die Frage der Abhängigkeiten kann nicht als endgültig beantwortet betrachtet werden. Auf jeden Fall möchte Gebhardt sichergestellt wissen, daß die Verwaltungen bestimmen, was das Rechenzentrum anbietet, und nicht umgekehrt. In diesem Zusammenhang seien die Forderungen des KGSt-Gutachtens zu unterstreichen.

Niesing nahm Stellung zu den Ausführungen von Röske und hielt es für nicht durchführbar, daß das Rechenzentrum mit den Bediensteten direkt Kontakt aufnimmt, da die Verwaltungsspitze sein Verhandlungspartner ist. Hier sei es an der Verwaltung selbst, etwas zu tun. Im übrigen würden Dezentralisierungswünsche nicht selten durch Vertriebsbeauftragte der Hersteller geweckt. Dies führe dazu, daß die Verwaltungen dem Rechenzentrum unangenehme Fragen stellen und manchmal die Positionen wechseln. Dies sei eine Herausforderung, die dem Rechenzentrum andererseits aber auch die Chance einräumt, sich mit den Leistungen solcher Lösungen zu vergleichen und die eigenen Verfahren zu verbessern.

Zur Mitarbeitermotivation merkte Löwenberg an, daß im Bereich automatisierter Kraftfahrzeug-Zulassungsstellen die Mitarbeiter bereitwillig mit den neuen Methoden arbeiteten. Mit ein Grund dafür sei, daß die Arbeitsplätze qualifizierter werden, womit auch eine bessere Bezahlung verbunden sei.

Röske schien die kommunale Selbstverwaltung noch am ehesten in Buxtehude gewährleistet zu sein und zwar vor allem deshalb, weil die DV-Organisationslösung der Stadt die eigenständige Entscheidung zwischen zentraler und dezentraler Datenverarbeitung offenlasse. Er plädierte im übrigen für die Förderung von Alternativprogrammen, damit eine "Einlinigkeit" wie in Baden-Württemberg überwunden werde. Es müsse bei den Rechenzentren ein Funktionswandel stattfinden, dann entgingen diese der Gefahr, eines Tages "arbeitslos" zu werden. Auf die Wirtschaftlichkeit angesprochen, erläuterte Albrecht, daß die DV-Kosten in Buxtehude DM 5,50 pro Jahr und Einwohner betragen.

Eichhorn bestätigte diese Zahlen größenordnungsmäßig, gab jedoch zu bedenken, daß hierin Preisnachlässe seitens des Hard- und Softwareherstellers enthalten seien, die sich durch ein solches Modellprojekt künftig Vertriebsunterstützung erhofften. In Bayern seien derzeit Systeme von zehn unterschiedlichen Herstellern im Einsatz; bei dieser Vielfalt ist es durchaus möglich, daß ein Hersteller aufgibt. Unter diesem Gesichtspunkt sind Herstellerangaben genau zu prüfen. Im Augenblick sei es leider so, daß die Hersteller das Geschäft mit der Hardware machen wollten. Die Software sei für sie nicht interessant. Die betroffenen Gemeinden brauchten dann dringend Unterstützung. Diese biete die AKDB an. Aber eine <u>zu große</u> Anzahl von Herstellerprogrammen könne auch eine Datenzentrale nicht pflegen. Albrecht schlägt vor, die Datenzentralen sollten sich jeweils auf <u>eine</u> Herstellerfirma konzentrieren; dann würden die Gemeinden nicht allein gelassen.

Dürrschnabel führte aus, daß - im Gegensatz zu Röskes Eindruck - nicht alle Gemeinden mit ihrer Datenzentrale zufrieden seien. In Baden-Württemberg gebe es eine Reihe von Gemeinden, die sich des Kleincomputers bedienen. Außerdem stimmte er den Ausführungen von Haas zu, daß vor einer EDV-Lösung eine Lösung der Organisationsprobleme erfolgen müsse. Eine Übertragung 1:1 sei immer mit Defiziten behaftet.

Abschließend kann festgehalten werden, daß - bei vielen Differenzen der Diskussionsteilnehmer - immerhin in einigen Punkten Übereinstimmung erzielt wurde:

- Es muß verhindert werden, daß die Abhängigkeit von Service-Rechenzentren durch eine Herstellerabhängigkeit abgelöst wird.

- Die Rechenzentren werden ihre Position zur Abdeckung von Spitzenbelastungen und Spezialaufgaben der DV behalten.

- Massendatenverarbeitung wird weiterhin von Rechenzentren durchgeführt werden.

- Komplexe Programmiersysteme können nur große Rechenzentren vorhalten und warten.

Die Servicerechenzentren werden nicht arbeitslos, wohl aber müssen sie lernen, sich auf neue Aufgaben einzustellen.

# VERWALTUNGSAUFGABEN UND ARBEITSORGANISATION
# - EINFLUSS DURCH INFORMATIONSTECHNISCHE INSTRUMENTE?

I.      **Die Podiumsrunde**


A)      <u>Moderation</u>

        Prof. Dr. Herbert Kubicek, Trier


B)      <u>Diskutanten</u>


        Thomas Barthel, Bonn

        Alfred Dimpker, Bonn

        Eberhard Fehrmann, Düsseldorf
        (wegen Erkrankung an der Teilnahme verhindert)

        Alfred Hoffjann, Münster

        Bernd Jungesblut, Kassel

        Gerhard Karck, Kiel

        Prof. Dr. August-Wilhelm Scheer, Saarbrücken

        Werner van Treeck, Kassel

A)    Thesen zum Thema: Verwaltungsaufgaben und Arbeitsorganisation - Einfluß durch informationstechnische Instrumente?

von Thomas Barthel, Bonn

1.    Die folgenden Thesen wurden vor dem Hintergrund eines Forschungsvorhabens zur Formalisierung im Recht formuliert. Zentrales Anliegen dieses Projektes ist es, den Prozeß der
Organisationsentwicklung öffentlicher Verwaltungen aufgrund zunehmender Maschinisierung und
Technisierung derselben nicht mehr bloß als ein sich schier zwangsläufig fortentwickelndes
Naturereignis zu begreifen, deren Gesetzmäßigkeit wir ebensowenig begreifen, wie der mittelalterliche Mensch die Naturkräfte, sondern als einen sich kontinuierlich entwickelnden Prozeß,
der bestimmten beziehungsweise bestimmbaren Gesetzmäßigkeiten gehorcht, die im großen und
ganzen in der Logik des Technikeinsatzes, der Rationalität von Verwaltungspolitik sowie in den
beherrschenden Machtinteressen begründet sind. Mag sein, daß dieser Prozeß - wenn es uns
gelingt, ein klares Verständnis über ihn zu gewinnen - ein Stück weiter einer bewußteren Lenkung
zugänglich gemacht werden kann.

Ausgangspunkt des Projektes sind Beobachtungen und Untersuchungen der letzten Jahre, aus
denen deutlich wird, daß die Wirkungen der Informationstechnologien weder ausschließlich an den
Maschinen selbst festmachbar sind, wie dies gelegentlich behauptet wird (zum Beispiel Bildschirmarbeitsplätze), noch alleine vom Verwendungszweck abhängen. Vielmehr läßt sich auf einer
grundlegenderen, aber auch differenzierteren Ebene das Zusammenspiel der Wirkungen von
- Verwendungszusammenhang (insbesondere der Arbeitsorganisation und der Verfügungsmacht über die Technologie) und
- den technischen Eigenschaften
wie folgt erklären:

Einerseits stellen die Voraussetzungen des Informations-Technologieeinsatzes, insbesondere die
Zwänge zur Objektivierung, Positivierung und Formalisierung - der Arbeits- und der Macht-
organisation -, eine stärkere Verwissenschaftlichung der Arbeitsinhalte und -ergebnisse dar, wie
auch ein Höchstmaß an Stabilisierung innerorganisatorischer und gesellschaftlicher Machtver-
hältnisse. Andererseits bewirkt die starke Nachfrage nach der Informationstechnik für den
Einsatz in Organisationen die Technologieentwicklung im Hinblick auf eine vielseitige Verwendbarkeit in möglichst allen Bereichen der "wissenschaftlichen" Betriebs- und Verwaltungsorgani-

sation. Die so erreichte Flexibilität der Technik ist hierbei eine elementare Voraussetzung zur Durchdringung von immer mehr Bereichen der Arbeit und des Lebens. Der sich im Rahmen dieser Entwicklung sich selbst verstärkende Prozeß der Objektivierung, Rationalisierung im weiten Sinne und Formalisierung bedingt zugleich eine zunehmende Entsubjektivierung (im Arbeitsprozeß zum Beispiel zu beobachten an der Abnahme des Erfordernisses von Berufserfahrung in den betroffenen Berufsgruppen; im Alltagskontakt mit der Verwaltung zum Beispiel durch die Formalisierung und Formularisierung der Verwaltungskontakte und der dahinterstehenden Bürokratisierung erfahrbar), die dem Einzelnen nicht nur einen größeren Zwang zur Affektkontrolle auferlegt, sondern in verstärktem Maße zur Verinnerlichung von Fremdzwängen, also zur Bildung von Selbstzwängen und damit zur Passivierung zwingt. Vor einer Verstärkung dieses Trends hat zum Beispiel der Bundesdatenschutzbeauftragte in seinem 2. Tätigkeitsbericht hinsichtlich des Bereichs der sozialen Sicherung explizit gewarnt.

Vor diesem Hintergrund sollen die folgenden Thesen einige zentrale Punkte des Einflusses der Informationstechnologie auf die Verwaltungsaufgaben und die Arbeitsorganisation in der öffentlichen Verwaltung ansprechen.

2.    Im Zuge der "Informatisierung" der Verwaltung verändert sich Recht. Es sind folgende Tendenzen erkennbar:

Zum einen tendiert besonders stark das Leistungsrecht zu immer stärkerer Differenzierung. Durch Informationstechnik-Einsatz wird der Prozeß der Differenzierung einerseits verstärkt (zum Beispiel wegen der Vermeidung von unbestimmten Rechtsbegriffen, Generalklauseln und ähnliches) und andererseits macht dieser Prozeß die Differenzierung überhaupt erst möglich.

Zum anderen wird Recht in zunehmendem Maße durch Technik (beispielsweise Zugangsregeln zu öffentlichen Kommunikationssystemen) implementiert.

Schließlich vollzieht sich innerhalb der rechtlichen Regelung im verstärkten Maße die Trennung zwischen Normen mit Programmcharakter und solchen, die kompensatorische Funktion übernehmen, parallel zu automatisierbaren und nichtautomatisierbaren Verwaltungsfunktionen.

3.    Die zunehmende Arbeitsteilung, ganz besonders aber die Spezialisierung - und damit die Loslösung - der Informationsverwaltung parallel zum herkömmlichen Verwaltungsapparat birgt Verselbständigungstendenzen in sich, die als Trendverstärker wirken. Insbesondere läßt sich feststellen, daß

- rechtliche Regelungen - soweit sie einen Bezug zur Automation haben - nur unzureichend den eigentlichen Grund der Automation, nämlich die Rationalisierung der Verwaltungsarbeit reflektieren. Diese Defizite machen sich insbesondere an der Nichtberücksichtigung der arbeitsbezogenen Faktoren bemerkbar. Dies hat in der Vergangenheit bereits zu der Forderung nach einer stärker arbeitsplatzbezogenen Normsetzung oder nach mehr Partizipierung der Betroffenen geführt;

- die Spezialisierung innerhalb der "Informationsverwaltung" bereits durch die angewendeten Methoden der Problemanalyse zu DV-unterstützten Lösungsansätzen tendiert. Vor allem nicht auf Informationstechnik gestützte Lösungsmöglichkeiten - die zur Lösung der Probleme häufig mehr beitragen könnten - werden dabei stark vernachlässigt oder gar nicht erkannt;

- die rechtsetzenden Instanzen in der Vergangenheit allzu eilfertig auf Formerfordernisse hinsichtlich des Verwaltungsproduktes verzichtet haben. Dies ist mit ein Grund dafür, daß sich die Kommunikation zum Bürger nicht verbessern konnte;

- die Art der von der Verwaltung erbrachten Leistungen mehr und mehr quantifizierbar und technisch vermittelbar wird. Ein besonders augenfälliges Beispiel ist der Versuch, Kontaktarmut von älteren Menschen mit Hilfe von Informationstechnikeinsatz abzubauen, anstatt ein Kommunikationszentrum einzurichten und zu unterhalten.


4.    Die häufig angeführten Sachzwänge der Technik verdecken vielfach elementare Probleme der Arbeitsorganisation, wie dies zum Beispiel bei Bildschirmarbeitsplätzen ganz deutlich wird. Es muß vielmehr vermutet werden, daß weitere Objektivierungen, Standardisierungen und Formalisierungen der Arbeitsorganisation unter dem Vorwand technischer Sachzwänge durchgesetzt werden. Einschlägige Untersuchungen haben darüber hinaus gezeigt, daß die immer wieder aufgestellte Behauptung, der Computer übernehme die Routinetätigkeiten, während die kreativen Tätigkeiten dem Menschen überlassen bleiben, nicht richtig ist. Es wurde im Gegenteil gezeigt, daß die Menschen im Vorfeld der Computeranwendungen immer stärkere Zuarbeit zum Computersystem in Form von hochgradig formalisierten Tätigkeiten leisten müssen. Damit wird zugleich tendenziell der erste Schritt vollzogen, menschliche Arbeiten für eine spätere Übernahme auf den Rechner vorzubereiten.


5.    Mit dem zunehmenden Einsatz der Informationstechnik in der öffentlichen Verwaltung findet zugleich ein Umbau und eine Perfektionierung der Herrschaftsausübung sowohl am einzelnen Arbeitsplatz wie auch in der Gesellschaft statt. Am Arbeitsplatz läßt sich dies durch die zunehmend möglichen und auch angewendeten Kontrollen des Arbeitsverhaltens festmachen.

Entscheidend ist dabei das Erleben von Kontrolle durch den Arbeitnehmer und weniger die Tatsache, ob und gegebenenfalls wie er überwacht wird. Die zunehmende Tendenz, Informationstechnik zur sozialen Kontrolle einzusetzen, wird am deutlichsten an den Überlegungen der Kieler Landesregierung sichtbar, die Zweiwegekommunikation zukünftig dazu zu verwenden, "Minderheiten zu zeigen, daß sie Minderheiten sind". Auch hier gilt, daß der größte Schaden für die Demokratie bereits durch das Erleben der Betroffenen von der Registrierung "abweichenden" Verhaltens durch den Staat erwirkt wird.

B)  <u>Thesen zum Thema: Verwaltungsaufgaben und Arbeitsorganisation - Einfluß durch informationstechnische Instrumente?</u>

von Alfred Dimpker, Bonn

1.  Der Einsatz der informationstechnischen Instrumente zwingt wegen ihrer nachhaltigen
Auswirkungen die öffentliche Verwaltung in besonderem Maße zu einem Überdenken tradierter
Organisations- und Arbeitsstrukturen. Der Einfluß informationstechnischer Instrumente auf
Verwaltungsaufgaben und -organisation - richtig angewandt - kann sich (bei situationsgerechter
Organisation innovationsfördernd auf die öffentliche Verwaltung auswirken.

2.  Entwicklungstendenzen zu einer flexibleren und lernfähigeren Organisation im System der
öffentlichen Verwaltung können durch Ausnutzung der Verbesserungschancen, die die Informationstechnik bietet, noch verstärkt werden.

3.  Informationstechnik-gestützte Verwaltungssysteme bedürfen zu ihrer Orientierung einer
organisationsbewußten Verwaltungspolitik, die nicht nur die Sicherstellung der Funktionsfähigkeit
der öffentlichen Verwaltung zum Ziel hat und der Bürger- und Mitarbeitergerechtigkeit mehr
Beachtung schenkt, sondern die auch den Prozeß der Automatisierung planvoll zu einer
qualitativen Ausweitung des Leistungsspektrums der öffentlichen Verwaltung nutzt.

4.  Eine die Informationstechnik einschließende konzeptionelle Gestaltung adäquater Organi-
sations- und Arbeitsstrukturen wird sich auf der Grundlage einer allgemeinen organisationspoliti-
schen Orientierung an bestimmten Zielkriterien, auf deren wechselseitige Beziehungen und ihre
Gewichtung im Einzelfall zu achten ist, auszurichten haben.

5.  Die öffentliche Verwaltung darf sich bei ihren Gestaltungsvorstellungen nicht von bestimmten Organisationsmodellen leiten oder auf sie festlegen lassen. Sie wird zunächst versuchen
müssen, längerfristige Umstellungsprozesse zu initiieren und alternative Organisationskonzepte
zu entwickeln. Dies bedarf eingehender Strukturanalysen, der Entwicklung von Beurteilungskriterien für den Einsatz der Informationstechnik und einer begleitenden Wirkungsforschung.

6.  Zur Gewinnung von Spielräumen für situationsgerechte Organisations- und Arbeitsstrukturen sind Rahmenbedingungen auf substantielle Berechtigung zu prüfen.

7.  Die Entwicklung auf dem Gebiet der Informationstechnik erfordert nicht nur eine Erwei-
terung des derzeitigen Aus- und Fortbildungsangebotes, sondern auch die Entwicklung und
Beherrschung von Verfahren zur Durchführung von Organisationsänderungen (Situationsanalyse,
Umsetzungsplanung, Akzeptanzbildung) unter frühzeitiger Beteiligung der Mitarbeiter.

C)  <u>Thesen zum Thema: Verwaltungsaufgaben und Arbeitsorganisation - Einfluß durch informationstechnische Instrumente?</u>


von Eberhard Fehrmann, Düsseldorf


1.  Der umfassende Einsatz modernster Informationstechnologien auf der Basis hoch- und höchstintegrierter elektronischer Schaltkreise hat einen Innovationsschub eingeleitet, der alle Arbeits- und Lebensbereiche in den nächsten Jahrzehnten in unvorstellbarer Weise verändern wird. Der fundamentale Charakter der modernen Computertechnologie, der sich in einer rasanten Verkürzung der Innovationszeiten und in einer enormen Erhöhung der Diffusionsgeschwindigkeit neuer Technologien niederschlägt, hebt sich deutlich vom Charakter traditioneller Technologien ab und erlaubt es, technik- und sozialgeschichtlich von der dritten industriellen Revolution zu sprechen. Die Miniaturisierung der technischen Intelligenz, die Ausweitung der Speicherkapazität und die Entwicklung der Sensortechnik haben der Computertechnologie Anwendungsgebiete erschlossen, die bis dahin für nicht oder für sehr schwer rationalisierbar gehalten wurden. Die branchen- und arbeitsbereichsunabhängige Universialität des Computereinsatzes wird von der wirtschaftlich bedeutsamen Komponente eines Preisverfalls bei gleichzeitiger Leistungssteigerung begleitet, womit Anwenderkreise erreicht werden können, die sich bislang gegenüber neuen Technologien aus Investitionskostengründen beziehungsweise organisationsstrukturellen Gründen konservativ verhalten haben. Die Ablösung der Mechanik und Elektromechanik durch die Elektronik und die damit einhergehende Veränderung von Informationsprozessen, -strukturen und -verfahren wird ohne Zweifel die zahlenmäßige Verteilung der Berufe, die Inhalte beruflicher Tätigkeiten und das Sozialverhalten insgesamt entscheidend wandeln.


2.  Entgegen den in den Medien sehr euphorisch und einseitig dargestellten Fortschritten, die die Computertechnologie mit sich bringt, gibt es eine unübersehbare Fülle von Berichten betroffener Arbeitnehmer, von Ergebnissen wissenschaftlicher Untersuchungen und von offiziellen Verlautbarungen politischer Vertreter, die allesamt und übereinstimmend die unübersehbaren negativen Folgen des Computereinsatzes für die Arbeitnehmer hervorheben. Diese äußern sich in einer für den einzelnen Arbeitnehmer unmittelbar erfahrbaren Verschlechterung seiner Arbeitsbedingungen, sie treten aber auch immer eindringlicher in das Bewußtsein der Öffentlichkeit, die mit zahlreichen gesamtgesellschaftlichen und volkswirtschaftlich bedenklich stimmenden Prognosen konfrontiert wird.

3.    Der mit der Miniaturisierung elektronischer Bausteine geförderte Trend zu einer arbeitsplatzbezogenen Datenverarbeitung hat in vielen Bereichen die Arbeitnehmer in den öffentlichen Verwaltungen unvorbereitet getroffen. Oft nicht ausreichende Schulungs- und Einarbeitungsmaßnahmen an EDV-Geräten haben zu zunehmenden Anforderungen und Beanspruchungen geführt. Systemmängel und technisch unzureichend ausgerüstete EDV-Arbeitsplätze, die Zerstörung traditioneller Kommunikationsstrukturen in den Verwaltungen durch die Installierung technischer Kommunikationssysteme, die Vereinzelung und Isolierung der Arbeitnehmer an Terminal-Geräten, die Kopplung ihrer Arbeitsleistung an maschinell vorgegebene und gesteuerte Arbeitsvorgänge und -rhythmen überschreiten die Grenzen der physischen und psychischen Belastbarkeit der Arbeitnehmer in unvorstellbarem Ausmaß. Dies wird inzwischen durch eine Vielzahl wissenschaftlicher und gewerkschaftlicher Umfragen unter Angestellten bezeugt. Bezüglich des Einsatzes von Bildschirmgeräten stellt die Bundesanstalt für Arbeitsschutz und Unfallforschung fest, daß "die Arbeit am Bildschirm in den Grenzbereich der Leistungsfähigkeit des Auges geht......". Die Anforderungen an Genauigkeit, Reaktionsschnelle, Konzentration, Beherrschung von Körper und Sinne, die mit dem Einsatz von Computersystemen einhergehen, können mittel- und langfristig zu unübersehbaren gesundheitlichen Schäden führen, die heute allenfalls im Ansatz zu erkennen sind.

4.    Entgegen der in den sechziger Jahren noch geäußerten Erwartung, der Einsatz von Computern und neuen Informationstechnologien würde zu einer breiten Höherqualifizierung der Arbeitnehmer beitragen, stehen gegenwärtig eher Vereinseitigungs- und Dequalifizierungsprozesse in vielen Bereichen der Verwaltungstätigkeit im Vordergrund. Das tayloristische Prinzip der Reduzierung der menschlichen Arbeit auf einfache mechanische Verrichtungen, die Zerstückelung der Arbeit und ihre Schematisierung macht sich auch in den öffentlichen Verwaltungen zunehmend geltend. Demgegenüber sind die humanisierenden Effekte moderner Informationstechnologien wie Höherqualifizierung, Arbeitserleichterung, Arbeitsanreicherung, Mischarbeit eher Zufallsprodukte und finden bei organisationsstrukturellen Veränderungen von Verwaltungen kaum Beachtung.

5.    Die durch den Einsatz neuer Informationstechnologien bewirkte schnellere Verfügbarkeit von Daten, eine Effektivierung der Datenbestände durch größere Datenvolumen, systematische Dokumentation, zugriffsgerechte Anordnung und Datenverdichtung machen in allen Bereichen Arbeits- und Verwaltungsprozesse transparenter. Dies als Verbesserung der Informations- und Entscheidungsbasis der öffentlichen Verwaltungen zu werten, ist einseitig. Verwaltungsintern enthält diese Entwicklung die Gefahr, zu einer unkontrollierbaren Kontrolle der Arbeitnehmer zu führen. Die nicht bekannte Integration von personenbezogenen Datenbeständen, die Nicht-Kenntnis der Datenquellen, der Einsatz gespeicherter Daten für nicht nachvollziehbare Verwendungszwecke, die kurzfristige Aktivierbarkeit von Datenbeständen, die Verschränkung von

innerbetrieblichem und außerbetrieblichem Datenfluß machen eine innerbetrieblich lückenlose Kontrolle und Beurteilung der Arbeitnehmer ebenso möglich, wie sie die totale Überwachung des Bürgers erleichtern. Festzustellen bleibt, daß die gegenwärtig vorhandenen gesetzlichen Grundlagen des Datenschutzes nicht geeignet sind, einem möglichen innerbetrieblichen und außerbetrieblichen Mißbrauch der Daten entgegenzuwirken.

6.    Die technikorientierte, das heißt technologisch verengte Sichtweise des Einsatzes der EDV-Technologien verstellt immer noch in vielen Diskussionen den Blick für die gewaltigen sozialen Risiken, die diese Technologien mit sich bringen. Die wohlfeile Hoffnung, daß sich alles von selbst regeln wird, ist ebenso unangebracht wie die ignorante Infragestellung der negativen sozialen Folgen neuer Informationstechniken. Mit beiden Auffassungen werden die zukünftigen sozialen Probleme nicht bewältigt. Der Deutsche Gewerkschaftsbund, seine Industriegewerkschaften und Gewerkschaften haben auf die sozialen Gefahren der neuen Techniken schon frühzeitig hingewiesen und konkrete Maßnahmen gefordert, um die Technikentwicklung sozial beherrschbar zu machen. Die gewerkschaftlichen Vorstellungen und Aktivitäten lassen sich nach tarif-, mitbestimmungs-, bildungs-, technologie- und beschäftigungspolitischen Gesichtspunkten unterscheiden, die allerdings eng miteinander verzahnt und aufeinander abgestimmt sind.

7.    Über ihre Bedeutung für die Verteilung des gesamtgesellschaftlich erwirtschafteten Sozialprodukts hinaus nimmt die gewerkschaftliche Tarifpolitik zunehmend eine zentrale Funktion bei der Abwendung negativer Folgen des Technikeinsatzes und bei der aktiven Gestaltung menschengerechter Arbeitsplätze ein. Tarifverträge, die die Arbeitnehmer vor Abgruppierung schützen, die Qualifikationsabsicherungen enthalten, die Mindestarbeitsinhalte regeln und die Arbeitsplatzbesetzungspläne in qualitativer und quantitativer Hinsicht festlegen und branchen- und personengruppenbezogene Strategien zur Arbeitszeitverkürzung enthalten, spielen eine immer wichtigere Rolle bei der sozialen Beherrschung der Produktivkraftentwicklung. Die Verschärfung der Tarifkonflikte in den letzten Jahren macht deutlich, daß die Arbeitgeber alle ihnen zur Verfügung stehenden Mittel einsetzen, um diese qualitative Orientierung gewerkschaftlicher Tarifpolitik zu unterlaufen.

8.    Die massive Rationalisierungsoffensive in den Verwaltungen hat deutlich gemacht, daß die personalvertretungsrechtlichen Instrumente der Mitbestimmung, Mitwirkung und Information der Arbeitnehmer nicht ausreichen, um negative Auswirkungen von Rationalisierungsmaßnahmen wirksam zu verhindern beziehungsweise die Arbeitsbedingungen im Interesse der Arbeitnehmer positiv zu gestalten. Insbesondere bei der Planung von und bei der Entscheidung über Rationalisierungsmaßnahmen erweisen sich die gesetzlich festgelegten Rechte der betrieblichen Interessenvertretung als unzureichend. Der Systemcharakter von EDV-Technologien erlaubt es darüber

hinaus, die Rationalisierungsmaßnahmen stückweise und für die Personalräte in ihrer endgültigen sozialen Wirkung undurchschaubar durchzuführen. Diese "Salami-Taktik" der Unternehmensleitungen - häufig geplant und vorbereitet von Unternehmensberatungsfirmen - bedeutet eine grundlegende Schwächung der betrieblichen Interessenvertretung der Arbeitnehmer. Der personalvertretungsrechtliche Schutz muß dringend den aktuellen Entwicklungen angepaßt werden, um den Arbeitnehmern einen tatsächlichen Schutz zu gewähren.


9.   Die staatliche Technologiepolitik gewinnt für die Technikentwicklung in der Bundesrepublik eine wachsende Bedeutung. Die Gewerkschaften sind nicht bereit, eine Forschungs- und Technologiepolitik zu unterstützen, die die Wechselbeziehung zwischen Technik und Arbeit vernachlässigt oder gar die Arbeitnehmerinteressen als Restgröße eines angeblichen Sachzwangs der technischen Entwicklung behandelt. Eine Beteiligung der Gewerkschaften an der staatlichen Forschungs- und Technologiepolitik ist auf Dauer nur dann denkbar, wenn sich die Technologiepolitik auch an qualitativen und sozialen Kriterien orientiert, wenn sie die Möglichkeit einer wirksamen Beeinflussung und Veränderung dieser Politik im Arbeitnehmerinteresse bereitstellt. Die politische und soziale Bewertung technischer Entwicklungen im Hinblick auf ihre quantitativen und qualitativen sozialen Folgen auf die Beschäftigung und Strategien der sozialen Bewältigung müssen in jedes staatlich geförderte Forschungsvorhaben integriert sein.


10.   Die Erwartung, daß mit der Einführung neuer Informationstechnologien in der öffentlichen Verwaltung die Qualität der öffentlichen Dienstleistung im Sinne des "Dienstes am Bürger" gesteigert werden könne, muß relativiert werden. Es gibt keinen Zweifel, daß die Qualität der öffentlichen Dienstleistung wesentlich von der Qualität der Arbeitsplätze abhängig ist. Gute Arbeitsbedingungen der Beschäftigten müssen damit als eine wesentliche und zentrale Voraussetzung für eine entsprechende Gestaltung der öffentlichen Dienstleistungen angesehen werden. Die einfache Gleichung "Einführung neuer Technologien ist gleich Verbesserung der Qualität der öffentlichen Dienstleistungen" trifft mit dem unterstellten Automatismus nicht zu.

D) <u>Dialogorientierte Datenfernverarbeitung im Dienst fortschrittlicher und bürgerfreundlicher</u>
<u>Verwaltungsorganisation - Online-Sachbearbeitung bei einem Rentenversicherungsträger</u>


von Alfred Hoffjann, Münster


1.    Einleitung

Eine moderne Verwaltung kommt heute ohne den Einsatz der EDV nicht mehr aus. Im öffentlichen Bereich wird mit Recht mehr Hinwendung zu dienstleistungsorientiertem Verwaltungshandeln erwartet. Bei der heute gegebenen vielfältigen Aufgabenstellung ist das ohne leistungsfähige EDV nicht denkbar.

Wenn das, was heute mit den Schlagworten "Bürgernähe und Bürgerfreundlichkeit" umschrieben wird, keine Leerformel bleiben, sondern Wirklichkeit werden soll, sind hier verstärkte Anstrengungen erforderlich. Aus dieser Betrachtung heraus ergibt sich für die öffentliche Verwaltung die Verpflichtung zur offensiven Nutzung aller verfügbaren technischen Hilfsmittel. Dabei dürfen die althergebrachten Verwaltungsgrundsätze der Wirtschaftlichkeit und Sparsamkeit sicher nicht vernachlässigt werden. Bei der Wirtschaftlichkeitsbetrachtung einer technischen Lösung ist aber den Beurteilungskriterien Effektivität und Verfahrenssicherheit erhöhte, wenn nicht entscheidende Bedeutung beizumessen.


2.    Die Situation in der Rentenversicherung

Die Rentenversicherungsträger sind in bezug auf "Dienst am Kunden" besonders gefordert. Im Bereich der Rentenversicherung haben Auskunft und Beratung heute einen ganz hohen Stellenwert erreicht und werden an Bedeutung weiter zunehmen.

Angesichts der anhaltenden Diskussion um die soziale Sicherung und ihre Auswirkungen für breite Bevölkerungsschichten wird der Wunsch nach mehr Transparenz immer größer. Bei wachsender Komplexität und damit Unüberschaubarkeit gesetzlicher Vorschriften ist das mit herkömmlichen Mitteln der Verwaltungsarbeit nicht zu erreichen.

Bei den Trägern der gesetzlichen Rentenversicherung werden daher in zunehmendem Maße Sachbearbeiterplätze und Auskunftsstellen mit Datensichtstationen (Bildschirmgeräte) ausgerüstet. Die Möglichkeiten zur Verbesserung, Beschleunigung und Erleichterung des Verwaltungsablaufs sind offenkundig.

Die Rentenversicherungsträger im Bundesgebiet und West-Berlin betreuen etwa 39,5 Millionen Versicherte und Rentner. Bei der Landesversicherungsanstalt (LVA) Westfalen werden zur Zeit etwa 5 Millionen Versicherten- und Rentenkonten auf Direktzugriffsspeichern (Magnetplatten) geführt. Die Kontenbewegungen liegen bei über 12 Millionen im Jahr.

3.    Die dialogorientierte Datenfernverarbeitung bei der LVA Westfalen

a)    Grundlagen und Inhalte

Hoher Integrationsgrad und benutzerfreundliche Lösungen sind besondere Merkmale der Datenverarbeitung bei der LVA Westfalen. Es ergab sich daher zwangsläufig, daß sie sich auch schon sehr frühzeitig mit der neuen Technik Datenfernverarbeitung mit Bildschirmgeräten beschäftigte. Vor fast einem Jahrzehnt war es noch ein ziemlich gewagter Schritt, auf Bildschirmverarbeitung zu setzen. Heute ist das Verfahren der dialogorientierten Datenfernverarbeitung ein wesentlicher Schwerpunkt der EDV und aus dem Verwaltungsablauf nicht mehr wegzudenken.

Es begann mit einigen Geräten für reine Abfragefunktionen. Aufbauend auf den dabei gewonnenen Erfahrungen wurde über mehrere Entwicklungsstufen in Eigenprogrammierung ein umfassendes Auskunfts-, Informations- und Auftrags-System geschaffen.

Es können im Sachbearbeiter-Dialog alle relevanten Daten zu Auskunfts- und Informationszwecken von den rund 5 Millionen Versicherten- und Rentenkonten wahlweise abgerufen und alle Arbeitsaufträge über Bildschirm direkt vom Sachbearbeiterplätz abgewickelt werden. Ebenso werden im Dialogverfahren alle Buchungsvorfälle der Finanzbuchhaltung über Bildschirmarbeitsplätze mit Hilfe der EDV erledigt.

b)    Zielvorstellungen und Leitkriterien

Der Konzeption des Verfahrens liegen folgende Leitkriterien und Zielvorstellungen zugrunde:

- Unmittelbar selektiver Zugriff auf alle gespeicherten Daten zur ständigen Informations- und Auskunftsmöglichkeit
- Direkte Verknüpfung der eingegebenen mit den gespeicherten Daten
- Sofortanzeige bei fehlerhafter Eingabe oder Unverträglichkeit mit gespeicherten Daten
- Qualifizierte Fehlerbereinigung bei Dateneingabe
- Schnelle Reaktionszeiten und anwenderfreundliche Prozeduren
- Verfügbarkeit von EDV-Kapazitäten und Dialogmöglichkeiten mit dem System direkt am Arbeitsplatz
- Eindämmung der Papierflut

- Reduzierung von Durchlaufzeiten und Aktenwegen
- Fortfall von Datenträgern und dem damit verbundenen Handling
- Wegfall des Engpasses "Datenerfassung".

c)    Anwendungsumfang und Ausbaustand

Zur Zeit verfügt die LVA Westfalen über 145 Datensichtstationen im internen und 7 im externen Bereich. Ein Großteil aller Bildschirmterminals ist mit Datenschreibern ausgerüstet. Alle Stationen haben Ausweisleser. Es werden gegenwärtig noch lochcodierte Ausweise verwendet. Ein Übergang auf magnet codierte Ausweise ist vorgesehen. Das Anwendungsspektrum ist ungewöhnlich breit und erfaßt nahezu alle Bereiche des Hauses. Der Sachbearbeitung stehen 58 verschiedene Betriebsarten zur Verfügung. Über 50.000 Aktivitäten werden derzeit täglich über Bildschirm abgesetzt.

d)    Einstufige und mehrstufige Auftragseingabe

Bei Verarbeitungsaufträgen zahlungsbegründender Art und wichtigen Kontenänderungen wurde eine besondere Sicherheitsstufe mit Nachbildung des Vieraugenprinzips realisiert. Einfache Kontenänderungen können von Berechtigten in einem Arbeitsgang erledigt werden.

Bei der einstufigen Auftragseingabe wird der Auftrag vom Sachbearbeiter über Datensichtstation abgesetzt und von der DV-Anlage einer formellen und sachbezogenen Kontrolle unterworfen. Das angesprochene Versicherungskonto wird beigezogen. Es erfolgt also eine vollständige Sachzusammenhangsprüfung. Etwaige Fehler werden unmittelbar mit entsprechendem Fehlertext auf dem Bildschirm angezeigt. Änderungen und Korrekturen sind während der Eingabe möglich. Sobald der Auftrag fehlerfrei ist, wird er von der DV-Anlage in die Auftragsdatei übernommen. Auf dem Bildschirm erscheint eine Übernahmequittung.

Mehrstufig heißt, daß Aufträge nur durch unabhängige Aktivitäten von mindestens zwei Mitarbeitern mit entsprechender Berechtigung und unterschiedlichen Funktionen abgesetzt werden können. Beim mehrstufigen Verfahren wird der fehlerfreie Auftrag nicht sofort in die Auftragsdatei übernommen, sondern in einer Prüfsatzdatei abgelegt. Auf dem angeschlossenen Datenschreiber wird ein Prüfprotokoll gedruckt. Der zwischengespeicherte Auftrag kann jederzeit wieder in einen Arbeitsbereich geholt und korrigiert, ergänzt, gegebenenfalls auch gelöscht werden. Die Freigabe des Auftrags erfolgt über eine besondere Betriebsart mit spezieller Legitimation. Das Programm überführt den Fall von der Prüfsatzdatei in die Auftragsdatei und druckt eine Übernahmequittung. Freigegebene oder geänderte Aufträge sind in der Prüfsatzdatei nicht mehr ansprechbar.

e)      Bildschirmeinsatz im externen Bereich

Im externen Auskunfts- und Beratungsdienst kommt der Datenfernverarbeitung ebenfalls große Bedeutung zu. Datensichtgeräte sind optimale Hilfsmittel, eine schnelle, exakte und individuelle Auskunft und Beratung zu ermöglichen. An Ort und Stelle kann den Versicherten über den Inhalt ihrer Konten und über die erreichten oder erreichbaren Rentenansprüche am Bildschirm sofort Auskunft gegeben werden, natürlich in Sekundenschnelle. Hier wird mit Hilfe der Datenfernverarbeitung und dem programmierten Dialogverfahren ein Service geboten, der noch vor wenigen Jahren undenkbar war.

Auskunftsstellen, so leistungsfähig sie auch sein mögen, sind aber für die Versicherten nur interessant, wenn sie ohne große Mühe erreichbar, also im tatsächlichen Sinne "versichertennah" sind. Da ein großzügiges flächendeckendes Netz von Auskunftsstellen aus Kostengründen ausscheidet (allein die notwendigen postalischen Einrichtungen würden monatlich einige 10.000 DM erfordern) wurde von vornherein der Einsatz von mobilen Auskunftsplätzen angestrebt. Sie ermöglichen einen flexiblen, bedarfsorientierten Einsatz im laufenden Wechsel an verschiedenen Stellen. Die Deutsche Bundespost hat 1978 einen entsprechenden Versuchsbetrieb für den Bereich der gesetzlichen Rentenversicherung genehmigt. Seitdem setzt die LVA Westfalen mobile Auskunftsstationen ein, die über normale Fernsprechwählleitungen mit der Datenverarbeitungsanlage in Münster verbunden sind. Die mobilen Auskunftsstationen können im "Handumdrehen" überall dort betriebsbereit aufgestellt werden, wo ein Telefonanschluß ist.

f)      Verfahrenssicherheit und Datenschutz

Bei der Konzeption des Verfahrens der dialogorientierten Datenfernverarbeitung (Sachbearbeiter-Dialog) wurde besonderes Gewicht auf Verfahrenssicherheit und Datenschutz gelegt. Die mit dem Einsatz von Datensichtstationen und leistungsfähigen Dialogprogrammen geschaffenen Möglichkeiten, auf den gesamten Versicherungskontenbestand direkt zuzugreifen und Aufträge - auch kontenändernder oder zahlungsbegründender Art - unmittelbar abzusetzen, erfordert adäquate Sicherungsmaßnahmen.

Nun könnte auf den ersten Blick angenommen werden, Datenfernverarbeitung sei - was Datenschutz angeht - besonders sensibel und öffne neue Gefahrenquellen für Datenmißbrauch und Datenmanipulation. Tatsächlich bietet jedoch die Datenfernverarbeitung nach dem heutigen Stand der Technik in Verbindung mit entsprechenden programm- und organisationstechnischen Vorkehrungen Sicherungsmöglichkeiten, wie sie bei herkömmlichen EDV-Verfahren kaum denkbar waren.

Im Dialogverfahren der LVA Westfalen (Sachbearbeiter-Dialog) wurden von vornherein wirkungsvolle programmierte Zugriffs- und Benutzerkontrollen vorgesehen und im Zuge wachsender Datenschutzforderungen fortentwickelt. Das Sicherheitskonzept ist dreistufig ausgelegt:

- Stufe 1: Bereichsbezogene Kontrolle: Beschränkung des Zugriffs auf Konten des Zuständigkeitsbereichs

- Stufe 2: Auftragsbezogene Kontrolle: Es sind nur die für den jeweiligen Aufgabenbereich erforderlichen Aktivitäten (Betriebsarten) zugelassen

- Stufe 3: Funktionsbezogene Kontrolle: Kontenändernde und zahlungsbegründende Aufträge können nur über zwei getrennte Eingaben verschiedener, dazu berechtigter Personen abgesetzt werden (Vieraugenprinzip).

Ohne Ausweisleser war nur eine gerätebezogene Überwachung möglich. Nach Vorstufen, in denen unter anderem zur weiteren Absicherung zusätzliche Bedienerschlüssel eingesetzt waren, wurden alle Datensichtstationen mit Ausweislesern ausgerüstet. Das ermöglicht eine personenbezogene Zugriffs- und Benutzerkontrolle und bringt einen hohen Sicherheitsgrad.

Die gesamten Sicherungs- und Kontrollfunktionen laufen in einem zentralen Überwachungsprogramm unter Verwendung eines sinnvoll aufgefächerten Dateiensystems ab. Das Dateienkonzept gewährleistet ein hohes Maß an Sicherheit, Anwendungskomfort, Flexibilität und Anpassungsfähigkeit. Die Verursacheridentifikation und Einspeicherung der Verursacherdaten nach Ziffer 7 der Anlage zu § 6 Abs. 1 Satz 2 des BDSG beziehungsweise Datenschutzgesetz Nordrhein-Westfalen (Eingabekontrolle) sind durch den vollmaschinellen Ablauf gesichert. Als zusätzliche Sicherung wird ein "Individuelles Passwort" verwandt. Das individuelle Passwort kann in Abhängigkeit vom jeweiligen Sicherungsbedürfnis wahlfrei eingesetzt werden.

Die Kombination Ausweisleseverfahren und Individuelles Passwort deckt alle bekannten Sicherheitsbedürfnisse in überzeugender Weise ab und stellt das derzeit erreichbare Optimum dar.


4.    Schlußbetrachtung

Der Bildschirmeinsatz hat sich in der Verwaltungspraxis der LVA Westfalen bewährt. Es hat sich gezeigt, daß er die Sachbearbeitung wesentlich unterstützt und entlastet, eine optimale Versichertenbetreuung erst möglich macht und Sicherheitsprobleme in hervorragender Weise zu lösen imstande ist.

Die Mitarbeiter haben den Bildschirm am Arbeitsplatz durchweg positiv aufgenommen. Die in Eigenprogrammierung erstellte benutzerfreundliche Software hat dabei Akzeptanzprobleme wesentlich gemildert. Das auf die individuellen Bedürfnisse des jeweiligen Arbeitsablaufs und der vorhandenen Organisationsform abgestellte Verfahren wird eben eher angenommen als ein abstraktes für viele Anwender ausgelegtes System.

Datenverarbeitungstechnische Abläufe und Probleme dürfen für den Benutzer so wenig wie möglich in Erscheinung treten. Das eingesetzte Dialogprogramm muß dem Benutzer deutlich machen können, daß die Technik für ihn da ist und nicht umgekehrt. Dazu gehören benutzerfreundliche Prozeduren und verständliche Sprachen mit Darstellung im Klartext.

Bei Einführung von Bildschirmverfahren empfiehlt es sich, sukzessive vorzugehen. Mitarbeitern, besonders älteren, die eine gewisse Scheu vor moderner Technik haben, sollte übergangsweise ermöglicht werden, noch nach der alten Arbeitsmethode zu verfahren. Diese Mitarbeiter legen diese Scheu - auch durch den täglichen Anschauungsunterricht - von selber ab und kommen auf die neue Technik zu, wenn diese etwas zu bieten hat.

Es ist beim gegenwärtigen Stand der Entwicklung nicht schwer vorauszusagen, daß dem Büroarbeitsplatz mit Bildschirm die Zukunft gehört und eine explosionsartige Verbreitung zu erwarten ist. In einer allzu rasanten Entwicklung liegt allerdings die Gefahr, daß unvollkommene Verfahren eingesetzt und neue Aversionen geweckt werden.

Zur Zeit noch bestehende Vorbehalte gegen die Bildschirmarbeit werden durch ständige Anpassung an neue technische und ergonomische Erkenntnisse ausgeräumt werden können. Der Bildschirm ist ein alltägliches technisches Hilfsmittel wie andere Bürogeräte auch. Diese Erkenntnis wird sich umso mehr durchsetzen, als die neue Technik auch im privaten Bereich zur Selbstverständlichkeit wird. Stichwortartig sei hier nur auf Bildschirmtext und Videotext hingewiesen.

E)    <u>Thesen zum Thema: Verwaltungsaufgaben und Arbeitsorganisation - Einfluß durch infor-</u>
<u>mationstechnische Instrumente?</u>

von Gerhard Karck, Kiel


1.    Im Gemeinschaftsrechenzentrum ist die Kostenentwicklung bislang immer noch für alle Teilnehmer am günstigsten, insbesondere dann, wenn die Beteiligten sich vor der Realisierung der neu zu organisierenden Arbeitsgebiete einigen (fachbezogene Rechenzentren).

Erläuterungen: Gemeinschaftsrechenzentren haben besonders günstige Kostenentwicklungen aufzuweisen, weil die Nutzungsmöglichkeiten der Hard- und Software hoch sind. Den größten Nutzeffekt können dabei fachbezogene Rechenzentren erreichen. Wenn die am Rechenzentrum beteiligten Anwender sich vorher auf ein gemeinsames "Modell", bedingt durch gleiche Aufgabenstellung, einigen und man auch über die Reihenfolge der zu realisierenden Schritte einen gemeinsamen Plan entwickeln kann, ist diese Vorgehensweise die kostengünstigste überhaupt. Sowohl die eingesetzte Hardware als auch das "Know how" können dabei besonders intensiv genutzt werden. Als Beispiel kann unsere Arbeitsgemeinschaft Datenverarbeitung der Ortskrankenkassen in Schleswig-Holstein (ADOSH) angeführt werden. Die Programmentwicklung wurde nach gemeinsamer Planung durchgeführt, wobei in den Arbeitskreisen die fachlichen Vorgaben für die DV erarbeitet wurden. Ein Integrationsmodell war dabei die Richtschnur. Das Ergebnis beweist die kostengünstige Lösung: Mitgliederbestandsführung, Beitragswesen, Leistungswesen, Finanzdatenbank einschließlich Voranschlagsüberwachung und zahlreiche andere Gebiete, dazu diverse Sonderauswertungen, die manuell nicht machbar sind, werden angeboten. Über rund 1.200 Kilometer Standleitungen mit über 260 Endgeräten in 43 Orten stehen mehr als 70 Bildschirmanzeigen für alle Sachgebiete zur Verfügung. Alle Arbeiten werden tagfertig erledigt.

Die Kosten dafür liegen einschließlich Hard- und Software, Personal einschließlich Programmierung, Räume, Energie und so weiter (also DV-Gesamtkosten des Rechenzentrums und Leitungskosten für das TP-Netz) unter acht Mark je Mitglied und Jahr. Sie lagen 1978 und 1979 auch absolut unter denen von 1977, weil die höhere Inanspruchnahme sich positiv für alle Teilnehmer auswirkte. Gemessen am durchschnittlichen Beitrag aller Versicherten (einschließlich der Rentner) bedeutet dies lediglich 0,39 Prozent Anteil der DV-Kosten. Eine solche günstige Kostenrelation kann mit keiner anderen Lösung erreicht werden. Bei "distributed processing" steigen in unserem Bereich die Kosten um cirka 35 Prozent. Es ist aber anzumerken, daß dennoch der Anteil der DV-Kosten am Beitrag unter 1 Prozent bliebe, wenn es sich um eine DDP-Lösung handeln würde, die auf zusätzliches Personal vor Ort verzichten kann.

2.    Eine Aufstockung der Hardware kann sich auf die Personalkosten im Rechenzentrum durch Wegfall einer Schicht oder durch Fortfall von Überstunden oder Wochenendarbeiten positiv auswirken und einen nicht unerheblichen Anteil der höheren Hardwarekosten auffangen.

Erläuterungen: Wir haben seit der Bildung der Arbeitsgemeinschaft Datenverarbeitung im Jahre 1971 im Drei-Schicht-Betrieb gearbeitet. Die unterschiedlichen Gründe hierfür können in diesem Zusammenhang vernachlässigt werden. Durch die schnell ansteigende Anzahl der Datenendgeräte im Direktverkehr wurde ein schnellerer Rechner benötigt, um die guten Antwortzeiten zu sichern, die im Publikumsverkehr einen hohen Stellenwert haben.

Die höheren Rechnerkosten konnten zu mehr als 80 Prozent durch Verringerung der Personalkosten aufgefangen werden. Es gelang, durch höhere Rechnerleistung nicht nur für den Dialogverkehr Verbesserungen zu erzielen, sondern auch durch besseres Multiprogramming in einem Maße zu nutzen, daß sowohl die dritte Schicht eingestellt als auch auf vorher notwendige zusätzliche Wochenendarbeiten verzichtet werden konnte. Die Mitarbeiter in diesem Bereich lernten erstmals ein langes Wochenende kennen und schätzen.

Damit ist meines Erachtens bewiesen, daß kürzere Arbeitszeiten, vor allem aber der Wegfall der dritten Schicht, die die Mitarbeiter besonders stark belastet, durch leistungsstärkere Hardware kostengünstig erreichbar sind. Es muß nicht mehr die Hardware "rund um die Uhr" genutzt werden - was bei anderen Investitionsgütern ebenfalls nicht geschieht. Sinkende Hardwarekosten sollten daher auch zur Verbesserung der Arbeitsbedingungen der Mitarbeiter in den Rechenzentren genutzt werden.

Wenn allerdings die Hardware verteilt wird, sind Kostensteigerungen zu erwarten, deren Größenordnung die Aufbringung der Mittel infrage stellt beziehungsweise die der These zugrunde liegenden Erfahrungen zweifelhaft macht.

3.    Die Entwicklung des Bildschirm-Dialogs bei den Ortskrankenkassen in Schleswig-Holstein beweist - unter Berücksichtigung der Zeit von 1976 bis 1979 -, daß die Arbeit mit der alten Karteikarte inhuman ist und nicht die Arbeit am Bildschirm, die zugleich zu einer bürgerfreundlichen Bedienung führen kann.

Erläuterungen: Die Sachbearbeiter von Krankenkassen hatten über Jahrzehnte Karteien zur Abwicklung des Parteienverkehrs zur Verfügung, die den jeweiligen bereichsspezifischen Aufgaben angepaßt waren. Dadurch gab es mehrere Karteien unterschiedlicher Art und gewöhnlich eine weitere Zentralkartei, die allesamt zu pflegen waren. Eintragungen wurden von mehreren Personen mit unterschiedlicher Handschrift vorgenommen. Eine Karteikarte hatte eine mehrjährige Lebensdauer. Die Pflege der Kartei erforderte den Durchlauf der Belege, der zumeist mehrere Tage dauerte, so daß die Karteien zeitlich den Ereignissen nachhinkten. Sie wurden außerdem von anderen Abteilungen mitbenutzt, also entnommen und beim Einsortieren gab es weitere Fehlerquellen. Die Pflege der Karteien nahm etwa 30 Prozent der Tätigkeit eines Mitarbeiters in Anspruch, wobei seine Fachkenntnis nicht gefragt war.

Mit der Einführung der Bildschirmgeräte - in unserem Bereich in den Jahren 1973 bis 1975 - gab es hier erhebliche Erleichterungen. Sie ermöglichten sowohl die Verkürzung der Arbeitszeiten, wie auch die Verbesserung der Bedienung der Versicherten und kompensierten die wachsende Aufgabenstellung durch verbesserte Sozialgesetze. Die Akzeptanz beweist die graphische Darstellung der Inanspruchnahme in den Jahren 1976 bis 1979 (siehe Abbildung 1). Wurden in der Planungsphase 45 Endgeräte im ganzen Land noch als überzogene Utopie bezeichnet (1972/1973), zeigte es sich, daß bei der Einführung ein "Run" auf die Geräte einsetzte, weil sie zugleich eine erhebliche sachliche Verbesserung der Arbeitsabläufe und eine Humanisierung der Arbeit mit sich brachten.

Die derzeitigen Diskussionen zeigen diese positiven Aspekte nicht auf, sondern stilisieren in unverantwortlicher Weise die Geräte zum "Buhmann" unserer Arbeitswelt hoch. Notwendige Verbesserungen, die unbestreitbar sind, sollten daher als Diskussionsbasis von der Ausgangslage ausgehen und dementsprechend versachlicht werden. Emotionsbeladene Diskussionen bringen uns nicht voran, sondern belasten mögliche Ergebnisse.

Das Management seinerseits sollte nicht nur auf die Arbeitsplätze der Sachbearbeiter, sondern auch auf die Möglichkeiten der besseren Betreuung der Bürger achten, die der Direktverkehr mit dem Computer ermöglicht. Der "Endanwender" der DV-Leistung ist zwar der Sachbearbeiter, aber die zahlreichen positiven Möglichkeiten müssen endlich - und hier gerade in der Publikumsbedienung durch neue Formen - an die Bürger weitergegeben werden. "Bürgerfreundliche Bedienung" sollte nicht länger Schlagwort sein, sondern Wirklichkeit werden. Der Einsatz der Bildschirme schafft dafür die Voraussetzungen und hilft mit, die Diskussion zu versachlichen. Es gibt bereits positive Modelle.

4.     Zur besseren und bürgerfreundlichen Bedienung gehört eine Erweiterung der Öffnungszeiten der Verwaltungen, die es dem Bürger ermöglicht, zu der ihm genehmen Tageszeit die Verwaltung aufzusuchen. Die Auswertung des Dialogverkehrs bei uns beweist unter anderem, daß durch längere Öffnungszeiten die Belastung der Sachbearbeiter sich verbessern würde bei gleichzeitiger Erfüllung der Forderung der Bürger. Diese Möglichkeit scheitert aber (zunächst jedenfalls) an der Vertretung der Belegschaft (Personalrat).

Erläuterungen: Verwaltungen haben Dienststunden und Öffnungszeiten. An diese muß sich der Bürger halten. Außerhalb der Öffnungszeiten sind die Mitarbeiter zwar da, eine Bedienung findet aber nicht statt. Der Bürger steht vor verschlossener Tür. Dies mag gerechtfertigt gewesen sein, als noch zahlreiche Belege in Karteien einzutragen waren, obgleich es vermutlich mehr aus "hoheitlicher" Tradition stammt.

Die einmalige Erfassung der Belege bei zeitlich gleicher Informationsbereitstellung an allen Stellen der Verwaltung rechtfertigt eine Schließung der Verwaltung nicht mehr. Für die Sachbearbeitung stellen die Öffnungszeiten im übrigen eine Streßsituation dar, weil die Besucher während dieser Zeit zeitlich gedrängt bedient werden müssen. Die Auswertung des Dialogverkehrs (Abbildung 2) nach Stunden beweist dies eindeutig. Bei dem Versuch aber, die Öffnungszeit dergestalt zu ändern, daß Besucher während der gesamten Kernzeit bedient werden, kommt es zur Konfrontation mit den Personalräten, die sich gegen eine Erweiterung der Öffnungszeiten mit dem Argument sperren, dies sei eine größere Belastung der Mitarbeiter und es kämen dann mehr Besucher.

Hier handelt es sich tatsächlich um eine Konfrontation mit den Interessen der (mittelaufbringenden) Öffentlichkeit. Da diese nichts davon weiß, werden ihre Interessen (noch) vom Arbeitgeber und Dienstherrn wahrgenommen, der dies häufig mit halbem Herzen tut. Der öffentliche Dienst, dessen Beschäftigte nicht gerade zu den Unterdrückten unserer Gesellschaft gehören, sollte mit der "bürgerfreundlichen Verwaltung" ernst meinen. Die Bürger, in unserem Bereich die Versicherten, bringen die Mittel auf, aus denen Personal- und Sachkosten der Verwaltung finanziert werden. Das Sachmittel Datenverarbeitung schafft, bei sinnvollem Einsatz und durch die Möglichkeiten des Direktverkehrs, die Voraussetzungen einer freundlichen, über die gesamte Zeit der Anwesenheit der Beschäftigten mögliche Bedienung des Publikums. Wir sollten diese Möglichkeiten deshalb nutzen und als Leistung an die Bürger weitergeben, für die die Verwaltung doch betrieben wird. Die Personalräte sollen weiterhin für die Interessen der Beschäftigten eintreten, wie es ihre Aufgabe ist, aber das Gemeinwohl höher bewerten. Ein Blick auf die Auswertungen beweist allerdings, daß in diesem Falle die Interessen der Bürger und der Beschäftigten deckungsgleich sind, schafft doch eine längere Öffnungszeit die besondere Belastung zugunsten einer gleichmäßigeren Belastung ab. Es kommt keine Person zusätzlich deshalb zur Verwaltung, weil diese längere Zeit geöffnet hat. Wer geht schon gerne in eine Verwaltung und gar ohne Grund? Wer aber einen Grund hat, der kommt, notfalls zu einer bestimmten Zeit, unruhig, verärgert und damit den Mitarbeiter zusätzlich belastend.

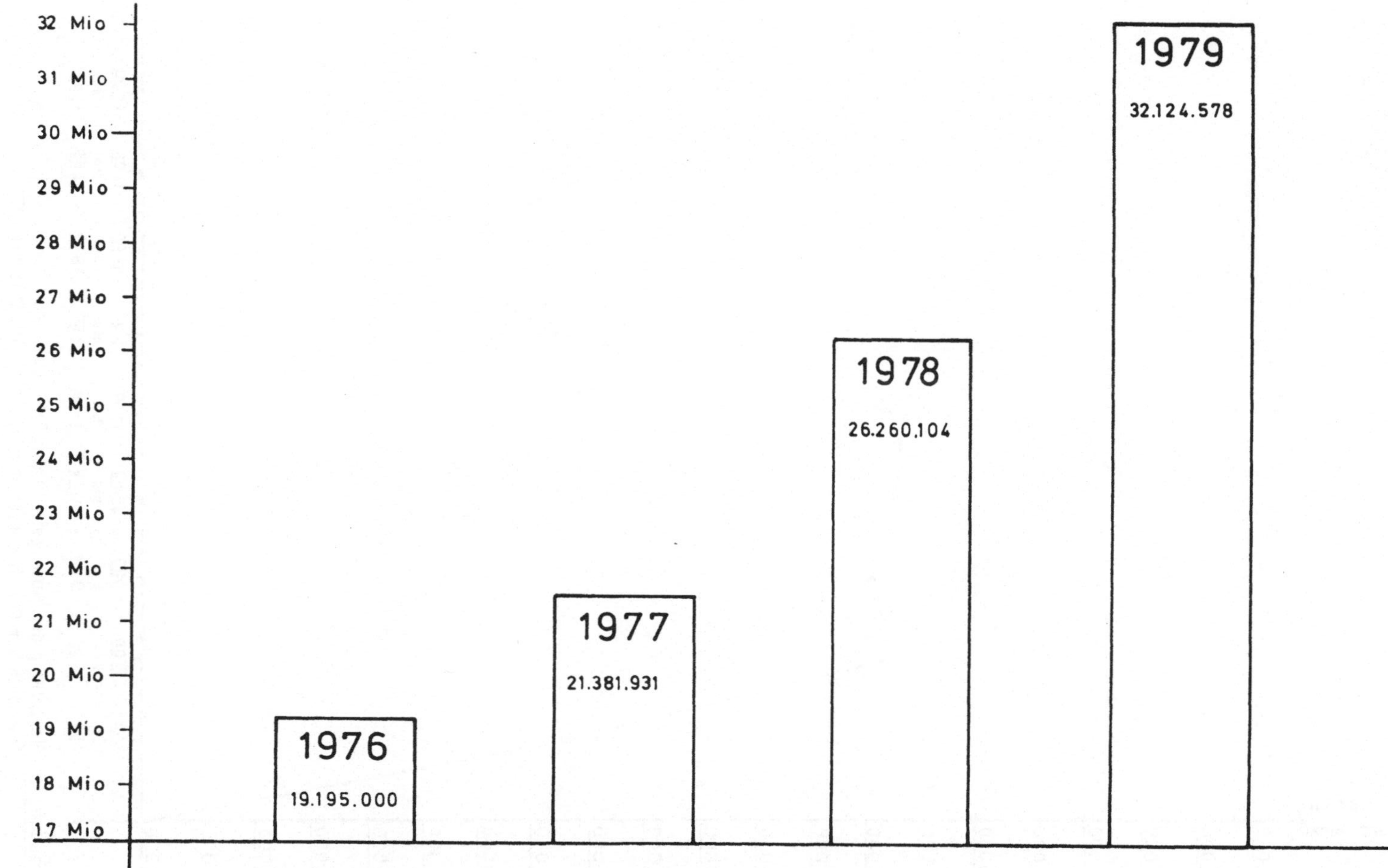


Abbildung 1: Entwicklung des Dialogverkehrs – Jahresergebnis 1976 bis 1979.

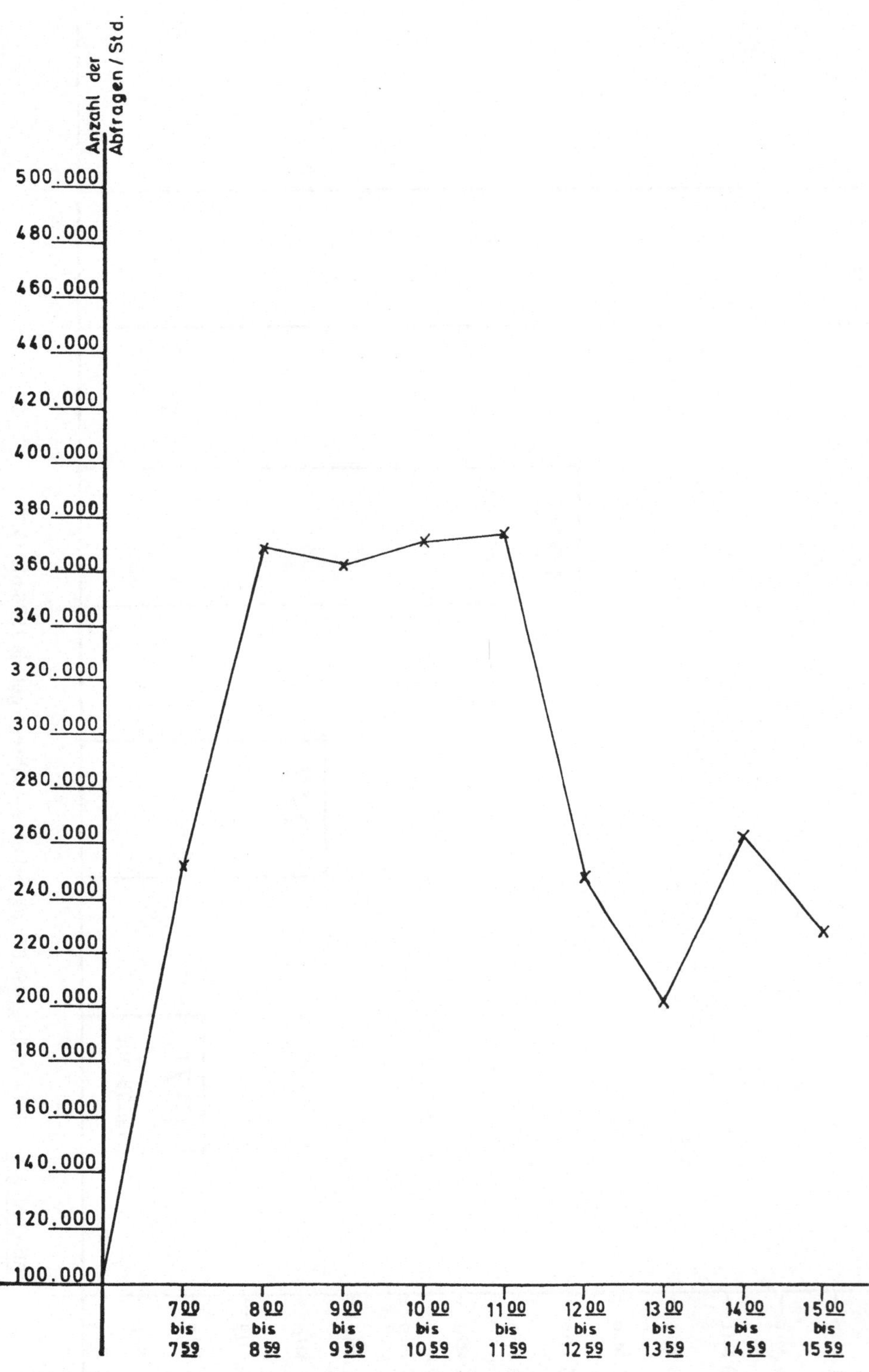


Abbildung 2: Verteilung der Abfragen auf die Arbeitsstunden
(monatlicher Durchschnitt aller Kassen - IV. Quartal 1979).

F)  <u>Thesen zum Thema: Verwaltungsaufgaben und Arbeitsorganisation - Einfluß durch informationstechnische Instrumente?</u>

von August-Wilhelm Scheer, Saarbrücken

1.  Als wichtigstes informationstechnisches Instrument wird der direkte Zugriff des Sachbearbeiters auf Computerleistung (Verarbeitung, Auskunft, Speicherung) angesehen (CAP). Dabei
ist die Frage der zentralen oder verteilten Verarbeitung nur insofern von Bedeutung, wie sich aus
der Benutzersicht unterschiedliche Möglichkeiten der Computerleistung ergeben (Ausklammerung
technischer Aspekte des DDP).

2.  Wesentliche Einflüsse des informationstechnischen Instruments CAP sind:

- Änderung der Ablauforganisation durch
    -- Verschmelzung von Aufgaben
    -- Erweitertes Aufgabenfeld (Arbeitsintegration)
    -- Verringerung von Arbeitsdauer
    -- Verringerung von Transportzeiten

- Änderung der Aufbauorganisation wegen Auflösung oder Einführung dezentraler Instanzen

- Änderung der Arbeitsplatzprofile.

3.  Die Einflüsse des informationstechnischen Instruments sind tiefgreifend für Organisation
und Mitarbeiter.

4.  Wegen fehlender objektiver Untersuchungen über die konkreten Auswirkungen der Informationstechnologie ist die Diskussion emotionalisiert.

5.  Da die Einführung neuer informationstechnischer Instrumente möglichst frühzeitig mit den
Betroffenen diskutiert werden sollen, sind objektivierbare Untersuchungen umso wichtiger.

6.    Mit geeigneten Untersuchungsinstrumenten, zum Beispiel Simulation, können organisatorische Gestaltungsalternativen hinsichtlich der Wirkung auf

- Arbeitsobjekte (Durchlaufzeiten, Wartezeiten und so weiter)
- Arbeitsplatzprofile

untersucht werden. Dadurch kann die Diskussion der Ebenen Wirtschaftlichkeit, organisatorischer Ablauf, Anforderungskomponente versachlicht werden.


7.    Beispiele für Gestaltungsalternativen sind

- Integration oder Teilung von Arbeitsfolgen (zum Beispiel Dateneingabe und Verarbeitung; Integration oder Teilung von Arbeitsfolgen unterschiedlicher Fachqualifikationen)
- alternativer Funktionsumfang technischer Mittel (Sichtgerät, intelligentes Terminal, Drucker und so weiter)
- quantitative Besetzung von Arbeitsgruppen.

Mit dem System CAPSIM (Computer am Arbeitsplatz Simulation), das im Rahmen des 3. DV-Programms am Institut für Wirtschaftsinformatik an der Universität des Saarlandes entwickelt wurde, werden gegenwärtig Untersuchungen zur Auswirkung dieser Informationstechnologien durchgeführt.

G)  Bestimmungsgründe unterschiedlicher Organisationsstrukturen bei gleicher Technologie
    - Beispiel eines DV-Systems im Krankenkassenbereich -


von Werner van Treeck, Kassel


1.  Der Zusammenhang von Technologie und Arbeitsorganisation ist in den Sozialwissenschaften heftig umstritten. Die Erklärungsversuche bewegen sich zwischen den Extremen des permanenten Durchschlagens tayloristischer Organisationsprinzipien auf der einen Seite und der Abkoppelung der Organisation von den jeweils eingesetzten Technologien und der Behauptung beliebiger Gestaltungsspielräume auf der anderen Seite. Dieser Streit ist keineswegs von bloß akademischem Interesse, er hat höchst praktische Konsequenzen, hängt doch von der präzisen Bestimmung des Bedingungsgefüges betrieblicher Organisation die Erkenntnis praktischer Handlungs- und Eingriffsmöglichkeiten in die Entwicklung der Arbeitsstrukturen ab.

Als ein Beitrag zu dieser Diskussion versteht sich das folgende Referat einiger Ergebnisse aus einer empirischen Untersuchung über den Einsatz eines computergestützten Auskunftssystems und seine Folgen für die Organisationsstruktur der Leistungsabteilung von Ortskrankenkassen im Einzugsbereich eines Landesverbandes der Ortskrankenkassen. Die Untersuchung wurde im Rahmen des Forschungsprojektes Verwaltungsautomation an der Gesamthochschule Kassel in den Jahren 1978 bis 1980 durchgeführt und ist Bestandteil eines größeren Projektes über Folgen dezentraler Datenverarbeitung in der öffentlichen Verwaltung.


2.  Wir skizzieren kurz das Forschungsfeld: Das computergestützte Auskunftssystem bildet den Abschluß der ersten Entwicklungsstufe eines Anfang der siebziger Jahre begonnenen landeseinheitlichen Datenverarbeitungssystems. Die Automatisierung hat damit folgende Aufgabenbereiche der Krankenkasse erfaßt:

- Mitgliederbestandsführung,
- Beitragskontenführung für Arbeitgeber und freiwillig Versicherte,
- Beratung und Leistungsgewährung (zum Beispiel Krankengeld, Mutterschaftshilfe, Heil- und Hilfsmittel, Rehabilitationsmaßnahmen).


Das Auskunftssystem besteht aus etwa dreißig Informationsparametern und vier Suchparametern. Die Daten, die in jedem Parameter enthalten sind, werden aus der täglichen Sachbearbeitung gewonnen, über Belege und Kassettengeräte off-line erfaßt, in Rechenzentren verarbeitet und gespeichert und stehen der Krankenkasse on-line vermittels Datenfernübertragung (über Bildschirm und Drucker) zur Verfügung. Die nächste Entwicklungsstufe, für die achtziger Jahre anvisiert, wird die Dialogverarbeitung sein - die Eingabe oder Veränderung von Daten und ihre Verarbeitung direkt vom Arbeitsplatz des Sachbearbeiters aus.

3. Die Einführung des computergestützten Auskunftssystems hat einige Grundelemente der traditionellen "vorautomatischen" Organisationsstruktur in der Leistungsabteilung einer Ortskrankenkasse außer Funktion gesetzt: Der sogenannte buchstabenorientierte Schalter, das heißt eine auf bestimmte Teilmengen des Mitgliederbestands bezogene, nach den Anfangsbuchstaben der Namen sortiert, mit Ausnahme einiger Spezialgebiete (Mutterschaftshilfe, Rehabilitation und anderes) universale Beratung und Sachbearbeitung wird abgelöst; die dezentral an den einzelnen Schaltern geführte oder im nächsten Schritt bereits zentral zusammengezogene Papierkartei wird eingefroren und dient nur noch für den fallweisen Rückgriff auf nicht im DV-System gespeicherte "Altfälle". Mit der Umstellung wurde - wie es im Bericht der Testkassen zum Abschluß der Testphase heißt - der Wunsch vorherrschend, zu einer auf das Auskunftssystem bezogenen "optimalen Organisationsform" zu kommen. Der Verlauf der Testphase hatte jedoch zwei unterschiedliche Organisationsstrukturen mit Modellcharakter zum Ergebnis. Sie galten in den Interviews insbesondere mit den Vertretern des Kassen- und Verbandsmanagements gemeinhin als gleich gute oder gleich funktionale Lösungen des mit der Automatisierung aufgebrochenen Organisationsproblems; in dem Abschlußbericht der Testkrankenkassen werden sie als gleichwertig und gleich mögliche "Alternativen" bezeichnet und behandelt.

Das Modell A wird als "sachbezogene Organisation" gekennzeichnet: An der Gliederung des Leistungswesens nach einzelnen Sachgebieten orientiert, werden diese in einzelne Arbeitsvorgänge beziehungsweise Teilvorgänge aufgespalten und, soweit sie sachlich zusammengehören, jeweils bestimmten Arbeitsgruppen und innerhalb der Arbeitsgruppen bestimmten Sachbearbeitern zugeordnet. Der einzelne Fall wird sequentiell zerlegt und der Untergliederung entsprechend gleichsam kettenförmig abgearbeitet. Bearbeitung und Entscheidung sind auseinandergezogen. Daß es auf diese Weise dadurch zu Überschneidungen kommt, daß an verschiedenen Stellen für den gleichen Versicherten, womöglich zur gleichen Zeit, Leistungsvorgänge abgewickelt werden, muß sich nicht störend auf den Arbeitsfluß auswirken; denn das Auskunftssystem ermöglicht einen universellen Zugriff auf den aktuellen Datenbestand, unabhängig vom Standort des jeweiligen Sachbearbeiters. Diesen Arbeitsgruppen vorgelagert ist eine Beraterzone: Im Unterschied zur stark arbeitsteiligen Sachbearbeitung erfolgt die Beratung nicht sachlich spezialisiert und auch nicht mitgliederbezogen, sondern in allen Sachgebieten, für alle Auskunftsuchenden und Antragsteller.

Das Modell B läßt sich als vorwiegend "fallbezogene Organisation" kennzeichnen: Wo auch in dieser Organisationsform eine Gliederung des Leistungswesens nach Sachgebieten vorkommt, geschieht dies jedoch nicht in so stark arbeitsteilig vorgetriebener Form wie im Modell A; die sachliche Arbeitsteilung hat ihre Grenze in den Anforderungen der Bearbeitung möglichst des ganzen Falles. Es findet sich hier einerseits die globale Trennung der Sachleistungen von den Barleistungen, andererseits die organisatorische Ausgliederung von Sonderbereichen wie Mutterschaftshilfe, Zahnersatz, Auftragsleistungen, Ersatzleistungen, von denen gesagt wird, daß sie "umfassende beziehungsweise Fachkenntnisse" erfordern. Gegenüber den Aufgabenbündelungen in den Arbeitsgruppen des Modells A kommen so ganzheitlichere Aufgabeneinheiten zustande, in denen Bearbeitung und Entscheidung zusammengeschlossen sind. Dem Prinzip der Fallbezogenheit entsprechend findet eine Trennung zwischen Sachbearbeitung und Klientenberatung im allgemeinen nicht statt.

4.     Bei ein und derselben Technik fanden sich also zwei unterschiedliche Organisationsmodelle, mit unterschiedlich ausgeprägten Arbeitsteilungs- und Entscheidungsstrukturen. Wir fragen nach den Gründen und mustern zunächst, was an Begründungen von Vertretern des Kassen- und Verbandsmanagements für die jeweilige Organisationsform vorgebracht wurde.

a)     Die Bedeutung des Auskunftssystems für die konkreten Ausprägungen der Arbeitsteilung wird teilweise daraus abgeleitet, daß dieses System eine Gliederung der Leistungsdaten nach 22 Sachgebieten vorsehe und damit eine entsprechende Gliederung der Sachbearbeitung vorgebe. Die Begründung ist jedoch scheinhaft: Die Gliederung der Leistungsdaten erfolgt unter Gesichtspunkten einer sinnvollen Logik der Erfassung, Verarbeitung und Bereitstellung, womit keinesfalls bereits eine arbeitsorganisatorische Gliederung festgelegt ist. Gerade die Unterschiede in der Teilung und Bündelung der Aufgaben machen deutlich, daß ihre konkrete Ausprägung so nicht hinreichend zu begründen ist, wiewohl Überlegungen zur Arbeitsverteilung von hierher begünstigt werden können.

b)     Ähnliches gilt für eine zweite gängige Form der Begründung für spezifische Spezialisierungen, die Größe einer Krankenkasse und die damit verbundene Anzahl der Leistungsfälle: "Der Funktionsrahmen eines Arbeitsplatzes wird meiner Meinung nach von der Größe der Kasse bestimmt. Handelt es sich um eine kleine Kasse, so benötigt sie relativ wenig Plätze, die jedoch mit allen Funktionen auszurüsten sind (Universalplatz). Bei einer großen Kasse müssen viele Arbeitsplätze eingesetzt werden, deren Funktionsumfang sich danach richtet, in welcher Abteilung der Arbeitsplatz steht (Spezialplatz (Schmollack)). Gerade die vorfindliche Spannweite zwischen einem universellen und einem spezialisierten Tätigkeitsspektrum der Sachbearbeiter legt die Vermutung nahe, daß auch von der Größenordnung der Krankenkasse her eine bestimmte Struktur der Aufgaben nicht determiniert ist.

c)     Eine weitere Form der Begründung stellt auf das Aufgabenwachstum in der gesetzlichen Krankenversicherung ab, die eine universelle Aufgabenbewältigung für den Sachbearbeiter nicht mehr zulasse. Kein Mensch könne noch alle Sachgebiete überschauen. Spezialisierung sei darum sachlich unabweisbar. Selbst, wenn man sich dem Argument nicht ganz verschließen wollte, wäre damit die konkrete Arbeitsteilungsstruktur, insbesondere die unterschiedliche Zuweisung bald mehr universeller, bald mehr eingeschränkter Tätigkeiten noch nicht erklärt. Daß es Versichertenbetreuer mit universellem Aufgabenzuschnitt gibt, verweist darauf, daß der Sachbearbeiter nicht generell, sondern nur dann überfordert ist, wenn ihm eine Arbeit abverlangt wird, für die er nicht zureichend qualifiziert worden ist. "Eine optimale Betreuung ist nur dann gewährleistet, wenn hierfür qualifizierte Arbeitskräfte zur Verfügung stehen, die nicht nur ihren eigenen Arbeitsbereich übersehen, sondern auch das Gesamtbild der Kranken-, ja sogar der Sozialversicherung überschauen und einen Versicherten mit all seinen Anliegen entsprechend beraten können. Diese Qualifikation ist grundsätzlich nur bei Personen gegeben, die die zweite Verwaltungsprüfung mit Erfolg abgelegt haben" (Wülfrath).

d)     Da dort, wo ein erheblicher Anteil an Routine in den Tätigkeiten der Sachbearbeiter vorkommt, nach Möglichkeit deren arbeitsteilige Besonderung betrieben wird, liegt die Frage nahe, welche Konsequenzen das Auskunftssystem für die Entwicklung des Routineanteils an der Arbeit hat. Es zeigt sich, daß sich mit dem Auskunftssystem nicht unbedingt ein entscheidender Rückgang der Routine einstellt, daß sich streckenweise das Feld der Routinearbeit nur umschichtet, alte Elemente (zum Beispiel Karteikarten suchen und sortieren) zwar wegfallen, neue jedoch hinzukommen (zum Beispiel Schreiben und Verschlüsseln auf Erfassungsbelegen). Ein Abteilungsleiter beschreibt dies so: "Ich muß dazu sagen, daß wir auch die Sachgebiete etwas beschneiden, etwas kleiner gestalten mußten. Ich kann heute einen Sachbearbeiter nicht mehr in dem Umfang in verschiedenen Leistungsarten arbeiten lassen, wie das vor der EDV gewesen ist ... Jetzt kommt die EDV, also teilweise die Belegerstellung, dann die Berichtigung von Fehlerlisten, von Hinweisen und dergleichen, das Abprüfen am Terminal zu einzelnen Fragen, die sich aus der Bearbeitung ergeben. Unter Umständen sind mehrere Bildschirmmasken aufzurufen, jeder Aufruf kostet Zeit, unter Umständen zehn Sekunden Wartezeit am Terminal; das ist lange, dann wird man ungeduldig ("was ist denn mit dem Kasten wieder?") ... Wenn man sich diese Vielzahl von Arbeitsabläufen oder Arbeitsvorgängen, die zur Information führen, einmal anschaut, muß man sagen, es ist nicht einfacher geworden ... So konnten wir den Einzelarbeitsplatz nicht mehr mit dieser Vielzahl von Arbeiten, die er bisher umfaßte, bestehen lassen, sondern mußten sagen: Einen Teil nehmen wir weg, und dafür kommen wir zu dieser Art von EDV." Wenn allerdings eine Zunahme an Arbeitsprozessen auf der einen Seite eine Einschränkung des Arbeitsumfangs auf der anderen nahelegt, so ist damit noch lange nicht zwingend festgelegt, daß dies eine Einschränkung der Sachgebiete bedeuten muß; ebenso gut ließe sich, unter Beibehaltung der Sachgebietsvielfalt, eine Reduzierung der Fallzahlen denken.

e)     Wenn trotzdem die Sachgebietsvielfalt in der Sachbearbeitung (freilich in unterschiedlichem Ausmaß) reduziert wird, stoßen wir auf den vielleicht härtesten Kern, der die vorfindlichen Organisationsmodelle bestimmt - die unterschiedliche qualifikatorische Ausstattung der betroffenen Leistungsabteilung: Überall dort, wo das Modell A angewandt wurde, fand sich ein deutlich höherer Anteil an angelernten Arbeitskräften gegenüber Fachangestellten mit der zweiten Verwaltungsprüfung als in den Fällen, in denen das Modell B praktiziert wurde. Mit den unterschiedlichen Qualifikationen verbindet sich zugleich ein Kostenkalkül: Befürchtet wird, daß angelernte Arbeitskräfte mehr kostenrelevante Fehler machen als Fachkräfte. Darum beschneidet man die Arbeitsgebiete. Im Abschlußbericht der Testkrankenkassen heißt es zur Begründung für die Ausprägung des Modells A: "Die sachbezogene Arbeitsgruppe mit der Zuständigkeit nur für ein Teilgebiet der Leistungen erfordert nicht für jeden Arbeitsplatz eine ausgebildete Fachkraft. Das Anlernen ist wesentlich einfacher, der Einsatz ungelernter Kräfte wirft weniger Probleme auf". Demgegenüber wird für Modell B ins Feld geführt: "Durch umfassende Fallbearbeitung behält der Mitarbeiter einen größeren Überblick über den Gesamtbereich ... Durch geringere Gliederung des Gesamtbereiches erreicht der einzelne Mitarbeiter eine höhere Entscheidungsbefugnis und damit eine höhere Qualifikation; eine Ausweitung der Führungsfunktionen über das notwendige Maß hinaus wird vermieden".

5.　　Wenn wir uns an dieser Stelle auf das Ausgangsproblem - wodurch wird die Arbeitsorganisation bestimmt? - zurückbesinnen, so können wir für unseren Fall zweifellos festhalten, daß ein wie auch immer bestimmter Zwangsmechanismus zur Taylorisierung der Arbeit hier nicht wirksam ist. Ebensowenig läßt sich aber auch von einem beliebigen Spielraum organisatorischer Gestaltung sprechen: Die beiden Organisationsmodelle sind _nicht_ gleich gute und gleich funktionale Lösungen des mit der Einführung des Auskunftssystems aufgebrochenen Organisationsproblems. Das Modell B ist besser als das Modell A unter (mindestens) drei Gesichtspunkten:

- Je größer die Spezialisierung, die Einschränkung des Tätigkeitsgebietes, desto größer war die Unzufriedenheit der betroffenen Sachbearbeiter.

- Die Gefahr der Fehleranfälligkeit und damit höherer Kosten ist im Modell A größer als im Modell B.

- Das Modell B ist für die Bewältigung der mit der zukünftigen Aufgabenentwicklung der Krankenkasse, insbesondere auch der mit der weiteren Automatisierung der Arbeit verbundenen Probleme besser geeignet: Es wird nicht nur mit weiterem Aufgabenwachstum in der gesetzlichen Krankenversicherung gerechnet, sondern auch damit, daß der Übergang zur Dialogverarbeitung eine Reduzierung der Routine und eine neue fachliche Universalisierung ermöglicht. Dieser Übergang ist mit Fachkräften besser zu bewältigen als mit angelernten Arbeitskräften.

III.  Verlauf und Ergebnisse der Diskussion


Bericht von Werner Jann, Speyer


Bei der Zusammenfassung der Diskussion ist vorab darauf hinzuweisen, daß es sich um ein "streitfragenorientiertes Seminar" im wörtlichsten Sinne handelte. Die unterschiedlichen Einschätzungen und Ansichten der "Praktiker" und der "Theoretiker" prallten vehement aufeinander. Dabei gab es auf der einen Seite die bekannten Verständigungsschwierigkeiten aufgrund unterschiedlicher Sprachmuster und Abstraktionsebenen, auf der anderen Seite war ein gewisses Mißtrauen gegenüber den Interessen und Motiven der jeweils anderen Seite nicht zu verkennen.

Die Struktur der Diskussion sollte nach den Vorstellungen der Diskussionsleitung dem klassischen Schema folgen: Einer Situationseinschätzung und Problemdiagnose (Welche Probleme existieren heute? Was sind Trends? Was sind Ausnahmen? Warum sind diese Probleme entstanden?) sollte die Therapie folgen (Gibt es mögliche Problemlösungen, Veränderungs- oder Reformvorschläge?). Die tatsächliche Diskussion ist dieser Vorgabe nur sehr unvollkommen gefolgt. Trotzdem ist im folgenden aus Gründen der Übersichtlichkeit versucht worden, die Diskussion vorsichtig anhand dieses einfachen Schemas zu strukturieren, allerdings ohne den Ablauf zu stark zu verändern, um die Eigendynamik der Diskussion soweit wie möglich zu erhalten.

Die Diskussion war insgesamt durch einen sehr starken Gegensatz bestimmt. Auf der einen Seite gab es eine eher positive Einschätzung der derzeitigen Situation und der zukünftigen Entwicklung aus der Sicht der Praktiker. Dabei wurden unter anderem folgende Aspekte hervorgehoben:

- Es gibt heute keine Verwaltung (öffentlich oder privat), die ohne leistungsfähige EDV auskommt. Durch EDV wird die öffentliche Verwaltung dienstleistungsorientierter und bürgernäher, Effektivität und Verfahrenssicherheit werden verbessert (Hoffjann).

- Durch den vermehrten Einsatz von Bildschirmen sind weitere positive Veränderungen zu erwarten. Durch Bildschirme wird der echte Dialog zwischen Mensch und Maschine möglich. Sie können zur weiteren Arbeitszufriedenheit beitragen und sind zum größten Teil auch schon längst akzeptiert, da die Arbeit für bestimmte Sachbearbeiter interessanter wird (Hoffjann, Karck).

- Akzeptanzprobleme bei der Einführung von Bildschirmen sind zu vermeiden und zu verringern, zum Teil sind sie in letzter Zeit auch nur herbeigeredet worden (Karck).

- Durch den Einsatz von Bildschirmen sind schließlich weitere Verbesserungen der Verwaltungstätigkeit möglich, die dem Bürger als "schwächstem Glied" zu Gute kommen (zum Beispiel bei weiterer Arbeitszeitverkürzung). Hier gibt es allerdings einen Zielkonflikt zwischen den Interessen der Beschäftigten und denjenigen, die diese Beschäftigten bezahlen, das heißt den Bürgern (Hoffjann, Karck).

- Zusammengefaßt: Je größer der Mut zur Nutzung moderner und fortschrittlicher Technologien, je besser die Verwaltung (Hoffjann).

Im Gegensatz zu diesen positiven Einschätzungen der "Praktiker" standen eher skeptische Einschätzungen der "Wissenschaft": So hob Jungesblut hervor, daß die Auswirkungen des Bildschirmeinsatzes sowohl für die Beschäftigten wie für die Bürger durchaus nicht einheitlich sondern eher ambivalent sind. Bei empirischen Untersuchungen von Finanzkassen in Finanzämtern und Kommunalverwaltungen hat sich gezeigt, daß ein echter Dialog bisher sehr selten ist. Stattdessen ist eine Aushöhlung der Autonomie, eine Entfremdung des Mitarbeiters in der Verwaltung von seinem Produkt und eine nicht unerhebliche personelle Belastung zu Spitzenzeiten zu erkennen. Gerade diese Phänomene sind ein Grund zu der viel beklagten Bürgerferne der Verwaltung. Wenn jetzt von zunehmender Bürgernähe gesprochen wird, dann vielleicht im Vergleich zum Ist-Zustand, aber nicht im Vergleich zum Zustand vor der Einführung der zentralisierten Datenverarbeitung.

Die bekannten physischen Belastungen (Lärm, Belastung der Augen, Haltungsschäden) sind in diesem Zusammenhang eher peripher. Sie können durch geeignete ergonomische Maßnahmen beseitigt werden, aber leider wird in diesem Bereich in der öffentlichen Verwaltung oft gespart. Genauso werden zu wenig Mischarbeitsplätze eingerichtet. Mit Schulungsmaßnahmen allein können die Probleme von DV-Einführung nicht aufgefangen werden. Schulung kann die sogenannte Akzeptanz eines Systems erhöhen, fraglich ist jedoch, ob dadurch die negativen Folgen eines schlecht gestalteten DV-Systems behogen werden.

Insgesamt sind Probleme bei der Einführung von DV, wie sich an vielen Beispielen belegen läßt, durchaus nicht nur technikabhängig, sondern auch von der Arbeitsorganisation bestimmt (Jungesblut).

Eine Untersuchung verschiedener Krankenkassen mit ein und demselben DV-technischen System hat zum Beispiel ergeben, daß zwei ganz unterschiedliche Organisationsstrukturen zu beobachten sind, die gemessen an den Kriterien Wirtschaftlichkeit und Arbeitszufriedenheit nicht gleich gut sind. Ein gravierendes Problem bei der Einführung von EDV in der öffentlichen Verwaltung besteht darin, daß sehr häufig das organisatorische Umfeld, die Infrastruktur, überhaupt nicht oder nur peripher geändert wird. Man kann aber EDV nicht einfach in vorhandene Umfelder hineinstellen, sondern muß bedenken, welche Anforderungen und Änderungen notwendig wären.

Sinnvoll ist daher eine flexible Organisation. Eine Organisationsstruktur, die darauf abstellt, Sachbearbeiter im Zusammenhang mit selbständiger, qualifizierter, universeller und innovativer Arbeit aufzunehmen und arbeitsfähig zu halten, ist entwicklungsfähiger als eine Organisationsstruktur, die stark arbeitsteilig, stark hierarchisiert ist und mit überwiegend angelernten Kräften auszukommen versucht (van Treeck).

Barthel sah die grundlegende Problematik in der Formalisierung des Verwaltungshandelns als Eingangsvoraussetzung der Computeranwendung. Dadurch werden Arbeitsprozesse und Kommunikationsverhältnisse vorstrukturiert, was oft den Abbau von Qualifikation und Kreativität verursacht. Die Erfahrung hat gezeigt, daß Computer nicht nur die Routinearbeiten erledigen, sondern auch die nicht durch den Computer erledigte Arbeit sehr stark vorstrukturieren. In ähnlicher Weise wie intern werden auch die Beziehungen zwischen Verwaltungen und Klienten versachlicht und verobjektiviert. Ein weiteres Problem besteht darin, daß Informatiker und DV-Fachleute nur noch computerisierte Lösungen favorisieren, nicht aber geeignete Problemlösungsvorschläge hervorzubringen vermögen, die möglicherweise sogar ganz gezielt an bestimmten Stellen Verzicht auf Computer-Einsatz bedeuten. Einen möglichen Ausweg aus der nicht mehr funktionalen Formalisierung sieht Barthel in einer vermehrten Dezentralisierung, und zwar von Organisationen, nicht nur Technik, und von Entscheidungsprozessen, nicht nur Informationsverarbeitung.

Eine eher vermittelnde Position zwischen dieser positiven Einschätzung der Praxis und der skeptischen Auffassung der Wissenschaft nahmen Scheer und Dimpker ein.

Scheer vertrat die Auffassung, daß viele der bisher aufgestellten Forderungen vorläufig deswegen nicht erfüllt werden können, weil es sich bei der DV um einen extrem jungen und lebendigen Bereich handelt. Es gibt bisher so gut wie keine abgesicherten Beurteilungskriterien und Verfahren, die als Entscheidungshilfe brauchbar sind. Gesicherte Aussagen über Auswirkungen auf die Arbeitsorganisation sind daher bisher kaum möglich.

Allerdings muß man der Datenverarbeitung den Vorwurf machen, daß sie immer den Weg des geringsten Widerstands gegangen ist. Auch aufgrund der massiven Unterstützung der Hersteller, die vor allem ihre Maschinen verkaufen wollten, hat man die Organisationsstruktur, wenn es irgendwie ging, belassen. Nach den Werbesprüchen sollte ohne größere organisatorische Änderungen alles ohne Schwierigkeiten, nur schneller und besser gehen.

Ausgehend von einer positiven Einschätzung der Möglichkeiten der modernen Informationstechnik, zum Beispiel in bezug auf bürgernahe Fallbearbeitung, Durchschaubarkeit verwaltungsinterner Bearbeitungs- und Entscheidungsprozesse, Wirtschaftlichkeit und Mitarbeitergerechtigkeit, kritisierte Dimpker von der Sache her unnötige, aber durch die DV-Organisation bedingte Zentralisierungen. Nachdem mit großem Mittelaufwand die damals teuren DV-Anlagen beschafft waren, mußte oft zentralisiert werden, obwohl es aus aufbau- oder ablauforganisatorischen Gründen nicht unbedingt notwendig gewesen wäre. Daraus ergaben sich dann eine Reihe von Problemen sowohl in der Außenbeziehung der Verwaltung (zum Beispiel durch Anonymisierung des Verwaltungshandelns, zeitweise Verschlechterung des Verwaltungsservice, längere Bearbeitungszeiten, überhöhte Belastung des Bürgers durch Überwälzen von Lasten), wie auch intern (zum Beispiel durch erhöhte Arbeitsmonotonie, eingeschränkte Arbeitsautonomie, Erhöhung der Kontrollmöglichkeiten, Undurchschaubarkeit des automatisierten Verfahrens).

Aufgrund dieser Erfahrungen sah Dimpker verschiedene Trends, die einer größeren Aufmerksamkeit bedürfen; wichtig werden in nächster Zeit eine stärker aufgabenorientierte Organisation, eine stärkere Integration der Fachabteilungen und der Datenverarbeitung, mehr dezentrale Informationsverarbeitung bei gleichzeitiger Delegation der Entscheidungsbefugnisse und die frühzeitige Einbeziehung der jeweiligen Mitarbeiter in die Analyse-, Planungs- und Entscheidungsvorgänge.

Die von seiten der "Wissenschaft" an der bisherigen Praxis der DV in der öffentlichen Verwaltung angebrachte Kritik wurde in der darauf folgenden Diskussion weitgehend zurückgewiesen. Dabei wurden insbesondere folgende Aspekte angesprochen:

- Die Diskussion ist über ganz unterschiedliche Informationstechnologien geführt worden. Von den Wissenschaftlern ist die DV der Vergangenheit kritisiert worden (zentralisierte DV, Lochersäle, primitive Bildschirme als intelligente Kartenlocher), während die Praktiker sich mit den Problemen der Zukunft (intelligente Bildschirme) beschäftigen (Zöllner).

- Bei dem Versuch einer Diagnose müssen die verschiedenen Generationen von Verfahren der DV auseinandergehalten werden. Die Analysen von Jungesblut/van Treeck sind nur erklärbar aus der technischen und organistorischen Situation von vor acht bis zehn Jahren (Dieke).

- Das Problem der Verwaltung besteht heute eher darin, daß Rechner der dritten Generation mit der Software der zweiten Generation von Leuten mit dem Ausbildungsstand der ersten Generation für Probleme der nullten Generation verwendet werden. Es ist zwar sehr schön, daß die Theoretiker von der wissenschaftlichen Seite es endlich geschafft haben, den Praktikern ihre Fehler aus dem Jahre 1968 aufzuzeigen, aber diese sind nicht die Probleme der Praktiker. Ihnen geht es vielmehr darum zu erfahren, wie man mit der Technologie der Zukunft vernünftig umgeht (Martiny).

- Gerade deshalb erwartet man von seiten der Wissenschaft hilfreiche Grundsätze, die bei der Einführung neuer Verfahren berücksichtigt werden können. Zu diesen grundsätzlichen Überlegungen haben Praktiker aufgrund der Last der täglichen Aufgaben keine Zeit. Allerdings sollten Wissenschaftler Praktiker damit verschonen, ihre Erkenntnisse mit der Attitüde moralischer Überheblichkeit vorzutragen, denn diese moralisierende Kritik erschwert den Dialog (Gebhardt).

- Die von den Theoretikern kritisierten Phänomene wie Arbeitsteilung aufgrund unterschiedlicher Qualifikation und zunehmende Formalisierung der Arbeit sind zwar tatsächlich problematisch, können aber aufgrund der derzeitigen Gegebenheiten nicht nur negativ beurteilt werden. Ohne Arbeitsteilung und Formalisierung ist ein Großteil der Arbeit der öffentlichen Verwaltung nicht zu bewältigen (Dieke, Eisenbeiß).

- Schließlich rennt die Wissenschaft mit einem Teil ihrer Forderungen, zum Beispiel nach flexibler Organisation, nur offene Türen ein (Karck).

Darüber hinaus wurde problematisiert, ob die von seiten der Wissenschaft aufgestellten Forderungen überhaupt im Rahmen der öffentlichen Verwaltung verwirklicht werden können. Neben einer gewissen Skepsis gegenüber den wissenschaftlichen Vorschlägen ("wenn wir allen diesen Ansätzen gefolgt wären, die uns vorgetragen wurden, dann hätten wir inzwischen, fürchte ich, das totale Chaos" - Hoffjann), wird insbesondere auf den Veränderung verhindernden Einfluß der Personalräte hingewiesen (Eisenbeiß). Ebenso problematisch ist das bestehende Personal- und Haushaltsrecht, das wie ein Urgestein in der Landschaft steht und auf dessen Grundlage viele Veränderungen abgelehnt werden können. In der öffentlichen Verwaltung arbeitet man daher mit Computern der dritten Generation und dem Arbeitsrecht der "minus ersten" Generation (Zöllner).

Gegen eine allzu schnelle Änderung der rechtlichen Regelungen wandte Kubicek ein, daß sich Wissenschaft und Technik zur Zeit sehr schnell und sprunghaft verändern, eine zu schnelle Anpassung daher eher Probleme als Nutzen bringen könnte. Am sinnvollsten sind daher nach Ansicht von Gebhardt in diesem Bereich Generalklauseln, da zu genaue gesetzliche Regelungen jeweils zu Engpässen führen.

In diesem Zusammenhang wurde verschiedentlich auf das Tempo der Veränderungen im Bereich EDV hingewiesen und auf die daraus folgende große Unsicherheit bezüglich der Wirkungen und Bedingungen der neuen Technologien (van Treeck, Scheer, Hoffjann).

Ostermann sieht als einen Faktor, der die Anpassung der Verwaltung beschleunigen könnte, die vermehrte Integration von Sozialwissenschaftlern. Bisher sind diese wie Tuberkelbazillen abgekapselt worden, aber nur durch ihre verstärkte Mitarbeit und durch sozialwissenschaftliche Begleitforschung, die auch bisher kaum zugelassen wurde, sind Änderungen innerhalb der Verwaltung denkbar.

Ausbildung und Fortbildung wurden von Altmann als ein sinvoller Weg angesehen. Allerdings darf aufgrund der Erfahrung der Planungsdiskussion neben der Vermittlung faktischen und instrumentellen Wissens (der kognitiven Seite), die affektive Seite nicht vernachlässigt werden, das heißt die Frage der Einstellungen, des Verhältnisses der einzelnen Beteiligten zu sich selbst, zu den anderen und zur Technik. Man muß früh genug ansetzen, um die einzelnen Mitarbeiter instandzusetzen, sich in der veränderten Situation zurechtfinden zu können; es geht darum, sie "mobil" zu machen.

Als einen Weg, die zunehmend zu beobachtende Zur-Wehr-Setzung gegen technische Innovationen zu überwinden, sah Barthel die vermehrte Partizipation der Mitarbeiter an. Ähnlich unterstrich Kühn, daß Partizipation nicht nur eine versponnene Idee, sondern zum Beispiel in den skandinavischen Ländern gesetzlich vorgeschrieben ist. Allerdings setzt Partizipation auch ein gewisses Qualifikationsniveau voraus. Demgegenüber sah Scheer die Einführung der DV als wichtigstes derzeit anstehendes Planungsproblem, das nur durch das Spitzenmanagement gelöst werden kann, da gerade in diesem Bereich grundsätzliche Entscheidungen für einen sehr langen Planungszeitraum anstehen. Globale Leitlinien, die ja von einigen Teilnehmern von der Wissenschaft erwartet werden, sind nur sehr schwer zu formulieren. Als Daumenregeln könnten gelten:

- Standardsoftware vor eigenen Entwicklungen,
- generelle Datenbanksysteme vor komplizierten Datenverwaltungssystemen,
- Insellösungen sind auf jeden Fall zu vermeiden.

Auch diese Ratschläge wurden wiederum kontrovers diskutiert. Die Einschätzung ist dabei in erster Linie davon abhängig, ob die ökonomischen oder sozialen Konsequenzen von Entscheidungen im Zentrum der Erwägungen stehen (Jungesblut).

# MEHR BÜRGERNÄHE DURCH MODERNE INFORMATIONSTECHNIK
## - PHRASE ODER CHANCE?


I.      Die Podiumsrunde


A)      <u>Moderation</u>

        Prof. Ulrich Becker, Hamburg/Speyer


B)      <u>Diskutanten</u>

        Dr. Volker Bihl, Bonn

        Klaus Dunker, Unna

        Prof. Dr. Joachim Griese, Dortmund

        Jens Krah, Berlin

        Dr. Reinhard Oppermann, St. Augustin

        Wolfgang Schäfer, Kassel

A)    <u>Thesen zum Thema: Mehr Bürgernähe durch moderne Informationstechnik - Phrase oder Chance?</u>


von Ulrich Becker, Hamburg/Speyer


1.    Vorbemerkungen

Obwohl allgemein von der "Informationstechnik" die Rede ist und damit wohl auch die Bürotechnik außerhalb der EDV erfaßt werden soll, wird das Thema - auch von den Autoren der nachfolgenden Thesen - offen oder in der Anlage auf EDV eingegrenzt. Das ist berechtigt, insbesondere im Hinblick auf den Zeitrahmen. Nach dem Programm stehen für das Seminar zweieinhalb Stunden zur Verfügung. Unter Berücksichtigung zusätzlicher Pausen zwingt dieser Zeitrahmen zur Konzentration auf wenige Aspekte, damit diese auch tatsächlich diskutiert werden können.


2.    Was ist bürgernah?

a)    Bürgernähe bezeichnet eine Qualität der Beziehungen zwischen der Verwaltung und dem Bürger. Verwaltung heißt hier

- unmittelbare Verwaltung,
- mittelbare Verwaltung (Körperschaften und andere juristische Personen des öffentlichen Rechts) und
- staatlich beherrschte Unternehmen mit Monopolcharakter.

In allen anderen Bereichen sorgt - idealtypisch - der Konkurrenzdruck für Bürger- oder besser Kundennähe.

b)    Bürgernah sein heißt:

- Leistungsfähig sein: Der Bürger muß die begehrten Leistungen schnell und richtig erhalten.

- Darüber hinaus "Zufriedenheit" beim Bürger erzeugen: Die Verwaltung muß für den Bürger durchschaubar sein. Die Verwaltung muß "anliegengerecht" handeln:

  -- Der Bürger muß das Gefühl haben, daß seine Angelegenheit aufmerksam behandelt worden ist.
  -- Die Verwaltung muß sich flexibel zeigen.
  -- Der Bürger muß die notwendige Auskunft und Beratung erhalten.

3.  Leistungsfähigkeit der Verwaltung

Streitfrage: Ist es richtig, daß EDV die Leistungsfähigkeit der Verwaltung und damit die Bürgernähe gesteigert hat?

a)  Argumente pro:

(1)  Automatisierte Verfahren weisen gegenüber manuellen deutlich geringere Fehlerquoten auf (Beispiel aus der Sozialhilfe in Hamburg: Annähernd 50 Prozent der manuellen Berechnungen waren falsch).

(2)  Automatisierte Verfahren behandeln alle Fälle gleich, weil nur eine Interpretation - und zwar die authentische, weil von fachlich kompetenter Stelle - dem Programm zugrunde liegt.

(3)  Automatisierte Verfahren können Leistungen erbringen, die manuell nicht oder nur mit einem unvertretbaren hohen Aufwand möglich wären (Beispiel: Suche nach dem für den Bürger günstigsten Stromtarif und Anwendung desselben).

(4)  Automatisierte Verfahren ermöglichen es, gesetzliche oder sonstige Änderungen sehr schnell dem Bürger zukommen zu lassen (Beispiel: Rentenerhöhungen - ohne Automation wohl kaum jährlich möglich -, Wohngeld, Sozialhilfe - Regelsatzänderungen -, Lohn und Gehalt).

b)  Argumente contra:

(1)  Die Gleichheit (Nr. 3. a) (2)) macht die Verwaltung schematisch und seelenlos.

(2)  Wann gibt es schon die unter 3. a) (3) beschriebenen Leistungen?

(3) Das Argument der Schnelligkeit mag wie unter 3. a) (4) beschrieben gelten. Aber das sind die Ausnahmefälle; regelmäßig führt Automation zu einer Verzögerung ("Früher habe ich meine Beihilfe in drei Tagen bekommen").

(4) Automatisierte Verfahren sind fehleranfällig, und Technik kann ausfallen ("Riese auf tönernen Füßen" - Krah, These 8).

(5) Selbst, wenn die aufgezählten Vorteile der EDV zutreffen - werden sie nicht mit gravierenden Nachteilen an anderer Stelle erkauft (Starrheit der Verfahren, Verminderung der Durchschaubarkeit)?

Bei diesem Argument könnten weitere Aspekte genannt werden wie Datenschutz oder Machtkonzentration; diese allgemein formulierten Aspekte würden die Diskussion ausufern lassen.

4. Zufriedenheit beim Bürger oder wie wirkt die automatisierte Verwaltung auf den Bürger?

a) Aspekt "Durchschaubarkeit"

<u>Streitfrage:</u> Kann die Automation die Verwaltung durchschaubarer machen, als sie es von Natur aus ist?

(1) Argumente contra:

- Das Erscheinungsbild der Verwaltung - differenzierte, komplizierte Zuständigkeiten und ebensolche Vorschriften - ist ein Resultat aus der Vielfalt der Realität und aus dem Streben nach "immer mehr Gerechtigkeit". Man kann nicht einerseits der Verwaltung alle Leistungen der modernen Daseinsvorsorge abverlangen und sie andererseits so haben wollen wie im "liberalen Nachtwächterstaat" (klein, überschaubar, bescheiden).

Die Komplexität der Verwaltung begrenzt das Verständnis für Zuständigkeiten und Vorschriften, nicht die Automation.

- Es ist schon zu beobachten, daß Vorschriften mit der Begründung, ihr Vollzug sei ja automatisiert, differenzierter und damit komplexer gestaltet werden, weil damit marginale Gerechtigkeitsgewinne erzielt werden.

- Es gibt leider keine "automationsgerechten" Vorschriften (diese würden nämlich transparent und verständlich sein).

(2) Argumente pro:

Wenigstens mittelbar werden "automatische" Auskunftssysteme (Wegweiser und anderes) hilfreich sein.

b) Aspekt "Anliegengerechtigkeit"

<u>Streitfrage:</u> Kann die EDV die "Anliegengerechtigkeit" verbessern?

(1) Argumente pro:

- Die Entwicklung der Hardware ermöglicht für alle den Bürger betreffende automatisierte Verfahren die dezentrale Datenverarbeitung. Damit erringt die Verwaltung die terminliche Flexiblität zurück, die sie bei der heute noch überwiegenden zentralen Datenverarbeitung verloren hatte.

- Dezentrale Datenverarbeitung ermöglicht es dem Bearbeiter, sich wieder als "Herr des Verfahrens" zu fühlen, weil nun der Computer sein Instrument ist (bei der zentralen Datenverarbeitung war <u>er</u> ein Instrument des Computers). Das erhöht die Motivation, und motivierte Mitarbeiter behandeln den Bürger aufmerksam.

- Bei dezentraler Verarbeitung entfällt die Notwendigkeit, die Vordrucke automationsgerecht zu gestalten ("Signiergebiß"), weil Datenermittlung und Datenerfassung zusammenfallen. Das ist eine Erleichterung für den Bürger.

- Man könnte sich denken, daß dezentrale Datenverarbeitung es ermöglicht, den Bearbeiter wieder zu dem "allzuständigen Dorfschreiber" mindestens für die einfachen Fälle zu machen.

- Zumindest kann jedoch durch dezentrale Datenverarbeitung die Auskunfts- und Beratungsfähigkeit der Bearbeiter verbessert werden, weil Dokumentationssysteme sein präsentes Wissen vermehren.

- In naher oder ferner Zukunft können solche Dokumentationssysteme über Zuständigkeiten oder Voraussetzungen und Verfahren staatliche Leistungen dem Bürger direkt - ohne Einschaltung der Verwaltung - zugänglich gemacht werden, zum Beispiel über Bildschirmtext. [1]

(2)    Argumente contra:

- Mit den oben in Aussicht gestellten Verbesserungen werden nur "Jugendsünden" der Automation beseitigt und damit der Zustand vor der Automation wieder hergestellt. Außerdem ist sehr zu bezweifeln, ob Automation dann noch wirtschaftlich ist, so daß es bei dem jetzigen Zustand bleibt.

- Aber selbst, wenn an dem Ziel "dezentrale Datenverarbeitung" mit all' den erfreulichen Folgen festgehalten wird, so erfordert ihre Realisierung auf breiter Front sehr viel fachkundige Spezialisten. Diese gibt es aber nicht; im Gegenteil, schon heute klagen alle EDV-Chefs über Personalmangel. Es ist dabei sehr fraglich, ob das Ziel erreicht wird. (Gegeneinwand: Die Fachleute programmieren selbst. Antwort: Das mag gehen in technischen Bereichen. In der normalen Verwaltung ist das aber erst möglich, wenn wir andere, problembeschreibende Programmiersprachen haben - Wann wird dies der Fall sein?)

- An den "per Computer allzuständigen Dorfschreiber" kann man nur schwer glauben. Es fragt sich zunächst, was einfache Fälle sind; in der Regel stellt sich doch erst während der Bearbeitung heraus, wie kompliziert ein Fall ist. Zum zweiten fällt es schwer anzunehmen, daß ein Bearbeiter trotz komfortabler Benutzerführung (Menütechnik, Bildschirmmasken) die Bedienungsvorschriften aller Verfahren beherrschen kann.

- Dokumentationssysteme sind dann für den Benutzer effektiv, wenn er die richtigen Fragen stellt. Ohne Arroganz kann aber festgestellt werden, daß es vielen Bürgern schwer fällt, ihre Fragen an die Verwaltung (nach Zuständigkeiten, Leistungsvoraussetzungen und mehr) richtig zu stellen (das liegt nicht am Bürger, sondern an der Komplexität der Verwaltung). Vermeintlich mangelnde Auskunfts- und Beratungsfähigkeit hat daher häufig ihre Ursache nicht in Wissensdefiziten der Bearbeiter, sondern in unzureichenden Fragen der Bürger. Dann können auch automatisierte Dokumentationssysteme nicht helfen.

- Es wird diskutiert, ob Bildschirmtext möglicherweise schädliche Folgen hat, weil er den Bürger der Möglichkeit sozialer Kontakte beraubt, wenn er Informationen künftig weitgehend in seiner Wohnung empfangen kann. [2]

5. Fazit

Die moderne Informationstechnik kann <u>Chancen</u> für mehr Bürgernähe eröffnen, wenn man realistische Erwartungen daran knüpft (Beachtung der durch die Komplexität der Verwaltung gezogenen Grenzen: "Auch der Computer kann das Steuerrecht nicht verständlicher machen als es ist"; Dauer der entsprechenden Entwicklungen in Anbetracht des erforderlichen Aufwands an Personal - kaum vorhanden - und Geld). Bei unrealistischen Erwartungen ist es eine <u>Phrase.</u>

<u>Anmerkungen:</u>

1) Siehe auch Reinermann, H., Bürger und Computer - Hat die EDV uns Privatleuten etwas zu bieten?, in: Die Verwaltung, 1978, S. 413.

2) Vgl. Eibl-Eibesfeldt, I., Kommunikation, in: IBM-Nachrichten, Heft 250, 1980, S. 13.

B) <u>Thesen zum Thema: Mehr Bürgernähe durch moderne Informationstechnik - Phrase oder Chance?</u>

von Volker Bihl, Bonn

Entsprechend unserer heutigen Staatsauffassung liegt eine der wesentlichsten Aufgaben der öffentlichen Verwaltung darin, Dienstleistungen für die Gesellschaft und die einzelnen Bürger zu erbringen; entsprechend dieser Zielsetzung definiert auch der Gesetzgeber die Fachaufgaben der Verwaltung. Geht man nun davon aus, daß der Verwaltung zur Erfüllung ihrer Fachaufgaben eine Palette verschiedenster technischer, methodischer, organisatorischer und sonstiger Hilfsmittel zur Verfügung steht, und geht man weiter davon aus, daß die öffentliche Verwaltung - gegebenenfalls mit einem gewissen Zeitverzug gegenüber der freien Wirtschaft - sich gewöhnlich der besten und modernsten dieser Hilfsmittel bedient, so scheint die Frage "Mehr Bürgernähe durch moderne Informationstechnik - Phrase oder Chance?" eigentlich trivial, denn sie müßte ohne Umschweife mit "Chance!" beantwortet werden können.

Daß sie aber trotzdem gestellt wird, zwingt diejenigen, die für den Einsatz der Informationstechnik in der öffentlichen Verwaltung verantwortlich sind, zum Nachdenken darüber, ob nicht in der Vergangenheit etwas "schiefgelaufen" sein könnte und ob daraus nicht gegebenenfalls Lehren für die Zukunft zu ziehen wären.

Betrachtet man die Entwicklung des Einsatzes der Informationstechnik - das heißt in der Vergangenheit im wesentlichen automatisierte Datenverarbeitung - in der öffentlichen Verwaltung in den letzten zwei Dekaden, so wird deutlich, daß unausweichliche Sachzwänge - wie die hohen Kosten der eingesetzten DV-Anlagen, der Mangel an genügend qualifiziertem Personal oder das Fehlen geeigneter Kommunikationswege zwischen Leitungsebene, DV- und Fachbereich - nicht selten dazu geführt haben, daß die Einbindung der Informationstechnik in die Verwaltungsabläufe nicht optimal im Sinne der Fachaufgabe vollzogen werden konnte.

Aus der Tatsache, daß der Rationalisierung - im Sinne von Kostenminimierung - beim Einsatz der Informationstechnik in den frühen siebziger Jahren höchste Priorität eingeräumt wurde, ergab sich die Notwendigkeit zum Aufbau zentralistischer DV-Strukturen mit der diesen Strukturen innewohnenden Benutzerferne. Übergeordneten Aspekten, etwa der Verbesserung der Dienstleistung der Verwaltung gegenüber der Gesellschaft und den einzelnen Bürgern, der Sicherstellung der Funktionsfähigkeit der Verwaltung, aber auch der Akzeptanz der Computerleistungen durch ihre jeweiligen Empfänger, wurde daher zwangsläufig erst in zweiter Linie Beachtung geschenkt.

Als ein Ergebnis dieser Entwicklung muß das Unbehagen angesehen werden, das sich in weiten Teilen der Öffentlichkeit breit zu machen droht. Dieses Unbehagen hat ein weites und auch diffuses Spektrum; es reicht von der Verärgerung der Bürger wegen schlechter Verständlichkeit vieler DV-Ausdrucke und -Formulare über die Sorge vor einem Mißbrauch personenbezogener Daten durch die Verwaltung bis hin zur Angst erzeugenden Vision von einer von Computern beherrschten Gesellschaft, die sich hilflos einer übermächtigen Technologie oder einer kleinen exklusiven Technokratenclique ausgeliefert sieht.

So vielschichtig dieses Unbehagen in der Bevölkerung ist, so vielschichtig sind auch die Ansatzpunkte und Möglichkeiten der öffentlichen Verwaltung, diesem Unbehagen entgegenzuwirken und damit auf diesem Sektor des Verwaltungshandelns einen konstruktiven Beitrag zur Beantwortung der allgemeinen Bürokratiekritik zu leisten.

Unabhängig davon, ob die Problematik aus der technischen, wirtschaftlichen, organisatorischen, rechtlichen oder gesellschaftspolitischen Perspektive betrachtet wird, liegt eine besonders wesentliche Voraussetzung zur Erreichung dieses Ziels im richtigen Verständnis der Bedeutung der Informationstechnik als Werkzeug der Verwaltung und somit in der optimalen Einordnung dieses Organisationshilfsmittels in die Verwaltungsabläufe.

Auf der operationellen Ebene sollten daher alle Anstrengungen unternommen werden, um die folgenden Ziele zu erreichen:

- Der DV-Bereich erkennt das absolute Primat der Fachaufgabe an;

- der Leitungs- und der Fachbereich können die Konsequenzen ihrer Anforderungen an die Informationstechnik erkennen und somit ihren Bedarf sachgerecht formulieren;

- Leitungs-, DV- und Fachbereich sind bereit und in der Lage, sich miteinander in einer gemeinsamen "Sprache" zu verständigen.

Je besser diese Ziele erreicht werden, um so leichter wird es sein, die Informationstechnik so einzusetzen, daß die Informationsstruktur der öffentlichen Verwaltung den durch die Wechselwirkungen der jeweiligen Fachaufgaben entscheidend geprägten Verwaltungsabläufen optimal gerecht wird. Daraus ergibt sich dann nahezu zwangsläufig die Möglichkeit, die Lösung einer Fachaufgabe mit Hilfe der Informationstechnik so bürgernah - nämlich so klar, verständlich und übersichtlich - zu gestalten, wie es im Wesen der Fachaufgabe selbst begründet liegt; das heißt aber auch, daß die Bürgernähe einer Fachaufgabe ihre Grenze in der Definition der Fachaufgabe selbst findet, und daß auch der Einsatz der Informationstechnik eine Fachaufgabe nicht bürgerfreundlicher machen kann als diese von ihrer Konzeption her ist.

Da jedoch größtmögliche Bürgernähe à priori eine unabdingbare ·Voraussetzung eines ordnungsgemäßen Verwaltungshandelns darstellt, ist zu hoffen, daß künftig - bei einer fachaufgabenorientierten Einordnung der Informationstechnik in den Verwaltungsvollzug die DV-gestützte Kommunikation zwischen Bürger und Verwaltung mehr als bisher in einer den Bürgern angemessenen Form, in der erforderlichen Qualität, zum richtigen Zeitpunkt, am richtigen Ort und - vor allem - für die Bürger ohne DV-technisch bedingten Zusatzaufwand stattfinden kann.

Wenn auf diese Weise der Einsatz der Informationstechnik in der öffentlichen Verwaltung für den einzelnen Bürger übersichtlicher und verständlicher gestaltet werden könnte, ließen sich sicherlich viele der aus Unkenntnis der Zusammenhänge entstandenen diffusen Befürchtungen abbauen, und es wäre ein weiterer Schritt getan auf dem Weg zur Stärkung des Vertrauensverhältnisses zwischen Staat und Gesellschaft.

Bei allen berechtigten Forderungen nach mehr Bürgernähe darf aber nicht übersehen werden, daß Bürgernähe nur einen Pol in dem multipolaren Spannungsfeld der Verwaltungsaufgaben darstellt, der mit weiteren Polen - wie Datenschutz, Einzelfallgerechtigkeit, Reglementierungsdichte, Verwaltungseffizienz, aber auch mit Randbedingungen wie Sparsamkeit, Zeitgerechtigkeit und technischer Machbarkeit einem ständigen Optimierungsprozeß von Zielkonflikten und Zielkonkordanzen unterliegt. Die Wertigkeit der einzelnen Ziele und somit auch die Lage des Optimismus innerhalb des Spannungsfeldes sind dabei weder objektiv darstellbar noch im Zeitablauf unveränderlich; sie unterliegen vielmehr einem permanenten Wandel und werden entscheidend bestimmt durch den jeweils herrschenden "Zeitgeist" sowie die individuellen Zielsetzungen der zum entsprechenden Zeitpunkt am Optimierungsprozeß beteiligten Personen und Institutionen.

C)    <u>Modellskizze:</u> Einsatz der Informationstechnik in einem kommunalen Bürgeramt

von Klaus Dunker, Unna

1.    Vorhabenbeschreibung für ein "Kommunales Bürgeramt"

a)    Gesamtziel des Vorhabens

Ziel des Vorhabens ist es, ein Organisationsmodell für den Aufgabenbereich eines Bürgeramtes zu entwerfen und zu realisieren, in dem neben den derzeitigen Aufgaben des Einwohnermeldewesens auch einfache und sofort zu erledigende Aufgaben anderer Ämter (zum Beispiel aus dem Sozial-, Ordnungs- und Straßenverkehrsamt) wahrgenommen werden können und wo eine kompetente und verantwortliche Beratung des Bürgers erfolgt.

Die Neuordnung wird auf die Bedürfnisse der Bürger und der Mitarbeiter ausgerichtet. Sie werden für die gesamte Vorhabenlaufzeit bei der Umgestaltung der Organisation und der Auswahl der Arbeitsmittel beteiligt. Ergebnis des Modellentwurfs soll ein Bürgeramt sein, das dem Bürger

- als Anlaufstelle im Rathaus dient,
- eine größere Transparenz der Verwaltungsvorgänge vermittelt,
- zusätzliche Verwaltungswege erspart und
- eine Verfahrensbeschleunigung bietet.

b)    Aufgaben des Bürgeramtes

Den Ansatzpunkt für das Bürgeramt bildet das <u>Einwohnermeldeamt,</u> das das organisatorische und funktionale Fundament dieses neu zu schaffenden Amtes darstellt. Dieses Amt, mit dem alle Bürger in unterschiedlicher Intensität Kontakt haben, ist mit seinen Aufgaben im Gegensatz zu den meisten Ämtern nicht auf bestimmte Gruppen der Bevölkerung ausgerichtet. Dieses publikumsintensivste Amt verfügt darüber hinaus über einen Grundbestand von Einwohnerdaten, der auch von anderen Ämtern genutzt werden kann.

Dadurch eignet sich dieses Amt für die Übernahme weiterer Servicefunktionen, für die Herstellung von ersten Kontakten mit der Kommunalverwaltung und als Anlaufstelle für die Verfahren der übrigen Fachämter.

Das Bürgeramt bearbeitet die sogenannten "Aufgaben vor der Klammer". Hierbei handelt es sich um sofort und abschließend zu erledigende Aufgaben anderer Ämter. Die Vorerhebungen zu den "Aufgaben vor der Klammer" lassen deren Zusammenfassung in einem Bürgeramt nicht nur wünschenswert, sondern auch notwendig im Sinne von Bürgernähe erscheinen.

Wichtige Aufgaben für das Bürgeramt sind die vielfältigen Auskunfts- und Beratungsleistungen. Dem Bürger wird nicht nur das jeweils zuständige Fachamt benannt, sondern er soll auch an den zuständigen Sachbearbeiter verwiesen werden, wobei im Bedarfsfall ein Gesprächstermin vereinbart wird. Neben der Auskunft über alle Verwaltungsverfahren und Aussagen über beizubringende Unterlagen werden Auskünfte über andere Behörden (wie Arbeitsamt, Kreisverwaltung, Sozialversicherung) entsprechend § 6 a GO NW wie auch zum Beispiel Informationen über die Arbeit des Rates oder zu kulturellen und sportlichen Veranstaltungen gegeben.

Die Bürger werden nicht nur in Angelegenheiten des Bürgeramtes selbst, sondern auch bei komplizierten Verfahren beraten, die in die Zuständigkeit mehrerer Verwaltungseinheiten fallen und bei denen Koordinierungsprobleme auftreten können.

Weitere Aufgaben des Bürgeramtes sind:

- Annahme von Anträgen aller Art
- Ausgabe von Formularen sowie Beratung und Hilfe beim Ausfüllen
- Anlaufstelle für Anregungen und Beschwerden
- Bedienung des Bürgertelefons
- Bereitstellung von Informationsmaterial.

c)   Zielvorstellungen

Die Zuordnung dieser Aufgaben zu einem Bürgeramt, dessen Standort im Eingangsbereich des Rathauses sein sollte, verfolgt vielfältige Zielvorstellungen:

Die Antwort "Ich bin nicht zuständig" soll künftig nicht mehr vorkommen. Die qualifizierten Informationshilfen bauen die Undurchschaubarkeit der Verwaltung ab und reduzieren den Instanzen- und Institutionswirrwarr aus der Sicht des Bürgers.

Das Bürgeramt dient als Anlaufstelle und erleichtert dem Bürger den Zugang zu den Fachämtern. Hier werden komplizierte Verwaltungsabläufe erklärt, der Bürger wird gegebenenfalls an die betreffenden Sachbearbeiter weitervermittelt.

Durch die Bearbeitung vieler Verfahren an einer zentralen Stelle werden dem Bürger überflüssige
Wege zu den Ämtern erspart, wobei eine sinnvolle räumliche Anordnung der Ämter unterstützend
wirkt.

Die intensiven Informations- und Beratungsleistungen stellen eine wertvolle Hilfe im Kampf mit
den Formularen und den notwendigen Unterlagen dar. Eine kompetente und verantwortliche
Beratung kann eine enge Verzahnung von Beratung und Vollzug sicherstellen, denn eine Beratung
ohne begründete Aussicht auf Umsetzung stellt keine Hilfe dar, sondern erhöht eher die
Unsicherheit des Bürgers.

Die Zusammenfassung einfacher und sofort zu erledigender Aufgaben an den Einheitsschaltern
des Bürgeramtes baut unter Verwendung fortschrittlicher Technologien nicht nur Warteschlangen
ab, sondern verkürzt neben den Wartezeiten auch die Dauer der Verwaltungsbearbeitung.

d)     Hauptkriterien

Bei der Realisierung des Bürgeramtes sind die beiden folgenden Hauptkriterien zu beachten:

(1)    Einsatz der Technologie

Die bürgergerechte Organisation kann insbesondere durch einen dezentralen und arbeitsplatznahen Einsatz der Datenverarbeitung erreicht werden. Hierdurch kann ebenfalls eine größere
Sicherheit der Informationsverarbeitung gewährleistet und außerdem gesellschaftlichen Belangen
(zum Beispiel Bürgernähe, humane Arbeitsplatzgestaltung, Datenschutz) genügt sowie eine
arbeitsplatznahe, computerunterstützte Sachbearbeitung und Beratung erreicht werden.

Entscheidende Gesichtspunkte für den Einsatz technischer Arbeitsmittel müssen die Bedürfnisse
der Bürger und der Mitarbeiter am Arbeitsplatz sein und nicht die interne Rationalisierung, die
Einsparung von Arbeitskräften oder die Standardisierung von Daten.

Das DV-Konzept soll so konzipiert sein, daß nicht nur die Einwohnerdaten komplett gespeichert
sind und damit Massendatenverarbeitung im Stapel möglich ist. Es soll auch vorgangsorientierte
Einzelfallverarbeitung ermöglicht werden, ohne daß der Bürger Formulare ausfüllen muß.
Folgeaufgaben können automatisch miterledigt werden.

Das DV-System sollte nicht nur reaktives Verwaltungshandeln unterstützen, sondern voraus-
sehendes und vorbeugendes Handeln ermöglichen. So könnten die Bürger zum Beispiel eine
automatisch erstellte Mitteilung erhalten, daß ihr Personalausweis demnächst ungültig wird.

Es soll zusätzlich ein Informationssystem insbesondere über die Verwaltung entwickelt werden, das möglichst umfassend die Bürgerbedürfnisse berücksichtigt und nicht an den Grenzen der Verwaltungszuständigkeit endet.

(2)   Mitarbeitergerechte Arbeitsplatzbedingungen

Die Qualität der Arbeit ist durch eine Zusammenfassung von Aufgaben mit unterschiedlichen und vielfältigen Anforderungen an den Mitarbeiter aufrechtzuerhalten beziehungsweise zu verbessern. Die Arbeitsbelastungen sind zu minimieren durch humane Gestaltung der äußeren Arbeitsbedingungen (Arbeitstisch, Beleuchtung, Belüftung, Lärmbelästigung) wie auch der Arbeitsorganisation (Vermeidung von Warteschlangen durch frei wählbaren Zugang der Bürger zu den einzelnen Arbeitsplätzen, Trennung von Publikumsbedienung und Nachbearbeitung). Die technischen Arbeitsmittel und deren Bedienung sind von den Bedürfnissen der Mitarbeiter her zu gestalten. (Dieses betrifft etwa die Software, Schlüsselsysteme, Tastatur, Anordnung und Eigenschaften der Bildschirme, Schriftgröße, Leuchtdichte).

Die Sachbearbeiter sollen entsprechend ihrer Qualifikation und mit Hilfe einer DV-Unterstützung an allen Schaltern einsetzbar sein, wodurch sich ein Kanalisieren der Bürger nach ihren Anliegen erübrigt.

2.   Bezug des Vorhabens zu den förderpolitischen Zielen der Förderprogramme

Das Vorhaben soll in dem neuen BMFT-Förderprogramm "Informationstechnik" einen Beitrag leisten zu den Zielsetzungen

- Wirkungen der Informationstechnik auf die Gesellschaft und
- Verbesserung vor allem öffentlicher Dienstleistungen.

Während für den bisherigen Einsatz von DV eine Verlagerung von Anforderungen von der Verwaltung zum Bürger feststellbar war (Ausfüllen DV-gerechter Formulare), soll in diesem Vorhaben auf das Ausfüllen von speziellen Formularen nach Möglichkeit verzichtet werden beziehungsweise ein bereits DV-vorausgefülltes Formular benutzt und je nach Notwendigkeit ergänzt werden. Dieses soll die Kommunikation zwischen Bürger und Verwaltung von unnötigen Formalitäten entlasten und Raum schaffen für personenbezogene Kommunikationsinhalte. Das gilt vor allem für solche Bürger, die in der Interaktion mit der öffentlichen Verwaltung ungeübt sind, und für solche Verwaltungsarbeiten, die sich nicht mit sachlichneutralen Fragen befassen (wie An- oder Ummeldung), sondern mit personensensiblen Problemen (zum Beispiel Wohngeld, Sozialhilfe).

Auch in bezug auf die Mitarbeiter soll die durch die DV hervorgerufene bisherige Zergliederung der Arbeitsvorgänge wieder rückgängig gemacht werden, indem kompetente, autonome und ganzheitliche Arbeitsvorgänge angestrebt werden.

Die Dienstleistung in der Kommunalverwaltung kann durch den Einsatz neuer Informationstechnologien bürgergerechter und bürgernäher erfolgen, wie oben bei den Auswirkungen angedeutet. Ebenso können Informationssysteme im Sinne einer bürgernahen Verwaltung eingesetzt werden, die nicht nur ein Informationssystem _für_ die Verwaltung zur besseren und schnellen Aufgabenerledigung sind, sondern auch Informationen _über_ die Verwaltung enthalten, um Mitarbeitern und Bürgern Aufgaben und Zuständigkeiten anzeigen zu können.

3.     Wissenschaftliche und technische Arbeitsziele des Vorhabens

Das Vorhaben zielt auf eine Veränderung der Organisationsstruktur einer Kommunalverwaltung ab. Bisher wurde die Verwaltungsorganisation (Ämterbildung und Aufgabenzuordnung) allein nach verwaltungsinternen Kriterien des Sachzusammenhangs ausgerichtet. Bürgerbezogene Aufgaben sollen künftig unabhängig von bisherigen Ämterzuständigkeiten in einer neu zu bildenden Organisationseinheit, dem Bürgeramt, wahrgenommen werden. Im Eingangsbereich des Rathauses sollen Einheitsschalter eingerichtet werden, die ganzheitlich und ämterübergreifend Aufgaben erfüllen.

Außerdem soll versucht werden, Beratung und Vollzug der kommunalen Dienstleistungen soweit wie möglich zu verzahnen, weil Beratung ohne Umsetzung die Unzufriedenheit des Bürgers erhöht.

Technisches Ziel des Vorhabens ist es, ein dialogfähiges, anwendergerechtes Informations- und Datenverarbeitungssystem für die Verwendung am Arbeitsplatz zu entwickeln und zu implementieren.

Um diese Ziele zu erreichen und um die konkrete Gestaltung des Bürgeramtes für den Bürger mit dem Bürger zu gewährleisten, soll dieser bei der Entwicklung und Erprobung des neuen Amtes beteiligt werden. Dasselbe gilt für den betroffenen Mitarbeiter, der in seiner Kompetenzentfaltung und Motivationsbildung gestärkt werden soll. Damit sollen zugleich Erfahrungen mit neuen Wegen einer Systementwicklung unter Beteiligung der Betroffenen gesammelt werden.

D)	Thesen zum Thema: Mehr Bürgernähe durch moderne Informationstechnik - Phrase oder Chance?

von Joachim Griese, Dortmund

1.	Bis heute ist dieses Schlagwort eine Phrase geblieben. Betrachtet man die Entwicklungen in der öffentlichen Verwaltung in bezug auf den Aspekt der Bürgernähe, so gibt es Anzeichen dafür, daß mittelbar oder unmittelbar verbunden mit der modernen Informationstechnik bis heute mehr Bürgerferne als Bürgernähe erreicht worden ist: Entfernungen sind größer geworden; Verwaltungsvorgänge wie das Bearbeiten der Steuererklärung finden zentral statt (Argument: Die zentrale Datenverarbeitung ist rationeller); es führen auch Formalismen zu einer Entfremdung; man muß formatierte Datenerfassungsformulare ausfüllen mit der Begründung, nur so können die Informationen mit dem Computer bearbeitet werden.

2.	Es ist falsch, diese Entwicklung der modernen Informationstechnik anzulasten. Es würde uns befremden, wenn man die Erfindung der Guillotine zum Anlaß nähme, mehr Todesurteile auszusprechen, weil sie so rationell vollstreckt werden können. In gleicher Weise kann das Vorhandensein der modernen Informationstechnik nicht zum Anlaß genommen werden, das Ziel der Bürgernähe, das sich auch in der Zuordnung von Entscheidungsbereichen zu Ebenen der öffentlichen Verwaltung (zum Beispiel der kommunalen Ebene) ausdrückt, mit dem Argument der Rationalisierung zu verlassen. Eine unkritische Technikeuphorie hat hier in der Vergangenheit zu Fehlentwicklungen geführt.

3.	Bei der Verfolgung des Ziels "Mehr Bürgernähe" kann die moderne Informationstechnik eine Chance sein. Glücklicherweise ist durch die Entwicklung der modernen Informationstechnik keine Argumentation mehr für eine Zentralisierung der Datenverarbeitung gegeben; es kann also keine (falsche) Begründung für das Verlassen der Zielsetzung "Mehr Bürgernähe" geführt werden. Vielmehr kann die moderne Informationstechnik (zum Beispiel charakterisiert durch die Schlagworte "Computer am Arbeitsplatz", "dezentrale Datenverarbeitung") ein Mittel (eine Chance) sein, das Ziel "Mehr Bürgernähe" zu erreichen. Man sollte sich jedoch darüber klar sein, daß in der Vergangenheit viel good will zerstört worden ist und daß es infolgedessen eines kritischen Entscheidungsprozesses bedarf, dieses Mittel auch einzusetzen.

E)  <u>Thesen zum Thema: Mehr Bürgernähe durch moderne Informationstechnik - Phrase oder</u>
<u>Chance?</u>


von Uwe-Jens Krah, Berlin


1.  Automatisation, wie sie derzeit praktiziert wird, führt tendenziell zu einer Anonymisierung
des vormals individuell ausgerichteten Verwaltungshandelns.


2.  Verlust von Transparenz: Aufgrund der Gleichförmigkeit der "computerierten" Verwal-
tungsbescheide wird die gewachsene Verwaltungsstruktur unkenntlich gemacht.


3.  Allgemeine Angst und Mißtrauen der Bürger über Ausdruck und undurchschaubare Verwendung dieser Information wirkt negativ auf die Verwaltung zurück.


4.  Höhere Technisierung der Verwaltung führt zur Überforderung des einzelnen Bürgers. Die
zur Geltendmachung seiner Ansprüche erforderliche Mitwirkung führt besonders die sozial
Schwachen noch mehr ins Abseits.


5.  Zentrale Datenverarbeitung als Medium zwischen dem betroffenen Einzelnen und der
Verwaltung.


6.  Eigendynamik: Der Knecht wird zum Herrn (computergerechte Gesetze).


7.  Zusammenwachsen von Datenbeständen: Entstehung einer "Informations"-Verwaltung
- höchstes Stadium der Bürokratisierung.


8.  EDV heißt: Machtfülle der Verwaltung durch Informationsanhäufung. EDV heißt weiter: Anfälligkeit des Systems, Fehlerquoten, Programmdefizite (Riese auf tönernden
Füßen?).


9.  DV als verwaltungsinterne Rationalisierungsmaßnahme erspart vordergründig finanzielle
Kosten, verursacht aber beachtliche soziale Kosten.


10.  Datenverarbeitung als Geheimwissenschaft: Auswirkungen können nur von Computerspezialisten beurteilt werden?


11.  Technische Perfektionierung wird überwiegend mit Sachzwangargumenten vorangetrieben
- um den Preis der Loyalität Bürger - Staat.

F)     <u>Bürgeranspruch und Verwaltungsautomation</u>

von Reinhard Oppermann, St. Augustin [1]

Zumindest in der alltagspolitischen Diskussion wird das Problem der Bürgerferne der öffentlichen Verwaltung durch seine Rückführung auf den Einsatz immer größerer und komplizierterer technischer Hilfsmittel (besonders DV-Anlagen) verkürzt; gelegentlich wird auch die Unfreundlichkeit und mangelnde Verständnis- und Hilfsbereitschaft der Bediensteten beklagt. Keine der beiden Komponenten, weder die technische (der alles verschlingende unbändige Computer) noch die personalistische (der grimmige Beamte als Bürgerschreck), wird dem Kern des Problems gerecht, obwohl sie oberflächlich durchaus richtige Phänomene treffen und die Bürgernähe des Verwaltungshandelns verhindern.

Die Ausgangslage ist eine andere. Der Staat im allgemeinen und die öffentliche Verwaltung im besonderen sind in den letzten Jahrzehnten immer stärker gezwungen worden, zur Sicherung der Wohlfahrt von Wirtschaft und Gesellschaft steuernd und leistend tätig zu werden. Der Staat mußte zur Aufrechterhaltung einer pluralistischen Konkurrenzwirtschaft eingreifen (zum Beispiel durch Kartellgesetze), mußte zur Verwertungssicherung von Kapital Infrastruktur-, Ver- und Entsorgungsleistungen erbringen. Er mußte zur Erhaltung und Gestaltung erträglicher Lebensbedingungen für die Bürger in private Bauplanungen eingreifen, für die Gewährleistung der inneren Sicherheit sorgen und durch Einkommensumverteilungen (wie Wohngeld oder Heizkostenzuschüsse) zur Subsistenzsicherung beitragen und anderes mehr. Ein wesentlicher Teil der politischen Legitimation des Staates ist faktisch an die Erfüllung dieser Leistungen gebunden.

Die staatlichen Aktivitäten haben sich vor allem im Zuge struktureller Krisen im wirtschaftlichen und sozialen Bereich sprunghaft qualitativ und quantitativ ausgedehnt. Zur Bewältigung der Aufgaben wurde das verfügbare Instrumentarium technischer und organisatorischer Art in erheblichem Umfang genutzt. Eingesetzt wurden diese Instrumente teilweise in einem frühen Stadium ihrer Entwicklung. Teilweise wurden die organisatorischen Strukturen den technisch derzeit vorhandenen Potentialen angepaßt; teilweise wurden hierdurch direkt oder indirekt auch die Inhalte mitgeprägt. Trotzdem ist die Bürgerferne im Gefolge der Großtechnologie nur im formellen Sinne auf die Merkmale dieser Technik zurückzuführen, im wesentlichen geht sie auf die dynamische Komplexitätssteigerung der politisch bestimmten Inhalte zurück. Eine Rücknahme dieser Entwicklung erscheint gegenwärtig unwahrscheinlich.

Entsprechend richten sich die Bemühungen um mehr Bürgernähe auch auf die formalen und personalen Komponenten des Problems. Überflüssige Vorschriften und Verfahren werden aussortiert, das Formularwesen auf Bürgerverständlichkeit durchforstet, technische und organisatorische Funktionen auf Bürgernähe abgeklopft, das Personal zur bürgerfreundlichen Interaktion mit seiner Klientel geschult.

Die Probleme zeigen sich vor allem auf der untersten Ebene des politischen Systems, der Kommune. Hier werden die meisten Eingriffe und Leistungen praktisch vollzogen. Hier ist der Kontakt von Verwaltung und Bürger am häufigsten und engsten. Daß die kommunale Exekutive dabei in weiten Bereichen an zentrale Vorgaben von Land und Bund gebunden ist, erschwert das Problem weiter.

Obwohl die Bemühungen um eine Bürgernähe der Verwaltung wohl nie größer gewesen und das Problem nie tatkräftiger angefaßt worden ist als heute, scheint sich die Entwicklung immer weiter von diesem Ziel entfernt zu haben. Dem soll - so lautet heute die optimistische Prognose - durch eine neue Generation technischer Entwicklung abgeholfen werden können. Die bisherigen Versuche der Komplexitätsbewältigung durch arbeitsteilige und zentralisierte Strukturen und Verfahren scheinen ihrer Grenzen entgegenzugehen. Mitbedingt oder angeregt durch die Entwicklung von organisatorischen und technischen Möglichkeiten beginnt eine Entwicklung zur (Re-)Integration und Dezentralisierung der Aufgabenbearbeitung. Erklärtes Ziel, also mehr als nur willkommenes Beiprodukt, ist die (Rück-)Gewinnung von Transparenz und Anliegengerechtheit des Verwaltungshandelns für den Bürger.

In dreierlei Hinsichten kann dieser Zielsetzung - vor allem beim fortschreitenden Stand der Technik und dem günstiger werdenden Preis-Leistungs-Verhältnis - nähergerückt werden:

-	Die Informationstechnologie kann die Verwaltung von Routineaufgaben entlasten und dadurch Raum schaffen für stärkeres Eingehen auf die Wünsche und Probleme der Bürger.

-	Die Informationstechnologie kann durch integrierte, dialogische Organisation der Fall- oder Aufgabenbearbeitung die Zergliederung in der Vergangenheit aufheben oder mildern und somit die Möglichkeiten für die Interaktion mit dem Bürger fördern.

-	Die Informationstechnologie kann durch dezentrale Einsatzorganisation eine stärkere räumliche Nähe zum Bürger schaffen (zum Beispiel in Bezirksverwaltungsstellen).

Inwieweit diese Potentiale genutzt werden, hängt weitgehend von den Spielräumen und Bereitschaften der Entscheider ab, die Informationstechnik nicht zum Rationalisierungsinstrument einzusetzen, um Personal abzubauen, sondern die "Freisetzungen" zur stärkeren Einzelfallbetreuung zu nutzen. Hier werden enge Grenzen liegen; hier liegt jedoch auch die Nagelprobe für die Ernsthaftigkeit der Zielproklamation von Bürgernähe.

Bürgernähe, verstanden als Transparenz und Anliegengerechtheit des Verwaltungshandelns, kann nicht "expertokratisch" ohne den Bürger realisiert werden. Sie läßt sich auch nicht generell für alle Bürger(gruppen) einheitlich bestimmen und festlegen, sondern ist zielgruppenabhängig. Eine konsequente Orientierung an zielgruppenspezifischer Bürgernähe, das heißt eine Ausrichtung an den Wünschen, Vorstellungen und Gewohnheiten der Bürger, würde unter dem Stichwort Anliegengerechtheit nicht nur formale beziehungsweise prozedurale Aspekte begreifen dürfen, sondern ganz wesentlich ein inhaltlich flexibles Eingehen auf den Bürger. Diese Vorstellung kollidiert jedoch erstens mit der rechtsstaatlichen Norm des Gleichbehandlungsgrundsatzes. Darin wird man nur in engen Grenzen (im Rahmen der komplementären Norm der Einzelfallgerechtheit) flexibel sein können. Zweitens kollidiert sie jedoch auch mit der Tatsache weitgehender zentraler Vorgaben für das konkrete lokale Verwaltungshandeln, vor allem für Anliegen, die spezifisch die Bürger einer einzelnen Kommune beziehungsweise einzelne Gruppen betreffen.

Hier lägen zwar schon eher Freiheitsgrade, doch die faktische Entwicklung geht noch immer im wesentlichen in die entgegengesetzte Richtung, wenn auch die Stärkung ortsnaher Strukturen (von Bezirksverwaltungsstellen bis hin zu "kleinen Netzen") in der Diskussion an Bedeutung gewinnt.

Wenn nun schon eine Bestimmung des Inhalts des Verwaltungshandelns nicht im Benehmen mit dem Bürger möglich, sondern wesentlich orientiert an überindividuellen und überörtlichen Vorgaben vorzunehmen ist, so sollte doch wenigstens die Form des Verwaltungshandelns die spezifische Lage und die Interessen der Zielgruppen in Rechnung stellen.

Bei der nun anstehenden weitergehenden Automatisierung der Kommunalverwaltung vor allem mittels des Einsatzes neuer Informationstechniken sollte der Bürger deshalb beteiligt werden, um seine Vorstellungen und Probleme im Umgang mit der Verwaltung einbringen zu können. Schon in der Phase der Problem- und Zieldefinition und der Bestandsaufnahme der Ausgangslage ist dies sinnvoll; es ist fortzusetzen und zu intensivieren im Rahmen der Konzeptentwicklung und -realisierung neuer Verwaltungsstrukturen. Nicht, als sei jeder Bürger sein bester Verwaltungsdirektor oder DV-Experte; aber der beste Wille der Verwaltungs- und DV-Experten kann haarscharf an den Wünschen, Gewohnheiten und Möglichkeiten einer großen Zahl von Bürgern vorbeigehen. Ohne eine Rückkopplung mit den Bürgern kann eine auf Bürgernähe ausgerichtete Technikunterstützung nur als Zufallstreffer gelingen.

Ein allgemeines "offenes" Beteiligungsangebot an der Systementwicklung festigt jedoch vor allem die Stellung der aktiven Mittelschichtler mit hohen Interaktionsraten mit der Kommune. Die Interessen der artikulations- und durchsetzungsschwachen Gruppen mit geringen oder keinen Verwaltungskontakten bleiben dagegen unberücksichtigt. Diese Gruppen aber sind es gerade, die unter der Bürgerferne der Verwaltung am meisten zu leiden haben: Sie beantragen beziehungsweise erhalten kein Wohngeld und keinen Heizkostenzuschuß, sie müssen unverhältnismäßig viel

Zeit, Angst und Anstrengungen für die Erledigung von Pflichtkontakten aufbringen und entfremden sich von Staat und Gesellschaft (besser: Sie werden entfremdet).

Diese Gruppen müssen deshalb hinsichtlich ihrer Interessen, Gewohnheiten und Möglichkeiten besonders berücksichtigt werden, ohne daß man - wie eine Reihe von Untersuchungen gezeigt hat - mit ihrer (spontanen und direkten) Beteiligung rechnen kann. Hier ist nach Wegen zu suchen, die die kompetente und kontinuierliche Vertretung und Einbringung dieser spezifischen Interessen sichern. Möglichkeiten der Lösung liegen zum Beispiel in der Einschaltung von - möglichst in der Gemeinwesenarbeit verankerten - Sozialarbeitern als "Anwaltsplaner".

Fragen wir abschließend nach den Chancen der Realisierung von mehr Bürgernähe durch eine Verwaltungsautomation mittels neueren Informationstechniken, so ergibt sich meines Erachtens ein eher pessimistischer Ausblick. Dieser kann jedoch nicht mehr als den Charakter einer These beziehungsweise Hypothese haben, da die tatsächliche Entwicklung in ihrer präzisen Form, bezüglich ihren ökonomischen und sozialen Rahmenbedingungen und bezüglich ihrer Konsequenzen für den Bürger im Detail nicht vorhergesehen werden kann.

Der Einsatz von Informationstechnologie wird die Anliegengerechtheit des Verwaltungshandelns in formaler beziehungsweise prozeduraler Hinsicht wahrscheinlich durchaus verbessern können. Die Chance liegt vor allem in der Flexibilität, Dialogfähigkeit und Dezentralität neuer Verfahren begründet.

Der jetzt bevorstehende Informationstechnik-Einsatz wird jedoch mit ziemlicher Sicherheit nicht die Transparenz des Verwaltungshandelns für den Bürger erhöhen. Daß die Aufgaben der Verwaltung zur Zeit arbeitsteilig in verschiedenen Räumen, Etagen und/oder Gebäuden vollzogen werden, ist zwar für den Bürger manchmal ärgerlich und hat zu vielerlei Ärger, Versäumnissen und vergeblichen Wegen geführt. Der Mangel an Transparenz ist jedoch von einer viel vordergründigeren ("überschaubaren", "alltäglichen") Art als ihn die Informationstechnik hervorgebracht hat und bringen wird. Formulare bearbeiten und Zahlenkolonnen zu Fuß berechnen, ist zwar in der Regel aufwendig und unter Umständen unübersichtlich; trotzdem ist das Papier-und-Bleistift-Verfahren eher mit der heutigen Alltagserfahrung vereinbar und nachvollziehbar als das Verhalten und Ergebnis einer modernen komplexen Informationstechnik, so übersichtlich die Ausdrucke schließlich auch formal gestaltet sein mögen. Das Problem der Transparenz gewinnt eine neue Qualität, die der Kontrollierbarkeit. Dies geht nicht nur den einzelnen Bürger, dies geht die demokratischen Institutionen schlechthin an.

<u>Anmerkung:</u>

1) Der Beitrag steht im Zusammenhang mit der Analyse der Wirkungen des Informationstechnik-Einsatzes in öffentlichen Verwaltungen auf das Verhältnis Bürger - Verwaltung als
einer von drei Schwerpunkten der Gruppe Wirkungsforschung der GMD. An dieser Analyse
ist insbesondere Bernd Liedtke beteiligt.

G)  **Thesen zum Thema: Mehr Bürgernähe durch moderne Informationstechnik - Phrase oder Chance?**

von Wolfgang Schäfer, Kassel

1.  Die Forderung nach mehr Bürgernähe wird in diesem Beitrag als verwaltungspolitische Antwort auf organisatorische Notwendigkeiten interpretiert: Um ihre Funktion erfüllen zu können, muß die öffentliche Verwaltung verstärkt "situativ" handeln. Daß sich mit dem Postulat der Bürgernähe zusätzliche und weitergehende Interessen, Bedürfnisse und Hoffnungen von Bürgern und Politikern verbinden, ist dabei unbestritten.

Die Beschränkung auf den organisatorischen Aspekt des Verhältnisses Bürger/Verwaltung erscheint sinnvoll, da die übergreifenden Gesichtspunkte und Argumentationen teilweise von allgemeinen, gesellschaftlichen Orientierungen überlagert werden, die den Blick auf die öffentliche Verwaltung als reale Organisation interner Arbeitsabläufe und einer auf den Bürger bezogenen Aufgabenstellung verbauen.

Das folgende, in einem Zeitungsartikel veröffentlichte Beispiel illustriert eindrucksvoll, daß Bürgernähe beziehungsweise Bürgerfreundlichkeit sich unter Umständen von den Interessen der unmittelbar Betroffenen ablöst, wenn der organisatorische Kontext unberücksichtigt bleibt: In der bayrischen Beamtenfachschule ist der Unterricht in bürgerfreundlicher Verwaltung ein fester Bestandteil des Lehrplans. In Rollenspielen sollen die angehenden Beamten in bürgerfreundlichem Verhalten trainiert werden. Aber "was hülfe eine freundliche Maske"? Möglicherweise würde sie den Bürger stutzig machen, wie das bei einem Rollenspiel ein Student hervorragend extemporierte. Er sagte zu dem Beamtendarsteller, der ihn ungewöhnlich nett begrüßt: "Sie sind so freundlich - ist was passiert?" [1]

Die Tatsache, daß bis jetzt ausschließlich Behörden die Initiative zur Realisierung von mehr Bürgernähe etwa durch den Einsatz von Informationstechnologien ergreifen, kann als Hinweis auf das organisatorische Bedingungsgefüge an der Schnittstelle Bürger/Verwaltung gelten. Die besondere Berücksichtigung der organisatorischen Bedingungen des Verwaltungshandelns deutet außerdem an, daß "mehr Bürgernähe kein generelles, zu verordnendes verwaltungspolitisches Programm sein kann, sondern jeweils auf die aufgabenspezifischen, örtlichen und personellen Konstellationen der Interaktion Bürger/Verwaltung zu beziehen ist.

2.    Die Intensität, mit der heute Probleme der Außenbeziehung der öffentlichen Verwaltung diskutiert werden, erstaunt zunächst, da Verwaltungshandeln immer auf die Gesellschaft beziehungsweise den Bürger bezogen ist und insofern per se nicht bürgerfern sein kann. Verändert haben sich allerdings die Bedingungen, unter denen sich die Tätigkeit der öffentlichen Verwaltung vollzieht: Das betrifft die Aufgabenstellung wie auch die Organisation der Tätigkeit und die eingesetzten Arbeitsmittel. Am deutlichsten zeigen sich diese Verschiebungen im Bereich der Leistungsverwaltung (Antragstellung), auf den sich dieser Beitrag im wesentlichen bezieht.

Die Behörden reagieren auf die zunehmende Umweltkomplexität - wie sie sich zum Beispiel in der Verrechtlichung des Verhältnisses Bürger/Verwaltung ausdrückt - mit zunehmender Arbeitsteilung zwischen und innerhalb einzelner Abteilungen. Dieser Prozeß der organisatorischen Ausdifferenzierung und Spezialisierung erhöht die Flexibilität und Kompetenz der Verwaltung hinsichtlich der gestiegenen Anforderungen aus der Aufgabenstellung (Inhalt und Umfang), gleichzeitig steigt der Koordinationsbedarf - verwaltungsintern und in der Außenbeziehung.

Der Ausbau vorhandener und die Etablierung neuer Dienststellen für Auskunfts- und Beratungszwecke (Bezirksstellen, Bürgeramt, Referent für Bürgerfragen, Auskunfts- und Beratungsstellen der Rentenversicherungsanstalten sowie der Arbeitsverwaltung und so weiter) geht einher mit einer Reduzierung der unmittelbaren Kontakte zwischen der Sachbearbeitung und dem Publikum. Die Trennung von Auskunft oder Beratung und Vollzug erschwert die Koordination zwischen den früher integrierten Arbeitsschritten der Bearbeitung des Einzelfalls. Bei der Entscheidung über einen Antrag kann sich der Sachbearbeiter unter Umständen nur auf vorhandene Unterlagen stützen. Ihm fehlt die Möglichkeit der direkten, persönlichen Rückfrage zum Beispiel über Anspruchsvoraussetzungen im konkreten Einzelfall. Gegebenenfalls ist der Sachbearbeiter gezwungen, eine spezielle Abteilung "Außendienst" mit der Beschaffung der nötigen Information zu beauftragen.

Auf der Seite des Bürgers spiegelt sich diese Arbeitsteilung wider in einer Absonderung von Informations- und Handlungsmöglichkeiten. Eine Trennung von Beratung und Sachbearbeitung führt dazu, daß die Realisierung seines Anliegens in zwei Phasen erfolgen muß: Sammlung von Informationen ohne erkennbare Aussicht auf unmittelbare Umsetzung und die Auseinandersetzung mit dem zuständigen Sachbearbeiter oder einer speziellen Stelle zur Entgegennahme von Anträgen und so weiter. Die Folgen dieser strukturellen Veränderung lassen sich festmachen an dem häufig geäußerten Gefühl der Ohnmacht gegenüber der Bürokratie, bei der man von einer Stelle zur anderen geschickt wird.

3.    Im Zusammenhang mit der Forderung nach mehr Bürgernähe fallen häufig die Stichworte "Automation der öffentlichen Verwaltung" beziehungsweise "Informationstechnologie". Diese Verknüpfung resultiert aus verschiedenen Erfahrungen der Betroffenen, die nicht immer ursäch-

lich in der eingesetzten Informationstechnologie begründet sind. Angesprochen sind dabei die negativen Konsequenzen des derzeitigen Technikeinsatzes in der Außenbeziehung der Verwaltung, wie etwa unübersichtliche und schwer auszufüllende Formulare, oder die Möglichkeit, durch computerunterstützte Arbeits- und Informationsprozesse einen kostengünstigeren und besseren Service für den Bürger zu ermöglichen.

Umfang und Richtung der bisherigen Automation der öffentlichen Verwaltung und derzeitige Anwendungen von Informationstechnologien sind durch vergangene Einsatzbedingungen geprägt. Die Frage nach mehr Bürgernähe durch moderne Informationstechnologie muß diese Entwicklung berücksichtigen. Am Beispiel der Faktoren "Kostendruck" und "Stand der Technik" lassen sich Restriktionen der Automation der öffentlichen Verwaltung verdeutlichen.

Ziele der Automation der öffentlichen Verwaltung sind weiterhin die Bewältigung massenhaft anfallender Verwaltungsaufgaben und relative Personaleinsparung sowie die Verbesserung des Leistungsangebotes. Beide Momente werden bei den Schritten ihrer Realisierung nicht in gleicher Weise gewichtet. Die Implementierung von EDV zielt zunächst überwiegend auf Rationalisierungsgewinne. Erst, nachdem Arbeitskapazitäten freigesetzt werden, stellt sich die Frage nach ihrer Verwendung und einer eventuellen Ausweitung des Leistungsangebotes. Die Zielgröße "Verbesserung des Leistungsangebotes" wird zwar von den verantwortlichen Organisatoren akzeptiert, kann aber nicht angemessen in Wirtschaftlichkeitsberechnungen Eingang finden. Das quantitative Argument "Hohe Fallzahlen bei gleichem Personalbestand" ist durchsetzungsfähiger als das qualitative Argument "Bearbeitung gleicher Fallzahlen bei besserer Betreuung, Information und Beratung des Bürgers".

"Stand der Technik" und "Kostendruck" bestimmen den Einsatz der EDV in mehrfacher Weise. Teilweise sind beide Faktoren miteinander verschränkt. Je höher der Standardisierungsgrad und Formalisierungsgrad eines Arbeitsprozesses ist, um so größer ist auch die Möglichkeit der Reduktion von Objekt und Regel auf die Erfordernisse der Automation. Entsprechend den technischen Möglichkeiten der ersten und zweiten Computergeneration nahm deshalb die Automation ihren Ausgangspunkt bei der Datenverarbeitung und bei hochstandardisierten Verwaltungsaufgaben und -abläufen, die nur geringe Kernspeicherkapazitäten erfordern. Das sind Verwaltungsaufgaben, deren Ablaufstruktur verhältnismäßig einfach ist, die vorwiegend instrumentellen Charakter haben (Mittelbewirtschaftung, Kosten- und Mahnwesen, die Auszahlung von Gehältern und anderes). Diese Reihenfolge der Automationsvorhaben ist darüber hinaus Ausdruck einer einseitigen Planung der Modernisierung der öffentlichen Verwaltung - von innen nach außen.

Die Einflußgröße "Kostendruck" verstärkt solche Tendenzen. Das gilt umsomehr, als kurzfristig der Einsatz von EDV mit hohen finanziellen Aufwendungen verbunden sein kann. Zu Beginn der Automation wurde hiervon insbesondere die Speicherkapazität betroffen. Heute fallen die Kosten des höheren Programmieraufwandes bei weniger standardisierten Aufgaben stärker ins Gewicht.

4.    Inwieweit und mit welchen Konsequenzen diese Rahmenbedingungen des Einsatzes von EDV
die Tätigkeit der Leistungsverwaltung geprägt haben, veranschaulicht die sich wandelnde Bedeutung der Funktionstypen: Aufklärung, Auskunft, Beratung, Sachverhaltsermittlung, Entscheidung
und Bescheiderteilung. Die Anwendung von EDV erfolgte überwiegend bei der Bearbeitung von
Daten und, soweit es den Datenaustausch innerhalb der Behörden (im Rahmen der Amtshilfe)
betrifft, auch im Bereich der Sachverhaltsermittlung. Damit zusammenhängend werden die
Ergebnisse des Verwaltungshandelns, die Bescheiderteilung, in vielen Bereichen automatisch
erstellt. Am wenigsten automatisiert ist der Bereich der Datenerhebung, Beratung und Sachverhaltsermittlung. Hier finden noch überwiegend manuelle Tätigkeit wie das Ausfüllen von
Formularen oder mündliche Gespräche statt. Das geschieht in unmittelbarem Kontakt zwischen
Verwaltung und Bürger.

Die Verschiebung der Relationen zwischen den einzelnen Funktionstypen beeinflußt zusammen
mit der oben angegebenen Tendenz der Spezialisierung und Arbeitsteilung Inhalt und Art der
Aufgabenerledigung. Der Einsatz von EDV ermöglicht die Realisierung solcher Bestrebungen und
ist darüber hinaus teilweise der Grund für weitere organisatorische Differenzierungen. Für die
Interaktion zwischen Bürger und Sachbearbeiter ergeben sich mannigfaltige Konsequenzen, die
sich pointiert folgendermaßen zusammenfassen lassen:

- Der Versuch, mit Hilfe von EDV eine konfliktfreie Aufgabenbewältigung zu realisieren,
  führt zu Abspaltungen von Teilfunktionen der Sachbearbeitung und zur Reduktion des
  Kontaktes zwischen Bürger und Verwaltung, zu einer Zersplitterung und Polarisierung
  zwischen Datenverarbeitung (Entscheidung) und Datenerfassung (Sachverhaltsermittlung
  und teilweiser Beratung).

- Probleme der Datenerfassung beziehungsweise der Bescheidproduktion überlagern zunehmend den Funktionstyp Auskunft und Beratung wie die Erklärung unverständlicher
  beziehungsweise falscher, automatisch erstellter Bescheide, Zahlungsaufforderungen
  und Mahnungen. Die Interaktion zwischen Bürger und Verwaltung wird stärker durch
  verwaltungsspezifische Koordinationsbedarfe belastet und die Möglichkeit, auf das
  persönliche Anliegen des Ratsuchenden einzugehen, zurückgedrängt.

- Die Polarisierung zwischen Datenerfassung und Datenverarbeitung verlagert die Aufmerksamkeit zunehmend auf den Prozeß der Datenerfassung. Entscheidend ist dann die
  Fähigkeit des Bürgers, persönliche Daten möglichst günstig für das Verarbeitungs-
  programm aufzuschlüsseln und in den automatisierten Entscheidungsablauf einzubringen. Inwieweit bürgernahe Formulare eine Verbesserung dieser Situation bedeuten,
  ist noch ungeklärt.

- Im Vergleich mit automatischen Verarbeitungsprozessen nehmen die relativen Kosten der persönlichen Auskunft und Beratung beziehungsweise der manuellen Sachverhaltsermittlung zu. Daraus ergibt sich ein zusätzlicher Kostendruck auf die nicht-maschinell ausgeführten Funktionstypen. Entsprechend den bisherigen Strategien wäre es nur folgerichtig, auch diese Funktionstypen durch Arbeitsteilung und den Einsatz von EDV zu rationalisieren. Zweifelhaft ist allerdings, ob sich dadurch Probleme eines zunehmenden Koordinationsbedarfs bewältigen lassen.

5.  Mehr Bürgernähe durch moderne Informationstechnologien ist aufgrund des technischen Fortschritts vor allem im Bereich der technischen Kommunikation möglich (vollelektronische Textverarbeitung, Fernkopieren, Bildschirmtext und Videotext). Um diese Chance zu nutzen, bedarf es der Einsicht, daß Bürgernähe nicht ein wohlwollendes Angebot an den Bürger, sondern eine verwaltungsimmanente, organisatorische Notwendigkeit ist. Die Effizienz der öffentlichen Verwaltung kann angesichts zunehmender Arbeitsteilung und wachsender Koordinationsbedarfe nur durch mehr Bürgernähe realisiert werden; wirtschaftliche Überlegungen (Kostendruck) hätten sich auch an diesen Kriterien zu orientieren. Daß solche Aspekte bei den bisherigen Versuchen, durch Informationstechnologie und EDV mehr Bürgernähe zu schaffen, nicht ausreichend berücksichtigt werden konnten, läßt sich an zwei Beispielen veranschaulichen:

- Ein Schwerpunkt bürgernaher Informationstechnologien liegt in der Verbesserung der Information des Bürgers durch Informations- und Dokumentationssysteme. So sinnvoll die Verfügung über mehr Information für den Betroffenen ist - nützlich können Informationen vor allem dann für ihn sein, wenn sie nicht von Handlungsmöglichkeiten abgesondert werden. Andernfalls steht der Bürger vor dem Problem, aus der Fülle des Angebots an Informationen diejenigen herauszufinden, die für ihn relevant sind.

  Computerunterstützte Simulationsmodelle können die Trennung von Information und Handeln verringern, indem sie verschiedene Daten gezielt und für den Einzelfall zusammenführen und dadurch die Wahl und Handlungsalternativen, zum Beispiel bei verschiedenen Subventionsprogrammen oder unterschiedlichen Möglichkeiten der Beitragszahlung, erhöhen. Aufgrund der gespeicherten Information wäre es in manchen Bereichen der öffentlichen Verwaltung technisch und auch organisatorisch möglich, solche computerunterstützten Informationssysteme einzuführen und dem Bürger zur Verfügung zu stellen. Das geschieht allerdings in der Praxis noch selten.

- Auf die Sachbearbeitung bezogen, kann mehr Bürgernähe durch Informationstechnologien mit unterschiedlichen Perspektiven angestrebt werden: Nachträgliche Kompensation des durch Arbeitsteilung entstandenen Koordinationsbedarfs beziehungsweise Verringerung des Koordinationsbedarfs durch Zusammenführung ehemals getrennte

Arbeitsfunktionen. In der Praxis erfolgt der Einsatz von EDV überwiegend in kompensatorischer Absicht; die technische Möglichkeit der Zusammenführung von Arbeitsfunktion gerade auch hinsichtlich der Außenbeziehung wird wenig genutzt. Das gilt auch für solche Funktionsbereiche, die im Alltagsverständnis des Bürgers als Einheit empfunden werden wie behördliche Erledigungen im Rahmen eines Wohnungswechsels. Wird die Implementierung von EDV nicht von innen nach außen geplant, so kann die Technik ressortmäßig getrennte Funktionen aufheben und an einem neuen Arbeitsplatz zusammenführen. Außerdem können bürgernahe, dezentrale Verwaltungseinheiten durch Bereitstellung von mehr und aktuelleren Informationen vor Ort in ihrer Verwaltungskraft gestärkt werden. Voraussetzung einer solchen Entwicklung ist, daß die Kompetenz und Qualifikation der Sachbearbeitung insgesamt gehoben wird: Die öffentliche Dienstleistung ist keine Ware, die zu einer gerade noch akzeptablen Qualität möglichst billig auf den Markt gebracht werden kann. Mitarbeitergerechter und bürgernaher Einsatz von EDV beziehungsweise Informationstechnologien ist also nicht als Konkurrenz zu interpretieren, sondern als sich gegenseitig bedingende Komponenten eines Produktionsprozesses.

6.   Die bisherigen Bemerkungen weisen auf Restriktionen des Einsatzes von EDV hin, zeigen aber auch, daß computerunterstützte Informationssysteme durchaus mehr Bürgernähe bedeuten, wenn sie nicht in kompensatorischer Absicht eingesetzt werden. Abschließend soll ein Aspekt angesprochen werden, der außerhalb des bisherigen Bedingungsgefüges wirkt.

Mehr Bürgernähe durch moderne Informationstechnologien kann indirekt dadurch erreicht werden, daß deren Implementierung Organisations- und Schwachstellenanalyse vorausgehen. Die Einführung einer neuen Technik wäre Anlaß, überholte Organisationspläne zu aktualisieren. Teilweise wird den Mitarbeitern in der öffentlichen Verwaltung durch solche Analysen erst bewußt, wie ihre spezielle Tätigkeit sich in den übergreifenden Arbeitszusammenhang einordnet. Verbesserungsvorschläge, die etwa aus dem alltäglichen Kontakt mit dem Bürger entstehen, können auf der Basis des verbreiterten Organisationswissens der Mitarbeiter gezielter eingebracht werden. Die höhere Transparenz der Verwaltungstätigkeit hat nicht nur günstige Auswirkungen für den Mitarbeiter, sie kann direkt an den Bürger weitervermittelt werden. Notwendige Organisationsanalysen würden nicht nur die Transparenz des Verwaltungshandelns für den Sachbearbeiter beziehungsweise den Bürger erhöhen. Sie könnten Anstoß für weitere Innovationen sein.

Anmerkung:

1)   Vgl. FAZ vom 18.4.1980.

## III.   Verlauf und Ergebnisse der Diskussion


Bericht von Karl-Heinz Dittrich, Speyer


Im Anschluß an kurze Stellungnahmen der Referenten (Krah, Griese, Oppermann, Dunker, Schäfer und Bihl) zum Thema wurden vom Podium aus, unter der Gesprächsleitung von Professor Becker, Hamburg, vier Fragen als Ausgangspunkt einer allgemeinen Diskussion vorgeschlagen:

- Was ist "Bürgernähe"?
- Kann die Leistungsfähigkeit der Verwaltung durch automatische Datenverarbeitung im Dienste des Bürgers verbessert werden?
- Kann automatische Datenverarbeitung die Verwaltung durchschaubarer machen?
- Kann automatische Datenverarbeitung die Verwaltung anliegengerechter machen?


### A)   Begriff der Bürgernähe

Bereits im Rahmen der ersten Beiträge machte sich bei den Teilnehmern breite Übereinstimmung bemerkbar in der Absicht, die Diskussion über begriffliche Aspekte der Bürgernähe nicht über eine "Worthülse mit beliebig füllbaren Inhalten" (Hauser) führen zu wollen. Es wurde dementsprechend auch kaum der Versuch unternommen, die Bürgernähe für alle Bereiche der öffentlichen Verwaltung anzusprechen. Vielmehr richtete sich der weitere Diskussionsverlauf im wesentlichen auf den Versuch, die realen Verknüpfungen und Widersprüchlichkeiten verschiedener Teilaspekte der problematischen Beziehungen zwischen Bürgern und Verwaltung zu durchleuchten.

Der Tenor der Aussagen lag dabei auf der Unterscheidung von quantitativen und qualitativen Erscheinungsformen möglicher oder tatsächlich erreichter Leistungssteigerungen in der öffentlichen Verwaltung. Die "Bürgerorientierung" von Verwaltungsentscheidungen wurde in diesem Zusammenhang als eine erstrebenswerte Verbesserung der Leistungsqualität eingestuft.

"Bürgernähe", so wurde ebenfalls betont, bedeutet für sich genommen aber noch kein Positivum. Es mag dem Bürger in vielen Fällen sogar geraten erscheinen, "sich die Verwaltung vom Halse zu halten" (Becker), zum Beispiel wenn es um die Aufbringung finanzieller Mittel geht. Denn "bezahlen tut niemand gern, egal in welcher Form" (Hauser).

Das gegenwärtige Erscheinungsbild der informationstechnologischen Entwicklung wurde überwiegend kritisch gezeichnet. Die negativen Akzente wurden allerdings weniger bei den Informationstechniken selbst als vielmehr bei den ("undurchschaubaren") Bedingungen ihres Einsatzes gesetzt, der vielfach als unangemessen charakterisiert wurde. Hoffnungen richteten sich demgegenüber auf neue Entwicklungen, wobei insbesondere auf Einsatzmöglichkeiten im Bereich der Textverarbeitung und von Datensichtgeräten hingewiesen wurde.

Die Schwerpunkte der Diskussion konzentrierten sich im wesentlichen auf eine Thematisierung der Problemkreise

- unpersönliche Kommunikationsformen in den Beziehungen zwischen Bürgern und Verwaltung
- unzureichende Finanzausstattung öffentlicher Dienstleistungsunternehmen
- Undurchschaubarkeit gegenwärtiger Informationssysteme
- "mehr Anliegengerechtigkeit" beim Einsatz von Informationstechniken.

Nachstehend werden die während der Auseinandersetzung zu diesen Problemkreisen eingenommenen Standpunkte in thesenartiger Form wiedergegeben.


B)   Unpersönliche Kommunikationsformen

Wir müssen uns vergegenwärtigen, daß der Bürger Formen der Kommunikation ablehnt, die er aus seiner Alltagserfahrung nicht nachvollziehen kann. Das bedeutet aber auch, daß wir uns über die Auswirkungen Klarheit verschaffen müssen, die sich für die Einstellung des Bürgers gegenüber der Verwaltung ergeben, wenn wir diese Kommunikation über elektronische Medien laufen lassen, wie das zum Beispiel bei der Erstellung von Massenrechnungen und -bescheiden der Fall ist (Buse).

Am Beispiel der Justiz läßt sich aufzeigen, daß die persönliche Übermittlung von Bescheiden, nämlich die "im Fließtext von Menschen formulierten Urteile", einen der "bürgerfernsten Bereiche des öffentlichen Dienstes überhaupt" hervorgebracht hat. Bürgernähe darf deshalb nicht auf die Frage nach den Kontaktstellen beziehungsweise der Form der Interaktion zwischen Bürger und Verwaltung reduziert werden.

Die Kommunikation zwischen Bürgern und Verwaltung gestaltet sich deshalb so schwierig, weil "viele Mitarbeiter des öffentlichen Dienstes ihre Aufgaben von ihrem Selbstverständnis her nicht als dienende Funktion verstehen, sondern eine gewisse Selbstherrlichkeit und Überheblichkeit bei ihnen festgestellt werden muß. Das läßt sich unter anderem daran ablesen, daß etwa Planungsberichte kaum noch in einem verständlichen Deutsch abgefaßt werden, sondern in irgendeinem 'EDV-Chinesisch' "(S. Uhlig).

Bei einer Verbesserung der Kommunikationsbeziehungen sollte es vorrangig darum gehen, in den "kundenintensiven Verwaltungsbereichen" die personellen Voraussetzungen dafür zu schaffen, daß der Bürger einerseits bei der Wahrnehmung seiner Rechte die nötige Unterstützung findet, ihm aber andererseits auch klar gemacht wird, daß er bestimmten Leistungspflichten unterliegt. Hierbei handelt es sich um eine prinzipielle Aufgabe, die mit dem Einsatz eines bestimmten Instrumentariums - wie zum Beispiel dem "Hilfsmittel EDV" - primär nichts zu tun hat (Hauser).

C)    Unzureichende Finanzausstattung

Die Gründe, warum privatwirtschaftliche Unternehmen durch den Einsatz der EDV "kundenfreundlichere Serviceleistungen" anbieten können als die öffentliche Verwaltung, liegen offensichtlich in den Vorschriften, die die öffentlich Bediensteten dazu veranlassen, Bescheide oder Rechnungen in einer Form auszudrucken, daß sie kein Bürger verstehen kann (Rihaczek).

Wenn die Serviceleistungen in der Wirtschaft besser sind als in der öffentlichen Verwaltung, so ist das in der Regel auf eine anspruchsvollere technische Ausstattung zurückzuführen und damit eine Frage der Kosten. "Wir haben einmal die Kosten in diesem Zusammenhang verglichen und festsstellen können, daß ein Verwaltungsgebäude ungefähr die Hälfte der Kosten eines Wirtschaftsgebäudes, zum Beispiel einer Ölgesellschaft, verursacht" (Becker). "Wir könnten zum Beispiel überall, wo Kraftfahrzeuge an- und umgemeldet werden, mehr Kundenfreundlichkeit praktizieren, wenn wir die Sachbearbeiter mit den dafür zusätzlich erforderlichen technischen Hilfsmitteln ausstatten. Nur würden uns dann diejenigen Bürger einen Riegel vorschieben, die nicht bereit sind, für diese Art von 'Bürgernähe' die erforderlichen Finanzmittel aufzubringen" (Bonin).

D)    Undurchschaubarkeit von Informationssystemen

Es ist die Frage zu stellen, warum die Datenverarbeitungsexperten - wie im Fall des Berliner Gehaltsbescheides - Vordrucke entwickeln müssen, die alles beinhalten, und sich nicht bemühen, stattdessen fünf oder sechs Formulare zu erarbeiten. Dem Verwaltungsbeamten bleibt es überlassen, mit einem derartigen "Überbescheid" klarzukommen und dann auch noch das Kunststück fertigzubringen, daß der Bürger das "frißt" (Krah). "Verantwortlich zu machen sind diejenigen Verwaltungsstellen, die eben einen solchen Bescheid haben wollen, obwohl die Datenverarbeitung ganz andere Möglichkeiten hat" (Fuchs).

Vor dem Einsatz der Informationstechnik sollte zuerst die Frage entschieden werden, welche Probleme mit diesem Mittel gelöst werden sollen. Die politischen Führungskräfte haben es bislang verstanden, dieser Frage auszuweichen und die Diskussion auf die mittleren und unteren

Ebenen der Fachverwaltungen zu verlagern, vermutlich in der Hoffnung, Mißerfolge technischer Entwicklungen auf die ungeliebten "Technokraten" abschieben zu können (Dollenbacher).

Wir sind einfach zu unkritisch in der Übernahme dessen, was uns von den Herstellern angeboten wird. Wir sollten uns selbst überlegen, welchen Weg wir bei Systemverbesserungen beschreiten wollen (Lepper).

Bevor man neue Informationstechniken, sozusagen "auf dem Rücken von uns allen", flächendeckend in die öffentliche Verwaltung einführt, sollte man höhere Anforderungen an die Begründungspflichtigkeit künftiger Projekte stellen. Dies könnte beispielsweise durch den Nachweis entsprechender Ergebnisse aus begleitenden Untersuchungen geschehen (Griese).

E)    "Mehr Anliegengerechtigkeit" beim Einsatz von Informationstechniken?

Die relative Fähigkeit der Verwaltung zur Berücksichtigung individueller Interessen und Anliegen ist mit dem Einsatz der automatischen Datenverarbeitung eher zurückgegangen. Der Einsatz von Computern hat zwar in den letzten Jahren die Erstellung von Steuerbescheiden sichtbar beschleunigt, gleichzeitig aber auch die Fehlerproduktion.

"Aus der Sicht des betroffenen Bürgers, der jedes Jahr wegen gleicher Fehler den gleichen Einspruch erheben muß, besteht hier eine Diskrepanz zwischen der einseitigen Entwicklung 'technischer' gegenüber den vernachlässigten 'menschlichen' Komponenten der Leistungsfähigkeit" (Keim).

Bezogen auf die Aufgaben einer Kommunalverwaltung ist die Unterscheidung zwischen Konditionalprogrammen (Gesetzesvollzug) und Zweckprogrammen zu treffen. Im letzteren Fall werden Anforderungen an die Inhalte der zu treffenden Entscheidungen gerichtet, und hier sollten wir uns die Frage stellen, "ob es wirklich sinnvoll ist, beispielsweise Sozialhilfeberechnung zu programmieren oder stattdessen ein Auskunftssystem für die Mitarbeiter bereitzustellen. 'Mehr Bürgernähe' bedeutet hier einfach, in welcher Weise will ich den Bürger am Entscheidungsprozeß beteiligen?" (Dunker).

Wenn wir im öffentlichen Bereich "Gehaltsbescheide" oder "Wasserrechnungen" haben, die niemand versteht, dann liegt das daran, daß kein "Mittler" zwischengeschaltet worden ist, der dem Bürger diesen Bescheid erklären kann. Dieser Weg wurde bereits bei einigen Versicherungsgesellschaften und Einwohnermeldeämtern erfolgreich beschritten. "Hier wird nicht vom Bürger vorausgesetzt, daß er einen komplexen Bescheid versteht, sondern ein Sachbearbeiter erklärt ihm seine individuellen Fragen mit Hilfe eines Datensichtgerätes" (Fischer).

Die Chancen neuer Informationstechnologien lassen sich überhaupt erst dann für den Bürger voll nutzbar machen, wenn die Technologien mehr ausgeschöpft werden als bisher und zwar so, "daß der Bürger die Daten nur noch entformalisiert bekommt und genauso viel, wie er als Information für sein individuelles Anliegen benötigt" (Martiny).

Es nützt überhaupt nichts, Wünschbarkeitskonzepte zu entwerfen, sondern die entscheidende Aufgabe ist vielmehr darin zu sehen, die Wege herauszufinden, auf denen eine Steigerung technischer Effizienz und qualitative Aspekte im Sinne von "mehr Bürgernähe" realisiert werden können, ohne die Kosten zu erhöhen. Da hierfür keine Patentrezepte zu erwarten sind, gilt es, Forschung und Technologie für dieses Ziel zu mobilisieren. Wir brauchen unter anderem mehr Begleituntersuchungen, die zum Beispiel bei der Einführung von Informationstechniken Akzeptanzfragen untersuchen. "Die Vorstellungen darüber, wie etwas beim Bürger 'ankommt', gehen oft in eine völlig falsche Richtung" (Eisenbeiß).


F)    Zusammenfassung

Zusammenfassend läßt sich aus den unterschiedlichen Stellungnahmen der Seminarteilnehmer herauslesen, daß die Chancen moderner Informationstechniken prinzipiell unstrittig sind.

Hingegen werden dahingehend massive Zweifel angemeldet, daß angesichts der gegenwärtigen Praxis die öffentliche Verwaltung tatsächlich über die erforderliche Flexibilität und den nötigen Einfallsreichtum verfügt, diese Chancen auch im "Dienste des Bürgers" zu nutzen. Das bedeutet offensichtlich, daß zunächst im Vorfeld technischer Optimierungsstrategien die Orientierungsmarken gefunden werden müssen, die Lösungswege aufzeigen,

- welche Bereiche einer angeblich "bürgerfernen Verwaltung" verbessert werden können und sollen und
- wie sich dazu die administrativen und sozialen Probleme und Voraussetzungen bei der Einführung moderner Informationstechniken stellen.

Hier sollten sich die verantwortlichen Politiker, aber auch die Angehörigen des öffentlichen Dienstes insgesamt selbstkritisch fragen oder die Frage gefallen lassen, "was haben wir getan und wo können wir das Unsere tun, daß die Möglichkeiten für eine Verbesserung der Bürgernähe stärker wahrgenommen werden als bisher? Aufgabe dieser Seminardiskussion konnte es nicht sein, die 'zwanzig Regeln' zu entwickeln, nach denen in Zukunft alles vor sich gehen soll. Aber wenn diese Veranstaltung etwas helfen kann, das kritische Bewußtsein für die Möglichkeiten und Probleme einer Verbesserung der Bürgernähe zu schärfen, so sollten wir diesen Beitrag nicht zu gering bewerten" (Becker).

# VIERTER TEIL

# HAUPTVORTRÄGE

# ÜBERLEGUNGEN ZUR EFFEKTIVITÄT NEUER KOMMUNIKATIONSTECHNOLOGIEN IM VERWALTUNGSBEREICH

von Ralf Reichwald, München

## I. Die Textverarbeitung als Anwendungsfeld neuer Systeme der technischen Bürokommunikation

### A) Techniken für den neuen Teletex-Dienst

Von den neuen Kommunikationstechnologien, die in jüngster Zeit als Systeme der Bürotechnik auf den Markt gekommen sind, ist vor allem die Kommunikationstechnik für den sogenannten Teletex-Dienst für den Verwaltungsbereich von großem Interesse.

Die Deutsche Bundespost führt diesen neuen Kommunikationsdienst voraussichtlich im September 1981 ein. Andere europäische Länder werden folgen. Der Teletex-Dienst tritt dann als weltweit standardisierter Telekommunikationsverkehr neben das Fernsprechen, Fernschreiben und das Fernkopieren. [1] Weitere Ergänzungen werden folgen. Zu denken sei hier nur an den Bildschirmtext-Dienst, der die Möglichkeit der Informationsbeschaffung auf elektronischem Wege bietet, oder an elektronische Ablagesysteme mit und ohne Kommunikationsverbund. [2]

### B) Textverarbeitung und -kommunikation

Ich möchte mich bei den folgenden Überlegungen über die Effektivität der technischen Bürokommunikation im Sinne einer Verbesserung des Kosten-Leistungsverhältnisses beispielhaft auf die Kommunikationstechnik für den Teletex-Dienst beschränken, da diese Technologie bezüglich ihres Einsatzes in der privaten wie in der öffentlichen Verwaltung derzeit mit besonderer Aktualität diskutiert wird. [3] Teletex-Geräte sind kommunikationsfähige Speicherschreibmaschinen. Sie können in unterschiedlichen Variationen mehr oder weniger komfortabel ausgestattet sein. Im wesentlichen bietet diese Technik für den Anwender zwei Komponenten: Die Speicherschreibmaschinen-Komponente und die Kommunikationskomponente. Elektronische Speicherschreibmaschinen als Basistechnik des Teletex-Gerätes sind in der Praxis bereits weitgehend bekannt und werden zunehmend eingeführt. Die Kommunikationskomponente ist die eigentliche technische Neuerung, sie ist bildlich gesprochen ein technischer Zusatz. Dieser Kommunikationszusatz übernimmt die Funktion eines elektronischen Briefkastens. Über den Kommunikationszusatz können Briefe, die mit der Textstation erstellt worden sind, elektronisch

versendet werden. Elektronisch eingehende Briefe werden im Kommunikationszusatz zwischen-
gespeichert, bis sie über das Textsystem ausgedruckt werden.


## C)    Technologie für den Schreibdienst

Die so beschriebenen Systeme der Textkommunikation sind in erster Linie Technologien für den
Schreib- beziehungsweise Sekretariatsarbeitsplatz. Der wesentliche Unterschied der Teletex-
Technik zum Fernschreiber besteht darin, daß Textbearbeitung und -versendung entkoppelt sind.

Man kann davon ausgehen, daß die herkömmliche Schreibmaschine mehr und mehr durch die
kommunikationsfähige Speicherschreibmaschine ersetzt wird, das heißt die Teletex-Technik wird
zur Standardausstattung eines Schreib- oder Sekretariatsarbeitsplatzes gehören. [4]

Die Prognosen über die Verbreitungsgeschwindigkeit der kommunikationsfähigen Speicher-
Schreibmaschine sind unterschiedlich. Relativ einheitlich wird jedoch vorhergesagt, daß die
Einführung der elektronischen Textkommunikation erhebliche Veränderungen für die Arbeitsabläufe, die Organisationsstruktur und für die Arbeitsplatzbedingungen im Verwaltungsbereich mit
sich bringen wird. [5]


## II.    Mögliche Beiträge der technischen Kommunikation für eine Verbesserung der Arbeits-
## abwicklung im Verwaltungsbereich

## A)    Rationalisierungsobjekt "Schreibdienst"

Die Schreib- und Sekretariatsdienste sind seit einigen Jahren bevorzugtes Objekt von Rationali-
sierungsbemühungen im Verwaltungsbereich. [6] Die Ziele der Rationalisierung, die insbesondere
auch für die öffentliche Verwaltung genannt werden, richten sich auf eine Vereinfachung und
bessere Durchschaubarkeit der Verwaltungsabläufe, Verminderung der Verwaltungskosten und
nicht zuletzt auf eine Verbesserung der Funktionstüchtigkeit und Flexibilität von Behörden.

Eine Neuorganisation der Schreibdienste wurde auf Bundesebene wie auch im Bereich der
Landes- und Kommunalverwaltungen besonders von den Rechnungshöfen gefordert. Das von den
Rechnungshöfen beeinflußte Rationalisierungsprogramm erfolgte mit der Zielsetzung, unter
Verwendung moderner Technologien der Textverarbeitung den Schreibdienst wirtschaftlicher zu
gestalten. [7] An diesem Beispiel läßt sich zeigen, welche steuernden Wirkungen das Verständnis
vom Inhalt der Wirtschaftlichkeit hat. Einerseits werden zentralisierte Schreibpools für die
wirtschaftlichste Schreibdienstorganisation gehalten, andererseits bildet die zentrale Schreibdienstorganisation die Voraussetzung für die vermeintliche Vorteilhaftigkeit moderner Textverarbeitungssysteme.

## B)  Wirtschaftlichkeitsdenken im Haushaltsrecht

Die Grundüberlegung, haushaltswirksame Entscheidungen im öffentlichen Sektor dem Wirtschaftlichkeitsprinzip zu unterwerfen, ist im Haushaltsrecht verankert.

Nach den Vorschriften des Haushaltsrechts sind für Reorganisationsprozesse im Sinne von Maßnahmen und Programmen (zum Beispiel § 7 BHO) Wirtschaftlichkeitsberechnungen anzustellen. Die vorläufigen Verwaltungsvorschriften zu § 7 Bundeshaushaltsordnung (VVBHO) beschreiben sogar weitgehend die dabei anzulegenden Verfahren für die Planungs- und Evaluierungsrechnung. Nicht festgelegt ist dagegen, welche Größen als Leistungen und Kosten in derartige Wirtschaftlichkeitsberechnungen eingehen müssen. Hierin liegt das Problem für die ökonomische Entscheidungsfindung im öffentlichen Verwaltungsbereich. [8]

Als Leistungs- und Kostenkomponenten können unterschiedliche Inhalte Eingang in Planungs- und Evaluierungsrechnungen finden. Der Wirtschaftlichkeitsinhalt beeinflußt dann nicht nur die Entscheidungen für die Beschaffung neuer Technologien für den Verwaltungsbereich, er wirkt insbesondere steuernd hinsichtlich der Nutzungskonzeption, das heißt der organisatorischen Einbettung der Technik und der damit verbundenen Folgewirkungen für die Organisation und die Arbeitsbedingungen. Freilich sind diese Komplexe inhaltlich nicht zu trennen. Eine Wirtschaftlichkeitsrechnung für ein Techniksystem ergibt ohne Einbeziehung des organisatorischen Kontextes für den Verwaltungsbereich wenig Sinn.

## C)  Organisationsform und Kommunikationseffekte

Für den Einsatz der neuen Systeme der technischen Kommunikation im Schreibdienst und die Entfaltung möglicher Rationalisierungseffekte ist die Organisationsform des Schreibdienstes von erheblicher Bedeutung. Organisatorische Nebenbedingungen wie zum Beispiel der Formalisierungsgrad der Beziehung zwischen Schreibdienst und Sachbearbeitung, die Aufgabenstruktur des Schreibdienstes, der Organisiertheitsgrad des Schreibdienstes und seine gesamtbehördliche Aufhängung, die räumliche und organisatorische Nähe zur Sachbearbeitung, die Qualifikation der Schreib- und Sekretariatskräfte, vor allem aber das Maß an inhaltlicher Einbeziehung des Schreibdienstes in die Sachbearbeitung bilden entscheidende Voraussetzungen für die Nutzung der technischen Kommunikation zur Verbesserung der Arbeitsabwicklung in der Sachbearbeitung und im Bereich der Textverarbeitung.

Welches sind die möglichen Effekte, die sich unmittelbar leistungsverbessernd im Schreib- beziehungsweise Sekretariatsdienst und in der Sachbearbeitung niederschlagen können?

D)     Effekte für den Schreibdienst

Für den Schreibdienst ergeben sich Vorzüge aus der neuen Textbearbeitungstechnologie bei der Texterstellung, der Textveränderung und der Schriftbildgestaltung. Die Kommunikationskomponente bietet dagegen die Möglichkeit einer schnellen Textübertragung und eines Textempfangs auch bei Abwesenheit. Jeder Kommunikationsvorgang wird technisch protokolliert, so daß technisch übertragene Texte etwa den Charakter von "Einschreibbriefen" besitzen.

E)     Effekte für die Sachbearbeitung

Die besonders durchschlagenden Effekte liegen allerdings bei der Sachbearbeitung. Zum einen bestehen leichtere Möglichkeiten, Texte nachträglich zu verändern oder zu ergänzen, ein Vorzug der sich zum Beispiel auch bezüglich der Nutzungsbereitschaft des Diktiergerätes auswirken wird.

Die Kommunikationskomponente der Teletex-Technik bietet neue Wege für die Aufgabenabwicklung. Geht man davon aus, daß im behördlichen Bereich (zum Beispiel bei Obersten Bundesbehörden) der innerorganisatorische Schriftverkehr bis zu 60 Prozent des gesamten schriftlichen Kommunikationsaufkommens ausmacht, so bietet sich hier ein interessantes Anwendungsfeld der technischen Kommunikation. Es können nicht nur Informationen leicht und schnell auch an einen größeren Teilnehmerkreis verteilt werden; es besteht auch die Möglichkeit, den Dienstweg zu verkürzen, indem für ein und denselben Schriftvorgang parallel alle einzuschaltenden Instanzen beschickt werden. Abstimmungsprozesse zum Beispiel bei gemeinschaftlicher Erarbeitung von Schriftgut, Dokumenten, Verträgen, Verordnungen können über den technischen Kommunikationskanal erheblich verkürzt und erleichtert werden. Gerade bei großen Gruppen, die in bestimmte Vorgänge einbezogen werden müssen, bieten sich für Koordinations- und Abstimmungsprozesse Effektivitätsvorteile. In dem Maße, wie sich auch die Führung großer Gruppen über das technische Medium vorteilhafter gestalten läßt, besteht für die Geführten das Problem in stärkerem Maße eingebunden zu werden. Das Kontrollniveau erhöht sich, es gibt so etwas wie einen "technischen Zwang zur schnellen Reaktion".

Ebenso wichtig wie der Geschwindigkeitsvorteil ist für den behördlichen Abwicklungsprozeß die Frage der Sicherheit und Dokumentierbarkeit bei der Weitergabe von Informationen. Über die technische Protokollierung jedes versendeten Schriftstücks und die Möglichkeit, den Briefempfang auch an unbediente Kommunikations-Stationen sicher versenden zu können, gewinnt der elektronisch versendete Brief den Charakter eines sicheren und dokumentierten Verwaltungsaktes. Hier liegt der besondere Vorzug gegenüber der telefonischen Kommunikation. Es kann sogar damit gerechnet werden, daß im behördlichen Bereich die Textkommunikation die telefonische Kommunikation in gewissen Grenzen substituieren wird.

## F) Effekte für die Organisationsstruktur und Prämissen

Diese beispielhaft aufgezeigten Möglichkeiten lassen erkennen, daß die technische Kommunikation für den behördlichen Bereich Möglichkeiten für eine einfachere, sichere und flexiblere Sachbearbeitung bieten kann. Eine Erhöhung der behördlichen Reagibilität und Flexibilität durch technische Kommunikation ist aber davon abhängig, daß der Sachbearbeiter als unmittelbarer Techniknutzer über ein gewisses Ausmaß an Entscheidungsspielraum verfügt. Ohne delegierte Entscheidungsautonomie kann die Technikausstattung in der Sachbearbeitung nur wenig Wirkung zeigen. [9]

Ähnlich verhält es sich mit den Formalvorschriften über die Schriftgut- und Ablageorganisation im behördlichen Bereich. Hier werden sicherlich Änderungen der internen Verwaltungsvorschriften erforderlich (Kanzleivorschriften, Gemeinsame Geschäftsordnung der Bundesministerien oder Geschäftsverteilungsplan).

Ungelöste Probleme bilden für die Einführung der technischen Kommunikation im behördlichen Bereich noch immer die fehlende Unterschrift und die Einhaltung der Vertraulichkeit bei technisch versendeten Vorgängen. Es wird deshalb noch eine gewisse Übergangszeit brauchen, ehe die technische Textkommunikation zum behördlichen Standard wird. Um so mehr sollte diese Zeit genutzt werden, ökonomisch weitsichtige und vorteilhafte Nutzungskonzepte für die technische Kommunikation im behördlichen Bereich zu finden.

## III. Nutzungskonzepte der technischen Kommunikation und Realeffekte

Die oben aufgezeigten Vorzüge, die der Einsatz der technischen Kommunikation im Verwaltungsbereich grundsätzlich leisten könnte, werden nicht in jedem Falle wirksam. Die realen Effekte hängen vielmehr davon ab, _wie_ die technische Kommunikation _organisatorisch eingebettet_ wird. In Abhängigkeit der Nutzungskonzeption, das heißt in Abhängigkeit der Organisationsform des Schreibdienstes können die Effekte mehr oder weniger wirksam werden. Abbildung 1 und Abbildung 2 verdeutlichen diesen Zusammenhang in stark vereinfachender Form.

## A) Dezentrales Nutzungskonzept

Der Einsatz der Techniksysteme in einem _dezentralisierten_ Schreibdienst, verbunden mit kurzen Wegen zwischen Sachbearbeitung und Schreibarbeitsplatz bietet unter bestimmten _zusätzlichen_ Voraussetzungen die Möglichkeit einer hohen Entfaltung der Vorzüge für Abstimmungs- und Koordinationsprozesse, für eine erleichterte, schnelle und sichere Aufgabenabwicklung im Sachbearbeitungsbereich. Neben den Merkmalen der organisatorischen und räumlichen Dezentralisierung sind als weitere organisatorische Bedingungen erforderlich: Zum Beispiel ein niedriger Formalisierungsgrad der Kommunikations- und Schriftgutabwicklung, ein persönliches Zuordnungsverhältnis von Sachbearbeiter und Schreibkraft, ein gewisses Maß an Entscheidungsautonomie beim Sachbearbeiter und auch bei der Schreibkraft, ein hoher Organisiertheitsgrad des gesamten Schreibdienstes in einer Behörde und die sachlich-inhaltliche Einbeziehung der Schreibkräfte in die Aufgabenabwicklung der Sachbearbeitung.

## B)  Zentrales Nutzungskonzept

Demgegenüber steht der technisch ausgestattete zentrale Schreibdienst, für den eine inhaltliche Spezialisierung und Abkoppelung von der Sachbearbeitung typisch ist (Abbildung 2). In der Regel besteht bei zentraler Schreibdienstorganisation ein hoher Formalisierungsgrad für die Schriftguterstellung und Schriftgutversendung.

Unter diesen Bedingungen bringt die technische Kommunikation kaum Wirkungen für die Sachbearbeitung. Für den bevorstehenden Schritt zur technischen Kommunikation bildet die zentrale Schreibdienstorganisation ein wesentliches Akzeptanzhindernis.

Dennoch ist die Gefahr groß, daß die Schreibdienstzentralisierung im öffentlichen Verwaltungsbereich weiter vorangetrieben wird und daß die Kommunikationstechnik im zentralen Schreibdienst eingesetzt wird. Diese Gefahr ergibt sich aus dem Wirtschaftlichkeitsverständnis, das im öffentlichen Bereich vielfach auf der Ebene der Organisatoren und Berater, mindestens aber bei den Rechnungshöfen noch immer vorherrscht. [10]

## IV.  Wirtschaftlichkeitsindikatoren als Entscheidungsgrundlage für Technikeinsatz und Rationalisierungskonzeption

Die Zerschlagung der inhaltlichen Teamstrukturen zwischen Sachbearbeitung und Schreibdienst, die Entmischung der Schreibarbeitsplätze und die Ausstattung des Schreibpools mit neuer Technologie erfolgte in den vergangenen Jahren als behördliches Rationalisierungsprogramm zur Verbesserung der Wirtschaftlichkeit der Schreibdienste.

## A)  Zweifelhafte Vorteilhaftigkeit des zentralen Schreibdienstes

Die von allen erkannten Nachteile für die Arbeitsplatzbedingungen im zentralen Schreibdienst wurden wegen der vermeintlichen ökonomischen Vorzüge derartiger Organisationsformen in Kauf genommen. [11] Anhand von Kosten/Leistungs-Relationen belegt eine Studie des Bundesrechnungshofes von 1975, daß zentrale Schreibdienstorganisationen allen anderen Formen wirtschaftlich weit überlegen sind. [12)]

Eine neuere empirische Untersuchung über die Wirtschaftlichkeit der Schreibdienste in Obersten Bundesbehörden, die einen Wirtschaftlichkeitsvergleich zwischen zentralen und dezentralen Schreibdienstorganisationen vornimmt, kommt zu einem anderen Ergebnis. Danach weisen zentrale Schreibdienste gegenüber dezentralen Organisationsformen keine Wirtschaftlichkeitsvorteile auf. [13)] Die Erklärung für diese unterschiedliche Beurteilung liegt im Wirtschaftlichkeitsinhalt.

## B) Wirtschaftlichkeitsinhalte als Auswahlproblem

Der Begriff "Wirtschaftlichkeit" ist weder in der Betriebswirtschaftslehre noch in der Verwaltungslehre inhaltlich festgelegt. [14)] Formal wird in der Betriebswirtschaftslehre unter Wirtschaftlichkeit der Quotient aus Leistungen und Kosten verstanden. [15)] Die Erfassung der Leistung und der Kosten wirft zahlreiche Operationalisierungs- und Bewertungsprobleme auf. Soll die Wirtschaftlichkeit einer behördlichen Schreibdienstorganisation beurteilt werden, so geht es um die Beurteilung der Beiträge, die die Teilorganisation zur Erfüllung des Leistungsprogramms der Gesamtbehörde einbringt, und um die Kosten für diese Beiträge.

Die Frage, welche Kosten- und Leistungseffekte in eine derartige Wirtschaftlichkeitsbetrachtung einfließen, hängt unter anderem vom Erhebungsaufwand ab und ist letztlich ein Auswahlproblem. [16)] In Abhängigkeit dieser Auswahl kann allerdings das Wirtschaftlichkeitsurteil sehr unterschiedlich ausfallen. Abbildung 3 zeigt diesen organisatorischen Zusammenhang einer Wirtschaftlichkeitsbetrachtung von Reorganisationsprozessen in einem organisatorischen Teilbereich (hier: Schreibdienstorganisation) auf.

## C) Rationalisierung und Rationalisierungsnachweis

Versteht man Rationalisierung als eine neue Kombination von Produktionsfaktoren, die bezüglich der Verwirklichung des behördlichen Sachprogramms zu einer wirtschaftlicheren Lösung führt als andere bekannte Kombinationen, so können sich Rationalisierungserfolge in quantitativen und/oder qualitativen Leistungseffekten sowie in Kosteneffekten auf verschiedenen Ebenen der Organisation niederschlagen.

Quantitative Rationalisierungseffekte drücken sich zum Beispiel in Produktivitätssteigerungen eines Arbeitsplatzes oder eines Organisationsbereichs (zum Beispiel Schreibdienst) aus. Qualitative Effekte betreffen dagegen die strukturellen Merkmale einer Organisation wie zum Beispiel die Leistungsfähigkeit, die Funktionstüchtigkeit oder das Flexibilitätspotential.

Die Auswirkungen auf das Kosten- und Leistungsverhältnis einer Behörde, die durch den Einsatz der Kommunikationstechnik im Schreibdienst bewirkt werden, können sich in qualitativen und quantitativen Effekten auf unterschiedlichen Ebenen der Gesamtorganisation niederschlagen.

D)    Kosten- und Leistungseffekte auf mehreren Organisationsebenen

Einmal können Kosten- und Leistungseffekte am Einsatzort der Technik, nämlich am Schreibarbeitsplatz oder Sekretariatsarbeitsplatz selbst entstehen (Ebene I). Zum anderen können aber auch, wie oben gezeigt wurde, Kosten- und Leistungseffekte außerhalb des Einsatzortes, nämlich beim Sachbearbeiter entstehen (Ebene II). Es können sich positive und negative Auswirkungen des Technikeinsatzes auch in den langfristigen Nebenbedingungen einer Organisation niederschlagen (Ebene III). Schließlich gibt es Auswirkungen auf den Arbeitsmarkt oder auf den Sozialträger, die vom Technikeinsatz ausgehen können und die sich auf die Gesellschaft (Ebene IV) niederschlagen. Abbildung 4 zeigt ein System von Kosten- und Leistungsindikatoren auf vier Wirtschaftlichkeitsebenen, das mögliche Effekte der Kommunikationstechnik beispielhaft angibt.

Für die Frage der Wirtschaftlichkeitsanalyse kommt es nun darauf an, welche Indikatoren auf welchen Ebenen in den Wirtschaftlichkeitsansatz eingehen und welche nicht. Selbstverständlich ist diese Frage in der Organisationspraxis eng damit verbunden, welcher Aufwand für die Erfassung der Leistungs- und Kosteneffekte betrieben werden kann, das heißt welche Größen leicht erfaßt und bewertet werden können.

## V.    Ein Vier-Ebenen-Modell der Wirtschaftlichkeitsbetrachtung

Wie bereits ausgeführt, kann der Einsatz neuer Systeme der Kommunikationstechnik im Schreibdienst Rationalisierungseffekte im quantitativen Bereich und vor allem im qualitativen Bereich nach sich ziehen. Die Auswirkungen sind dabei unterschiedlich, je nachdem, mit welcher organisatorischen Nutzungskonzeption der Technikeinsatz verbunden ist, das heißt welche organisatorischen Merkmale der Schreibdienstorganisation mit dem technischen Nutzungspotential zusammenwirken.

A)     Effekte am Einsatzort der Technik (Isolierte Wirtschaftlichkeit)

Auf der Ebene I können sich Veränderungen im Kosten-Leistungsverhältnis am Einsatzort selbst niederschlagen. So kann sich zum Beispiel die Menge und Art des erstellten Schriftgutes verändern, die Schriftgutqualität, die Fehlerquote, die Mängelliste, das schriftliche Kommunikationsaufkommen als Ergebnis von Substitutionsprozessen, die durchschnittliche Schreibzeit für einen Schreibvorgang, die Schreibzeit insgesamt; die Verweilzeit von Schriftgut im Schreibdienst; sowie die Art und Menge anderer Vorzimmertätigkeiten. Als Kosteneffekte können sich einstellen: Veränderte Personalkosten und Personalnebenkosten (tarifliche Eingruppierung!), Ausstattungskosten, Kosten für die Teletexleitung, Teletexversendung (Tagtarif, Nachttarif), Kosten für die Ausbildung und Weiterqualifizierung neben den sonstigen Kosten für die Schreibdienstleitung, Schreibdienstkoordination etc. Die Gegenüberstellung dieser Leistungs- und Kostengrößen bildet zwar einen wichtigen Gesichtspunkt für die Beurteilung der wirtschaftlichen Vorteilhaftigkeit des Einsatzes neuer Kommunikationsdienste. Es ist jedoch gefährlich, die Entscheidung über so weitreichende Programme allein auf derartigen Größen aufzubauen, da die Effekte auf das organisatorische Umfeld des Einsatzortes außer Ansatz bleiben. Das Kosten-Leistungsverhältnis von Größen, die unmittelbar am Einsatzort (Sekretariats- und Schreibarbeitsplatz) entstehen und erfaßt werden können, wird deshalb als die "isolierte Wirtschaftlichkeit" bezeichnet.


B)     Effekte im organisatorischen Umfeld (Erweiterte Wirtschaftlichkeit)

Es wurde bereits darauf hingewiesen, daß die durchschlagenden Effekte der Kommunikationstechnik bei bestimmten dezentralen Nutzungskonzepten vor allem im Bereich der Sachbearbeitung, das heißt im organisatorischen Umfeld des Schreibdienstes zur Wirkung kommen können (Ebene II). Die Einbeziehung zusätzlicher Kosten- und Leistungseffekte im Bereich der Sachbearbeitung in einer Wirtschaftlichkeitsrechnung wird daher als "erweiterte Wirtschaftlichkeit" bezeichnet. Leistungseffekte können sich ergeben, indem sich die Tätigkeitsstruktur in der Sachbearbeitung verändert. Die Kommunikationstechnik bietet vor allem Möglichkeiten verbesserter Arbeitsabwicklung durch eine schnellere und sichere Abstimmung, Koordination und Informationsversorgung. Leistungseffekte in der Sachbearbeitung können sich also einstellen durch Veränderung der Tätigkeitsabläufe, Verkürzung von Durchlaufzeiten, Erhöhung der Produktivität für die einzelnen Tätigkeitsarten, Erhöhung der Bearbeitungs- und Entscheidungsqualität, Verbesserung der Informationsversorgung und Erreichbarkeit.


Kosteneffekte im Sachbearbeitungsbereich können sich einstellen durch Veränderungen der Kostenstruktur und der Kosten für die Informationsbeschaffung, Kosten des Eigentransports von Schriftgut, Kosten für die Überwälzung von Leistungen aus der Schreibdienstorganisation in den Bereich der Sachbearbeitung oder umgekehrt (wie dies zum Beispiel bei einer Zentralisierung der

Schreibdienste geschieht, wenn Büroarbeiten oder Schriftguterstellung auf die Sachbearbeiter überwälzt werden). Andere Kostengrößen bilden beispielsweise Kosten für Mängel und Fehler bei der schriftlichen Kommunikation sowie Kosten der Nichterreichbarkeit. Die Einbeziehung auch dieser Leistungs- und Kosteneffekte in Wirtschaftlichkeitsüberlegungen wird als "erweiterte Wirtschaftlichkeit" angesehen.

C)    Effekte im Bereich der organisatorischen Nebenbedingungen (gesamtorganisatorische Wirtschaftlichkeit)

Es hat sich im Zusammenhang mit dem Einsatz der Informationstechnologie im Verwaltungsbereich als ökonomisch verhängnisvoll erwiesen, daß Wirtschaftlichkeitsberechnungen etwa für den Einsatz der elektronischen Datenverarbeitung oder den Einsatz der modernen Dokumentationstechnik die langfristigen Folgewirkungen für die Funktionstüchtigkeit von Organisationen nicht berücksichtigt haben. [17] Auswirkungen auf die Flexibilität und auf die Sozialsituation betreffen die organisatorischen Nebenbedingungen (Ebene III).

Durch den Einzug der Informationstechnologie in die öffentliche Verwaltung hat sich in der Regel die Flexibilität vermindert. Die Reaktions- und Anpassungszeiten bei unvorhergesehenen Ereignissen und Störungen sind erheblich angestiegen. Die Prozesse der Informationsverarbeitung sind bürokratischer geworden.

Dieser Gesichtspunkt verdient heute besonders beachtet zu werden, wenn im Zusammenhang mit dem Einsatz der Kommunikationstechnik im Verwaltungsbereich die strukturellen Merkmale, die Nebenbedingungen für die Leistungsfähigkeit von Verwaltungsorganisationen gezielt verbessert werden können. Die langfristigen Nebenbedingungen für die Leistungsfähigkeit werden besonders geprägt durch die Flexibilität und das Sozialklima einer behördlichen Organisation. [18]

Die organisatorische Flexibilität wird in erheblichem Maße bestimmt durch die Möglichkeiten für Koordination und Abstimmung, das heißt der Reaktionsfähigkeit in bestimmten Ausnahmesituationen. Die Erfassung des Flexibiltitätspotentials für eine Behörde kann nicht in generalisierter Form erfolgen. In Abhängigkeit des Sachprogramms und der situativen Merkmale einer behördlichen Organisation kann ein unterschiedlicher Flexibilitätsbedarf bestehen. Entsprechend diesem Bedarf kann durch die Organisationsmerkmale ein unterschiedliches Flexibilitätsangebot bestehen. Abbildung 5 zeigt eine beispielhafte Liste von Indikatoren, die den Flexibilitätsbedarf und das Flexibilitätsangebot einer Organisation angeben sollen.

Der Quotient aus Flexibilitätsbedarf und Flexibilitätsangebot, operationalisiert über die beispielhaften Indikatoren der Abbildung 5, gilt als Maß für Flexibilitätsveränderungen. Für den Einsatz neuer Systeme der technischen Kommunikation im öffentlichen Verwaltungsbereich gilt es zu erfassen, in welchem Ausmaß das Flexibilitätsangebot erhöht werden kann.

Den Flexibilitätsverbesserungen müssen bei einer Wirtschaftlichkeitsbetrachtung die Kosten für die Bereitstellung von Flexibilität beziehungsweise die (Folge-)Kosten einer organisatorischen Inflexibilität gegenübergestellt werden, was besonders für den zweiten Fall nicht unerhebliche Probleme aufwirft.

Die Probleme der Operationalisierung der Messung und Bewertung von Leistungs- und Kostenindikatoren werden tendenziell von Ebene I bis zur Ebene III immer größer. Trotzdem läßt sich die ökonomische Vorteilhaftigkeit der technischen Kommunikation für das Leistungs- und Kostengefüge von Verwaltungsorganisationen auf lange Sicht nur richtig beurteilen, wenn in Wirtschaftlichkeitsrechnungen die Auswirkungen auf die Organisationsstruktur und die Arbeitssituation einbezogen werden. Die zusätzliche Einbeziehung von Kosten- und Leistungseffekten auf der Wirtschaftlichkeitsebene III wird daher als "gesamtorganisatorische Wirtschaftlichkeit" bezeichnet.

D)	Organisationsexterne Effekte (gesamtgesellschaftliche Wirtschaftlichkeit)

Neben den Auswirkungen, die die technische Kommunikation auf das Kosten-Leistungsgefüge einer Behörde haben kann, wirken gesamtwirtschaftlich spürbare Effekte über die einzelne behördliche Organisation hinaus. Dies ist besonders dann der Fall, wenn Maßnahmen auf ganzheitliche Bereiche abzielen, wie dies im Falle der Schreibdienstrationalisierung Oberster Bundesbehörden geschah. [19] Bei derartigen Programmen wird deutlich, daß Rationalisierungsmaßnahmen im öffentlichen Bereich spürbare soziale Kosten- und Nutzeneffekte nach sich ziehen können. [20] Positive Effekte können zum Beispiel durch Veränderungen der Arbeitsqualifikation, durch Substitution materiellen Verkehrs im Kommunikationswesen, durch Dezentralisierung der nationalen Arbeitsorganisation (Möglichkeiten der Entballung von Verwaltungszentren) entstehen.

Soziale Kosten können entstehen durch die Freisetzung von Arbeitskräften, Umschulungsprogramme, Kosten der Dequalifizierung, Anfälligkeit und Verletzbarkeit der Wirtschaft bei energieverbrauchenden Technologien, schließlich Kosten im Gesundheits- und Sozialwesen.

E)    Anwendung des Vier-Ebenen-Modells der Wirtschaftlichkeit

Das aufgezeigte Vier-Ebenen-Schema der Wirtschaftlichkeit wurde entwickelt und erstmals angewandt für den Wirtschaftlichkeitsvergleich alternativer Schreibdienstorganisationen in Obersten Bundesbehörden.

Das Indikatorensystem der Abbildung 4 sowie die Indikatoren der Abbildung 5 liegen in ähnlicher Form einer derzeit laufenden empirischen Untersuchung über die Auswirkungen der technischen Bürokommunikation auf Organisationsstruktur, Arbeitsinhalte und Wirtschaftlichkeit von Verwaltungsorganisationen zugrunde. [21]

## VI.    Die dysfunktionale Lenkungsfunktion verkürzter Wirtschaftlichkeitsinhalte

A)    Probleme bei der Erfassung und Bewertung von Effekten

Die technische Kommunikation kann das Kosten-/Leistungsgefüge auf unterschiedlichen Ebenen verändern. Es wurde im einzelnen gezeigt, daß sich die Erfassung einzelner Effekte nur mit erheblichen Meß- und Bewertungsschwierigkeiten durchführen läßt. Je mehr die qualitativen Merkmale in den Vordergrund rücken (insbesondere Leistungseffekte auf den Ebenen II und III) um so schwerer wird es, die Wirtschaftlichkeitsvorteile rechenbar und damit nachweisbar zu machen.

Angesichts dieser Problematik ist es verständlich, wenn sich bei Rationalisierungsvorgängen im Verwaltungsbereich die Organisatoren, Organisationsberater und Rationalisierungsfachleute gerne auf einfach quantifizierbare Größen beschränken und Wirtschaftlichkeitsanalysen in verkürzter Form auf der Grundlage leicht erfaßbarer und plausibler Indikatoren durchführen.

Der Legitimationszwang vor der Durchführung von Rationalisierungsmaßnahmen, das Bedürfnis nach rechenbaren Erfolgskontrollen und das Fehlen einer systematischen Rechnungslegung im öffentlichen Organisationsbereich [22] verleiten in der Praxis häufig zu Strategien der einfachen Zahl und der Beschränkung auf isolierte Wirtschaftlichkeitsbetrachtungen.

B)    Vereinfachungsstrategien der Wirtschaftlichkeitsrechnung

In der Praxis dominieren Vereinfachungsstrategien, die von bestimmten Fiktionen für die Organisation ausgehen und dabei scheinbar objektive Rationalisierungsnachweise erbringen. Derartige Strategien, die auf zumeist unrealistischen Prämissen aufbauen, verleiten den Organisator zu Lösungen, die aus ökonomischer Sicht erhebliche Gefahren mit sich bringen.

Die in der Praxis verbreiteten Vereinfachungsstrategien bei Wirtschaftlichkeitsrechnungen und Erfolgskontrollen sind:

- Die Fiktion der Leistungsäquivalenz,
- die Fiktion der Leistungsrepräsentanz,
- die Fiktion der Leistungsisolierung. [23)]

## 1. Leistungsäquivalenz

Bei der Fiktion der Leistungsäquivalenz wird davon ausgegangen, daß durch Reorganisation bestimmter organisatorischer Teilbereiche die Leistungsstruktur unverändert bleibt. Eine Rationalisierungsentscheidung wird ausschließlich auf der Grundlage eines Kostenvergleichs getroffen. Die Leistungsindikatoren werden als konstant betrachtet. Es wird unterstellt, daß sich im Leistungsgefüge keine Veränderungen ergeben. Offen bleibt dabei, welche Kostengrößen in eine Wirtschaftlichkeitsrechnung einfließen (vergleiche Kostenindikatoren der Ebene I - IV). Die Problematik für die Anwendung dieser Vereinfachungsstrategie liegt darin, daß gerade im Zusammenhang mit Technikeinsatz häufig organisatorische Begleitmaßnahmen einhergehen, die das Leistungsgefüge einer Organisation verändern. Beispiele bilden die Einführung der Datenverarbeitung oder die Einführung der Textverarbeitung verbunden mit zentralistischen Organisationsmodellen. Wirtschaftlichkeitsanalysen für die behördliche Einbettung der technischen Kommunikation auf der Basis dieser Fiktion kommen nur dann zum positiven Urteil, wenn nachweisbar über den Einsatz der neuen Technologie Kosten eingespart werden können. Grundsätzlich kann dieser Nachweis eher für zentralistische Einsatzkonzepte mit einer hohen Technikauslastung erbracht werden als für dezentrale Nutzungskonzepte.

## 2. Leistungsrepräsentanz

Bei der Vereinfachungsstrategie der Leistungsrepräsentanz wird aus der Vielzahl möglicher Leistungsindikatoren eine einzige Größe herausgegriffen, die besonders plausibel erscheint und einfach zu erfassen ist. Dabei wird unterstellt, daß diese Größe als Leistungsindikator repräsentativ für alle anderen Leistungsindikatoren ist. Der Wirtschaftlichkeitsvergleich erfolgt dann auf der Grundlage der Gegenüberstellung des ausgewählten Indikators mit den Kosten dieser Organisationsalternative. Diese Strategie wird in der Praxis gewählt, wenn etwa die Wirtschaftlichkeit der Datenverarbeitung durch das Verhältnis von Rechenvorgängen zu Arbeitsplatzkosten oder wenn die Wirtschaftlichkeit des Schreibdienstes durch das Verhältnis von Anschlagleistung zu Arbeitsplatzkosten berechnet werden soll. Nach wie vor bildet die Anschlagleistung die in der Praxis vorherrschende Größe für die Wirtschaftlichkeitsbeurteilung der Schreibdienste. Die Gefahr dieser Strategie besteht darin, daß qualitative Leistungsmerkmale und Leistungsüberwälzungen bei der ökonomischen Bewertung außer Ansatz bleiben.

Der Strategie der Leistungsrepräsentanz ist es vor allem zuzuschreiben, daß die Studie des Bundesrechnungshofes über behördliche Schreibdienstorganisationen, die als Leistungsindikator die Anschlagleistung wählt, den zentralen Schreibdienst favorisiert.

Wirtschaftlichkeitsbetrachtungen dieser Art würden für die Einbettung der technischen Kommunikation im behördlichen Bereich zweifellos dazu führen, daß kommunikationsfähige Textverarbeitungssysteme nach dem bekannten Organisationsmodell des Fernschreibers implementiert werden.

Die Problematik dieser Vereinfachungsstrategie liegt darin, daß alle im Zusammenhang mit Technikeinsatz und Reorganisation von Schreibdiensten verursachten Überwälzungen von Leistungen und Kosten auf das organisatorische Umfeld unberücksichtigt bleiben. So konnte beispielsweise beim Wirtschaftlichkeitsvergleich zwischen alternativen Schreibdienstorganisationen in Obersten Bundesbehörden nachgewiesen werden, daß in Behörden mit zentralem Schreibdienst bis zu 20 Prozent des Schriftgutes auf das Schreibdienstumfeld überwälzt wird. Ebenso stellt sich heraus, daß die Durchlaufzeiten der Schriftguterstellung und damit die Durchlaufzeiten für die Sachbearbeitung erheblich höher liegen als bei anderen Schreibdienstorganisationen und daß ein erheblicher Teil der Büroarbeiten bei zentralen Schreibdienstorganisationen von Sachbearbeitern durchgeführt wird. Dies zeigt, daß mit einer Zentralisierung des Schreibdienstes vor allem Leistungsüberwälzungen verbunden sind.

3.    Leistungsisolierung

Eine dritte in der Praxis weitverbreitete Fiktion der Vereinfachung von Wirtschaftlichkeitsrechnungen betrifft die Isolierung eines organisatorischen Teilbereichs aus dem gesamtorganisatorischen Kontext. Bei Reorganisationsprozessen wird davon ausgegangen, daß für das Kosten- und Leistungsgefüge zwischen dem reorganisierten Teilbereich und dem organisatorischen Umfeld keine Wechselbeziehungen bestehen.

Würde diese Strategie den Wirtschaftlichkeitsüberlegungen für den Einsatz der technischen Kommunikation im behördlichen Bereich zugrunde gelegt, so kämen nur solche Effekte zur Betrachtung, die sich unmittelbar am Einsatzort, nämlich am Schreibarbeitsplatz niederschlagen. Die wesentlichen Vorzüge der technischen Kommunikation für die Sachbearbeitung und für die Organisationsstruktur bleiben dabei außer Ansatz. Auch nach dieser Strategie würden daher zentralistische Nutzungskonzepte begünstigt, die pro Arbeitsplatz hohe Produktivitätsverbesserungen (in Form von Anschlagszahlen oder Kommunikationsvorgängen) bei spezialisierten Arbeitsinhalten gewährleisten.

## 4.  Dysfunktionale Lenkung

Die aufgezeigten Vereinfachungsstrategien der Wirtschaftlichkeitsanalyse sind im Bereich des öffentlichen Beschaffungswesens (Materialverwaltung und Investitionsrechnung) und in der Organisationspraxis weit verbreitet. Die Organisationsempfehlungen und Überprüfungspraktiken der Rechnungshöfe leisten dabei einen verstärkenden Beitrag in diese Richtung. Die Ökonomisierung des öffentlichen Haushaltswesens führt dabei nicht in jedem Falle zu besseren ökonomischen Lösungen. Das leicht rechenbare Ergebnis muß nicht immer auch das ökonomisch günstigste sein, wenn es um organisatorische Gestaltungsprozesse geht, die regelmäßig komplexere Zusammenhänge betreffen.

Die an früherer Stelle zitierte Studie des Bundesrechnungshofes über den Einsatz von Schreibkräften bei Bundesbehörden gibt ein für sich sprechendes Beispiel für obige Vereinfachungsstrategien bei der Wirtschaftlichkeitsbeurteilung von Schreibdienstorganisationen. Würde dieses Wirtschaftlichkeitsverständnis in Entscheidungsprozesse über den Einsatz der Kommunikationstechnik in der öffentlichen Verwaltung eingehen, so kann schon heute eine dysfunktionale Entwicklung leicht abgesehen werden.

Alle drei Vereinfachungsstrategien der Wirtschaftlichkeitsanalyse lassen eine Gemeinsamkeit erkennen: Sie führen jeweils für sich, besonders aber in Kombination dazu, daß zentralistische Nutzungskonzepte der Kommunikationstechnik sich rechnerisch als "besonders wirtschaftlich" erweisen. Derartige Ergebnisse wären aber für die Organisationspraxis verhängnisvoll, da sich gerade in zentralistischen Nutzungskonzepten das eigentliche Rationalisierungspotential der Kommunikationstechnik kaum entfalten kann. Die volle ökonomische Nutzenentfaltung ist nur bei dezentralen Nutzungskonzeptionen gewährleistet. Hier zeigt sich die dysfunktionale Wirkung verkürzter Wirtschaftlichkeitsinhalte für ökonomische Rationalisierungsstrategien. Sie verführt die Praxis zu ökonomischen Scheinlösungen, die vielfach sogar die notwendige Neuorganisation der behördlichen Arbeitsabläufe verhindern. [24]

## VII.  Zusammenfassende Thesen zur Einführung der technischen Bürokommunikation in der öffentlichen Verwaltung

Über Rationalisierung, Wirtschaftlichkeit, Erfolgskontrolle und die damit verbundenen Probleme der Messung und Bewertung von Kosten und Leistungen im Verwaltungsbereich ist in den letzten Jahren sehr viel nachgedacht und publiziert worden. Auch die Verfahren für Wirtschaftlichkeitsanalysen und Wirtschaftlichkeitsvergleichsrechnungen haben interessante Weiterentwicklungen erfahren.

Bei der Diskussion um geeignete Methoden und Verfahren der Analyse, Bewertung und Kontrolle öffentlicher organisatorischer Maßnahmen wird jedoch in der Regel vernachlässigt, welche Informationsinhalte den Verfahren zugrunde gelegt werden sollen. Dieser Sachverhalt betrifft die inhaltlich-qualitative Komponente einer systematischen Rechnungslegung für den öffentlichen Verwaltungsbereich.

Wirkt schon die Anwendung alternativer Verfahren der Wirtschaftlichkeitsanalyse und Evaluierungsrechnung entscheidungsbeeinflussend, so erhält die Auswahl von Leistungs- und Kostenindikatoren für die Wirtschaftlichkeitsbetrachtung einen noch stärkeren Lenkungscharakter für Rationalisierungsprozesse.

Am Beispiel der Diskussion über den Einsatz der Kommunikationstechnik in behördlichen Schreibdienstorganisationen konnte dieser Zusammenhang aufgezeigt werden. Als Schlußfolgerung ergeben sich für Wirtschaftlichkeitsüberlegungen zum Einsatz der neuen technischen Kommunikationssysteme im Verwaltungsbereich folgende Thesen:

- Das ökonomische Potential der neuen Kommunikationstechnik liegt vor allem in den Möglichkeiten einer qualitativen Verbesserung der Arbeitsabwicklung in der behördlichen Sachbearbeitung und in der Verbesserung der Flexibilität.

- Die Entfaltung des qualitativen Rationalisierungspotentials der Kommunikationstechnik hängt entscheidend ab von dezentralen Nutzungskonzepten in der Verwaltung verbunden mit bestimmten organisatorischen Nebenbedingungen.

- Wirtschaftlichkeitseffekte der Kommunikationstechnologie schlagen sich auf unterschiedlichen Ebenen der Organisation nieder. Ihre Erfassung und Bewertung ist mit Schwierigkeiten verbunden, besonders weil eine systematische Rechnungslegung im öffentlichen Bereich fehlt.

- Die in der Praxis der öffentlichen Verwaltung vorherrschenden Wirtschaftlichkeitsrechnungen gehen von vereinfachenden Fiktionen im Kosten/Leistungsgefüge aus.

- Vereinfachungsstrategien wie Leistungsäquivalenz, Leistungsrepräsentanz und Leistungsisolierung wirken dysfunktional. Sie favorisieren in der Regel zentralistische Nutzungskonzepte der Kommunikationstechnik, welche die eigentlichen ökonomischen Vorzüge dieser Technologie nicht wirksam werden lassen.

- Soll der Einsatz der technischen Bürokommunikation im ökonomisch effektiven Zusammenhang sichergestellt werden, so muß vorher ein Wandel im Wirtschaftlichkeitsverständnis bei den behördlichen Organisatoren und bei den Vertretern der Rechnungshöfe Platz greifen.

- Beim derzeitig noch vorherrschenden verkürzten Wirtschaftlichkeitsverständnis in der Verwaltungspraxis kommt es mit großer Wahrscheinlichkeit zu ökonomisch dysfunktionalen Einsatzkonzepten, die die eigentlichen Vorzüge der technischen Kommunikation für die Verwaltungsorganisation nicht zur Wirkung kommen lassen.

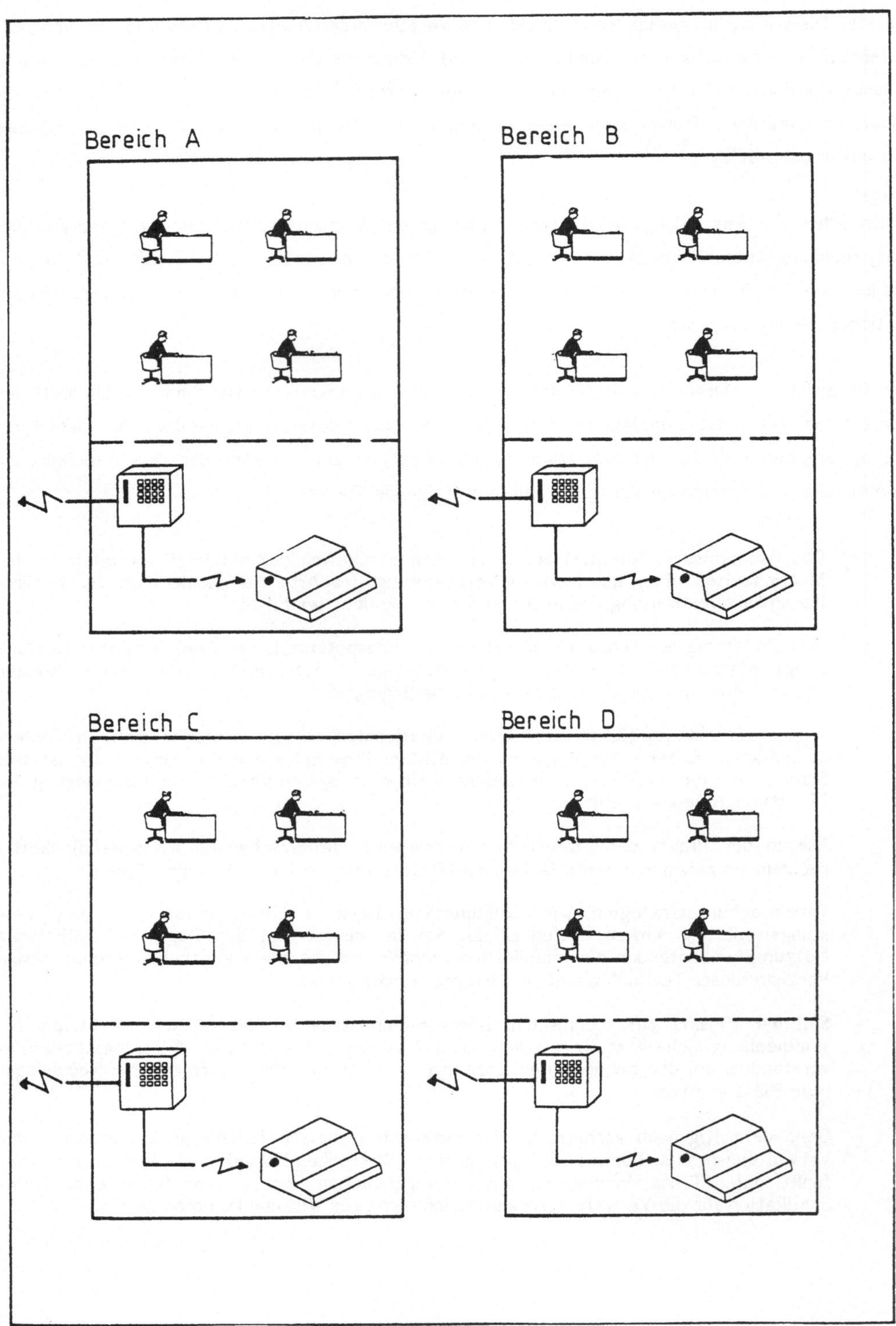



<u>Abbildung 1:</u>  Kommunikationsmodell mit dezentraler Schreibdienstorganisation.

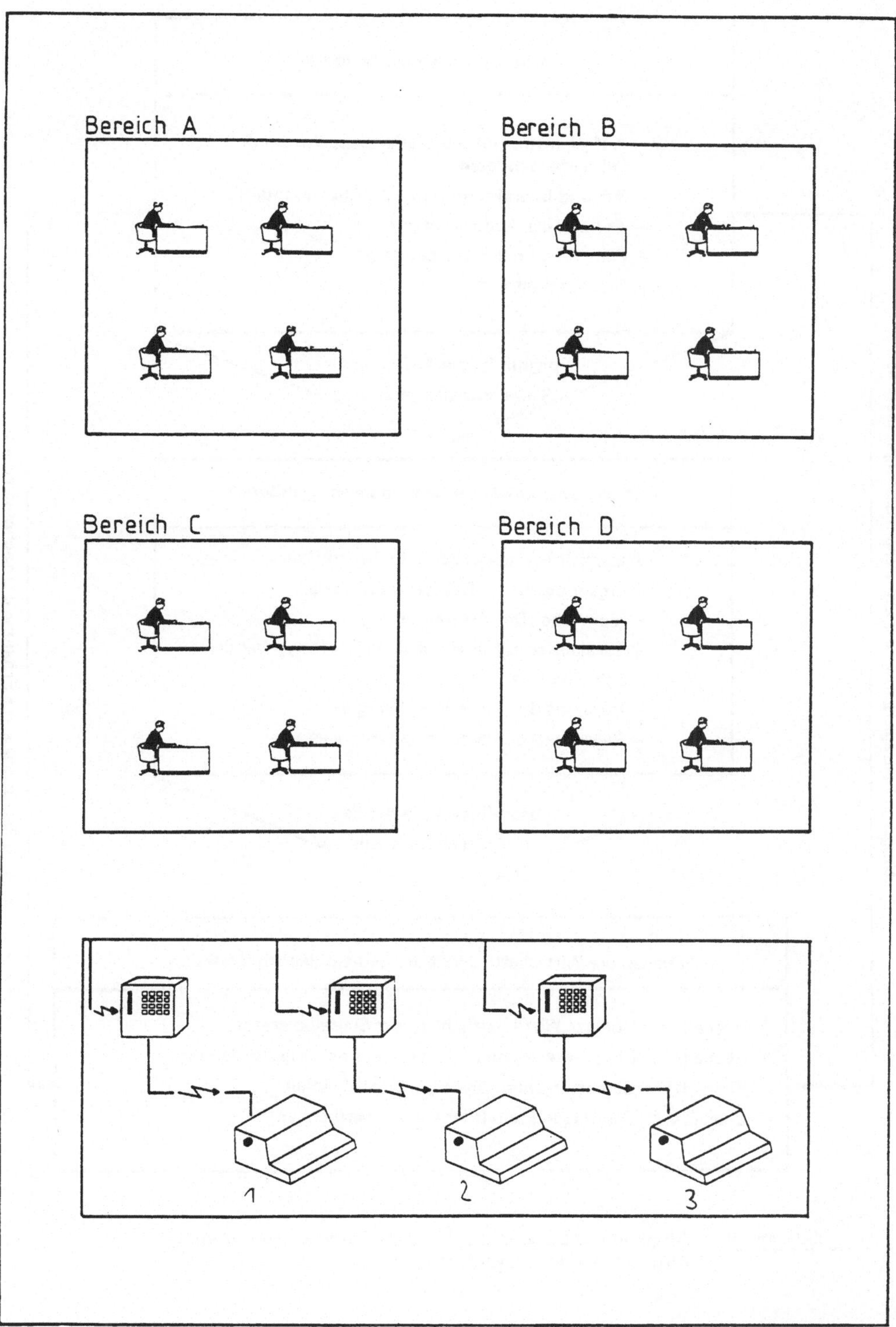


Abbildung 2:    Kommunikationsmodell mit zentraler Schreibdienstorganisation.

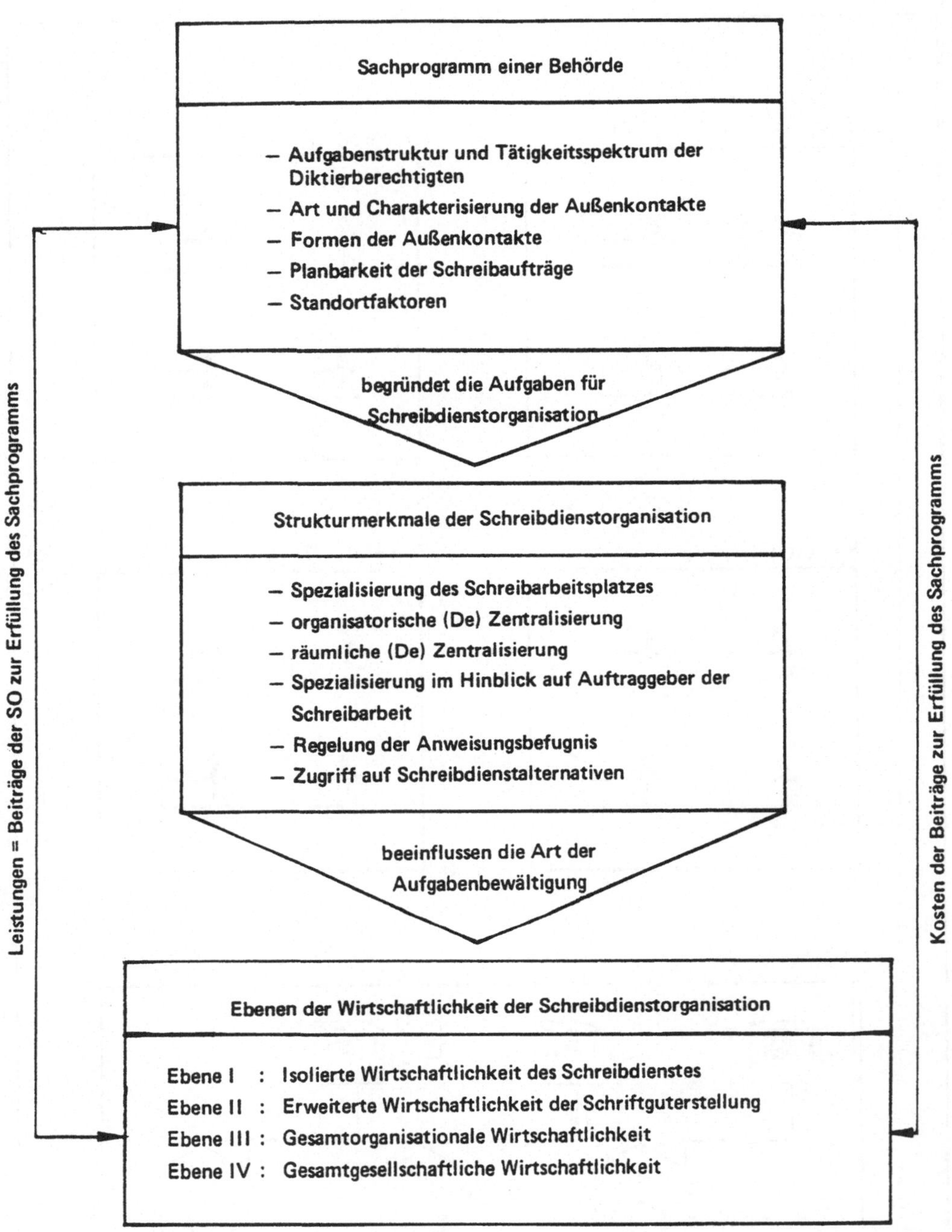


Abbildung 3:    Allgemeines Schema zur Wirtschaftlichkeitsbeurteilung
von Schreibdienstorganisationen.

| EBENE W 1 | EBENE W 2 | EBENE W 3 | EBENE W 4 |
|---|---|---|---|
| Isolierte Wirtschaftlichkeit | Erweiterte Wirtschaftlichkeit | Gesamtorganisatorische Wirtschaftlichkeit | Gesamtgesellschaftliche Wirtschaftlichkeit |
| mögliche Effekte am:<br><br>Sekretariats-/ Schreibarbeitsplatz | mögliche zusätzliche Effekte im Bereich der<br><br>Sachbearbeitung | mögliche zusätzliche Effekte im Bereich<br><br>Organisationsstruktur/ Arbeitssituation | mögliche zusätzliche Effekte im Bereich der<br><br>gesellschaftlichen Umwelt |
| Leistungen: z.B.<br><br>- Menge und Art des erstellten Schriftguts<br>- Schriftgutqualität (Fehlerquote, Mängel)<br>- Kommunikationsaufkommen<br>- Schreibzeit<br>- Verweilzeit von Schriftgut (Versendegut)<br>- Art und Menge anderer Bürotätigkeiten<br><br>Kosten: z.B.<br><br>- Personalkosten und -nebenkosten<br>- Ausstattungskosten<br>- Übertragungskosten<br>- Ausbildungskosten<br>- anteilige Verwaltungskosten | Leistungen: z.B.<br><br>- Tätigkeitsstruktur<br>- Tätigkeitsabläufe (u.a. Durchlaufzeit)<br>- Produktivität<br>- Bearbeitungsqualität<br>- Informationsversorgung<br>- Erreichbarkeit<br><br>Kosten: z.B.<br><br>- Informationskosten<br>- Transportkosten<br>- Überwälzungskosten bei Eigenleistung<br>- Fehlerkosten<br>- Kosten der Nichterreichbarkeit | Leistungen: z.B.<br><br>- Veränderung der Anpassungsfähigkeit (Flexibilität: Abstimmungs-, Koordinationsmöglichkeiten, Reaktionszeiten)<br>- Verbesserung der Teamstrukturen<br>- Veränderung der Qualifikationen<br>- Veränderung der Leistungsbereitschaft (Arbeitszufriedenheit)<br><br>Kosten: z.B.<br><br>- Flexibilitätskosten<br>- Kosten der Inflexibilität | Leistungen: z.B.<br><br>- Qualifikation der Arbeitskräfte<br>- Substitution materiellen Verkehrs im Kommunikationswesen<br>- Dezentralisierung der Arbeitsbewältigung (z.B. Entballung)<br><br>Kosten: z.B.<br><br>- Freisetzung von Arbeitskräften<br>- Umschulungskosten<br>- Kosten der Dequalifizierung<br>- Anfälligkeit und Verletzbarkeit der Wirtschaft<br>- Kosten im Gesundheits- und Sozialsystem |

<u>Abbildung 4:</u>  Ökonomische Effekte auf vier Ebenen der Wirtschaftlichkeit.

| INDIKATOREN DER FLEXIBILITÄT | |
|---|---|
| Flexibilitätsbedarf | Flexibilitätsangebot |
| - durch quantitative und qualitative Schwankungen im Aufgabenbereich<br><br>- Dringlichkeit von Aufträgen<br><br>- Aufgaben mit hohem Änderungsgrad<br><br>- wechselnder Informationsbedarf<br><br>- Erreichbarkeit | - Aufgabenstruktur<br><br>- Auslastungsgrad<br><br>- kurze Wege für Informationstransport<br><br>- Zugriffmöglichkeiten auf Alternativen (inner-organisatorisch, außer-organisatorisch)<br><br>- Entscheidungsalternativen der Aufgabenabwicklung<br><br>- Leistungsbereitschaft |

**Abbildung 5:**　　　Indikatoren zur Veränderung der Flexibilität.

Anmerkungen:

1) Vgl. Kanzow, J., Telefax, Teletex, Bildschirmtext - Neue Dienste der Deutschen Bundespost und die Entwicklungsschancen der Bürokommunikation in den 80er Jahren, in: Reichwald, R. (Hrsg.), Bürotechnik und Büroarbeitssysteme - Akzeptanzaspekte der Bedienerfreundlichkeit, Aufgabenbezogenheit und Folgewirkungen neuer Bürotechnologien, Baden-Baden 1981 (in Vorbereitung).

2) Vgl. Bundesministerium für das Post- und Fernmeldewesen (Hrsg.), Kommission für den Ausbau des Technischen Kommunikationssystems (KtK), Telekommunikationsbericht, Bonn 1976.

3) Vgl. zum Beispiel das diesjährige Programm des Kongresses für Textverarbeitung anläßlich der Orgatechnik 1980 in Köln vom 20.10. - 22.10.1980.

4) Vgl. zum Beispiel Mackintosh International and Communication Studies and Planning Ltd., Electronic Mail, User Alternatives in the 1980s, Luton, England 1980.

5) Vgl. zum Beispiel Rahmenthema "Telekommunikation und organisatorische Gestaltung" mit Beiträgen von Thomas, U., Kanzow, J., Brepohl, K., Arbenz, D., Helmrich, H., Jurk, R. und Witte, E. in: ZO, Heft 7, 1977; vgl. auch: Grün, O. und Rössl, J. (Hrsg.), Computergestützte Textverarbeitung, München 1979.

6) Vgl. zum Beispiel Sozialwissenschaftliche Projektgruppe München (Weltz, F. u.a.), Textverarbeitung im Büro, Alternativen der Arbeitsgestaltung, Frankfurt/Main, New York 1980.

7) Vgl. zum Beispiel Bundesministerium des Innern, Bericht der Bundesregierung zum Personalbedarf an Schreibkräften, Bonn 1975; Bundesrechnungshof, Empfehlungen für die Textverarbeitung, Frankfurt/Main 1975; Bayerischer Oberster Rechnungshof, Hinweise für die Durchführung von Schreibdienstuntersuchungen, München 1977.

8) Vgl. zum Beispiel Reinermann, H., Erfolgskontrolle im öffentlichen Sektor - Beiträge des Rechnungswesens als Brücke zwischen Nutzen-Kosten-Untersuchung und Evaluierung, in: DBW 1977, S. 399-416.

9) Vgl. auch Grochla, E., Organisatorische Anpassungsprobleme im Büro, in: Bürotechnik 1971, S. 61-66 und Szyperski, N., Computer-Conferencing - Einsatzformen und organisatorische Auswirkungen, in: Grün, O. und Rössl, J. (Hrsg.), a.a.O.

10) Vgl. König, H., Dynamische Verwaltung - Bürokratie zwischen Politik und Kosten, Stuttgart 1979.

11) Vgl. Weltz, F. u.a., Menschengerechte Arbeitsgestaltung in der Textverarbeitung, Forschungsbericht im Auftrag des BMFT, Bonn 1979.

12) Bundesrechnungshof, Bericht über den Einsatz von Schreibkräften bei Bundesbehörden, Frankfurt/Main 1975.

13) Vgl. Picot, A., Reichwald, R., Bodem, H., Ramsauer, P., Stolz, R. und Zangl, H., Untersuchung zur Wirtschaftlichkeit der Schreibdienste in Obersten Bundesbehörden, Forschungsbericht im Auftrag des Bundesministers für Forschung und Technologie, Hannover und München 1979.

14) Vgl. zur Diskussion um den Wirtschaftlichkeitsbegriff in der Verwaltungspraxis zum Beispiel Gornas, J., Grundzüge einer Verwaltungskosten-Rechnung, Baden-Baden 1976, S. 57 ff.; Siedentopf, H., Wirtschaftlichkeit in der öffentlichen Verwaltung, Baden-Baden 1979; Scheel, W., Wirtschaftlichkeit im Kommunalen Haushalts- und Finanzwesen, in: Rehkopp, A. (Hrsg.), Dienstleistungsbetrieb öffentliche Verwaltung, Stuttgart 1976, S. 115 ff.

15) Vgl. zum Beispiel Heinen, E., Einführung in die Betriebswirtschaftslehre, Wiesbaden 1980, S. 106 ff.

16) Zur Lenkungsfunktion der Kosten- und Leistungsrechnung, vgl. Heinen, E., Betriebswirtschaftliche Kostenlehre, Wiesbaden 1978, sowie Heinen, E. und Picot, A., Können in betriebswirtschaftlichen Kostenauffassungen soziale Kosten berücksichtigt werden?, in: BfuP, 1974, S. 345-366.

17) Vgl. zur allgemeinen Tendenz des Einflusses neuer Informationstechnologien im Verwaltungsbereich die Studie der Gesellschaft für Mathematik und Datenverarbeitung: Reese, J., Kubicek, H., Lange, B.-P., Lutterbeck, B. und Resse, U., Gefahren der informationstechnischen Entwicklung, Perspektiven der Wirkungsforschung, Frankfurt/Main und New York 1979.

18) Vgl. zum Beispiel für diese Zusammenhänge bei computerunterstützter Informationsverarbeitung im Verwaltungsbereich: Müller-Böling, D., Arbeitszufriedenheit bei automatisierter Datenverarbeitung, München und Wien 1978.

19) Vgl. Picot, A., Reichwald, R., Bodem, H., Ramsauer, P., Stolz un Zangl, H., a.a.O., S. 239 ff.

20) Vgl. auch Picot, A., Betriebswirtschaftliche Umweltbeziehungen und Umweltinformationen, Grundlagen einer erweiterten Erfolgsanalyse für Untersuchungen, Berlin 1977.

21) Die Untersuchung erfolgt im Auftrag des Bundesministers für Forschung und Technologie - Programm "Anwendung der Technischen Kommunikation in Büro und Verwaltung"; vgl. auch: Picot, A. und Reichwald, R., Untersuchungen der Auswirkungen neuer Kommunikationstechnologien im Büro auf Organisationsstruktur und Arbeitsinhalte - ein Untersuchungskonzept, Bonn-Bad Godesberg 1979.

22) Vgl. auch Reinermann, H., a.a.O., S. 410.

23) Vgl. zum folgenden: Picot, A., Rationalisierung im Verwaltungsbereich als betriebswirtschaftliches Problem, in: ZfB, 1978, S. 1145-1165.

24) Vgl. Reichwald, R., Zur Notwendigkeit der Akzeptanzforschung bei der Einführung neuer Systeme der Bürotechnik, München 1978 und derselbe, Technologische Entwicklungen und Wirtschaftlichkeitsbeschränkungen für eine humane Arbeitsgestaltung im Verwaltungsbereich, in: v. Rosenstiel, L.; Weinkamm, M. (Hrsg.), Humanisierung der Arbeitswelt - Vergessene Verpflichtung?, Stuttgart 1980, S. 203-223.

# INFORMATIONSMANAGEMENT - VERWALTUNGSAUFGABEN BEIM EINSATZ DER RESSOURCE INFORMATION

von Heinrich Reinermann, Speyer

## I.  Informationsmanagement - eine vernachlässigte Aufgabe der Verwaltungsführung?

### A)  Die erkannte Bedeutung von Finanz-, Personal- und Organisationsmanagement

Es ist gute Verwaltungstradition, daß für die Erfüllung öffentlicher Aufgaben wichtige Ressourcen oder Produktionsfaktoren sich einer intensiven Planung und Kontrolle erfreuen.

Ein beweiskräftiges Beispiel sind die Finanzen: Finanzministerien, Haushaltsabteilungen, Haushaltsbeauftragte und Titelverwalter, Vorprüfungsstellen, Prüfungsämter und Rechnungshöfe, Haushalts- und Rechnungsprüfungsausschüsse - dies alles sind aufbauorganisatorische Strukturformen, die beim Gedanken an "öffentliches Finanzmanagement" ins Auge springen. Sie werden durch ablauforganisatorische Strukturformen ergänzt - von der Haushaltsplanung über Regelungen zur Haushaltsbewirtschaftung bis hin zu Rechnungskontrolle und Entlastung. Ein ausgeprägtes Haushaltsrecht dokumentiert die Beachtung, welche in der öffentlichen Verwaltung der Ressource "Finanzen" entgegengebracht wird.

Wendet man sich mit Personal oder Organisation anderen wichtigen Verwaltungsressourcen zu, bietet sich ein ähnliches Bild.

Mag man auch Vorbehalte im einzelnen haben, so läßt sich doch mit Fug und Recht behaupten, Finanzmanagement, Personalmanagement und Organisationsmanagement seien innerhalb der öffentlichen Verwaltung seit langem in ihrer Bedeutung erkannt. Sie sind häufig durch besondere Institutionen verankert und rechtlich abgesichert; ihre Bedeutung für Ausbildung und Fortbildung ist zumindest erkannt, wenn auch noch nicht überall verwirklicht. Durch die Schaffung besonderer Organisationseinheiten wird erreicht, daß Fragen, welche die jeweilige Ressource angehen, relativ unabweisbar an die Verwaltungsführung herangetragen und daß den spezifischen Belangen einer Ressource quer durch die Abteilungen einer Verwaltung Rechnung getragen werden kann.

B)    Unterorganisation des Informationsmanagement

Für die Ressource "Information" gilt dies nicht in gleicher Weise. Zwar kennt die öffentliche Verwaltung statistische Ämter, Pressereferenten, [1] Nachrichtendienste, Rechnungswesenabteilungen sowie, in jüngster Zeit, Datenverarbeitungszentralen, Vorschriften für die Erarbeitung von Nutzen-Kosten-Untersuchungen oder Datenschutzvorschriften.

Doch steht die bisher erreichte Systematik des Aufbaus von Institutionen mit "Zuständigkeit für die Information" sowie der ablauforganisatorischen Sicherung von Informationsverarbeitungsprozessen weit hinter der im Bereich von Finanzen, Personal und Organisation zurück.

Das Informationsmanagement ist unterorganisiert. [2] Die Diskussion um die Verbesserung der Verwaltungsführung, um eine adäquate Organisations-und Personalpolitik hat den Bereich der "Informationspolitik" noch nicht eingeschlossen. [3] Ja, selbst ein Bewußtsein für die Notwendigkeit, daß die Verwaltungsführung der Information gebündelte Aufmerksamkeit zu widmen hätte, entwickelt sich erst zaghaft.

Dies steht in einem auffälligen Gegensatz zu der Tatsache, daß wir unsere Zeitläufte gern mit dem Beiwort eines "kybernetischen Zeitalters" schmücken. Es reimt sich auch kaum damit zusammen, daß wir uns nach Ansicht vieler in einem ällmählichen Übergang von einer Industrie- zu einer Informationsgesellschaft befänden. [4] Die rhetorische Durchdringung unseres Vokabulars mit Ausdrücken wie Kybnernetik und Information hat in den Bemühungen der Verwaltungsführung um Beherrschung der Informationsverarbeitung noch keine rechte Entsprechung gefunden. [5]

Dies ist erstaunlich, kann man doch öffentliche Verwaltung geradezu mit Informationsverarbeitung identifizieren: Mündliche und schriftliche Kommunikation mit Mitarbeitern und Externen, Sich-Informieren durch Lesen und Aktenstudium, Entscheidungen treffen und abfassen, Texte und formatierte Daten erfassen, be- und verarbeiten, wiedergeben und vervielfältigen, übermitteln oder speichern und archivieren - genau dies macht die Verwaltungsarbeit aus.

Dennoch behandeln wir die Ressource "Information" - Luft und Wasser vor Einsetzen des Umweltschutz-Gedankens vergleichbar - vielfach als "freies Gut", das nicht unter dem "kalten Stern der Knappheit" stehe und der Planung und Kontrolle nicht bedürfe.

C)     Folgen und Ursachen

Die Folgen dieses Phänomens sind vielschichtig. Vielleicht kann man sie so zusammenfassen:

Das vergleichsweise geringe Interesse der Verwaltungsführung an Chancen und Risiken der Informationsverarbeitung hat eine Kommunikationslücke [6] zwischen dem Linienmanagement der Behörden einerseits und den Experten für Datenverarbeitungstechnik andererseits entstehen lassen. Manche Entscheidung der EDV-Leute ist ohne ausreichende Beteiligung der Verwaltungsführung zustandegekommen. [7] Aber dies gilt, mit umgekehrtem Vorzeichen, auch für manche Entscheidung der Verwaltungsführung, die sich nicht hinreichend der Nutzung des informationstechnischen Potentials versicherte.

Nicht, um Vergangenheitsbewältigung zu betreiben, sondern um die Chancen eines Informationsmanagement besser prognostizieren zu können, drängt sich die Frage nach den Gründen auf. Es ist eine Binsenwahrheit, daß Probleme der inneren Verwaltung ganz allgemein bei Politikern nicht sonderlich hoch im Kurs stehen. Vorrang genießen verständlicherweise die Sorgen des Publikums, zu denen Verwaltungsinterna nun einmal kaum zählen.

Wichtiger ist vermutlich die technische Kompliziertheit des Computers der fünfziger und sechziger Jahre. Sie konnte von der Verwaltungsführung schlechterdings nicht bewältigt werden. Man trat das Feld an technische Experten ab. Diese wurden aber durch die "Spezialisten für die Fachaufgaben" nicht hinreichend geführt: Das Management "brauchte" nicht eingeschaltet zu werden, da es ja - vermeintlich - nur um andere Verfahren altbekannter Arbeitsabläufe ging. So geschah es, daß die EDV in ganz ähnlicher Weise eingesetzt wurde, wie man dies von traditionellen Arbeitsmitteln wie Telefon und Rechenschieber her gewohnt war, die auf Organisation und Arbeitsabläufe keinen nennenswerten Einfluß ausüben: Man automatisierte gewisse Ausschnitte des Verwaltungshandelns, [8] indem man sie im Verhältnis "eins zu eins" oder jedenfalls ohne tiefere organisatorische Eingriffe auf den Computer übertrug.

Wer vom Rathaus kommt, ist bekanntlich klüger. Heute wissen wir, daß mit einer solchen Einstellung der Verwaltungsführung weder das in der Informationstechnik steckende Potential ausgeschöpft, noch eine Beeinträchtigung des Verwaltungsablaufs vermieden werden kann. Denn die neuen Medien sind nicht neutral gegenüber den Verwaltungszwecken. Mehr als alle bisher bekannten Arbeitsmittel führen sie zu Verwerfungen in dem Beziehungsgeflecht aus Aufgaben, Zielen, Umwelt, Beschäftigten, Techniken und Strukturen unserer Verwaltungen. Stehen aber solche Fragen auf dem Spiel, so ist die Verwaltungsführung unmittelbar angesprochen. Sie muß ihre Abstinenz gegenüber der Informationsverarbeitung aufgeben.

D)    Gründe für ein stärkeres Engagement der Verwaltungsführung

Dies läßt sich mit mehreren Überlegungen begründen. Hier sollen nur einige herausgegriffen werden:

- Auslöserfunktion kommt der informationstechnologischen Entwicklung zu. Das Zusammenwachsen von EDV, herkömmlicher Mensch-Mensch-Kommunikation, Büroautomation und Telekommunikation verlangt nach Entscheidungen, die auf einem integrierten, ganzheitlichen Ansatz beruhen.

- Die Vielfalt des informationstechnischen Angebots ermöglicht dabei zunehmend maßgeschneiderte Automationslösungen in jeder einzelnen Verwaltung - nur bedarf es dazu eben des Maßnehmens. Der organisatorische Handlungsspielraum hat sich mit der informationstechnischen Entwicklung beträchtlich erweitert - nur nutzt er sich nicht von selbst, sondern bedarf zu seiner Ausschöpfung eines entsprechend steigenden Engagement im Management. Es winken für nicht wenige Behörden Verbesserungen in der Informationsverarbeitung, sofern - über die computerisierten Arbeitsabschnitte hinaus - alle Vorarbeiten und Nacharbeiten der Fachverwalter in eine umfassende Organisationsanalyse einbezogen und auf Effektivierung durch integrierten Einsatz von EDV, Büroautomation und Telekommunikation untersucht werden.

- Die entstehenden Telekommunikationsnetze machen ein weltweites Angebot an Daten und Programmen auch dem Kleinanwender verfügbar, sofern sich dieser über seine Nachfrage Klarheit verschafft hat.

- Datenverarbeitungsprobleme dringen mehr und mehr in das Bewußtsein der Bevölkerung ein, wie die Stichworte "Datenschutz" oder "Automationsbedingte Freisetzung von Arbeitskräften" bereits belegen; [9] die öffentliche Verwaltung muß dem mit informationspolitischen Vorstellungen entsprechen.

- Und: Ist öffentliche Verwaltung weitgehend deckungsgleich mit Datenverarbeitung, so muß die Verwaltungsführung an den durch Automation sich bietenden Produktivitätssteigerungen umso mehr interessiert sein, je spürbarer die den Staatskorridor einengenden Zwänge werden.

Aus alledem folgt: Die Verwaltungsführung muß aus der Reserve heraustreten. Die anstehenden Gestaltungsfragen im Bereich der Informationsverarbeitung erfordern verwaltungspolitische Vorgaben für Informationstechniker und Organisatoren. Das Linienmanagement muß die Verantwortung übernehmen für die Richtung der Verwaltungsautomation sowie für deren Erfolge und Mißerfolge. Informationsmanagement als durch die Verwaltungsführung bewußt gestalteter

Umgang mit der Ressource Information wird sich entwickeln müssen [10] - und zwar unabhängig von der Größe einer Verwaltung.


## II.  Aufgabenfelder eines Informationsmanagement

### A)  Drei Gruppen von Informationsverarbeitungsaufgaben

Welche Aufgaben sind nun auszufüllen, wenn man von einer Bewirtschaftung der Ressource "Information" sprechen will? Die wenigsten der nachfolgend skizzierten Gegenstandsbereiche beanspruchen, neu für die Verwaltung zu sein. Manche, seit eh und je ausgeübt, werden hier nur in den spezifischen Zusammenhang des Informationsmanagement gestellt.

Ebensowenig muß Informationsmanagement gleichbedeutend sein mit neu zu schaffenden Stellen. Es geht mehr um die Verstärkung der Aufmerksamkeit, die vom Linienmanagement der Informationsverarbeitung zu widmen wäre.

Wichtig erscheint noch eine Vorbemerkung: Information wird aus Kommunikationsvorgängen gewonnen, die sich zwischen Sender und Empfänger über einen Kanal abspielen. Jede dieser drei Einheiten kann durch technische Einrichtungen unterstützt werden. Informationsmanagement, richtig verstanden, widmet sich beiden Aspekten - den Kommunikationswegen wie den Kommunikationsinhalten, und natürlich kommt letzteren der Primat zu. Kommunikation bedarf, wie der Elektrizitätsfluß, der Leitungswege; aber - auf die übermittelte Information, auf den Strom kommt es letztlich an.

Betrachtet man aus diesem Blickwinkel das vorzufindende Informationsmanagement, so drängt sich der intensive Eindruck auf, daß wir den Kommunikationsnetzen erheblich mehr Aufmerksamkeit widmen als den Kommunikationsinhalten. Gegenüber Diskussion und Förderung von Bildschirmtext, Teletext, Videotext, Breitbandkommunikation, Glasfaserverkabelung oder Satellitenübertragung nehmen sich die Ansätze zur Verbesserung der Kommunikationsinhalte (beispielsweise das IuD-Programm) bescheiden aus.

Die Funktionen des Informationsmanagement werden nun zunächst ohne Rücksicht auf ihre organisatorische Verankerung behandelt. Die Verteilung von Informationsmanagementaufgaben auf Stellen innerhalb oder außerhalb einer Gebietskörperschaft wird erst anschließend betrachtet.

Die Managementliteratur unterscheidet üblicherweise drei Tätigkeitsgruppen in jeder Institution:

- Managementaufgaben
- Durchführungsaufgaben
- Service- oder Querschnittsaufgaben.

Angewandt auf den Gegenstandsbereich der Informationsverarbeitung ergibt sich (vergleiche Abbildung):

- Informationsmanagement umfaßt alle Tätigkeiten der Zielsetzung, Steuerung und Kontrolle, die auf Informationsverarbeitung gerichtet sind.

- Durchführungsaufgaben sind die Informationsverarbeitung selbst, also Datenerfassung, -transformation, -speicherung, -sicherung, -verteilung oder Operating von Datenverarbeitungsmaschinen.

- Die Informationsverarbeitung unterstützende Serviceaktivitäten sind Arbeitsvorbereitung, Wartung von Hard- und Software, Beschaffung, Organisationsanalyse, Softwareherstellung, Beratung, Schulung oder Öffentlichkeitsarbeit.


B)    Die Steuerungsaufgaben

Wenden wir uns zunächst der Steuerung der Informationsverarbeitung zu.

1.    Informationspolitik

In der "Informationsgesellschaft" bedarf die öffentliche Verwaltung einer Informationspolitik. Jede Gebietskörperschaft, jede öffentliche Institution muß sich darüber klar werden, nach welchen politischen Vorgaben die Ressource "Information" verwendet werden soll. [11] Alle weiteren Informationsaktivitäten müssen sich aus solchen strategischen Vorgaben ableiten lassen. Dies setzt voraus, daß die Informationspolitik gezielt bekannt gemacht wird.

2.    Standortbestimmung

Ausgerüstet mit informationspolitischen Kursvorstellungen wird das Informationsmanagement zunächst die gegebene Lage im Bereich der Informationsverarbeitung orten. Diese Standortbestimmung kann natürlich auf Teilbereiche der betreffenden Verwaltung begrenzt werden; sie hat aber die gesamten Datenströme innerhalb dieses Sektors sowie zwischen diesem und seiner Umwelt zu erfassen. Dazu gehört zwar eine Bestandsaufnahme des technischen Geräts, vom Computer über Diktier- und Schreibgeräte bis hin zu Vervielfältigungsmaschinen.

Wesentlicher ist aber, ob alle Stellen mit den Informationen versehen sind, die sie für eine optimale Aufgabenerfüllung benötigen, sowie welche Wirkungen die bestehende Informationsverarbeitung tatsächlich auslöst. Antworten auf diese Fragen können erfahrungsgemäß von der Verwaltung nicht ohne gezielte Anstrengungen gegeben werden.

3.    Schwachstellenanalyse

Die sich logisch anschließende Frage lautet: Wie ist die Lage zu beurteilen? Diese Schwachstellenanalyse stützt sich einmal auf die informationspolitischen Vorgaben. Zum anderen ist sie auf Behörden- und Verwaltungsvergleiche angewiesen. Es ist offensichtlich, daß heute Vergleichsmaterial, zugeschnitten auf die Informationsverarbeitung, kaum zur Verfügung steht und insbesondere für Kommunalverwaltungen schwer zugänglich oder zu erarbeiten ist. Dies dürfte mitverantwortlich sein für das geringe Problembewußtsein bezüglich des Steuerungsbedarfs der Ressource "Information".

4.    Sollkonzept

Bei der sich anschließenden Erarbeitung eines Sollkonzeptes geht es darum, Zielvorstellungen für die Gestalt des "Verwaltungs-Informations-Systems" zu entwerfen. Dies bedarf sofort einer Klarstellung:

Die Enttäuschungen mit "Management-Informations-Systemen (MIS)" sind noch zu frisch, als daß man der Versuchung erliegen könnte, hier wäre eine Reduzierung der Führungsunsicherheit durch Computerinformation über Bildschirme anzustreben. Auch die Planungserfahrungen sollten uns stets bewußt bleiben lassen, daß die Verbesserung von Informationssystemen dem "Anlegen auf bewegliche Ziele" gleicht.

Dessen eingedenk ist aber eine Weiterentwicklung der vorfindlichen Datenverarbeitung in Richtung auf informationspolitische Vorstellungen ohne ein Sollkonzept schlechterdings unmöglich. [12] Eine Gesamtschau der Arbeit einer Behörde oder einer Verwaltung, umgesetzt in ein Informationssystem, ist unabdingbar.

Das Sollkonzept eines so verstandenen Verwaltungs-Informations-Systems erfüllt außerordentlich wesentliche Funktionen:

Statt dem informationstechnischen Angebot das Feld der Initiative "kampflos" zu überlassen, formuliert es die Nachfrage einer Behörde nach Information und Informationstechnik. Nach der - aus vielerlei Gründen verständlichen - Phase, in der vorzugsweise einzelne Tätigkeitsbestandteile "auf EDV übertragen" wurden und in der der Begriff der Insellösung entstand, sind wir heute in der Lage, die Informationstechnik für neue organisatorische Lösungen zu nutzen, [13] wie sie etwa die integrierte Datenverarbeitung (im Sinne aufeinander abgestimmter Verwaltungsabläufe) oder das Bürgeramt repräsentieren. [14] In diesen Zusammenhang gehört auch die Frage der verstärkten Delegation von Aufgaben, Kompetenz und Verantwortung durch Verkürzung der Informationswege zwecks Entlastung der Hierarchie und Beschleunigung von Verwaltungsvorgängen. Auch Benutzerfreundlichkeit oder Berücksichtigung der Besonderheiten eines Verwaltungszweiges [15] - dies alles bedingt eine Stärkung der Nachfrageposition öffentlicher Verwaltungen. Diese Position läßt sich nur über eine erhebliche Steigerung des Aufwands für die Auseinandersetzung mit einem Soll-Informationssystem erringen und verteidigen.

Das Sollkonzept des Informationssystems bietet weiter die Chance zu überprüfen, ob durch moderne Informationstechnik ermöglichte Informationsangebote hinreichend genutzt werden. Erwähnt seien hier nur die Führungsinformation, etwa Angebote im Euronet oder schnellere Auswertung von Kennzahlensystemen nach dem Konzept des Controlling, [16] und die aktive Information der Bürger durch die Verwaltung. Wir müssen aber auch jeden Arbeitsplatz bewußt in die maßgeblichen Informationsströme einbinden, wenn es zutrifft, daß der Verwaltungsmitarbeiter der Informationsgesellschaft ein "knowledge worker" [17] sein wird.

## 5. Umsetzung des Sollkonzepts

Das Sollkonzept als Abbildung der gewünschten Informationsverarbeitung läßt sich üblicherweise nur als Abfolge einzelner Schritte umsetzen. Aufgabe des Informationsmanagement ist es, diesen Prozeß der allmählichen Annäherung von Ist und Soll bewußt zu steuern.

An welchen Stellen mit Organisationsuntersuchungen angesetzt wird, welche Gestaltungsalternativen in Betracht zu ziehen sind, daß eine Analyse ihrer Wirkungen auf informationspolitische Kosten-und Leistungsziele erfolgt, welche Arbeitsgebiete bei der Reorganisation unter Einschluß der Automation Priorität genießen sollen - dies sind Fäden, die den notwendigen Einfluß des Linienmanagements sichern können, sofern an ihnen gezogen wird.

## 6. Erfolgskontrolle

Mit der Erfolgskontrolle schließt sich der Kreis der Aufgaben. Das Informationsmanagement muß sich Rechenschaft ablegen, ob die ergriffenen Maßnahmen Wirkung zeigen.

C)    <u>Die Serviceaufgaben</u>

Nach demselben Muster hat sich das Informationsmanagement den Serviceaufgaben zu widmen.

1.    Marktbeobachtung und Beratung

Es ist ein offenes Geheimnis, daß die Verwaltungsführung es in der Regel nicht schafft, mit der informationstechnischen Entwicklung à jour zu bleiben. Die für Investitions- und Organisationsentscheidungen maßgeblichen Instanzen haben dann einen Know how-Rückstand und sind in ihrem Vermögen, Gestaltungsalternativen zu beurteilen, den Datenverarbeitungs-Spezialisten nicht gewachsen. Dabei bedeutete es eine fragwürdige "Verbesserung", wenn diese Spezialisten, im Zuge der Ablösung einer Verwaltung von einem Gemeinschaftsrechenzentrum nun die Interessen eines Herstellers verträten.

Nur ein Gegenmittel kann hier Abhilfe bringen: Der Aufbau einer verwaltungseigenen Marktbeobachtungs- und Beratungskapazität, die eindeutig die Interessen der Fachverwaltungen als Nachfrager nach Information und Informationstechnik vertritt, die also auch dann nicht mit ihrem Wissen hinter dem Berg hält, wenn sie damit Autonomiebestrebungen einer Behörde in Sachen Hardware unterstützte.

Was für die Beobachtung der Technik gilt, muß gleichermaßen für die Kommunikationsinhalte gelten. Die Informationsflut hat den Überblick über brauchbare Informationsangebote erschwert. Allein im Bundesgebiet gibt es hunderte von Informations- und Dokumentationsstellen mit Bedeutung für die öffentliche Verwaltung. Graue Literatur, Forschungs- und Erfahrungsberichte, Statistiken, Verwaltungsvollzugsdaten - diese Stichworte dürften belegen, daß wir heute die, insbesondere durch EDV, stark angewachsenen Datensammlungen längst nicht hinreichend für die praktische Verwaltungsarbeit nutzen.

Der Marktforschungs- und Beratungsservice hat mit der Bereitstellung von Übersichten und Know how im Bereich der Finanzierung oder des Informationsrechts weitere Aufgabengebiete. Auch die Benutzerforschung als laufende Beobachtung der Bürger-und Mitarbeiterinteressen in Datenverarbeitungsfragen sowie das Ausrichten der gesamten Datenverarbeitung auf Benutzerinteressen ("Datenverarbeitungs-Marketing") fällt in dieses Ressort.

2.    Ausbildung

Ein Servicebereich von außerordentlicher Bedeutung ist Ausbildung, Fortbildung und Personalentwicklung.Wir müssen die öffentlich Bediensteten viel mehr auf Fragen der Informationsverarbeitung vorbereiten als bisher. Es gibt ermutigende Ansätze wie die Ausbildungsvorstellungen des Kooperationsausschusses ADV Bund/Länder/kommunaler Bereich oder die Ausbildungsordnungen der Fachhochschulen. Auf diesem Wege ist entschlossen voranzugehen. Vielfach, so im höheren Dienst, ist aber die Vorbereitung auf das Aufgabengebiet Informationsverarbeitung dürftig. Wenn öffentliche Verwaltung nahezu mit Informationsverarbeitung gleichgesetzt werden kann, wenn durch Informationstechnik ein Produktivitätsschub bei der Büroarbeit bereits eingesetzt hat und noch erheblich größere Ausmaße annehmen wird, wenn Informationsverarbeitung dabei ist, einen beträchtlichen Rang in der gesellschaftspolitischen Diskussion einzunehmen, dann ist Zurückhaltung auf diesem Gebiete in Ausbildungs-und Prüfungsordnungen, in Fortbildungsprogrammen und Stellenbeschreibungen mehr als unverständlich.

Die wichtigsten Schulungsthemata sind allerdings nicht computertechnische Fragen über "Bits und Bytes". Vielmehr muß es darum gehen, wie man fachliche Anforderungen in Informationskonzepte umsetzt und gegenüber Datenverarbeitungsspezialisten vertritt.

3.    Organisationsanalyse

Wesentliche Aufgaben hat das Informationsmanagement wahrzunehmen, um die Betreuung einzelner informationstechnischer Vorhaben in richtige Bahnen zu lenken.

Dabei geht es einmal um die Organisationsanalyse, auf die sich jede Umstellung auf EDV oder andere Informationstechniken abstützen muß. Hier ist ein Dreh- und Angelpunkt des Informationsmanagement. Gelingt es in dieser Phase nicht, den Bedarf der benutzenden Verwaltung zu ermitteln und zum Hauptbestandteil des Pflichtenheftes für die Datenverarbeitungsspezialisten zu machen, so treten kaum wieder gutzumachende Fehlentwicklungen ein. Es wird so viel von der Organisationshoheit der Kommunal- und der Fachverwaltung gesprochen - genau hier müßte sie zur Geltung kommen.

Ein Blick in die Kommunalverwaltung zeigt allerdings unmißverständlich, wie weit wir noch von diesem Ziel entfernt sind - und zwar ohne Verschulden der Rechenzentren; eher ließe sich wohl die Behauptung aufrechterhalten, daß die Rechenzentren eine Chance vertan haben, weil sie diese Lücke nicht erkannt und - auch zu ihrem eigenen Vorteil - ausgefüllt haben. Insbesondere bei kleineren Gemeinden steht die Organisationshoheit insoweit nur auf dem Papier als sie nicht über genügend Personal- und Finanzkapazität verfügen, um eine durchgreifende und auf ihre spezifischen Verhältnisse ausgerichtete Organisationsanalyse durchführen oder in Auftrag geben zu können.

4.    Softwareangebot

Informationsmanagement bedeutet weiter sicherzustellen, daß der nach Maßgabe der Bedürfnisse und politischen Wertungen der jeweiligen Verwaltung formulierten Nachfrage nach Informationstechnik ein entsprechendes Verfahrens- und Programmangebot gegenüber steht. Alle Beteuerungen der Benutzerfreundlichkeit und der Mündigkeit des Anwenders bleiben nur dann keine leeren Versprechungen, wenn dieser ein Softwareangebot vorfindet, aus dem er tatsächlich die passenden Varianten heraussuchen kann.

Von Softwarekrise, Modularität und Pflegeleichtigkeit der Programme ist vielfach die Rede. Daß hier heute Wünsche offenbleiben, ist bekannt. Die wirklichen "Insellösungen" bestehen ja nicht darin, daß eine Kommune ihre EDV autonom abwickelt - wenngleich dies aus manchen Kreisen so verlautet. Die wahren Insellösungen entstehen, wenn eine Kommune, die sich an ein Gemeinschaftsrechenzentrum anschließt, als Gegengabe Software bekommt, die in ihrem Rathaus nunmehr Verwaltungsverfahren auseinanderreißt und so Inseln erzeugt.

5.    Sonstiges

Weitere Servicefunktionen im Bereich der Informationsverarbeitung, die gleichfalls durch das Informationsmanagement auf informationspolitische Vorgaben hin auszurichten sind, betreffen die Beschaffung von Hardware, Software, Kundendienst, Finanzen und Personal, die Datenverarbeitungs-Revision [18] zur Überprüfung der Einhaltung rechtlicher und organisatorischer Vorgaben für die Datenverarbeitung sowie die Arbeitsvorbereitung des Betriebs informationstechnischer Einrichtungen.


**III.   Organisation des Informationsmanagement**

Die Vorstellung mag naheliegen, man könne sich der Aufgaben des Informationsmanagement am ehesten dadurch entledigen, daß man die Stelle eines "Informationsbeauftragten" schafft. Tatsächlich ließe sich dadurch nur ein Teil dieser Aufgaben wahrnehmen. Ein komplexes Aufgabengefüge wie das Informationsmanagement läßt sich nur durch ein komplexes Organisationsgefüge bewältigen - was, wie gesagt, keineswegs neue Stellen bedeutet: Gerade das Linienmanagement beispielsweise gilt es ja einzuschalten.

Bei den nachfolgenden Organisationsfragen halten wir uns an die Einteilung in Steuerungsaufgaben, Serviceaufgaben und operative Informationsverarbeitung.

### A)    Organisation der Steuerungsaufgaben

Entwurf und Durchsetzung einer Informationspolitik, Lagebeurteilung des gegebenen Informationssystems, Sollkonzept-Verabschiedung, Planung und Prioritätensetzung bei Änderungsvorhaben im Informationsbereich sowie Erfolgskontrolle und Öffentlichkeitsarbeit - diese Aufgaben sind nicht delegierbar. Sie sind geborene Aufgaben des Linienmanagement. Die Verwaltungsführung kann sich zuarbeiten lassen, aber sie muß die Fäden in der Hand behalten.

Die These von der Nicht-Delegierbarkeit des Informationsmanagement entspricht den von den Verfassungen gezogenen Grenzen der Datenverarbeitungsorganisation. Prinzipien wie Föderalismus, Ressortverantwortlichkeit oder kommunale Selbstverwaltung gebührt der Vorrang.

Allerdings: Formale Positionen kodifizierter Datenverarbeitungsorganisation in unseren Ländern, etwa Freiwilligkeit des Anschlusses an Gemeinschaftseinrichtungen oder Freiwilligkeit der Übernahme von Verfahren, sind erst notwendige Bedingungen, um die genannten Verfassungsprinzipien zu gewährleisten. Hinreichende Bedingungen müssen hinzutreten. Diese bestehen darin, daß die Verwaltungsführung de facto ihre garantierten Verantwortlichkeiten und Freiräume ausschöpft. Auf die Wirklichkeit des Informationsmanagement käme es also an. Diese Wirklichkeit aber sieht vielfach doch so aus, daß gleichzeitig mit dem Anschluß an ein Gemeinschaftsrechenzentrum Führungsaufgaben im Bereich der Informationsverarbeitung stillschweigend auf diese übergegangen sind. [19]

Nur bei den operativen Aufgaben und bei den Serviceaufgaben der Informationsverarbeitung stellt sich die Frage "Selbermachen oder von außen beziehen?".

B)  Organisation der Serviceaufgaben

Welche Serviceaufgaben in einer Fachverwaltung verbleiben oder auf überörtliche Stellen ausgegliedert werden, hängt von der Größe der betreffenden Verwaltung und von Wirtschaftlichkeitsüberlegungen ab. Betrachten wir als Beispiel eine kleine Kommunalverwaltung, so versteht sich von selbst, daß sie die genannten Serviceaufgaben wie Schwachstellenanalyse, Organisationsanalyse, Reorganisation, Softwareentwicklung, Beobachtung der Märkte für Informationstechnik und Kommunikationsinhalte, technische, finanzielle und rechtliche Beratung, Schulung, Beschaffung, Wartung, Öffentlichkeitsarbeit, Revision oder Arbeitsvorbereitung nicht sämtlich durch eigenes Personal wahrnehmen kann.

Bleiben sollte allerdings in jedem Falle ein "Beauftragter für die Informationsverarbeitung", was nicht notwendig eine zusätzliche Stelle erfordert. Seine Hauptfunktion wären die eines Beobachters, Koordinators und Initiators von Fragen an die Verwaltungsführung.

Mit zunehmender Größe der Verwaltung kann aus dem "Beauftragten" eine Gruppe oder eine Abteilung werden, deren Mitglieder sich auf bestimmte Servicefunktionen spezialisieren. Eine solche "Abteilung für Informationslogistik" könnte etwa auf eine bestehende EDV-Abteilung zurückgreifen, was dann allerdings erhebliche Wandlungen ihrer Funktion und ihres Selbstverständnisses erfordert. [20]

Daß insbesondere kleinere Kommunalverwaltungen informationslogistische Serviceaufgaben nur zum Teil selbst wahrnehmen können, wird manchen auf das Argument zurückgreifen lassen, daß ja gerade aus diesem Grunde und wegen der Verantwortlichkeit des Staates für Chancengleichheit bei der Nutzung der Verwaltungsautomation Gemeinschaftsrechenzentren geschaffen worden seien. Erfahrungen aus der Entwicklungshilfe sollten uns allerdings vor dem Fehlschluß bewahren, zur Entwicklung der Verwaltung genüge das Aufstellen von Maschinen. Förderung der Innovationsfähigkeit der Anwender selbst, durch Entwicklung des Know how über Schulung und Beratung und durch zweckmäßige organisatorische Beziehungen zwischen Spezialisten für Informationstechnik und Fachverwaltern - dies ist viel entscheidender. So wird eine wohlverstandene Fürsorge des Staates für die Weiterentwicklung der Leistungsfähigkeit kommunaler Verwaltungen im Bereich der Informationstechnik aussehen.

Wo könnten die benötigten externen Kapazitäten für Serviceaufgaben der Informationsverarbeitung anzusiedeln sein? Neben Kommunalverbänden, Rechnungshöfen, Prüfungsgesellschaften und weiteren Institutionen, die Teilfunktionen übernehmen könnten, dürften dies in der Tat die Gemeinschaftsrechenzentren sein. Es gibt deutliche Anzeichen dafür, daß diese einen entsprechenden Funktionswandel vollziehen. Eine Zusammenarbeit mit privaten Organisationsberatern und Softwarehäusern erscheint dabei vielversprechend.

Entscheidend wird sein, ob es gelingt, für solche Serviceeinrichtungen einen rechtlichen, organisatorischen und finanziellen Status zu finden, der es mehr oder weniger zwangsläufig macht, daß man sich den Benutzerinteressen voll und ganz verschreibt. Eine Kommune, die sich nach sorgfältiger Abwägung aller Gesichtspunkte für eine lokalautonome Datenverarbeitung entscheidet, muß genauso liebevoll und sorgfältig beraten werden wie eine Kommune, die Durchführungsprozesse der Datenverarbeitung in einem Rechenzentrum abwickelt.

C)   Organisation der Durchführungsaufgaben

Was die Durchführung der Informationsverarbeitung anbelangt, so ist über die organisatorischen Möglichkeiten schon ausreichend berichtet worden. Wir wissen, daß die informationstechnische Entwicklung den organisatorischen Handlungsspielraum enorm erweitert hat. Informationstechnische Geräte können an einzelnen Arbeitsplätzen, in Ämtern wie Einwohner-, Finanz- oder Bauverwaltung, als zentrale Einrichtungen für eine gesamte Kommunalverwaltung oder als Gemeinschaftseinrichtung für mehrere Kommunen aufgestellt sein. Zwischen diesen grundsätzlichen vier Aufstellungsorten sind alle Möglichkeiten der gegenseitigen Online- oder Offline-Verbindung, mit oder ohne "verteilte Intelligenz" realisierbar.

Man sollte also nicht - wie in den letzten Jahren geschehen - den Standort der Hardware zum Hauptgegenstand der Diskussion um die Datenverabeitungsorganisation in der öffentlichen Verwaltung machen. Die ausschlaggebenden Fragen sollten sein, ob die Fachverwaltungen in die Lage versetzt werden, ihre eigenen Anforderungen an die Informationstechnik zu formulieren, und ob das Verfahrensangebot ausreicht, diesen Anwenderwünschen zu entsprechen.

Hier sind in der Vergangenheit Sündenfälle vorgekommen. Das Streben nach mehr Verfügbarkeit über die Hardware läßt sich ja nicht allein mit dem Wunsch nach Statussymbolen erklären. Der Minicomputer, als die technologische Revolution der siebziger Jahre, lieferte nur die informationstechnische Möglichkeit, aus - erwarteten oder gemachten - Abhängigkeitserfahrungen organisatorische Konsequenzen zu ziehen.

Manche Organisationsentscheidung über die Hardwarestandorte wäre wohl anders ausgefallen, hätte man den Management- und Serviceaufgaben im Bereich der Informationsverarbeitung von Anfang an dieselbe Bedeutung geschenkt wie den Standorten für Rechenanlagen.

Für die künftige Organisation der operativen Datenverarbeitungsaufgaben wird ein vernetztes Mischsystem aus lokalen und überörtlichen Einrichtungen prognostiziert. Eine solche Organisationsform hätte wenigstens zwei Vorteile:

Unter Motivationsaspekten ist zu erwarten, daß eine auch physisch in die Arbeitsabläufe integrierte Informationstechnik geeignet ist, die Beschäftigten mehr an Fragen der Informationstechnik zu interessieren und auf diese Weise zu einer Verbesserung der Beziehungen zwischen Fachverwaltern und Spezialisten für Informationstechnik beizutragen. Dies gilt auch für die Verwaltungsführung. Es spricht einiges für die Annahme, daß deren Interesse an Informationsmanagement sich umgekehrt proportional zu ihrer räumlichen Entfernung vom Aufstellungsort informationstechnischer Einrichtungen verläuft.

Man sollte sich zweitens verdeutlichen, daß ein vernetztes System lokaler und überörtlicher informationstechnischer Einrichtungen nicht nur für die maschinelle Datenverarbeitung im engeren Sinne, also als Erfassung, Transformation und Verteilung von Daten verstanden, verwendet werden kann, sondern weit darüber hinaus auch für Servicefunktionen. Beispiele sind Wartung, die von einem Computer online für alle ihm nachgeordneten Anlagen durchgeführt werden kann; Schulung, etwa über computerunterstützten Unterricht mit Erläuterungen zur Handhabung eines von einem Gemeinschaftsrechenzentrum bezogenen Programmsystems oder für den Änderungsdienst etc.; Beratung, beispielsweise dokumentarische Nachweise technischer Neuerungen, organisatorischer Literatur oder juristischer Informationen.


## IV.  Schlußbemerkung

Nach alledem scheint einem Informationsmanagement in der öffentlichen Verwaltung eine gewisse Bedeutung zuzukommen. Wir brauchen es nicht so zu nennen, wenn uns der Begriff zu forsch erscheint. Aber wir müssen es vollziehen beziehungsweise organisatorische Vorsorge dafür treffen, daß es vollzogen wird.

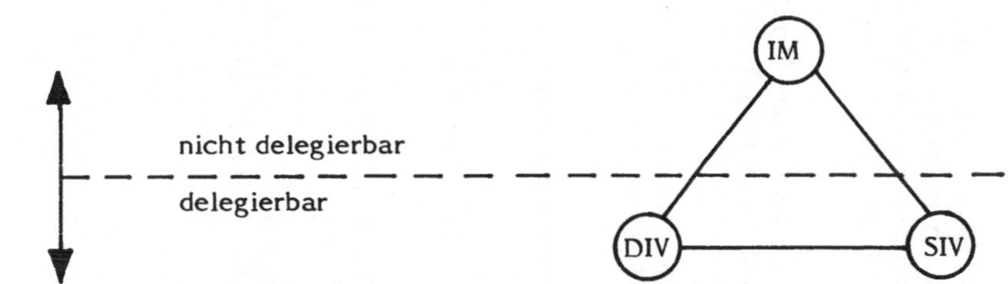


Durchführungsaufgaben der
Informationsverarbeitung:

- Informationserfassung
- Informationstransformation (Rechnen etc.)
- Informationsspeicherung (Archivieren, Registrieren, Ablegen)
- Informationssicherung
- Informationsausgabe (Drucken etc.)
- Informationsverteilung (schriftliche und mündliche
  Kommunikation, Umläufe etc.)
- Operating von informationstechnischen Einrichtungen

Serviceaufgaben der Informationsverarbeitung:

- Marktbeobachtung (für Informationstechnik sowie für
  Kommunikationsinhalte)
- Beratung (technisch, finanziell, rechtlich)
- Organisationsanalyse
- Softwareentwicklung
- Projektmanagement
- Beschaffung von Hardware, Software, Kundendienst,
  Personal, Finanzen
- Wartung von Hardware und Software
- Schulung und Personalentwicklung
- Datenverarbeitungs-Revision
- Arbeitsvorbereitung des Betriebs informationstechnischer
  Einrichtungen
- etc.

Abbildung 1:  Funktionsbereiche der Informationsverarbeitung,
die in jeder Institution wahrzunehmen sind.

<u>Anmerkungen:</u>

1)   Richard M. Harden war sogar von Carter eingesetzter Special Assistant to the President for Information Management; vgl. seinen Bericht "The information efficient Presidential Adviser, Executive Office of the President, Washington, D.C. , September 1980" für die Fachtagung "Bürosysteme der Zukunft" am 1. und 2. Oktober 1980 in der Universität zu Köln.

2)   Dies gilt, über die öffentliche Verwaltung hinaus, auch für die Wirtschaft; vgl. Platz, H. Ph., Die Überwindung informationswirtschaftlicher Engpässe in der Unternehmung, Berlin 1980; vgl. auch Kraemer, K.L. und King, J.L., Computers and local Government, Volume 1, A Manager's Guide, New York 1977, S. 5 f.

3)   Banner, G., Personal- und Organisationspolitik - was geschieht ohne Dienstrechtsreform? in: Wagener, F. (Hrsg.), Zukunftsaspekte der Verwaltung, Schriftenreihe der Hochschule Speyer, Band 81, Berlin 1980, S. 111 ff.

4)   Deutsch, K.W., Von der Industriegesellschaft zur Informationsgesellschaft, Veröffentlichungsreihe des Internationalen Instituts für Vergleichende Gesellschaftsforschung, Wissenschaftszentrum Berlin, März 1980.

5)   Für frühe wissenschaftliche Ansätze vgl. u.a. Wacker, W.H., Betriebswirtschaftliche Informationstheorie, Opladen 1971. Einen neueren Überblick über Problemstellungen der Verwaltungsautomation vermittelt Garstka, Hj., Schneider, J. und Weigand, K.-H. (Hrsg.), Verwaltungsinformatik Textbuch, Darmstadt 1980.

6)   Vgl. Tertilt, E.A., Management und EDV, Eine Analyse des Interface-Gap zwischen Management und EDV-Spezialisten, Wiesbaden 1978.

7)   Witte, E., Das Informationsverhalten in Entscheidungsprozessen, Tübingen 1972, hat auch für die Wirtschaft in einer empirischen Untersuchung festgestellt, daß Computer-Anwendungen überwiegend nicht wirklich geplant worden waren; ähnlich Gibson, C.F. und Nolan, R.L., Managing the four stages of EDP growth, in: Harvard Business Review, Heft 1, 1974, S. 76-88, hier S. 78 ff.

8)   Vgl. Lenk, K., Computer use in public administration: Implications for the citizen, in: Mowshowitz, A. (Hrsg.), Human choice and computers, Volume 2, Amsterdam etc. 1980, S. 193-211, hier S. 194.

9)   Nach Ostermann, J., Auf dem Wege in eine kommunale Informationsverwaltung?, in: Die Verwaltung, 1980, S. 297-327, hier S. 301, steht das Interesse des Bürgers erst in den Anfängen.

10)   Vgl. Nolan, R.L., Managing the crises in data processing, in: Harvard Business Review, Heft 2, 1979, S. 115-126.

11)   Vgl. Szyperski, N., Strategisches Informationsmanagement im technologischen Wandel, in: Angewandte Informatik, 1980, S. 141-148.

12)   Vgl. auch Ferreira, F. und Collins, J.F. Jr., The Changing Role of the MIS Executive, in: Datamation, November 1979, S. 26-32.

13)   Vgl. Buchanan, R. und Linowes, R.G., Understanding distributed data processing, in: Harvard Business Review, Heft 4, 1980, S. 143 153.

14)   Vgl. Lenk, K., a.a.O.

15) Vgl. Brinckmann, H., Dezentrale Datenverarbeitung für eine dezentrale Verwaltung, in: ÖVD, Heft 10, 1979, S. 3-7 sowie Heft 11, 1979, S. 19-22, hier S. 5.

16) Vgl. das Standardwerk Horváth,Controlling, P., Controlling, München 1979, sowie Zünd, A., Das Controlling als Hilfsmittel zur Steuerung in Unternehmen und Verwaltung, in: Verwaltungspraxis, Heft 8, 1977, S. 22-26.

17) Szyperski, N., a.a.O., S. 142.

18) Vgl. Horváth, P., Entwicklungstendenzen der EDV-Revision, in: Datascope, Heft 31, 1979, S. 44 ff.

19) So auch Klaus Bresse auf der Veranstaltung zum zehnjährigen Bestehen des Hessischen DV-Verbundes; vgl. inform, Heft 2, 1980, S. 6-8; vgl. auch Ostermann, J., a.a.O., S. 302.

20) Vgl. Henssler, R., Datenverarbeitung geht - Informationslogistik kommt, in: Computerwoche, Heft 49, 1979, S. 6 sowie Sherwood, H.F., EDV-Manager sind gefährdet: Warnung vor dem Wandel, in: Computer Magazin, Heft 8, 1980, S. 26 f. sowie Ferreira, J. und Collins, J.F. Jr., a.a.O.

# DATENVERARBEITUNG AUF DER EBENE DER GEMEINDEN, KREISE UND REGIONEN

von Frido Wagener, Speyer

Das Volk ist unzufrieden. Es fühlt sich nicht bürgerfreundlich behandelt. Bürokratiekritik, Vorschriftenflut, Regelungsdichte, Bürgerinitiativen, die "Grünen" und Alternativen: In gewisser Weise gehört alles in eine Linie.

Vor 15 Jahren stand die Kritik an der öffentlichen Verwaltung ganz im Zeichen der Leistungs-schwäche und Unwirtschaftlichkeit. [1] Heute steht Bürgernähe und Bürgerfreundlichkeit der öffentlichen Verwaltung im Vordergrund des Interesses. [2] Es gibt also neue "Grundstimmungen".

Ich erinnere mich an eindrucksvolle Doktorarbeiten, Bücher und Tagungen der sechziger Jahre über "computergerechte Rechtsnormen". [3] Man beachte, wer sich an wen anpassen sollte, nämlich der Gesetzgeber und die Gesetze an die Datenverarbeitung. Vor einem Jahr gab es dann Grundsätze des Bundesinnenministeriums "zum bürgergerechten Einsatz der automatisierten Datenverarbeitung in der öffentlichen Verwaltung". [4]

## I. Entwicklungstendenzen in der Gesamtverwaltung

Um das Bild etwas breiter und nicht nur auf die EDV zu beziehen, möchte ich zur Grundstimmung und zu Entwicklungstendenzen in der Gesamtverwaltung noch vier weitere Thesen vorbringen.

## A) Unzufriedenheit bei gestiegener Verwaltungsleistung

In der Bundesrepublik Deutschland, aber auch in vielen anderen hochentwickelten Industrie-staaten sind die Leistungen und der Standard der Leistungen der öffentlichen Verwaltung in den letzten drei Jahrzehnten immer besser und höher geworden. Erstaunlicherweise sind aber die Bürger, die Politiker, ja insgesamt die Öffentlichkeit nicht etwa zufriedener mit diesen Leistungen, sondern immer unzufriedener und kritischer.

B)    <u>Tendenz zur Auflösung von Verantwortlichkeit</u>

Es gibt eine generelle Tendenz zur Auflösung von Verantwortlichkeit. Innerhalb der Behörden kann kaum noch ein einzelner Mann (oder Frau) gefunden werden, der wirklich für eine Entscheidung, insbesondere für eine Fehlentscheidung, verantwortlich gemacht werden könnte. Obwohl ursprünglich durchaus anders gedacht, erweisen sich die vielfältigen Bemühungen um die Auflösung "obrigkeitlicher Strukturen" in der öffentlichen Verwaltung für den Bürger als bürokratisierungsfördernd. Dem Bürger treten immer weniger einzelne, verantwortliche Personen in der Verwaltung gegenüber, sondern "Arbeitsgruppen", "gemischte Ausschüsse", "Antragsannahmebeamte", "vorläufige Bearbeiter" und nicht zuletzt der "Computer". Dies ist für den Nichtfachmann alles sehr unübersichtlich. Mit der erheblich fortgeschrittenen Auflösung der "Hierarchie" in Behörden und der Aufgliederung bisher in einer Hand liegenden Zuständigkeiten auf mehrere "Spezialisten" (GNOFÄ bei den Finanzämtern), [5] die sich der EDV bedienen, ist die Entscheidung für den einzelnen Bürger "zufälliger" geworden als vorher.


C)    Immobilismus des Personals

Die dritte Entwicklungstendenz in unserem Verwaltungssystem bezieht sich auf das Personal. Es ist seit einiger Zeit ein eigentümlicher Immobilismus und verstärkte Parteipolitisierung festzustellen. Jüngere und mittelalterliche Kräfte setzen sich sehr frühzeitig räumlich (und teilweise auch geistig) zur Ruhe. Das schlechte Image der Verwaltung nach außen führt nach innen zur "kameradschaftlichen Bürokratie". [6] Der Personalrat, die Parteipolitik, die "Humanisierung" des Arbeitslebens schützen das interne Mittelmaß vor der Konkurrenz von außen. Gegen seinen Willen kann kein Beamter mehr versetzt werden. Die Gleitzeitregelung und die Qualität der Kantine sowie der "Humanfaktor" der Organisation scheinen manchmal wichtiger zu sein als das Publikum. [7]


D)    <u>Vorrang der "Funktion" gegenüber dem "Gebiet"</u>

Als vierte Entwicklungstendenz ist seit einiger Zeit ein genereller Vorrang der "Funktion" gegenüber dem "Gebiet" in unserem Verwaltungssystem festzustellen. Die Länder, die Bezirksregierung, das Landratsamt und der Landkreis sowie die Stadt und jede Gemeinde haben historisch gesehen immer ein möglichst großes Bündel von sehr unterschiedlichen öffentlichen Aufgaben für ein abgegrenztes Gebiet mit irgendwie geartetem Zusammengehörigkeitsgefühl der Menschen erfüllt. Die bekannten Maximen des deutschen Verwaltungssystems, nämlich die Universalität des Wirkungskreises, die Einheit der Verwaltung auf Kreis- und Bezirksebene, alles dies gehört zur historisch überkommenen Ausrichtung unserer Verwaltung am <u>Gebiet</u>. [8] Bei jeder Verwaltungsreform werden diese Maximen zwar wieder strapaziert, tatsächlich geht die langfristige Entwicklung aber auf eine vertikale Überbetonung der einzelnen Fachaufgabe, also auf eine Optimierung der Funktion. Die Behörden der allgemeinen inneren Verwaltung und die kommunalen Gebietskörperschaften erhalten nach dem umgedrehten Modell der Echternacher Springprozession eine Aufgabe zu ihrem Bündel hinzu, verlieren in der gleichen Zeit aber zwei.

Diese Beobachtungen und Thesen gehören (wenn vielleicht auch nicht sehr vordergründig) durchaus zum Thema. Später ist auf sie zurückzukommen.


## II. Urteile des Verfassungsgerichtshofs für Nordrhein-Westfalen

Im zweiten Teil der Untersuchung möchte ich auf die während dieser Tagung ja bereits mehrfach herangezogenen Urteile des Verfassungsgerichtshofs für das Land Nordrhein-Westfalen vom 9.2.1979 eingehen. [9)]


### A) Verfassungsbeschwerde der Stadt Solingen

In den Ländern der Bundesrepublik wurden Ende der sechziger und Anfang der siebziger Jahre EDV-Organisations-Gesetze erlassen. Nach einer längeren Periode der Bemühungen um freiwillige Zusammenschlüsse gemeinsamer kommunaler Datenverarbeitungszentralen wurde am 12.2.1974 ein entsprechendes Gesetz in Nordrhein-Westfalen erlassen. Auf der Grundlage einer Verordnung über die Einzugsbereiche der Kommunalen Datenverarbeitungszentralen in Nordrhein-Westfalen vom 20.4.1977 wurden zum Teil auch gegen den Widerstand einzelner betroffener Kreise und Städte kommunale Datenverarbeitungszentralen geschaffen. Einer dieser Fälle war der Zusammenschluß der kreisfreien Städte Remscheid (130.000 Einwohner), Solingen (168.000 Einwohner) und Wuppertal (397.000 Einwohner) zu einer "Computer-Region". Hiergegen erhob die Stadt Solingen Verfassungsbeschwerde und hatte Erfolg.

Nach dem Urteil ist die Bildung von Einzugsbereichen gemeinsamer kommunaler Datenzentralen gegen den Willen betroffener Gemeinden nicht beliebig gestattet, sondern nur unter Berücksichtigung jener Verfassungsmaßstäbe, die auch sonst für staatliche Eingriffe in den kommunalen Selbstverwaltungsbereich gelten. Das ist neben der Wahrung des Kernbereichs der kommunalen Selbstverwaltung die Orientierung des Eingriffs am allgemeinen Wohl und die Beachtung des Übermaßverbots.

In dem Urteil wird dann im einzelnen ausgeführt, daß Zwangszusammenschlüsse zu gemeinsamen Datenverarbeitungszentralen nur zulässig sind, wenn sie aus Gründen des öffentlichen Wohls dringend geboten sind. Die Beweisaufnahme hat ergeben, daß die in der angegriffenen Verordnung für die Bildung von Kommunalen Datenverarbeitungszentralen angenommene Untergrenze von

400.000 Einwohnern als Kriterium zu wenig gesichert ist, um die Zusammenfassung von Remscheid, Solingen und Wuppertal unter wirtschaftlichen Gesichtspunkten dringend zu gebieten. Es wurde bestätigt, daß nach bisherigem Kenntnisstand zuverlässige Aussagen über wirtschaftlich optimale Einzugsbereiche nicht möglich sind.

So viel zu den "Gründen" des Urteils. Sie müssen nun vom Einzelfall abgehoben und generalisiert werden. Insbesondere wäre zu fragen, ob die vielen anderen als Sonderbehörden eingerichteten gemeinsamen kommunalen Datenzentralen in Nordrhein-Westfalen und auch in den anderen Ländern nach dem Urteil des Verfassungsgerichtshofs Nordrhein-Westfalen automatisch als verfassungswidrig angesehen werden müssen.


B)   Eingriffsgrenze: Öffentliches Wohl

Zunächst ist darauf hinzuweisen, daß als verfassungsrechtlich nicht zu überwindende Eingriffsgrenze das "öffentliche Wohl" angesehen wird. Das "öffentliche Wohl" ist nun ein wertbezogener ausfüllungsbedürftiger Rechtsbegriff, der einerseits eine Vielfalt von Zwecken und Sachverhalten deckt, andererseits die Verwirklichung von Zwecken oder die Herbeiführung von Zuständen ausschließt, die dem Staat und seinen Gebietskörperschaften im ganzen mehr schaden als nützen (sogenannte Schaden-Nutzen-Analyse). Dabei muß diese Schaden-Nutzen-Analyse aber offensichtlich "negativ" sein.

In diesem Zusammenhang ist darauf aufmerksam zu machen, daß die Gemeinden und Gemeindeverbände gegenüber ihrer vollständigen Auflösung im Rahmen der Territorialreform nur einen verfassungsrechtlichen Minimalschutz hatten. Sie hatten sozusagen nur einen Not-Fallschirm zur Verfügung (und selbst dieser ist meistens nicht aufgegangen). Daß die Verfassungswidrigkeit so selten nachzuweisen war, lag an der "Offensichtlichkeits"-Formel. [10]

So wird es auch wohl schwierig sein nachzuweisen, daß die Bildung von kommunalen Datenzentralen im Hinblick auf das öffentliche Wohl "offensichtlich" ungeeignet oder nicht erforderlich war, daß die Erwägungen und Wertungen offensichtlich mangelhaft waren und daß Alternativ-Lösungen offensichtlich besser waren. Ebenfalls wird man kaum sagen können, daß die Landtage und die Verordnungsgeber von unzutreffenden Sachverhaltensannahmen ausgegangen sind und daß sie nicht genügend abgewogen haben, bevor sie die Computer-Regionen schufen. Alles dies fand ja durchaus auf der Grundlage von Empfehlungen von Fachleuten, nicht zuletzt von kommunaler Seite (insbesondere der KGSt) statt.

Verfassungsrechtlich interessant ist wohl nur die Frage, ob die Gesetz- und Verordnungsgeber für die Computer-Regionen als Sonderverwaltungen sich nicht bei den Prognosen über die künftige Entwicklung offensichtlich geirrt haben, ob sie heute nicht eindeutig widerlegt werden können, ob nicht der herbeigeführte Zustand, nämlich die Fremdverwaltung der EDV für die Mehrzahl der

Gemeinden und Kreise, heute und in Zukunft dem Staat und seinen Gebietskörperschaften im ganzen mehr schadet als nutzt.

In diesen Formulierungen steckt allerdings eine verfassungsrechtliche Schwierigkeit. Wir müssen nämlich wohl davon ausgehen, daß nach den Erkenntnis- und Wertungsmöglichkeiten bis Mitte der siebziger Jahre eine Verfassungswidrigkeit der Regelungen über kommunale Datenzentralen nicht angenommen werden kann. Diese Regelungen haben sich weithin erst in den letzten Jahren durch eine dramatische und kaum voraussehbare Änderung der technischen Entwicklung als offensichtlich "fehlsam" und in der Schaden-Nutzen-Bilanz negativ herausgestellt. Die Frage lautet also: Können Regelungen, die zunächst wohl nicht gegen das öffentliche Wohl verstießen, später so eindeutig gemeinwohlschädlich werden, daß sie von einem bestimmten Zeitpunkt an als verfassungswidrig und deshalb nichtig angesehen werden müssen?

## C) Institutionelle Garantie und kommunale Organisationshoheit

Den Gemeinden und Gemeindeverbänden ist verfassungsrechtlich ein umfassender Aufgabenbereich garantiert, der grundsätzlich alle Angelegenheiten der örtlichen Gemeinschaft umfaßt. Einschränkungen aufgrund eines Gesetzes sind zulässig, jedoch nur bis zur Grenze des Wesensgehalts oder "Kernbereichs" der Selbstverwaltung. [11] Nun ist überaus diffizil zu bestimmen, was den Wesensgehalt (den Kernbegriff) der Selbstverwaltung ausmacht, der gegen jede Schmälerung gesichert ist.

Die übertragenen Aufgaben müssen grundsätzlich in eigener Verantwortung erledigt werden können. Zu dieser Eigenverantwortlichkeit gehört unter anderem die Organisationshoheit. [12] Sie gibt den Kommunen das Recht, selbständig zu bestimmen, durch welche Organe und Personen sie die ihnen obliegenden Aufgaben, seien es Selbstverwaltungsangelegenheiten, seien es Auftragsangelegenheiten, durchführen wollen. Die Organisationshoheit erstreckt sich auf Maßnahmen zur Straffung und Verbesserung der Arbeitsweise der Verwaltung (also auch technische Hilfsmittel, EDV). Sie umfaßt auch die Abschaffung überholter und die Einführung geeigneter neuer Hilfsmittel und Werkzeuge. Die staatliche Organisationsgewalt darf hier grundsätzlich keine Zwänge ausüben.

Zweifelhaft bleibt der mittelbare "Zwang" durch hohe staatliche Zuschußleistungen für ein bestimmtes Organisationsmodell. Dies ist aber seit mehr als einem Jahrzehnt die übliche Staatspraxis. Sie geht nämlich dahin, denjenigen Gemeinden, Städten und Kreisen, die sich den Computer-Regionen und Gebietsrechenzentren "freiwillig" anschließen, mit Bundes- und Landesmitteln, die inzwischen in die hunderte von Millionen gehen, die gemeinsame kommunale Datenverarbeitung oder kommunal-staatliche Datenverarbeitung zu "versüßen". Nur diejenigen Datenzentralen und EDV-Einrichtungen, die in das jeweilige Bundes- oder Landeskonzept passen und dem Gliederungssystem der Landes-EDV-Organisationsgesetze entsprechen, erhalten Investitionszuschüsse zu den Maschinen in Höhe von 90 Prozent und mehr. [13]

Welche Gemeinde, so ist zu fragen, kann es sich leisten, "freiwillig" auf diese Belohnung für die Aufgabe der eigenen Organisationshoheit auf dem Gebiete der EDV zu verzichten? Welche Gemeinden, Städte und Kreise wären den Computer-Regionen beigetreten, wenn die Kosten der gemeinsamen Datenverarbeitung (einschließlich Maschinen) voll auf die Mitglieder umgelegt worden wären? Finanzielle Angebote des Staates in einer prozentualen Höhe, die es nur "Außenseitern" erlaubt, ein solches Angebot abzulehnen, müssen wohl zu den zwangsweisen Eingriffen in die Organisationshoheit aller "korrumpierten" Gemeinden gerechnet werden.

D)     Erweiterter Schutz der Organisationshoheit nach der Gebietsreform

Im Vergleich zu unseren bisherigen Überlegungen hat der Verfassungsgerichtshof Nordrhein-Westfalen in seinem Urteil vom 19.2.1979 (Solingen) verhältnismäßig einfach argumentiert. Er hat auf das Gesetz über kommunale Gemeinschaftsarbeit und die dort vorgesehene Bildung von Pflichtverbänden verwiesen. Deshalb seien auch Zwangszusammenschlüsse zu kommunalen Datenverarbeitungszentralen zum Schutze der Organisationshoheit der Gemeinden nur zulässig, "wenn sie aus Gründen des öffentlichen Wohls dringend geboten" seien. Dies ist eine erfreuliche Klarstellung für die grundsätzlich begrenzte Eingriffsmacht des Staates in die neuen oder bestehengebliebenen Gemeinden.

Nach Abschluß der kommunalen Gebietsreform geht der Verfassungsgerichtshof Nordrhein-Westfalen nunmehr zu Recht davon aus, daß die Haupteinheiten der kommunalen Verwaltung grundsätzlich für längere Zeit zur Erfüllung ihrer eigenen Aufgaben und zur Durchführung von Bundes- und Länderaufgaben als ausreichend leistungsfähig und tragfähig angesehen werden müssen. Dazu gehört auch die Datenverarbeitung im eigenen Hause oder jedenfalls nach einer selbstbestimmten Konzeption. Die jetzt bestehenden oder bestehengebliebenen Gemeinden, Städte und Kreise haben also einen wesentlich höheren Schutz gegenüber weiteren Eingriffen des Staates als dies vor der Territorialreform der Fall war. Es muß sogar ein gewisses Maß an Unwirtschaftlichkeit für die Gemeinden selbst und an Unbequemlichkeit und Uneinheitlichkeit für den Staat hingenommen werden, damit die Organisationshoheit nicht auf der Grundlage unsicherer Annahmen und bloßer Einheitlichkeitswünsche aus der Sicht der Ministerialbürokratie eingeschränkt werden kann.

Als Zwischenergebnis der rechtlichen Überlegungen ist festzuhalten, daß Zwangszusammenschlüsse zu Computer-Regionen nur zulässig sind, wenn sie "dringend geboten" erscheinen.

Insgesamt darf der Eingriff nicht "mehr schaden als nützen". Die Grenze der "Freiwilligkeit" dürfte auch bei hohen staatlichen Zweckzuschüssen mit Organisations- und Konzentrations- auflagen überschritten sein. Tatsächlich handelt es sich ebenfalls um Zwangszusammenschlüsse.


### III.  Computer-Regionen gegen EDV in den Hauptverwaltungseinheiten

Wenn die verfassungsrechtlichen Überlegungen im Ergebnis zur Frage der Sicherung der Datenverarbeitung auf der Ebene der Gemeinden, Städte und Kreise (also den Hauptverwaltungs- einheiten) nur zum Teil eindeutig sind, muß der Fragenkomplex nunmehr verwaltungspolitisch und organisationspolitisch behandelt werden. Es sind Faktoren zu suchen und gegeneinander abzu- wägen, die jetzt und zukünftig die Frage beeinflussen, ob es möglich sein wird, grundsätzlich auf die Computerregionen zu verzichten und die Datenverarbeitung wieder im Rahmen der Haupt- einheiten der öffentlichen Verwaltung durchzuführen.


### A)  Das KGSt-Konzept der sechziger Jahre und das Ergebnis

Vor mehr als zehn Jahren hatte das KGSt-Rundschreiben 3/1969 ("Zusammenarbeit zwischen Kommunalverwaltung und staatlicher Verwaltung bei integrierter Datenverarbeitung") empfoh- len, in einer Größenordnung von jeweils mindestens 200.000 bis 300.000 Einwohnern (möglichst jedoch mehr) Zusammenschlüsse von Landkreisen und kreisfreien Städten zu kommunalen Datenzentralen zustande zu bringen. Diese Zahlen wurden später nach oben korrigiert. Schätzun- gen lagen bei 500.000 Einwohnern. [14] In Nordrhein-Westfalen wurden mindestens 400.000 Einwohner als Funktionsgröße für eine kommunale Datenzentrale für notwendig gehalten. Heute bieten bundesweit etwa 70 kommunale Datenzentralen mit durchschnittlich mehr als 800.000 Einwohnern flächendeckende personelle und maschinelle Datenverarbeitungsleistungen vorwie- gend zur Erledigung von Massenaufgaben ihren Mitgliedsverwaltungen an. Bevorzugte Anwen- dungsbereiche sind

- Berechnung und Zahlbarmachung von Leistungen (Personalbezüge, Versorgungsbezüge, Sozialleistungen),
- Veranlagung von Steuern, Gebühren und Abgaben.
- Buchung der Kassenbewegungen in Einnahme und Ausgabe sowie
- Speicherung, Fortführung und Auswertung der Einwohnerdaten. [15]

B)     <u>Veränderung der wesentlichen Voraussetzungen</u>

Das Konzept der KGSt wurde in den sechziger Jahren entwickelt. Man mußte damals auf der Kreisebene von rund 650 kommunalen Hauptverwaltungseinheiten (Landkreisen und kreisfreien Städten) mit zum Teil weniger als 20.000 Einwohnern ausgehen. Für die damals zur Verfügung stehenden, sehr teuren und komplizierten Datenverarbeitungsanlagen waren die kommunalen Hauptverwaltungseinheiten durchweg zu klein. Hier haben sich nun wesentliche Voraussetzungen geändert:

- Die Verwaltungsstruktur hat auf der Kreisebene nur noch rund 320 Hauptverwaltungseinheiten (88 kreisfreie Städte und 236 Landkreise). [16]

- Die Mikrocomputertechnik hat den Kostenanteil der Maschinen wesentlich verbilligt und ermöglicht dezentralen EDV-Einsatz für einzelne kommunale Aufgabenbereiche; die Leistungsfähigkeit ist so hoch wie bei den früheren Großanlagen. [17] Die Maschine ist bereits (oder wird noch) so "billig", daß Schichtbetrieb nicht mehr notwendig ist: Sie braucht nur bei Bedarf zu laufen.

- Die Kompatibilität der verschiedenen Systeme ist wesentlich gewachsen.

- Die Integration der Datenverarbeitung als umfassendes Führungshilfsmittel durch Informationssysteme ist von der kommunalen Ebene und auch von der Landes- und Bundesebene weitgehend aufgegeben worden. [18]

Damit sind die wesentlichen Voraussetzungen für die Computer-Regionen als Sonderverwaltungen entfallen.

Wie bereits in der Einführung angedeutet, hat sich auch die innere Einstellung der Bürger, der Politik und des Personals gegenüber der Datenverarbeitung im Vergleich zur Lage vor zehn bis fünfzehn Jahren wesentlich verändert. Man will nicht mehr nur vordringlich Stapel- und Massenverarbeitungsvorgänge bewältigen. Es sollen immer mehr qualifizierte Aufgaben mit zeitkritischem Charakter (Trend zur Sofortverarbeitung in bestimmten Bereichen) übernommen werden. Dies führt dazu, daß nunmehr eine stärkere Benutzer-Orientierung gefordert wird. Mehr Gestaltungsspielraum der kommunalen Selbstverwaltung (Organisationshoheit) bei der verwaltungsinternen Aufbau- und Ablauforganisation sowie eine möglichst weitgehende Einbeziehung der EDV in das Arbeitsfeld des Sachbearbeiters (Integration der EDV in den Arbeitsablauf), verbunden mit einer humanen Gestaltung des Arbeitsplatzes, werden angestrebt. [19]

Zu berücksichtigen ist bei der Gesamtfrage, daß wir vor einer tiefgehenden Strukturveränderung in den Büroberufen stehen. Es gibt eine neue Bürotechnologie. [20] Folgende Stichworte sind anzuführen:

- Computerunterstützte Textverarbeitung,
- Fernkopieren,
- Teletex-Stationen,
- Verbindung der Fernsprechanschlüsse und Datenstationen,
- Verbindung zwischen EDV und Mikrofilm (COM).

Bei allen diesen neuen Hilfsmitteln wird eine außerordentlich dichte Verflechtung mit der EDV eintreten. Diese neue Bürotechnologie wird reibungsloser und schneller in den Haupteinheiten der öffentlichen Verwaltung eingeführt werden, wenn die EDV wieder verwaltungsnah wird.


C)   Folgerungen

Die bisherigen Überlegungen lassen es als plausibel erscheinen, daß die Philosophie der gemeinsamen kommunalen Datenverarbeitungszentralen in einer Größenordnung von einer halben bis zu einer Million Einwohner nicht mehr überzeugend ist. Ein großer Teil der Problematik des technischen Hilfsmittels "Großcomputer" erledigt sich mittelfristig offenbar auch dadurch, daß für eine ganze Reihe von Fachaufgaben der Kommunalverwaltung (etwa im Bauwesen, Planungswesen, auch bei Geldbewilligungen nach gesetzlichen Standardfestlegungen) sogenannte bürotaugliche Kompact-Computer im Schreibtischformat entwickelt werden, die von den Anwendern in den Fachabteilungen keine speziellen EDV-Kenntnisse mehr erfordern. Der Bedienungskomfort wird offenbar wesentlich höher, wenn fachliche Komplettlösungen für einen bestimmten Fachbereich mit wenigen Programmen angeboten werden können. [21] Ein eigener Rechner, der direkt im Amt steht, mit genau zugeschnittenen Programmen, erleichtert den Mensch-Maschine-Dialog und bringt heute und in Zukunft wesentliche Kostenvorteile.

Alles spricht also dafür, zur dezentralen kommunalen Datenverarbeitung zurückzukehren, und zwar nicht in der Form der Dezentralisation, daß hunderte von Sichtgeräten über teuere Standleitungen an das zentrale Rechenzentrum angeschlossen werden, sondern daß mehrere mittlere und kleinere EDV-Systeme möglichst übereinstimmend mit der Aufbauorganisation der allgemeinen inneren Verwaltung installiert werden. [22]

## IV.  Örtliche, überörtliche und regionale Aufgaben

Bei diesem Stande müssen wir uns im letzten Teil der Untersuchung fragen, ob nicht die Rückgabe der Datenverarbeitung an alle Haupteinheiten der öffentlichen Verwaltung zu einem Chaos führen würde? Ob das nicht zu einer EDV-Kirchturmspolitik ausartet? Ob das nicht insbesondere zu einer Kampfstellung zwischen den Landkreisen und den kleineren kreisangehörigen Gemeinden führen würde?


### A)    Kreise und Gemeinden

Die Problematik kann dadurch entschärft werden, daß wir uns auf die allgemeinen Grundsätze besinnen, die für die Aufgabenverteilung zwischen den verschiedenen Ebenen der Kommunalverwaltung gelten. Es sind auch die Organisationsgrundsätze für den Gesamtaufbau der öffentlichen Verwaltung, insbesondere der Grundsatz der Einheit der Verwaltung auf Kreisebene und der Grundsatz der Einheit der Verwaltung auf Bezirksebene heranzuziehen.

Wenn es wahr ist, daß eine Trendwende eingetreten ist, daß die Computer sich heute den Menschen und der herkömmlichen Organisation anpassen oder anpassen lassen, dann ist es sicher keine Frage, daß Verwaltungen in der Größenordnung einer kreisfreien Stadt mit durchschnittlich 100.000 und mehr Einwohnern (und selbst in Rheinland-Pfalz und Bayern mit 50.000 und mehr Einwohnern) zukünftig selbständige Träger der Datenverarbeitung für die von ihnen zu erfüllenden Aufgaben werden können. Dasselbe gilt für die Kreise und größeren kreisangehörigen Städte, wenn man davon ausgeht, daß die Kreisverwaltungen zugleich für die sonstigen kreisangehörigen Gemeinden Träger einer gemeinsamen Kreisdatenverarbeitung werden. Fraglich wird die Sache wohl nur für die kleineren kreisangehörigen Gemeinden und engeren Gemeindeverbände, die ja heute im Grundsatz nach einer Einwohnerzahl von etwa 8.000 Einwohnern und mehr organisiert sind und die etwa 20 bis 30 Beamte und Angestellte als Verwaltungspersonal beschäftigen.

Bei der Datenverarbeitung taucht hier ein ähnliches Problem auf wie bei sonstigen Mindestbetriebsgrößen (etwa Baugenehmigungsbehörde, Jugendamt oder Straßenverkehrsamt). Grundsätzlich richtet sich die Zuständigkeit der Kreise für kommunale Aufgaben der Gemeinden nach dem Merkmal der Leistungsfähigkeit. Das ist hier aber gerade das Problem. Kann man diese Leistungsfähigkeit nach der "zufälligen" Leistungsfähigkeit und dem EDV-Interesse des Stadtdirektors und des Bürgermeisters ausrichten und den übrigen Gemeinden im kreisangehörigen Raum sagen "Seht zu, wo Ihr bleibt, oder gründet Zweckverbände"?

Die Frage stellen, heißt sie verneinen. Es kann nicht auf den begrüßenswerten Einsatz einzelner Verwaltungschefs sehr kleiner Gemeinden ankommen, um daraus eine generelle Organisationsempfehlung abzuleiten. Nur durchschnittliche Leistungsfähigkeiten können für die ergänzende Aufgabenerfüllung durch den Kreis für die kreisangehörigen Gemeinden entscheidend sein. Zu empfehlen wären hier, wie in den meisten Ländern und neuerdings besonders ausgeprägt in Nordrhein-Westfalen, gesetzlich festgelegte Privilegierungsschwellen bei etwa 25.000 und dann wieder 60.000 Einwohnern. [23)]

Ab welcher Größenordnung die selbständige Datenverarbeitung durch kreisangehörige Gemeinden zur Zeit und in Zukunft zweckmäßig ist, vermag ich nicht zu entscheiden. Man sollte aber nicht mehr kommen mit der Vorstellung, daß unter einer halben Million Einwohner die Sache unwirtschaftlich sei und die Computer-Regionen daher unbedingt erhalten bleiben müßten. Das meinen immer nur die EDV-Leute als Chefs und die jeweiligen Vorsitzenden der gemeinsamen kommunalen oder kommunal-staatlichen Datenverarbeitungszentralen.


B)    Zweckverbände nach der Gebietsreform

Über die Gebietsreform ist viel Unsinn geschrieben und noch mehr gesagt worden. Eines ist aber nicht zu bestreiten, daß sie unter anderem deshalb gemacht wurde, um die vielen und immer mehr notwendigen Zweckverbände als Schulverbände, Wasserbeschaffungsverbände, Feuerlöschverbände, Friedhofsverbände, Sparkassenzweckverbände und so weiter und so fort überflüssig zu machen. Die untersten kommunalen Verwaltungseinheiten sollten mindestens so groß gemacht werden, daß sie ein Mindestbündel von öffentlichen Aufgaben ohne Zweckverbandshilfe einigermaßen wirtschaftlich tragen konnten.

Wenn jetzt wieder empfohlen wird, für alle möglichen Aufgaben einschließlich der Datenverarbeitung im kreisangehörigen Raum Zweckverbände zu gründen, nur damit die nächste Normaleinheit der Verwaltung, der Kreis, die Aufgabe nicht erfüllen soll, dann ist wohl der geringste der Vorwürfe der des allzu kurzen Gedächtnisses.

Wenn Zweckverbände notwendig sind, ist eigentlich jeweils angezeigt, daß die Normalorganisation der öffentlichen Verwaltung nichts taugt. Man müßte schon wieder reformieren. Zweckverbände müssen also die absolute Ausnahme im organisatorischen Gesamtaufbau der öffentlichen Verwaltung bleiben.


C)    "Regionen" und ihre Aufgaben

Der Begriff "Region" hat (als so schön unbestimmt) unter anderem dazu gedient, unserem seit anderthalb Jahrhunderten festgefügten Verwaltungsaufbau im Rahmen der Territorial- und Funktionalreform in Bewegung zu bringen. Nachdem diese Aktionen vorbei sind, verflüchtigen sich die "Regionen" wieder. So ist im Bundesgebiet deutlich festzustellen, daß aus der sogenannten Regionalplanung überwiegend eine Bezirksplanung und (etwa in Niedersachsen) eine Kreisplanung wird.

Wir brauchen keine Regionen mehr. Ich habe nie verstanden, weshalb nicht die 25 (oder demnächst 26) Regierungsbezirke, ergänzt um das Saarland, Schleswig-Holstein und die Stadtstaaten, - also insgesamt 30 Einheiten - die richtigen organisatorischen Aufhänger für Software-Zentralen und spezielle Computerintelligenz sein können, [24] die ihre Kenntnisse im Umherreisen an den Mann bringen. Also:  Einheit der Verwaltung auf der Bezirksebene auch bei der Datenverarbeitung. Die Bezirksregierungen und ihre Präsidenten hätten es dringend nötig, sich mehr mit EDV zu beschäftigen als sie es bisher tun.


## V.   Schlußüberlegungen

Zum Schluß ist zu betonen (was ja sicher schon deutlich geworden ist), daß ich ein entschiedener Gegner der 70 deutschen verwaltungsfernen und bürgerfernen Computer-Regionen bin. Sie mögen vor zehn Jahren gerechtfertigt gewesen sein. Heute dienen sie der Verwaltung vor Ort als Entschuldigung für Verzögerung, Unverständlichkeit und Fehler:  "Es war halt der Computer". Die verwaltungsfremde Datenverarbeitung stärkt den zu Beginn herausgestellten Immobilismus beim Personal. Es soll möglichst nichts geändert werden. Gott sei Dank braucht man sich mit EDV nicht auseinanderzusetzen: "Das macht ja die Datenzentrale, die haben ihre Leute dafür".

Die Computerleute in den Datenzentralen selbst gehören zu den Überbetonern von vertikalen Einzelfunktionen der Verwaltung. Schon ihr Herkommen läßt sie an die Optimierung von Funktionen und Standards glauben. Suboptimale Datenverarbeitung in den Haupteinheiten der öffentlichen Verwaltung ist ihnen ein Graus. Sie werden dort nicht Chefs sein können und sie werden dort viel häufiger gebeten werden, das in hochdeutsch zu erklären, was sie sagen wollten.

Datenverarbeitung ist auf dem Wege, "normal" zu werden. Expertenkenntnisse "vor Ort" sind nicht mehr unbedingt vorausgesetzt. Die sogenannten Akzeptanzschwellen sinken. Zum Statussymbol taugen Computer nicht mehr. Selbst die Kopierer rutschen wieder zum Arbeitsplatz des einzelnen Verwaltungsmannes zurück. Das wird auch mit der Datenverarbeitung geschehen.

Den gemeinsamen kommunalen oder kommunal-staatlichen Datenverarbeitungszentralen, die nicht mehr in die Aufbauorganisation unserer Verwaltung passen, darf ich sagen, was <u>Wilhelm Busch</u> über <u>Fipps den Affen</u> gesagt hat:

> "Selten zeigt er sich beständig,
> Einmal hilft er aus der Not;
> Anfangs ist er recht lebendig,
> Und am Schlusse ist er tot".

Anmerkungen:

1)  Die kommunalrechtliche Arbeitsgemeinschaft des Deutschen Juristentags 1964 hat unter anderem beschlossen:  "Der gegenwärtige Zuschnitt der Gemeinden und Landkreise ... entspricht nicht mehr den an eine leistungsfähige Verwaltung zu stellenden Anforderungen ....". Die folgenden Territorialreformen in den Ländern waren sehr stark (in einigen Fällen zu stark) an mehr "Effektivität" der Verwaltung ausgerichtet. Die Schrift des Verfassers, Neubau der Verwaltung, Gliederung der öffentlichen Aufgaben und ihrer Träger nach Effektivität und Integrationswert, Berlin 1969, diente dabei (unberechtigterweise) als einseitige "Effektivitäts-"Stütze.

2)  Ein Ausdruck dieser Tendenz war etwa die Sachverständigenanhörung zu Ursachen einer Bürokratisierung in der öffentlichen Verwaltung sowie zu ausgewählten Vorhaben zur Verbesserung des Verhältnisses von Bürger und Verwaltung am 19. und 20. Juni 1980 in Bonn (Teil A und Teil B, herausgegeben vom Bundesminister des Innern, Oktober 1980).

3)  Vgl. etwa von Berg, M., Automationsgerechte Rechts- und Verwaltungsvorschriften, Köln 1968.

4)  Grundsätze zum bürgergerechten Einsatz der automatisierten Datenverarbeitung in der öffentlichen Verwaltung, Rundschreiben des Bundesministers des Innern vom 17.5.1979, Gemeinsames Ministerialblatt, S. 159-163.

5)  Es geht um die Einführung eines bundeseinheitlichen Organisationsmodells, das die Finanzminister und die Finanzsenatoren der Länder unter der Bezeichnung "Grundsätze zur Neuorganisation der Finanzämter und zur Neuordnung des Besteuerungsverfahrens (GNOFÄ)" am 4. Dezember 1975 beschlossen haben.

6)  Bosetzky, H., Die "kameradschaftliche Bürokratie" und die Grenzen der wissenschaftlichen Untersuchung von Behörden, in: Die Verwaltung, 1971, S. 325 ff.

7)  Vgl. dazu Laux, E., Zur Bürokratiekritik, Führt die Humanisierung zur Vernachlässigung der Bürger- und Kundenorientierung?, in: ZO, 1980, S. 121 f.

8)  Näheres bei Wagener, F., Typen der verselbständigten Erfüllung öffentlicher Aufgaben, in: Wagener, F. (Hrsg.), Verselbständigung von Verwaltungsträgern, Bonn 1976, S. 31 ff., hier S. 35.

9)  Mit einer Anmerkung vom Verfasser, abgedruckt in DÖV, 1979, S. 637 ff.; vgl. auch die Stellungnahme von Borchmann, M., Verfassungsrechtshof Nordrhein-Westfalen und Datenverarbeitung: Ein verfassungsrechtlich gebotener Sieg der Selbstverwaltung, in: Der Städtetag, 1979, S. 394 ff.

10)  Einen Überblick über die Entscheidungen des Verfassungsgerichtshofs für das Land Nordrhein-Westfalen gibt Stüer, B., Verfassungsfragen der Gebietsreform, in: DÖV, 1978, S. 78.

11)  Eine übersichtliche Darstellung und Auslegung gibt Stern, K., Staatsrecht I, München 1979, S. 309 ff.

12)  Umfassend hierzu Schmidt-Jortzig, E., Kommunale Organisationshoheit, Göttingen 1979.

13)  Hierauf weist auch Ostermann, J., Auf dem Wege in die kommunale Informationsverwaltung?, in: Die Verwaltung, 1980, S. 297 ff., hier S. 316 f., hin; Prinz, H. hat in seinem Beitrag "Einheit, Einheit über alles ...", in: ÖVD, 1975, S. 502, deutlich gemacht, wie die "Freiwilligkeit" in der Praxis aussieht: "Die rechte Motivation zur Einheitlichkeit tritt bei Partnern mit unterschiedlichen Rahmenbedingungen, Interessen und Zielen, die sonst die vielgefeierte kommunale Vielfalt ausdrücken, erst ein, wenn der Bund - und hier das Bundesforschungsministerium - mit den erlösenden Millionenzuschüssen winkt".

14) Vgl. Goller, F., Scheuring, H. und Trageser, A., Das KI-System, Automatisierte Kommunikation und Information in Politik und Verwaltung, Stuttgart, Berlin, Köln, Mainz 1971, S. 94.

15) Vgl. Wissing, W., Die zukünftige Rolle zentraler Rechenzentren im kommunalen Bereich, in: ÖVD, Heft 4, 1979, S. 3.

16) Einzelheiten über den heutigen Aufbau aller Hauptverwaltungseinheiten, in: Wagener, F., Entwicklung des äußeren Aufbaus der öffentlichen Verwaltung in der Bundesrepublik Deutschland, in: Der Landkreis, 1980, S. 381 ff.

17) Zu den Kosten im Vergleich zur Leistungsfähigkeit vgl. etwa Reinermann, H., Möglichkeiten und Grenzen der modernen Datenverarbeitung im kommunalen Bereich, in: Kommunal-Kassen-Zeitschrift, 1980, S. 161 ff., hier S. 163.

18) Selbst ein Bericht aus den USA wird unter dem bezeichnenden Titel "Nachruf auf USAC" veröffentlicht. Bei dem USAC-Programm handelte es sich um den mit 26 Millionen Dollar geförderten Versuch der Entwicklung von Informationssystemen für die kommunale Verwaltung. Es lief 1977 ohne wesentlichen Erfolg aus (siehe dazu: Kraemer, K.L. und King, J.L., Nachruf auf USAC, Bonn und Köln 1979).

19) Vgl. hierzu Lenk, K., Arbeitsplatznaher EDV-Einsatz in der öffentlichen Verwaltung, in: Recht und Politik, 1979, S. 33 ff.

20) Vgl. hierzu auch Gaugler, E., Neue Technologien für die Büros - werden sie akzeptiert?, in: Wagener, F. (Hrsg.), Zukunftsaspekte der Verwaltung, Berlin 1981, S. 143 ff.

21) Zu dieser Entwicklung auch Brinckmann, H., Dezentrale Datenverarbeitung für eine dezentrale Verwaltung, in: ÖVD, Heft 10, 1979, S. 3 ff., hier S. 4.

22) Brinckmann, H., a.a.O., S. 6, unterscheidet ähnlich. Er meint, daß die größeren DV-Hersteller die gemeinsamen Rechenzentralen und die von diesen ausgehende Dezentralisierung eher unterstützen würden als die Installation dezentraler Einzelcomputer. Die kleineren Hersteller, insbesondere die von Kleincomputern, würden die gegenteilige Strategie entwickeln.

23) Als grobes Merkmal der Leistungsfähigkeit wird gewöhnlich auf die Einwohnerzahl abgestellt. So hat das erste Funktionalreformgesetz in Nordrhein-Westfalen vom 11.7.1978 die Gemeindeordnung NW um die Bestimmung des § 3a ergänzt, durch die die kreisangehörigen Gemeinden nach Einwohnerschwellenwerten gegliedert werden. Kreisangehörige Gemeinden mit mehr als 60.000 Einwohnern (große kreisangehörige Städte) und kreisangehörige Gemeinden mit mehr als 25.000 Einwohnern (mittlere kreisangehörige Städte) sollen hiernach in Zukunft über die Aufgaben nach §§ 2 und 3 der Gemeindeordnung hinaus zusätzliche Aufgaben wahrnehmen. Es könnte überlegt werden, große und mittlere kreisangehörige Städte von der Pflicht zu befreien, sich der Kreisdatenverarbeitung anzuschließen.

24) Wenn man diese Aufgaben, wie Reinermann, H., Organisation und Informationstechnik, Wie reagiert die öffentliche Verwaltung auf den informationstechnologischen Wandel?, in: VOP, 1980, S. 274 ff., hier S. 282 vorschlägt, den bestehenden Gemeinschaftsrechenzentren (Computerregion) beläßt, sie also nur "umfunktioniert", wird ein dauernder Störfaktor in unserem Verwaltungsaufbau bestehen bleiben.

# DIE FÜHRUNGSVERANTWORTUNG IM BEREICH DER INFORMATIONSORGANISATION IN DEN 80ER JAHREN

von Gerhard W. Wittkämper, Münster

## I. Einleitung

Als die OECD 1971 die beiden Informatikstudien von Thomas [1] und Niblett [2] vorlegte, lösten sie die von der OECD erwartete allgemeine Diskussion über einen Paradigmawechsel öffentlicher Führungsverantwortung im Bereich der Informationsorganisation nicht aus, obwohl die Befunde und das umfassende Material zwingend waren. Ähnlich spärlich war die Reaktion auf die vom Internationalen Institut für Verwaltungswissenschaft herausgegebenen fundamentalen Arbeiten von Aimé Francois 1976 [3] und einer Länderarbeitsgruppe 1977 [4], obwohl sie in der Bundesrepublik ausführlich besprochen wurden. [5] Erst der umfassende Bericht von Nora und Minc 1976 an den Präsidenten der Französischen Republik über "Die Informatisierung der Gesellschaft" brachte in dem Maße - was leider erst bis 1979 bei uns vollständig geschah - wie er bekannt wurde, einen gewissen allgemeinen Durchbruch zu der Erkenntnis der Herausforderungen heutiger Informationsorganisationen, die ich 1978 wie folgt umschrieb:

"Wir dürfen den heutigen Begriffsinhalt von Informationssystemen nicht mißverstehen als intellektuelle Technologie, unterstützt durch eine fabelhafte technische Technologie, allein. Beide fordern neue soziale Technologien, beide stellen Fragen, grundlegende Fragen, an die Steuerungslogik unserer sektoralen und regionalen sozialen Systeme. Die Antworten auf diese Frage an die Steuerungslogik reichen von der bürgerfreundlichen Formulargestaltung über Datenschutz und Datensicherheit bis hin zum Umgang mit einer umfassend veränderten Medienlandschaft in Wirtschaft, Wissenschaft und öffentlicher Verwaltung. Was heißt das in der Konsequenz? Dies ist nicht besser zu beantworten als mit einem Vergleich: In einem "Enzyklopädischen Stichwort" über "Neue Physik und Verantwortung" zu Oppenheimers Arbeit: "Atomkraft und menschliche Freiheit" erinnerte Walther Gerlach 1955 die Physiker an ihre Verantwortung, und er beschrieb im einzelnen, daß die neue Kernenergietechnik den mit ihnen Umgehenden eine geistige Machtstellung verliehen habe. Das scheint mir auch charakteristisch für die heute verfügbare fortgeschrittene dritte Generation: Diejenigen wenigen - dies muß betont werden -, die mit ihr umgehen, haben infolge des Besitzes dieser Kombination von technischer, intellektueller und sozialer Technologie eine geistige Machtstellung mit Dimensionen zur Verfügung. Solche geistigen Machtstellungen bedeuten besondere Verpflichtungen. Die Chancen zur Steigerung gesellschaftlicher Produktivität, Rationalität und Arbeitsqualität, die wir mit der fortgeschrittenen dritten Generation in der Hand haben, können nur genutzt werden, wenn wir der Gesellschaft das Gefühl verleihen, daß die durch die fortgeschrittene dritte Generation konstituierte neue Wirklichkeit auch in den sozialen Folgewirkungen der in ihr zur Verfügung stehenden technischen und intellektuellen Technologien bewältigt ist". [6]

Das Bild der Herausforderung rundet sich ab, wenn man die beiden bisher erschienenen Tätigkeitsberichte des Bundesbeauftragten für den Datenschutz in Ergänzung der Berichte der Landesdatenschutzbeauftragten liest. [7] ·

## II.  Die Entwicklung der Informationskultur und die öffentliche Verwaltung

A)  Die Informationskultur der Denkzeuge

Jede Zeit versucht, für sich selbst einen Ausdruck in der Form eines Etiketts zu finden. In diesem Sinne ist in den vergangenen Jahren davon gesprochen worden, auf die erste industrielle Revolution des 19. Jahrhunderts, die die Maschine als Kraftverstärker einsetzte, sei die zweite industrielle Revolution gefolgt, die den Computer als Denkverstärker einsetzte. Kürzer ausgedrückt heißt dies, daß wir aus einer Gesellschaftskultur der Werkzeuge in eine Gesellschaftskultur der Denkzeuge übergegangen sind. [8]

Das hauptsächliche Denkzeug, welches wir benutzen, ist, wenn wir es einmal so vereinfacht ausdrücken dürfen, der Computer. 1976 betrug der Wert des weltweit investierten Computerbestandes 87,4 Milliarden Dollar, 1981 wird er, ausgedrückt in den heutigen Wechselkursen des Dollars, zwischen 140 und 155 Milliarden Dollar betragen. Viele Aspekte der damit verbundenen Entwicklung werden auf dieser Fachtagung dargelegt. Von der Computertechnologie seien nur die Entwicklung der Integrationsdichte von integrierten Schaltungen, die Leistungsfähigkeit moderner Mikroprozessoren, die Entwicklung von Halbleiterbausteinen und die ständig günstiger werdenden Kosten-Nutzen-Relationen für Rechenleistungen genannt.

Es gibt viele, die die Entwicklung vom Werkzeug zum Denkzeug aus der Natur der Computertechnologie heraus erklären wollen. Dies ist unhaltbar. Die entscheidende Größe für die Entwicklung zum Denkzeug war das, was man die Wissensexplosion der Menschheit nennt, und dies bedeutet im einzelnen: Explosion des Wissens um Methoden, Explosion des Wissens im theoretischen Bereich, Explosion des Wissens, bezogen auf unterschiedliche Sachgebiete.

B)  Der Wandel des Begriffs Informationssystem und der Systemproblematik im Hinblick auf
    das soziale Umfeld

Beginnend mit den historisch ältesten Werkzeugen kann man mehrere Generationen von Werkzeugen unterscheiden. Ebenso sind auch mehrere Generationen von Computern zu unterscheiden,
mit denen sich der Begriffsinhalt "Informationssystem" gewandelt hat, samt der Systemproblematik. Lassen Sie uns diesen Wandel einige Augenblicke etwas näher bedenken, und zwar
anhand von drei Entwicklungslinien.


1.  Entwicklungslinie 1

Sie betrifft die der charakteristischen Bauelemente, vom Relais zum Mikroprozessor. Diese
Entwicklungslinie bedarf hier keiner weiteren Betrachtung. [9]


2.  Entwicklungslinie 2

Sie kennzeichnet die Entwicklung von einfachen Daten zu höherwertigen Daten: Die erste Phase
der Anwendung von fortgeschrittenen Automaten der Vorgeneration und der ersten Datenverarbeitungsmaschinen hatte es im wesentlichen mit der Verarbeitung von Mengen relativ
einfacher Daten zu tun: Bevölkerungsdaten, Leistungsdaten, Maße, Gewichte und deren übersichtliche Darstellung.

In der Bundesrepublik durchschritten wir in der Nachkriegszeit zunächst in der Informationsorganisation eine Phase, in der sich die Aufmerksamkeit der Datenverarbeitung in allen
Bereichen auf die verläßliche Erfassung immer neuer solcher Rohdatengruppen erstreckte und in
welcher das gesamte sogenannte Wirtschaftswunder bedroht war, wenn nicht mit dem Wachstum
der Gesellschaftsorganisation auch ein Wachsen unserer Fähigkeit, Rohdatenmengen zu bewältigen, einhergegangen wäre.

Die verläßliche Erfassung immer neuer Rohdatengruppen ist, um ein Mißverständnis zu vermeiden, unter dem Wandel unserer Gesellschaft eine Aufgabe, die, bezogen auf alle Verwaltungsbereiche, nie aufhören wird; und bei einer quantitativen Analyse würde man sicherlich
feststellen können, daß die in den letzten Jahren zu erfassenden und zu verarbeitenden
Rohdatengruppen wesentlich größer, komplexer und organisationsfeindlicher sind als die Rohdatengruppen der ersten Stunde.

In dem Maße, in welchem sich das private und öffentliche System der Bundesrepublik in allen
seinen Bereichen wandelte und wandelt, stieg die Erkenntnis, daß derjenige, der führen soll,

Datenkombinationen benötigt, die, anders als einzelne Rohdaten, geeignet sind, Lage und Entwicklung, bezogen auf einzelne Regionen und Sektoren des gesellschaftlichen Tuns, präzise darzustellen. Technisch gesprochen: Wir haben in den vergangenen Jahren ein immer stärkeres Bedürfnis nach Informationen aller Art entwickelt, das heißt nach verknüpften und aggregierten Rohdaten, die eine neue Form sozialer Information darstellen. Im öffentlichen Bereich hat dies unter anderem zur Entwicklung des Konzepts sozialer Indikatoren geführt, die eines Tages neben die amtliche Statistik treten sollen, und im privaten Bereich zur Entwicklung eines Systems von auf die jeweilige Managementkonzeption abgestellten Informationen qualitativer und quantitativer Art. Diese zweite Entwicklungslinie ist der Wandel von der Datenverarbeitung zur Informationsverarbeitung. [10] Er war von drei Leistungen begleitet: [11]

- Leistung 1: Permanenz. Wir können von den Informationssystemen der öffentlichen Verwaltung sagen, daß sie im großen und ganzen ihre Informationsaufgaben ständig erfüllen, so daß also Lücken und Unterbrechungen im Informationsfluß nicht stattfinden.

- Leistung 2: Parallelität. Die Informationssysteme sind so organisiert, daß eine sachliche und zeitliche Paralleloptimierung der Aufgabenerfüllung zu beinahe jeder Zeit möglich gewesen ist. Die gewaltigen Produktivitätssteigerungen der letzten Jahre wären nicht möglich gewesen, wenn etwa die Informationsorganisation die Leistung der Parallelität nicht erbracht hätte.

- Leistung 3: Integration; das heißt, sach- und zeitgerechtes Ineinandergreifen. Am öffentlichen System unserer Tage ist zwar ein häufiger Kritikpunkt der, es werde Doppelarbeit geleistet, Zuständigkeiten seien nicht abgegrenzt, und die Folge sei unwirtschaftliches Tun. Das gilt aber nicht für die Informationssysteme.


## 3. Entwicklungslinie 3

Sie verdeutlicht die Ausdehnung des Einflusses der Datenverarbeitung vom mikrosozialen Umfeld auf das makrosoziale Umfeld. Was ist darunter zu verstehen?

Um dies zu erklären, müssen kurz die Nachkriegsgenerationen der Datenverarbeitungssysteme betrachtet werden. [12]


### a) Entwicklung der Datenverarbeitungsgenerationen

Bis zum Aufkommen der ersten industriell gefertigten Computer zu Beginn der fünfziger Jahre wird man noch nicht von Datenverarbeitungsgenerationen sprechen können, sondern allenfalls von fortgeschrittenen Automaten. Die erste DV-Generation, die zwischen 1951 und 1959 etwa in die privaten und öffentlichen Märkte breit eindringt, wird repräsentiert durch industriell gefertigte Rechner wie etwa der IBM-Typen 650 und 421.

Der Schritt zur zweiten Generation wird um das Jahr 1959 getan, als für die kommerzielle Anwendung zum Beispiel bei IBM die 1400-Reihe und für die mathematisch-wissenschaftliche Anwendung die 7000-Reihe aufkommt. Kennzeichnend für diese Generation sind erste Ansätze externer Speicher, erste Ansätze von Betriebssystemen und damit erste Ansätze von Systemautonomie.

Die dritte Generation entsteht in den Jahren 1964 bis 1966, typisch für diese dritte Generation ist etwa das IBM-System/360. Die dritte Generation ist ausgezeichnet durch ausgeprägte Betriebssysteme, eine eigene Systemlogik und hohe Autonomie; mit dieser dritten Generation kann eigentlich erst von integrierten Funktionen und vom Beginn von Informationssystemen im Sinne integrierter Funktionen die Rede sein.

Die nachfolgende fortgeschrittene dritte oder vierte Generation weist demgegenüber Betriebssysteme auf, die variable Anzahlen von Aufgaben erledigen können, eine sehr hohe Autonomiestufe erreicht haben, so daß der entscheidende Fortschritt zwischen der dritten und der heutigen Generation in der entscheidenden Steigerung der Autonomie des Systems bei gleichzeitig verbesserten Preisleistungsverhältnissen gesehen werden kann.

Unsere These im Zusammenhang mit der Entwicklungslinie 3 geht nun dahin, daß der entscheidende Wandel der Informationssysteme, der sich in den letzten Jahrzehnten vollzogen hat, mit dem Größerwerden des sozialen Umfeldes zusammenhängt, in welchem das Informationssystem gesehen werden muß, auf welches das Informationssystem zielt und welches das Informationssystem beeinflußt. [13)]

b)    Die Systemproblematik der ersten und der zweiten DV-Generation aus der Sicht des sozialen Umfeldes

Die Anbieter und die Kunden der fortgeschrittenen Automaten und der ersten Datenverarbeitungsmaschinen bezogen diese Systeme auf den sogenannten primären Rationalisierungsraum. Er umfaßt das unmittelbare Feld des Arbeitsvollzuges eines Einzelmenschen oder einer kleinen Gruppe von Einzelmenschen. Die Zielsetzungen der ersten DV-Generation beschränken sich also auf das mikro-soziale Umfeld, genauer gesagt, das unmittelbare Arbeitsvollzugsfeld des Menschen. Die Arbeitsproduktivität sollte wesentlich gesteigert und die Arbeitsqualität entscheidend erhöht werden, indem mechanische operative Funktionen, betreffend die Verarbeitung von Mengen einfacher Daten, nicht mehr Inhalt menschlicher Arbeit sein müßten.

Auch bei der zweiten Systemgeneration stand, wenn man die Marketingargumente der Hersteller und die Diskussionen der Kunden mit den Herstellern überprüft, ganz offenbar der primäre Rationalisierungsraum weiter mit im Vordergrund; es ging also weiterhin um das unmittelbare Arbeitsvollzugsfeld des Menschen. Entscheidend ist jedoch, daß beim Marketing und bei der Diskussion der zweiten Generation zusätzlich mehr und mehr Hinweise darauf auftauchten, für die erfolgreiche Nutzung der zweiten Generation sei auch das Angehen des sogenannten sekundären Rationalisierungsraums erforderlich. Er umfaßt die betriebliche Aufbau- und Ablauforganisation. War also die erste Generation eine Herausforderung an die Technik des Arbeitsvollzuges, bezogen auf den Arbeitsplatz des Einzelmenschen oder seiner Kleingruppe, so verkörperte die zweite Systemgeneration im Grunde eine Herausforderung an die mikro-ökonomische Systemtechnik insgesamt. [14]


c)    Die Systemproblematik der dritten und der vierten Generation aus der Sicht des sozialen Umfeldes


Ab 1964 bis 1966 begann die Einführung der dritten Generation von Informationssystemen. Von Anfang an stand der sekundäre Rationalisierungsraum im Mittelpunkt, das heißt das mikro-ökonomische Einzelsystem insgesamt, der Betrieb, das Unternehmen, das Amt, die Behörde, die Zweigstelle oder die Hauptverwaltung. Dementsprechend wird das Marketing der Hersteller, übrigens unterstützt von dem Aufschwung des Systemdenkens in vielen Wissenschaften, der dem vorher oder parallel ging, als Systemmarketing aufgezogen. Die Hersteller boten also nicht mehr ein Informationssystem an, sondern eine neue Lösung der Aufbau- und Ablauforganisation von sozialen Mikrosystemen; im Vordergrund der Argumentation steht die mikro-soziale Problem-lösung, stehen neue Möglichkeiten des Vollzuges von Mensch-Mensch- und Mensch-Maschine-Beziehungen.


Nun geschieht etwas Faszinierendes, etwa ab 1960 in den USA, ab 1967 in München bei der Einführung des neuen Studienfaches Informationsverarbeitung oder auch bei der Diskussion des 1968 von der Association for Computing Machinery herausgegebenen Curriculumarbeiten für Computer Science: Fast vom ersten Tage der Einführung der dritten Generation von Informationssystemen an weisen mehr und mehr Fachleute auf folgendes hin: Diese dritte Generation hat nicht nur Folgen für den primären Rationalisierungsraum, das unmittelbare Arbeitsvollzugsfeld des Menschen, und sie beschränkt sich auch nicht auf neue Lösungen der Aufbau- und Ablauforganisation, das heißt auf mikrosoziale Problemlösungen. Vielmehr wird die Summe der vollzogenen mikrosozialen Problemlösungen, das heißt die Summe der veränderten Aufbau- und Ablauforganisationen in Betrieben und Verwaltungen, Folgewirkungen haben. [15]


Sie alle wissen, daß sich diese Entwicklung in der vierten Generation ab etwa 1975 noch weiter fortgesetzt hat. Die Folgen sind heute überall spürbar, ihre Summe ist in dem Bericht von Nora und Minc an den Präsidenten der Französischen Republik im Jahre 1976 wie folgt umschrieben worden: Es hat die Schöpfung einer neuen Wirklichkeit in denjenigen Industriegesellschaften begonnen, die diese Generation in ihren verschiedenen Entwicklungen nutzen. [16]

Lassen Sie uns kurz einen Blick in die teilweise schon begonnene Zukunft tun: Die Bundesregierung hat in ihrem Medienbericht 1978 eine umfassende Darstellung der neuen Medienlandschaft gegeben. Folgende sind in der allgemeinen Diskussion: Die Videolangspielplatte; der Heimcomputer; der Bildschirmtext; der Kabeltext; das Zweiwegekabelfernsehen. [17] Aus der Entwicklung dieser Bausteine einerseits und der Entwicklung der Computertechnologie andererseits kann man das, was uns die Zukunft bringen wird, als integrierte Systeme der Information und der Telekommunikation bezeichnen.

C)    <u>Die Merkmale der neuen Wirklichkeit und der Funktionswandel der Informationsorgani-</u>
<u>sation</u>

Wie kann man von den skizzierten Entwicklungen die Brücke schlagen zur Führungsverantwortung im Bereich der Informationsorganisation in den achtziger Jahren? Jedwede Verantwortung des Menschen ist bezogen auf bestimmte soziale Tatsachen und bestimmte soziale Zustände. Nun haben wir gesehen, daß unsere Gesellschaft dabei ist, sich über integrierte Systeme der Information und der Telekommunikation in den gesellschaftlichen Mikrosystemen (Familie, kleine Organisationseinheiten) und in allen gesellschaftlichen Makrosystemen (Betriebe und Unternehmen, Kultureinrichtungen, Regierung, Verwaltung, Rechtsprechung und Gesetzgebung) aufbauorganisatorisch und ablauforganisatorisch völlig neu zu organisieren. Die Verantwortung, in die wir hineinwachsen, ergibt sich also aus unserem Hineinwachsen in einen neuen Gesellschaftsstil, genauer gesagt, aus unserem Hineinwachsen in einen neuen Kulturstil, in einen neuen Wirtschaftsstil und einen neuen Verwaltungsstil. Das ist sehr global und bedarf der Konkretisierung. Sie geschieht in zwei Denkschritten, bezogen auf erstens die Merkmale der neuen Wirklichkeit und zweitens den Funktionswandel der Informationsorganisation.

1.    Die Merkmale der neuen Organisationswirklichkeit [18]

Was sind die Merkmale der neuen Wirklichkeit, die die dritte und vierte DV-Generation mit ihrem Fortschreiten zunehmend in den westlichen Industriegesellschaften, aber auch in den sozialistischen Industriestaaten, soweit sie diese Generationen verbreitet nutzen, geschaffen haben? Ich sehe die neue Wirklichkeit als eine, die aus <u>drei Schichten</u> besteht, und diese scheinen mir für einen Begriff des Informationssystems in unserer Zeit grundlegend zu sein:

Die erste Schicht ist die der <u>technischen Technologie</u>, nach dem jeweiligen Stand dieser Generationen. Schon diese Schicht ist nicht mehr vergleichbar mit den technischen Technologien der vorhergehenden Generationen: Bei den fortgeschrittenen Automaten und den DV-Systemen der ersten Generation war die technische Technologie der menschlichen Anschauung in hohem Maße zugänglich. Vieles, was technisch vor sich ging, konnte am System selbst gesehen werden; manchmal war die Logik sogar in der Form von Verdrahtungen verfolgbar. Demgegenüber kann man die technische Technologie der heutigen DV-Generation eigentlich nur mit erheblichen chemischen, physikalischen und logischen Zusatzkenntnissen begreifen; die reine Anschauung genügt nicht mehr, es genügt auch nicht mehr eine gute Basis populär-physikalischen Wissens.

Ein wesentliches weiteres Kennzeichen der neuen Wirklichkeit ist die zweite Schicht: Technische Technologie wird zur Herausforderung durch die mit ihr geforderte <u>intellektuelle Technologie</u>. Um diese dritte und vierte Generation adäquat zu nutzen, müssen für die Steuerung mikrosozialer Systeme und für makrosoziale Abläufe völlig neue intellektuelle Technologien entwickelt werden, Technologien der Systemanalyse, der Systemplanung, der Indikatorisierung sozialer Probleme, der Entwicklung von Kosten-Nutzen-Kriterien, der Entwicklung von Maßstäben einer Rechnung sozialer Wirtschaftlichkeit, um nur diese Beispiele zu nennen. [19]

Es sind Stichworte aus Problemfeldern, mit denen sich bekanntlich die Kommission für wirtschaftlichen und sozialen Wandel befaßt hat. [20] Man kann also sagen: Die technische Technologie der dritten und der vierten Generation ist gar nicht als solche nutzbar, sie wird erst nutzbar dadurch, daß sie als intellektuelle Technologie eingesetzt wird.

Aber mit diesen beiden Schichten ist die neue Wirklichkeit nicht vollständig umschrieben: Eine dritte Schicht tritt hinzu, nämlich die der <u>sozialen Technologie</u>. An dieser Stelle darf angemerkt werden, daß alle drei Begriffe von v. Gottl-Otilienfeld im Jahre 1923 geprägt wurden, [21] daß es sich also nicht um Begriffe handelt, die im unmittelbaren Zusammenhang mit der Datenverarbeitung entwickelt wurden. Was heißt soziale Technologie? Die neue Wirklichkeit der dritten und der fortgeschrittenen dritten Generation besteht darin, daß sich die technischen und intellektuellen Technologien, die uns jetzt zur Verfügung stehen, nicht auf soziale Mikrosysteme wie Betriebe, Unternehmen, Verwaltungen, Polizeipräsidien, Kriminalämter beschränken lassen. Sie fordern gebieterisch nach neuen makrosozialen, das heißt gesamtgesellschaftlich wirksamen Verfahrenstypen und Problemlösungen. [22]

2.   Der Funktionswandel der Informationsorganisation

Die neue Wirklichkeit der Informationssysteme mit technischer, intellektueller und sozialer Technologie kam uns als Industriegesellschaft unter dem Produktivitätsdruck und unter dem Wohlstands- und Wachstumsideal der vergangenen Jahre gelegen, weil nur mit der dritten und vierten Generation öffentliches Verwaltungshandeln immer produktiver werden konnte. Aber die Wirkungen gehen weit über die Produktivität hinaus, sie haben einen Funktionswandel der Informationsorganisation eingeleitet, der noch im Fortschreiten ist.

Die Informationsorganisation ist mit dem Wandel der Datenverarbeitung zur Informationsverarbeitung zur Säule des verwaltungsmäßigen Operationssystems, des Innovationssystems sowie zur Säule des beide leitenden Führungssystems geworden. Da ich in einer ausführlichen Arbeit über "Kommunalverwaltung und Informationsverarbeitung" diese These für diesen Verwaltungsbereich eingehend belegt habe, [23] fasse ich hier das wichtigste zusammen:

Operative Aufgaben [24] in Verwaltungen sind solche, in denen massenhaft gleichgerichtete Anforderungen an die organisatorische Gestaltung mit hohem Wiederholungsgrad gerichtet werden. Demgemäß findet man bei operativen Funktionen einen hohen Organisationsgrad mit einer starken Formalisierungsneigung und auch relativ stabile Datenbestände.

Das Innovationssystem der Verwaltung, das zweite Subsystem, hat die Konzeption und Einführung neuer Ideen zu leisten. Hier muß sich zeigen, ob die Verwaltung kreative Aktivität hat, hier vollziehen sich die Leistungsinnovation, die Verfahrensinnovation und die Systeminnovation insgesamt.

Diese beiden Subsysteme der Verwaltung werden vereint und geführt durch das Führungssystem. Es muß so gestaltet sein, daß in ihm einerseits die operativen Aufgaben mit der nötigen Straffheit und Verläßlichkeit und die innovativen Aufgaben mit dem nötigen Spielraum, der Kreativität nicht erdrückt, geleitet werden. [25]

Unabhängig von der Organisationsform der Verwaltungen ist heute festzustellen, daß alle drei Subsysteme ohne Informationsorganisation nicht auskommen und ihrerseits Teil der Informationsorganisation sind. Das heißt, daß anders als in der ersten Phase der Datenverarbeitung, die qualitativen und quantitativen Daten, die die Informationsverarbeitung heute liefert, die einzelnen Funktionen durchwachsen haben und sie bedingen. Man kann dies auch anders ausdrücken und noch etwas plastischer machen: Das soziale Schicksal der von Verwaltung Abhängigen mit allen beteiligten individuellen Leistungsempfängern, und zwar bei 70 Prozent der Leistungsempfänger direkt, ist mit der Informationsorganisation der Verwaltung verbunden.

**III.** **Die Verwaltungsentwicklung der achtziger Jahre und die mit ihr verbundenen Herausforderungen an die Führungsverantwortung der Informationsorganisation**

A) <u>Fünf für Informationsorganisation relevante Merkmale der Verwaltungsentwicklung in den achtziger Jahren</u> [26]

**1. Dynamik**

Das erste Merkmal der Verwaltungsentwicklung wird weiterhin Dynamik sein, [27] das heißt der Befund eines immer schnelleren Wandels aller Strukturen und Prozesse. Dies gilt nicht nur im naturwissenschaftlich-technischen, sondern auch im individuellen und sozialen Bereich. Diese Dynamik bedeutet für die Informationsorganisation: Die Aufgabeninhalte der Systeme, in denen Informationsorganisation stattfindet, haben sich laufend geändert und ändern sich weiter, und mit ihnen alle quantitativen und qualitativen Daten. Daraus entsteht ein gigantischer Bedarf an zeitlicher Anpassung, sowohl für die Informationsorganisation selbst als auch für die mit ihr verbundenen Verwaltungen.

**2. Komplexität**

Das zweite Merkmal heißt Komplexität, [28] das heißt der Befund, daß unsere Gesellschaft sich ökonomisch, weltanschaulich, sozial und geistig immer mehr zergliedert. Für die Informationsorganisation bedeutet Komplexität: Mit der Ausdifferenzierung der Systeme wächst die Fülle der Gesichtspunkte, unter denen Information organisiert werden muß. Die Fülle der entstehenden Verflechtungen und Überschneidungen steigert die Bedeutung von Lückenanalyse und Kollisionsanalyse, aber auch von Datenschutz und Datensicherheit.

**3. Kompliziertheit**

Das dritte Merkmal der Verwaltungsentwicklung heißt Kompliziertheit. [29] Damit soll die Tatsache umschrieben werden, daß das, was in unserer Industriekultur insgesamt und in den einzelnen Aufgabenbereichen der Verwaltung vorgeht, theoretisch immer schwieriger erklärbar ist. Dies gilt nicht nur für den naturwissenschaftlich-technischen Bereich, sondern auch für alle Kultur-, Wirtschafts- und Sozialwissenschaften. Kompliziertheit heißt für die Informationsorganisation: Mit dem Wachstum von Planungsaufgaben, Ordnungsaufgaben und Leistungsaufgaben in den Verwaltungen geht zugleich ein Wachstum der Kompliziertheit der Problemlösungen der Informationsorganisation einher.

## 4. Vernetzung

Das vierte Merkmal heißt Vernetzung und insbesondere vernetzte Ökonomien, [30] vielfach wird
es auch als Interdependenz bezeichnet. Dies bedeutet: Mit der Größe des verwaltungsinternen
Feldes, welches von Informationsorganisation erfaßt wird, und mit der Größe des Umfeldes der
Verwaltung, welches in die Informationsorganisation einbezogen wird, steigen auch die Ver-
netzungsbezüge, es entstehen zahllose Verflechtungsbeziehungen; die verwaltungswirtschaftlichen, haushaltswirtschaftlichen, kostenwirtschaftlichen, aufgabenbezogenen und gesellschafts-
relevanten Verwaltungssachverhalte, etwa die Leistungen der Verwaltung oder die Ordnungs-
entscheidungen, sind in so vielfältiger Weise miteinander verknüpft, daß diese Netzwerke ohne
ein Querschnittselement der Informationsorganisation nicht mehr bewältigt werden können.

Die Organisationen, in denen wir leben, sind übrigens nicht nur im Verwaltungsbereich vernetzt.
Auch in der Politik nimmt das Phänomen der Vernetzung zu. Es verschränken sich nicht nur
Innen- und Außenpolitik, Gesellschafts- und Staatspolitik, sondern auch die bisher anscheinend
getrennt analysierbaren Problembereiche politischen Handelns. So erhalten etwa sicherheits-
politische Probleme eine außenwirtschaftliche Dimension, Umweltfragen sind auf das engste mit
energiepolitischen und beschäftigungspolitischen Gesichtspunkten verknüpft, Technologiepolitik
hat entwicklungspolitische, außenhandelsrelevante und rüstungskontrollspezifische Wirkungen.

## 5. Arbeitswandel

Das fünfte Merkmal ist der Arbeitswandel, das heißt der Wandel von Tätigkeitsinhalten,
Tätigkeitsfeldern und Einsatzbereichen sowie Qualifikationsanforderungen. [31]

## B) Die Lag-Gefahr und die Gefahr von Informationspathologien

Was bedeuten diese Merkmale der Verwaltungsentwicklung für die Führungsverantwortung im
Bereich der Informationsorganisation? Diejenigen, die Führungsverantwortung zu erfüllen haben,
sind von vier Lags oder Verzögerungsgefahren bedroht: Die Gefahren heißen Erkennungslag,
Entscheidungslag, Umsetzungslag und Wirkungslag: [32] Mit dem Erkennungslag ist die Gefahr
gemeint, daß sie Chancen und Risiken zu spät erkennen; Entscheidungslag meint die Gefahr, daß
sie Entscheidungen zu früh oder zu spät treffen. Mit dem Umsetzungslag ist die Gefahr gemeint,
daß sie Erkenntnisse zu spät in Tun oder Unterlassen umsetzen, und mit dem Wirkungslag ist die
Gefahr gemeint, daß die zu spät oder zu früh eingesetzten Instrumentarien oder getroffenen
Entscheidungen ihre Wirkungen verfehlen. Die Informationsorganisation als Querschnittsfaktor
muß verhindern, daß diese Lags eintreten. Kann man diese Lag-Gefahren in einen allgemeinen
Deutungszusammenhang stellen? Auf diese Frage hat Karl W. Deutsch schon 1966 eine Antwort

gegeben mit seiner Lehre der sogenannten Informationspathologie, von der jede Organisation bedroht ist. [33] Er zeigt darin, daß die gesamte Gesellschaft und ihre Teilsysteme, etwa das Verwaltungssystem, nur am Leben bleiben können, wenn sie eine bestimmte Lernkapazität besitzen. Deutsch behauptet also, daß das soziale Lernen eines Systems die Voraussetzung für die Lösung seiner Probleme ist. Er spricht vom schöpferischen Lernen, wenn diese Lernprozesse bewältigt werden. Zustände, in denen die Lernkapazität nicht ausreicht, nennt Deutsch Zustände krankhaften Lernens oder Zustände der Informationspathologie. Dies bedeutet zugleich: An der Führungsverantwortung im Bereich der Information sind alle diejenigen beteiligt, die die soziale Lernkapazität der Verwaltung beeinflussen und einen Gesamtzustand oder Teilzustand krankhaften Lernens mit beeinflussen können.

Wer ist das? Deutsch zeigte, daß drei Gruppen von Akteuren außer den Datenverarbeitern als vierter Gruppe über Informationspathologien und ihre Vermeidung entscheiden: [34]

- Diejenigen, die Informationen aus der Umwelt und Außenwelt erhalten und verarbeiten müssen;
- diejenigen, die die gespeicherten Informationen der Vergangenheit dem Entscheidungsprozeß zuführen müssen;
- diejenigen, die die Information der Verwaltung über sich selbst und über den aktuellen Zustand der Teile der Verwaltung liefern und verarbeiten müssen.

Wenn eine dieser Gruppen versagt, kann ein Zustand krankhaften Lernens der Verwaltung einsetzen, kann es zu einer Informationspathologie kommen, weil die anderen Gruppen ihre Verantwortung nicht mehr erfüllen können und ebenfalls in krankhafte Zustände verfallen.

Konkreter ausgedrückt: Pathologisches Lernen kann einsetzen und sich ausbreiten von der Planungs-, Ordnungs- oder Leistungsorganisation der Verwaltung her, denn in allen diesen Systemteilen wirkt die Informationsorganisation mit. Die öffentliche Betriebswirtschaftslehre bringt dies bekanntlich dadurch zum Ausdruck, daß eine Reihe ihrer Vertreter heute die Information als vierten Produktionsfaktor neben Boden, Arbeit und Kapital bezeichnen, so daß die Informationsorganisation also als vierte Faktororganisation der Verwaltung bezeichnet werden muß. [35]

C) <u>Die Bedingungen, unter denen Informationsorganisationen angesichts der Verwaltungsentwicklung der achtziger Jahre der Informationspathologie entgehen kann</u>

Die Informationsorganisation muß vier Bedingungen erfüllen, um die Herausforderungen der achtziger Jahre zu erfüllen. [36]

## 1.  Permanenz

Die Bedingung der Permanenz bedeutet, daß die Informationsorganisation ihre qualitativen und quantitativen Aufgaben ständig erfüllen muß, daß Lücken und Unterbrechungen im Informationsfluß nicht stattfinden dürfen. Finden sie statt, so können sie sich ähnlich fatal auswirken wie das Abbrechen des Luftstroms unter dem Flügel eines Flugzeuges. [37]

## 2.  Parallelität

Die Bedingungen der Parallelität bedeuten, daß die Informationsorganisation nur dann wirtschaftlich zu vollziehen ist, wenn eine sachliche und zeitliche Paralleloptimierung der Aufgabenerfüllung erfolgt. [38]

## 3.  Integration

Die Bedingungen der Integration, das heißt des sach- und zeitgerechten Ineinandergreifens, bedeutet, daß auf den für die Informationsorganisation und insbesondere auf den für die Datenverarbeitung Verantwortlichen eine logische und systemplanerische Last in dem Sinne lastet, daß sie durch immer neue logische Analysen das zeit- und sachgerechte Ineinandergreifen der gesamten Informationsorganisation gewährleisten müssen. [39]

## 4.  Humane und soziale Verträglichkeit

Humane Verträglichkeit meint humanes Arbeitsleben und menschengerechte Organisation in der Informationsorganisation. Soziale Verträglichkeit meint Erfüllung der Anforderungen der Bürgernähe, des Datenschutzes und der Datensicherheit. [40]

## 5.  Subsysteme, auf die sich die Bedingungen beziehen

Wir haben bisher von der Informationsorganisation gehandelt. Das ist stark vereinfacht. Die genannten Bedingungen betreffen nämlich vier komplexe Subsysteme: [41]

Das erste Subsystem der Datenverarbeitung betrifft die Frage, welche Daten realer Prozesse in den Verwaltungen nach bestimmten Anforderungen den ihnen zugeordneten Informationssystemprozessen zugeführt werden sollen.

Das zweite Subsystem ist die Datenspeicherung, die sich insbesondere aus dem zeitlichen Auseinanderfallen von Datenverfügbarkeit und Datenverwendung ergibt und aus dem wiederholten Einsatz derselben Daten bei verschiedenen Aufgaben. Hinter diesem einheitlichen Begriff Datenspeicherung verbergen sich sehr unterschiedliche Dateien mit unterschiedlichen Systemanforderungen und sehr unterschiedlichem Schutzbedarf.

Das dritte Subsystem ist die Datenübertragung, wobei unterschiedliche Formen des Datentransports, Übertragungswege und, bei der Datenfernverarbeitung, Konfigurationsformen bewältigt werden müssen.

Das vierte Subsystem besteht aus der Datentransformation, das heißt aus der programmgesteuerten maschinellen Verknüpfung von in eine EDV-Anlage eingegebenen beziehungsweise dort gespeicherten Daten zu neuen, an bestimmten Bedarfskriterien orientierten Ausgabedaten.

Man kann also insgesamt sagen: Das, was Informationsorganisation für das operative, innovative und Führungssystem der Verwaltung bedeutet, erfordert im Bereich der Datenverarbeitung eine hohe Eigenkomplexität, bestehend aus Datenerfassung, Datenspeicherung, Datenübertragung und Datentransformation sowie Systemmanagement, und all dies steht unter den Bedingungen der Permanenz, Parallelität, Integration und humanen sowie sozialen Verträglichkeit.

**IV.    Die Führungsverantwortung im Bereich der Informationsorganisation in den achtziger Jahren**

A)    Das Modell der Interpretation von Führungsverantwortung: Ziele und Rollen

Wie kann man Führungsverantwortung im Bereich der Informationsorganisation in einem allgemeinen Modell interpretieren? Die Ziele der Wirtschaftspolitik werden vom sogenannten Magischen Dreieck Geldwertstabilität, Wirtschaftswachstum und Vollbeschäftigung her interpretiert. Es gibt ein vergleichbares Magisches Dreieck für die Führungsverantwortung. Es ergibt sich aus den drei Zielen, die den Verantwortungszielinhalt der Führungsverantwortung umschreiben: [42)]

Ziel 1 ist die wirtschaftliche Zielsetzung der Leistung, die sich für den, der Führungsverantwortung trägt, aus der Gesamtzielsetzung der Verwaltung in seinem Aufgabenbereich ergibt.

Ziel 2 der Führungsverantwortung ist die humane und soziale Zielsetzung der <u>Zufriedenheit der</u> <u>Menschen,</u> die dem Verantwortungsbereich anvertraut sind. Es ist ein besonderes Merkmal dieses sozialen Rechtsstaats Bundesrepublik Deutschland, daß wir die Leistungszielsetzung und die Sozialzielsetzung nach dem Zweiten Weltkrieg immer zusammengesehen haben und dabei gut gefahren sind.

Ziel 3 - und dies ist kein Ausdruck des persönlichen Egoismus derjenigen, die Führungsverantwortung tragen, sondern die stets erforderliche Quelle der eigenen Motivation - ist die <u>persönliche Zielsetzung,</u> die eigene Führungsverantwortung zu erfüllen, nämlich sich selbst zu Leistung und zu Zufriedenheit zu bringen.

Mit welchen Mitteln erfüllt nun derjenige, der das Magische Zieldreieck der Führungsverantwortung zu erfüllen hat, dieses Zieldreieck? Die Havard Business School antwortet auf diese Frage: Durch die Erfüllung des sogenannten Magischen Rollendreiecks. Dabei handelt es sich um drei Arten von Rollen: [43]

- Zum einen um zwischenmenschliche Rollen als Repräsentant, Führer, Schlichter, Berater;
- sodann um Informationsrollen als Verbreiter von Informationen, als Sprecher, als Kontrolleur von Informationen,
- schließlich um Entscheidungsrollen im Treffen von Routineentscheidungen, als Krisenlöser, als Verhandler, als Planer.

Zieldreieck und Rollendreieck müssen nun erfüllt werden im Hinblick auf jene <u>Informationskultur,</u> die bisher dargestellt wurde. Es ist eine Informationskultur, die Permanenz, Parallelität und Integration der Informationsverarbeitung durch Systeme leistet, die technische, intellektuelle und soziale Technologie kombinieren. Es ist eine Informationskultur, deren Informationsorganisation sich in den achtziger Jahren unter den Bedingungen Dynamik, Komplexität, Kompliziertheit, Vernetzung und Arbeitswandel bewähren muß. Sie muß zugleich human und sozial verträglich sein. Dennoch oder neben alledem soll sie die öffentliche Verwaltung vor Informationspathologie bewahren, und in diesem Sinne ist ihr als viertem Produktionsfaktor der Verwaltung die Querschnittsaufgabe zugewiesen, ohne die die operativen, innovativen und Führungsaufgaben in der öffentlichen Verwaltung nicht erfüllt werden können.

B)    <u>Der Brückenschlag zwischen technischer und sozialer Effizienz als Hauptproblem</u>

Lassen Sie uns nun die Herausforderungen, die sich unter der eben vollzogenen Interpretation von Führungsverantwortung einstellen, abschließend bedenken:

## 1. Gefahrenzone

Jeder Wandel enthält Gefahren, führt in eine Gefahrenzone. Woraus besteht diese bei der Informationsverarbeitung der achtziger Jahre?

### a) Nichtakzeptanz

Menschen reagieren auf hochentwickelte Steuerungstechniken oft ängstlich irrational, sei es, daß sie die mit diesem Wandel verantwortlich Beauftragten, etwa im Bereich der Datenverarbeitung oder der Organisation, mit aggressiven Reaktionen versehen, sei es, daß sie bei ihnen einen Machtwillen oder gar eine Machtkonzentration vermuten. Das kann bis zu jenen Formen der Nichtakzeptanz gehen, die wir von der Kernenergie kennen. [44]

### b) Datenschutz und Datensicherheit

Ein zweiter Teil der Gefahrenzone wird durch Datenschutz und Datensicherheit markiert, das heißt, soweit personenbezogene Daten bei der Datenverarbeitung verarbeitet werden, sind an den Schutz der Person und an die Sicherheit der auf sie bezogenen Daten hohe Anforderungen zu stellen, die inzwischen zwar in der Bundesrepublik gesetzlich festgelegt sind. Der Gesetzgeber wird aber mit Sicherheit wesentlich weiter gehen, als dies heute der Fall ist. [45]

### c) Fehlende Bewußtseinslage

Die dritte Gefahr ist am höchsten einzuschätzen: 1971 erschien die Betriebswirtschaftliche Informationstheorie von Wilhelm H. Wacker. Es gibt trotz dieses verdienstvollen Werks noch heute Einführungen in die Betriebswirtschaftslehre oder gar Lehrbücher der Betriebswirtschaftslehre, in denen sich kaum eine Aussage darüber findet, wie das Nutzenniveau einer Unternehmung von der Beschaffenheit und Wirksamkeit des Informationssystems abhängig ist und wieviele der betrieblichen Akteure in ihrem Berufserfolg und in ihrem Tätigkeitserfolg von der Informationsorganisation abhängig sind. Das alles gilt erst recht für die Verwaltungsökonomie. Ich möchte diese Gefahr mit fehlender Bewußtseinslage, bezogen auf die Verknüpfung aller Funktionsbereiche öffentlicher Verwaltung mit der Informationsorganisation, umschreiben. [46]

## 2. Warnzone

Die zweite Zone, in der man die Herausforderungen darstellen kann, ist eine Warnzone, das heißt ein Bereich des Wandels, der gelingen und auch nicht gelingen kann, und der mit dem Vorgesagten eng zusammenhängt:

Um die durch unsere Informationssysteme offenstehenden Chancen der Vermeidung von Informationspathologie zu nutzen, müssen wir eine neue Informationsökologie der öffentlichen Verwaltung entwickeln. In der Biologie ist die Ökologie diejenige Disziplin, welche die Wechselbeziehungen zwischen den Organismen und ihrer Umwelt untersucht. Neue Informationsökologie heißt, gesehen von der Führungsverantwortung her, immer wieder umfassende Erforschung aller Beziehungen im Handlungsfeld öffentliche Verwaltung - Klienten, die durch die neuartigen Möglichkeiten von Informatik und Telematik berührt werden. [47]

## 3. Chancenzone

Über alledem darf aber nicht die Chancenzone übersehen werden, das heißt die Chancen, die durch Informationsorganisation für die öffentliche Verwaltung bereitstehen:

Es geht einmal um die Chance des Lag-Abbaus, sodann um die Chance, den Gefahren pathologischen Lernens zu entgehen, und schließlich um die Chance, neue Mensch-Mensch-Beziehungen innerhalb und außerhalb der Verwaltung durch verbesserte zwischenmenschliche Information und verbessertes Entscheidungsmaterial zu gewinnen: Kurz, es geht um die Stärkung der Perzeptionsfähigkeit der öffentlichen Verwaltung im Verhältnis zu Umfeld und Klienten, um erhöhte soziale und humane Effizienz.

## C) Schlußbemerkung

Man kann diese Ergebnisse in einem Hauptproblem [48] zusammenfassen: Es geht bei der Führungsverantwortung für die Informationsorganisation nicht nur darum, die technische Effizienz der Faktoren zu einem Optimum zu bringen. Es geht vielmehr darum, daß uns gleichzeitig die Informationsorganisation in die Lage versetzt und versetzen muß, zugleich technische und soziale Effizienz zu erreichen in der neuen Verwaltungskultur, die uns ins Haus steht.

Um diese Leistung zu erbringen, haben wir bei der Informationsorganisation nicht nur eine technische Technologie zur Verfügung, sondern, wie gezeigt, die Kombination dreier Technologien: Zum einen die Anwendung technischen Wissens auf ein Produkt und auf eine Leistungsproduktion, technische Technologie. Zum andern aber die Anwendung geistiger Techniken, intellektuelle Technologie, und schließlich die Möglichkeit, Erkenntnisse über soziale Systeme umzusetzen, soziale Technologie. Mithin geht es bei der Führungsverantwortung für die Informationsorganisation auch nicht um eine eindimensionale technische Verantwortung. Es geht vielmehr um den verantwortlichen Umgang mit allen drei Technologien. Die richtige Wahrnehmung dieser Verantwortung wird auch darüber entscheiden, ob der Staat im Hinblick auf die Weiterentwicklung schon vorhandener und die Einführung neuer Medien immer mehr zur technokratischen Anstalt wird, dies wäre die nichtfreiheitliche Lösung, oder ob der Staat über die Informationsorganisation das Gewicht des freiheitlichen Rechts- und Sozialstaats im Sinne einer offenen Gesellschaft erhöht. Öffentliche Informationsorganisation ist also zugleich Freiheitsorganisation; Führungsverantwortung für öffentliche Informationsorganisation ist zugleich Verantwortung für die Glaubwürdigkeit einer die Menschenwürdeverpflichtung des Grundgesetzes ernst nehmenden öffentlichen Verwaltung.

<u>Anmerkungen:</u>


1) Thomas, U., Computerised data banks in public administration, Paris 1971.

2) Niblett, G.B.F., Digital information and the privacy problem, Paris 1971.

3) Francois, A., L'intégration de l'informatique dans l'administration publique, Brüssel 1976.

4) Institut International des Sciences Administratives, Groupe de Travail, Informatique et administration, Paris 1977.

5) Siehe dazu die Buchbesprechungen von Wittkämper, G.W., in: Die Verwaltung, 1978, S. 249 ff.

6) Wittkämper, G.W., Funktionale Verwaltungsreform, Bonn 1978, S. 194.

7) Vgl. Bundestags-Drucksachen 8/2460 und 8/3570.

8) Dies ist am umfassendsten dargestellt in der Veröffentlichung des Colloquiums, das vom 24. bis 28.9.1979 unter der Schirmherrschaft des Präsidenten der Französischen Republik in Paris stattfand; vgl. Actes du colloque international informatique et sociéte, 5 Bände, Paris 1980.

9) Vgl. hierzu Nora, S. und Minc, A., L'informatisation de la société. Anlage 1 bis 6, Anlagenband 1, Paris 1978.

10) Wittkämper, G.W., Funktionale Verwaltungsreform, a.a.O., S. 187 ff.

11) Vgl. hierzu Laux, E., Entwicklungsplanung in der Kommunalverwaltung, Wibera-Sonderdruck Nr. 39, Düsseldorf 1973, S. 36.

12) Es ist unmöglich, im Rahmen dieses Beitrages die Systeme aller Anbieter in den verschiedenen Generationen zu benennen. Daher werden im folgenden jeweils nur die Systeme der IBM als Beispiel benannt.

13) Vgl. hierzu im einzelnen, Actes du colloque international informatique et société, a.a.O., Paris 1980.

14) Hierzu eingehend Schreiner, A., Die Evolution der Rechenanlagen aus humaner Sicht, in: IBM-Nachrichten, Heft 235, 1977, S. 83 ff.

15) Fürstenberg, F., Soziologische Aspekte des technischen Fortschritts in der Wirtschaft, in: Bauer u.a., Technik und Gesellschaft auf dem Weg in die Zukunft, Stuttgart 1975, S. 96 ff.; eingehend hierzu Actes du colloque international informatique et société, Band 1, a.a.O.

16) Vgl. Nora, S. und Minc, A., L'informatisation de la société, Hauptband, Paris 1978.

17) Bundestags-Drucksache 8/2264, S. 96 ff.

18) Die Merkmale der neuen Organisationswirklichkeit für alle Bereiche der Gesellschaft sind am umfassendsten beschrieben in Actes du colloque international informatique et société, Band I bis V, a.a.O.; vgl. ferner: IBM Deutschland GmbH (Hrsg.), Technik und Gesellschaft auf dem Weg in die Zukunft, Band 1, Stuttgart 1975 und Band 2, Stuttgart 1978.

19) Vgl. hierzu aus der Schriftenreihe der Kommission für wirtschaftlichen und sozialen Wandel, Eichhorn, P., Gesellschaftsbezogene Unternehmensrechnung, Göttingen 1974; Zapf, W., Sozialberichterstattung, Möglichkeiten und Probleme, Göttingen 1976; Walser, P., Volkswirtschaftliche Gesamtrechnung - Revision und Erweiterung, Göttingen 1975.

20) Wirtschaftlicher und Sozialer Wandel in der Bundesrepublik Deutschland. Gutachten der Kommission für wirtschaftlichen und sozialen Wandel, Bonn 1976.

21) von Gottl-Ottilienfeld, F., Wirtschaft und Technik, in: Grundriß der Sozialökonomie, bearbeitet von Albrecht, G. u.a. II, 2, 2. Auflage 1923.

22) Vgl. hierzu besonders Actes du colloque international informatique et société, Band 5, a.a.O.

23) Wittkämper, G.W., Kommunalverwaltung und Informationsverarbeitung. Grundlagen der kommunalen Informationssysteme, in: Die Verwaltung, 1976, S. 297 ff.

24) Bleicher, K., Die Entwicklung eines systemorientierten Organisations- und Führungsmodells der Unternehmung, in: Bleicher K. (Hrsg.), Organisation als System, Wiesbaden 1972, S. 235 und 276 ff.

25) Denso, J. u.a., Verwaltungseffizienz und Motivation, Göttingen 1976; vgl. auch Brandenburg, A.G., u.a., Die Innovationsentscheidung, Göttingen 1975; Wittkämper, G.W., Funktionale Verwaltungsreform, a.a.O., S. 145 ff.

26) Vgl. hierzu im einzelnen die zahlreichen laufend in der Zeitschrift Analysen und Prognosen über die Welt von morgen veröffentlichen beziehungsweise dokumentierten Einzelarbeiten und Daten; ferner von Randow, T., Wie sich die Zukunftsforscher täuschten, Auch die Propheten waren nur Gefangene ihrer Gegenwart, in: Die Zeit vom 28. Dezember 1979, S. 9 f; Jungblut, M., Sturmwarnung für die 80er Jahre, in: Die Zeit vom 28. Dezember 1979, S. 17 f; Gräfin Dönhoff, M., Leben ohne Glauben, Auf der Suche nach einem Wertsystem für die Industriegesellschaft, in: Die Zeit vom 21. Dezember 1979, S. 3.

27) Vgl. hierzu die Nachweise bei Wittkämper, G.W., Funktionale Verwaltungsreform, a.a.O., S. 18, 24, 26, 51, 94, 102, 112, 151, 154, 157 f, 201 f.

28) Vgl. ebenda S. 18, 26, 51, 94, 108, 112, 151 ff., 201 ff., 273, 282.

29) Belege für diese Komplexität geben der Medienbericht 1978, Bundestags-Drucksache 8/2264 oder, um ein anderes Beispiel zu nennen, Die Materialbände 1 bis 5 zum Bericht der Enquéte-Kommission, Zukünftige Kernenergie-Politik über den Stand der Arbeit und die Ergebnisse, Bundestags-Drucksache 8/4341, gemäß Beschluß des Deutschen Bundestages, Bundestags-Drucksache 8/2628.

30) Hierzu Wittkämper, G.W., Funktionale Verwaltungsreform, a.a.O., S. 19, 22, 26, 152 ff., 201 ff.; Grundlegende Erkenntnisse hierzu finden sich schon bei von Eynern, G., Grundriß der politischen Wirtschaftslehre, Köln und Opladen 1968; Die grundlegenden theoretischen Verarbeitungen des Problems finden sich jedoch bei Herden-Dorneich, P., Wirtschaftssysteme, Opladen 1972; derselbe, Wirtschaftsordnungen, Pluralistische und dynamische Ordnungspolitik, Berlin 1974.

31) Vgl. hierzu Bericht über den Stand, die Entwicklungen und die Ergebnisse der Prognoseforschung zum künftigen Arbeitskräfte- und Qualifikationsbedarf, Bundesminister für Bildung und Wissenschaft an den Bundestagsausschuß für Bildung und Wissenschaft, 22. August 1980.

32) Reichard, C., Managementkonzeption des öffentlichen Verwaltungsbetriebes, Berlin 1973.

33) Deutsch, K.W., The nerves of government, 2. Auflage, 1967, S. 247 f.

34) Ebenda, S. 221 ff.

35) Höfert, H.-W., Psychologische und soziologische Grundlagen der Organisation, Gießen 1979.

36) Laux, E., a.a.O., S. 36.

37) Erhebliche Spannungen zwischen der Bedingung der Permanenz und Datenschutzprobleme können auftreten, vgl. KGSt, Datenschutz in der Kommunalverwaltung, Teilergebnisse, Köln 1979; Friedrich-Naumann-Stiftung (Hrsg.), Dokumentation Datenschutz, Bonn 1979.

38) Hansen, H.R., Wirtschaftsinformatik I, Stuttgart, New York 1978.

39) Erhöhte Integrationsanforderungen ergeben sich aus der Politikverflechtung, vgl. Scharpf, F.W., Reissert, B. und Schnabel, F., Politikverflechtung, Theorie und Empirie des kooperativen Föderalismus in der Bundesrepublik, Kronberg 1976.

40) Vgl. hierzu KGSt-Bericht Nr. 3, 1979, Bürger und Verwaltung I, Grundlagen und Verfahren, Köln 1979.

41) Hansen, H.R., a.a.O., S. 209 ff.

42) Hoefert, H.-W., a.a.O., S. 231 ff.

43) Mintzberg, H., The manager's job, Folklore and fact, in: Havard Business Review, Heft 4, 1975, S. 49 ff.

44) Soweit die Nichtakzeptanz auf Organisationsversagen zurückzuführen ist, vgl. im einzelnen Türk, K., Grundlagen einer Pathologie der Organisation, Stuttgart 1976; zu konflikt- und verhaltensorientierten Konzepten der Theorien sozialen Wandels vgl. Wiswede, G. und Kutsch, Th., Sozialer Wandel, Darmstadt 1978, S. 153 ff.

45) Vgl. als Beispiel den Entwurf eines Gesetzes zur Änderung des Bundesdatenschutzgesetzes, Bundestags-Drucksache 8/3608.

46) Zu den Folgen dieser Gefahr vgl. Türk, K., a.a.O., S. 153 ff.

47) Es geht vor allem darum zu ermitteln, welche Veränderungen der Situationsdeutung sich durch den Einsatz neuer Systeme der Informatik und Telematik ergeben.

48) Vgl. hierzu ausführlich Behrendt, R.F., Tugenden für die technische Welt, in: IBM-Deutschland GmbH (Hrsg.), Technik und Gesellschaft auf dem Weg in die Zukunft, Stuttgart 1975, S. 31 ff.

DIE GESTALTUNGSFÄHIGKEIT ÖFFENTLICHER VERWALTUNGEN
UND DIE LEGITIMATIONSFÄHIGKEIT VON AUTOMATIONSZIELEN [1]

von Klaus Grimmer, Kassel

## I.   Ziele und Effekte des Einsatzes der Informationstechnik in öffentlichen Verwaltungen

### A)   Ziele der Automationspolitik

Die bisherigen Anwendungen der Informationstechnologie in den Einheiten der öffentlichen Verwaltung sind durch wenige oder nicht operationable, häufig auch widersprüchliche Grundsatzentscheidungen der politischen Ebene gekennzeichnet - für mehr Bürgernähe, mehr Wirtschaftlichkeit, mehr Integration -, aus denen dann die "Macher" in Ministerien, Rechenzentren, DV-Abteilungen im Rahmen der finanziellen, organisatorisch-technischen und personellen Möglichkeiten fast jede "machbare" Lösung legitimieren konnten und können. So werden immer wieder als Ziele der Automation genannt: [2]

- Verbesserung der Arbeitssituation der Mitarbeiter durch Entlastung von minderwertigen Arbeiten und Routinetätigkeiten sowie einfachen Kontrolltätigkeiten,

- Verbesserung der Beziehungen zum Bürger durch Verdichtung des Informationsaustausches, Gewährleistung einheitlicher Rechtsanwendung, Verringerung der Fehleranfälligkeit und Verbesserung der Arbeitsqualität und des Arbeitsproduktes,

- Verbesserung der Effizienz und Steuerungsfähigkeit des Verwaltungsapparates durch rasche Anpassungsfähigkeit an gesetzgeberische Maßnahmen, Erhöhung der internen Flexibilität und Mobilität, größere Kontrolldichte, Produktion von Informationen für soziale und wirtschaftspolitische Maßnahmen,

- Verbesserung des Kosten-Nutzen-Verhältnisses durch Verzicht auf Personalvermehrung bei Steigerung der Verwaltungsaufgaben nach der Fallzahl und/oder ihrer Komplexität, durch Erhöhung der Arbeitsdichte in bisher eher vernachlässigten Aufgabenbereichen, durch Ertragssteigerung aufgrund automatisch überwachter Zahlungstermine und automatischer Festsetzung von Säumniszuschlägen sowie durch Zinsgewinn,

- Stabilisierung der Organisationsstrukturen durch aufgabenspezifische Nutzung der Informationstechnologie, Verbesserung des Informationsaustausches zwischen den verschiedenen Verwaltungsebenen und zwischen verschiedenen Verwaltungen.

B)    <u>Effekte des DV-Einsatzes</u>

Dieses Zielebündel - dessen Einzelteilen in der Automationspolitik unterschiedliche Priorität zugewiesen wird - hat bisher nur eine eingeschränkte Realisierung erfahren: [3]

- Das Verwaltungspersonal wurde von schematisierten Routinetätigkeiten im Rechen-, Schreib- und Kontrollbereich entlastet, der Zeitaufwand bei Massen- und Routinetätigkeit ist wesentlich verringert.

- Die Steuerbarkeit des Verwaltungsapparates und die Kontrolle von Arbeitsqualität und Produktivität wurden nur in Teilbereichen erhöht durch eine stärkere Programmbindung im Sinne einer pauschalisierten Richtigkeit und durch maschinengestützte Kontrollverfahren mit dem Schwergewicht auf Plausibilitäts- und Vergleichskontrollen sowie durch Statistiken über Arbeitsqualität und -produktivität.

- Die Qualität der Verwaltungsleistungen wird verändert durch striktere Erfüllung von Vorschriften und durch teilweise Verkürzung der Bearbeitungsdauer. Die Auskunfts- und Beratungsfähigkeit von Verwaltungen wird in Teilbereichen wie der Rentenversicherung und bei Krankenkassen verbessert, in anderen Bereichen wie der Steuerverwaltung wird sie erschwert.

Unklar ist bislang, inwieweit aufgrund des DV-Einsatzes eine intensivere interne und externe Sachbearbeitung erreicht wird durch Nutzung des durch den Technikeinsatz freigesetzten Arbeitsvolumens; hier sind nur langfristig Veränderungen zu erwarten. Nicht feststellen läßt sich bislang, daß beispielsweise wirtschafts- und sozialpolitische Zwecke stärkere Beachtung in der konkreten Verwaltungsarbeit finden.

Im Bereich der Außenbeziehungen haben sich zusätzliche Belastungen für den Verwaltungsklienten ergeben durch Normierungen, Terminbindungen, Schwierigkeiten bei der Nachprüfbarkeit von Verwaltungsbescheiden, Verlagerung von Kosten etwa für Kontenführung. Im Binnenbereich hat die Art des DV-Einsatzes und die häufig weitergetriebene Arbeitsteilung vielfach zu Qualifikationsverengungen geführt.

Insgesamt wurden vor allem solche Ziele realisiert, welche unmittelbar in der Anwendungslogik der neuen Technologie liegen. Eine Verbesserung der Arbeitsstruktur einerseits, der Verwaltungsleistungen in den Beziehungen zwischen Verwaltung und Bürger andererseits, welche mit dem Einsatz der neuen Technologie möglich wären, aber zusätzlicher Maßnahmen bedurft hätten, blieben im Hintergrund.

Die Reduzierung der Zielperspektive in der Realisierung der Automationspolitik führte zu einigen spezifischen Effekten des bisherigen DV-Einsatzes: [4)]

- Verstärkungseffekte (Beschleunigung): Aufgaben oder Aufgabenteile, für deren Erledigung EDV eingesetzt wird, können "schneller", "leichter" erledigt werden, sie sind "beherrschbarer". Der Verstärkungseffekt beruht also auf den spezifischen Eigenarten der Technologie, eine hohe Anzahl einzelner Arbeitsschritte bei geringem Zeitaufwand zu erledigen und sowohl die einzelnen Arbeitsschritte als auch die Arbeitsprodukte ständig verfügbar zu machen. Eine weitere Verstärkung ergibt sich aus der rationalen Durchkonstruktion der Verwaltungsaufgaben und Arbeitsabläufe als Voraussetzung des DV-Einsatzes, und zwar sowohl in der Abgrenzung DV-gestützter Aufgabenerledigungen von manuell zu erledigenden Aufgaben als auch in der Programmierung der Aufgaben und ihrer Erledigung, insoweit verbindet sich der "Verstärkungseffekt" mit einem "Konzentrationseffekt".

- Verzerrungseffekt (Selektivität): Die Informationstechnologie kann nicht gleichmäßig für alle Verwaltungsaufgaben und bei komplexen Verwaltungsaufgaben nicht für alle Aufgabenteile in gleicher Weise eingesetzt werden, sei es aufgrund der Eigenart der Aufgaben, welche eine Mathematisierung nicht zulassen, sei es aufgrund der nicht ausreichend zur Verfügung stehenden Ressourcen im Hardware-, im Software- oder im Personalbereich. Die DV-gestützte Produktion kann so ein Übergewicht gegenüber anderen Produktionsteilen erhalten, das ursprüngliche Verhältnis in der Wahrnehmung unterschiedlicher Aufgaben verändert sich, der DV-Einsatz wirkt selektiv.

- Zerstückelungseffekt (Arbeitsteilung): Bei Einsatz der Informationstechnologie werden einheitliche Aufgabenkomplexe zerteilt in solche, welche mittels DV erledigt werden, und Teile, welche der manuellen Erledigung vorbehalten bleiben. Aufgabenteile, welche mittels der DV zu erledigen sind, werden in einzelne, logisch aufeinander bezogene Arbeitsschritte zergliedert. DV-Aufgaben werden vielfach eigenen Organisationsbereichen zugeordnet, manuelle und maschinelle Aufgabenerledigung unterliegen verschiedenen Verfahrensweisen. Die Einheit des Produktionsprozesses als Einheit eines Arbeitsprozesses mit spezifischen, aufgabenorientierten Zuständigkeiten bei der "Fall"-Erledigung wird zerbrochen, auch wenn individuelle Einzelarbeit durch den Einsatz der Informationstechnik als einem Gesamtarbeitsmittel ersetzt wird. Der Zerstückelungseffekt verbindet sich so mit einem

- Entfremdungseffekt: Er äußert sich für die Mitarbeiter der Verwaltungen in der Aufgabenzergliederung, in der unterschiedlichen Verfügbarkeit über Informationen und in der mangelnden Dispositionsfähigkeit der Arbeitsschritte. Die Produktionsprozesse folgen stärker technologischen Rationalitätsgesichtspunkten und weniger den praxisbezogenen Interessen und Erfahrungen. Technik ist auf genaue Reproduzierbarkeit koordinierter Handlungsabläufe angewiesen und damit an Verfahren der Isolierung gebunden. Die Mitarbeiter in solchen Produktionsprozessen sind durch Verfahren gebunden.

Für die Verwaltungsklienten ergibt sich ein Entfremdungseffekt aus der Anonymisierung der Aufgabenerledigung und aus der Produktionsform von Informationen. Im Vordergrund steht die syntaktische Darstellung, ihre Semantik und Pragmatik wird vernachlässigt.

Insgesamt verändern sich auch die Herrschaftsstruktur und die bürokratische Verfahrensweise öffentlicher Verwaltungen. War die Herrschaftsfunktion bislang an die bürokratische Verfahrensweise des Verwaltungsmannes gebunden, das heißt an seine regelbezogene und schriftliche Entscheidung eines Sachverhalts mit nachträglicher Kontrolle in der Hierarchie, so übt in DV-gestützten Verwaltungen nicht mehr der einzelne Sachbearbeiter eine Herrschaftsfunktion aus, sondern diese wird entpersonalisiert, sie wird eine Eigenschaft des DV-gestützten Verwaltungssystems insgesamt und sie wird formal und rigide.

## C)  Entwicklung der Technik und ihre Einsatzformen

Es soll hier nicht weiter danach gefragt werden, in welchem Umfang die Realisierung oder Nichtrealisierung von Automationszielen im Entwicklungsstand der Technik begründet ist. Für die Zukunft ist davon auszugehen, daß einerseits aufgrund der Weiterentwicklung der Technik und ihres differenzierteren Anwendungsangebotes, andererseits aufgrund von Kostensenkungen im Hardware-, aber auch im Software-Bereich sich die Anzahl der Einsatzformen und die Variabilität der Gestaltungsmöglichkeiten wesentlich erhöhen.

## II.  Faktoren des Verwaltungshandelns

### A)  Verwaltung als Summe planvoller Entscheidungen und planloser Einflüsse

Die Diskussion über Verwaltungsautomation war in den letzten Jahren vor allem bestimmt von der technischen Machbarkeit, der Entwicklung der Informationstechnologie und ihren Einsatzmöglichkeiten. Es ist nun verstärkt nach der Gestaltungsfähigkeit öffentlicher Verwaltungen und der Legitimationsfähigkeit von Automationszielen zu fragen. Dies heißt gleichzeitig zu untersuchen, inwieweit der Durchsetzung bestimmter Ziele der Verwaltungspolitik verwaltungsinterne oder verwaltungsexterne Faktoren entgegenstehen. Die Frage nach der Gestaltbarkeit von Verwaltungen ist dabei eingeschränkt als Gestaltung der Verwaltung durch die Verwaltung zu verstehen, es bleibt also außer Ansatz, inwieweit Verwaltungsorganisationen durch politisch-parlamentarische Maßnahmen geschaffen oder zerstört werden können.

Die Gestaltung öffentlicher Verwaltungen findet ihren Ausdruck in der Art und Weise, wie öffentliche Aufgaben erfüllt werden. Die Verwaltungsaufgaben [5] sind gesetzlich gebunden, ihr Vollzug hängt ab von der Festlegung des organisatorischen Rahmens, von Verfahrensregelungen, von der Personalstruktur und Besoldungsordnung wie auch dem Umfang personeller und sachlicher Verwaltungsmittel. Die Gestaltung öffentlicher Verwaltungen realisiert sich in der Organisationspolitik sowie in der Personal- und Haushaltspolitik als Verwaltungspolitik. [6]

Öffentliche Verwaltung wird vielfach im Anschluß an Max Weber als eine rationale, zweckgerichtete Bürokratie verstanden, Verwaltungshandeln und Organisation als weitgehend unabhängig von Umwelteinflüssen konzipierbar angesehen, die Aufgabenerfüllung als unabhängig von konkreten Handlungsmotivationen der Beschäftigten angenommen und die Rationalität administrativen Handelns als Übersetzung juristischer Handlungsprogramme gedacht, so daß die Rationalität staatlichen Handelns in der Systematik der Regelkonstruktion allein und nicht in der Art und Weise ihrer Anwendung beziehungsweise ihrer Konsequenzen zu lokalisieren ist. [7] Im Vordergrund stehen bürokratische Verfahrensweisen, der Verwaltungsaufbau und die funktionale Differenzierung zwischen Verwaltungen. [8]

Die Reduzierung von Verwaltung auf solche Strukturmerkmale ist weniger in der Empirie begründet, auch wenn sie gewisse Elemente zutreffend abbilden, als vielmehr in einer bestimmten Staatsideologie, welche von der Selbständigkeit des Staates (als juristischer Person) und der Einheit der Verwaltung ausgeht, Verwaltung instrumentell deutet als Inkorperation des Staates, in welcher sich der "Staatswille" einheitlich und gleich zur Geltung bringt. Der gesellschaftliche Bezug des Staates, seine soziokulturellen und sozioökonomischen Bedingungen, welche eben auch Bedingungen seiner Verwaltung sind, werden vernachlässigt.

In einem allgemeinen Sinn können öffentliche Verwaltungen - es erleichtert allemal den Problemzugriff, nicht von Verwaltung, sondern von Verwaltungen zu sprechen, um nicht der Ideologie von der "Einheit der Verwaltung" aufzusitzen - als zweckgerichtete Organisation aufeinander bezogenen sozialen Handelns verstanden werden, die durch eine gewisse interne Systemhaftigkeit gekennzeichnet und aufgrund des Organisationsgefüges von der Umwelt abgehoben ist. [9] Die konkrete Ausgestaltung einer Verwaltungsorganisation, die Struktur ihrer Aufbauorganisation und ihre Ablaufprozesse sind nicht (allein) Ergebnis von Entscheidungen, die auf dem Ziel rationaler und zweckgerichteter Durchführung der zugeordneten Verwaltungsaufgaben beruhen. Sie sind vielfältig in der Tradition gebunden, haben sich aber auch "anarchisch" entwickelt und sind so ein - planvoll herbeigeführtes, aber oft auch "planlos" entstandenes - Ergebnis von Einflüssen, die sich zum einen aus Umweltbeziehungen, zum anderen aus den Aktivitäten der Mitarbeiter der Verwaltungen ergeben. Zwischen diesen Einflußfaktoren bestehen Interdependenzen, die über den Zweck der Organisation und ihrer politisch-gesellschaftlichen Funktion vermittelt sind.

B)   <u>Bedingungen und Einflüsse in der Verwaltungsgestaltung</u>

Um die unterschiedlichen Bedingungen und Einflüsse, welche Verwaltungen begründen, [10] differenziert zu erfassen, wird zu analytischen Zwecken unterschieden [11] zwischen

- aufgabenstrukturellen Faktoren
- verwaltungsstrukturellen Faktoren
- ressourcenbezogenen Faktoren
- verwaltungsexternen Einflußfaktoren
- verwaltungsinternen Einflußfaktoren
- verwaltungsinteraktiven Einflußfaktoren.


1.   Aufgabenstrukturelle Merkmale

Die Aufgaben öffentlicher Verwaltung sind vielfältig, und doch lassen sich - gleichgültig, ob es sich um Ordnungsverwaltungen oder Leistungsverwaltungen handelt - bestimmte wiederkehrende Aufgabenmerkmale und Arbeitsfunktionen feststellen.

Bezogen auf die zu erbringenden Arbeitsfunktionen kann unterschieden werden zwischen

- normativ fixierten Aufgaben wie Leistung von Lohnsteuerjahresausgleich, Rentenbescheidung,

- ergebnisorientierten Aufgaben wie Arbeitsvermittlung, Beratungsaufgaben in der Ren-
  ten- und Krankenversicherung, Subventionsmaßnahmen - also Aufgaben, welche in ihrer
  Erledigung Gestaltungs- und Ermessensspielräume beinhalten und initiatives Arbeiten
  verlangen, und

- "reflexiven" Aufgaben, also Aufgaben, welche auf die Erbringung von praktischen
  Gestaltungen zielen wie im Planungsbereich.

Tendenziell verstärken sich gerade bei Nutzung der DV die normativ gebundenen Arbeitsfunktionen. Die Verwaltungsaufgaben sind vielfach komplex und zerfasern in unterschiedliche
Bestandteile, wobei um einen "harten" Kern, welcher die gesetzlich explizit definierten und
operationablen Leistungen betrifft (wie Steuern beitreiben, Renten auszahlen, Krankenscheine
ausstellen), eine Anzahl weiterer Aufgabenbestandteile liegt (wie klientenbezogene Leistungen in
Form von Beratung und Auskunft, soweit Beratung und Auskunft nicht "Kernaufgabe" ist, oder
allgemeinere sozial- und wirtschaftspolitische Aufgaben mit konkreten Implikationen wie, am
Beispiel der Steuerverwaltung, Steuergerechtigkeit und Zuteilungsgerechtigkeit, Ausschöpfung

von Steuerquellen und Ausschöpfen von Vergünstigungen, Ermäßigungen, Rückzahlungen). Der "harte Kern" wird vielfach als primäre Aufgabe, primäres Ziel, die übrigen Aufgaben als sekundär von der jeweiligen Verwaltung angesehen. Die sekundären Ziele finden vor allem in der Gestaltung der Verfahren der Aufgabenerledigung und damit auch in der Gestaltung der Arbeitsprozesse ihren Ausdruck.

Verwaltungsleistungen sind aber stets unmittelbar oder mittelbar auf den Bürger bezogen. Die Gestaltung des Klientenbezuges ist damit immer integraler Bestandteil der Verwaltungsaufgabe, das heißt die Situation des Bürgers ist stets auch Strukturmerkmal der zu erfüllenden Verwaltungsaufgabe und damit auch Element der Gestaltungsfähigkeit des Verwaltungshandelns. Es war lange Zeit Ausdruck eines obrigkeitlichen Staatsverständnisses, die Aufgaben der Verwaltungen konzentriert zu sehen auf den sogenannten jeweiligen "harten Bereich" wie Steuern beitreiben, Bescheide produzieren, Abrechnungen erstellen. Das Postulat "bürgernahe Verwaltung" unterstützt diese überkommene Einstellung, wenn es als Forderung nach zusätzlichen institutionellen Maßnahmen verstanden wird wie Einrichtung von Informationsstellen und ähnliches und nicht mit ihm zum Ausdruck gebracht wird, daß die Bürgerbezogenheit der Verwaltung das primäre Element in der Gestaltung der Aufgabenerledigung der einzelnen Verwaltungen zu sein hat.

Die Verwaltungsaufgaben sind so insgesamt nicht nur Ausdruck präziser materieller Rechtsregelungen, in ihnen fließen auch zusätzliche Verpflichtungen (etwa zur Auskunft und Beratung), bestimmte Verfahrensanforderungen und politische Anforderungen zusammen.

Gewichtsverschiebungen zwischen den einzelnen Zielen verändern die Aufgabenerledigung, beeinflussen die Qualität der Verwaltungsleistung und begünstigen beziehungsweise beeinträchtigen bestimmte Interessen. Weil DV-Einsatz nicht nur, vielleicht nicht einmal in erster Linie, die primären Ziele tangiert, sind Veränderungen der Aufgabenerledigung einerseits trivial, andererseits nur mittelbar und langfristig faßbar, weil sich Veränderungen im Bereich der sekundären Ziele nur allmählich auf die Erledigung der Primäraufgabe auswirken.

Bei der Gestaltung von Verwaltungen kann von zwei Annahmen über die Auswirkung des DV-Einsatzes auf die Qualität der Aufgabenerledigung ausgegangen werden:

- Qualitätsänderungen sind nicht an Änderungen der gesetzlichen Vorgaben gebunden; sie vollziehen sich vielmehr in erster Linie innerhalb des Spielraums, den die Gesetze selbst einer relativ strikt geregelten Verwaltung lassen. Es ändert sich also einerseits die Art und Weise der Gesetzesanwendung; es ändern sich andererseits die gesetzesfrei gestalteten Bereiche.

- Angesichts der komplexen Zielstruktur einer Verwaltung und angesichts der Interessengebundenheit einzelner Ziele werden Qualitätsänderungen an der Verlagerung von

Zielgewichten deutlich; mit der Verlagerung der Gewichte bei den Zielen verlagert sich zugleich die Berücksichtigung von Interessen.

Die verschiedenen - meist komplexen - Verwaltungsaufgaben enthalten eine Anzahl der Struktur nach vergleichbarer Tätigkeitsmerkmale wie

- Informationssammlung als Sachverhaltsaufklärung;

- Informationsbereitstellung als Bereithaltung von Personendaten, Sachdaten oder Norm-daten - diese Informationsbereithaltung ist Grundlage für weitere Arbeitsschritte und findet ihren Niederschlag in Statistiken und in der Auskunftsbereitschaft einer Verwaltung -;

- Informationsverknüpfung als Verarbeitung von Informationen zu neuen Informationen oder unmittelbar zu Verwaltungsentscheidungen; Beispiele sind Kontenführung, Abrechnungen, Kontrollmaßnahmen, Veranlassung von Beitreibungsmaßnahmen (ein Unterfall der Informationsverknüpfung ist der Informationsvergleich, in dem unterschiedliche Sachverhaltsdaten oder Sachverhaltsdaten und Normdaten auf übereinstimmende Merkmale abgeglichen werden);

- schließlich die Informationspräsentation oder auch Informationsverteilung als nach außen oder innen gewendete Mitteilung des Verarbeitungsergebnisses wie Steuerbescheid, Kontenauszug im Rentenauskunftsverfahren und andere.

Die einzelnen Tätigkeitsmerkmale haben eine unterschiedliche Eignung für die Übertragung auf die Maschine. Der manuelle Arbeitsanteil ist insbesondere hoch bei der Sachverhaltsermittlung in der Benennung der Sachverhaltselemente und in der Sachverhaltsbewertung (Subsumtion), aber auch bei Auskunfts- und Beratungstätigkeiten. Der Automatisierung weitgehend entzogen sind sogenannte reflexive Tätigkeiten, diese werden aber durch Informationsbereitstellung und -verarbeitung unterstützt. Die Struktur der Aufgabe setzt so Grenzen für die Gestaltungsfähigkeit von Verwaltungsverfahren und Arbeitsprozessen im Rahmen ihrer Automation. Sammeln, speichern, vergleichen, verbinden von Informationen und die Bescheidschreibung sind vor allem in Massenverwaltungen Vorgänge, welche der Übertragung auf die Maschine entgegenkommen.

## 2.  Verwaltungsstrukturelle Faktoren

Als verwaltungsstrukturelle Merkmale werden die Elemente der Aufbauorganisation bezeichnet, also die Gliederung in Bundes-, Landes- und Kommunalverwaltungen, in selbständige Körperschaften und Anstalten als Formen mittelbarer Staatstätigkeit und in Sonderverwaltungen sowie die Gliederung in verschiedene Verwaltungsebenen, in Abteilungen, Referate.

Die Verwaltungsstrukturen sind im allgemeinen gesetzlich festgeschrieben. Sie bilden in der Automation fixe Daten und stellen - soweit sie nicht disponibel sind - bestimmte Bedingungen für die Gestaltung des Informationszugriffs und -austausches. Die Verteilung von Organisations-, aber auch von Fachkompetenzen erweist sich im Rahmen der Aufbaustruktur, welche selbst stabil gehalten wird, und der Ablaufprozesse als disponibel. So werden solche Kompetenzen Mittel- und Unterinstanzen entzogen oder zugewiesen, zentriert oder ausdifferenziert.

Insgesamt erweisen sich Organisationsgrenzen in Form der Systemdifferenzierung verschiedener Verwaltungen wie politische Ressortabgrenzungen, eigene Rechtsperson mit Selbstverwaltungscharakter als stabil. Dies ist in ihrem jeweiligen Bezug zu spezifischen gsellschaftlichen Problemlagen und in dem Statusinteresse vor allem ihrer politischen und Verwaltungsspitze begründet. Bei gemeinsamen Gestaltungsaufgaben initiiert dies einen Koordinationsaufwand auf Verbands- oder Ausschußebene, ohne daß so erarbeitete Gestaltungsentwürfe eine einheitliche Praxis erfahren. Kompetenzverteilungen innerhalb einer Verwaltung sind demgegenüber aufgrund der hierarchischen Struktur und der Normbindung des Verwaltungspersonals prinzipiell veränderbar, ihre Veränderung unterliegt aber bestimmten verwaltungsinternen Einflüssen, auf welche noch einzugehen ist.

Zu den verwaltungsstrukturellen Faktoren gehören schließlich auch die rechtlichen Festlegungen des Verfahrens, nach denen die Verwaltung bei der Erbringung ihrer Leistungen vorzugehen hat (wie Finanzverwaltungsgesetz, Abgabenordnung, Verwaltungsverfahrensgesetz, Sozialgesetzbuch und andere) und die rechtliche Festsetzung von Mindestanforderungen an das Verwaltungsprodukt, soweit es in schriftlicher Bescheidform ergeht (Adressat, Absender, Rechtsmittelbelehrung). Diese Normprogramme beinhalten aber Gestaltungsspielräume, wie die Verwaltungspraxis belegt.

## 3.  Ressourcenbezogene Faktoren (Personal- und Sachmittel)

Die Festsetzung des einer Verwaltungsorganisation zur Verfügung stehenden Personals und der Finanz- und Sachmittel unterliegt prinzipiell parlamentarischer Beschlußfassung oder der Zustimmung von Selbstverwaltungsgremien - insofern sind sie für die Gestaltung von Verwaltungshandeln fixe Daten. Da aber Haushaltspläne ebenfalls von Verwaltungen aufgestellt werden, besteht im Rahmen der Interaktions- und Kommunikationsbeziehungen zwischen Verwaltungen Einflußmöglichkeit auf die Verteilung der Haushaltsmittel, auch wenn in den Abstimmungen auf der Ministerebene Verwaltungsbedürfnisse nur bei Gefahr drohender Unmöglichkeit der Aufgabenerledigung besondere Beachtung finden. Ist hier der Gestaltungsspielraum gering, so bestehen verwaltungsintern Entscheidungsspielräume bei der Verteilung des Personals und der Sachmittel für die Aufgabenerledigung, wobei im allgemeinen dem "harten Kern" der jeweiligen Verwaltungsaufgaben Priorität zugesprochen wird.


4.    Verwaltungsexterne Einflußfaktoren


Die verwaltungsexternen Einflußfaktoren sind sowohl politischer wie wirtschaftlicher Art. Politisch vordringlich war lange Zeit das Interesse an der Sicherung staatlicher Aufgabenbewältigung bei Zunahme der Staatsaufgaben oder Veränderungen in ihrer Komplexität. In der Steuerverwaltung wirkt sich beispielsweise in den sechziger Jahren das Ansteigen der Fallzahlen, weitere Differenzierungen im Steuerrecht sowie die immer schwierigere Personalrekrutierung erschwerend auf eine rasche Aufgabenerledigung aus. Die Anerkennung der Verwaltungsarbeit beim Bürger, und damit auch die politische Legitimation der Verwaltungsarbeit und durch diese die des Staates ist aber wesentlich vom reibungslosen und termingerechten Funktionieren der Verwaltung abhängig. Die politische Spitze muß somit an rascher Aufgabenerledigung beispielsweise bei der Durchführung des jährlichen Lohnsteuerausgleiches, bei der Einkommensteuer oder bei der Rentenbescheidung interessiert sein. Unterschiedliches Gewicht hat ein politisches Interesse an der Verbesserung der Informationsgrundlagen für wirtschafts- und finanzpolitische Entscheidungen.


Zudem haben die großen DV-Hersteller ein eigenes wirtschaftliches Interesse daran, die Mechanisierung und Automatisierung in öffentlichen Verwaltungen voranzutreiben, um sich Absatzchancen im öffentlichen Bereich zu erschließen. Parallel dazu läuft ein technologie- und wirtschaftspolitisches Interesse staatlicher DV-Förderung, um den technologischen Rückstand zu verringern; dies umfaßt auch das Interesse daran, neue Anwendungsfelder für den DV-Einsatz zu erschließen. Über die effektive Wirkungsweise und Wirkungsrichtung dieser ökonomischen wie technologiepolitischen Faktoren liegt nur geringes Material vor, jedenfalls unterstützen sie aber die generelle Bereitschaft zur Modernisierung und Rationalisierung von Verwaltungen durch Nutzung von Informationstechnologie. [12)]


Die Bedeutung der verwaltungsexternen Faktoren manifestiert sich weniger in bestimmten Maßnahmen der einzelnen Verwaltungen, als in politischen Entscheidungen über Prioritäten in der Automation, in der Begrenzung von verwaltungspolitischen Handlungsspielräumen und in den Erwartungshaltungen der Umwelt. Zu den verwaltungsexternen Faktoren gehört auch die Zuordnung einzelner Verwaltungen und Verwaltungseinheiten zu spezifischen staatlichen Aufgaben und gesellschaftlichen Problemlagen, woraus sich eine bestimmte Orientierung der einzelnen Verwaltungen ergibt und worin auch Konkurrenzsituationen zwischen Verwaltungen begründet sind.

Der externe Druck vor allem auf Bewältigung der Aufgaben (in der Steuerverwaltung erkennbar an einem dreifachen Trend, und zwar quantitativ an einem Ansteigen der Arbeitsfallzahlen, qualitativ an einer Komplizierung des Arbeitsstoffes, temporal an einer Beschleunigung des Arbeitswandels [13]) wirkt unmittelbar auf die politische Spitze der Verwaltung und ihre Mitarbeiter, insbesondere die Organisationsfachleute; er wirkt aber auch mittelbar über Hierarchie wie öffentliche Meinung auf die mittlere sowie untere Ebene, etwa auf Oberfinanzdirektionen und Finanzämter. Auf all diesen Ebenen wird der externe Druck "verinnerlicht" und umgesetzt in einen verwaltungsintern wirkenden Faktor, den Rationalisierungsdruck. Diese Umsetzung eines externen in einen unspezifischen internen Faktor ist im wesentlichen Folge der mangelnden Operationalität der externen Bewältigungsanforderung. In aller Regel wird im Rahmen neuer Verwaltungsaufgaben politisch nur darüber entschieden, daß sie zu erledigen sind. Das Wie bleibt den Verwaltungen überlassen, die Nutzen und Kosten ihrer Organisationsprärogative zu tragen haben.

Noch diffuser als diese politischen Anforderungen in Richtung auf Aufgabenbewältigung sind die Einflüsse aus dem Kreis der Klienten. Die öffentliche Verwaltung steht dem Widerspruch zwischen der Unbegrenztheit des Bedarfs an Verwaltungsleistungen und der Begrenztheit der ihr zur Verfügung stehenden Mittel gegenüber: Sie kommt praktisch nie in die Lage, alle Ansprüche an Betreuung und Beratung, an Sachaufklärung und individueller Fallbearbeitung zu befriedigen; wird vielmehr immer mit einer Liste noch offener Wünsche konfrontiert. Von diesem Dilemma zwischen grenzenlosem Bedarf und begrenzten Mitteln ausgehend setzt eine Verwaltung ihre Ressourcen zunächst so ein, daß der Betrieb überall dort, wo bestimmbare ("harte") Leistungen zu erbringen sind, möglichst reibungslos läuft. Spielräume bestehen bei den "weichen" Leistungen, bei denen die Dauer der Beratung, der Suche, der Sorgfalt der Untersuchung des Einzelfalles, bei denen das Maß der Pauschalierung und Typisierung niedriger oder höher angesetzt werden kann. Indem der Einsatz der DV gerade auf die Maschinisierung und Rationalisierung des Bereiches "harter" Leistungen zielt, während die "weichen" Bestandteile typischerweise (zunächst) weiter in Hand- oder Kopfarbeit verbleiben, konzentriert sich die Aufmerksamkeit auf diesen einen Aspekt der Verwaltungsleistungen. Der andere Aspekt tritt erst dann in den Mittelpunkt, wenn es um die Frage geht, wo die durch Maschinen ersetzten und damit freigewordenen personellen Ressourcen in der Verwaltung unterzubringen sind, oder dann, wenn nach den Gründen für die allgemeine Unzufriedenheit mit der doch so intensiv verbesserten Verwaltung gesucht wird. Aus den durchaus widersprüchlichen Bürgerinteressen - einerseits mehr Gleichbehandlung, andererseits stärkere Berücksichtigung individueller Situationen und Anliegen - kann somit die Verwaltung die herausheben und befriedigen, die konform sind mit dem verinnerlichten Rationalisierungsdruck.

5.　Verwaltungsinterne Einflußfaktoren

Die Einführung von DV-Verfahren wird in einer historisch gewachsenen, voll institutionalisierten Verwaltung konfrontiert mit verwaltungsinternen Faktoren, die den Produktionszusammenhang dieser Verwaltung bestimmen. Solche Faktoren sind

- die Stabilität der Aufbaustruktur öffentlicher Verwaltungen aufgrund ihrer umfassenden rechtlichen und institutionellen Ausprägung,

- konkrete funktions- und statusbezogene Interessen des Verwaltungspersonals im rechtlich vorgegebenen Strukturrahmen, welche durch die Hierarchie des Dienstrechts und die Besoldungsstruktur gefestigt werden.

Gerade die personalbezogenen Faktoren dürfen nicht übersehen werden, weil in einer bürokratisch-hierarchisch strukturierten Verwaltung der Status selbst ein Mittel zur Erfüllung des Verwaltungszweckes ist. [14] Änderungen im Status der Mitglieder einer Verwaltungseinheit betreffen deshalb immer auch ihren Produktionszusammenhang und wirken sich aus auf die Arbeitsorganisation, den Arbeitsplatz und den Arbeitsvollzug.

Statusinteressen sind zunächst gerichtet auf die Erhaltung der überkommenen Aufbaustrukturen, da in dieser Kompetenzen zum Ausdruck kommen. [15] Verbunden ist damit ein Interesse der Organisationsmitglieder an der Erhaltung von Arbeitsstrukturen einschließlich der mit bestimmten Arbeitssituationen verbundenen Tätigkeitsmerkmale und Interaktions- sowie Kommunikationsmuster. Diese Arbeitsplatzstrukturen sind nicht nur relevant als politische Merkmale in der Organisationsstruktur und des Status, sondern in ihnen erfahren die Mitglieder einer Verwaltung Bedeutungsmuster und Interessenorientierungen, welche die Bereitschaft vermitteln, in der Organisation zu handeln, und welche den Zusammenhang mit ihrer individuellen Lebenslage herstellen. [16]

Zusätzlich sind bestimmte Verhaltensmuster und interne Normen der Aufgabenbewältigung wirksam, die in einem historisch überkommenen Staatsverständnis und Selbstverständnis der Verwaltung begründet sind. Hierzu gehören schematisch-bürokratische Aufgabenbewältigung, Sparsamkeit in der Verwendung finanzieller und damit auch technischer Ressourcen, hierarchisierte Kontrollen über Art und Umfang der Aufgabenerledigung, Amtshilfe im Wege informeller Kommunikation, Distanzierung zur politisch-sozialen Umwelt.

Die Relevanz der genannten Faktoren ist mitbedingt durch die Größe einer Verwaltungseinheit. Geringe Flexibilität und Ausbreitung institutionalisierter Verhaltensmuster sind in großen Verwaltungen stärker ausgeprägt als in kleineren. Die Relevanz der einzelnen Faktoren, insbesondere die Bedeutung überkommener Arbeitssituationen, ist auch abhängig von Art und Weise der vorgegebenen Ausbildung des Verwaltungspersonals (Laufbahn, Beamten- oder Angestellten-status, Verwaltungs- oder DV-technische Qualifikation) und der Zeit und dem Umfang durchgeführter Informations- und Schulungsmaßnahmen.

Geht man davon aus, daß Automation nicht Vollzug von technisch-organisatorischen Sachzwängen ist, so heißt dies zugleich, daß zur Erklärung der realisierten Gestaltung und damit der Gestaltbarkeit diese Faktoren herangezogen werden müssen und daß die realisierte Politik auch Ergebnis sozialer wie individueller Prozesse ist. [17]

Die Ausbildung und Schulung des Verwaltungspersonals beispielsweise im mittleren und gehobenen Dienst der Steuerverwaltung - und bei anderen Verwaltungen ist die Situation vergleichbar - ist insbesondere abgestellt auf ein steuerrechtlich-juristisch definiertes Verhalten, auf die Fähigkeit, eine festgelegte Anzahl möglicher Steuerfälle zu lösen oder eine bestimmte Art von Arbeitsschritten im Kassenbereich verrichten zu können. Sie ist auf die Festlegung bürokratischer Verhaltensweisen ausgerichtet; die Fähigkeit zur Lösung neuer organisatorischer Probleme ebenso wie zur Artikulation arbeitsplatzbezogener Interessen wird in der Ausbildung kaum entwickelt. Das Personal des höheren Verwaltungsdienstes hat regelmäßig eine volljuristische Ausbildung und eine spezielle praxisbezogene Zusatzausbildung im Fachbereich der jeweiligen Verwaltung. Die Art und Weise der Ausbildung beinhaltet keine besondere Aufmerksamkeit für verwaltungsorganisatorische Fragen und Probleme der DV. [18]

Die Interessen der Mitarbeiter der unteren Verwaltungsebene sind im Bereich der Sachbearbeitung stark arbeitsplatzorientiert, was in ihrer eingeschränkten Kompetenzstellung mitbegründet ist. Arbeitsplatzsicherheit, Erhaltung von Interaktions- und Kommunikationsmustern, Erhaltung von Aufstiegsmöglichkeiten einerseits, Entlastung von schematischen Routinetätigkeiten andererseits haben besondere Bedeutung. Konflikte treten deshalb erst unmittelbar bei oder nach Implementierung einer neuen Technologie auf, und zwar als Konfrontation bisheriger Arbeitsformen, insbesondere bisher wahrgenommener Aufgaben und praktizierter Interaktions- und Kommunikationsprozesse mit den Veränderungen, welche sich aus der Anwendung der neuen Technologie ergeben.

Die eingeschränkte Kompetenzstellung und die unzureichende Problemkenntnis beeinträchtigen auch die Mitwirkungsmöglichkeiten des Vertretungsorgans der Mitarbeiterseite, der Personalräte. Sie besaßen in der Vergangenheit etwa in der Steuerverwaltung, aber ebenso in anderen Verwaltungen weder eine genügende Problemkenntnis noch die Möglichkeit und Fähigkeit, die anstehenden Probleme im Betrieb zu vermitteln oder alternative Vorschläge zu erarbeiten. Ihr Interesse galt der Vermeidung von "Unruhe" und der Erhaltung statusbezogener Rechte und Anwartschaften.

Diese Distanz der Mitarbeiter der DV gegenüber begünstigt letztlich auch die innerbetrieblich orientierte Rationalisierung, weil die Chance, in den Entwurfs- und Umstellungsprozeß verwaltungspolitische Zielvorstellungen aus der Sicht der Mitarbeiter der verschiedenen Ebenen und Laufbahnen einzubringen, nicht genutzt werden kann.

Aus dem erhobenen Material (etwa in der Steuerverwaltung, der Rentenverwaltung oder in der Kommunalverwaltung) läßt sich nicht entnehmen, welchen unmittelbaren Einfluß die genannten Stabilitätsfaktoren auf die DV-Nutzung gehabt haben und weiter haben. Die langjährige Haltung, DV-Einsatz habe wenig bis gar keinen Einfluß auf die Verwaltung, und die geringe Beschäftigung des Führungspersonals mit DV-Problemen sind Hinweise auf eine sehr distanzierte Haltung gegenüber Veränderungen. Es ist plausibel anzunehmen, daß diese Haltung eine organisatorische Lösung des DV-Einsatzes begünstigt, die auf eine möglichst geringe Integration von traditioneller und maschineller Arbeit hinausläuft, auf klare Schnittstellen, auf besondere Dienstposten für DV-Fragen und auf klare Arbeitsteilung selbst im Bereich der verwaltungsinternen Anweisungen. [19] Im Ergebnis führt diese Haltung also auf der einen Seite dazu, daß die traditionellen Aufbau- und Ablaufstrukturen der Verwaltung weitestgehend unangetastet bleiben. Auf der anderen Seite bildete sich ein DV-bezogener technisch-organisatorischer Hintergrund für die Verwaltung, ein selbständiger Organisationskreis, welcher mit seinen technologischen Entscheidungen in die Fachverwaltung hineinwirkt.

Gegenwärtig zeigen sich aber Änderungen - etwa in Kommunalverwaltungen oder bei Krankenkassen - aufgrund der Erfahrungen mit der bisherigen DV-Anwendung. Dezentralisierung, autonome Systeme, Integration in den Arbeitsvollzug sind Stichworte dafür.

## 6.    Verwaltungsinteraktive Einflußfaktoren

Zu den geschilderten externen und internen Einflußfaktoren kommen solche, die sich aus den Kooperations- und Interaktionsbeziehungen einer Verwaltung (Dreistufigkeit, Bund-Länder-Kooperation, Zusammenarbeit zwischen mehreren Verwaltungen, sei es unmittelbar, sei es auf Ausschuß- oder Verbandsebene, Auslagerung der DV-Kompetenz und andere) ergeben und für die Gestaltungsmöglichkeit und -fähigkeit einer Verwaltung wesentliche Vorgaben setzen.

Dreistufigkeit einer Verwaltung führt zu unterschiedlichem Erfahrungshorizont und auch unterschiedlichem Aufmerksamkeitspotential der einzelnen Ebenen. So ist das Aufmerksamkeitspotential der Ministerialebene für stärker ablaufbezogene Fragen nur schwach entwickelt. Allgemein läßt sich sagen, daß das Interesse der Verwaltungsspitze eher ergebnisorientiert, das der Mittelinstanz eher betriebsorientiert ist. Die von der Unter- und Mittelinstanz im laufenden Betrieb gewonnenen Erfahrungen werden zudem nur in Einzelfällen und selektiv in die Verwaltungsspitze rückgekoppelt. Die arbeitsorganisatorischen, motivationalen und das Publikum betreffenden Folgen des DV-Einsatzes werden daher bei Entwurf und Gestaltung der Systeme vernachlässigt und den Mittel- und Unterinstanzen zur Abarbeitung überlassen. Die Zielformulierung der Automationspolitik kann deshalb aus strukturellen Gründen Implementationsprobleme nicht in optimaler Weise berücksichtigen. Eine Korrektur auf den durchführenden Ebenen ist schon deswegen kaum denkbar, weil diese an die Zielsetzungen der obersten Ebene gebunden sind.

Zweiter wesentlicher Einflußfaktor aus dem Interaktionsgeflecht von Verwaltungsstellen ist der zunehmende Zwang zur Bundeseinheitlichkeit oder Verbandseinheitlichkeit der Verfahrensentwicklung. Dies führt zum einen zu Koordinationsschwierigkeiten aufgrund unterschiedlicher lokaler Ausgangssituationen, zum anderen aber ergibt sich eine erschwerte Abänderbarkeit der DV-Verfahren.

Drittens führt schließlich die Auslagerung der DV-Kompetenz aus der Fachverwaltung und ihre Zusammenfassung in einer eigenen Institution zu mannigfachen Koordinations- und Informationsproblemen sowie zu einer notwendig unterschiedlichen Sichtweise der Probleme bei den DV-Fachleuten und den Vertretern der ausführenden Verwaltung. Hinzu kommen Engpässe in der Nutzungsmöglichkeit der Kapazitäten der DV-Verwaltung, die teils auf die Maschinenausrüstung, teils auf den Personalstand zurückzuführen sind. Die Monopolisierung des DV-Fachwissens in den Rechenzentren hat zudem zur Folge, daß in der ausführenden Verwaltung das Wissen um die Möglichkeiten des DV-Einsatzes institutionell unterentwickelt ist. Die Rechenzentren verstehen sich weniger als Berater der Fachverwaltungen denn als zentrale Verarbeitungsstellen, die auf die Erhaltung ihrer eigenen Kompetenzen nicht nur in der Systementwicklung und Programmierung, sondern auch im eigentlichen Verarbeitungsbereich bedacht sind. Mit der Separierung technologiebezogener Kompetenzen tritt neben die Zweckorientierung partiell eine Produktionsorientierung, das heißt die Art und Weise der Zweckerfüllung vermittels DV wird selbst zu einer Verwaltungsaufgabe. Das nunmehr arbeitsteilige Produktionsverfahren kann nur rational durch die Addition der einzelnen Arbeitsschritte rekonstruiert werden. Der Verwaltungszweck bildet sich nicht mehr vollständig im Arbeitsbereich des einzelnen Sachbearbeiters ab.

Mit der Separierung technologischer Kompetenzen ändern sich das Handlungsgefüge und die Rollenstruktur der Verwaltung. Die Verwaltung beruhte ursprünglich auf der prinzipiellen Einheitlichkeit des Verwaltungsverfahrens und der Allgemeinheit der Sachbearbeitertätigkeit, ergänzt jeweils um die spezifischen Anforderungen der einzelnen Fachverwaltungen. Die hierarchische Ordnung beruhte auf der Stufung der Kompetenzen, der Verleihung von "Amtsautorität". Die Verselbständigung der DV-Verwaltung in einer eigenen Einrichtung einerseits und die Zentrierung der technologiebezogenen Kompetenzen bei eigenen Referaten oder Arbeitsstellen andererseits hat zur Folge, daß diesen eine spezielle "Sachautorität" zuwächst. [20]

Insgesamt verstärken die verschiedenen verwaltungsinteraktiven Faktoren den Rückzug der Verwaltungspolitik bei Entwurf, Umsetzung und Betrieb von DV-Verfahren auf die Ziele des reibungslosen internen Betriebes.

**III.  Grenzen der Gestaltbarkeit oder die Durchsetzungsfähigkeit von Gestaltungszielen**

A)  <u>Die Relevanz der Einflußfaktoren</u>

Gestaltbarkeit von Verwaltung ist so abhängig von einer Vielzahl struktureller und situativer Elemente der einzelnen Verwaltung. Gestaltungsgrenzen bestimmen (wie bereits die Faktoren-analyse zeigte und hier noch einmal zusammengefaßt werden soll)

- den Grad der ökonomischen Entwicklung, denn davon hängen mit die Bedürfnisse nach Verwaltungsleistung und die einsetzbaren Mittel der Verwaltung im Sach- und im Rechtsbereich ab,

- den Grad der politischen Thematisierung, das heißt in welchem Umfange individuelle und gruppenspezifische, aber auch gesamtgesellschaftliche Bedürfnisse als staatliche Aufgaben anerkannt sind, welches Spektrum an Lösungs- und Regulierungsmöglichkeiten zur Verfügung steht,

- die Struktur der Verwaltungsaufgaben und die normative Fixierung des Verwaltungs-verfahrens,

- den Grad der Institutionalisierung des Verwaltungshandelns (Größe einer Organisation, Grad der funktionalen und positionalen Differenzierung, Grad der normativen Starrheit und der Umweltdistanz, Systemdifferenzierung),

- die Dichte der administrativen und gerichtlichen Kontrolle der Aufgabenerledigung, insbesondere ob diese Kontrolle nur produkt- oder auch verfahrensorientiert ist,

- die Interessenorientierung und die Fähigkeit zur Interessenartikulation bei Mitarbeitern und Klienten,

- die politisch-ideologischen Deutungsmuster für Funktion und Aufgaben von Staat und Verwaltung; diese ist in Deutschland belastet durch das historisch begründete Vorver-ständnis der Trennung von Staat und Gesellschaft, die obrigkeitsstaatliche Orientierung und eine nur gering entwickelte Verwaltungswissenschaft.

Verwaltungsexterne und verwaltungsinteraktive Faktoren erscheinen in gleicher Weise als Determinanten der Verwaltungspolitik, da sie entweder Ausdruck politisch-ökonomischer Vor-gaben oder von diesen Verwaltungen allein nicht beeinflußbar sind, während die verwaltungs-internen Faktoren entsprechend der bürokratisch-hierarchischen Struktur der Verwaltung prin-zipiell beherrschbar sind.

Beachtung finden aber vorwiegend solche internen Faktoren, die in der Verwaltungsspitze repräsentiert oder der Verwaltungsstruktur und den internalisierten Verhaltensweisen angepaßt sind. Verwaltungen haben nach dem Selbstverständnis jedenfalls der oberen und mittleren Verwaltungsebene als lautlose und konfliktfreie Einrichtung zur Bewältigung vorgegebener Aufgaben zu fungieren. Konflikte werden nur diskutiert, wenn sie den Produktionsbetrieb gefährden oder öffentliche Aufmerksamkeit gewinnen. Der Produktionsbetrieb hat kontinuierlich fortzuschreiten. Es bestehen keine Spielräume, damit Konflikte fruchtbar werden und sich neue Verfahrens- und Arbeitsstrukturen entwickeln. Die formale Bindung der Aufgabenerledigung an Dienstanweisungen und Arbeitsanleitungen orientiert diese an abstrakt rationalen Modellen.

In der Automationspolitik als Gestaltung von Verwaltungen erhalten so folgende für die Funktion der oberen Ebene relevante Faktoren besondere Bedeutung:

- Aufbaustrukturen und mit ihnen verbundene Status- beziehungsweise Rollenstrukturen,

- bürokratische Verfahrensweisen,

- sparsamer Einsatz von Finanzmitteln und also auch von Technologie,

- Vorrang interner Funktionsfähigkeit gegenüber einer Ausweitung des Interaktionsgefüges mit dem Bürger. [21]

Neue Gestaltungen werden dabei nur insoweit aus den Verwaltungsaufgaben entwickelt, als sie den Anforderungen einer bestimmten, zu implementierenden Technik entsprechen, sie konzentrieren sich auf den "harten Bereich" der Aufgaben. Eine Verbesserung der Arbeitssituation einerseits, der Verwaltungsleistungen in den Beziehungen zwischen Verwaltung und Bürger andererseits, welche mit dem Einsatz der neuen Technologie möglich wären, aber zusätzlicher Maßnahmen bedurft hätten, bleiben im Hintergrund.

Die Separierung technologischer Kompetenzen in besonderen Stellen oder Gremien und die Bindung individueller Karriereerwartungen an den Einsatz der Technologie bewirken, daß maschinenbezogene Aktivitäten eine eigene Dynamik entwickeln. [22]

B)   Eingeschränkte Relevanz von politischen Gestaltungszielen

Politisch explizit ausgewiesene Organisationsziele und Verfahrensziele haben so nur eine vielfach vermittelte und gebrochene Bedeutung für das konkrete Organisationshandeln. In den realen Organisations- und Handlungsformen sind solche Ziele nur ein Element unter anderen. Legale Richtigkeit wird in administrationsinterne Handlungsrationalität und in administrationsexterne Produktionssicherung eingebunden.

Die hier diskutierte Automationspolitik scheint ein Paradigma für die Gestaltung von Verwaltungen zu sein: Ziele wie Verbesserung der Beziehungen zwischen Verwaltung und Bürger und

Verbesserung der Arbeitsstrukturen scheinen nur eine geringe Realisierungschance zu haben. Politische Ziele, welche nicht gleichzeitig verwaltungseigene Ziele sind, treten in der Realisierung einer bestimmten Verwaltungspolitik zurück, da eben die Ausführung der Politik wieder Sache der Verwaltung ist und diese jede Politik an ihre tradierten Aufbau- und Ablaufstrukturen und die in diesen manifestierten Interessen anzupassen versucht.

Die Realisierung bestimmter Ziele kann abgestützt werden durch eine strikte normative Regelung. [23] Aber da die Beherrschbarkeit von Normen begrenzt ist, wie der Umgang mit der Fülle an Dienstanweisungen und Arbeitsanleitungen zeigt, ist eine normative Bindung nur effektiv bei einer entsprechenden Kontrolle. Im Regelfall sind Kontrollen, soweit es sich nicht um verwaltungsinterne Prüfverfahren handelt, von den Verwaltungsklienten zu initiieren. Eine gerichtliche Kontrolle - und dies gilt mit Einschränkungen auch für das Widerspruchsverfahren - ist aber stets eine Produktkontrolle, sie erfaßt nicht die Verfahrensgestaltung und beschränkt sich damit auf die Erledigung des "harten Kerns" der Verwaltungsaufgaben, auf die Realisierung primärer Ziele. Die Funktion des Rechts verändert sich, die Legitimationsfunktion rechtlicher Verfahren tritt hinter die instrumentelle Funktion einer Produktionssteuerung zurück. [24]

Verwaltungsgestaltungen, welche auf die Verbesserung der Beziehungen zwischen Verwaltung und Bürger zielen, setzen im Grunde Änderungen in den politisch-gesellschaftlichen Einstellungen gegenüber der Verwaltung und im Selbstverständnis der Verwaltung voraus, Verbesserung der Arbeitssituationen setzen Änderungen in den gesellschaftlichen Einstellungen gegenüber der Verwaltungsarbeit und Änderungen in der Aus- und Fortbildung des Verwaltungspersonals sowie im Aufgabenverständnis einer Personalvertretung voraus, beide Gestaltungsziele erfordern Veränderungen im Problemverständnis und im Selbstverständnis leitender Mitarbeiter der Verwaltungen. Die Verbesserung der Steuerbarkeit und der Effizienz der Verwaltung kann demgegenüber an gegebenen Strukturmerkmalen wie regelgeleiteter Arbeit, Anonymität der Aufgabenerfüllung, hierarchisch gebundene Gefolgschaft sowie Sparsamkeit im Einsatz staatlich-gesellschaftlicher Ressourcen (Personal- und Sachmittel) anknüpfen.

Es ist deshalb wesentlich eine Frage der politischen Entscheidung über Prioritäten, wie Verwaltung zu gestalten ist, welche Eigenschaften ihre Produkte haben sollen. Solche Entscheidungen können nicht allein verwaltungsintern getroffen werden, sollen sie nicht ausschließlich den genannten Einwirkungen unterworfen sein; ihre Grundlage haben sie im Verfassungsrecht.

**IV.  Die Legitimationsfähigkeit von Automationszielen - Ansprüche des Grundgesetzes an die Gestaltung von Verwaltung**

A)  <u>Legitimationsfähigkeit von Verwaltungspolitik</u>

Verwaltungspolitik ereignet sich relativ autonom, sie wird öffentlich nur diskutiert, wenn interne Konflikte den Produktionsprozeß stören oder wenn Mängel der Produktion oder der Produktgestaltung zu externen Protesten führen. Insofern könnte die Annahme naheliegen, daß sich Verwaltungsgestaltung in der praktischen Akzeptanz ihrer Ergebnisse ausreichend legitimiert. Praktische Akzeptanz im Einzelfall wiederum kann vermittelt sein durch Leistungen und durch bestimmte Eigenschaften des Produktionsprozesses und der Produktgestaltung wie gesetzmäßig, fehlerfrei, termingerecht, verständlich, sparsam. Diese an formaler Legalität orientierten Eigenschaften sind gleichzeitig auch legitimationsvermittelnd, indem sie entweder in der Legalität begründungsfähig sind oder bestimmten gesellschaftlichen Bedürfnissen und Erwartungen entsprechen. Praktische Akzeptanz einerseits, technische und administrative Rationalität andererseits reichen aber nicht aus, wie die Kritik an öffentlichen Verwaltungen und ihrer Automationspolitik zeigt, denn diese Kritik hat ihren Grund nicht nur in einer Fehlerhaftigkeit im Einzelfall.

Die Legitimationsfähigkeit öffentlicher Verwaltungen ist nicht allein eingebunden in die Legitimationsfähigkeit des Staates insgesamt. In dem Maße vielmehr, in dem die einzelne Verwaltung den praktischen Bedürfnissen gesellschaftlicher Gruppen entspricht, welchen sie ihrer Aufgabenstellung nach zugeordnet ist, und in dem Maße, in dem sie an der Legitimationskraft des Grundgesetzes insgesamt teil hat, wächst ihr und durch sie vermittelt auch dem "Staat" Legitimation zu.

Diese politikwissenschaftliche und staatstheoretische Diskussion um Legitimität und Legitimation soll hier nicht weitergeführt werden. [25] Abschließend ist nur der Frage nach der Legitimationsfähigkeit von Verwaltungspolitik in der Verfassungsordnung oder, anders gewendet, nach den verfassungsrechtlichen Ansprüchen an die Automationspolitik nachzugehen, und zwar nicht im Sinne einer Reduzierung von Legitimation auf Legalität, sondern im Sinne der Begründungsfähigkeit politisch-gesellschaftlicher Interessen in der Allgemeinheit des Verfassungsrechts und insbesondere seiner Grundrechte und im Sinne einer Legitimation im offenen und allgemeinen Diskurs über die Konkretion der Grundrechte als Realisierung der praktischen Staatsordnung. Insoweit handelt es sich doch wieder um eine umfassende Legitimationsvermittlung, denn es gibt keine andere normative Gültigkeit für politisch-gesellschaftliche Interessen auf Realisierung einer bestimmten Staats- und Verwaltungsordnung als ihre allgemeine Diskussionsfähigkeit in den Grundrechten oder ihre Rechtfertigung in der Kompetenzstellung von Staatsorganen. [26]

Hierzu einige Thesen:

Geht man davon aus, daß Funktion des Grundgesetzes ist, Prozesse staatlich-gesellschaftlicher Ordnung zu strukturieren und zu regeln, politische Handlungseinheit zu bilden, soziale Lagen für Individuen und freigesellschaftliche Vereinigungen zu garantieren, welche die Gewährleistung ihrer Rechte auf gleiche Freiheit in der individuellen Entfaltung, in der Entfaltung gesellschaftlicher Vereinigungen und auf gleiche Chancen in der Mitbestimmung der staatlichen Ordnung sowie die Freiheitlichkeit sozialer Beziehungen beinhalten, [27] so ergeben sich hieraus nicht nur Anforderungen an die Gesetzgebung, sondern auch an die Verwaltung hinsichtlich der Art und Weise ihrer Gestaltung und Aufgabenerfüllung, denn die Verwaltung unterliegt (in der Ausgestaltung ihres gesetzlich nicht gebundenen Bereiches) dem Grundgesetz und vor allem den Grundrechten unmittelbar (Art. 1 Abs. 3, Art. 20 Abs. 2 GG) und untersteht dem Ziel des Grundgesetzes seiner Präambel nach, dem staatlichen Leben eine "neue Ordnung" zu vermitteln.

Es ist deshalb unzulässig, bei der Entwicklung öffentlicher Verwaltungen allein an ihre überkommenen Strukturen und Funktionsweisen anzuknüpfen. Berufung auf die Tradition heißt in diesem Falle, bestimmten Einflußfaktoren normative Kraft zu verleihen, welche sich im Prozeß der Verwaltungsentwicklung als besonders durchsetzungsfähig erwiesen haben. Die normative Setzung solcher Summen aus traditionellen Kräften löst diese aus ihrem historischen Kontext, ohne ihnen damit für die Gegenwart praktische Akzeptanz und verfassungsrechtliche Gültigkeit zu vermitteln.

Es widerspricht auch dem Ordnungsgebot des Grundgesetzes, wenn die Ausgestaltung der Verwaltung gewissermaßen anarchisch den unterschiedlichen, jeweils durchsetzungsfähigen gesellschaftlichen Interessen oder allein den praktischen Bedürfnissen der Mitarbeiter auf den verschiedenen Verwaltungsebenen überlassen wird. Dies liefert Verwaltungen dem politischen Interessenmarkt aus - auch wenn sie sich ihm nie ganz entziehen kann, Teil von ihm ist -, wirkt selektiv und vernachlässigt nur wenig repräsentierte Anliegen von Verwaltungsklienten oder von Mitarbeitern der Verwaltungen.

## B)    Verfassungsrechtliche Postulate

Aus der Bindung an Gesetz und Recht und aus dem Vorrang des Verfassungsprinzipes der Volkssouveränität (Art. 20 Abs. 3 und Abs. 2 GG) ergibt sich, daß eine Verwaltungsorganisation so beschaffen sein muß, daß sie in der Lage ist, politisch-parlamentarische, gesetzgeberische Beschlüsse in Praxis zu setzen. Dies impliziert bestimmte Anforderungen wie politische Steuerungsfähigkeit, Verantwortungsfähigkeit und Flexibilität in Organisation und Verfahrensweisen.

Die Bindung an Gesetz und Recht sowie an die Grundrechte unmittelbar und die Effektivierung dieser Bindung im Rechtsstaatsprinzip bedeuten die Verpflichtung der Verwaltung auf die materiellen Anforderungen des Rechtsstaatsprinzipes und nicht nur auf formale Gleichbehandlung. Sie stellt die Verwaltungsprodukte und ihre Produktionsverfahren unter den Anspruch, daß sie der Nachprüfbarkeit und Kontrolle zugängig sein müssen.

Die Bindung der Verwaltung an die Verfassungsordnung insgesamt und der Vorrang der Gesetzgebung grenzen auch die Organisationsgewalt der Verwaltung insoweit ein, als die Verwaltung sich selbst nicht übergreifend organisieren darf, auch nicht in Form eines umfassenden Datenverbundes. Die Organisationskompetenz ist immer begrenzt durch die gesetzliche Aufgabenstellung. Zur Erfüllung der einer Organisation zugewiesenen Aufgaben sind Personal und Sachmittel einzusetzen. Die Organisation selbst ist nur administratives Mittel der Aufgabenerledigung. Zentralisation der Verwaltungsmittel oder umfassender Datenverbund beinhalten eine Form technischer und informationeller Netzverspannung, welche die Grundstruktur der Verfassungsordnung (zum Beispiel die Selbständigkeit der Kommunen) und ihren genannten Prinzipien widersprechen kann. Die Verpflichtung zur Rechts- und Amtshilfe nach Art. 35 Abs. 1 GG benennt nicht das Postulat der Einheit der Verwaltung. Im Gegenteil, in dieser Verpflichtung kommt zum Ausdruck, daß jede Verwaltung ihren eigenen, gesetzlich zugewiesenen Aufgabenbereich hat und haben muß und nur im Rahmen der Aufgabenerledigung eine gegenseitige "Hilfe" in Form der Rechts- oder Amtshilfe zulässig ist, aber weder ein Verbund noch eine Zentralisation.

In ihren Ressourcen ist die Verwaltung an gesetzliche Vorgaben gebunden. Im Einsatz der Ressourcen hat sie Gestaltungsspielräume, dies aber nicht in dem Sinne, daß sie in der Erfüllung ihrer komplexen Aufgaben Prioritäten setzen kann, indem sogenannten "Kernbereichen" ein größeres Gewicht beigemessen wird als Verpflichtungen aus den Grundrechten oder dem Sozialstaatspostulat oder als Anforderungen aus der rechtlichen Verfahrensregelung. Das Bundesverfassungsgericht spricht zwar von einer Verpflichtung auf den Grundsatz der Sparsamkeit als Inhalt der haushaltsrechtlichen Bestimmungen des Grundgesetzes (BVerfGE 1,144 (161)). Dieser Grundsatz ist aber nicht ausdrücklich als Verfassungssatz formuliert, insbesondere kann der Grundsatz der Sparsamkeit für sich allein kein Entscheidungskriterium bei verschiedenen praktischen Gestaltungsmöglichkeiten sein oder materielle Verfassungsansprüche einengen.

Die öffentliche Gewalt ist an die Grundrechte gebunden, und zwar ohne Einschränkung, also sowohl in der Konkretisierung der Verfassungs- als auch der Gesetzesordnung. Diese Bindung an die Grundrechte - und im Kontext damit stehen das Demokratieprinzip, das Rechtsstaatsprinzip und das Sozialstaatsprinzip - hat sowohl in der Art und Weise des Gesetzesvollzugs durch eine Verwaltung als auch in ihrer Selbstorganisation Ausdruck zu finden. Es sind dabei nicht nur einzelne Grundrechte wie Art. 1, 2 oder 3 GG in den Blick zu nehmen, sondern das Normprogramm der Grundrechte insgesamt. [28)]

Ohne auf die verfassungsrechtlichen Begründungen im einzelnen einzugehen, kann dies im hier skizzierten Zusammenhang, bezogen auf den Bürger beispielsweise, heißen,

- daß Verfassungsmäßigkeit und Rechtmäßigkeit des Verwaltungshandelns im Einzelfall gewährleistet und bei pauschalisierten Fallbearbeitungen in Massenverwaltungen die einzelfallbezogene Überprüfbarkeit der Entscheidung gesichert sein müssen,

- daß der gleiche Zugang zu Verwaltungsleistungen gewährleistet sein muß,

- daß die Verwaltung Vorsorge zu treffen hat, individuelle und soziale Benachteiligungen beispielsweise durch Auskunft und Beratung oder in der Präsentation ihrer Leistungen auszugleichen,

- daß Verwaltungsverfahren und Verwaltungsleistung einsehbar und verstehbar sein müssen, um den Bürger im Umgang mit der Verwaltung entscheidungsfähig zu halten, daß die Verwaltung also über Verfahrensstand und Probleme des Einzelfalles auskunftsfähig zu sein hat,

- daß Verwaltungsaufwand nicht auf den Bürger verlagert wird,

- daß der Bürger vor Mißbrauch seiner Informationen geschützt wird.

Aus der Bindung an die Grundrechte ergeben sich nicht nur Ansprüche an die Gestaltung der Außenbeziehungen und damit an das Verwaltungsverfahren, sondern auch an die Gestaltung der Arbeitsprozesse, und zwar nicht nur als Rückwirkung der auf das Außenverhältnis bezogenen Postulate, sondern auch unmittelbar in dem Sinne beispielsweise,

- daß der Arbeitszusammenhang erkennbar und nachvollziehbar ist,

- daß die Arbeit nicht in einzelne, nur noch mechanisch verbundene Arbeitsschritte zerlegt wird,

- daß die Chance zur selbstbestimmten oder gruppenspezifischen Ausnutzung verfahrensmäßiger Spielräume besteht,

- daß die Mitbestimmung in der Arbeitsgestaltung gewährleistet ist,

- daß Kontrollformen auf die Aufgabenerledigung beschränkt sind und persönliche Daten nicht mißbraucht werden.

## C) Automationspolitik als öffentliche Angelegenheit

Nun ist es aber nicht so, daß der Verfassungsordnung die konkrete Gestaltung der Verwaltung in jedem Einzelfall entnommen werden kann, daß diese konkrete Vorentscheidungen über Systemgestaltung oder zu automatisierende Aufgaben enthält, auch wenn sie Anforderungen an die grundsätzliche Ausrichtung der Automationspolitik beinhaltet.

Die Konkretion des allgemeinen Normenprogrammes ist damit aber nicht allein Sache der Verwaltung. Vielmehr hat diese Konkretion, wie die Realisierung der Grundrechtsordnung insgesamt, in einem allgemeinen und öffentlichen Diskussionprozeß zu geschehen, soweit es sich um die konkrete Praktizierung von Verfassungsrecht handelt. [29] Manche Kritik an öffentlichen Verwaltungen ist gerade dadurch verursacht, daß Verwaltungen sich in einem Arkanbereich einigeln.

Gibt es so insgesamt keine Kriterien, welche außer den verfassungsrechtlichen Richtwerten und dem Regelungsinhalt von Einzelgesetzen Verbindlichkeit an und für sich beanspruchen können, so gilt, daß die Gestaltung von öffentlichen Verwaltungen und die Verfahren informationstechnikgestützter Verwaltungen in Öffentlichkeit und in Beachtung der verschiedenen Interessen zu diskutieren und zu erarbeiten sind. Es ist auch Sache der Verwaltung, solche Öffentlichkeit herzustellen - und zwar verwaltungsextern wie auch verwaltungsintern.

Die Verwaltungswissenschaft beziehungsweise die Verwaltungsinformatik kann für die Gestaltung informationstechnik-gestützter Verwaltungen Modelle entwickeln und Praxis kritisieren. Ihre Empfehlungen haben aber nicht mehr Anspruch auf Geltung als ihnen durch die Einsichtigkeit ihrer Begründungen zukommen kann, sie sind nur im empirisch-analytischen und im logischen Bereich als "wahr" oder "falsch" ausweisbar.

## Anmerkungen:

1)    Die Abhandlung beruht auf Forschungsarbeiten der Forschungsgruppe "Verwaltungsautomation" an der Gesamthochschule Kassel; zur Ergänzung und zu den empirischen Befunden vgl. Brinckmann, H., Grimmer, K., Jungesblut, B., Lenk, K. und Rave, D., Automatisierte Verwaltung, Frankfurt/Main 1981; Heyse, E., Organisationsrechtliche Aspekte des EDV-Einsatzes in der Steuerverwaltung, Arbeitspapiere der Forschungsgruppe "Verwaltungsautomation" an der Gesamthochschule Kassel, Heft 12; Jungesblut, B., Bedingungen und Entwicklung des EDV-Einsatzes in der Steuerverwaltung, Arbeitspapiere, Heft 13; Karlsen, Th., EDV und Verwaltungsstruktur, Arbeitspapiere, Heft 11 (alle Kassel 1978); Brinckmann, H., Grimmer, K., Lenk, K. und Rave, D., Entwicklungsmöglichkeiten der Automation in der Steuerverwaltung, Arbeitspapiere, Heft 11, Kassel 1978; Grimmer, K., Heussner, H., Horn, U., Karlsen, Th. und Lenk, K., Rechtsverwirklichung bei strikt geregeltem Verwaltungshandeln, Arbeitspapiere, Heft 16, Kassel 1978; Grässle, D. und Kumbruck, Chr., Computerunterstützte Arbeitsvermittlung, Forschungsgruppe Verwaltungsautomation, unveröffentlichter Werkstattbericht, Kassel 1980; Diehl, R., Karlsen, Th. und van Treeck, W., EDV in der Ortskrankenkasse, Forschungsgruppe Verwaltungsautomation, unveröffentlichter Werk-

stattbericht, Kassel 1980; Jungesblut, B., Dezentralisierte DV in der Kommunalverwaltung, Forschungsgruppe Verwaltungsautomation, unveröffentlichter Werkstattbericht, Kassel 1980; auf Einzelnachweise wird hier verzichtet.

2) Vgl. beispielsweise Baumüller, F., Gedanken zur Auswirkung der Automation aus der Sicht des Praktikers, in: Heyse, E. (Red.), Modernisierung der Verwaltung, insbesondere durch technologische Verfahren, Arbeitspapiere Heft 6, Kassel 1976, S. 50 ff.; Arbeitspapiere Heft 11, a.a.O., S. 14 ff.; Lutz, B., Düll, K., Kammerer, G. und Kreuz, D., Rationalisierung und Mechanisierung im öffentlichen Dienst, München 1970; Ostermann, J., Das Konzept der gemeinsamen kommunalen Datenverarbeitung, in: KGSt-Mitteilungen, Juni 1977; Pirker, Th., Büro und Maschine, Basel und Tübingen 1962.

3) Vgl. Bundesminister der Finanzen (Hrsg.), Blaubuch, Zur Lage der Steuerverwaltungen der Länder, Bonn 1977; Garstka, H.J., Schneider, J.und Weigand, K.-H. (Hrsg.), Verwaltungsinformatik, Darmstadt 1980, S. 334 ff.; Heibey, H.W., Lutterbeck, B.und Töpel, M., Auswirkungen der elektronischen Datenverarbeitung in Organisationen, BMFT-Forschungsbericht DV 77/01; Bartel, A., Probleme des integrierten Festsetzungs- und Erhebungsverfahrens, in: Arbeitspapiere, Heft 6, a.a.O., S. 78 ff.

4) Vgl. Hansen, H.R., Schröder, K.T.und Weihe, H.J. (Hrsg.), Mensch und Computer, München, Wien 1979.

5) Vgl. allgemein Mayntz, R., Soziologie der öffentlichen Verwaltung, Heidelberg, Karlsruhe 1978, S. 33 ff.; Wagener, F., Verwaltungsorganisation, in: Handwörterbuch der Organisation, Spalte 1410, 2. Aufl., Stuttgart 1980. In der Verwaltungswissenschaft steht im Vordergrund der Begriff der Organisationszuständigkeit und des Organisationszweckes, vgl. Wolff, Hj. und Bachof, O., Verwaltungsrecht II, 4. Auflage, München 1976, § 72 I.

6) In der Verwaltungsrechtswissenschaft und in der Verwaltungswissenschaft wird der Begriff vielfach in einem allgemeineren Sinne einer "Wertwissenschaft, welche die Verwaltung auf bestimmte, durch sie zu erfüllende Staatsziele ausrichtet und nach den Mitteln zu deren bestmöglichen Verwirklichung fragt", verwendet. So Bachof, O., in: Evangelisches Staatslexikon, 2. Auflage, Stuttgart 1975, Sp. 2778; ähnlich Siedentopf, H., in: ebenda, Sp. 2787.

7) Vgl. Weber, M., Wirtschaft und Gesellschaft, Tübingen 1956, S. 17, S. 160 ff. und Albrow, M., Bürokratie, München 1972, S. 99 ff.

8) Vgl. etwa Mayntz, R., a.a.O., S. 82 ff.

9) Diese Kennzeichnung öffentlicher Verwaltung, welche auf rechtliche oder staatstheoretische Bezüge verzichtet, ist als Arbeitshypothese zu verstehen. Zu verschiedenen theoretischen Erklärungsansätzen vgl. Treutner, E., Wolff, St. und Bonß, W., Rechtsstaat und situative Verwaltung, Frankfurt, New York 1978, S. 56; Kieser, A. und Kubicek, H., Organisationstheorien I, Stuttgart 1978, S. 78 ff.; Büschges, G. und Lütke-Bornefeld, P., Praktische Organisationsforschung, Reinbek 1977, S. 30 ff.; Mayntz, R., a.a.O., S. 1 ff. Zum Abgrenzungsproblem Organisation und Umwelt vgl. auch Türk, K., Soziologie der Organisation, Stuttgart 1978, S. 22 ff.

10) Auch wenn im folgenden der Versuch einer Generalisierung unternommen wird, so muß doch bewußt sein, daß konkrete Aussagen nur jeweils im Bezug auf die einzelne Verwaltung möglich sind.

11) Zu unterschiedlichen analytischen Ansätzen vgl. Klages, H., Organiationsanalyse in der öffentlichen Verwaltung, in: Handwörterbuch der Organisation, a.a.O., Spalte 1460 ff.; Bartölke, K., Organisationsentwicklung, in: ebenda, Spalte 1468 ff.; Kubicek, H. und Kieser, A., Vergleichende Organisationsforschung, in: ebenda, Spalte 1533 ff.; Wöhler, Kh. (Hrsg.), Organisationsanalyse, Stuttgart 1978, dort insbesondere S. 54 ff., S. 68 ff. und S. 178 ff.

12) Verwaltungen sind dabei überwiegend auf die am Markt angebotenen Resultate kapitalistischer Produktionsprozesse angewiesen. Der Charakter der technisch-organisatorischen

Mittel, die damit im staatlichen Produktionsprozeß zum Einsatz kommen, ist von der Rationalität einzelwirtschaftlicher Verwertung bestimmt und kann sich den politischen Zwecken staatlichen Handelns widersetzen.

13) Vgl. Bundesminister der Finanzen (Hrsg.), a.a.O.

14) Arbeitsorganisation und Arbeitssituation finden ihren Ausdruck im unterschiedlichen Status der Mitglieder einer Verwaltung. Mit der Festlegung des Status wird die Aufbauorganisation gegliedert; ergänzend hierzu Treutner, E. u.a., a.a.O., S. 165 f.

15) Es handelt sich hierbei um die "Arbeitsrolle", welche die Mitglieder einer Verwaltungs-organisation haben und welche ihre Identifikationsfähigkeit mit der bürokratischen Organisation begründet; erg. Büschges, G., Lütke-Bornefeld, P., S. 54 f.

16) Vgl. Osterlande, M. (Hrsg.), Arbeitssituation, Lebenslage und Konfliktpotential, Frankfurt/Main 1975, S. 167 ff.; Kern, H. und Schumann, U., Industriearbeit und Arbeiterbewußtsein, Frankfurt/Main 1970.

17) Ergänzend Treutner, E. u.a., a.a.O., S. 64 ff., S. 80; Hegner, F., Strukturelemente organisierter Handlungssysteme, in: Büschges, G. (Hrsg.), Organisation und Herrschaft, Reinbek 1976, S. 226 ff., hier S. 237.

18) So Baumüller, F., a.a.O., S. 71 ff.

19) Hierzu Karlsen, Th., a.a.O., S. 115 ff. und - am Beispiel der EDV-Dienstanweisungen - Heyse, E., a.a.O., S. 117 ff.

20) Die Begriffe "Amtsautorität" und "Sachautorität" werden hier in Anlehnung an Schluchter, W., Aspekte bürokratischer Herrschaft, München 1972, S. 146 ff., verwendet.

21) Ergänzend Treutner, E. u.a., a.a.O., S. 129 ff., S. 132 ff.; Offe, C., Rationalitätskriterien und Funktionsprobleme politisch-administrativen Handelns, in: Leviathan, 1974, S. 333 ff., hier S. 337.

22) Die besondere Problematik eines solchen Vorgehens liegt in der weitgehenden Irreversibilität einzelner Automationsschritte aufgrund der getroffenen Aufwendungen für Maschineneinsatz und Programmgestaltung, zumal auch solche neuen Strukturen den genannten stabilisierenden und konsumierenden Faktoren unterliegen.

23) Hierzu Brinckmann, H., Gerichtliche Kontrolle von strikt geregeltem Verwaltungshandeln, Arbeitspapiere, Heft 3, Kassel 1977; Grimmer, K., Heussner, H., Horn, U., Karlsen, Th. und Lenk, K., a.a.O.

24) Näher liegen Grimmer K., Die Funktion des Rechts in der automatisierten Verwaltung, Werkstattbericht, Kassel 1980.

25) Vgl. die Beiträge in Ebbighausen, R. (Hrsg.), Bürgerlicher Staat und politische Legitimation, Frankfurt/Main 1976, Graf Kielmansegg, P. (Hrsg.), Legitimationsprobleme politischer Systeme, in: PVS, Sonderheft 7, 1976.

26) Hierzu Grimmer, K., Demokratie und Grundreche, Berlin 1980, S. 160 ff., S. 269 ff. mit weiteren Hinweisen.

27) Ergänzend ebenda, S. 245 ff. mit weiteren Hinweisen.

28) Ebenda, S. 172 ff., S. 240 ff. mit weiteren Hinweisen.

29) Ergänzend ebenda, S. 272 ff., S. 310 ff. mit weiteren Hinweisen.

VORAUSSETZUNGEN UND GRENZEN DER EINFÜHRUNG
DV-GESTÜTZTER VERFAHREN IM BEREICH DER ÖFFENTLICHEN VERWALTUNG


von Klaus Lenk, Oldenburg


## I.   Problemstellung

Die Einführung DV-gestützter Verfahren zielte in der Vergangenheit fast ausschließlich auf
Einsparung von Personalkosten; allenfalls ging es um die schnellere und präzisere Erfüllung der
Verwaltungsaufgaben. Sollen solche Verfahren so eingeführt werden, daß sie andere bürger- und
mitarbeiterbezogene Nebenziele des Verwaltungshandelns stärker berücksichtigen, so ist die
bewußte Neugestaltung von Organisations- und Arbeitsstrukturen unabdingbar. Hierbei sind eine
Reihe von Voraussetzungen und Grenzen zu beachten, die verkürzt als Innovationshindernisse
bezeichnet werden.

Es verwundert, wie wenig empirisch gesichertes Wissen über solche Voraussetzungen und Grenzen
der Einführung neuer DV-gestützter Verfahren vorliegt. [1] Vieles, was bei Verwaltungsorganisationen von Unternehmungen abweicht, wird im Umgang mit Stellen der öffentlichen Verwaltung
intuitiv gelernt. Unklar bleibt dabei aber, inwieweit manche Grenzen der Einführung neuartiger
Systeme wirklich unverrückbar sind, inwieweit manches fraglos Akzeptierte von den Bedingungen
des Handelns in Verwaltungsorganisationen gefordert wird. Freilich, die allzu eilfertigen Klagen
über die Schwerfälligkeit von Haushalts- und Dienstrecht, über die Überbürokratisierung und
Rückständigkeit der öffentlichen Verwaltung dürfen nicht darüber hinwegtäuschen, daß einige
dieser sogenannten Innovationshindernisse wichtige Bedingungen absichern, unter denen Verwaltungshandeln zu stehen hat. So ergeben sich Grenzen der Automation aus den Erfordernissen der
Rechtsstaatlichkeit und der Kontrollierbarkeit des Verwaltungshandelns. Andere Grenzen könnten aber auf Umstände zurückzuführen sein, die zwar einer innovatorischen Umprägung der
Zielstrukturen des Verwaltungshandelns heute im Wege stehen, gestalterischer Einwirkung aber
gleichwohl nicht unzugänglich sind.

Die Verwaltung selbst verleugnet Innovationshindernisse gern. Sie verweist stolz auf ihre
technischen Realisationen und belegt sich selbst mit Denkverbot im Hinblick auf alternative
Realisationen oder nicht Realisiertes. Die Verwaltungswissenschaft ihrerseits gelangt hier wie
anderswo nicht über ein Spiegelbild der Verwaltung hinaus. Die Realität wird normativ
verfestigt; damit hat die Verwaltungswissenschaft für die Verwaltungspraxis eher eine konser-
vierende Funktion. Die Konzeption alternativer Verfahrensweisen, neuartiger Systeme, die den
bürger- und mitarbeiterbezogenen Nebenzielen des Verwaltungshandelns besser gerecht würden,
ist eine Aufgabe, der sich die Wissenschaft kaum stellt.

Ihr Instrumentarium ist auch keineswegs überwältigend. Die Innovationsfähigkeit von Verwaltungsorganisationen ist nur unzulänglich erforscht. Stereotype Kritik an der angeblichen Ineffizienz und Schwerfälligkeit der Bürokratie wird in wissenschaftlicher Umhüllung reproduziert. Die "Theorie des Staatsversagens" besteht ja bestenfalls aus unzusammenhängenden aperçus. Allenfalls wird zurückgegriffen auf die Fragestellungen der Innovationsforschung und des organisatorischen Wandelns. Auch diese vermögen aber kaum weiterzuhelfen. Der Innovationsforschung geht es primär um die empirische Erforschung der Verbreitung technischer Neuerungen und neuer Produkte mit den Mitteln der Diffusionsforschung. Die Beschäftigung mit Innovation in Organisationen ist erst relativ spät in den Mittelpunkt des Interesses gerückt. Und in der Organisationsforschung finden sich nur wenige und unzusammenhängende Hinweise auf die Besonderheiten öffentlicher Organisationen.

Man kann sich außerdem des Eindrucks nicht erwehren, als sei die Rolle der Technik in Organisationen, ihr Einfluß auf Ziele, Größe und Arbeitsweise von Organisationen konzeptionell zwar breit anerkannt, empirisch aber immer noch wissenschaftliches Neuland. Abstrakte Erörterungen der Innovationsfähigkeit der Verwaltung beziehen sich nur ganz selten auf den Fall der Innovation durch Einführung neuer Informationstechnik; der enge Zusammenhang zwischen Informatisierung und Bürokratisierung bleibt durchweg ausgeblendet.

Das Ziel meiner Erörterungen ist demnach bescheiden. Ich möchte einige der gängigerweise als Innovationshindernisse angeführten Umstände näher betrachten und dabei zum Teil ungewohnte Perspektiven anbieten. Im einzelnen geht es mir um vier Bereiche. Erstens sind die strukturellen Voraussetzungen und Grenzen der Einführung neuer DV-gestützter Verfahren in der öffentlichen Verwaltung zu betrachten. Zweitens geht es um die Frage der Innovationsbereitschaft in der öffentlichen Verwaltung. Drittens soll die Zersplitterung des Innovationsmanagements als ein besonders problematischer Umstand herausgestellt werden. Sie macht sich vor allem in der Phase der (organisatorischen) Implementierung neuer Systeme bemerkbar. Viertens sollen dann die Strategien dieser Implementierung herausgestellt und zum Abschluß mit der Problematik der partizipativen Systemgestaltung verknüpft werden.


## II.   Strukturelle Voraussetzungen der Innovationsfähigkeit öffentlicher Verwaltungen

Die strukturellen Voraussetzungen und Grenzen der Innovationsfähigkeit öffentlicher Verwaltungen werden in der Regel mit deren bürokratischem Charakter in Verbindung gebracht. Ein wesentliches Hindernis wird in der Rechtsförmigkeit des Verwaltungshandelns gesehen. Rechtliche Regelungen von Organisation und Verfahren werden jedoch als Innovationshemmnisse vielfach überschätzt. Die Festlegung von Organisation und Verfahren durch förmliches Gesetz betrifft durchweg nur die Grobstruktur wie Rechtsform und Aufgabenstellung der Organisation einerseits, gewisse unabdingbare Grundprinzipien des Verwaltungsverfahrens andererseits. Die weitere Konkretisierung ist dann in der Regel Sache von verwaltungsinternen Regelungen, deren Änderung geringere politische Kosten nach sich zieht. Daß die Organisationsstruktur dennoch dem Außenstehenden festgeschrieben zu sein scheint, liegt daran, daß sie traditionellen Mustern der Gestaltung von Verwaltungsorganisationen entspricht, die zwar nirgend gesetzlich festgelegt sind, aber wie selbstverständlich immer zugrundegelegt werden. Für die Gestaltung des Verwaltungsverfahrens gilt Ähnliches.

Ein weiteres kommt hinzu. Oft sind es nicht die rechtlichen Vorgaben, die sich als hinderlich erweisen, sondern die Krusten bürokratischen Eigeninteresses, die derartige Vorgaben manchmal ansetzen. Es ist auffällig, mit welcher Energie oft auf durchaus sekundäre und abänderbare Rechtsvorschriften hingewiesen wird, je nach den Kräftekonstellationen.

Oftmals resultiert die bürokratische Verkrustung aus der Interessenwahrnehmung des Personals. Rechtspositionen eignen sich dazu, den Widerstand der Betroffenen gegen von oben verordnete Innovationen abzustützen. Vor allem die Vorschriften des Dienstrechts werden deswegen gern als Hindernisse für die Einführung neuer Verfahren betrachtet. In Übereinstimmung mit der gängigen pauschalen Kritik an Beamtenprivilegien werden Besoldungsstruktur, Lebenszeitanstellung, Stellenkegel, Aufstiegsregelungen und anderes mehr als Ursachen für den Beharrungswiderstand genannt. Dennoch ist nicht recht einzusehen, warum sie bei Umorganisationen im Wege stehen sollen. Werden die Umstellungsprozesse in einer Weise durchgeführt, die den Interessen der Mitarbeiter gerecht wird, so dürften sich viele Hindernisse von vornherein gar nicht ergeben. Man beruft sich weniger auf die Vorschriften, und es zeigt sich, daß sie vielleicht noch disponibel sind: Abdingbar in Einzelfällen, immer interpretierbar, vielfach gar obsolet. Wo dies nicht der Fall ist, kann sich Druck im Hinblick auf ihre Abänderung entwickeln, unterhalb der Aufmerksamkeitsschwelle der Dienstrechtsreform, wohlgemerkt.

Hinter den tatsächlichen oder vorgeblichen Restriktionen des Dienstrechts verbirgt sich ein grundlegender Konflikt. Das Dienstrecht gewährt weitgehende Absicherung gegen unvorhergesehene Zwischenfälle des Berufslebens. Seine Strukturen haben aber auch innerorganisatorische Auswirkungen; sie sind Vorentscheidungen im Hinblick auf die Verteilung von Kompetenzen, Status und Prestige. Verstärkt werden sie durch die Praxis der Mitbestimmung. Diese konzentriert sich fast völlig darauf, die individualrechtlichen Restriktionen des Dienstrechts weiter zu verfestigen. Damit begibt sie sich weitgehend der Teilhabe an der Organisationsgestaltung. Die Fixierung auf Individualrechtsschutz läßt eine weitblickende Wahrnehmung von arbeitsplatzbezogenen Interessen der Verwaltungsmitarbeiter kaum zu.

Der Konflikt zwischen Individualrechtsschutz und organisations- und verfahrensbezogener Mitbestimmung ist eher sozialpsychologischen als rechtlichen Erklärungen zugänglich. Die Welt der kleinen Bediensteten, wie sie etwa von Crozier geschildert wird,[2] ist durch institutionalisierte Nicht-Partizipation gekennzeichnet. Es scheint so, als gäbe es eine stillschweigende Abmachung.

Wenn der Mitarbeiter schon bloßes Ausführungsinstrument der Organisation ist, verlangt er als Gegenleistung, innerlich frei zu bleiben, nicht in die Verantwortung für das Wohl der Organisation gezogen zu werden.

Die Ausblendung von Organisations- und Verfahrensgestaltung in der Verwaltungsausbildung verfestigt diese Haltung noch. Aus ihr resultiert eine erhebliche Veränderungsangst. Neuartige Lösungen werden in aller Regel als bedrohlich empfunden. Werden Mitarbeiter gezwungen, neue Verhaltensweisen einzuüben, so sind hiermit beträchtliche psychische Kosten verbunden. Die im Verlauf des Berufslebens erworbene Kompetenz wird in Frage gestellt; einschneidende Beeinträchtigungen der Selbstachtung können die Folge sein. Selbst augenfällige Innovationsbereitschaft bei Mitarbeitern ist oft noch von Veränderungsangst geprägt. Es geht dann darum, rechtzeitig Positionen zu sichern und sich durch Identifikation mit der neuen Technik oder dem neuen Verfahren zu profilieren oder Aufstiegschancen zu nutzen.

Von größerer Bedeutung als das Dienstrecht sind Aufgabenstruktur und Umweltbeziehungen der Verwaltung. Einer der grundlegenden Unterschiede zwischen öffentlichen und privaten Organisationen ist darin zu sehen, daß erstere den Organisationszweck nicht selbst festlegen können. Ihr Produktionsprogramm ist ihnen von der Politik vorgegeben, umrissen durch gesetzliche Bestimmungen, durch Haushaltszuweisungen, durch die Ausstattung mit Personal und Sachmitteln. Die viel beklagte Bewältigungshaltung der öffentlichen Verwaltung hat darin ihre durchaus berechtigte Ursache. Oberstes Ziel der Verwaltung muß es sein, das vorgegebene Produktionsprogramm zu bewältigen, alle anfallenden Arbeiten sachgerecht auszuführen.

Durchgreifende Innovationsprozesse finden hier eine entscheidende Schranke. Produktionseinschränkungen während der Umstellung auf ein neues Verfahren sind nur in ganz engen zeitlichen Grenzen möglich. Auch kann während der Dauer des Umstellungsprozesses von Zuverlässigkeitsstandards der Verwaltungsarbeit kaum abgewichen werden. Während der Umstellung hat mithin der laufende Betrieb kontinuierlich fortzuschreiten, was zu erheblicher Belastung des Personals führen kann. Dieses muß sich einerseits auf organisatorische Veränderungen einstellen, andererseits weiterhin das gewohnte routinemäßige Verhalten an den Tag legen. Der Zwang, die Produktion um jeden Preis aufrechterhalten zu müssen, kommt zudem einem politischen Verbot des Scheitern von Innovationen gleich. Sind einmal die Brücken zum alten Verfahren abgebrochen, gibt es kein Zurück mehr. Es ist unmittelbar einsichtig, daß hiermit der Experimentierfreudigkeit der Verwaltung enge Grenzen gesetzt werden. Weitreichende Veränderungen erfordern zur Reduzierung des Risikos einen so großen Planungsaufwand, daß sie nur unter bestimmten Konstellationen, vor allem bei Druck aus der Umwelt, überhaupt ins Auge gefaßt werden.

### III. Die Innovationsbereitschaft in der öffentlichen Verwaltung

Die gravierendsten Innovationshemmnisse ergeben sich nicht erst dann, wenn die Einführung eines neuen Verfahrens einmal beschlossen ist. Vielmehr erwachsen sie in der Phase des Anstoßes zur Innovation. Die Bereitschaft zur Einführung neuer Verfahren und Techniken resultiert aus dem Zusammentreffen verschiedener Faktoren. Einmal muß die eigene Organisation, müssen die Arbeitsvollzüge Schwächen aufweisen. Das objektive Vorliegen von Leistungslücken allein reicht jedoch nicht. Ebenso wichtig ist die Erkenntnis dieser Leistungslücken. Sehr viele Leistungslücken und Dysfunktionen gelangen der Verwaltungsspitze nicht zur Kenntnis. Insbesondere bei der Schlechterfüllung bürger- und mitarbeiterbezogener Nebenziele des Verwaltungshandelns haben die unteren Ränge, haben Pförtner und Schalterbeamte ein akuteres Problembewußtsein als ihre Vorgesetzten; Information über Vollzugsmängel versickert daher auf dem Weg zur Verwaltungsspitze.

Zu der objektiven Leistungslücke und der subjektiven Unkenntnis kommt jedoch drittens noch eine Wissenslücke. Vielfach ist eine gewisse Problemsicht der Schlechterfüllung von bürger- und mitarbeiterbezogenen Nebenzielen des Verwaltungshandelns vorhanden. Andererseits fehlt die Kenntnis, wie man die Dinge besser machen kann, fehlt der Mut, neue Wege zu gehen. Das in der Verwaltung verbreitete Wissen über Organisation und über Einsatzmöglichkeiten technischer Mittel ist keineswegs so umfangreich und fundiert, wie es scheint. Es wäre eine gesonderte Betrachtung wert, inwieweit die Angebote von Organisationsakademien, Beratungsfirmen und EDV-Herstellern wirklich die Art von Wissen liefern, die alternative Wege der Arbeitsorganisation und Verfahrensgestaltung deutlich werden läßt. Im Bereich des Organisationswissens fehlt es vor allem an der Fähigkeit, Alternativen zu bestehenden Organisationsformen zu konzipieren. Die Schulung der EDV-Firmen vermittelt in der Regel nur die vorhandene Technik, und zwar von ihrer Funktionsweise her, nicht hingegen aus der Sicht realisierter oder möglicher Anwendungen. Die Abkoppelung der DV-Organisation in der Verwaltung, die Konzentration des relevanten Wissens in Rechenzentren kommt noch hinzu.

Mangelndes Wissen über Organisation und Technik verstellt nicht nur Lösungswege. Es hat auch unmittelbare Auswirkungen auf die Artikulation von Bedürfnissen in der Verwaltung. Der Wunsch nach besserer Erfüllung der Ziele, nach besserer Erledigung der Arbeit gewinnt erst dann an Durchschlagskraft, wenn seine Erfüllung organisatorisch und technisch denkbar erscheint. Bedürfnisse überwinden erst dann politische Aufmerksamkeitsschwellen, wenn Wege und Mittel zu ihrer Befriedigung bekannt sind.

Eine Verbesserung der Situation wird man sich auch nicht von äußerem Druck erhoffen dürfen. Dieser würde nur auf Abwehrhaltungen treffen, entwickelte die Verwaltung nicht von sich aus Dispositionen zur Änderung. Die "Zündung" von Innovation, Anstöße, die ein vorher gegebenes Gleichgewicht ins Wanken bringen, hängen vielmehr ganz entscheidend von der Einstellung der

Betroffenen ab. Das Verhältnis unseres höheren nichttechnischen Dienstes zu Organisation und Technik ist durch eine eigentümliche Mischung von Unkenntnis und falscher Sicherheit geprägt. Die verdächtige Bereitschaft, mit der ahnungslose angehende Verwaltungsjuristen binnen kurzer Zeit mittels einiger Kochrezepte diesen Bereich zu beherrschen glauben - der Jurist kann bekanntlich alles - führt dazu, daß Innovationsneigung verdrängt wird durch Identifikation mit dem Vorhandenen.

## IV.   Die Zersplitterung des Innovationsmanagements

Ist der danach eher unwahrscheinliche Fall der Innovationsbereitschaft einer Verwaltungseinheit gegeben, so stellt sich die nächste Frage: Wie läßt sich die Innovation durchsetzen? In der Regel beherrscht die innovationswillige Einheit nur ganz wenige der im Zuge der Innovation zu ändernden Parameter.

Das Verwaltungsgefüge der Bundesrepublik Deutschland ist bekanntlich durch einen Grad von Verflechtung gekennzeichnet, der auch in anderen föderalistisch verfaßten Staaten nicht erreicht wird. Die Zusammenarbeit zwischen Bund, Ländern und Gemeinden, aber auch der Länder und Gemeinden untereinander, die Dreistufigkeit des Verwaltungsaufbaus in den Ländern, die Verselbständigung von Verwaltungsträgern in den unterschiedlichsten Rechts- und Organisationsformen - alles das schafft ein dichtes Beziehungsgeflecht. Hinzu kommen noch Stellen, die zur Wahrung besonderer Ziele ausdifferenziert wurden, wie die Rechnungshöfe oder die Datenschutzbeauftragten. Oft weisen sie eine Tendenz zur extensiven Ausnützung ihrer Kompetenzen auf. Gefördert wird diese Verflechtung durch die ideologische Vorstellung von der Einheit des Staates sowie durch das Streben nach homogenen Lösungen in allen denkbaren Bereichen; dessen Antriebe liegen in der Selbstbeschäftigung von Kordinationsinstanzen und im Druck von Verbänden. Zielentscheidungen, Entscheidungen über Ressourceneinsatz sowie über Belohnungen oder Sanktionen können damit so gut wie nie an einer Stelle allein getroffen werden. Das Ergebnis ist ein Polyzentrismus der Reformsteuerung. Seine Funktionsweise wird von vielen Praktikern intuitiv erfaßt; bislang wird sie aber noch nicht systematisch erhoben. Mit Sicherheit kann gesagt werden, daß er geniale Würfe der Verwaltungsreform nicht aufkommen läßt. Durch die Beteiligung vieler Instanzen entsteht ein so hoher Konsensbedarf, daß dies einer Selbstblockierung von Veränderungsansätzen gleichkommt. Sowohl das dezentrale Erproben von Ideen und ihr anschließender Transfer wie auch die zentrale Durchsetzung einheitlicher Lösungen sind außerordentlich erschwert; weder die Vorteile der Dezentralisierung noch die der Zentralisierung kommen daher zum Tragen. Vielfach kann nur der fast völlige Verzicht auf inhaltliche Alternativen, auf wirklich Neues den erforderlichen Konsens sichern.

Die Folgen für eine Innovationspolitik sind gravierend. Außenseiter, die wirklich neue Wege gehen wollen, werden im Zweifel an irgendeiner Stelle zurückgepfiffen; Zielvorstellungen werden auf das allgemein anerkannte Mittelmaß eingeebnet.

Besonders problematisch sind in diesem Zusammenhang Entscheidungen über Ressourcenzuweisung. Die Einigung über Ziele und Zielerreichungsprozesse bei der Umstellung auf neue Verfahren kann durch die mangelnde Verfügung über die notwendigen Ressourcen aufs Spiel gesetzt werden. Die Verfügungsmacht anderer Stellen über Ressourcen schafft Vetopositionen. Die traditionelle Sachkostensparsamkeit der öffentlichen Verwaltung kann dazu führen, daß Ziele wie Verbesserung der Bürgernähe im Verlaufe des Implementationsprozesses in den Hintergrund treten oder völlig aufgegeben werden.

Dies deutet darauf hin, daß die größten Schwierigkeiten dann bestehen, wenn es darum geht, eine einmal, sei es auch schon unter Beteiligung vieler Betroffener, getroffene Entscheidung durchzuhalten. Ich komme damit zum Problem der Implementation, der organisatorischen Implementation neuer DV-gestützter Systeme. Die Phase der Implementation erfordert wesentlich größere Aufmerksamkeit als ihr üblicherweise zukommt. Keinesfalls hört mit der Entscheidung über das Sollkonzept der politische Streit auf. Die Vorstellung, man brauche nur über ein solches Sollkonzept zu entscheiden und könne es dann durchsetzen, reproduziert nur die gängige Differenzierung von Politik und Verwaltung. Sie ist weitgehend relativiert worden durch den Aufweis, daß selbst untergeordnete Verwaltungsstellen beim Vollzug relativ streng programmierter Verwaltungsaufgaben durchaus noch Handlungsspielräume haben. Dort betreiben sie Politik im kleinen. Oft wird der politische Streit erst in der Implementationsphase richtig ausbrechen, zumal dann, wenn einige betroffene Gruppen bei der Systementwicklung nicht beteiligt waren.

Ziele, die sich die wesentlichen Akteure nicht zu eigen machen, gehen in der Implementation einer bestimmten Verwaltungspolitik leicht verloren. Die Verwaltung paßt jede Innovation an ihre tradierten Aufbau- und Ablaufstrukturen an und damit an die in diesen schon verfestigten Interessen. Etwas anderes gilt nur, soweit die Einhaltung bestimmter Ziele strikt normativ geregelt und nachprüfbar ist oder durch Ausbildungsmaßnahmen unterstützt wird. Oft kann es der Fall sein, daß der Trend zu Neuentwicklungen augenscheinlich akzeptiert wird. Das Eigeninteresse vieler Mitarbeiter wie auch Führungsspitzen kann es gebieten, Modernität zur Schau zu stellen. Innovationen werden dann formal aufgegriffen; gleichzeitig wird aber dafür gesorgt, daß alles unter Kontrolle gehalten und in die bewährten Bahnen gelenkt wird. Damit können zwar neue Systeme eingeführt werden, die eigentlichen qualitativen Veränderungen, die die Systeme bewirken sollen, werden aber abgeblockt.


## V.   Implementationsstrategien

Als Rezept zur Überwindung des damit bezeichneten Vollzugsdefizits von Innovationen werden zwei konträre Strategien angeboten: eine zentralistische, überfallartige Implementationsstrategie sowie eine eher partizipative Strategie. Die Kasseler Untersuchungen aus der hessischen Steuerverwaltung zeigen deutlich, wo die Probleme der zentralistischen Implementationsstrategie liegen. [3] In der Literatur findet sich dennoch durchgängig die Behauptung, die zentralistische Strategie sei der Implementation förderlich. Hier liegt eine Sichtverkürzung zugrunde. Es werden nur die mit der Implementation zu erreichenden neuen Strukturen betrachtet. Außer acht gelassen wird, daß Innovationen auch von den Betroffenen tatsächlich akzeptiert, in ihr tägliches Handeln überführt werden müssen. Gewiß läßt eine zentralistische Strategie dort noch Erfolg erhoffen, wo die Betroffenen nach anfänglichem Murren nicht anders können, als ihr Handeln den neuen Verfahren oder Maschinen anzupassen, weil eben dieses Handeln durch die Verfahren oder Maschinen stark strukturiert wird. Anders steht es aber, wenn solche Systeme eingeführt werden, die die Mitarbeiter nicht zu Sklaven der Technik oder des Verfahrens erniedrigen, sondern sie in ihrer Arbeit unterstützen sollen. Arbeitsplatzorientierte, bürger- und mitarbeitergerechte Systeme eignen sich daher vermutlich weniger für eine Durchsetzung mittels zentralistischer Implementationsstrategien.

Dennoch, zentralistische Implementationsstrategien sind die Regel. Verständlich ist dies aus der Sorge um die Aufrechterhaltung des Produktionsbetriebs und aus der Angst, an irgendeiner mitwirkenden Stelle zu scheitern. Was vielen Betrachtern der angeblich festgefügten Verwaltungsbürokratien entgeht, ist die erstaunliche Machtlosigkeit ihrer Führung, sowohl nach außen wie nach innen. In dem politischen Interessenwirrwarr bei der Implementation neuer DV-gestützter Systeme hat sie nicht immer die besten Karten. Zumindest wird das intuitiv erahnt und führt dann zur Verhärtung, zur Unbeweglichkeit in den Strategien.

Hier liegt die wesentliche Ursache dafür, daß einer partizipativen Implementationsstrategie mit dem Ziel der angemessenen Berücksichtigung der Interessen der Mitarbeiter und Klienten Widerstand entgegengesetzt wird. Die von der Verwaltungsspitze vermutete Gefahr einer Veränderung der Machtbalance ist durchaus gegeben. Paradoxerweise ist gerade im angeblich stark bürokratisierten Staatsapparat die Durchsetzungskraft der "Firmenleitung" geringer als im privatwirtschaftlichen Bereich, wo hinter kontrollierten Partizipationsversuchen das letzte Wort der Firmenleitung allen Beteiligten klar erkennbar bleibt. Die Gefahr des Umsatzverlustes droht immer im Hintergrund.


## VI. Problematik der partizipativen Systemgestaltung

Aus der Phase der Implementation führt diese Betrachtung abschließend zurück auf den Gesamtprozeß der Einführung neuer DV-gestützter Verfahren. Ich befürworte Versuche zur partizipativen Systemgestaltung, möchte aber aufkommende Euphorie deutlich dämpfen. Die Innovation des Innovationsmanagements ist im öffentlichen Bereich sehr voraussetzungsvoll. Sie impliziert, daß der Verwaltungsspitze die Herrschaft über den Innovationsverlauf zumindest ein Stück weit entgleitet. Daß der Prozeß partizipativer Systemgestaltung abgebrochen werden kann, ist, wie gesagt, in öffentlichen Organisationen nicht selbstverständlich. Partizipative Verfahren können hier zu Allianzen zwischen Personal und Segmenten der Umwelt führen, die der Führung viele Mittel zur Steuerung des Verhaltens der Verwalter aus der Hand nehmen.

Der Zusammenhang wird deutlicher, wenn man der These von der mangelnden Innovationsfähigkeit der Verwaltung eine andere entgegenstellt. Die Verwaltung sträubt sich nicht gegen Innovationen, solange diese kontrollierbar bleiben. Jede Erörterung der Chancen neuer DV-gestützter Systeme im öffentlichen Bereich wird davon ausgehen müssen, daß sich die Verwaltung die Herrschaft über den Innovationsverlauf nicht entreißen lassen kann. Dies hat gute Gründe. Die Verwaltung kann auch nicht zeitweise die Produktion von Entscheidungen drosseln oder gar einstellen, weil sie sich in der Umstellung befindet. Sie ist zudem politisch verantwortlich für die reibungslose Ausführung ihrer Aufgaben. Zu deren Bewältigung bedarf sie einer in den entscheidenden Bereichen routinehaft handelnden Organisation. Diese Organisation muß steuerbar sein, notfalls über viel Hierarchieebenen hinweg. Veränderungen dieser Organisation - ob bewußt als Reform geplant oder als unvermeidlich in Kauf genommen - müssen so ablaufen, daß der Endzustand für die Verwaltungsspitze klar erkennbar ist.

Mit den sogenannten Innovationshindernissen vergleichbar tauchen damit vordergründig Partizipationshindernisse auf. Eine realistische Sicht dieser sogenannten Partizipationshindernisse führt auf schon Bekanntes zurück. Die Zersplitterung des Innovationsmanagements schwächt die Stellung der Verwaltungsspitze. Niemand kann seine Untergebenen an Entscheidungsmacht partizipieren lassen, die er selbst nicht hat. Ein anderes Hindernis liegt in der hierarchischen Struktur. Jede Abgabe von Macht an Untergeordnete bürdet dem Vorgesetzten selbst ein Risiko auf, wenn er nicht fest davon ausgehen kann, daß diese in einer Weise handeln, die er seinerseits nach oben vertreten kann. Ein weiterer Risikofaktor ist die Zeit. Die wegen der Mitwirkung zahlreicher Stellen ohnehin sehr langen Zeiträume werden durch partizipative Verfahren noch verlängert; wenn es zutrifft, daß die günstigste Zeit für eine Umorganisation kurz nach einer "Initialzündung" liegt, so kann ein langer Zeitraum für die partizipative Entscheidungsfindung diese Gelegenheit verstreichen lassen.

Dennoch, der stärkere Einsatz partizipativer Gestaltungsprozesse im öffentlichen Bereich erscheint durchaus möglich. Die rechtzeitige Beteiligung der Betroffenen kann das Gelingen der Innovation, die Übernahme des Systems in die tägliche Praxis, entscheidend beeinflussen. Zum andern können Verfahren der Interessenberücksichtigung bereitgestellt werden, die bürger- und mitarbeiterbezogenen Zielen des Verwaltungshandelns größeres Gewicht verleihen. Die Tatsache, daß jegliche Partizipation in dieser Hinsicht eine kontrollierbare Partizipation bleiben muß, sollte nicht zu dem vorschnellen Schluß führen, es handle sich nur um eine Scheinpartizipation.

# VII. Resümée

Abschließend soll nochmals darauf hingewiesen werden, daß die entscheidenden Voraussetzungen und Grenzen der Einführung DV-gestützter Verfahren nicht in Rechtsregeln, Organisationsstrukturen und Haushaltsrestriktionen liegen. Sie liegen in den Einstellungen, den in der Ausbildung und im Beruf verinnerlichten Handlungsweisen und den Auffassungen der Beteiligten. Im Hinblick auf unser Problem möchte ich dies als die "Automationsphilosophie" der Verwaltung bezeichnen. Ich möchte auch hervorheben, daß es mir nicht in erster Linie um die dumpfe Resistenz der Betroffenen in den unteren Rängen ging, um die Förderung von Akzeptanz durch Einstellungsänderungen. Engpässe sehe ich eher in der Automationsphilosophie der Verwaltungsspitzen, in der juristisch geprägten Verwaltungskultur. Manche Grenzen einer qualitativen Verbesserung des Verwaltungshandelns durch neue DV-gestützte Systeme stellen sich so betrachtet dar als Grenzen der Fantasie der Beteiligten.

Für beide Gruppen geht es nicht darum, blind etwas Modernes zu akzeptieren. Es geht vielmehr darum, den Primat der Organisation gegenüber der Technik und den Primat der Aufgabenstruktur gegenüber der Organisation wiederherzustellen. Die bessere technische Ausgangslage und die verbale Anerkennung dieses doppelten Primats helfen aber nicht viel, solange unbekannt bleibt, was sich während des Prozesses der Einführung neuer DV-gestützter Verfahren tatsächlich abspielt.

Anmerkungen:

1) Auf Anmerkungen wird im folgenden weitgehend verzichtet. Eine ausführliche Behandlung der hier angeschnittenen Fragen findet sich in zwei Aufsätzen des Verfassers, Probleme der Verwaltungsinnovation durch DV-gestützte Verfahren, in: ÖVD, Heft 10, 1980, S. 3-9 und Hindernisse bei der Gestaltung DV-gestützter Verfahrensabläufe, in: ÖVD, Heft 5, 1981, jeweils mit weiteren Nachweisen. Wie diese beiden Aufsätze beruht auch der vorliegende Text auf einer im Auftrag der Gesellschaft für Mathematik und Datenverarbeitung erstellten und von dieser finanzierten Untersuchung über rechtliche und politische Schranken der Innovation in öffentlichen Organisationen.

2) Vgl. Crozier, M., L'influence de l'ordinateur dans le comportement des individus dans le domaine de l'organisation, in: Marois, M. (Hrsg.), Man and Computer, Amsterdam 1974, S. 375-384.

3) Vgl. Brinckmann, H., Grimmer, K., Jungesblut, B., Lenk, K. und Rave, D., Automatisierte Verwaltung; Eine empirische Untersuchung über die Rationalisierung der Steuerverwaltung, Frankfurt/Main 1981.

**Agi,** Michael, Dr., Gesellschaft für Mathematik und Datenverarbeitung, St. Augustin

**Albrecht,** Wilhelm, Stadtdirektor, Buxtehude

**Altmann,** Ekkehard, Dr., Gesellschaft für Mathematik und Datenverarbeitung, St.Augustin

**Barthel,** Thomas, Dipl.-Informatiker, Wiss. Assistent, Forschungsstelle für juristische Informatik, Universität Bonn

**Becker,** Ulrich, Prof., Senatsdirektor, Senatsamt für den Verwaltungsdienst, Hamburg

**Bihl,** Volker, Dr., Oberregierungsrat, Bundesministerium des Innern, Bonn

**Blankenburg,** Erhard, Prof., Dr., Vrije Universiteit, Amsterdam

**Bonin,** Hinrich, Dipl.-Ing., Dipl.-Wi.-Ing., Bundesanstalt für Wasserbau, Fachgruppe Datenverarbeitung, Karlsruhe

**Bosbach,** Hansrainer, Dr., Dipl.-Psychologe, Fortbildungsreferent, Hochschule für Verwaltungswissenschaften Speyer

**Brinckmann,** Hans, Prof. Dr., Gesamthochschule Kassel, Forschungsprojekt Verwaltungsautomation, Kassel

**Buse,** Michael, Dr., Leiter des Verwaltungswissenschaftlichen Dokumentationszentrums, Fachhochschule des Bundes für öffentliche Verwaltung, Köln

**Dahms,** H.-J., Ministerialrat, Bundeskanzleramt Bonn

**Dieke,** Klaus, Ltd. Regierungsdirektor, Senatsamt für den Verwaltungsdienst, Hamburg

**Dimpker,** Alfred, Ministerialdirigent, Bundesministerium des Innern, Bonn

**Dittrich,** Karl-Heinz, M.A., Forschungsreferent, Forschungsinstitut für öffentliche Verwaltung bei der Hochschule für Verwaltungswissenschaften Speyer

**Dollenbacher,** Emil, Direktor, Datenzentrale Baden-Württemberg, Stuttgart

**Dürrschnabel,** Fritz, Bürgermeister, Philippsburg

**Dunker,** Klaus, Stadtdirektor, Unna

**Dworatschek,** Sebastian, Prof. Dr., Universität Bremen

**Eichhorn,** Klaus, Ltd. Verwaltungsdirektor, Anstalt für Kommunale Datenverarbeitung in Bayern, München

**Eisenbeiß,** Gerd, Dr., Regierungsdirektor, Bundesministerium für Forschung und Technologie, Bonn

**Fabry,** Josef, Dr., Bundesanwalt, Bundesgerichtshof, Karlsruhe

**Fehn,** Franz-Martin, Erster Direktor, Landesversicherungsanstalt Oberfranken und Mittelfranken, Bayreuth

**Fehrmann,** Eberhard, Deutscher Gewerkschaftsbund, Bundesvorstand - Abteilung Angestellte, Düsseldorf

**Fiedler,** Herbert, Prof. Dr. Dr., Universität Bonn und Gesellschaft für Mathematik und Datenverarbeitung, St. Augustin

**Fischer,** Walter, Prof. Dr., Fachhochschule des Bundes für öffentliche Verwaltung, Köln

**Frankenbach,** Wilfried, Dipl.-Wi.-Ing., Wiss. Assistent, Hochschule für Verwaltungswissenschaften Speyer

**Fricke,** Peter, Assessor, Dipl.-Soziologe, Forschungsinstitut für öffentliche Verwaltung bei der Hochschule für Verwaltungswissenschaften Speyer

**Fuchs,** Eckhard, Dipl.-Math., Leiter des Landesamtes für Elektronische Datenverarbeitung beim Senator für Inneres, Berlin

**Gebhardt,** Karlheinz, Erster Direktor der Datenzentrale Schleswig-Holstein a.D., Kiel

**Goebel,** Jürgen, Wiss. Mitarbeiter, Gesellschaft für Information und Dokumentation mbH, Frankfurt am Main

**Gräßle,** Dieter, Dipl.-Verwaltungswiss., Gesamthochschule Kassel, Forschungsprojekt Verwaltungsautomation

**Grassmugg,** Bernd, Dipl.-Ing., Leiter des Instituts für Zukunftsforschung, Büro Bonn

**Griese,** Joachim, Prof. Dr., Universität Dortmund

**Grimmer,** Klaus, Prof. Dr., Gesamthochschule Kassel

**Haas,** Willi, Direktor des Kommunalen Gebietsrechenzentrums Kassel

**Hansen,** Hans, Dipl.-Ing., Datum e.V. - Institut für ADV-gestützte Entwicklungsplanung, Bonn

**Hartenstein,** Wolfgang, Dr., Vorstandsvorsitzender, Datum e.V. - Institut für ADV-gestützte Entwicklungsplanung, Bonn

**Hauser,** Werner, Oberbürgermeister, Kirchheim/Teck

**Hertel,** Joachim, Dr., Direktor, Der Bundesbeauftragte für den Datenschutz, Bonn

**Hoffjann,** Alfred, Verwaltungsdirektor, Leiter des Referats Datenverarbeitung bei der Landesversicherungsanstalt Westfalen, Münster

**Hoßfeld,** Friedel, Dr., Direktor, Zentralinstitut für angewandte Mathematik der Kernforschungsanlage Jülich

**Jann,** Werner, Dipl.-Politologe, Wiss. Assistent, Hochschule für Verwaltungswissenschaften Speyer

**Jungesblut,** Bernd, Dipl.-Kfm., Gesamthochschule Kassel, Forschungsprojekt Verwaltungsautomation

**Kaiserauer,** Hans-Alexander, Dr., Dipl.-Ing., Dipl.rer.pol., Unternehmensberater, Waiblingen

**Karck,** Gerhard, Verwaltungsdirektor, Allgemeine Ortskrankenkasse, Kiel

**Kassner,** U., Dr., Kommunale Gemeinschaftsstelle für Verwaltungsvereinfachung, Köln

**King,** John L., Prof., Public Policy Research Organization, University of California, Irvine, USA

**Klages,** Helmut, Prof. Dr., Hochschule für Verwaltungswissenschaften Speyer

**Keim,** Walther, Dr., Ministerialrat, Leiter der Pressedokumentation im Deutschen Bundestag, Bonn

**Klinger,** Josef, Dr., Geschäftsführer des Regionalen Rechenzentrums "Mittlerer Oberrhein", Karlsruhe

**Koch,** Karl, Direktor der Landesversicherungsanstalt Hannover, Laatzen

**Köhler,** Wilfried, Dr., Regierungsdirektor, Landesamt für Datenverarbeitung und Statistik Nordrhein-Westfalen, Düsseldorf

**Kraemer,** Kenneth, L., Prof., Director der Public Policy Organization, University of California, Irvine, USA

**Krah,** Uwe-Jens, Bürgerreferent beim Regierenden Bürgermeister in Berlin

**Krüger,** Gerhard, Prof. Dr., Universität Karlsruhe

**Kubicek,** Herbert, Prof. Dr., Universität Trier

**Kühn,** Michael, Dipl.-Ing., Universität Hamburg

**Kumbruck,** Christel, Dipl.-Pschychologin, Gesamthochschule Kassel, Forschungsprojekt Verwaltungsautomation

**Lange-Hellwig,** Peter, Dipl.-Ing., Geschäftsführer des Verbands Deutscher Rechenzentren, Hannover

**Langseder,** Alois, Dr., Ministerialdirigent, Bayerische Staatskanzlei, Abteilung Datenverarbeitung, München

**Lenk,** Klaus, Prof. Dr., Universität Oldenburg

**Lepper,** Manfred, Prof. Dr., Präsident der Fachhochschule des Bundes für öffentliche Verwaltung, Köln

**Löwenberg,** Bernward, Dr., Landrat des Main-Taunus-Kreises, Frankfurt am Main - Höchst

**Lohner,** Fritz, Dr., Geschäftsführer, Gesellschaft für Information und Dokumentation,
Frankfurt am Main

**Maisl,** Herbert, Prof., Conseiller Juridique de la Commission Nationale de l'Informatique et des
Libertés, Paris

**Makowka,** Roland, Dr., Landgerichtspräsident, Hamburg

**Martiny,** Lutz, Dipl.-Volkswirt, Referatsleiter im Landesamt für Elektronische Datenverarbeitung, Senator für Inneres, Berlin

**Marwedel,** Henning, Technischer Direktor, Vorstandsmitglied der Datenzentrale Schleswig-
Holstein, Kiel

**Matt,** Claus-Peter, Dipl.-Wi.-Ing., EDV-Referent, Hochschule für Verwaltungswissenschaften
Speyer

**Niesing,** Hartmut, Dr., Abteilungsleiter, Datenzentrale Schleswig-Holstein, Kiel

**Noltemeier,** Albert, Dipl.-Math., Gesellschaft für Mathematik und Datenverarbeitung,
St. Augustin

**Oppermann,** Reinhard, Dr., Gesellschaft für Mathematik und Datenverarbeitung,
St. Augustin

**Ostermann,** Jürgen, Dr., Hauptgutachter, Kommunale Gemeinschaftsstelle für Verwaltungsvereinfachung, Köln

**Picht,** Hartmut, Dr., Dipl.-Volkswirt, Forschungsreferent, Forschungsinstitut für öffentliche
Verwaltung bei der Hochschule für Verwaltungswissenschaften Speyer

**Poetzsch-Heffter,** Georg, Staatssekretär, Chef der Staatskanzlei des Landes Schleswig-Holstein,
Kiel

**Püschel,** Hanns, Ministerialrat, Bundesministerium der Finanzen, Bonn

**Rave,** Dieter, Dr., Bundesministerium für Forschung und Technologie, Bonn

**Reichelt,** Peter, Dipl.-Math., Gesellschaft für Mathematik und Datenverarbeitung, St. Augustin

**Reichwald,** Ralf, Prof. Dr., Hochschule der Bundeswehr, München

**Reinermann,** Heinrich, Prof. Dr., Hochschule für Verwaltungswissenschaften Speyer

**Rihaczek,** Karl, Dr.-Ing., Herausgeber der Zeitschrift "Datenschutz und Datensicherung",
Bad Homburg v.d.H.

**Röske,** Volker, M.A., Gesamthochschule Kassel, Forschungsprojekt Verwaltungsautomation

**Rohrlach,** Hans-Joachim, Direktor, Geschäftsführer, Bundesversicherungsanstalt für Angestellte,
Berlin

**Rothem,** Shalom, Vorsitzender des Verwaltungsrates der Israelischen Kommunalen Datenverarbeitungszentrale, Jerusalem, Israel

**Ruckriegel,** Werner, Dr., Ltd. Ministerialrat, Innenministerium des Landes Nordrhein-Westfalen, Düsseldorf

**Schäfer,** Peter, Dr., Dipl.-Soziologe, Wiss. Assistent, Hochschule für Verwaltungswissenschaften Speyer

**Schäfer,** Wolfgang, Dipl.-Volkswirt, Dipl.-Soziologe, Gesamthochschule Kassel, Forschungsprojekt Verwaltungsautomation

**Scheer,** August-Wilhelm, Prof. Dr., Universität des Saarlandes

**Schneider,** Hans-Jochen, Prof. Dr., Technische Universität Berlin

**Schnoor,** Herbert, Dr., Innenminister des Landes Nordrhein-Westfalen, Düsseldorf

**Schumacher,** Karl Josef, Regierungsdirektor, Fachhochschule des Bundes für öffentliche Verwaltung, Köln

**Schwarzer,** Dietrich, Ing. grad., Vertriebsleiter, Siemens AG, Nürnberg

**Sendler,** Hans, Direktor, Stellvertr. Geschäftsführer der Arbeitsgemeinschaft für Gemeinschaftsaufgaben der Krankenversicherung, Essen

**Simson,** Friedrich, Mag.rer.publ., Assessor, Forschungsreferent, Forschungsinstitut für öffentliche Verwaltung bei der Hochschule für Verwaltungswissenschaften Speyer

**Stadler,** Gerhard, Mag. Dr., Abteilungsleiter, Verfassungsdienst des Bundeskanzleramtes, Wien

**Stöckle,** Joachim, Landrat des Landkreises Germersheim

**Svoboda,** Werner Robert, Dr., Gesellschaft für Mathematik und Datenverarbeitung, St. Augustin

**Trost,** Hermann, Leiter der Datenbearbeitungsstelle beim Landratsamt Schwäbisch-Hall

**Trost,** Renate, Dr., Bundesanstalt für Arbeit, Nürnberg

**Uhlig,** Sigmar, Dr., Oberstaatsanwalt, Der Generalbundesanwalt beim Bundesgerichtshof, Berlin

**Umbreit,** Klaus, Assessor, Forschungsreferent, Forschungsinstitut für öffentliche Verwaltung bei der Hochschule für Verwaltungswissenschaften Speyer

**van Treeck,** Werner, M.A., Gesamthochschule Kassel, Forschungsprojekt Verwaltungsautomation

**Wagener,** Frido, Prof. Dr., Beigeordneter a.D., Geschäftsführender Direktor des Forschungsinstituts für öffentliche Verwaltung bei der Hochschule für Verwaltungswissenschaften Speyer

**Weihermüller,** Manfred, Gesellschaft für Mathematik und Datenverarbeitung, St. Augustin

**Wittkämper,** Gerhard, Prof. Dr., Universität Münster

**Wülfrath,** Hans, Direktor, Allgemeine Ortskrankenkasse, Göttingen

**Zangl,** Johann, Dipl.-Kfm., Ing. grad., Wiss. Mitarbeiter, Hochschule der Bundeswehr, München

**Zöllner,** Uwe, ADV/Orga F.A. Meyer GmbH, Bereich Forschung und Entwicklung, Wiesbaden

# ABKÜRZUNGSVERZEICHNIS *

| | |
|---|---|
| **ADV** | Automatische Datenverarbeitung |
| **AKDB** | Anstalt für Kommunale Datenverarbeitung in Bayern |
| **BAFöG** | Bundesausbildungsförderungsgesetz |
| **BAT** | Bundesangestelltentarif |
| **BayVerwBl** | Bayerische Verwaltungsblätter |
| **BfuP** | Betriebswirtschaftliche Forschung und Praxis |
| **BDSG** | Bundesdatenschutzgesetz |
| **BGH** | Bundesgerichtshof |
| **BMFT** | Bundesminister für Forschung und Technologie |
| **BVerfGE** | Bundesverfassungsgerichts-Entscheidung |
| **CAP** | Computer am Arbeitsplatz |
| **CCITT** | Comité Consultatif International Télégraphique et Téléphonique |
| **COM** | Computer output on microfilm |
| **CoArb** | Computerunterstützte Arbeitsvermittlung |
| **CPU** | Central Processing Unit |
| **DATEV e.G.** | Datenverarbeitungsgenossenschaft der Steuerberater |
| **DATUM e.V.** | Institut für ADV-gestützte Entwicklungsplanung, Bonn |
| **DBW** | Die Betriebswirtschaft |
| **DDP** | Distributed Data Processing |
| **DEVO** | Datenerfassungsverordnung |
| **DFÜ** | Datenfernübertragung |
| **DIN** | Deutsche Industrienorm |
| **DISPOL** | Digitalisiertes Sondernetz der Polizei |
| **DÖV** | Die Öffentliche Verwaltung |
| **DSG** | Datenschutzgesetz (Österreich) |
| **DSWR** | Datenverarbeitung in Steuer, Wirtschaft und Recht |

---

* Abkürzungen, die im Text erklärt werden, sind hier nicht aufgenommen.

| | |
|---|---|
| DÜVO | Datenübertragungsverordnung |
| DV | Datenverarbeitung |
| DVR | Datenverarbeitung im Recht |
| DVS | Datenvermittlungssystem |
| ECMA | European Computer Manufacturing Association |
| EDV | Elektronische Datenverarbeitung |
| EDP | Electronic data processing |
| FAZ | Frankfurter Allgemeine Zeitung |
| GG | Grundgesetz |
| GKD | Gemeinsame Kommunale Datenverarbeitung |
| GMD | Gesellschaft für Mathematik und Datenverarbeitung mbH, St. Augustin |
| GO | Gemeindeordnung |
| GVG | Gerichtsverfassungsgesetz |
| INPOL | Informationssystem der Polizei |
| ISO | International Organisation for Standardisation |
| IT | Informationstechnik |
| JURIS | Juristisches Informationssystem |
| JZ | Juristenzeitung |
| KGSt | Kommunale Gemeinschaftsstelle für Verwaltungsvereinfachung |
| KoopA | Kooperationsauschuß ADV-Bund/Länder/Kommunaler Bereich |
| NW | Nordrhein-Westfalen |
| OECD | Organization for Economic Coopoeration and Development |
| ÖVD | Öffentliche Verwaltung und Datenverarbeitung |
| PVS | Politische Vierteljahresschrift |
| RVO | Reichsversicherungsordnung |
| SGB | Sozialgesetzbuch |
| StGB | Strafgesetzbuch |
| ZfB | Zeitschrift für Betriebswirtschaft |
| ZO | Zeitschrift für Organisation |